GANHADORES

JOÃO JOSÉ REIS

Ganhadores
A greve negra de 1857 na Bahia

1ª reimpressão

Copyright © 2019 by João José Reis

Grafia atualizada segundo o Acordo Ortográfico da Língua Portuguesa de 1990,
que entrou em vigor no Brasil em 2009.

Capa
Mariana Newlands

Foto de capa
Alberto Henschel/ Acervo Instituto Moreira Salles

Ilustração de quarta capa
Gravura de J. J. Butler

Preparação
Osvaldo Tagliavini Filho

Índices
Luciano Marchiori

Revisão
Jane Pessoa
Angela das Neves

Dados Internacionais de Catalogação na Publicação (CIP)
(Câmara Brasileira do Livro, SP, Brasil)

Reis, João José
  Ganhadores : A greve negra de 1857 na Bahia / João José Reis.
— 1ª ed. — São Paulo : Companhia das Letras, 2019.

  Bibliografia.
  ISBN 978-85-359-3243-0

  1. Africanos – Brasil – História 2. Escravidão – Brasil –
História 3. Escravos – Comércio – Brasil – História I. Título.

19-26670   CDD-981

Índice para catálogo sistemático:
1. Escravidão : Brasil : História   981

Iolanda Rodrigues Biode – Bibliotecária – CRB-8/10014

[2021]
Todos os direitos desta edição reservados à
EDITORA SCHWARCZ S.A.
Rua Bandeira Paulista, 702, cj. 32
04532-002 — São Paulo — SP
Telefone: (11) 3707-3500
www.companhiadasletras.com.br
www.blogdacompanhia.com.br
facebook.com/companhiadasletras
instagram.com/companhiadasletras
twitter.com/cialetras

Para
Demian e Natália

Mesmo na noite mais triste
Em tempo de servidão
Há sempre alguém que resiste
Há sempre alguém que diz não.

Manuel Alegre

… fomos obrigados a tramar o
futuro sussurrando…

Luz Ribeiro

Sumário

Quadros e gráficos 11

Prólogo 15
1. Controle noite e dia 19
2. Trabalho africano de rua 35
3. Canções, cantos e redes 68
4. Controle e conflito no mercado negro: antecedentes 101
5. A voz e a vez do governo provincial 121
6. Guerra fiscal e reação pessoal 145
7. A "revolução dos ganhadores" 170
8. Matrículas: o contraponto paternalista 193
9. Fim de greve 212
10. Rescaldo 230
11. Novas regras 256
12. Africanos e outros ganhadores 280
13. Os ganhadores de Porcina 302
14. Dispersão e conflito nos cantos 317
15. Corpos marcados 331
Epílogo 353

Agradecimentos ... 357
Notas ... 359
Fontes e referências bibliográficas ... 406
Créditos das imagens ... 428
Índice onomástico ... 430
Índice remissivo ... 440

Quadros e gráficos

QUADROS

1. Rendimento diário de libertos em Salvador, 1849 66
2. Imposto anual pago pelos africanos para o exercício do ganho, 1848-61 150
3. Ganhadores e população de Salvador e seu termo, segundo a cor 296
4. Composição racial dos cantos chefiados por mestiços em 1887 298
5. Tatuagens e tatuados na matrícula de 1887 344

GRÁFICOS

1. Variação mensal do tipo de fiador em 1857 209
2. Frequência diária dos atestados de conduta em 1857 213
3. Nações dos africanos libertos no ganho em 1857 218
4. Nações dos escravos matriculados em 1857 220

RECÔNCAVO BAIANO

Prólogo

A Bahia foi uma das principais regiões escravistas do Atlântico, desde o final do século XVI até o final do XIX. Engenhos de açúcar e tráfico de escravos africanos se combinaram para ali constituir a coluna vertebral da escravidão durante mais de trezentos anos. Contudo, a escravidão vicejou não apenas nos engenhos de cana; ela contaminou todo o tecido social, econômico e cultural, no campo e na cidade. Desde o final do século XVII, a capital da Bahia, Salvador, exibia uma vida urbana densa e buliçosa, e nela o regime do cativeiro se havia instalado no interior das casas e nas ruas, deixando sua marca em todo tipo de documentação.

Como os domésticos, os trabalhadores de rua eram, sobretudo, escravos e libertos nascidos na África e seus descendentes. Foram chamados *ganhadores* e *ganhadeiras*. Os homens se ocupavam em geral do carrego de pessoas (em cadeiras de arruar) e objetos de todo tipo e tamanho, enquanto as mulheres deambulavam pelo espaço urbano a vender toda sorte de mercadoria, entre outros afazeres que as obrigavam a sair às ruas. Quando escravos, eles e elas contratavam com seus senhores a entrega semanal de determinada quantia, e o que sobrasse podiam embolsar. Esse sistema, chamado de *ganho* — daí ganhadeiras e ganhadores —, permitiu que muitos poupassem o suficiente para comprar suas alforrias. Esses trabalhadores de rua podiam ser, que fique logo claro, tanto escravizados como libertos (ex-escravos) e livres. Quase sempre negros, no entanto, e durante um longo período, africanos natos na sua imensa maioria.

O livro trata da resistência desses personagens à opressão escravista num sentido amplo — amplo porque não envolvia apenas escravos, mas também forros. Embora as relações entre senhores e escravos esteja por toda parte contemplada, o foco principal será a relação de resistência dos ganhadores e ganhadeiras ante os poderes públicos: a polícia, a Câmara Municipal, o Governo Provincial. Já estudei antes a questão da resistência africana, em diversos trabalhos, na chave da insurreição escrava. Os escravos, em aliança com os libertos de Salvador e da região dos engenhos, separada ou combinadamente, fizeram muitas revoltas ao longo da primeira metade do século XIX, ocasião em que o tráfico para a Bahia concentrara suas transações nos portos do golfo do Benim. Os africanos dali traficados para a Bahia nesse período eram principalmente jejes, nagôs e haussás, apesar de que, nas primeiras décadas daquele século, muitos ainda fossem importados de Angola e de outras regiões na África. Com o avançar do século, os nagôs se tornariam o grupo mais atingido pelo tráfico e viriam a constituir o fator política, cultural e numericamente dominante entre os africanos residentes na Bahia. Por isso este livro conta a história deles, principalmente.

1. A mancha urbana de Salvador, c. 1855.

Enquanto trabalhadores de rua, os africanos se envolveram em diversos movimentos coletivos e violentos de ruptura com a ordem, sendo o mais famoso e impactante a Revolta dos Malês, em Salvador, em janeiro de 1835. Os ganhadores desempenharam um papel fundamental nessa revolta e em outras anteriores. Eles se encontravam organizados em grupos de trabalho para prestar serviços de frete na cidade. As autoridades baianas estavam tão seguras do seu papel na revolta de 1835 que, após derrotarem os rebeldes, decidiram impor severo controle sobre aquelas organizações laborais. Foi a primeira medida abrangente e radical de controle dos ganhadores na capital da importante província da Bahia. Na ocasião, escravos e libertos africanos resistiram de maneira sistemática, embora pacificamente, e lograram vencer as regras que buscavam minar sua autonomia na coordenação do trabalho de ganho.

Em 1857, uma nova tentativa de controlar os ganhadores no espaço de trabalho foi implementada, mas eles reagiram de forma inédita: uma greve que durou cerca de dez dias angustiantes para quem dependia do trabalho deles, ou seja, praticamente toda a população livre de Salvador. Escravizados e libertos, todos eles africanos, assim protestaram contra a obrigação de registro junto à Câmara Municipal, o pagamento de um imposto profissional e uma série de medidas de controle policial assaz antipatizadas pelos ganhadores. O movimento recebeu adesão bem maior do que a Revolta dos Malês, mas foi pacífico. Na paralisação de 1857, os grupos de trabalho, uma vez mais, se fizeram presentes na mobilização e organização dos manifestantes.

Este livro busca descrever e entender o que foi o primeiro movimento grevista envolvendo todo um setor sensível da classe trabalhadora urbana no Brasil, trabalhadores responsáveis, como já disse, pelo transporte, por toda a cidade, de pessoas livres de vária ordem e objetos de todo tipo. A cidade simplesmente parou. A greve — termo aqui usado no sentido de paralisação do trabalho, e apenas isso — nada deveu aos modelos de mobilização da classe operária europeia que iriam predominar pouco mais tarde entre os proletários brasileiros e imigrantes. Mas seria um episódio todo ele recheado de significações locais e africanas, um estilo de mobilização até então inédita, surpreendendo seus contemporâneos, que não conseguiram atinar sobre o episódio e como enfrentá-lo. As autoridades ficaram desnorteadas. Não era revolta, não era quilombo, as formas clássicas de resistência escrava, não era sequer um protesto contra a escravidão, mas uma suspensão do trabalho africano, e não apenas o escravizado, contra o Estado. A origem, o desenrolar do movimento e suas consequências serão aqui abordados. Ao mesmo tempo, o episódio é usado como uma janela para levantar questões mais amplas sobre escravidão, liberdade, trabalho e cidadania negros. Sobretudo, aqui se discutirá como os ganhadores, em particular os ganhadores africanos, foram sistematicamente acossados pelos homens brancos encastelados no aparato político e policial, faces da mesma moeda.

Entre a greve de 1857 e a abolição da escravidão, em 1888, as autoridades baianas continuaram pressionando os ganhadores com medidas que visavam limitar sua liberdade de trabalho na cidade, sobretudo através da imposição de taxas e impostos, muitas vezes escorchantes, relacionados com a ocupação que exerciam. O governo foi aos poucos vencendo a campanha, embora se percebam concessões ao longo do caminho, que por sua vez resultaram da resistência dos ganhadores a obedecer a todas as regras a eles impostas. Constatei que, tanto antes como depois da parede grevista, os ganhadores enfrentaram, como indivíduos, a burocracia do governo com enorme persistência, desenvoltura e ousadia. Chame-se a isso de resistência pessoal, sem que deixasse de haver uma medida de solidariedade coletiva a informar tais atitudes.

Havia, eu demonstro à exaustão, a convergência de muitas vontades no combate aos trabalhadores africanos, mas com um objetivo principal. A pressão combinada do governo, de proprietários rurais, da imprensa e de homens de letras, inclusive poetas, sobre os ganhadores visava expulsá-los de Salvador. O plano era desafricanizar a cidade, apesar das incertezas sobre quem exatamente os substituiria no trabalho que executavam. Busco entender as razões e a condução dessa campanha, que nas mãos do governo ganhou um feitio sobretudo — mas não apenas — fiscal, ou seja, a imposição de taxas e tributos *sobre os nascidos na África*, em específico. Tratava-se de uma guerra fiscal, por assim dizer, um tipo de violência que buscou corroer devagar a existência deveras precária de homens já muito castigados pela vida. Conforme aqui documentado, o objetivo era pressionar o ganhador africano a abandonar a capital baiana "espontaneamente", fosse para viver como trabalhador dependente na zona rural, ainda dominada pelos senhores de engenho, fosse para regressar à África com as mãos abanando. A greve de 1857 seria uma reação a essa campanha sórdida contra os trabalhadores africanos. A greve evidencia que eles resistiram à pressão com enorme audácia, empenho e criatividade, fazendo ver a seus contemporâneos que controlá-los não era tarefa fácil nem pouca. Confiram.

1. Controle noite e dia

Em 1857, grande parte dos negros de Salvador, escravizados ou não, trabalhava nas ruas. Eram responsáveis, sobretudo, pela circulação de objetos e pessoas através da cidade. Carregavam de tudo: pacotes grandes e pequenos, do envelope de carta a pesadas caixas de açúcar e barris de aguardente, tinas de água potável e de gasto para abastecer as casas, tonéis de fezes a serem lançadas ao mar; e transportavam gente em saveiros, alvarengas, canoas e cadeiras de arruar. Os negros também circulavam pelas ruas em demanda a seus empregos como oficiais mecânicos (pedreiro, ferreiro, tanoeiro, sapateiro, alfaiate etc.), e as mulheres cobriam alargado território urbano na condição de ambulantes. Muitas escravas e escravos dividiam sua jornada de trabalho entre a casa e a rua: compravam o alimento nos mercados e nas feiras para depois prepará-lo na cozinha senhorial e, em seguida, retornavam às ruas para vender comida pronta e outros produtos. Assim, após cumprirem as tarefas do serviço doméstico, saíam para o ganho na rua, uma típica dupla jornada escravista. Raras seriam como a africana Rosa, escrava no Recife que, apesar de ter fugido, foi descrita — ilusão senhorial? — como "recolhida e pouca prática tem de andar na rua", segundo o anúncio de sua fuga publicado num jornal. Mesmo nesse caso, fugir demandava um mínimo de experiência com as ruas e, quase sempre, de uma rede de apoio portas afora.[1]

As ganhadeiras vendiam de tudo um pouco: verduras, frutas, peixe, carne verde, moqueada e cozida, quitutes doces e salgados, panos da costa, toda sorte de quinquilharias, entre outros produtos locais e importados, mormente da África, mas doutras partes do globo também. Sobre essas mulheres, uma antiga postura municipal, republicada em 1873, estabelecia, entre vários "locais" onde era permitida a venda de carne verde, as "cabeças das ganhadeiras".[2] As cabeças das negras eram então um lugar fundamental na geografia econômica de Salvador. Elas percorriam a cidade de porta em porta, ruas, becos, praças, a subir e descer ladeiras, equilibrando com força e — diziam os visitantes estrangeiros — com elegância suas gamelas, tabuleiros abertos e fechados, estes feitos de vidro e armação de madeira, denominados "caixinhas", que de pequenas nada tinham. O esforço facilitava a vida da clientela, mas era bem recompensado. Salvador é dividida em dois "andares" bem distintos. Quem na época

2. *Ganhadeira carregando sua caixinha.*

vivia na Cidade Alta preferia pagar às ganhadeiras preços de 10% a 20% mais caros, ao invés de descer à Cidade Baixa para adquirir os mesmos produtos, mais baratos, oferecidos nas lojas e nos armazéns ali instalados. Segundo um cronista da época, "andam os milhares de tabuleiros e caixinhas percorrendo em todas as direções a cidade alta".[3]

A rua era das negras e dos negros — escravizados, libertos ou livres — e, sobretudo, dos carregadores e ambulantes, conforme perceberam os viajantes estrangeiros, um após outro, que visitaram a Cidade da Bahia — como era então conhecida Salvador — ao longo do século XIX, e mesmo antes. Vários observadores apontaram a densidade e a dedicação ao ganho da população negra da cidade que um deles, o engenheiro francês Amédée-François Frézier, que lá esteve em 1714, disse parecer "uma Nova Guiné".[4] Pouco mais de cem anos depois, ao desembarcar em Salvador em 1833, um conterrâneo de Frézier, Jean-Baptiste Douville, se viu numa "rua muito estreita [...] lotada de negros e negras [...] se empurrando de todos os lados", e ao tentar fugir assustado da cena, pouco adiante foi dar com uma "multidão de negros que se imprensavam de todos os lados, com seus fardos e gritando com toda a força dos pulmões para andar em cadência". Logo depois, no final da década de 1830, o reverendo norte-americano Daniel Kidder observou que as ruas estreitas, irregulares e mal pavimentadas da Cidade Baixa eram "cheias de ambulantes e carregadores", e sobre estes últimos detalhou: "Grandes números de negros altos, atléticos, são vistos se movimentando em pares ou gangues de quatro, seis ou oito, com suas cargas suspensas entre eles por pesadas varas". Em 1847, o barão de Forth-Rouen teve impressão semelhante: os negros formavam "a maior parte da população da Bahia, e a única que se percebe nas ruas, espécie de bestas que se empregam em todos os transportes, e que circulam carregados de pesados fardos". Não se viam mestiços, muito menos brancos, a desempenhar esse papel. "Tudo que corre, grita, trabalha, tudo que transporta e carrega é negro", observou dez anos depois o alemão Robert Avé-Lallemant. Para os habitantes de Salvador, essa paisagem humana já se havia naturalizado. Os estrangeiros, ao contrário, puderam registrá-la para a posteridade como parte de um quadro exótico, e às vezes temível, a ser exibido ao leitor europeu ou norte-americano.[5]

Aquela agitação descrita pelos viajantes estrangeiros, o barulho de vozes, gritos, assovios e canções de trabalho, cessou no primeiro dia de junho de 1857, uma segunda-feira, e as ruas de Salvador amanheceram desocupadas, silenciosas, muito estranhas. Os ganhadores — leia-se carregadores de objetos e gente — haviam decidido cruzar os braços em protesto contra uma postura municipal que entraria em vigor a partir daquela data.

Em 14 de março de 1857, a postura fora enviada pelos vereadores de Salvador para exame do presidente da província, a quem, por lei, caberia aprová-la. Ele a aprovou, mas provisoriamente, dois dias depois.[6] A postura dizia que os ganhadores escravizados, libertos ou livres deveriam se matricular junto à Câmara Municipal para obter licença com vistas a ganhar o pão de cada dia nas ruas da cidade, e só poderiam circular usando uma chapa de metal, "em lugar visível" do corpo, com o número da matrícula ali estampado. Além disso, os africanos libertos seriam obrigados a apresentar fiadores "idôneos", que assinassem um documento assumindo responsabilidade pelo bom comportamento de seus afiançados, o que caracterizava, mais do que um simples atestado de boa conduta pregressa, uma duvidosa garantia de boa conduta futura. Para os

3. Freguesia da Conceição da Praia, centro nervoso do comércio em Salvador. Os dois planos da cidade (alto e baixo) estão aqui bem representados, em meados do século XIX.

ganhadores encontrados sem a chapa de identificação, ou aqueles que a falsificassem, a postura previa a punição de oito dias no Aljube, uma cadeia especializada em recolher escravos, ou na Casa de Correção, um cárcere recém-inaugurado destinado a homens livres e libertos. E além de prisão, multa de 30 mil-réis e as penalidades porventura previstas no Código Criminal, como a que punia o roubo, por exemplo.

Contudo, a postura aprovada pelo presidente não era a mesma publicada na edição de 20 de março de 1857 do *Jornal da Bahia*. De acordo com esta última, a matrícula seria paga — 2 mil-réis. E também paga a chapa — 3 mil-réis. O custo da operação, 5 mil-réis, não era desprezível. Naquele ano de 1857, com este valor se comprava cerca de uma arroba (quinze quilos) de carne, ainda segundo o *Jornal da Bahia*.[7]

A POSTURA ORIGINAL

Ninguém poderá ter escravos ao ganho sem tirar licença da Câmara Municipal, recebendo com a licença uma chapa de metal numerada, a qual deverá andar sempre com o ganhador em lugar visível. O que for encontrado a ganhar sem chapa sofrerá oito dias de prisão no Aljube, sendo escravo, e sendo livre, outros tantos na Casa de Correção. Quando o ganhador for pessoa livre deverá apresentar fiador, que se responsabilize por ele, a fim de poder conseguir a licença, e a chapa, a qual será restituída quando por qualquer motivo cesse o exercício de ganhador. O ganhador que for encontrado com chapa falsa será condenado em oito dias de prisão, e 30$000 réis de multa, além das penas, em que incorrer pelo Código. Paço da Municipalidade da Bahia, 11 de Março de 1857.

Joaquim Ernesto de Souza, presidente
Francisco Antonio Pereira Rocha
Manuel Jeronimo Ferreira
Dr. José Eduardo Freire de Carvalho

FONTE: APEB, *Governo da Província. Correspondência recebida da Câmara de Salvador, 1856-1857*, maço 1503; *Jornal da Bahia*, 20 mar. 1857, p. 2; AMS, *Atas da Câmara*, 1855-7, v. 948, fl. 246v.

Incluídos nessa lei estavam apenas os ganhadores. As ganhadeiras, que se dedicavam principalmente a mercadejar, já pagavam tributo de 20 mil-réis anuais à província, se eram ambulantes, ou este valor acrescido de 3 mil-réis mensais, no caso de trabalhar com tabuleiro fixo.[8] O valor do tributo é indicativo de quão mais lucrativo do que carregar era a ocupação das ganhadeiras. Desde 1835, elas também eram obrigadas a "estampar nos tabuleiros, caixinhas ou volumes o número que lhes pertencer da sua licença, que será renovada anualmente".[9] De modo que as mulheres já vinham sendo controladas e taxadas. Chegara a vez dos homens.

Só para eles, a postura de 1857 classificava quem estava na mira da Câmara: 1) "ganhadores de cesto ou tina", isto é, os que transportavam, individualmente, líquidos em tinas, sobretudo água e aguardente, e volumes menores em cestos; 2) "ganhadores de pau e corda", também chamados cangueiros, de *canga*, um pau usado para dois, quatro e mais homens sustentarem cargas muito pesadas; e 3) "carregadores de cadeiras", que trabalhavam em dupla no transporte de pessoas. Essas as principais ocupações do ganhador, mas o edital ainda acrescentava que estariam sujeitos à postura "os mais que fazem profissão habitual de ganhar", o que compreendia teoricamente todo negro escravizado, liberto ou livre, e porventura até branco, dedicado ao trabalho remunerado avulso. Porém, mais do que seu texto, o espírito da lei interpretava o ganho como coisa de negro que trabalhasse na rua, e ainda mais especificamente, de negro nascido na África, na época chamado "preto" para distinguir do "crioulo", sendo este o preto nascido no Brasil.[10] Isto porque o típico ganhador na Bahia em meados do século XIX era africano nato, fosse escravo ou liberto.

Concebida dois anos antes, com data de 29 de janeiro de 1855, a postura chegou a ser publicada, com ligeira diferença em relação à de 1857, no *Jornal da Bahia*, mas com uma anotação do então presidente da Câmara que dizia: "Amaral: adiado".[11] É possível que naquela ocasião a medida fosse rejeitada, ou sua discussão postergada, pela maioria dos vereadores. Sua reedição, agora lida e aprovada em sessão da Câmara de 11 de março de 1857, foi proposta pelo vereador dr. Francisco Antonio Pereira Rocha, que era advogado, vice-diretor da Companhia do Queimado (de abastecimento de água) e diretor da Companhia Promotora da Colonização de Chins. O único a votar contra foi o dr. José Manoel Fernandes Ramos, diretor do Club Dramático, vogal do Hospital dos Lázaros, além de advogado ele também. As atividades de Pereira Rocha explicam seu empenho pela aprovação dessa postura: ele concorria com os africanos na venda de água e promovia a imigração asiática para substituir a força de trabalho africana. Era um empresário a preparar o terreno para melhor desempenho de suas atividades. Já o dr. Ramos tinha o perfil de humanista e filantropo, e por isso seria talvez mais sensível aos interesses dos ganhadores.

Dois meses após a publicação da postura, anunciou-se o detalhamento da operação de registro dos ganhadores. A partir de 15 de maio, as licenças e as chapas começariam a ser expedidas pela secretaria da Câmara Municipal. A solicitação de matrícula deveria ser enviada com os nomes do ganhador e do senhor — caso fosse aquele escravizado — e seu endereço, ou pelo menos o nome da rua onde morasse, pois naquele tempo era o bastante para se localizar alguém.[12]

Tais medidas, entre muitas outras, foram concebidas pelos poderes públicos de Salvador para controlar, constranger, disciplinar e, no limite, expulsar da cidade os ganhadores africanos. Mas a Câmara visava mais imediatamente responder às queixas dos usuários dos serviços prestados por esses trabalhadores. Na sua justificativa perante o presidente da província, os vereadores argumentaram que a nova legislação "não só regulariza o serviço dos ganhadores, mas também dá segurança ao público contra os abusos, e furtos, que eles continuamente cometem".[13]

*

O projeto político maior, contemplado em diversas leis, era controlar o africano no espaço público, tanto de labor como de lazer. Fossem escravos ou libertos, eles deviam ser monitorados de perto, observados em sua ocupação ostensiva mas inevitável das ruas, quer a carregar ou vender mercadorias e serviços, quer fazendo rodas de conversa, de batuque ou de capoeira, ou tão somente circulando. Eram, pois, vistos como uma gente perigosa, e não menos porque, em passado ainda recente, tinham dado provas disso na forma de um ciclo de revoltas a partir do início do século e somente concluído com a Revolta dos Malês, em 1835. Um ciclo, porém, que poderia ser reaberto a qualquer momento, pensavam muitos baianos. Os africanos eram também perigosos por não se encaixar na concepção de "bons costumes" da elite local, que os via como incivilizados, um corpo incômodo na cidade que ela buscava reformar segundo as luzes emitidas da Europa. No máximo se devia tolerar, porque necessário ao conforto doméstico, os escravos crioulos que tocavam o serviço da casa. Sem falar, naturalmente, que a economia rural não entrava nos planos de desafricanização, como se os africanos tivessem todos nascido para o trabalho no eito.

Essa elite política e bem-pensante tinha lá suas ideias, mas a escravidão na cidade era um bom negócio para uns, e fonte de serviços e comodidade para todos. Assim, enquanto não se pudesse dispensar essa mão de obra, cabia melhor controlá-la. Se queriam ou precisavam se movimentar pela cidade ou além dela, os africanos escravizados deviam então levar passes assinados pelos senhores. Tais papéis designariam quando e por onde pretendiam ou podiam circular. Sobretudo, eles e elas não deviam frequentar as sombras da noite, evitando que encobrissem fugas, conspirações e o abuso individual e coletivo do sossego público. À noite, como sugere Marcus Carvalho para o Recife, todos os negros eram rebeldes. O mesmo valia para Salvador.[14]

As punições variavam de acordo com os desvios. A mera frequência noturna das ruas pelos africanos podia ser reprimida severamente. O assunto era regulado por posturas municipais que vinham de longe no tempo, mas seriam atualizadas no início da década de 1850 pela postura n⁰ 87. Ela dizia que o "escravo africano" — só o africano! — encontrado durante a noite nas ruas da cidade sem passe do senhor, contendo nome, endereço e para onde se dirigia, seria condenado a 10 mil-réis de multa ou quatro dias de prisão. Com este valor comprava-se um saco e meio de milho. Assim, no primeiro dia de setembro de 1857, foi presa a escrava africana Esperança, segundo nota do *Diario da Bahia*, por ter sido "encontrada na rua depois do toque de recolher". Multa: um saco e meio de milho.[15]

Mas também o africano liberto tinha seu movimento noturno vigiado. Atentem que ele não possuía cidadania brasileira, era um pária no que diz respeito a direitos políticos e quase isso quanto a direitos civis. O escravo nascido no Brasil, ao se alforriar, virava cidadão — de segunda classe, vá lá, mas cidadão; o africano virava estrangeiro sem embaixada que representasse seus direitos.[16] Pois bem, ao sair para as ruas da Bahia o liberto africano, segundo a postura n⁰ 87, precisava levar consigo "bilhetes de qualquer cidadão Brasileiro", do contrário pagava multa de 5 mil-réis ou, se preferisse (ou não pudesse pagar), mofava oito dias numa prisão. Portanto, para sair de casa durante a noite, o liberto africano tinha de sujeitar-se à boa vontade de um brasileiro, porventura branco e abonado, de quem se tornaria um dependente em troca de favor e proteção. Porque saiu de sua casa sem tal passe, em junho de 1857, o mês da greve, o africano liberto Antonio de Sousa seria preso à noite para "indagações". Essa postura continuava em vigor ainda em 1873, com exatamente a mesma redação. Ou seja, quase vinte anos depois a discriminação aos libertos africanos permanecia inabalável, sinalizando que se tratava de pessoas indesejadas em solo baiano. Tomassem eles um barco de volta à África se não estavam gostando. Era isso aí, conforme o leitor ficará cansado de saber, em detalhes, ao longo deste livro.[17]

Eis mais alguns exemplos de aplicação da postura nº 87 coletados ao acaso. Em julho de 1857, o africano Cosme, este escravizado, foi preso à noite na rua das Flores. Seu senhor, José Antônio da Costa Guimarães, solicitou duas coisas ao chefe de polícia: que lhe fossem aplicadas duzentas chibatadas e que em seguida fosse devolvido. Em geral, a autoridade reduziria pela metade a sanha punitiva senhorial, deferindo cem chibatadas. Guimarães alegou que seu escravo era "bastante desobediente e não ser esta a primeira noite" que saía sem sua licença. Além disso, devia estar iracundo por ter de pagar multa à municipalidade pelo comportamento de Cosme, mas não o incomodava pagar a conta de praxe cobrada pelo governo pela carceragem e o castigo do escravizado.[18]

No final de julho do mesmo ano foram presos Leopoldo e outros parceiros, na mesma rua das Flores, "por se acharem em jogos proibidos" (posturas nº 90 e nº 87). Seu senhor pagou a multa de 10 mil-réis e solicitou que Leopoldo fosse castigado com duas dúzias de palmatoadas e vinte chicotadas. Dito e feito. Em setembro do mesmo ano, o liberto africano Antonio José dos Santos seria preso por banhar-se numa fonte pública às sete horas da noite. Não adiantou alegar que ignorava a proibição, e ficou preso pelo menos dois dias por esse mal tomado banho. No mês seguinte, Gonçalo, nagô que se disse escravizado, foi detectado por uma patrulha às dez horas da noite. Correu dela, foi perseguido, capturado e ferido ("caiu quebrando a cabeça", explicou a polícia); revistado, com ele foram encontrados um pau e uma faca de ponta, esta uma arma proibida. Gonçalo, um valente, resistiu à prisão e "foi preciso manietá-lo com cordas" para ser arrastado à cadeia do Aljube.[19]

Além da postura nº 87, vigorava com a mesma finalidade um edital da polícia. Assim, em 15 de fevereiro de 1858, foi levado para a cadeia Pedro, liberto africano, "por infração do Edital da Polícia e Postura que proíbem andar africanos na rua depois do toque de recolher". Mais uma vez, bastava ser africano para cair nas malhas da polícia — não precisava ser escravizado. Nesse mesmo edital foi enquadrado Emiliano Graves, apesar do motivo piedoso que o levara à rua após o toque de recolher: ia à missa da Ressurreição na igreja do convento de São Francisco, no domingo de Páscoa de 1851. Pelo menos foi essa a razão por ele oferecida para circular em horas a ele proibidas. Mas os membros da patrulha que o prenderam foram irredutíveis, "dizendo que o suplicante não podia vir à missa à noite", queixou-se o devoto. O excesso de devoção católica custaria ao africano três dias de detenção no Aljube. E Emiliano não era um liberto qualquer, mas próspero comerciante nagô, que investira no tráfico transatlântico com a África, e possuía pelo menos cinco escravos em 1853, ano em que escreveu seu testamento. Ao se dirigir à igreja de São Francisco naquela noite, o liberto ia sem dúvida ao encontro de sua Irmandade de São Benedito, ali abrigada.[20]

Atividades menos devotas eram contempladas em diversas posturas da Câmara de Salvador. O Código de Posturas publicado em 1860 proibia, "em horas de silêncio", os lundus e a música de barbeiros, sendo os contraventores punidos com multa de 2 mil-réis ou um dia atrás das grades (o dobro da pena na reincidência), e ao organizador da festa ou ao mestre da banda de barbeiros se punia com multa de 10 mil-réis (o dobro por reincidência). Já os "batuques, danças e ajuntamentos de escravos" foram proibidos "em qualquer lugar, e a qualquer hora". O escravo detido em tais funções amargaria oito dias de cadeia.[21]

Muitos, se não todos os incidentes antes narrados, envolveram ganhadores que folgavam ou cuidavam durante a noite de algum assunto que não coubera no fluxo da jornada de trabalho ao longo do dia. Em geral, os senhores sequer saberiam de tais escapadas e peripécias, senão quando seus escravos fossem presos e eles avisados. Havia senhores que davam ordem explícita a seus ganhadores para que retornassem à casa antes do toque de recolher, quer para ter a senzala em ordem, quer para evitar problemas e despesas com a polícia. Assim disse ter feito Bernardo Dias Moreira, sob cujos cuidados estava a escravaria de Domingos José Martins, poderoso negociante de escravos e de dendê residente na Costa da Mina, em Porto Novo especificamente, tradicional embarcadouro de cativos deportados para a Bahia. Pois bem, noite de 9 de julho de 1857, e seis dos ganhadores de Martins não se recolheram à casa. Eram todos nagôs, provavelmente remetidos de Porto Novo por seu proprietário depois da proibição do tráfico em 1831. Demorou para que o procurador do traficante descobrisse que havia cinco dias estavam presos pelo menos cinco deles, e tanto tempo sem percebê-lo indica que gozavam de autonomia no ganho e nos arranjos residenciais. Viviam como se fossem livres. Um dos presos saberia do destino de um sexto, também sumido, e foi solicitado por Bernardo Dias Moreira ao chefe de polícia que o soltasse a fim de ir com dois guardas apanhar o faltoso, que pelo visto tinha fugido. Moreira disse que a autoridade ficasse à vontade para castigar os nagôs "a bem da boa ordem", como se não bastassem os cinco dias de prisão. E assim foram eles surrados com cinquenta chibatadas cada. Em seguida seriam devolvidos ao ganho. A autonomia conquistada por esses escravos — trabalharem no ganho e morarem apartados do senhor e seu representante — tinha limites bem fixados na cidade escravista.[22]

Quando não eram punidos por desobedecer a posturas que definiam toque de recolher, os escravos podiam ser presos por suspeita de fuga. Foi o que sucedeu a Joaquim, que trabalhava no ganho em uma lancha que fazia o transporte de pessoas e mercadorias entre portos e embarcadouros da baía de Todos-os-Santos. Tendo sua embarcação chegado tarde da noite a Salvador, quiçá porque o vento não cooperasse, pouco depois de desembarcar, às dez e meia da noite, ele foi detido por uma patrulha por circular pelas ruas em horas mortas. Seu senhor reclamou que Joaquim cometera apenas "a imprudência de vir à terra aquela hora", e pediu sua soltura ao chefe de polícia por seu escravo não ter "cometido maior delito". Foi logo atendido.[23]

Os africanos Bento e Bernardo também foram presos na rua depois do toque de recolher, levados à cadeia e punidos, mas a pedido do proprietário, a firma Cardoso & Irmãos. Nem por isso deixaram de desobedecer à ordem policial e senhorial. O incidente descrito no quadro seguinte fala por si.

O quadro retrata uma história comum entre os escravistas: o temor de que o destemor de alguns escravos contaminasse toda a senzala, solapando a autoridade senhorial e prejudicando o desempenho no trabalho, ambos fundamentais ao bom negócio da escravidão e ao equilíbrio das hierarquias so-

SENHORES EM APUROS

Ilmo. Sr. Dr. Chefe de Polícia,

Dizem Cardoso & Irmãos que os escravos Bento e Bernardo já foram castigados com 50 açoites cada um, como V. Sa. determinou; porém os suplicantes acabam de ser informados nas pesquisas que em sua casa fizeram, que o atrevimento dos ditos escravos chegou a ponto de dizerem às negras, e aos outros, que não se importavam que os suplicantes soubessem de seus furtos, e de sua vida de jogo. Assim é necessário por bem da ordem que convém manter no trapiche que os ditos pretos sejam ainda castigados, e por isso vem pedir a V. Sa. se digne ordenar que o carcereiro mande dar em cada um mais 50 açoites por duas vezes, e depois de castigados serem entregues aos suplicantes.

Pede a V. Sa. se digne deferir.

Espera Receber Mercê

Bahia 11 de Agosto de 1857

Cardoso & Irmãos

[Despacho:]

Como pedem. Secretaria da Polícia da Bahia, 11 de Agosto de 1857

FONTE: Cardoso & Irmãos para o chefe de polícia, 11 de agosto de 1857, APEB, *Escravos* (*assuntos*), maço 6320.

ciais. E assim Bento e Bernardo — que provavelmente eram africanos por terem sido chamados de "pretos" e não "crioulos" — seriam punidos com cem açoites cada um por furto, jogo e, sobretudo, por "atrevimento" contra os senhores. O episódio revelou, por outro lado, a falta de solidariedade que podia existir no interior da senzala, pois os rebeldes foram denunciados por algum parceiro ou parceira de cativeiro, tudo indica. Naturalmente, podemos imaginar a aspereza, os berros, as ameaças e talvez a força bruta usados pelos senhores durante as "pesquisas" que afirmaram ter feito junto aos demais cativos da casa sobre o comportamento de Bento e Bernardo.

E quando aparecia alguém que aliviava a barra do africano junto à polícia, eis que a imprensa caía-lhe em cima: "— Ao Ilmo. Sr. Subdelegado [do distrito] dos Mares, perguntando-lhe se é exato que, tendo um inspetor de quarteirão, de ronda, prendido a um africano, por infração da postura nº 87, um indivíduo de nome *Pedro Cachaça* soltara o referido africano em nome de S. Sa.".[24]

Eu poderia escrever vários parágrafos sobre incidentes parecidos com os até aqui narrados envolvendo escravos africanos, mas os escravos crioulos, embora mais protegidos pelos costumes, tampouco tinham licença para circular à noite livremente. Os crioulos, às vezes, podiam dar ainda mais dor de cabeça a senhores e policiais do que os africanos. Afinal, haviam nascido no Brasil, cresceram na escravidão, aprenderam desde cedo as manhas da pequena resistência do dia a dia, participavam de redes sociais (no sentido antigo do termo) mais amplas, envolvendo um grande número de gente escravizada, livre e liberta, inclusive parentes africanos ou nascidos no Brasil. Enfim, não davam pouco trabalho aos que tinham por obrigação e por interesse controlá-los. Dizia-se inclusive que "crioulo era gente ingrata", isso estava nos jornais, não merecendo a confiança de seus senhores, mesmo sendo estes africanos.[25]

Assim, no dia 27 de dezembro do ano da greve, o crioulo Lourenço foi preso na estrada do Noviciado (atual avenida Jequitaia), ao retornar às dez horas da noite para casa, vindo da Massaranduba, na freguesia suburbana de Nossa Senhora da Penha de Itapagipe. O que fazia tão tarde na rua e tão longe de casa no centro da cidade, não sabemos. Fora ele visitar uma dona, celebrar uma festa de candomblé, batucar na casa de amigos, jogar cartas ou outro jogo proibido de azar? Fosse o que fosse, seu senhor, o major Manoel Caetano da Silva Velloso, solicitou ao chefe de polícia sua soltura, mas concedia "licença de mandar castigar conforme V. Sa. achar conveniente a fim de o corrigir". Mesmo um homem de armas como o major nem sempre tinha autoridade moral suficiente para manter seu escravo crioulo na linha reta. O chefe de polícia prontamente mandou que fossem aplicadas trinta palmatoadas no transgressor. Lourenço passou o dia 31 de dezembro de 1857 sendo assim castigado.[26]

Outro escravo crioulo sobremodo rebelde chamava-se Olímpio, um nome talhado para grandes feitos. Ele andava na companhia de uma crioula, livre ou liberta, que costumava "reunir em sua casa alguns indivíduos da ínfima classe, como sejam escravos". Essas as palavras do inspetor de quarteirão Genuino Barbosa Bettamio, que morava ao lado da dita crioula, Maria Silvério. Bettamio declarou que já havia admoestado Olímpio diversas vezes para se manter afastado de Maria, mas ele "se tem patenteado tenaz e pirracento nas suas desenvolturas", continuou o inspetor, sem especificar que pirraças e desenvolturas seriam essas, nem no que errava o escravo por visitar sua querida amiga Maria. O que se pode presumir é ter ali coisa boa para o matreiro Olímpio. Há insinuação de prostituição nas palavras da autoridade, ou talvez de despeito por não ser Bettamio bem-vindo à casa da vizinha. Procurado, o senhor de Olímpio teria confirmado o comportamento insubordinado de seu escravo e teria dado carta branca ao inspetor para prendê-lo e castigá-lo da próxima vez que o encontrasse metido na casa de Maria. Além disso, ele próprio, o senhor, prometeu também castigá-lo em casa. O inspetor se disse admirado que já não o tivesse feito, uma vez "que os escravos de tal procedimento devem ser corrigidos por seus senhores". Eis o que se devia esperar dos senhores, mas o sistema não era nunca tão simples.

Enquanto senhor e inspetor se entendiam, Olímpio prosseguia frequentando Maria. Até que Genuino Bettamio resolveu prendê-lo, com a ajuda de dois soldados. Olímpio devia ser um homem forte, de pernas ágeis: foi mais rápido e correu para casa. O inspetor pensou que seria ali recebido de braços abertos e agradecidos, em face da conversa anterior com o senhor de Olímpio. Ledo engano. Tanto este como sua mulher saíram em defesa do escravo, negando-se a entregá-lo. A senhora seria ainda mais veemente, levando o despeitado Bettamio a comentar que Olímpio teria "ascendência" sobre ela, um insulto e tanto à autoridade senhorial. É possível que o inspetor estivesse certo, mas o comportamento do casal apenas seguia o protocolo do domínio paternalista, que envolvia proteger seus cativos de abusos, inclusive de autoridades policiais, pelo menos as menores. O inspetor Genuino devia saber disso, mas não desistiu de se intrometer na relação entre o casal e seu escravo. E conseguiu em seu favor a intervenção do subdelegado da freguesia. Olímpio foi afinal levado ao Aljube, onde passaria dois dias, entre 8 e 10 de junho de 1857, dias em que se desenrolava a paralisação dos ganhadores africanos.[27]

Os crioulos livres ou libertos não eram menos dados à transgressão. Teve Pedro Antonio de Santana, preso "por perturbar alta noite o silêncio público com cantatas, e não atender a admoestação que lhe fizera a patrulha policial, mandando-o recolher-se em casa". Neste caso a polícia pelo menos dera uma chance ao crioulo, que decidiu não aproveitá-la. Fosse ele africano... Teve outro crioulo, também chamado Pedro, a quem não foi dada uma segunda oportunidade. Mas, pudera, fora "encontrado à noite com barbas postiças", disfarce que ignoro para qual fim usava ou a quem pretendia enganar.[28]

*

Além da interdição da noite, outras posturas zelavam por outros comportamentos típicos dos negros da Bahia. A postura nº 117 proibia qualquer pessoa de tomar banho nua "em praias povoadas, rios, diques ou qualquer lugar público". Tinha-se que usar "vestimenta adaptada para que não ofenda a moral pública". A postura valia para todos, mas eram os negros que mais precisavam banhar-se a céu aberto, já que o branco o fazia dentro de casa, geralmente em banheira preparada por sua escrava doméstica. E os negros não tinham guarda-roupa suficiente para molhar suas peças e aguardar que secassem. Acrescente-se um dado cultural, talvez. Os africanos vinham de sociedades onde, se não eram muçulmanos, a exposição pública do corpo não era vista como ofensiva, despudorada (como aliás não fora durante séculos de sociedade escravista, pelo menos quando a nudez era do negro e sobretudo da negra).

Quer por aquela ou esta razão, os negros desobedeciam frequentemente à postura do banho nu, que ademais era apenas a reiteração de outra antiga. Em 1848, o *Mercantil* publicou a seguinte nota: "Ainda continuam os banhos à luz do dia nos diferentes cais desta cidade". Desnecessário dizer quem eram os banhistas que frequentavam os cais, carregando e descarregando as embarcações ali atracadas. O mar era a banheira mais comum dos negros da Bahia naquele tempo. "Nisto mesmo se demonstra a ineptidão da nossa polícia", continuava o periódico. "Quando ela quer ter olho vivo, não aparece quem pretenda refrigerar de dia o calor, mas se ela afrouxa um pouco as rédeas, se fecha os olhos, fazem dela *boneca*, e tratam-na como tal."[29] Essa é boa: os ganhadores do cais tratavam a polícia de boneca.

Alguns deles, já em novembro de 1854, banhavam-se num córrego na rua da Vala quando divisaram a aproximação de dois policiais, que não tinham jeito de bonecas, e logo os banhistas "foram passando a mão na roupa e correndo pela estrada, deixando os três barris e uma ceroula". Eram sem dúvida aguadeiros, que fugiram da multa de 6 mil-réis pela infração. Esse valor, naquela época, equivalia a cerca de dez diárias no ganho, considerando o que fazia um carregador de cadeira, que estava entre os ganhadores mais bem remunerados. Em julho de 1857, um escravo foi surpreendido a tomar banho nu no Porto das Vacas, e seu senhor teve que pagar tal valor para soltá-lo. Ele se queixou, porém, de que o policial teria tentado extorqui-lo, provavelmente em troca de relaxar o escravo da prisão. Mas não o fez. Não devem as partes ter conseguido acordo sobre o preço da propina.[30]

O desconforto provocado ao baiano bem-vestido pelo negro nu se prolongou no tempo. Em 1877, quando o número de africanos já estava em franco declínio, o jornal *O Alabama* denunciou um ganhador crioulo "pelo modo obsceno por que transita publicamente com umas calças cujos dianteiros desapareceram de todo e deixam ver sem reservas aquelas partes do corpo vedadas à castidade". Não sei se por isso o homem ganhara a alcunha de "Peru".[31]

Havia posturas municipais dirigidas a punir, em específico, os ganhadores que circulassem sem a devida cobertura do corpo. Em outubro de 1854 foi aprovada, neste sentido, uma que proibia tal procedimento a qualquer indivíduo, e de qualquer sexo, escravo, livre e liberto. Valia a postura para quem estivesse "carregando volumes" — ganhadores, portanto, quase todos africanos. Mas na sequência a postura ampliou a regra para os ocupados em qualquer serviço; ou, ainda, mesmo desocupados, enfim, qualquer um ou uma que simplesmente circulasse pelas ruas da cidade. Exigia-se que os homens usassem camisa e calça, e as mulheres camisa e saia, ou vestido. A penalidade pela desobediência desta postura valia 4 mil-réis e dois dias de prisão, o dobro na reincidência.[32]

A intolerância ao corpo negro nu fazia parte da nova sensibilidade burguesa que progredia a passos largos nos círculos de uma certa elite urbana que sonhava ser civilizada, sem deixar de ser escravocrata. Para essa gente, a exibição do corpo do ganhador, tão comum na história da cidade escravista, agora virava cena intolerável de floresta africana melhor reservada aos livros de viagens de europeus a terras exóticas. Como outras regras emanadas da Câmara ou da chefatura de polícia com vistas a disciplinar as ruas, o alvo principal eram os africanos que faziam a cidade funcionar com seu trabalho.

2. Trabalho africano de rua

A paralisação de 1857 foi um capítulo da resistência dos africanos ao crescente controle e vigilância a que eram submetidos sistematicamente em Salvador. Mas não foi um episódio qualquer. Os ganhadores suspenderam o transporte na cidade durante mais de uma semana, num movimento que parece ter sido a primeira greve geral de um setor importante da economia urbana no Brasil. A greve antecipava-se, portanto, àquela dos tipógrafos no início de 1858, no Rio de Janeiro, até então considerada a pioneira pelos manuais de história da classe trabalhadora brasileira. Refiro-me a paradas de todo um setor específico da classe trabalhadora, não greves parciais e pontuais. Greves urbanas deste último tipo tiveram lugar no Brasil antes e depois do movimento baiano. O historiador Marcelo Mac Cord, por exemplo, já registrou os 28 carpinteiros do Arsenal de Marinha no Recife que pararam brevemente em 1852 por aumento salarial. Deve ter havido outros episódios do gênero através do Brasil oitocentista.[1]

Para entender como o movimento baiano foi possível, é necessário conhecer a natureza do trabalho africano e os próprios africanos que pararam Salvador. Os negros na Bahia eram temidos, ou pelo menos incomodavam um bocado. Uma das razões era serem muitos. Dos quase 11 milhões de africanos introduzidos como escravos nas Américas — números estimados, cuja exatidão nunca será alcançada —, 45% desembarcaram no Brasil, compondo perto de desafortunados 5 milhões de homens, mulheres e crianças. Nessa conta estavam os cativos destinados à Bahia, mais de 1,5 milhão, que representaram 33% das pessoas traficadas para o território brasileiro, especificamente. Apenas o Rio de Janeiro superou a Bahia em número de africanos desembarcados no Brasil, com cerca de 40%. Visto por outro ângulo, entre 1501 e 1867, depois do Rio de Janeiro, foi em Salvador onde se organizou a maior parte das expedições negreiras que partiram de portos do Atlântico para a África. Em seguida vinham Liverpool e Londres. Do Rio partiram navios responsáveis pelo transporte oceânico de 17% dos cativos vindos para o continente americano, e da Bahia, 15%. Assim, 32% dos africanos escravizados nas Américas foram carregados em navios saídos apenas desses dois portos luso-brasileiros.[2]

Ao longo da primeira metade do século xix, desembarcaram na Bahia 421184 cativos africanos. Para o período ilegal foram cerca de 225 mil, dos quais mais de 80% embarcados na Costa da Mina (eram principalmente nagôs) — portanto, propriedade ilegal, produto de crime internacional organizado obtido de contrabando, quer porque havia o tratado de 1815 (reafirmado pela convenção de 1817), que proibia o tráfico para o Brasil acima da linha do equador, quer por causa da lei de 1831, que proibia o tráfico feito a partir de qualquer região africana. No conjunto do país, perto de 750 mil cativos foram contrabandeados, contando apenas o período que se seguiu à proibição decretada em 1831. Ou seja, a escravidão ilegal foi a norma para as últimas gerações de africanos escravizados no país e seus descendentes.[3]

Todo mundo sabia. O barão de Forth-Rouen, diplomata francês que arribou na Bahia a caminho da China, escreveu em meados de 1847 suas impressões sobre o infame comércio:

O tráfico continua a operar com a mesma atividade. Perto de oito mil escravos entraram este ano na Bahia; espera-se um número ainda maior. Não poderia a Europa fazer maior esforço do que fez até agora para conseguir a extinção completa deste vergonhoso tráfico? Isso me parece impossível. Há então toda razão para crer que este comércio durará ainda muito tempo. Será difícil, de resto, encontrar um brasileiro que comungará, a respeito do tráfico, as ideias dos europeus.

Para o barão francês, os brasileiros justificavam o tráfico não apenas como uma necessidade para manter funcionando a agricultura no país, que era a base de sua economia, "mas do ponto de vista da humanidade, eles não o consideram ilícito porque estão convencidos de que os negros não estão aptos a outra coisa além do que fazem e que eles são mais bem tratados em suas casas do que nos próprios países".[4] Falava uma verdade sobre o sentimento de uma grande parte dos baianos a respeito dos africanos, conforme será aqui exaustivamente demonstrado, em particular sobre a primeira proposição — de que nasceram para escravo —, porque a seguinte, quanto ao tratamento, não passava de desculpa esfarrapada de traficantes e usuários da mão de obra africana. Na sequência, o barão relatou como a religiosidade predominante na província coadjuvava o negócio do contrabando de cativos da África:

> Numa igreja, no meio de um grande número de ex-votos, vi um quadro representando um navio negreiro sob pavilhão brasileiro, e dois navios, um francês e um inglês, dando-lhe caça. Sobre o céu aparece a figura de Cristo que, com sua mão possante, protege o navio brasileiro. Este navio escapa do perigo que o ameaça e entra pacificamente no porto. Esta pintura é bem recente.[5]

Pela descrição da pintura e a referência à coleção de ex-votos, a igreja seria a do Bonfim, que já era a devoção mais popular da cidade naquela altura, inclusive entre os traficantes, pelo visto. Nesse caso, Senhor do Bonfim já teria substituído, ou se acrescentava, a Santo Antônio, cuja igreja no Porto da Barra figurava como o principal orago dos que se dedicavam àquela sórdida e já ilegal atividade. Calcula-se que chegaram ilegalmente à Bahia, apenas nos cinco anos anteriores ao fim definitivo do tráfico transatlântico, em 1850, cerca de 45 mil africanos, quase 10 mil apenas no ano mesmo da última proibição. E embora a maioria seguisse para os engenhos e fazendas do Recôncavo baiano, e outra parte, menor, fosse reexportada para o Sul do país, alguns milhares ficariam em Salvador, permanente ou temporariamente, sem que viessem a figurar nas estatísticas oficiais por serem muamba.[6]

O tráfico impactou decisivamente na composição da população da Bahia. As estimativas para Salvador em 1857 variam: Kátia Mattoso propôs 89 260 habitantes e Anna Amélia Nascimento diminuiu para 58 498. As fontes contemporâneas talvez sejam exageradas, mas não devem ser desprezadas porque repercutem a percepção dos homens e mulheres daquele tempo. O *Jornal da*

Bahia, por exemplo, arriscou de 140 mil a 150 mil habitantes em Salvador, uma estimativa "bem calculada", segundo o periódico.[7]

Se há incerteza quanto aos números, há menos quanto aos brancos representarem uma minoria em torno de 30%. É provável que fossem até em menor proporção, considerando que a população escrava era sistematicamente subestimada, porque os senhores corriam de ter seus cativos contados todos eles, por temerem impostos ou mesmo o confisco daqueles importados ilegalmente depois de 1831. Também os africanos libertos costumavam se esconder dos contadores de gente, desconfiados demais para admitirem repassar qualquer informação ao governo. E, devido à intensificação do tráfico, a população negra crescera um bocado nas duas décadas anteriores à de 1850.[8]

Os escravos de Salvador representavam, em 1857, algo entre 30% e 40% da sua população. Somados os escravos aos negros e mestiços libertos e livres, resultava ampla maioria em torno de 70%. Os negros nascidos no Brasil ("crioulos") ou na África (chamados genericamente de "pretos") davam cor e movimento à vida baiana de rua. "Opulenta cidade dos negros" foi a última impressão de Avé-Lallemant sobre a capital baiana, depois de compará-la com as de Pernambuco, Alagoas e Sergipe, que ele acabara de visitar. Entende-se a importância que a elite branca dava ao controle desse setor da população, controle incrementado no rastro das revoltas escravas do período. Essas revoltas foram feitas por africanos natos. Entre levantes e conspirações abortadas contam-se mais de trinta.[9]

Um dos mais importantes portos do Atlântico Sul, Salvador viu uma tendência para a "nacionalização" de sua população escravizada — como de resto todo o Brasil — apenas a partir de cessado o tráfico transatlântico de africanos, em 1850. Na primeira metade do século XIX, de acordo com dados da historiadora Maria José Andrade, 67% da mão de obra escravizada na cidade era formada por africanos. Ao longo da década de 1850, essa proporção cairia para 53%. Em 1835, eram cerca de 33% os africanos (escravos e libertos) na população total de Salvador, cifra que, vinte anos depois, teria despencado para cerca de 24%, segundo Anna Amélia Nascimento. Mas, insisto, muitos africanos provavelmente escaparam dos registros censitários feitos no período.[10]

Outras características da demografia africana devem ser lembradas, por serem úteis para entender a greve de 1857. Entre a virada do século XVIII e

1850, como já disse, a Bahia importou escravos principalmente da Costa da Mina, litoral também conhecido como Costa dos Escravos, em alusão ao principal negócio que ali rolava. As vítimas do tráfico pertenciam a grupos étnicos de línguas gbe (aja, fon, mahi, ewe etc.), iorubás e haussás, conhecidos na Bahia oitocentista, respectivamente, como jejes, nagôs e ussás. Esses conglomerados étnicos receberam o nome de *nações*, e não apenas no Brasil, mas em toda a América escravista: *nación* em espanhol, *nation* em francês ou inglês etc.[11] Em suas próprias terras, nenhum desses grupos formava uma nação ou comunidade unificada, organizada em torno de valores, expectativas, experiências, visão de mundo e lealdade política comuns, muito menos de um território delimitado. Os falantes de uma língua hoje conhecida como iorubá, por exemplo, somente no curso da segunda metade do século XIX passariam a ser identificados com tal etnônimo — iorubá —, apesar de continuarem a se reunir em Estados independentes até a colonização inglesa lhes ser imposta. Enquanto isso, a nação *nagô*, como se chamavam os iorubás na Bahia, já era uma realidade étnica consolidada na primeira metade do século XIX, período durante o qual viria a constituir formidável maioria no seio da colônia africana local.[12]

Vou por enquanto me concentrar nos homens (que giravam em torno de 60% dos africanos), pois foram eles os responsáveis diretos pelo movimento de 1857. Já que um censo realizado em 1855 não contém os detalhes de que precisamos, me aproximo deles através de um registro feito em 1849, em Santana do Sacramento, freguesia típica da mancha urbana de Salvador. Foram ali contados 925 escravos, dos quais 551 (60%) tinham origem africana. Dos 475 africanos que tiveram suas nações declaradas, 78% eram nagôs. Isso confirma estudos que evidenciam o amplo predomínio nagô entre os escravos vindos de além-mar para a Bahia nas últimas décadas do tráfico. A Bahia recebeu cerca de 371 mil nagôs entre 1800 e 1850, quase sete vezes a população estimada de Salvador em 1835. Predominavam os nagôs também entre os libertos: dos 87 libertos com origem conhecida na lista de Santana de 1849, 70% eram daquela nação.[13] Disciplinar o trabalhador africano, sobretudo na cidade, era tarefa ingrata, porque a liga étnica que orientava seu comportamento representava um formidável complicador para as autoridades policiais e civis.

*

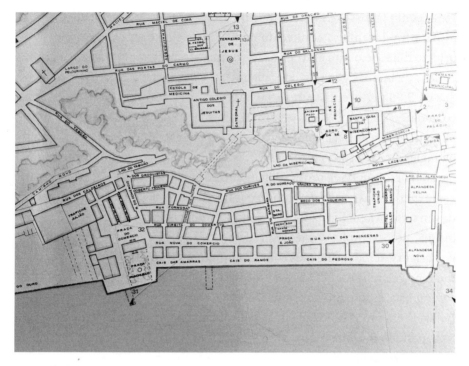

4. A Cidade Baixa (parte inferior da planta), onde trabalhava a maioria dos ganhadores em Salvador, década de 1880.

Nas ruas e cais de Salvador era onde se encontravam empregados, na sua maioria, os escravos da cidade. No censo de 1849 da freguesia de Santana, muitos escravos listados tinham ofícios: eram sapateiros, alfaiates, pedreiros, carpinteiros, calafates, tanoeiros, padeiros, barbeiros. Mas, dos 370 escravos nagôs, 30% faziam exclusivamente o serviço de rua, a maioria empregada no transporte de fardos e gente em saveiros, alvarengas, canoas e outras embarcações, ou em cadeiras de arruar. Foram arrolados 47% como do "serviço de casa", mas não se deve crer que esses homens e mulheres trabalhassem apenas como domésticos. Só alguns. Eram assim declarados pelos senhores para evitar impostos por tê-los no ganho, já que não se os pagava pelos domésticos. "Alguns senhores nunca dizem a verdade, quando se tomam os arrolamentos", informou um subdelegado ao chefe de polícia — mas nada se fazia para corrigir a falta, talvez porque tanto o subdelegado como o chefe de polícia também possuíam cativos que trabalhavam entre a casa e a rua.[14]

Kátia Mattoso estava certa quando escreveu que "a distinção entre escravos de ganho [...] e os domésticos era tênue, pois os proprietários se serviam deles ou os alugavam segundo as necessidades do momento".[15] Isso fica claro no depoimento de um juiz de paz que, em 1836, escreveu terem os escravos "ao mesmo tempo (como é de costume) serviços domésticos a fazer antes que saiam" para o ganho.[16] Dupla jornada, portanto. Esse o "costume", nas palavras do próprio juiz. Pode-se dizer, com pouca margem de erro, que a maioria dos escravos africanos de Salvador trabalhava como ganhadores, pelo menos em regime parcial. Assim, em 1857, as autoridades tinham em mãos um movimento que envolvia a maior parte dos cativos da cidade (dos homens pelo menos) — e, além dos escravos, os libertos.

Entre os 87 libertos da freguesia de Santana, em 1849, nenhum foi listado como doméstico. Dos 61 nagôs, dezoito declararam-se carregadores de cadeira, dez foram genericamente classificados como "ganhadores", mais sete remadores e cinco carregadores de pau e corda, os cangueiros. Ou seja, cerca de 65% se ocupavam do serviço de transporte. Os demais negociavam ou trabalhavam em algum ofício. De outro lado, dos quinze jejes, segunda nação mais numerosa entre os libertos, apenas um se declarou ganhador, e nenhum carregador de cadeira ou ocupação afim. Nove eram oficiais mecânicos. Isso refletia maior afluência dos jejes, mais antigos na Bahia — já chegavam em grande número desde o primeiro quartel do século XVIII —, portanto mais ladinos, com tempo de serviço na terra de branco suficiente para aprender um ofício mecânico e experimentar maior mobilidade social do que os nagôs. Gente, ademais, que, talvez na sua maioria, já passara da idade de carregar carga pesada.

O ganho de rua estava distribuído entre escravos e libertos, o que nem sempre os colocava em igual posição para negociar os termos de sua inserção no mercado de trabalho. Os escravos eram obrigados a dividir sua féria com seus senhores; os libertos, não. No entanto, estes últimos amiúde permaneciam nas mesmas ocupações de ganho exercidas antes da alforria, embora alguns prosperassem a ponto de se tornar eles próprios senhores de escravos ganhadores.

Como na maioria das cidades escravistas das Américas, os chamados escravos de ganho de Salvador precisavam de independência e liberdade de movimento para dar conta de suas tarefas, prover lucro aos senhores e fazer a economia girar. Os ganhadores iam às ruas encontrar eles próprios o que fazer. Era comum, embora não fosse generalizado, que os senhores permitissem a seus escravos até morar fora de casa, em casebres e quartos alugados, às vezes sublocados de libertos. Só voltavam à casa senhorial para "pagar a semana", ou seja, a soma semanal contratada com os senhores, um arranjo mais típico do que pagar a diária. Se ganhassem além do contratado, podiam embolsar o dinheiro extra. Isso não estava escrito na lei, mas fazia parte do direito costumeiro. Usava-se a expressão "viver sobre si", e não apenas na Bahia, para escravos que pagavam a semana a seus senhores mas não moravam com eles.[17]

"Na cidade", escreveram Spix e Martius, que visitaram Salvador em 1818, "é tristíssima a condição dos que são obrigados a ganhar diariamente uma certa quantia (uns 240 réis) para os seus senhores; são considerados como capital vivo em ação e, como os seus senhores querem recuperar dentro de certo prazo o capital e juros empregados, não os poupam." A cota variava de uma ocupação para outra, e dependia também da idade, saúde e outras características individuais dos escravos. O elemento principal nos cálculos dessa cota era provavelmente a produtividade média de cada ocupação no mercado. A historiadora Maria José Andrade oferece alguns exemplos para o ano de 1847: um carregador de cadeira entregava ao senhor quatrocentos réis por dia, o mesmo que um sapateiro; um ganhador de cesto, 320 réis; uma lavadeira, 240 réis. Em 1872, as diárias variavam entre 428 réis e 571 réis. Este cálculo se fez baseado em três escravos cujas idades variavam entre dezessete e cinquenta anos. O que pagou maior diária, de 571 réis, era o de menor idade, um crioulo; a menor diária coube ao africano, de idade mais avançada. Quanto à ocupação, este africano foi registrado como ganhador, e o crioulo, como doméstico. É possível que este último trabalhasse tanto em casa quanto na rua, ou que estivesse alugado para fora.[18]

Infelizmente, em nenhum dos casos aqui apresentados foi possível descobrir a parte do ganho retida pelo cativo. Se deixavam aqueles valores para os senhores, presume-se que ganhavam mais, em geral. Há cifras para o que recebiam ganhadores libertos em 1849, que suponho serem válidas também para os escravizados (ver quadro anexo a este capítulo). Um carregador de cadeira, por exemplo, fazia 640 réis de diária. Considerando que o escravo empregado nesta atividade continuasse a pagar quatrocentos réis a seu senhor, como fazia em 1847, ele retinha para si 240 réis diários, portanto menos de 40% do que recebia de seus clientes. Caso gastasse um terço na própria manutenção (casa, comida, roupa), restavam 160 réis para outras despesas e alguma poupança que possibilitasse futuramente investir na compra da alforria. Levando em conta que o preço médio de um escravo em 1850 era quinhentos mil-réis, o ganhador teria de trabalhar cerca de nove anos para se libertar, caso poupasse para essa finalidade todo o excedente dos gastos com sua manutenção, uma missão difícil de ser cumprida.[19]

Já o senhor, de acordo com a mesma contabilidade, recuperava o capital investido no escravo em pouco mais de três anos, e usufruía um lucro líquido ao longo dos seis anos seguintes, com o qual poderia ainda comprar talvez outros dois escravos novos, mais jovens do que o alforriado. E paga a alforria, mais um escravo podia ser comprado com o dinheiro recebido. Muitas vezes, em lugar de pagar a alforria em dinheiro, o escravo pagava em serviço. Nesse caso, a fórmula mais comum era servir o senhor ou senhora até sua morte.[20]

Mas nem sempre, em contratos de alforria, corria tudo como esperado, seja para o escravo ou para o senhor. Um ano antes da greve de 1857, um arranjo que falhara foi parar na mesa do chefe de polícia, que leu a seguinte petição:

> Diz D. Cipriana Maria de Sta. Anna que, a requerimento da suplicante, foi recolhido nas cadeias do Aljube o crioulo João Gregório por não querer pagar a semana à suplicante, cujo crioulo, conquanto seja liberto, só poderá gozar da sua liberdade depois da morte da mesma suplicante, como dá notícia o documento junto. E porque a suplicante se veja privada do serviço do dito crioulo, e ele se comprometa a satisfazer pontualmente suas semanas, vem requerer a V. Sa. lhe mande pôr em liberdade, visto não ser recolhido por crime algum.[21]

A alforria de João Gregório era condicional, o colocava na fronteira entre liberdade e escravidão: liberto, ele só poderia desfrutar plenamente dessa condição por morte de sua senhora, conforme ela fez constar no tal "documento junto" — decerto uma carta de alforria —, além, provavelmente, de o indicar em verba testamentária. O crioulo, tudo indica, já vivia sobre si, portanto fora da casa senhorial, e tão livre que achou por bem desafiar o que havia sido combinado com a patroa. Tendo deixado de pagar a semana, d. Cipriana acionou a polícia, que o pôs atrás das grades. Não adiantou Gregório protestar junto ao carcereiro que ele era forro, pois era e não era ao mesmo tempo, vivia numa espécie de limbo legal. Essa a cilada das chamadas alforrias condicionais. Restou-lhe prometer à senhora que voltaria a pagar a semana regularmente, ou seja, renegociou sua liberdade — ou sua escravidão.[22]

Outros arranjos de trabalho existiam na interseção entre escravidão e liberdade no meio urbano, a exemplo dos contratos de locação de serviço. Contratos dessa natureza começaram a surgir na década de 1860 e muitas vezes envolviam libertos que tomavam dinheiro emprestado para comprar a alforria, oferecendo-se para pagar a dívida aos credores com trabalho ou tempo de serviço. Num acordo típico, de 1869, registrado por tabelião, o africano Benedicto se obrigava a servir d. Maria Constança da Silva Freire durante oito anos para saldar uma dívida de 400 mil-réis, valor da alforria pago por ela ao senhor dele dois anos antes. O contrato era feito, segundo nele se lê, porque, "não podendo ele [Benedicto] pagar semelhante débito por outra forma [...] se obriga a prestar seus serviços à mesma" d. Maria Constança, descontando esta 50 mil-réis anualmente da dívida contraída pelo ganhador. Tratava-se de uma espécie de servidão por dívida, a qual, se paga antes dos oito anos planejados, ensejaria a liberdade imediata do devedor. Pode-se imaginar que Benedicto nutrisse a esperança de ganhar o suficiente para cumprir o compromisso antes daquele deveras longo prazo. Mas não seria fácil, pois, segundo sua carta de alforria, ele já ultrapassara os cinquenta anos de idade, e talvez não mais tivesse a energia necessária para abreviar sua nova servidão. O hiato de dois anos entre a alforria e o contrato indica exatamente isso: não lhe tinha sido possível ressarcir nenhuma fração da dívida naquele prazo, daí ter ele se submetido ao acordo de serviço com a credora.[23]

Como esse exemplo sugere, o trabalho no ganho não era um mar de rosas. Além de atritos com senhores, senhoras, patrões, patroas, autoridades policiais e fiscais, sem falar dos clientes, o sistema consumia implacavelmente o corpo dos ganhadores, com frequência lhes abreviando a vida. Não era mole sobretudo para os carregadores de pesados fardos e de cadeiras, que tinham de percorrer ruas irregulares, subir e descer as numerosas ladeiras da cidade, principalmente aquelas, mui íngremes e mais transitadas, que faziam a conexão entre o distrito portuário na Cidade Baixa e o setor residencial e administrativo na Cidade Alta. Sir Robert Wilson, que no início do Oitocentos vira negros carregando enormes caixas de açúcar ladeira acima, sob um sol de quase quarenta graus, anotou em seu diário: "É quase impossível imaginar um trabalho mais estafante". Para suavizar o esforço, os cangueiros costumavam usar uma espécie de tipoia num braço, enquanto trabalhavam com o outro.[24]

Cangueiros (ou carregadores de pau e corda), um dos destaques da postura de 1857, eram presença constante nas ruas de Salvador, e foram bem representados nas artes e nos relatos dos viajantes estrangeiros, que amiúde copiavam uns aos outros. Detalhistas, muitos perceberam, além do trabalho que desenvolviam os africanos, uma dimensão estética que estes traziam para as ruas com criativos chapéus, que podiam representar hierarquias dentro do grupo; bolsas onde guardavam o dinheiro do ganho e talvez uma cópia da carta de alforria ou passes escritos por senhores e autoridades; roupas variadas feitas, preferencialmente, com panos da costa.

Os carregadores de cadeira foram, entre os ganhadores da Bahia, os mais bem documentados, pelo que é possível oferecer mais detalhes sobre eles e seus instrumentos de trabalho. Para começar, esses trabalhadores eram muito numerosos. Na lista das ocupações de escravos urbanos compilada pela historiadora Maria José Andrade para o período de 1811 a 1888, os 469 carregadores de cadeira só perdem em número para os 527 domésticos, de uma amostra de 3168 cativos cujas ocupações foram especificadas nos inventários post mortem. Ou seja, 15% da mão de obra escravizada em Salvador se dedicava ao transporte em cadeiras de arruar, sem contar os libertos que também atuavam no mesmo ramo. Uma amostra bem menor, mas representativa das ocupações dos ganhadores de rua, foi feita em 1837 na freguesia da Sé. Em um dos grupos de ganhadores em atividade naquela freguesia foram computados 33 escravos, dos quais dezenove (ou 58%) eram carregadores de cadeira, e os demais, ganhadores de cesto — estes, é provável, carregadores de qualquer objeto, até talvez cadeira. Portanto, transportar gente desse jeito era a típica ocupação do negro de ganho atuando nas ruas da Bahia ao longo do século XIX.[25]

O carregador de cadeira era o mais bem remunerado dentre os trabalhadores não especializados, se comparados, por exemplo, aos cangueiros e carregadores de cesto e tina. Seu ganho médio diário de 640 réis, em 1849, equivalia ao que recebia um pedreiro ou um barbeiro, que eram trabalhadores com ofício (ver anexo a este capítulo). Sem especificar data, mas possivelmente entre as décadas de 1870 e 1880, uma viagem do centro da cidade até a Barra ou o Bonfim, em torno de seis quilômetros, custava 6 mil-réis, segundo Manuel Querino. Era o valor, entre 1871 e 1879, de uma dúzia de meias garrafas de cerveja, ou de uma saca de farinha de mandioca, de 1,32 metro de casimira

5

6

7

5 a 7. *Carregadores de pau e corda, também chamados cangueiros. O autor da Fig. 5 quis retratar algo da vida urbana de Salvador, inclusive suas hierarquias sociais. Mulheres brancas nas janelas do andar superior de um sobrado, talvez flertando com homens brancos sobre garbosos cavalos ostentados como marcas dos de sua cor, gênero e classe. Mas o centro da cena é tomado pelos trabalhadores africanos com suas roupas (coloridas no original) feitas com panos da costa. A Fig. 6 pertence toda aos cangueiros, mas à esquerda e ao fundo se retratam, além de barris, um cesto e talvez um tabuleiro usados pelos ganhadores e ganhadeiras para carregar variados objetos. Na Fig. 7, cangueiros fotografados no final da década de 1860 já não usam as coloridas roupas "africanas" do período anterior, mas chapéus e gorros comuns, e roupas maltratadas pelo uso, de pano branco, rústico, de algodão, que seria o padrão para os ganhadores, segundo as lentes de vários fotógrafos da época. Em geral menos idealizadas, estas cenas não eram, porém, espontâneas, mas arranjadas pelo fotógrafo. As fotos eram negociadas como cartões-postais representativos de cenas do cotidiano exótico nas ruas baianas.*[26]

preta, um chapéu de feltro, uma calça de brim branca, uma viagem de vapor até Valença, ida e volta, uma espingarda ordinária, uma cadeira usada de jacarandá ou "uma mesa ordinária de jantar", "um sofá estufado e muito arrumado", três gamelas, duas dúzias de facas. Cada item em separado, bem entendido, não o conjunto. Dava, contudo, para tocar a vida com o ganho diário, sobretudo se o ganhador fosse liberto. Se escravo, dependia do acerto feito individual e diretamente com o senhor, mas que devia seguir um padrão de mercado. Não consta ter a Bahia conhecido as companhias ou agências de cadeirinhas de aluguel encontradas no Rio de Janeiro oitocentista.[27]

Até a propagação, na segunda metade do século XIX, de carros, seges, carruagens e gôndolas puxadas a burros, mulas, jegues e cavalos, o transporte terrestre de pessoas em Salvador se fazia, quase exclusivamente, por meio das cadeiras de arruar — assim chamadas por trafegarem *nas ruas* —, também conhecidas por "cadeirinhas". Termos como "serpentinas", "palanquins" e "liteiras" eram pouco usados, até porque se referiam a objetos com outras formas. O uso da cadeira de arruar não foi invenção lusa, tendo presença centenária em vários cantos do planeta. No Brasil remonta ao século XVII, e parece ter sido mais comum em Salvador do que noutras grandes cidades coloniais e imperiais brasileiras. Era usada por senhores ricos para seu transporte pessoal e de sua família, ou, profusamente, para alugar, que é a destinação que nos interessa.[28]

Os carregadores de cadeiras desempenhavam um trabalho tão ou mais extenuante do que o dos cangueiros. Transportavam, muitas vezes, clientes pesados, com oitenta, noventa ou mais quilos. Até porque se serviam delas, os visitantes estrangeiros descreveram regularmente a atuação dos carregadores de cadeira, sem atentar para o esforço que exigia aquela tarefa. Em torno de 1840, Daniel Kidder registrou que o cliente encontrava

perto de cada esquina ou lugar público uma longa fila de cadeiras acortinadas, cujos carregadores, com chapéu na mão, se amontoam em seu torno com toda avidez — embora sem a insolência dos condutores de carruagens de Nova York —, dizendo: "Quer cadeira, Senhor?". Quando ele já fazia sua escolha e sentava-se a seu gosto, os carregadores levantavam sua carga e marchavam adiante, aparentemente tão satisfeitos com a oportunidade de carregar um passageiro, como este de ter a chance de ser carregado.[29]

Provavelmente mais satisfeito do que seus carregadores, Kidder subiu a bordo de uma cadeira a íngreme ladeira da Conceição da Praia até a Cidade Alta. Nem todo passageiro encarava com tal fleugma ser transportado desse jeito. Em 1837, pouco antes da visita de Kidder, o botânico escocês George Gardner recusou fazer o mesmo, talvez por sentir-se inseguro, pois, como escreveu Mrs. Kindersley, uma inglesa na Bahia em 1764, "considerando a exiguidade do banquinho e as oscilações do veículo, um novato corre o perigo de ser jogado fora de um momento para outro". Já James Wetherell, inglês residente muitos anos em Salvador, confessou, em meados do Oitocentos, que no início teve dificuldade para se equilibrar na cadeira, mas depois acostumou-se e passou a se locomover pela cidade com ela, como praticavam os brancos locais.[30]

Carregada ladeira acima no início da década de 1820, a também inglesa Maria Graham descreveu sua cadeira com "um piso e o teto cobertos de couro; cortinas, geralmente de morim com bordas douradas e tecido com algodão ou linho, são arranjadas para fechar ou abrir à vontade; e este conjunto é suspenso no topo por uma única vara".[31] Muitas das cadeiras, tanto as particulares como as de aluguel, vinham decoradas com esculturas e pinturas de paisagens, flores, animais (eram comuns cabeças de serpentes esculpidas nas extremidades dos braços), anjos e outros motivos religiosos. Cortinas e decorações dispendiosas, observou Kidder. Cortinas mais simples ou "magníficos cortinados" — segundo o mais atento holandês Quirijn ver Huell, na Bahia entre 1807 e 1809 — protegiam o passageiro, e sobretudo a pudica passageira, dos olhares indiscretos dirigidos da rua.

As vestes dos carregadores também foram anotadas. Quando esteve em 1832 na Bahia, Robert FitzRoy — capitão do navio que transportou Charles Darwin em sua viagem de volta ao mundo — descreveu como "quase nus" aqueles que o transportaram entre a Cidade Baixa e a Cidade Alta. Mas outros viajantes os representaram mais bem-vestidos. Variavam na indumentária. Muitos se apresentavam para o trabalho envergando espécie de uniforme, composto por calça, jaqueta, chapéu vistoso, às vezes cartola limpa, ou um gorro apenas, quase nunca novos. Já Maximiliano de Habsburgo escreveu em 1860 que a farda deles era "pesada, antediluviana, a carapinha metida num chapéu alto, de couro preto-azeviche, enfeitado com um laço colorido". Manuel Querino os viu trajar "casaca de pano azul com portinholas, vivos botões dourados ou encarnados; calças da mesma fazenda agaloadas; chapéu alto de oleado com galão de ouro; colete de flanela clara com botões dourados e gravata de manta". Fossem escravos ou libertos, trabalhavam descalços, como faziam os ganhadores em geral, carregassem cargas ou pessoas, pesadas ou leves.[32]

Eu disse que carregar cadeira não configurava atividade especializada, o que não significa que bastassem músculos para ser ela bem desempenhada. Os ganhadores careciam combinar força e destreza, e desta fazia parte administrar aquela. Saber equilibrar a cadeira era fundamental. Nilza Botelho escreveu que havia "carregadores tão peritos que uma pessoa poderia sentar-se em uma destas cadeirinhas com um copo cheio de água na mão, sem que derramasse uma só gota, quando o veículo entrava em movimento". Talvez um exagero, mas a autora aponta corretamente a estabilidade da condução como a marca registrada dos bons carregadores. Com este objetivo, ela acrescenta, "eles andavam sempre com passo igual e cadenciado", embora não devagar, necessariamente. Precisavam, porém, ser habilidosos para evitar acidentes como o previsto num artigo em *O Carril*, jornal dirigido a viajantes, no qual se advertia que tomassem cuidado, pois "até em uma curta viagem n'uma cadeirinha d'uma casa para outra vizinha, podem quebrar a cabeça, uma perna, ou um braço". O periódico assim descrevia as consequências do trabalho de um mau carregador.[33]

Em Salvador, a cadeira de arruar se fazia difícil de manejar e mais pesada devido às ruas irregulares e mal calçadas e às ladeiras íngremes da cidade. Os carregadores lançavam mão de uma técnica para aliviar o peso sem perturbar seus passageiros. Maria Graham foi quem melhor a descreveu: fora conduzida por dois negros "num passo apressado, sobre seus ombros, *mudando ocasionalmente da direita para a esquerda*".[34] Uma almofada adaptada ao braço da cadeira não bastava para aturar a pressão feita sobre o ombro do ganhador, e ele então procurava distribuir, vez por outra, o peso sobre o corpo em marcha. Para não chacoalhar em demasia o passageiro nesta operação, utilizavam, ao modo de alavanca e apoio, um bastão que sempre os acompanhava, e com a ajuda do qual, baixando a cabeça, levavam o braço da cadeira de um ombro para o outro. Praticamente todas as ilustrações conhecidas de cadeiras de arruar retratam esses bastões nas mãos dos carregadores.

O carregador de cadeira podia ser homem de vária idade, mas o ideal era que fosse alto, jovem, robusto e ágil, características que o tornavam escravo valioso. Era o caso de João. Em 1845, com a morte do africano liberto Ventura

8

9

10

11

12

13

14

8 a 14. *Os carregadores de cadeiras foram retratados por um grande número de viajantes e residentes estrangeiros em todo o Brasil, e particularmente na Bahia, onde abundava esse meio de transporte de passageiros, usado até o fim do século XIX. Aqui, uma pequena amostra de uma iconografia que alcançou a era da fotografia na década de 1860. Peça do Museu de Arte da Bahia, a Fig. 14 ilustra vários elementos da armadura e decoração de uma cadeira de arruar: o piso e o teto em couro, o entalhe nas bordas da cúpula, a pintura floral sobre os braços da cadeira, em suas extremidades uma cabeça de serpente esculpida, por baixo uma almofadinha para apoio dos ombros dos carregadores e logo atrás um anteparo de madeira para impedir que o suporte escorregasse para a frente (Fig. 14a, detalhe da almofada).*

14a

14b

14c

14d

14b, c e d. Duas varas mais flexíveis e finas, fortes, amarram cada lado do braço aos pés da cadeira, formando pequenos eixos nas extremidades, quer no engate do braço, quer no da cadeira. Essa técnica produzia o efeito de um amortecedor, que atenuava o balanço do veículo em movimento, tornando a viagem mais confortável para o passageiro.

Ferreira Milles, seu escravo João, carregador de cadeira da nação nagô, peticionou ao juiz para pagar por sua alforria o preço em que fora avaliado no inventário, 500 mil-réis, mais a quinta parte desse valor. Era o que a lei lhe facultava no caso da morte do senhor. A transação foi a 600 mil-réis. O preço estava um pouco acima do que então se pagava na Bahia, em média, por um escravo do sexo masculino, e bem abaixo do preço máximo, em torno de 1150 mil-réis (um conto, cento e cinquenta mil-réis). A mulher do defunto Milles, agora senhora do escravo, protestou em vão contra o parecer do juiz, que despachara: "Depositando [os 600 mil-réis], passe a carta de liberdade, 13 de julho de 1846". Segundo ela, o cativo havia sido "modicamente avaliado à vista do que presentemente custam escravos carregadores de cadeira, como é o dito escravo João, que é moço e reforçado e de grande altura".[35] Não adiantou o protesto, João seria forro doravante.

Além das características destacadas pela senhora a respeito de João, o carregador de cadeira ideal devia ser bonito, o que se acreditava atrair a clientela. Muitos eram postos à venda em anúncios de jornal como "bom negro carregador de cadeira, *muito boa figura* e sem vício algum"; e outro foi apresentado como "bonito negro carregador de cadeira, ou a parelha, por não precisar dela".[36]

A venda de duplas (ou "parelhas") de carregadores era comum. Porque precisavam se entender mutuamente para melhor desempenho no trabalho, não causam surpresa anúncios como este de 1840, que oferecia "dois de uma parelha de cadeira". Ou, em 1848, aquele que punha à venda "uma boa parelha de pretos carregadores de cadeira". Este outro, de 1857, propunha o aluguel de "dois pretos de cadeira", ao preço de 25 mil-réis por mês, cabendo ao locador alimentar, vestir e trata-los de doença que porventura viessem a contrair.[37] Na matrícula de ganhadores feita em 1857, vários senhores possuíam duplas de carregadores de cadeira. Bernardo Dias Moreira matriculou seus africanos Miguel e Joaquim; da mesma forma, José Joaquim Barreto matriculou David e Theotonio; também Maria Francisca da Silva, senhora de Carlos, tapa, e Isaac, nagô, quis vê-los "matriculados para o serviço de carregar cadeira"; o dr. Affonço Paraizo Moura, morador na rua do Passo, matriculou, "para poder carregar cadeira", seus africanos Antonio moço e Antonio velho; e, ainda, José Martins Penna matriculou Elias e Joseph. Às vezes tais pares também trabalhavam em outras funções. Antonio José Teixeira Bastos matriculou os africanos Julião e Benedito, "que andam no serviço de ganho, de pau, cesto e cadeiras", o que a ocasião solicitasse.[38] Foi matriculado um número bem maior de escravos em dupla "para o ganho", de modo genérico, mas que bem podiam ser destinados a carregar cadeira.

Fosse sobre os ombros ou a cabeça, a carregar cadeira ou outros objetos pesados, o estrago sobre o corpo do ganhador era considerável. Os inventários post mortem listam escravos estropiados, "quebrados das virilhas" (hérnias), cansados, pés cheios de bichos, de cravos, mutilados, "espinhela partida", entre outras 53 enfermidades. Um anúncio de fuga publicado na imprensa em 1848 recompensava com gordos 100 mil-réis a quem capturasse o carregador de cadeira Antonio, de nação tapa, que, além de alto, cheio de corpo e "sinais de sua terra no alto da testa", tinha "uma costura no peito e outra no pé direito", possivelmente resultado de acidente de trabalho.[39] No rescaldo da Revolta dos Malês, dois libertos haussás presos sob suspeita de dela participar ilustram os males da ocupação. Domingos Borges e João Borges, haussás, ex-escravos do mesmo dono, depois da alforria continuaram a antiga parceria no carrego de uma cadeira. João quebrou uma perna, que não conseguiu curar, e passou a viver de fazer esteiras. Já Domingos permaneceu no ofício com um outro ganhador até sofrer "uma quebradura na banda esquerda", depois do que ele abandonou a cadeira e passou a vender tecidos.[40]

Domingos provavelmente passou a trabalhar com um cesto na cabeça, e quem assim labutava com o tempo se tornava calvo. Ganhador de cesto, devo explicar, era um termo genérico para quem carregava objetos individualmente, que podia ser dentro de um balaio de cipó caboclo ou direto sobre a cabeça, no caso de transportar baús, móveis, barris. No cesto cabia uma longa lista de itens: frutas, carnes, peixes, livros, panelas, louças, roupas e cortes de tecidos, carvão, pedra. Até cadáver se transportava na cabeça, como aquele ganhador de cesto contratado pelos frades franciscanos, em 1865, para conduzir ao hospital para autópsia uma criança que, abandonada na portaria do convento da ordem no Terreiro de Jesus, acabaria falecendo no local.[41]

A calvície era uma sequela conhecida do ganhador de cesto, que em geral não seria cesto de pouco peso. Num anúncio de escravo fugido, o indigitado José Cabinda, descrito como "bom padeiro" (e mau escravo), já se encontrava longe do senhor havia quase um ano. Em sua descrição constava ser "algum tanto calvo de carregar".[42] O escravo provavelmente carregava num cesto os mesmos pães que fazia — mas não só isso — para vendê-los de porta em porta.

O anúncio a respeito de outro negro suspeito de fugido, apreendido longe da cidade, o descrevia como "alto, tinha a cara bexigosa, *cabeça coroada* indicando ser ganhador, vestido de calça e camisa de riscado já usada". Quem reconhecesse o ganhador como seu escravo deveria procurar o anunciante, que o apreendera por certo com vistas a uns trocados de recompensa.[43] Não se sabe exatamente quando, mas os ganhadores passaram a usar uma espécie de gorro revestido com uma almofada, a modo de rodilha, para tornar mais confortável carregar à cabeça, aliviando deste modo o atrito e o consequente desgaste do couro cabeludo.[44]

15 e 16. *Ganhador de cesto vende pão, década de 1820. Ao contrário da roupa da Fig. 15 — que aparenta ser nova, bem talhada e limpa, conforme idealizada por quem fez o desenho —, a da Fig. 16, fotografia do início da década de 1860, revela melhor o traje típico do ganhador, feito de algodão grosseiro. Sobre a cabeça, um gorro almofadado para aliviar o peso da carga transportada. Para maior conforto, o ganhador podia ainda fazer uma rodilha com o pano que descansa sobre seus ombros. Impossível ignorar o olhar triste do africano e seu rosto sofrido, contrariado, angustiado até, que ainda exibe escarificações étnicas trazidas de sua terra para a terra de branco. Rosto que atravessa o tempo e explica a greve. Este ganhador certamente parou em 1857.*

Além do desgaste do corpo ao longo de anos sob cativeiro, e mesmo quando já libertos, os ganhadores estavam sujeitos a acidentes porque empregados em ocupações inadequadas para suas habilidades. Era o caso dos ganhadores à beira-mar. Muitos dos nagôs, haussás e tapas não sabiam nadar porque vinham de partes do interior da África onde tal aptidão não era usual. Empregados no cais ou a bordo de saveiros, de vez em quando morriam afogados. Foi o que aconteceu, em 1859, em acidente relatado pelo dono de uma lancha usada no transporte de cal para o forte do Mar, muito próximo dos atracadouros de Salvador. No seu retorno, caiu n'água um escravo africano chamado Dativo, que na queda puxou um parceiro seu, também africano. Os marinheiros lançaram cordas e varas, conseguindo resgatar um deles, mas Dativo afundou. Ganhadores como Dativo muitas vezes não podiam escolher como ganhar a vida, e terminavam por perdê-la.[45]

*

Se eram escravos, os ganhadores queriam auferir o suficiente para, além de sobreviver, poupar com vistas à alforria. Se libertos, pelejavam para melhorar as geralmente difíceis condições de vida em liberdade. Havia ganhadores que se cansavam de esperar pela prosperidade como fruto exclusivamente do trabalho. Impacientes, partiam para o roubo, e no caso dos escravos, com frequência, porque nem sempre o ganho bastava para pagar a semana devida ao senhor. Não importasse a razão, o constante desvio de carga pelos ganhadores seria um dos temas mais lembrados quando se tratava de criticá-los e controlá-los. Não por acaso, o roubo de objetos a eles confiados foi usado como uma das justificativas para a postura de 1857 que levara à greve, pois os vereadores apostavam que o número do registro individual estampado na chapa metálica, a ser usada em "lugar visível", inibiria semelhante comportamento.[46]

Os jornais amiúde denunciavam ganhadores por sumirem com o que lhes havia sido confiado. Notícias nesse sentido vinham de longe no tempo. O *Idade d'Ouro* publicou, em 1814, o relato de um incidente desse jaez:

> No dia 19 de setembro conduzia um preto um baú fechado, e marcado, para uma escada, no beco do Grelo, e como acompanhado de outros, que queriam arrombar, deu motivo a que Roberto Pereira de Jesus, pardo, oficial de Tanoeiro, exa-

minasse curiosamente o que era, e perguntando ao condutor do baú pelo dono deste, aquele não só lhe não respondeu, como fugiram todos, deixando o dito baú, na dita escada, e como viesse no conhecimento que era furto, o referido Roberto o entregou ao seu Mestre Antonio Fernandes de Oliveira, morador no beco do Grelo. O qual faz público, para que o dono do baú, dando sinais certos, vá tomar conta dele.[47]

Muitos anos depois, um capitão de navio, o português José Francisco Alves, ao desembarcar em Salvador, "entregou a um preto de ganho um pequeno embrulho de roupa e papéis [...] tendo-lhe desaparecido o dito preto", segundo anúncio publicado pela vítima no *Correio Mercantil* de 5 de maio de 1838. Os papéis talvez não servissem ao dito preto, a roupa, sim. Naturalmente, envergando a roupa do branco, ele poderia fazer boa figura diante dos parceiros de trabalho e sobretudo das beldades africanas. O mais provável, porém, é que a vendesse a outro branco. Dinheiro não estava fácil naquela quadra, poucos dias depois da retomada de uma esquálida Salvador pelas tropas legais das mãos dos rebeldes federalistas da Sabinada, após quatro longos meses de cerco e um assalto final que causou centenas de vítimas e muita destruição.[48]

Em data próxima àquela, novo incidente, quando um "preto ganhador" desapareceu com um baú contendo 352 mil-réis em dinheiro de papel, que poderia dispor de imediato para comprar, por exemplo, um escravo barato, ou, se fosse ele próprio escravizado, cobrir dois terços do valor de sua alforria.[49] Além do dinheiro, o baú continha uma fivela de sapato grande de ouro, que podia ser vendida e facilmente derretida por algum ourives desonesto. A prejudicada foi d. Joaquina Julia Navarro de Campos, que estava de mudança para Cachoeira e contratara o africano para carregar seus trastes até o embarcadouro. Agora oferecia 40 mil-réis a quem descobrisse o paradeiro do roubador.[50]

Dez vezes menos seria a recompensa a quem descobrisse o preto ganhador que, uma semana antes do Natal de 1839, desaparecera na Cidade Baixa com uma bacia, coberta com uma toalha branca, cheia de louças usadas. O ganhador talvez quisesse, com a venda do produto do roubo, desfrutar um Natal mais gordo, ou uma mesa bem posta. O anunciante pedia a "qualquer pessoa a quem o tal preto vá oferecer alguma da dita louça, ou com ela encontrado, querendo levá-lo ou pô-lo em segurança, até se descobrir a quem pertence, será gratificada".[51] Da louça de mesa à comida, numa manhã de domingo, em junho de 1844, um inspetor de quarteirão da freguesia do Pilar recuperou das mãos de três pretos "quatro pães de sebo" — ou seja, oito arrobas de toucinho — vindos do Rio Grande do Sul. Os pretos que conduziam a carga abalaram quando deles se aproximou o inspetor, que em seguida fez publicar um anúncio no *Correio Mercantil* avisando que o dono dela o procurasse.[52]

O ganhador podia às vezes roubar não apenas o carrego que levava, mas roubar a si próprio no processo, tornando-se escravo fugido. Leiam comigo este anúncio de abril de 1838:

> Fugiu no dia 23 do corrente um preto ganhador do Cais do Comércio, com duas arcas, uma maior que outra, contendo a maior roupa fina de senhora e de menino, várias colheres de prata e pedaços de dita, duas chaves grandes e outros objetos; e a pequena, roupa ordinária também de senhora: a pessoa que descobrir o furto pode, querendo, dirigir-se ao beco fronteiro à Igreja do Rosário de João Pereira, casa n. 8, que será recompensada com generosidade.[53]

Este escravo provavelmente pretendia começar sua fuga com algum pequeno cabedal auferido com a venda dos objetos que subtraíra a um cliente. Da mesma forma, cinco anos depois, na antevéspera do Natal, havia desaparecido um negro ganhador com um saco de roupa suja que transportava da praça do Comércio para o Campo Grande.[54]

Todos os anúncios vistos até aqui localizam os infratores na Cidade Baixa, o movimentado bairro portuário por onde circulavam clientes, cargas e negros de ganho em maior quantidade do que qualquer outro lugar de Salvador. A rua de Santa Bárbara, onde se encontrava o mercado de mesmo nome, foi seguidas vezes citada. No final de abril de 1840, um comerciante ali estabelecido procurava o dono de um balaio por ele recuperado, com pano cosido por cima, "desencaminhado por um ganhador há quinze ou vinte dias". Para driblar os espertalhões, apenas quem desse "os sinais certos" do conteúdo do balaio o teria de volta.[55]

A notícia mais sensacional sobre o assunto seria veiculada nas páginas do *Correio Mercantil*, em 1840. A primeira nota sobre a história sairia num anúncio publicado no dia 10 de março:

No sábado 7 do corrente, às seis horas da tarde, da cidade baixa até a Victoria, desapareceu um ganhador de cesto, de nação Nagô, vestido de camisa de baeta azul e calça branca, levando um baú de couro preto, com chapa de latão, o qual foi ultimamente visto na rua da Preguiça: quem souber do dito preto, ou de seu Senhor, queira dar notícias deles no escritório do Sr. Frederico Gultzow, na rua dos Aljibebes, defronte da loja do Porto, aonde será muito generosamente recompensado com 1: 000$000 rs [um conto, o mesmo que 1 milhão de réis].[56]

Um conto de réis era muito dinheiro, valor de dois ou três escravos na época, dependendo das características deles. Dois meses depois, a 2 de maio de 1840, o leitor baiano conheceria os detalhes do crime e de sua solução. Novela policial. Uma longa matéria de primeira página contava que um negociante estrangeiro, E. Schramm (ou Schram), contratara um ganhador para transportar seu baú, o mesmo do anúncio que acabo de transcrever. Dentro dele estavam, além de vários objetos pessoais, a fabulosa quantia de 45 contos de réis em notas de papel — tanto dinheiro que com ele se poderia comprar, naquele ano, cem escravos, e se os mandasse buscar na África, o triplo pelo menos.[57] Dava para montar um bom engenho. Tendo a notícia se espalhado pela cidade, houve quem considerasse aquela cifra fantasiosa porque dono de tão valioso baú não o deixaria sumir de suas vistas, apesar da "confusão" que costumava "reinar na Cidade Baixa" no final da tarde. O autor da nota na imprensa quis confirmar a realidade dos fatos e comunicava ao público que o valor era aquele mesmo e tinha sido quase todo recuperado, faltando apenas 900 mil-réis. Pouco, comparado ao montante roubado. Muito, no entanto, para um ganhador, pois equivale a cerca de quatro anos de sua remuneração diária, se ele trabalhasse todos os 365 dias do ano.[58]

O baú milionário fora descoberto por um escravo de Frederico Gultzow, o autor do anúncio acima transcrito e sócio de E. Schramm. Sob promessa de grandes recompensas, Gultzow tinha distribuído pelas ruas da cidade todos os seus escravos no encalço do ganhador suspeito e de seu senhor. A se acreditar na notícia, o escravo que desvendou o crime teria sido recompensado com sua alforria, além de dois contos de réis. Outras pessoas que coadjuvaram a investigação, como um policial de nome Thimoteo, receberam aquele conto de réis prometido no anúncio de março. Causa dúvida, porém, na história narrada, que entre diligências para recuperar o dinheiro e várias outras recompensas tivessem sido gastos cerca de dez contos de réis, um quarto do valor roubado. Alguma coisa está errada nessa história — ou nessa conta — que os baianos, provavelmente, continuavam a achar assaz fabulosa. Fim da novela.[59]

Prosseguindo na leitura do *Correio Mercantil*, deparo-me com outras notas de interesse.

Desta vez parecia não se tratar de roubo, mas de perda. O livreiro Pogetti anunciou que um carregador, que lhe trazia um monte de livros do mercado de Santa Bárbara até a Mouraria, na Cidade Alta, deixara cair na rua um livro de conta corrente preenchido até a folha 20.[60] O escravo alegara ter perdido o livro, mas com algum esforço podemos imaginá-lo usando ele próprio ou vendendo as folhas limpas para algum negociante ou até a outros africanos para múltiplos usos: organizar a contabilidade das irmandades de pretos ou exercitar escrita muçulmana, inclusive a confecção de amuletos protetores.

Em mais um anúncio, outro comerciante divulgou que "se dirá onde existe uma canastra de alhos desencaminhada por um ganhador".[61] De papel a alho, sumia de tudo das mãos dos ganhadores.

Outros casos de descaminho, com menor representação nas fontes documentais, pontilharam a segunda metade do século XIX. Uma das vítimas seria João Mauricio Wanderley, o poderoso barão de Cotegipe, ex-presidente da província da Bahia, senador do Império, líder dos conservadores baianos, que ao desembarcar no cais de Salvador, em meados de 1860, vindo do Rio de Janeiro, confiara uma caixa sua a um ganhador. Quem haveria de roubar homem tão poderoso? Mas o objeto sumiu. O ganhador responsável negou tê-lo desencaminhado, alegando apenas sua entrega no endereço errado, na Calçada do Bonfim, bem longe do local de desembarque. Verificada, sua história não conferia. O ganhador era escravo de um Araújo Goes, família ilustre na Bahia, mas desconheço quanto isso lhe valeu diante do nome reluzente do cliente prejudicado. Já esses cavalheiros, deviam se entender. Não sei como terminou a história, mas outras continuaram a ser relatadas século adentro. Em meados de agosto de 1877, por exemplo, o ganhador Balbino, morador do Desterro, teria subtraído um baú da lancha *São Pedro*, ancorada no cais de Cachoeira.[62]

É claro que os ganhadores não desviavam todo tempo os objetos a eles confiados; só uma minoria o fazia, e como recurso emergencial. A maioria pautava seu desempenho pela mais estrita honestidade, daí seus serviços serem tão amplamente usados. Ademais, em geral, os clientes provavelmente seguiam o conselho dado pelo *Diario da Bahia*, em 1836: "não perder de vista os ganhadores".[63]

Mas as denúncias estampadas tão frequentemente na imprensa terminariam por associar o ganho ao crime e o criminoso ao africano. O jornal *O Alabama*, por exemplo, usava o ganhador como metáfora para toda espécie de gente desonesta, avarenta, mentirosa e portadora de outros desvios de caráter. A fazer companhia a um salafrário, lá estava "um preto ganhador desses descarados"; sobre um padre avaro: "Então o vigário é ganhador? Onde houver dinheiro ele deve estar presente, ainda que seus paroquianos morram sem os sacramentos?"; sobre um "galego" a quem o atraíam as negras: "os trampeiros, os miseráveis da *selecta*, os ganhadores de pau e corda, os cangueiros, têm ainda mais atração para chicote"; do presidente da província exigia que "S. Exª trate da saúde do povo, ameaçada pela preguiça dos carroceiros, ou pelo cálculo de ganhadores"; a um famoso comerciante baiano que passou moeda sabidamente falsa a um pobre caixeiro: "Também quem tem vergonha não pratica uma ação, que nem um ganhador de cesto seria capaz de praticar"; sobre quem caluniava, injuriava, mentia na imprensa: "insultos próprios da pena de um escritor canalha, e ganhador de cesto"; e um periodista que teria vendido a pena (ou o silêncio) ao governo é definido como adepto de "nova escola de ganhadores de cesto".[64]

A reputação de trambiqueiros não refletia os valores predominantes entre os ganhadores, que precisavam gozar da confiança de sua clientela para trabalhar e sobreviver. Com o objetivo de instituir e fazer obedecer normas de comportamento no desempenho das tarefas, eles operavam dentro de uma estrutura organizacional a que chamavam *canto* de trabalho, assunto do próximo capítulo.

ANEXO

QUADRO 1: RENDIMENTO DIÁRIO DE LIBERTOS EM SALVADOR, 1849

HOMENS	RENDIMENTO EM RÉIS (ESTIMATIVA)*
Acendedor de lampiões	640
Açougueiro (proprietário)	2000
Alfaiate	1000
Barbeiro	640
Calafate	1600
Cangueiro	400
Carpina	1000; 800
Carregador de cadeira	640
Cortador de carne	1000
Ferreiro	1000
"Ganhador"	400
Lenhador	400
Marinheiro	1000
"Mercadeja café"	640
"Mercadeja diversos gêneros"	1000
"Negociante diversos gêneros"	2400; 1000
Ourives	1000
Pedreiro	640
Remador de saveiro	1000
Roceiro (trabalhador)	400
Sapateiro	1000
Servente de pedreiro	400
Vassoureiro	640
"Vende panicu"	640
Vendedor de lenha	1000

* Um "rendimento provável" é registrado na própria fonte; excluí libertos donos de escravos.

MULHERES	RENDIMENTO EM RÉIS (ESTIMATIVA)
Cozinheira	400
Doméstica	320; 400
"Ganhadeira"	640
Lavadeira	320
Proprietária de imóvel	1600
Quitandeira (hortaliças)	640
Quitandeira (peixe)	4000; 1000
Vendedora de aberém	400
Vendedora de acaçá	320; 480
Vendedora de comida feita	640
Vendedora de diversos gêneros	1000
Vendedora de frutas	640
Vendedora de mingau	320; 480
Vendedora de sapatos	1000
Vendedora de verduras	640

FONTE: "Relação dos Africanos Residentes na Freguesia de Santana", APEB, maço 2898.

3. Canções, cantos e redes

Os ganhadores se mobilizaram para a greve de 1857 a partir de formas de organização do trabalho constituídas em torno de elementos étnico-culturais característicos dos africanos. Identidade étnica e significações culturais moldavam a noção de nação africana, e tinham dimensões políticas tanto no cotidiano do trabalho quanto nos momentos de ruptura e crise, a exemplo da greve e de conflitos que a antecederam. Esses conflitos, principalmente o ciclo de revoltas e conspirações ocorridas durante a primeira metade do século XIX, já haviam feito dos africanos da Bahia objeto de temor de senhores e autoridades em todo o Brasil. Em meados do século, no entanto, pensava-se que a capacidade de mobilização coletiva daqueles trabalhadores africanos se tinha esgotado, havia muito tempo, com a derrota da Revolta dos Malês, em 1835. Todavia, ainda assustava muita gente o grande contingente de africanos, sobretudo na capital da província, uma população cada vez mais etnicamente concentrada em torno da nação nagô.[1]

Entre escravos e libertos, os nagôs praticamente dominavam o mercado de trabalho "informal" em meados do século XIX. Foram eles os principais responsáveis pela paralisação de 1857. A concentração de africanos da mesma origem, associada ao caráter da escravidão urbana — uma escravidão sem feitor, como já se disse —, fez florescer uma cultura escrava mais autônoma e atirada.[2] A identidade étnica, por sua vez, favoreceu a resistência e a negociação de escravos e libertos diante de senhores, clientes, autoridades policiais (feitores por delegação) e da população livre em geral, mas também entre africanos de diferentes nações.

O parentesco de nação se manifestava, para além da parceria no trabalho, nos arranjos de casamento e moradia, na devoção religiosa, nas relações de compadrio, unindo os africanos muitas vezes em torno de projetos comuns mais arrojados. Como bem escreveu Kátia Mattoso, a origem étnica africana representava, deste lado do Atlântico, "a estrutura, a ossatura da vida social, religiosa e até mesmo política dos africanos".[3] Não que a nação africana estivesse unida em todas as frentes, porque as desigualdades, a competição, a tensão e o conflito internos rondavam seus membros. Solidariedades e disputas conviviam lado a lado — e também seus mecanismos de promoção ou resolução —, assim como hierarquias políticas, religiosas e a estratificação econômica eram características da dinâmica do grupo. Libertos podiam ser senhores de escravos da mesma nação; até escravos, frequentemente, se tornavam senhores de outros parentes étnicos. Nada disso impedia que a identidade de nação florescesse, alimentada pela relação com outros grupos situados quer no mesmo patamar, quer nos estratos superiores das configurações socioeconômica e política. Pois identidade é sempre um fenômeno relacional, de contrastes, resulta de estratégias políticas para proteger e fazer avançar o grupo, a despeito de suas diferenças internas, e busca se representar por um complexo sistema cultural, uma comunidade de sentidos. O próprio processo de trabalho africano na cidade estava pleno de significados culturais.[4]

Apesar da pressão policial, os grupos religiosos, grupos de trabalho e de lazer, redes menores e mais amplas de sociabilidade e ajuda mútua, tendo por eixo a nação africana (nagô, jeje, angola etc.), se formaram no burburinho cosmopolita da cidade-porto da Bahia, embora não estivessem ausentes de engenhos e fazendas do Recôncavo baiano, e mesmo de regiões mais interioranas da província. E não obstante a predominância numérica de umas nações sobre outras, e amiúde as antipatias e inimizades trazidas da África ou aqui cultivadas, não deixou de haver o intercâmbio cultural, a negociação de identidades, a redefinição de vínculos.

Foi o que se deu com os nagôs. Vinham de uma terra dividida por lutas políticas e religiosas no período de tráfico mais intenso para a Bahia. Viviam em diversos reinos e cidades — Oyó, Ilorin, Egba, Ijebu, Ilexa, Ifé, Ketu, Onim (Lagos) etc. — e se tornaram nagôs na Bahia por uma combinação de experiências traumáticas, entre elas a captura e escravização na África, o tráfico através do Atlântico e a escravidão em solo brasileiro, circunstâncias que provocaram sua reunião no lado ocidental do oceano. Para a formação de sua nação, contaram os nagôs com língua e mitos de origem comuns, divindades (orixás) aparentadas, a união de muitos sob o Islã, a longa experiência da maioria como subordinada (mais ou menos diretamente) ao reino de Oyó, a tradição urbana e mercantil em suas terras de origem.

Não é que a mais ampla identidade nagô tivesse apagado, no exílio brasileiro, a memória de uma procedência específica na África. "Ainda que todos são nagôs, cada um tem sua terra", tentou ensinar um suspeito às autoridades policiais que o interrogaram em 1835, depois de derrotada a Revolta dos Malês. Embora o interrogado buscasse explicar que quem fizera o levante fora gente de outra origem específica, não a dele, há outras evidências dessa memória de pertencimento a formações político-culturais africanas mais demarcadas. Por exemplo, ainda no quadro de 1835, vários africanos definiram sua nação como sendo nagô-ba (nagô do reino de Egba), nagô-fe (de Ifé), nagô-jebu (de Ijebu) e nagô-lexá (de Ilexá, Ijexá). Em meados do século, um muçulmano nagô declarou-se no Recife ser natural de Oyó; pouco mais tarde, o famoso d. Obá II d'África, apesar de nascido no Brasil, traçava sua ascendência a uma família nobre do mesmo reino. No final do século XIX, Nina Rodrigues ainda pôde fazer um inventário dessas pequenas pátrias nagôs a partir de informações colhidas junto aos remanescentes de africanos que entrevistou na Bahia. Das tradições orais dos candomblés baianos emergem muitas lembranças dessa natureza, em geral os locais de origem dos pais e mães dos mais antigos terreiros ou das divindades nestes cultuadas.[5]

E ainda havia outras subdivisões (e identidades) nos meios nagôs, como aquela entre os devotos de Alá e os de Orixá, ou entre ambos e os devotos dos santos católicos. Mas a própria religiosidade — fluida, flexível, absorvente — da maioria dos africanos permitiu que muitos viessem a circular pelos diversos ambientes religiosos: frequentavam uma missa aqui, despachavam uma oferenda acolá e usavam no corpo um amuleto com trechos do Alcorão. A ortodoxia, se porventura existisse, em geral pertenceria às lideranças religiosas, e

17. Pelas marcas étnicas em seu rosto, trata-se de ganhador da nação nagô, provavelmente do reino de Oyó. Confirma-se, nesta fotografia, a roupa rústica de algodão, já puída pelo uso durante o expediente de trabalho. Também este ganhador deve ter participado da greve de 1857.

olhe lá. Na periferia dessas religiões, as misturas, as trocas e a heterodoxia abundavam. A competição havia, e até mesmo o conflito, mas grupos islâmicos, casas de candomblé e irmandades católicas funcionaram sobretudo como espaços de aglutinação, não de enfrentamento entre os filhos da África. Em torno desses diversos núcleos de expressão espiritual os africanos aperfeiçoaram suas estratégias de negociação, resiliência e resistência cotidianas e, em alguns casos — por exemplo, de alguns grupos islâmicos —, decidiram romper com o cotidiano por meio da insurreição.

Fosse na rebeldia coletiva ou na resistência individual, por método pacífico ou violento, fosse na negociação por um maior espaço de autonomia e a garantia de direitos por costume conquistados, o processo de trabalho desempenhou papel relevante. Foi assim em 1835, quando escravos e libertos muçulmanos filiados à nação nagô, os chamados malês, muitos deles parceiros de trabalho, planejaram, mobilizaram e fizeram em Salvador a mais espetacular rebelião escrava urbana no Brasil. Ao lado deles lutaram nagôs não islamizados e alguns muçulmanos de outras nações. Significados religiosos, étnicos e de classe convergiram para tornar possível o levante.

O universo simbólico africano, em grande parte renovado e atualizado na Bahia oitocentista, deve ser entendido em conexão com a experiência de trabalho dos escravos e libertos. Não se trata de deduzir cultura diretamente de processos e relações de trabalho e produção, mas de ter em conta que os escravos, ao lado dos libertos, não suspendiam a elaboração de significados culturais, a simbolização da vida, durante a geração de bens e serviços.[6] Não se permitiram uma coisificação subjetiva, como se o "tempo do senhor" — isto é, o tempo de trabalho — fosse um momento de absoluto controle senhorial, intervalo temporal sem qualquer significação escrava ou africana. O "tempo do escravo" — a hora do seu sono, seu lazer e seu domingo — não foi o único momento de expressão imperturbável de uma cultura e uma sociabilidade escravas, ou, mais amplamente, africanas. Peter Kolchin há muito criticou os defeitos dessa perspectiva nos estudos sobre a *slave community* norte-americana. "Frequentemente essa posição leva os estudiosos a negligenciar o contexto socioeconômico da escravidão e, na verdade, a experiência de trabalho dos escravos, como se a comunidade escrava florescesse, de alguma maneira, fora da instituição escravista", escreveu Kolchin.[7] Por outro lado, se a experiência cultural dos africanos foi deveras limitada pelo regime escravista de trabalho, este também estava integrado numa rede cultural para cuja formação e inteligibilidade os africanos contribuíram, mesmo quando elemento a ser combatido simbólica, policial e politicamente.

Ademais, há que se considerar a especificidade da escravidão urbana. Tanto o tempo que pertencia ao senhor como o tempo do escravo estavam investidos no trabalho — e não apenas nos intervalos de folga e lazer —, e de modo bem explícito. O escravo precisava prover diretamente ao senhor e a si próprio com o produto do ganho de rua. Ambos sabiam o que pertencia ao senhor, a renda escravista. Não havia segredo quanto a isso. Segredo havia sobre quanto o escravo auferia para si, a renda escrava. Para o senhor interessava receber o contratado. Era total a percepção que tinha o escravo da contabilidade do ganho, inclusive do grau de sua exploração, mas também das vantagens envolvidas.

Do ganho dependiam as chances de o escravo superar sua condição social através da alforria. Nem o ganho nem a alforria — esta até 1871 — eram regidos pela lei positiva, mas pelo direito costumeiro. Nenhuma legislação obrigava o senhor a permitir que seu escravo embolsasse porção do que ganhava, nem a aceitar que ele usasse sua poupança, chamada então pecúlio, para comprar a liberdade. Uma e outra coisa resultavam de um acordo informal, negociado, parte do direito costumeiro por meio do qual o senhor apostava na produtividade e lealdade do seu cativo, e este na proteção e flexibilidade de mando daquele. Arranjos dessa ordem configuravam a cultura escravista na cidade, e não só na Bahia, embora não fossem absolutamente ausentes do campo.[8]

Mas ao contrário do que em geral se dava numa plantação tipicamente escravista, na cidade a jornada do ganho era quase sempre descontínua, retalhada, e não só pelos hiatos entre um serviço e outro. Não havia, por exemplo, como proibir o escravo de baixar a cadeira vazia, o pau e a corda, o cesto, a gamela ou o tabuleiro para jogar ou apreciar um jogo de capoeira, entrar numa roda de samba, visitar parente, amor ou amigo, consultar um adivinho ou uma curandeira na periferia da cidade, ou enfurnar-se numa casa para orar a Alá, o Misericordioso. Tudo feito longe das vistas do senhor, do policial e do fiscal, é claro. O escravo, associado ao liberto, contrapunha regular e cotidianamente sua própria economia moral do trabalho à moral mercantil do senhor. Isso acontecia até em pequenas vilas do Recôncavo, como nos arrabaldes de Nazaré das Farinhas. Aqui, segundo uma denúncia policial de 1845, um escravo nagô, que se dizia príncipe em sua terra, reunia em sua própria casa outros cativos *em dias de serviços* [...] e ferve batuques, gritos, assuadas e mais cousas".[9] Era uma possante cultura, que libertava o escravo do trabalho, por algumas horas que fosse.

Na grande cidade escravocrata, "cidade-esconderijo" na expressão de Sidney Chalhoub, o escravo podia ocultar do senhor *como, onde* e até *do que* vivia. O próprio ganho vinha às vezes de fontes pouco ortodoxas: da exibição de capoeira, do batuque pago, do curandeirismo, da prática de adivinhação, da venda de amuletos, de pequenos furtos — e destes os ganhadores eram sistematicamente acusados. No inquérito sobre a Revolta dos Malês, alguns muçulmanos letrados, inclusive sem culpa no cartório, confessaram fazer da confecção e venda de amuletos e roupas malês um bom negócio. Na segunda metade do século XIX, a imprensa e as autoridades policiais viviam acusando pessoas do candomblé de vender a cura a clientes enfermos e de fazer jogo de adivinhação para favorecê-los no amor, no negócio e até na política, entre outras transações culturais. Em 1851, o vice-cônsul britânico James Wetherell observou que os negros muito se exibiam em sambas de roda em troca de uns cobres. Eram alternativas africanas de ganho que substituíam ou complementavam o trabalho convencional de rua.[10]

O escravo ganhador organizava com alguma autonomia o seu tempo de trabalho — o tempo, o ritmo e, por vezes, o volume de trabalho. O trabalho do ganhador era medido por tarefa cumprida, não por unidade de tempo, o que constituía algo familiar aos africanos. Entre os iorubás, segundo Afolabi Ojo, em certas circunstâncias o próprio tempo era marcado pelo volume de trabalho feito ou previsto. E este tinha limites que o nagô na Bahia buscava fixar africanamente. Não é que o trabalhador africano, sobretudo o ainda escravizado, negligenciasse fazer dinheiro e ser bem recompensado, até porque dependia dele para desfrutar uma vida menos precária e até para poupar com vistas à alforria, a sua e a de parentes. Apenas estabelecia limites. James Wetherell, nos anos em que morou na Bahia, percebeu essa economia de esforços entre os carregadores africanos, e não só os escravizados: "eles são extremamente independentes, antes perderiam a chance de ganhar um salário do que carregar mais do que considerem conveniente". Em visita à terra dos nagôs na África, em meados da década de 1820, outro inglês, Richard Lander, observou que eles, "quando não *obrigados* a trabalhar, não sentem nenhum desejo de se excederem" nas tarefas. Trata-se de algo diferente do tempo linear e do ritmo mecânico de consumo capitalista da força de trabalho, modelo que vicejava na Inglaterra de Wetherell e de Lander. Sobre esse tempo africano tradicional, o antropólogo Benjamin Ray disse ser "episódico e descontínuo; não é um tipo de 'coisa' ou mercadoria". Assemelha-se ao "*kefir time*" (o tempo pagão) dos trabalhadores sul-africanos estudados por Keletso Atkins.[11]

Sob o sistema colonialista em suas terras ou sob o regime escravocrata em terras alheias, os africanos resistiram quanto puderam ao aniquilamento de suas noções de tempo e de trabalho, não por aferro a tradição qualquer, mas porque fazia sentido no esforço para pôr algum freio à exploração escravista

— no caso do liberto, um limite à autoexploração — e por nutrir-se de noções próprias de bem viver, no que também o liberto investia.

Mas não se tratava de trabalho pouco, nem mole. Era trabalho duro, estafante — "trabalho de negro", como se dizia, pois branco não o fazia, e mesmo o crioulo nativo parecia recusar. Os visitantes estrangeiros se impressionaram com a energia investida pelos africanos nas tarefas que cumpriam nas ruas de Salvador. "É quase impossível imaginar um trabalho mais estafante", escreveu Robert Wilson sobre ganhadores de pau e corda que ele viu transportar pesadas caixas de açúcar no início do século xix.[12] Na mesma época, Quirijn ver Huell deixou testemunho mais detalhado sobre cena protagonizada por cangueiros numa ladeira que ligava os dois planos da cidade: "Uma vintena de escravos negros levava nos ombros ladeira acima, com dificuldade, uma caixa de açúcar extremamente pesada; cada um, a sua vez, emitia um grito curto e pausado". Cena comum era a circulação na área do porto de cangueiros a carregar caixas de açúcar de quase quatrocentos quilos. Huell descreveu método e ritmo usados para transportá-las:

> A caixa pendurava-se em duas resistentes varas que descansavam, em cima dos seus ombros cobertos com retalhos de couro. Amparadas por cajados longos e grossos, aquelas pobres criaturas arqueavam sob a pesada carga no compasso dos cânticos e dos golpes dos seus cajados nas pedras do pavimento, ao mesmo tempo em que o suor escorria ao longo da pele nua e molhava o chão.[13]

A cena chocou o estrangeiro: uma "infeliz visão", definiu ele em seu primeiro contato com a escravidão nos trópicos.

O trabalho dos carregadores africanos na Bahia era marcado por um ritmo peculiar, observado por praticamente todos os estrangeiros que visitaram o lugar. Os ganhadores de pau e corda, por exemplo, quando no transporte de volumes pesados, marchavam em grupos de quatro, seis ou oito — os vinte de Huell seriam um número excepcional, se não um exagero —, movidos por canções cantadas em línguas da África. O príncipe Alexandre de Wuerttemberg, que passou o mês de abril de 1853 na Bahia, escreveu: "Quer descendo ou subindo, vencendo encostas íngremes e caminhos pedregosos — cantam! Cantam sempre durante a marcha". Seguindo a tradição rítmica africana, havia o "puxador" do canto, a quem os demais respondiam em coro. Wetherell também percebeu que, quando o fardo era mais pesado, ou quando subiam as muitas ladeiras da cidade, os africanos se faziam "muito mais vigorosos em seus gritos, ajudando a labuta e variando sua música com um expressivo e longo grunhido". Já avançado no século, em 1878, Julius Naeher ainda observou, sobre os cangueiros, que "os negros Minas transportam, para a Cidade Alta e pelas ruas em geral, as maiores cargas penduradas em longas varas e assentadas sobre seus ombros". E acrescentou: "Ao fazerem esse serviço, eles dão aos seus graciosos e cadenciados passos um acompanhamento de um canto ritmado que, de longe, se escuta".[14]

As canções que animavam aqueles trabalhadores podiam ajudar a aliviar o peso do fardo sobre seus ombros, mas lhes aliviavam acima de tudo o espírito, permitindo prosseguir, afirmar sua humanidade, não desesperar e, por um certo ângulo, atalhar a coisificação subjetiva implícita no projeto escravocrata de considerá-los coisa a ser comprada, vendida, hipotecada, doada, alugada, simples máquina de trabalho. A música contribuía para assegurar alguma "estrutura de integridade comunitária", como escreveu John Chernoff fazendo sociologia do ritmo em território africano. Entendê-la como expressão de felicidade ou acomodação é ficar na superfície de um fenômeno profundo, como ficaram a boiar os viajantes Alexander Marjoribanks — "parecem ser a raça mais feliz que se possa imaginar" — e Wilhelm Detmer — "bastante felizes e satisfeitos" — durante suas estadias na Bahia, em 1850 e 1895, respectivamente. Um outro viajante, o pastor Daniel Kidder, comparou a música dos ganhadores a uma marcha fúnebre, exagerando na piedade cristã. Não se tratava disso. No compasso da improvisação exigida nas tarefas que desempenhava na rua, o ganhador criava suas canções de trabalho, "cantando um mote a respeito de tudo que vê", escreveu Wetherell. Eram canções muita vez inventadas na hora, ao estilo repentista, para comentar as alegrias e agruras da vida cotidiana na cidade, da qual eles eram parte, mais do que relevante, essencial.[15]

Não surpreende que os ganhadores cantassem críticas à escravidão e zombassem dos brancos, coisas que só eles entenderiam porque feitas em língua africana, ou num afro-português codificado, um "transcrito secreto", diria James Scott, porque de entendimento inalcançável para os baianos em geral e as autoridades de plantão em particular.[16] Há indícios nesse sentido. Curioso, o príncipe Maximiliano da Áustria conseguiu módico acesso ao segredo daquelas canções de trabalho durante sua visita a Salvador, em 1860, quando foi informado de que os negros cantavam repetidamente a respeito de farinha e cachaça, acrescentando o nobre visitante: "revelam opiniões notáveis sobre o relacionamento senhor-escravo, sobre o tipo de tratamento e até remotas lembranças da pátria livre".[17] Como farinha de mandioca era item básico da dieta local, falar dela significava falar genericamente de comida. Numa canção negra, podia exprimir a falta de comida, o consumo de comida ruim, ou, ainda, veicular um protesto contra a monotonia da dieta escrava, comparada àquela que lembravam desfrutar na "pátria livre". Quanto à cachaça, bem, esta ajudava sobretudo a libertar o espírito.

As canções podiam falar diretamente de maus-tratos. Maximiliano reproduziu os versos de uma delas, que diziam:

Meu senhor me dá pancadas
Isto não está na sua razão:
Com gosto [l]he beijaria a mão
Só se me desse bofetadas.[18]

Estes versos, publicados em português num diário escrito em alemão, parecem ter sofrido um ajuste editorial. Moema Parente Augel, que consultou os manuscritos originais de Maximiliano no Arquivo Nacional de Viena, encontrou outra versão, que embora pouco convincente na forma, convence mais sobre o sentido.

Meu Senhor me dá pancada
Isso não estado razão delle
Eu antes comido nada falta
E não obstante me há espancado.[19]

Talvez o ganhador não usasse termos como "não obstante", um provável contrabando lexical do informante do príncipe, talvez um branco letrado. Não obstante, temos aqui elementos mais esclarecedores da fala escrava. O terceiro verso — "Eu antes comido [...]" — não faz muito sentido, mas é possível que significasse que o escravo não havia roubado comida da despensa senhorial, de onde nenhum item fora subtraído, ou "nada falta". E então o escravo fora espancado sem "razão". Tanto nesta quanto na versão publicada, a canção do ganhador é um grito de protesto contra o tratamento injustamente recebido do senhor.

Vale a pena também registrar o comentário do visitante sobre os versos: "Poder-se-ia imaginar que tais sons queixosos não poderiam deixar de surtir efeito, mas [para] os senhores de escravos [...] a linguagem dos negros é apenas um som animal que seus ouvidos não entendem". Ora, não entendiam porque não era para ser entendida, tratando-se de língua africana, ou espécie de língua crioula de raiz africana. O interessante desse trecho, além disso, é que, ao longo de suas anotações sobre negros e mestiços baianos, o próprio Maximiliano os associasse quase sempre a animais, de preferência comparando-os com macacos, não obstante em uns poucos trechos se rendesse à beleza das mulheres "minas" e apreciasse o porte atlético dos homens. Ao mesmo tempo, ele era crítico acerbo da escravidão, o que o levou a retratar os negros da Bahia — que ele acreditava serem todos cativos — quase sempre na condição de vítimas inermes daquela instituição. Isto talvez explique sua versão do ganhador como sujeito curvado à vontade senhorial, embora não sem queixas, como o próprio viajante admitiu. Fica assim registrado, eu insisto, que, através de um vocabulário amiúde simbólico e cifrado, os ganhadores cantavam críticas ao cativeiro, embora suas canções falassem de demais temas também.

Outras anotações da música dos ganhadores apontam, igualmente, para o tópico da exploração escravista, a fadiga que acarretava, os castigos e as trapaças dos senhores, e outros pesares da escravidão e da liberdade imperfeita, pois o ganhador liberto também sofria e cantava seu sofrer. Silva Campos, um autor da virada do século xx, lembra que assim cantavam eles quando a conduzir muito peso:

Ô, cuê...
Ganhadô
Ganha dinheiro
Pra seu Sinhô.[20]

Submissão inerme dos negros de ganho? Pode assim parecer a quem os ouça com os ouvidos do "Sinhô", mas quem melhor ouvisse perceberia uma denúncia: o fruto inteiro daquele trabalho subtraído do escravo de ganho. Dizia ainda ser duro ganhar para si e para o senhor, sendo a parte deste sagrada, ou seja, amiúde dava para ganhar esta apenas. Mas ao silenciar completamente sobre a parte do ganho que porventura lhe coubesse, o ganhador superdimensionava a exploração para melhor mercadejar a denúncia do sistema. Enfim, o escravo criticava a escravidão cantando. E nisso era apoiado pelo parceiro já liberto, que cantava junto apesar de ser só dele todo o fruto do seu ganho, a não ser que ainda devesse algum dinheiro ao ex-senhor, prestações de uma alforria comprada a crédito, por exemplo, coisa mui comum.

A pobreza, a fadiga, a queixa do trabalho pesado exercido pelo ganhador chegaram aos salões da classe média urbana naquela que foi definida por seus autores como a "primeira canção popular bahiana". Provavelmente composta pouco antes da abolição, *O vendedor d'água* — ganhador de tina da postura de 1857 — lamenta a vida de indigência que seu trabalho pouco lucrativo oferecia ("morro e vivo trabalhando/ de meu não tenho vintém"), a dependência de clientes que só compravam fiado, a tarefa de puxar, ladeira acima, ladeira abaixo, um "burro/ que nem por miséria é meu", e termina por definir sua vida como um inferno na terra. Finaliza com um pedido:

Destes quatro barris velhos
Podem fazer meu caixão
Para quem vive de dores
Morrer é consolação.[21]

Canção triste, escrita na primeira pessoa, ela tentava traduzir as dores de um ganhador de rua. Seus autores, o renomado maestro italiano Francisco Santini e o poeta abolicionista baiano João de Brito, decerto ouviam a toda hora aguadeiros apregoando (e cantando) seu produto, e assim podemos imaginar que fizeram uma tradução razoável de cena e sentimento comuns nas ruas de Salvador daquele tempo: o ganhador que canta seu pregão e, nesse caso, canta um lamento de trabalho cujos versos podem ter sido apenas recriados pelo poeta, como o teria feito o príncipe austríaco.

Pois como sugere a historiadora Martha Abreu, "a música, a poesia e o conto foram fundamentais para a luta dos afrodescendentes contra a opressão e a dominação raciais", representando uma "sofisticada arma de resistên-

18. *Capa da partitura de* O vendedor d'água, primeira canção popular bahiana, *década de 1880, exemplo de diálogo entre cultura de rua e de salão, cultura popular e erudita.*

cia".[22] E de denúncia, notadamente. A mesma autora reproduz uns versos mui populares, inclusive entre folcloristas, versos que não têm local certo de nascimento mas circulavam por todo o Brasil, e com muita força no Nordeste. O lundu do Pai João, assim chamado, lá pras tantas retratava criticamente a escravidão do ganho:

Quando iô tava na minha tera
Iô chamava generá,
Chega na tera dim baranco
Pega o cêto vai ganhá.[23]

O africano compara a degradação social sofrida ao ser transferido de sua terra, onde era general, para a terra de branco, onde virou mero ganhador de cesto. Tal como versos anteriormente vistos, há neste lundu a crítica à comida do cativeiro, pois em sua terra o africano comia galinha, enquanto na terra de branco só carne-seca com farinha.

Substância cultural do modo de ser africano e seus descendentes na Bahia, a música os acompanhava em tudo de mais (e mesmo de menos) importante na vida, na alegria ou na dor. E o trabalho, por opressivo que fosse, não estava dissociado da vida, nem era só dor.

*

Embora o trabalho do negro na cidade ensejasse e até promovesse a iniciativa e a mobilidade individuais — permitindo, por exemplo, a compra da alforria e, para os mais prósperos, a posse de cativos e outras propriedades —, sua organização tinha um caráter sobremodo coletivo. O próprio trabalho, bem como sua remuneração, era entendido como resultado do esforço grupal. Wetherell comparou ganhadores baianos com estivadores ingleses e concluiu que, se juntos os primeiros transportavam fardos pesadíssimos, individualmente os ingleses, estimulados pelo salário, carregavam cargas mais pesadas.[24] O africano não fazia qualquer coisa por dinheiro. O desempenho solitário não tinha valor tão acentuado em sua cultura quanto o desempenho solidário. Ocorre-me o caso relatado pelo administrador do cemitério público de Bom Jesus da Massaranduba, na Salvador de 1856. Segundo ele, trabalhavam ali três "africanos livres", dois dos quais, por alguma razão, haviam sido transferidos pelo subdelegado distrital para outro estabelecimento. Sobre aquele que ficou para trás, o administrador escreveu: "o preto recusa-se prestar ao mesmo serviço, pois encontra-se desgostoso por estar privado da companhia de seus parceiros e por pesar sobre ele os trabalhos superiores às suas forças, de maneira que no dia 24 fugira para a casa do indicado subdelegado".[25]

Africanos livres eram aqueles confiscados de contrabando, depois da proibição do tráfico em suas várias etapas (1815-8, 1831, 1850), e alocados a indivíduos, empresas e instituições privadas e públicas, em troca de pequeno salário, um esquema que muitos contemporâneos — e os próprios africanos — com frequência classificavam como regime de semiescravidão. Alguns, como qualquer escravo convencional, se empregavam no ganho de rua, eram alugados, castigados, fugiam de seus empregadores.[26] O coveiro em questão não fugira do cativeiro, fugira da solidão. Não lhe passou pela cabeça pedir vencimento correspondente ao incremento no volume de tarefas a serem cumpridas, inclusive de cadáveres a serem enterrados. Além de alegar não ter como dar conta do trabalho, talvez não quisesse ficar na companhia reservada dos mortos, sobretudo de mortos que não eram os seus. Sob qualquer ângulo adotado, fica sugerida a personalidade gregária do africano no trabalho e sua tendência a pôr limites ao consumo de suas energias. Final da história: o presidente da província instruiu que o número de coveiros voltasse a ser três. Um ponto para aquele africano livre, que devia ser nagô.

Esse espírito gregário, de pertencimento a um grupo, a uma comunidade, explica em parte a organização do trabalho criada pelos negros da cidade da Bahia. Os ganhadores se organizavam em *cantos*, como se chamavam os agrupamentos — etnicamente delimitados sem que fossem exclusivistas —, nos quais se reuniam eles para oferecer serviços em locais também demarcados, além de estratégicos, da geografia urbana.

A descrição mais sucinta e certeira desses grupos foi dada por Silva Campos: "O *canto* era o ajuntamento de certo número de africanos, de preferência numa esquina de rua, obedecendo a um chefe denominado *capitão do canto*, ou simplesmente *capitão*, encarregado do ajuste de preços e de trabalho, incumbindo-se de distribuir aos sábados a importância a que cada um tinha direito".[27] Eis o sistema *semanal* de divisão pelo capitão do resultado do ganho, que equivalia ao *pagamento da semana* pelo ganhador ao senhor. Cabe, todavia, desenvolver um pouco mais essa definição básica do canto e seu funcionamento.

Antes de prosseguir, um aviso: não só em Salvador, mas em várias cidades escravistas do Brasil, os ganhadores se agrupavam para o trabalho de ganho nas ruas. No Recife havia, com maior incidência no período colonial, as corporações ocupacionais de homens pretos — com dimensão étnica e jurisdição territorial —, que equivaleriam, grosso modo, aos cantos baianos, sobretudo aqueles que na experiência pernambucana reuniam os "pretos ganhadores desta Praça". Eram grupos influentes na vida social dos escravos e forros, reconhecidos pelas autoridades, muito ativos entre o final do século XVIII e o início do XIX, até cerca de 1815, quando o governo cismou com seu potencial para a revolta coletiva e tratou de desmobilizá-los. Na cidade do Rio de Janeiro também se reuniam grupos de ganhadores que laboravam, principalmente, no transporte de sacas de café, desde quando, a partir da década de 1830, o produto passou a dominar a economia local. Mas transportavam de tudo, como em outras cidades. Indicativo de que estavam organizados para essa atividade, cada grupo era, como na Bahia, liderado por um *capitão*, e destacavam-se, entre os ganhadores, os negros minas, também como na Bahia, os quais seriam na sua maioria nagôs que tinham descido daquela província para o Rio de Janeiro como escravos traficados ou migrantes libertos. Teria sido do Norte que trouxeram formas de organização para o trabalho e para outros fins, como para a conquista da alforria, tudo com forte sotaque étnico. Provavelmente, o modelo foi também levado para Porto Alegre, onde um "capitão dos cangueiros" comparece a um documento de 1846. Ele era mina, quiçá mina-nagô, a nação mais vitimada pelo tráfico interno oriundo da Bahia, sobretudo após a proibição, em 1831, do tráfico transatlântico de gente africana.[28]

No entanto, a denominação *canto* para esses coletivos laborais parece ter sido exclusiva da Bahia. O canto era a representação mais acabada da solidariedade e do espírito comunitário do trabalhador africano de rua na Bahia oitocentista. Mesmo aqueles que exerciam isoladamente suas atividades, como o ganhador de cesto, o aguadeiro e o vendedor ambulante em geral, tinham no canto sua âncora coletiva, onde estacionavam para aguardar o próximo cliente ou ali mesmo vendiam o que fabricavam ou mercadejavam. Era o etos coletivo que constituía a alma do trabalho de ganho. A inspiração para esse tipo de organização pode ter origem em grupos de trabalho cooperativo comuns na África Ocidental, conhecidos ali como *aro* entre os nagôs e *dókpwê* entre os jejes.[29]

Mas os cantos tinham na Bahia uma história enraizada num passado mais distante do que a era da hegemonia nagô; talvez fosse invenção jeje, nação que antecedeu aquela como a mais numerosa dentre as encontradas em Salvador.[30] Há um livro de posturas da capital baiana do ano de 1785 no qual, apesar de bastante rasurado, pode-se ainda ler a de número 29, que dizia: "Haverá em cada um canto dos em que se costumam reunir os negros ganhadores [...] um capataz". O canto, vejam bem, já constituía um *costume* africano no final do século XVIII baiano, nos informa essa postura, e tinha sua organização e seu funcionamento regulamentados pela Câmara. A desobediência ao capataz resultava em prisão do escravo infrator, multa e advertência a seu senhor. Ali também se detalhava uma tabela oficial de preços para os vários serviços oferecidos pelos ganhadores. Para os que trabalhassem na roça, a diária seria de cem réis mais a refeição, ou 120 réis se fosse "a seco" (sem refeição); o carreto do centro da cidade para locais situados na sua periferia, "ocupando o dia inteiro", 320 réis; um serviço a curta distância de transporte na cadeira, que permitisse aos carregadores, em seguida, fazerem outras viagens, com novos clientes, custava 120 réis pagos a cada um dos dois carregadores; distâncias maiores seriam negociadas caso a caso; finalmente, quem empregasse uma preta diarista deveria pagar-lhe cem réis, e por mais de um dia, a combinar. O jornal da mulher, portanto, equivalia ao mais baixo entre aqueles estabelecidos para o homem. A inclusão de ganhadeiras na postura sugere que elas faziam parte de cantos nessa época, tendo sido posteriormente afastadas, ou elas próprias se afastaram, para se reunir em agrupamentos apenas femininos.[31]

Os cantos chegaram ao século XIX como uma instituição consolidada. Estavam espalhados por toda parte, eram vistos e visitados pelos viajantes estrangeiros e pelos habitantes da cidade, que a eles se dirigiam em busca dos serviços oferecidos pelos ganhadores ali estacionados. Os cantos baianos tinham nomes de ruas, largos, ladeiras, ancoradouros: canto da Calçada, do Portão de São Bento, da Mangueira, da Preguiça, do cais Dourado, do cais Novo e assim por diante. Com tanta música que havia no canto, podia estar aí a origem do termo usado para definir esses grupos de trabalhadores. Mas *canto* entrou para a história urbana baiana enquanto esquina de rua. É mesmo possível ter sido aquele o sentido que tinha o termo na postura de 1785, que dizia, eu repito: "cada um canto dos em que se costumam reunir os negros ganhadores". Faz sentido: esquina é ponto estratégico na cultura de rua, de um modo geral, porque espaço de maior trânsito, confluência, reunião, mas também de mudança de rumo. Na visão de mundo africana, a encruzilhada tem importância mística ímpar: lugar de oferendas, de negociação com os deuses, território do Exu dos nagôs e do Legba dos jejes — as duas mais numerosas nações africanas na Bahia de então —, deuses estes que abrem caminhos, decidem destinos e mediam a negociação entre o humano e o divino. Na prática do ganho, a esquina facilitava os negócios mundanos dos devotos desses e outros deuses, por lhes permitir acesso a clientes vindos de várias direções, além de ser referência espacial de fácil lembrança. Mas se o ideal era se estabelecer numa esquina, o canto podia estar por toda parte: praças, ladeiras, ancoradouros, onde quer que fosse mais comum se cruzarem ganhadores e fregueses. "Como a atividade dos negros dos cantos era sobretudo o transporte de pessoas e mercadorias, ou seja, de circulação, [...] sua localização dentro da estrutura física da cidade segue a lógica da articulação, mobilidade e funcionamento da cidade", escreveu com olhos de expert a arquiteta e urbanista Ana da Costa.[32]

Reconhecida desde Nina Rodrigues, Manuel Querino e Silva Campos, na virada do século xx, a importante dimensão territorial do canto reforçava sentidos mais profundos de pertencimento, no estilo "este canto é meu ponto, aquele o teu". A identidade do canto era então dada pelo local que ele ocupava na cidade, mas haveria outros marcadores de identidade. Por exemplo, na litografia de Hippolyte Taunay (Fig. 5), os ganhadores da turma que carrega pesada pipa seguram uma bandeira que, provavelmente, era o símbolo do grupo. Ou seja, aquela seria a bandeira privativa daquele canto; outros teriam suas próprias bandeiras.

Nos cantos, muitos meios, modos, anseios e sentidos de vida se encontravam. Além de carregadores que iam e vinham, nos cantos se reuniam negros de ofício que fabricavam e consertavam sapatos, roupas e guarda-chuvas ou guarda-sóis, trançavam chapéus, cestos, balaios, mocós e esteiras, faziam vassouras, gaiolas, colares e pulseiras, e estas de couro, contas, coquilhos e búzios. Batiam panos da costa sobre a madeira dura para desencrespá-los e dar brilho, também ali mesmo os tingiam e talvez até vendessem. Alguns seriam carregadores já idosos, agora dedicados a atividades mais amenas. Havia ainda os barbeiros, os quais, por razões rituais e para proteção de seus clientes, não permitiam que, uma vez cortadas, as mechas de cabelos ficassem espalhadas ao léu, dispensando-as em lugar "conveniente", onde não pudessem ser encontradas para fins de feitiçaria. Profissionais, estes, que também usavam suas afiadas navalhas para operações de flebotomia — a arte de curar sangrando — ou ensaiavam algum instrumento musical para se apresentar nas famosas bandas de barbeiros daquele tempo.

Os numerosos fregueses vinham aos cantos comprar itens ali vendidos e contratar o carrego ou outro serviço qualquer. Pelos cantos transitavam tipos sociais dos mais variados. Um jornal de meados do Oitocentos noticiou, por exemplo, que os vendedores de bilhetes de loteria faziam neles parada obrigatória, além de frequentar portas de colégios e quartéis, equivalendo os cantos a essas instituições. Os ganhadores escravizados jogavam na loteria com esperança de conseguir dinheiro suficiente para a compra da alforria, escravos que o mesmo jornal acusava de roubar seus senhores para tentar a sorte grande.[33]

Alguns ganhadores recuperavam suas energias no próprio canto: "os que dormiam geralmente tinham uma sentinela pronta para acordá-los quando chamados para serviços", observou o pastor norte-americano Daniel Kidder, em torno de 1840.[34] Enquanto aguardavam seus fregueses, adeptos do candomblé esculpiam representações e instrumentos de suas divindades, ao passo que muçulmanos costuravam roupas e barretes próprios de seu uso, aprendiam com seus mestres a ler e escrever a língua do Alcorão, rezavam preces de sua fé na hora aprazada do dia. Negros de irmandades católicas se quedavam ou circulavam nos cantos, onde discutiam os negócios das confrarias — que também tinham calibre étnico — e conversavam sobre suas procissões, missas, funerais, festas, a entrada de novos membros, a expulsão de dissidentes, a disputada eleição da mesa diretora, o conserto da capela, o conflito com o capelão. Lá também iam as vendedoras de mingau, aberém, acaçá, caruru, vatapá e outras iguarias africanas. Os ganhadores jogavam ayó, um jogo iorubá de tabuleiro muito apreciado pelos africanos, ainda hoje popular na Nigéria. E todos conversavam sobre fatos da terra em que estavam e notícias da terra de origem chegadas a bordo de navios vindos da África. Muito mais do que mera estação de trabalho, o canto era um nicho cultural, um conjunto de sociabilidades em que dimensões étnicas, de classe, gênero e territorialidade convergiam, se entrelaçavam, transformavam; um ambiente em que diferentes culturas dialogavam e visões de mundo eram compartilhadas — onde, enfim, o futuro era planejado. Os cantos eram como o ayó, compartimentos aparentemente fechados que se comunicam uns com os outros pelo movimento inteligente das peças do jogo.[35]

No interior de muitos cantos, ou na interface entre vários deles, funcionava outra instituição africana: a junta (ou caixa) de crédito. Nela, libertos e escravos se reuniam para depositar quantias, diária ou semanalmente. Segundo um sistema rotativo, seus membros podiam sacar determinado valor, em geral para ajudar na compra da alforria, daí ser a instituição também co-

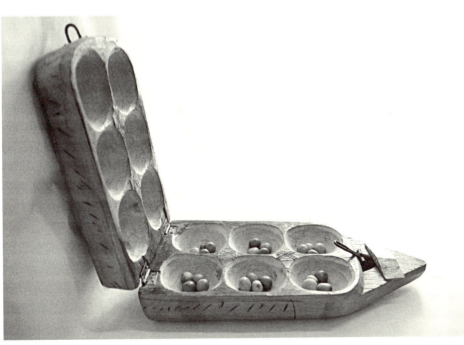

19. O ayó, jogo de tabuleiro popular entre os iorubás da Nigéria, foi trazido para a Bahia e aqui muito praticado pelos negros nagôs, inclusive, provavelmente, no interior dos cantos de trabalho. O jogo, de plausível origem árabe e também chamado pelo nome genérico de mancala, requer concentração, rapidez de raciocínio e de movimento. Tem sua valia para desenvolver o raciocínio matemático, permitindo aos ganhadores melhor negociar e calcular a remuneração pelo trabalho feito, o produto vendido e a poupança acumulada, se alguma.

nhecida como junta de alforria. Mas o dinheiro era ainda usado para outros fins que não a compra da liberdade. Durante o inquérito sobre a Revolta dos Malês, por exemplo, descobriu-se uma junta que os africanos de nação congo haviam criado para socorrer seus membros desvalidos. Neste caso, funcionava como as irmandades católicas, enquanto associação de ajuda mútua. Outra junta foi fundada por um líder malê para, com o dinheiro arrecadado, confeccionar roupas características dos afro-muçulmanos, ou para pagar a semana dos mestres malês escravizados e, enfim, para emprestar com vistas à obtenção da alforria. Independentemente da finalidade do empréstimo, quem sacava dinheiro da junta permanecia contribuindo até repor o valor tomado, mais os juros. O sistema era análogo ao da *eṣuṣu*, uma instituição de crédito muito difundida na África dos nagôs. Porém, como os cantos, as juntas se organizavam segundo as diferentes nações africanas, não sendo negócio nagô apenas, e mesmo se predominantemente nagô, membros de nações menores amiúde ali encontravam abrigo. À semelhança dos cantos, a junta tinha um líder responsável pela guarda dos valores depositados pelos associados. É possível que, pelo menos em alguns casos, os capitães de cantos tivessem também essa função.[36]

Na mesma edição de 1848 que noticiou a venda de bilhetes de loterias nos cantos, o *Mercantil* demonstrou preocupação com a disseminação das juntas de crédito africanas, que eram ainda pouco conhecidas dos brancos.

> Há muito que corre o boato de haver em diversas partes desta capital caixas de economia pertencentes à escravatura africana presididas por libertos, e para as quais entra cada um com um vintém diário. Fala-se nisto há anos, e ainda estou por ver ou ouvir que alguma providência se desse para descobrimento do fim de tais caixas; talvez que seja inocente, porém também, e com mais probabilidade, pode ser criminoso e ocultar algum grande atentado.[37]

Um vintém — quer dizer, vinte réis — representaria 5% da diária de um cangueiro e apenas 3% da diária de um carregador de cadeira. Muito pouco, na verdade. Mas o jornal pedia que a polícia investigasse a fundo tais caixas de crédito para dissipar qualquer dúvida de que fossem usadas para o financiamento de revolta escrava, ou, em suas palavras, "algum grande atentado". A relação das juntas com a compra da alforria permanecia um segredo africano ainda não violado pelos baianos.[38] Era claro, no entanto, que as juntas teriam, inevitavelmente, uma relação com o sistema de ganho e com os próprios cantos, uma vez que o dinheiro nelas depositado resultava do trabalho de seus membros, na sua maioria ganhadores.

Símbolos da ocupação negra do espaço público, os locais onde se instalavam os cantos se tornaram às vezes objeto de disputa com a vizinhança. Um exemplo de conflito teve lugar, em 1859, entre os ganhadores do canto do beco dos Galinheiros, na esquina com a rua do Comércio, e o lojista português Francisco José de Farias Villaça. Naquela esquina, Villaça tinha "loja de fazendas secas" (vendia panelas e panos), cujas atividades estariam sendo prejudicadas pela vida buliçosa do canto africano. Segundo a denúncia do comerciante à Câmara Municipal, o grupo era "tão numeroso, que não só quase que [os ganhadores] proíbem a passagem por aquele beco, porém também produzem tão horrível algazarra, e proferem tais obscenidades, que incomodam os negociantes, que se não podem distrair de suas sérias ocupações".

A algazarra eu até entendo, mas não entendo como o lojista fazia para perceber as obscenidades que, se ditas, certamente o eram em nagô ou outra língua africana. Tratava-se, por certo, de invenção de branco criada segundo a convenção de que os africanos seriam libertinos por natureza, um dos indícios para classificá-los como incivilizados. Aproveitando-se da fama bandida atribuída aos africanos, Villaça também os acusava de roubadores contumazes, razão pela qual mantinha fechada a porta lateral da loja, que dava para o beco dos Galinheiros. Por tudo isso, o comerciante solicitou à municipalidade que os ganhadores fossem despejados de seu ponto de trabalho e transferidos para outro local mais espaçoso, sugerindo removê-los para o largo da ladeira do Taboão, onde já existia um canto de carregadores de cadeira.

O negociante não teve seu pedido atendido, talvez por ser português, gente na Bahia tão ou mais impopular do que a africana. O fiscal da Câmara deu parecer negativo sob alegação de que o canto ocupava o local havia muito tempo, antes mesmo da loja portuguesa, e tinha adquirido o direito de ali se instalar, sendo "tolerado por todas as Câmaras, em consequência de serem [os ganhadores] precisos para o expediente do Comércio". E o "Comércio" baiano era algo bem maior e mais relevante do que o comerciante Villaça. O interesse de classe sobrepujava o individual. Quanto à transferência sugerida pelo lojista, o fiscal opinou que o Taboão era via de trânsito intenso e já inteiramente tomado por carregadores de cadeira. Em suma, venceram os ganhadores, numa demonstração de que, naquela altura, tinham alguma força política e influência nas decisões da autoridade municipal. Território ocupado, conquista reconhecida.[39]

Tivesse Francisco Villaça sido mais político, ele teria buscado negociar a paz com o capitão dos ganhadores do beco dos Galinheiros, pois os cantos não eram coletividades acéfalas como o comerciante tentara representá-los. Entre as funções de seus capitães incluíam-se contratar serviços com clientes, designar tarefas, receber e dividir a féria do dia — o que era feito aos sábados —, mediar conflitos porventura surgidos entre os próprios ganhadores e entre estes e seus clientes, além de negociar com tipos como Villaça. Talvez os capitães fossem também "puxadores" de canto, agora no sentido musical.

Os capitães recebiam, naturalmente, remuneração para exercer seu mandato. Pena que faltem informações sobre como eram escolhidos, mas sem dúvida não seria ao modo dos capatazes do século XVIII. Em algum momento após aquela postura de 1785 (pp. 83-4), os ganhadores defenestraram o capataz escolhido pela Câmara Municipal, substituindo-o pelo capitão do canto por eles eleito, o que tornaria sua organização mais autônoma. Uma conquista relevante, cujos detalhes ainda cabe apurar, mas desconfio que tivesse a ver com a onda nagô que inundou Salvador ao longo da primeira metade do Oitocentos. Além disso, não há notícia de ter subsistido a competência da Câmara para estabelecer o valor dos serviços prestados pelos ganhadores, agora definido em negociação direta entre eles e seus clientes, ou melhor, entre clientes e capitães.[40]

Do currículo do capitão deviam constar antiguidade na praça — em particular o conhecimento da língua e dos costumes dos brancos —, experiência no mercado de trabalho e até relações pessoais cultivadas com clientes ao longo dos anos. Enfim, o capitão carecia ser negro ladino, um mediador cultural que se locomovesse com desembaraço entre o mundo de sua tropa africana e o de sua clientela em geral branca. Além disso, é claro, precisava ter capacidade de mando, carisma. Liderança a que talvez equivalesse alguma ascendência política, social ou religiosa trazida da África ou na Bahia instituída. O pai de santo nagô Elesbão, personagem de *O feiticeiro*, romance oitocentista de Xavier Marques, fora um dia capitão de canto, e nessa qualidade conseguira "ajuntar economias e comprar a carta de alforria". É possível que o escritor tivesse conhecido algum personagem real com perfil semelhante ao da ficção, que ascendera ao cargo de capitão pelo respeito adquirido por sua intimidade com os segredos do sagrado.[41]

Tanto libertos como escravos, é fato, podiam ser capitães — assim como podiam ser pais de santo e mestres muçulmanos —, indicativo de que as hierarquias no interior da comunidade africana nem sempre obedeciam àquelas da sociedade escravocrata. Assim, no inquérito da Revolta dos Malês, em 1835, menciona-se um capitão escravizado que dirigia escravos e libertos africanos, todos carregadores de cadeira reunidos no canto da Vitória, sítio residencial já elegante da Salvador de então. Um outro declarou, sob interrogatório, "ocupar-se de carregar cadeira na Cidade Baixa, onde é capitão do canto".[42]

O modelo original dessa liderança é desconhecido, mas pode estar vinculado a diversas tradições africanas. Lembra o *parakoyi*, funcionário do reino iorubá de Egba que organizava e regulava as feiras periódicas. Lembra ainda o *bale*, que dirigia núcleos artesanais nas cidades. Na história do Daomé, terra dos jejes, havia o cargo de "capitão do mercado", com funções semelhantes às do *parakoyi* de Egba. Da mesma forma, o capitão de canto podia ter inspiração militar, considerando que os africanos da Bahia vieram de sociedades militarizadas em que abundavam grupos armados dirigidos por pequenos chefes, como os *oloroguns* no país dos nagôs. O reino de Uidá, na vizinha costa daomeana, tinha o comando militar de um "capitão de guerra". Muitos dos cativos baianos haviam sido combatentes na África, como a maioria dos 21 africanos entrevistados por Francis de Castelnau no final da década de 1840.[43]

Entretanto, ao falar de *parakoyi*, *bale*, *olorogun* e capitães daomeanos, não pretendo escavar permanências culturais ou institucionais africanas em território baiano, e sim imaginar possíveis modelos organizacionais de que os africanos pudessem ter lançado mão para tecer estratégias e conceber mecanismos de sobrevivência, negociação e resistência sob a escravidão. Não consigo conceber que organizações como os cantos possam ter sido transplantadas inteiras para o Novo Mundo. De certa forma, como sugere Robert Slenes, os africanos "descobrem" no Brasil uma nova África.[44] Era com essa nova África, já ladina, que o canto contava. Os cantos, aliás, conforme já observei, antecedem o surgimento dos capitães. O termo "capitão", eu insisto, seria uma nova nomenclatura para denominar ocupação colonial preexistente, a de capataz, embora agora os ganhadores houvessem tomado do município as rédeas e os ritos de sua nomeação.

A nova (ou renovada) instituição deve ter evoluído para um modelo mais complexo, o que talvez se refletisse na sua ritualística. Uma cerimônia de posse do capitão de canto, descrita de maneira mui semelhante por Manuel Querino e Silva Campos — este parece haver copiado alguma coisa daquele —, é um exemplo de ritualização ladina da liderança africana no ambiente de trabalho. Os membros do canto enchiam um grande tonel com água do mar e o carregavam com a ajuda de paus e cordas, do mesmo modo que os cangueiros transportavam diariamente suas pesadas cargas. O novo capitão montava imponente sobre o tonel, segurando uma garrafa de aguardente numa mão e na outra galhos de alguma árvore com determinado valor ritual. O cortejo descrito por Querino marchou cantando — como cantando trabalhavam os ganhadores — pelas ruas da Cidade Baixa, a zona portuária, e retornou ao canto, onde foi recebido por membros de outros grupos de trabalhadores. Nesse ponto o capitão derramou um pouco da cachaça no chão. Esta parte da cerimônia parecia demarcar um território dentro de cujos limites o novo líder exerceria um poder reconhecido e legitimado por dirigentes e membros de todos os cantos da cidade.[45]

A água salgada dentro de um barril bem que podia representar a travessia do Atlântico pelos africanos rumo ao exílio baiano. O oceano tinha um enorme significado em suas vidas, vez que simbolizava o caminho percorrido para a transformação deles em escravos. A travessia — feita nos porões escuros, fétidos, úmidos, sufocantes dos tumbeiros — representava um doloroso rito de passagem de trinta, quarenta, cinquenta dias intermináveis, que marcavam para sempre suas vítimas. Da desgraça nasciam novos e fortes vínculos sociais. Os escravos que faziam a viagem no mesmo navio tornavam-se no Brasil *malungos* uns dos outros, espécie de parentesco simbólico que os unia por toda a vida com laços fortíssimos de afetividade, proteção e solidariedade. Deixando a família de sangue perdida na África, já no meio do mar surgia uma família ritual, avalizada por deuses africanos que acompanhavam seus devotos até a. outra margem do mar. Derramar no chão a cachaça, como fez o capitão, é gesto característico de reverência às divindades africanas. Desta forma, os trabalhadores do canto pareciam querer significar a ruptura com a terra natal e, ao mesmo tempo, o retorno espiritual e afetivo a ela.

O ritual de investidura de poder reafirmava a solidariedade entre os membros do canto e, de modo mais amplo, da nação africana nele representada. Isso me lembra uma reflexão de George de Vos: "É particularmente nos ritos de passagem que a gente encontra reforços simbólicos altamente emocionais de padrões étnicos".[46] Roger Bastide, comentando aquele trecho de Manuel Querino, escreveu que a cerimônia de posse do capitão deixava "entrever, além da solidariedade étnica, uma outra solidariedade mais profunda, a da comunhão na religião ancestral".[47] Não deve ser fácil medir, na experiência do africano, a maior ou menor profundidade de um e outro fenômeno — o étnico e o religioso —, sobretudo porque ambos estavam estreitamente entrelaçados.

*

Mas não apenas o mercado de trabalho estava enredado por significações étnicas e protocolos rituais. A rede se estendia aos mecanismos do mercado de alimentos, no qual a competição se dava contra homens livres e, em geral, brancos. As mulheres africanas eram parte essencial desse outro circuito de solidariedade e interesses.

Os ganhadores que se dedicavam ao comércio de produtos da lavoura conseguiam às vezes vantagens surpreendentes, por serem parte de uma rede africana de cunho comercial. Ela tinha uma ponta nas roças e feiras do Recôncavo e outra em Salvador, o que despertava a ira dos competidores. Em 1858, na vila de Nazaré das Farinhas, importante celeiro baiano, 76 comerciantes dedicados a mercadejar víveres dirigiram um abaixo-assinado à Assembleia Provincial denunciando que, naquela praça,

> com o maior escândalo se observa assenhoreados das compras e transações os selvagens africanos libertos, e até alguns escravos, que, aproveitando-se da conveniência de serem os condutores dos gêneros seus iguais, contam com a preferência na compra, inda por menor preço, em prejuízo dos Agricultores, arrestando assim a população nacional, sempre a mais garantida em todos os Países, d'esse vantajoso, honesto e lucrativo meio de vida, qual o negócio de Cabotagem.

Se bem entendi, os africanos se valiam de embarcações próprias, ou por eles conduzidas, para o transporte até Salvador dos víveres comprados do Recôncavo. Equivaliam, grosso modo, aos *pombeiros*, atravessadores que atuavam de maneira regular e legal no Rio de Janeiro e outras praças brasileiras amarradas ao tráfico de Angola, de onde veio aquela denominação e em alguma medida a função. O pombeiro não chegou com tal nome à Bahia, cuja conexão com a África se dava sobretudo através do tráfico na Costa da Mina. Mas, tirando o nome (pombeiro), dava no mesmo.[48]

Segundo a avaliação exagerada daqueles cidadãos baianos, o atravessamento estaria "todo entregue ao domínio africano". E se tratava, na sua maioria, de africanos da mesma nação, "seus iguais", portanto. Os comerciantes especificaram como eles acreditavam ser a ação dos africanos durante as feiras semanais:

> essa aluvião de zangões sociais apresentam-se no mercado, apoderam-se das tropas, tomam à força das mãos de outrem os gêneros, impõem aos condutores seus iguais o dever da preferência, e inda não contentes, logo que desembarcam n'esta Cidade [de Salvador], e isto na época da carestia dos víveres, vão se colar nas estradas, a duas e três léguas de distância, nelas efetuam suas compras, deixando até os consumidores internos desprovidos deles, e obrigados a comprar nas mãos d'esses arrogantes e improvisados introdutores por alto preço!![49]

Não é plausível que os africanos usassem a força bruta como método de comércio, o que supunha um poder muito além do que detinham. E também não precisavam, pois traziam de suas terras — sobretudo os numerosos nagôs, jejes e haussás — uma formidável experiência, homens e mulheres, na arte de negociar. As mulheres se destacavam nas feiras africanas, não escapando do gosto pelo negócio as esposas de reis iorubás, por exemplo, enquanto os homens controlavam o comércio de longa distância, de algum modo comparável àquele agora feito com o Recôncavo. Na Bahia, a inclinação para o negócio desembocou no sistema de ganho. Conforme já indiquei — e há mais informação sobre isso adiante —, os africanos, e em menor número os crioulos, dominavam o comércio de rua em meados do século XIX. Aqueles africanos nada tinham de parasitas sociais, como sugerido na designação de "zangões" a eles dada pelos comerciantes baianos.[50]

Na Bahia, terra alheia, os supostamente "selvagens africanos" teriam logrado desenvolver poderosa aliança com os fornecedores de víveres, também africanos — de quem ganhavam "o dever da preferência" nas compras —, deixando os comerciantes locais a ver navios. Inconformados, estes reagiram com a linguagem grosseira do preconceito, buscando a proteção das autoridades. Propuseram ao governo que proibisse os africanos de negociar, que os obrigasse a só trabalhar na lavoura ou que lhes impusesse o insuportável imposto de 300 mil-réis anuais. Não convenceram, pois por trás dos africanos, quando escravos, com frequência havia seus senhores, e estes estavam bem representados no governo, ou eram o próprio governo. No entanto, esse abaixo-assinado não foi um grito no vazio. Pelo contrário, somava-se a uma campanha sistemática para eliminar o trabalhador africano, sobretudo o liberto, de setores mais lucrativos da economia. Lugar de africano era na lavoura. Retenha o leitor esta última frase porque o tema ocupará o centro da cena daqui a pouco.

A outra parte da rede mercantil africana alcançava Salvador, onde reinavam as ganhadeiras. Segundo aquele censo de Santana de 1849, entre as libertas que negociavam, a maioria afirmou "mercadejar diversos gêneros". As que foram mais específicas declararam vender mingau, acaçá, aberém, frutas, verduras, feijão, arroz, milho, pão, peixe. Praticamente monopolizavam o pequeno comércio, ocupando as feiras a céu aberto ou pregoando de porta em porta suas mercadorias, conforme depoimentos que vêm desde Luís dos Santos Vilhena, na virada do século XIX, confirmados por diversos visitantes estrangeiros da Bahia posteriormente. Elas "vendiam toda espécie de gêneros alimentícios", escreveu Huell no início do Oitocentos. Quando, em 1835, depois do levante malê, uma junta de juízes de paz de Salvador sugeriu que os africanos fossem proibidos de comercializar alimentos, o próprio chefe de polícia, apesar de adversário figadal dos africanos, discordou com o argumento de que semelhante proibição anterior gerara "carestia repentina" e confusão na implementação da medida. Os africanos, e sobretudo as africanas, eram peça vital no abastecimento da capital.[51]

Se os homens ritualizavam o trabalho de rua em cerimônias como a posse de capitães de cantos, também as mulheres buscavam propiciar suas vendas celebrando deuses e deusas que as acompanharam ao Brasil. A hoje afamada festa de Iemanjá foi aos poucos se fixando no panorama cultural da cidade e é provável que tenha derivado da convergência de diversas tradições. Uma delas seria, precisamente, a celebração da Mãe-d'Água pelas ganhadeiras, conforme relatou em 1868 o jornal *O Alabama*, com a alta dose de antipatia que lhe era peculiar quando tratava de cultura religiosa africana.

20 e 21. *No final do século XIX, ganhadeiras e ganhadores chegam à escultura naturalista pelo cinzel do baiano Erotides Lopes. No conjunto aqui apresentado, as estatuetas (entre 170 e 100 mm) representam ganhadeiras de alguidar e ganhadores de cesto e tina, estes contemplados na postura de 1857.*

— Que tafularia é essa na Praça do Comércio?

São as ganhadeiras do Cais Novo, que

foram ao mar dar de comer a *mãe d'água*.

— Que diabo de patifaria quer dizer isso?

— Toda essa passaralhada é afeita às superstições

oriundas de África, e por isso tem

como obrigação depositar no mar presentes

todos os anos à mãe d'água para serem

felizes no negócio, e é esse preceito que acabam

de cumprir e voltam.

E a polícia consente semelhante bacanal

n'uma praça pública!

Mas elas não ficam aí, dirigem-se para

o *pegi* ou casa do santo.

— E aquela que está como possessa, endoudeceu?

— É o *santo* que *subiu-lhe* à cabeça. É

mulher de Santa Bárbara!

— Que desaforo! Ah, chicote.[52]

Lidas essas palavras pelo que informam — não *como* informam —, salta aos olhos a riqueza de uma cultura que vinculava trabalho com religião na celebração da deusa do mar — talvez a própria Iemanjá — que unia Brasil e África, o mar de onde vinha o peixe que muitas das ganhadeiras vendiam em seus tabuleiros através da cidade. Contudo, elas agora "davam de comer" à deusa para propiciar toda sorte de atividade, "para serem felizes no negócio", qualquer um, não apenas o de pescados. E da festa participavam, é possível, outras devoções femininas, como talvez a Santa Bárbara (já Iansã?), rainha das tempestades, que tomou posse de uma devota sua. Do mar decerto iriam todas continuar a celebração em um ou mais terreiros de candomblé da cidade.

Há outro detalhe relevante na matéria, que aponta para a convivência e cumplicidade entre ganhadeiras e ganhadores: nos atracadouros se estabeleciam dezenas de cantos de trabalho (o que vem detalhado nos capítulos 11 e seguintes). No próprio cais Novo, mencionado pelo jornal, existia mais de um canto. Uma festa como aquela não seria completa sem alguma participação masculina. Eram os homens que carregavam os presentes e remavam os barcos para adentrar o mar ao encontro da deusa que ali reinava; eram também eles que batiam os atabaques para chamá-la, saudavam-na com palmas e serviam bebida para elevar o ânimo e a devoção dos festeiros. Os homens estavam ali a serviço das mulheres e de sua deusa.

> — Não vê a rapaziada como aplaude? São
> apreciadores da orgia...
> Aquele já deu duas canadas de vinho, para
> a Benvinda não ficar mal.[53]

Ainda a registrar é a alguma legitimidade que havia adquirido na cidade, ao longo dos anos, uma manifestação da cultura afro-feminina que parecia figurar como tradição estável. Isto se confirma na queixa que fez o periodista em relação à tolerância policial à festa bem pública das ganhadeiras.

Como nessa celebração, os homens não estavam ausentes do comércio ambulante, apesar de as mulheres se fazerem insuperáveis nessa atividade. Os regatões vendiam pano da costa, louça, sapato — e elas também atuavam por aqui — e gêneros mais pesados, como lenha, cal, água — no que elas não se metiam. Os homens eram menos ativos do que as mulheres no comércio ambulante de comida, dominado por elas, mas ocupavam posições estratégicas na negociação de farinha de mandioca, em geral aboletados nas tulhas onde se permitia sua venda exclusiva, ou ainda nos saveiros que traziam o produto do Recôncavo (de Nazaré, por exemplo, como acabamos de ver) e de outras plagas mais distantes.

Em 1855, e novamente em 1857, os comerciantes estabelecidos em Salvador acusaram africanos — em alguns casos os escravos africanos de comerciantes portugueses — de monopolizar o negócio de farinha. Os africanos, em consórcio com clientes, senhores ou patrões, "apenas chegam os barcos, compram por atacado o carregamento, e recolhido ao celeiro põem-lhe o preço". Impõem-lhe o preço, para ficar mais claro. Era mais uma acusação de atravessamento, prática proibida por postura municipal. A Câmara, que cuidava das regras do comércio de alimentos, só permitia a venda da farinha no Celeiro Público, um mercado onde, de novo, os compradores africanos — em geral escravos domésticos incumbidos de ir às compras que abasteciam a despensa senhorial — se dirigiam a vendedores também africanos.[54] Numa petição de

1855, numerosos comerciantes brasileiros denunciaram esse esquema: "quantos compradores ali aparecem [...], quase todos também Africanos e escravos, não procuram senão aos seus semelhantes, ficando os abaixo assinados inibidos de concorrerem na vendagem da farinha, com grande prejuízo dos seus interesses". Chamavam a atuação de africanos e portugueses de "um cálculo de monopolistas estrangeiros para o fim de expelirem aos suplicantes da concorrência n'aquele mercado".[55]

Solidariedades semelhantes às encontradas nos cantos uniam africanos envolvidos no comércio de produtos como a farinha de mandioca, e decerto outros. Se os portugueses também lucravam, não importava, afinal não eram esses os brancos que importunavam os pretos, nesse caso pelo menos. A Bahia não discrepava de outras praças brasileiras. Alianças comerciais semelhantes, entre negociantes portugueses e africanos minas, também se verificaram no Rio de Janeiro, mais especificamente no Mercado da Candelária estudado por Juliana Farias, embora as parcerias entre os próprios africanos, e da mesma nação, fossem, como na Bahia, mais comuns.[56]

A Câmara de Salvador viria em socorro dos comerciantes nacionais no mesmo ano de 1857 e na mesma lista de posturas que continha aquela causadora da suspensão do trabalho pelos ganhadores. Ali se lê que "ganhadeiras e vendilhões só se poderão prover depois dos consumidores, e estes, tanto por tanto, terão sempre a preferência". Outra postura proibia que africanos livres, libertos ou escravos pudessem, por si ou por outrem, "traficar em gêneros de primeira necessidade, víveres ou miunças", nos celeiros e mercados públicos. Tanto num como noutro caso, a multa pela infração da postura seria de 30 mil-réis, e o dobro na reincidência. Esta última postura, porém, seria barrada pelo presidente da província, que temeu o desabastecimento da capital, reconhecendo, assim, o poder de barganha das africanas e dos africanos no ordenamento da vida urbana no crucial capítulo da alimentação.[57]

Entre canções, cantos e redes, as relações de trabalho forjadas pelos africanos nas ruas, feiras e mercados constituíam um vetor da política negra. A rebeldia coletiva não estava fora da agenda de ganhadores escravizados e libertos, que desempenharam importante papel na revolta africana de 1835, a dos malês. Cerca de 51% dos réus escravizados e libertos então indiciados eram trabalhadores de rua, principalmente carregadores de cadeira e fardos, e vendedores ambulantes. Outros 17% eram oficiais mecânicos, a maioria dos quais, muito provavelmente, fazia ponto nos cantos ou por eles circulava. E os cantos se destacaram como núcleos de conspiração em 1835, como já acontecera bem antes, na conjura de 1807 e no levante de 1814. As autoridades do governo perceberam que tinham de controlar melhor os ganhadores, não apenas por seu potencial de rebeldia, mas pelo domínio real que eles tinham do abastecimento e do transporte na cidade, uma situação delicada de intensa dependência em dois aspectos fundamentais da vida urbana. A postura que levou à greve de 1857 foi um desses ensaios de controle, mas antes dela outras medidas haviam sido tramadas. É do que trata o próximo capítulo.

4. Controle e conflito no mercado negro: antecedentes

Com a derrota dos malês em 1835, o governo baiano decretaria o fim dos cantos de trabalho tal como existiam até então. Em junho, a Assembleia Legislativa Provincial votou a lei nº 14, que tinha por objetivo regulamentar e disciplinar o ganho de rua em Salvador. A lei pretendia dividir a cidade em *capatazias*, que tomariam o lugar dos cantos, e criava o posto de *capataz* para substituir o de capitão do canto. Significava um giro de cinquenta anos ao passado, um retorno às regras da postura de 1785, quando os chefes de cantos se chamavam capatazes e eram indicados e controlados pela Câmara Municipal. Mas agora o próprio *canto* tinha seu nome mudado para *capatazia*. O objetivo seria aperfeiçoar a "polícia dos ganhadores", conforme rezava o texto legal, fossem estes escravos, libertos ou livres, trabalhassem na terra ou no mar, fossem africanos ou brasileiros, negros ou brancos. O alvo, porém, eram os africanos, que formavam a quase totalidade desse grupo ocupacional. O capataz, dizia a nova legislação, receberia "vencimento razoável", pago pelos próprios ganhadores, para zelar pelo bom desempenho no trabalho e pelo bom comportamento político e policial do grupo. Ou seja, os ganhadores pagariam para serem vigiados.

Outro aspecto da lei visava retirar da alçada da Câmara Municipal a regulamentação do trabalho dos ganhadores, transferindo-o para o governo provincial. E assim foi feito porque, na sequência da revolta, se quis tratar esses africanos como caso de polícia, que era uma função provincial. Assim, a lei obrigava os ganhadores a se matricularem junto às autoridades policiais, declarando seus nomes e os dos senhores (no caso de serem escravos), endereço e a "qualidade e gênero de serviço a que estão habituados". Essa matrícula seria mensalmente atualizada, e quem não a fizesse seria punido com a pesada multa de 10 mil-réis, o dobro se reincidisse. Naquele ano de prolongada seca, com 10 mil-réis comprava-se pelo menos 113 quilos de farinha de mandioca.

Um ano depois, em abril de 1836, foi publicada a regulamentação da lei. Ela detalhava a nova estrutura de poder no mercado de trabalho de rua. No topo ficava o juiz de paz, maior autoridade policial da freguesia, cabendo-lhe nomear um inspetor para cada capatazia que funcionasse no distrito sob sua jurisdição (a maioria das freguesias possuía apenas um distrito). Antes havia apenas "inspetores de quarteirão", que coadjuvavam os juízes de paz no policiamento da freguesia; agora, além desses inspetores, haveria aqueles especializados no policiamento das capatazias. Eles deviam ser cidadãos brasileiros de boa conduta e alfabetizados — para que pudessem escrever relatórios, denúncias etc. — e ter residência na freguesia onde fossem servir. A eles caberia registrar os ganhadores e vigiá-los, evitando o desvio de mercadorias transportadas e informando sobre qualquer comportamento que pusesse em risco a ordem pública. O medo de uma nova revolta permanecia.

Era também da competência do inspetor nomear o capataz, que devia sempre "cumprir as ordens" dele. O capataz continuava sendo um africano, mas agora de confiança dos brancos, e desde que liberto, ao contrário do antigo canto, que podia ser liderado por escravo. Se refazia a hierarquia do canto como espelho daquela vigente na sociedade. Cabia ao capataz fazer observar a assiduidade dos ganhadores, identificar os ausentes e investigar as ausências. Qualquer irregularidade seria logo comunicada ao inspetor. Caberia também a ele arrecadar de cada ganhador, diariamente, sessenta réis dos que trabalhassem em terra e oitenta réis dos que trabalhassem no mar, de cujas quantias dois terços seguiam para o bolso do inspetor e um terço para o bolso do capataz.

As capatazias só poderiam funcionar com um mínimo de dez membros, e as que tivessem menos teriam seus ganhadores distribuídos entre as mais próximas. A medida servia para evitar a dispersão e assim aprimorar a vigilância. Para completar o amordaço, cada trabalhador registrado usaria uma pulseira de metal com a inscrição de seu número de matrícula e o de sua capatazia. Os capatazes trariam peça semelhante presa a um "tiracolo de coiro preto". Ficava assim demarcada a diferença entre o ganhador e seu capataz, embora ambos africanos.[1]

O plano previa, portanto, destruir a autonomia do canto, subordinando-o ao juizado de paz, ou seja, à mesma jurisdição territorial do aparato policial de Salvador. Já que as autoridades não podiam evitar que os africanos circulassem livremente pela cidade, dada a natureza de seu trabalho, procuravam controlar os diversos núcleos de sua organização laboral. Propunha-se a feitorização do cativeiro urbano, o governo a fazer, formalmente, as vezes de feitor na ausência de um feitor senhorial.

A lei desagradou a africanos e baianos. Um longo artigo publicado em 5 de maio de 1836 no *Diario da Bahia* criticava-a detalhada e severamente. Segundo o jornal, o registro apenas dos ganhadores era discriminatório. O regulamento, como um todo, apresentava "incongruências, irregularidades e preceitos por demais pesados e sem proveito". Preceitos que eram preconceitos, diga-se. Nem todas as freguesias eram listadas, o que significava transferir ganhadores para servirem em outras sob juízes e inspetores estranhos. Isso dificultaria o acesso dos fregueses aos ganhadores matriculados, quando antes "qualquer pessoa de sua janela, de uma loja, ou em geral de todos os pontos, chamava quem lhe transportasse efeitos a troco de um ou mais vinténs, sem que muitas vezes fosse um positivo **ganhador**", marcou em negrito o escriba. Estorvaria também a vida dos senhores, que teriam seus escravos domésticos constantemente parados na rua para verificar se estavam no ganho ou em diligências para a casa senhorial. E os que estivessem emprestados a serviço de amigos dos seus senhores? E quanto às capatazias que só tivessem escravos matriculados, como nomear para elas capatazes libertos?

Dois aspectos chamaram mais a atenção crítica do *Diario da Bahia*: a obrigatoriedade do uso das pulseiras de metal e a forma de remuneração de inspetores e capatazes. "Esta com efeito assusta!!" E perguntava, acentuando uma vez mais com negrito a nomenclatura do trabalho de rua: "Que há de um **ganhador**, quer seja **escravo**, **ingênuo** [livre] ou **liberto**, prestar-se ao serviço comum, carregando pesados volumes, fatigar-se, perder a saúde, e muitas vezes a vida, mas, não obstante, exibir de seu fraco lucro diário três ou quatro vinténs para tão somente locupletar o inspetor [...] e o capataz?". Previa o periodista "muita arbitrariedade" da parte destes personagens, que exigiriam seu quinhão mesmo se o ganhador não tivesse obtido o suficiente para pagá-los.

Mas o autor da matéria no *Diario* sabia que o ganhador não era tolo. Antevia que ele transferisse o ônus extra para seus fregueses, e que, com o aumento no preço do transporte, "os próprios gêneros, que eram vendidos ao Povo por um preço, terão aumento de valor". No final seriam prejudicados os consumidores, os próprios brancos, e assim o *Diario* se esquivava da pecha de negrofilia. Não deixou, porém, de apoiar em específico os ganhadores. O comentário sobre as pulseiras beirava o deboche: "Se até o ano de 1835 só víamos algum **forçado** com uma braga ao pé, do ano de 1836 em diante teremos de ver **voluntários** com ela no braço, e decerto qualquer curioso Estrangeiro que vier à Bahia não omitirá nas suas Memórias o espírito classificador que nos caracteriza e a mais decidida paixão por **distintivos**: mas serão as argolas fixas ou não?".[2]

Que fossem fixas as tais pulseiras: os libertos teriam de ir com elas no braço à igreja, a uma visita, a uma festa? O autor imaginava situações extravagantes para melhor ridicularizar a medida. Pior: as autoridades baianas seriam elas mesmas ridicularizadas pelos viajantes estrangeiros, aos quais gostariam de impressionar com ordem e disciplina supostamente civilizadas, um disfarce para a cidade escravista. Mas o jornal levantava também a tese fundamental de que carregar no corpo aquele penduricalho seria uma forma indigna e humilhante de controle dos africanos. É muito boa a comparação que fez com as cadeias que prendiam os galés, como eram conhecidos os condenados à prisão com trabalho, obrigados a circular manietados pelos pés quando iam à rua se ocupar em tarefas inerentes à sua pena, como abastecer de água a prisão ou ralar em obras públicas. Os ganhadores podiam ser escravos, mas não tinham perdido a dignidade, conforme reconheceu o jornal. E se libertos, o distintivo sugeria que a escravidão ainda os rondava, e é certo que sim, mas não carecia ser isto publicamente exposto. Tais significações aflorariam novamente em 1857.

Por enquanto os juízes de paz tentariam impor as novas regras. Alguns exemplos. O juiz de paz do segundo distrito da freguesia de Nossa Senhora da Penha, no subúrbio de Salvador, se animou com a criação de uma capatazia em sua jurisdição. Disse ele, em correspondência ao presidente da província, que antes do levante de 1835 havia em seu distrito alguns carregadores de cadeira de aluguel que formavam um único canto, agora desaparecido. No lugar desse canto ele pensou ver formada uma capatazia, visto que a falta de ganhadores naquela parte da cidade dificultava o transporte de qualquer tipo de gênero, além de pessoas. E até nomeou um inspetor. Seu colega do segundo distrito, escrevendo uma semana depois, já não estava tão animado. Avisou ao presidente que nenhum escravo ou liberto se alistara na capatazia por ele imaginada, ignorando os diversos editais divulgados. Explicou que a maioria dos africanos ali residentes preferia se dedicar à pesca.[3]

Na vizinha freguesia do Pilar, um de seus juízes de paz deu mais sorte, pelo menos inicialmente. Afirmou ter estabelecido quatro capatazias, duas do mar e duas na terra, as primeiras no cais Dourado e no cais do Comércio, as demais em frente à sede da Associação Comercial e no largo do Pilar. O outro juiz do Pilar também marcou dois pontos para suas capatazias, no beco do Xixi e no canto da Cruz, ambos em Água de Meninos.[4]

Esses juízes relataram tais fatos na mesma ocasião em que o *Diario da Bahia* se manifestava contra a reforma. Ignorando as críticas, o governo se utilizaria das páginas do mesmo jornal para esclarecer as dúvidas de outros juízes de paz sobre a aplicação da lei e aproveitava para rebater os críticos. Esclareceu, por exemplo, que, não havendo liberto na capatazia, um escravo poderia ser nomeado capataz, desde que seu senhor o permitisse; que as pulseiras seriam confeccionadas à custa do ganhador ou, se escravo, do senhor (o que dava no mesmo, porque este cobraria daquele o valor pago); que os ganhadores podiam transitar por toda a cidade e não apenas dentro dos limites de suas capatazias. Acrescentava outras miudezas que demonstravam a dificuldade para colocar em prática as providências.

Meses depois, em fevereiro de 1837, um juiz de paz ainda duvidava se devia exigir matrícula de escravos domésticos que tivessem permissão senhorial para trabalhar para si aos domingos ou após atender o serviço de casa nos dias de branco. Vários juízes de paz tinham essa dúvida, o que sugere quão generalizada era a prática dessa espécie de dupla jornada. Um despacho do presidente da província ordenava que não se fizessem exceções: trabalhasse no ganho, integral ou parcialmente, devia ser matriculado. Isso tornava as novas regras ainda mais repulsivas não só do ponto de vista do escravo de ganho, mas também do seu senhor.[5]

Enquanto o presidente despachava do conforto de sua mesa de trabalho, as ruas transbordavam tensão. O juiz de paz Evaristo Ladislao da Silva, do primeiro distrito da Sé, chegou a declarar-se convencido de que as normas eram impraticáveis, principalmente por estabelecer "um imposto sem a proporção dos lucros daqueles que o deviam pagar".[6] Demonstrou não apenas bom senso, mas alguma simpatia (ou compaixão) pelos ganhadores.

A lei das capatazias não pegou. Não pegou, sobretudo, porque os ganhadores resistiram das mais diversas formas: recusavam-se a pagar a cota dos inspetores e a se submeter à sua inspeção, declaravam nomes e endereços falsos, pulavam de uma freguesia a outra, burlando a matrícula, e uns incitavam outros à desobediência civil. Assim se passou o ano de 1836.

Um inspetor de capatazia do primeiro distrito da Sé, no início de janeiro de 1837, já havia desistido de seu posto, e o juiz de paz não encontrou quem o quisesse substituir. O juiz de paz Evaristo Ladislao, ele de novo, falou de "repugnância do povo" ao alistamento e informou ao presidente da província que os ganhadores se recusavam a remunerar o inspetor e a se sujeitar à revista. Africano agora virava "povo", o que não era coisa pequena no linguajar político da época. Nem por isso devia ser mais bem tratado. Diante da desobediência generalizada, o juiz Ladislao mostraria sua outra face, pois decidira empregar "alguma violência pequena", mas "o remédio apenas serviu para que nem um mais aparecesse". Uma espécie de greve, anterior em vinte anos à de 1857, embora parcial.[7]

O juiz Felix da Graça Pereira Lisboa, do segundo distrito da Sé, desde janeiro avisara ao presidente que restavam ali apenas treze carregadores de cadeira, poucos para a mais populosa freguesia da cidade. Os demais tinham escapado para freguesias onde a lei ainda não havia sido implementada. E estava difícil encontrar os "evadidos", pois tinham declarado endereços e nomes falsos de seus senhores. Isso em janeiro de 1837.[8] Em março, os comerciantes da Sé se queixavam da falta de braços para o carreto. O juiz Ladislao, ele mesmo comerciante, experimentara-o no próprio serviço. O inspetor Joaquim Cezar de Almeida, do segundo distrito da Sé, tentava resistir. Num ofício a seu juiz de paz, o branco maranhense, de 34 anos, "empregado em escritas" mas agora tão só inspetor de negros, lamentava que já corressem três ou quatro semanas sem que os ganhadores de sua capatazia o remunerassem. Muitos tinham se transferido para a Conceição da Praia, uma das freguesias onde o regulamento ainda não vingara. E acrescentava: "tem chegado ao arrojo de alguns negros virem a esta capatazia e conduzir indivíduos deste para aquele lugar, sublevando desta maneira os ganhadores aqui matriculados". Atenção ao verbo usado: sublevar. A autoridade sabia estar diante de um movimento que, embora pacífico, parecia ameaçador e, de todo modo, já denotava rebeldia. Só não era mais ameaçador porque o que estava em xeque não era tanto a escravidão, por enquanto, mas o comportamento do governo escravocrata, que, neste caso, também se via em conflito com os senhores dos ganhadores. Porém, em vista do recente levante dos malês, não era de se descartar uma reincidência rebelde.[9]

Ao contrário do juiz Felix Lisboa, o inspetor Joaquim Cezar sabia quem eram os senhores de escravos de sua capatazia, e foi cobrar deles o dinheiro devido e o paradeiro de seus ganhadores. Mas senhores e escravos não estavam em lados opostos desse conflito específico. Para ambos, aquela lei era uma intromissão impertinente do Estado nas relações escravistas; este o ponto principal. Os senhores não apenas se recusaram a pagar ao inspetor, como afirmaram que seus escravos tinham liberdade para decidir onde ganhar. E falaram isso com "expressões grosseiras e atacantes", choramingou o inspetor Joaquim perante o juiz Felix. Seguiram-se outras queixas nesse sentido do mesmo inspetor, como a transcrita no quadro adiante, à qual o presidente da província respondeu que expulsasse os ganhadores recalcitrantes e os enquadrasse no artigo 3º da lei, que os punia com multa e trabalho forçado.[10]

Joaquim Cezar já seria o segundo ou terceiro inspetor designado para o segundo distrito da Sé. O primeiro fora o pardo Manoel Joaquim de Santa Anna, homem de trinta anos e casado, oficial menor daquele juizado de paz, que desistiu da capatazia, buscou outro emprego e foi morar em outro distrito. Em duas outras capatazias da mesma freguesia foram designados inspetores brancos, homens casados que já atuavam como inspetores de quarteirão. O mesmo perfil se repetiu em diferentes freguesias, pois era o que se podia esperar do item do regulamento que exigia ser o cargo ocupado por quem soubesse ler e escrever. As chances de ser um branco eram quase cem por cento. Mas desde quando africano iria aceitar branco (ou mesmo mestiço) como chefe supremo de seu canto? O governo e seus prepostos subestimaram as ruas.[11]

O DESALENTO DE UM INSPETOR, 1837

Ilmo. Sr.

Tenho a honra de levar ao conhecimento de V. Sa. que indo passar a revista ontem 30 do corrente aos ganhadores às 6 horas da tarde, nela compareceram todos os ganhadores, menos Augusto, escravo de José Bernardo da Silva Couto, e 8 ganhadores de Cesto, e finda que fosse a chamada apresentou-se (como muito de propósito) Pedro Luis Roza e Fulano de tal Vergne, conhecido por mim, a detratar desta ordem, pondo-se o primeiro a declamar perante os mesmos ganhadores, passando este a dizer que havia dado ordem a seus escravos que não pagasse [sic] a cota diária, e o segundo que não consentia que os poucos que tinha também tal coisa não consentia, e respondendo eu ao mesmo Roza que se tínhamos Lei devíamos obedecer a ela, este respondeu-me que tudo estava composto de ladrões e ironicamente disse que ele era um deles, motivo que deu a que nenhum ganhador pagassem [sic]; respondendo-me todos que nada haviam ganhados [sic], fato este acontecido em presença do Inspetor de Quarteirão do largo do Theatro e do oficial deste Juízo Manoel Joaquim. E como estes ganhadores, pelo regulamento, responsabilidade alguma têm por esta falta, assim como aos toques de fogo; efetivamente dirão o mesmo e eu não só perco meu tempo e trabalho, assim como V. Sa. jamais verá organizada em termos esta Capatazia; por isso de novo represento a V. Sa. que esta só se efetivará se for organizado [sic] pela forma expendida no ofício de 23 do corrente e de outra V. Sa. na escolha de pessoa que seja mais inteligente do que eu e poderá fazer nova nomeação, visto que não tenho forças para por em execução as ordens de V. Sa.

Deus Guarde a V. Sa. Ba. 2º Distrito do Curato da Sé 31 de Janeiro de 1837.

Ilmo. Sr. Juiz de Paz do 2º Curato da Sé

Joaquim Cezar de Almeida
Inspetor da Capatazia

FONTE: Inspetor de capatazia Joaquim Cezar de Almeida para o juiz de paz do segundo distrito da Sé, 31 de janeiro de 1837, APEB, *Juízes de paz*, maço 2688.

A freguesia da Conceição da Praia, zona portuária e comercial para onde os ganhadores da Sé estavam se mandando, tinha virado território livre. Aqui também os senhores, desta vez os donos de embarcações, seguiam seus escravos na resistência à lei. Naquele mesmo início de 1837, o juiz de paz da vizinha freguesia do Pilar, inicialmente tão animado com o novo sistema, denunciava que ainda não pudera ver suas capatazias marítimas implantadas porque os donos de saveiros haviam deixado de atracar em seus ancoradouros. Desviaram-nos para a Conceição da Praia. No Pilar, quase todos os inspetores se encontravam demissionários, indicando que também as capatazias de terra firme não tinham dado certo. O juiz do Pilar pediu ao presidente que obrigasse o juiz da Conceição da Praia a cumprir a lei. A confusão parecia irremediavelmente instalada.[12]

Com o tempo, as autoridades desistiram. A resolução nº 60 do governo da província, datada de 25 de abril de 1837, revogou a lei nº 14.[13] É provável que para isso tivesse contado a pressão de negociantes prejudicados com as dificuldades para conseguir carreto, de senhores com a falta de segurança do ganho, e muita gente privada de se locomover através da cidade em cadeiras de arruar, além dos próprios juízes de paz, desgastados pelo esforço empregado em fazer os ganhadores obedecerem. A desobediência generalizada dos ganhadores, no entanto, foi o que realmente derrotou a lei. Vencedores, escravos e libertos africanos reocuparam seus territórios, e o que seria capatazia voltou a ser canto, e em vez de capataz, retornou o capitão.

Enquanto isso, logo mais, em novembro de 1837, as autoridades baianas estariam às voltas com um movimento bem mais sério do que a batalha dos ganhadores africanos contra as capatazias. Naquele mês estourou a Sabinada, revolta federalista com sotaque republicano que ocuparia a capital baiana pelos próximos quatro meses. Muitos negros crioulos e africanos, inclusive escravos, apoiaram o levante, cujos líderes, na iminência de serem derrotados, chegaram a acenar, timidamente, com a promessa de abolição do cativeiro, válida, porém, apenas para os escravos nascidos no Brasil que aderissem à causa. Ou seja, a liberdade não alcançaria a imensa maioria dos ganhadores baianos. Os interesses dos africanos permaneciam ausentes de todo projeto político concebido pelos brasileiros, inclusive os de cunho rebelde. Entrementes os africanos lutavam e às vezes venciam suas próprias batalhas, coletiva e individualmente, no âmbito do mercado de trabalho.[14]

Em junho de 1836, um leitor do *Diario da Bahia* escreveu ao jornal perguntando "se o regulamento das capatazias desta Província ficaram [sic] no *profundis clamavi ad te Domini*".[15] A resposta viria pouco depois: morreria no ano seguinte a tentativa de controlar os ganhadores, ou pelo menos mergulharia em sono profundo. Com a Revolta dos Malês ainda assombrando a província, a resistência pacífica dos cantos ao governo tinha o gosto de uma batalha vencida por outros meios. No entanto, a parte fiscal da postura seria ressuscitada em algum momento nos próximos dez anos. Em 1847, por exemplo, um aviso publicado no *Correio Mercantil* pela Tesouraria Provincial solicitava à Câmara Municipal que enviasse "nota dos arrolamentos e matrículas" dos carregadores de cadeiras para agilizar a cobrança do imposto que incidia sobre eles.[16] Era um procedimento diferente da capatazia, pois estritamente fiscal, apesar de ter implicações políticas, que se tornarão claras no decorrer da leitura deste livro. Mas, por enquanto, fiquemos com a produção legislativa da Câmara Municipal.

Um dos aspectos da lei das capatazias que desagradou ao leitor do *Diario da Bahia* em 1836 foi ter a Assembleia Legislativa Provincial usurpado da Câmara Municipal o privilégio de regulamentar os ganhadores. Segundo ele, ganhador era assunto de postura municipal, o governo provincial que cuidasse de coisa mais elevada. Com efeito, editais e posturas municipais disciplinavam o pequeno comércio de rua, a que os africanos, no caso mulheres na sua maioria, se dedicavam. A Câmara regulamentava pesos e medidas, o asseio de tabuleiros e outros recipientes, e especificava os locais onde se podiam vender determinados produtos, proibindo a disposição de tabuleiros e caixinhas em lugares de maior circulação de pessoas, animais, cadeiras e carroças. Os africanos que desobedecessem tinham seus produtos confiscados, além de pagar multas pesadas e sofrer até pena de prisão.[17]

Também era proibida a venda de determinados produtos, alguns cujo consumo se estabelecera havia muito tempo. A partir de 1860, por exemplo, ficava "absolutamente proibida" a comercialização de "carnes e fatos moqueados ou assados", ou seja, passava à ilegalidade o antepassado do churrasquinho nosso de cada dia. A razão alegada vinha de ser "prejudicial ao público, por serem de ordinário corrompidos". A multa prevista de 10 mil-réis, já pesada, seria dobrada na reincidência.[18]

A venda de peixe, que as africanas monopolizavam desde pelo menos a virada do século, tornou-se alvo preferencial de autoridades e cidadãos baianos ao longo dos anos. No início de 1824, um edital da Câmara Municipal buscou organizar tal comércio, ordenando que as ganhadeiras só pudessem estabelecer pontos de venda na nova praça São João, na Cidade Baixa, "construída já com barracas para este fim, e muito própria por ser à beira-mar". No entanto, elas podiam continuar a vender "andando e vagando pelas ruas". A punição pela desobediência ao edital, na primeira vez, seria o confisco do peixe e, no caso de "dolo ou mal ânimo", a prisão a critério do presidente ou do almotacé da Câmara; na segunda ocorrência, o confisco e 6 mil-réis de multa; na terceira, o confisco e a multa de 30 mil-réis.[19]

Quinze anos mais tarde essas mulheres já haviam subvertido totalmente as regras, talvez pelo relaxamento causado pela Revolta da Sabinada em 1837-8. Em 1839, um leitor do *Correio Mercantil* descarregou sobre as ganhadeiras enorme dose de veneno. A questão era exatamente que a praça São João deixara de ser o mercado de peixes, que voltaram a ser vendidos no antigo lugar, rua da Preguiça, próximo à praia de igual nome, onde os pescadores desembarcavam o produto de seu trabalho. A rua era muito movimentada, pois usada para o trânsito entre a Cidade Baixa e a Cidade Alta. Daí porque seria um bom lugar para o negócio, seguindo a mesma lógica de ocupação dos espaços públicos pelos cantos. As ganhadeiras não apenas atrapalhavam o trânsito — eterno problema —, mas também ofendiam com seus peixes e outros frutos do mar o olfato dos moradores do lugar, entre os quais o queixoso. "Dias há que as ganhadeiras, os compradores de peixe e os capadócios à palestra entulham aquela paragem, de forma que não se pode passar"; e, ademais, perguntava: "Que me diz da fedentina de peixe que por ali sofrem os nossos narizes?". Tapando suas narinas, ele continuou: "Tripas de peixe pelo chão, já pútridas, camarões podres, cães a se disputarem esses bons bocados".

O quadro dantesco era apenas uma introdução ao ponto em que o correspondente do *Correio Mercantil* desejava realmente chegar. Aquilo se parecia "com a Guiné Africana", imaginou com ares de civilizado. Estavam em jogo "a higiene pública" e "o decoro do nome Bahiano, que d'aquela forma pouco difere dos selvagens da Costa d'África, pois que só ali se veria tanta porcaria, tanta negraria junta". Ele se deu ao trabalho de fazer rima pobre entre porcaria e negraria. Com grande desconforto por se sentir insuportavelmente próximo à África, apesar de separado desta por um oceano, esse inimigo dos africanos assinou sua diatribe como "Inimigo dos desleixos".[20]

Não era só na Bahia que pontificavam inimigos dos desleixos. Vejam a semelhança com o que acabamos de ler na nota a seguir, que não deixa de ter sua graça, publicada no *Diario de Pernambuco*:

> *Quitanda de Guiné* — É insuportável a algazarra que fazem as negras quitandeiras da praça da Boa Vista, principalmente aquelas que se assentam na calçada da botica do Sr. Gameiro: aí discutem elas a vida privada de suas senhoras, aí ajustam-se para os sambas, e quando se reúnem [sic] a elas uma patrulha de negros ganhadores, não há quem possa estar nas varandas a não ter os ouvidos acostumados às "honestas" precações da moral dos lupanares. Não sabemos a quem compete vigiar sobre essas inocências.[21]

A Guiné foi invocada nos mesmos termos derrogatórios tanto em Salvador como no Recife. A versão pernambucana da algazarra africana nos faz imaginar que as pretas da Bahia também comentassem entre si a vida íntima de suas senhoras e combinassem ir juntas ao samba no sábado à noite. À "patrulha de negros ganhadores" de Pernambuco equivalem os "capadócios" da Bahia, sem dúvida ganhadores africanos que iam à feira comprar quitandas e socializar com as ganhadeiras, ou, segundo a matéria do jornal baiano, para "palestrar". Quer dizer, sob o olhar reprovador dos homens brancos, os homens pretos circulavam pelo ambiente de trabalho das mulheres africanas, assim como estas — já o vimos — circulavam pelo ambiente deles, que na Bahia eram os cantos de trabalho, em Pernambuco as corporações ocupacionais.

O sujeito que escreveu contra as peixeiras de Salvador não procurou saber por que elas tinham migrado da praça São João para a Preguiça. É possível que a razão fosse o custo para estabelecer suas quitandas num e noutro local. Não tenho os valores exigidos em 1839, mas há notícia sobre 1857. Neste ano, investigação feita pela Câmara Municipal apontou absoluta falta de higiene na praça São João, além de esclarecer outros assuntos. O logradouro era arrendado a um empresário que fazia bons contos de réis alugando pequenos espaços aos pequenos comerciantes, entre os quais as ganhadeiras. Estas pagavam 3 mil-réis mensais a ele para apenas arriar suas gamelas no chão. Espaços maiores ao relento custavam até 20 mil-réis. Havia ali também um mercado coberto, onde os aluguéis chegavam a 250 mil-réis, valor pago pelo dono de um açougue. Enfim, não surpreende que as ganhadeiras buscassem outros sítios para comerciar, e onde quer que se estabelecessem, levavam consigo a extroversão, as conversas em alta voz, o barulho de seus pregões, a vozeria de suas altercações.[22]

Queixas contra a zoeira que caracterizava os cantos africanos eram motivo de verdadeira campanha disciplinar pela imprensa. Em sua edição de 6 de maio de 1848, o *Mercantil* publicou denúncias dos vizinhos dos trapiches de açúcar na região do porto contra a "estrondosa algazarra dos africanos que trabalham nos guindastes". E continuou: "É insuportável o alarido dos negros. [...] As cantilenas bárbaras desta gente incomodam terrivelmente as famílias que por ali habitam". Na semana seguinte, o mesmo jornal denunciava, pela segunda vez, o que entendia como algazarra levada pelos carregadores de cadeira às imediações das igrejas. A nota dizia, em tom de preconceito característico: "Continuam os negros como que de propósito a uivarem às portas dos templos", dando o exemplo da igreja de Nossa Senhora das Mercês, onde "são tantos os negros de cadeira que se juntam defronte e à porta, são tão desmesurados os ecos africanos nas disputas que continuamente sustentam, que podem, não só toda vizinhança, como os próprios fiéis que entram no mencionado templo, considerar-se em uma senzala de engenho". A comparação não era mais com a Guiné, era com a senzala, mas com o mesmo sentido de serem os africanos uma gente sem civilidade. O redator acusou o chefe de polícia de passar pelo lugar duas vezes ao dia, indo e voltando da chefatura, mas negligenciava reprimir os supostos bagunceiros. Bastaria distribuir "algumas dúzias de *palmatoadas*", recomendava.[23]

*

Se as autoridades eram bombardeadas por queixas de moradores e fregueses contra fiscais e policiais relapsos, mais comuns eram as queixas de ganhadores libertos e senhores de escravos contra fiscais severos e amiúde despóticos. Em julho de 1835, por exemplo, o fiscal José Custódio Lobo oficiou que prendera "algumas pretas [...] que estavam embaraçando o trânsito público com suas mercadorias". E não houve relaxamento com o passar do tempo. No ano da greve, 1857, a escrava africana Esperança foi multada por estacionar para mercadejar no Campo Grande, um desses locais interditados; e um escravo aguadeiro foi multado por amarrar seu burro à porta de uma venda enquanto descarregava água potável numa casa, serviço de grande valia numa cidade sem água encanada e com poucas fontes. Neste episódio, Francisco Magalhães de Carvalho, o senhor do escravo, recorreu e disse: "é multado porque o burro está amarrado, se deixa solto é também multado". Protestou em vão.[24]

Do mesmo jeito e no mesmo ano, o africano liberto Ezequiel d'Araujo queixou-se à Câmara Municipal de ter sido preso e multado por um fiscal por estar sentado à porta de sua casa, na rua das Flores, "sem impedir o trânsito público, fazendo tranças de piaçava". A Câmara acatou a explicação do seu fiscal de que já tinha avisado ao liberto várias vezes para permitir a circulação de pessoas, conforme rezava a postura nº 24. Três anos depois foi a vez de uma outra escrava atrapalhar o trânsito, na freguesia do Pilar, porque se sentou no batente de uma loja e dali passou a mercadejar suas canjicas e cocadas. O senhor protestou contra o fiscal, alegando que ela teria somente parado de pé, mas de fato parou, sentou, baixou seu tabuleiro (quiçá para descansar) e mercadejou — isto o fiscal não podia tolerar porque, segundo ele, caracterizava ocupação indevida do espaço público para vender, o que era proibido pela postura nº 127. São casos escolhidos ao acaso, entre dezenas, de embaraço do trabalho africano de rua.[25]

Uma postura reeditada muitas vezes, que em 1854 era a de nº 135, proibia que os ambulantes usassem a calçada (ou passeio) sob o argumento de atrapalhar o trânsito de pedestres. Ela existia em outras capitais do Império, em Recife, por exemplo, onde o *Diario de Pernambuco* se queixou da negligência de fiscais municipais que não faziam cumprir posturas "que vedam aos ganhadores conduzirem palanquins, barricas de farinha de trigo e bacalhau e outros objetos sobre os passeios, embargando destarte o trânsito público, e sendo muitas vezes causa de sucessos desagradáveis com as pessoas que andam pelos mesmos passeios".[26] Enquanto isso, os fiscais de Salvador não davam mole aos contraventores. A africana liberta Angélica de tal — "que vive de sua venda pelas ruas da cidade" — seria uma de suas vítimas. Ela queixou-se perante o chefe de polícia de que, "sendo chamada em uma casa, lhe era preciso atravessar o passeio e nesta ocasião fora presa". Ou seja, presa por ter pisado no passeio em frente à porta da casa de um freguês que a chamara para comprar sua mercadoria! E ficou por isso mesmo: multa emitida e mantida.[27]

Incorreram na mesma infração os africanos Miguel e Virginia, escravos de Manoel Alexandrino Machado e Antonio Franco de Castro Meirelles. As narrativas dos autuados e do fiscal discordavam. Num dia de julho de 1860, estavam os africanos andando no meio da rua quando surgiu um carro de aluguel em alta velocidade, o que aliás era proibido em postura específica que regulava o limite de velocidade no perímetro urbano. Para não serem atropelados pelas patas dos cavalos e pelas rodas do carro, Miguel e Virginia subiram ao passeio com seus carregos sobre a cabeça. Esta a versão dos ganhadores. Seus senhores acreditaram e imediatamente peticionaram à Câmara: não sabiam os vereadores que, "pela precipitação com que de ordinário são tangidos os carros de aluguel, têm sido pisadas, maltratadas, algumas pessoas, e até assassinadas"? Para não se tornarem as próximas vítimas, seus escravos haviam ocupado momentaneamente o passeio e, ato contínuo, foram apanhados pelo fiscal Nicolau Tolentino Barreto Baraúna.

Tolentino daria sua própria versão dos fatos. Não havia carro algum, de aluguel ou outro qualquer, devagar ou em disparada, "não passava ao menos uma cadeira, quanto mais carros". Os escravos estavam num local onde estes não transitavam, a pequena rua do João Pereira. Para sustentar sua história, Tolentino apresentou quatro testemunhas — e poderia apresentar "mais 50 se possível for" — da prisão do casal de escravos. Com isso enterrou a possibilidade de anulação da multa, e terminou dizendo que "vossas senhorias não ignora [sic] que nos passeios só transitam negros e negras carregadas". Ora, dirá o leitor, o fiscal pode muito bem ter arregimentado testemunhas dispostas a corroborar com sua perseguição a um par de negros. A tese da conspiração antiafricana é uma possibilidade.[28]

Contudo, considero mais provável que aqueles escravos desafiassem deliberadamente mais uma legislação discriminatória que tolhia o trabalho dos ganhadores. Além de se defenderem dos carros, sempre uma possibilidade, talvez subissem à calçada para se protegerem momentaneamente do sol à sombra dos sobrados, ou para arriar o peso e descansar durante alguns minutos. Desenhava-se ali um roteiro comum no Império e aperfeiçoado na República, segundo o qual aos trabalhadores negros, com ou sem carrego sobre a cabeça, seria vedado transitar por determinados logradouros públicos, passeios, praças, jardins.

Aquele mesmo fiscal, Nicolau Tolentino, protagonizou outro episódio, agora envolvendo a africana liberta Henriqueta, que protestou contra uma infração por vender pão com sua balança suja. Pagou no ato 4 mil-réis de multa para não ser presa, mas tentou reaver o valor, alegando que a aludida sujeira não passava de farinha de trigo que soltava do pão, o que acontecia a todos os vendedores do produto. No entanto, para Tolentino a balança "estava porca", e não só de farinha de trigo, mas de "tabaco que elas [as africanas] tomam na boca e que lhe chamam de cão", já úmido, formando uma "lama", segundo o fiscal. Silva Campos assim descreveu o "tabaco do cão", que tinha um nome iorubá, *axá*: "preparado com fumo de corda bem pisado e cessado na urupema, adicionado de certa substância mineral importada da África, de constituição semelhante à da potassa e que se denomina propriamente *axá*". Fumo e *axá* eram pulverizados e guardados sob a língua, à semelhança do que os africanos faziam com a noz-de-cola (*obi*) mascada. Sentiam prazer ao usá-lo, e o preparado devia ter dimensões terapêuticas e nutricionais. Como explicar o *axá* às autoridades? O fiscal da Câmara não percebeu que se metia com altos processos culturais nagôs. Chamou testemunhas para acompanhar sua autuação, como costumava fazer e exigia a lei. A petição da africana à Câmara foi indeferida, naturalmente.[29]

Só encontrei um episódio de multa revogada a pedido de um senhor, José Joaquim de Seixas. Em 2 de agosto de 1860, seu escravo Joaquim transportava uma lata de leite para o Hotel das Nações, como fazia regularmente. O fiscal Rafael Lucio Carneiro o prendera sob acusação de vender leite nas ruas sem a medida obrigatória. Acontece que não se tratava de mercadejo, mas de uma entrega particular. O recipiente não tinha torneira, como era comum para a venda de porta em porta, e estava fechado por um cadeado, "cujo segredo, dependente da combinação de certas letras, ele não conhecia, mas apenas o senhor e o dono do hotel", escreveu o dono do escravo multado. A providência, naturalmente, visava impedir que este bebesse ou vendesse o leite — o que sugere a pouca confiança de Seixas em Joaquim. Pelo claro absurdo da punição, a petição recebeu o seguinte despacho: "Fica o Suplicante relevado da multa como requer". Mas, além disso, o requerente pediu para "repreender ao dito Fiscal por se haver excedido".[30] Em contrapartida, um caso semelhante não teve final feliz. Uma escrava foi multada por não possuir balança para pesar os pães que carregava em um grande balaio. Não adiantou seu senhor alegar que os pães fossem de entrega, não para a venda na rua, portanto dispensando o uso de uma balança. O caso foi parar na casa do subdelegado, mas este decidiu apoiar o fiscal municipal.[31]

Ao contrário dos libertos, os escravos pelo menos tinham a proteção de seus senhores, que imediatamente denunciavam os abusos de autoridade. Desta feita, d. Rita de Cassia de Jesus Ramalho se dirigiu ao chefe de polícia para queixar-se da prisão de sua escrava crioula, a ganhadeira Senhorinha, cuja caixa de vidro fora confiscada junto com a mercadoria, que eram sapatos, lenços, cortes de vestido "e outras miudezas". O fiscal alegou que a escrava, apesar de portar a licença para mercadejar, não tinha consigo uma vara de medir devidamente aferida. Mas para que precisava ela de uma se nada tinha para ser medido entre suas mercadorias?, indagou d. Rita de Cassia. Além da apreensão das mercadorias, o fiscal mandou prender a crioula. Tudo foi feito conforme a lei, perante testemunhas, que viram o fiscal "desarrumar todo o conteúdo da caixa sem que nela existisse cousa que para se vender fosse mister varejar". Ou seja, medir com a vara, varejar. Como tudo tivera lugar ainda muito próximo de casa, a senhora foi avisada e correu para, em todo caso, apresentar uma vara aferida, mas o fiscal se mostrou irredutível "no seu furor de multar". Apesar de denunciar o "absurdo intolerável", a senhora admitiu pagar a multa para ver Senhorinha logo fora da cadeia e de volta ao trabalho, enquanto seu pleito era julgado pelas autoridades competentes. E assim foi feito.[32]

Os fiscais tinham todo interesse em multar porque recebiam uma porcentagem dos valores das infrações, em torno de 9%. Ganhavam por produtividade, então. Viviam disso, não eram assalariados da municipalidade. E deviam viver apertados, os que não tinham outros bicos. A renda de um fiscal não passava de 60 mil-réis anuais. Digo isso porque, em 1857, a Câmara Municipal declarou como receita com multas por infração de posturas 7 239 250 réis, e como despesa para pagamento dos fiscais, 669 039 réis. Considerando um fiscal para cada uma das onze freguesias da cidade, tem-se a estimativa acima da remuneração anual recebida por eles.[33] Então, quanto mais multar, melhor. Daí para o abuso era um passo curto, e abusar de negros escravos ou libertos estava na ordem do dia nessa época.

Mas não se deve crucificar esses fiscais por abuso de poder em todas as histórias narradas até aqui. Por intolerância, por intransigência, sim. As multas, talvez na sua maioria, procediam, à vista do que estava determinado no livro de posturas. Considerem que os ganhadores e ganhadeiras também resistiam às regras impostas a eles e elas, ou seja, não se acomodaram às imposições legais emanadas da Câmara Municipal. Amiúde burlavam as leis para vender melhor seus produtos ou para tornar menos penoso o trabalho que faziam. Daí serem as ganhadeiras apanhadas com o tabuleiro no chão ou sentadas em locais proibidos, e assim estavam muitas vezes a descansar depois de percorrer ruas, becos, praças, praias, subir e descer ladeiras durante horas a fio, a mercadejar ou empregadas noutras tarefas. Era estratégia de sobrevivência não se curvar completamente às autoridades fiscais. É como entendo muitas das histórias de inocência e injustiça narradas por escravas e escravos a seus senhores. Já libertas e libertos tinham de se virar. No máximo contratavam alguém letrado para redigir suas súplicas, com narrativas ficcionais ou reais. Esses procuradores podiam ser amigos, clientes, compadres, amantes ou gente que ganhava a vida ocupada em escrever por encomenda esse e outros tipos de documentos, além de acompanhar sua tramitação através do labirinto da burocracia municipal — "viviam de agências", era a expressão da época para definir essa ocupação.

Atentem que não só negros e negras eram alvo dos fiscais. Havia posturas para todo gosto, que tratavam de infrações as mais diversas, atingiam gente de diferentes estaturas sociais, e uma boa parte delas não incluía atividades nas quais estivessem envolvidos africanos e negros brasileiros apenas. No entanto, os atingidos contavam com recursos e conexões com que os africanos não contavam. Tome-se o caso narrado a seguir.

Em 30 de janeiro de 1857, Cipriano Borges de Almeida, fiscal da freguesia da Vitória, recebeu ordens da Câmara para percorrer a estrada que ligava o cemitério do Campo Santo ao arraial do Rio Vermelho, atual bairro de Salvador. Sua missão seria verificar se os moradores dos "prédios rústicos" do lugar mantinham limpa a frente de suas roças, conforme os obrigava a postura nº 141. Ia ele nessa batida quando viu uma "preta lavandeira" sair de uma casa com um bom pedaço de sabão, perguntou a ela se o comprara, ouviu que sim, e que outros gêneros também podiam ser ali adquiridos. Tratava-se de uma quitanda clandestina. Ele entrou e constatou haver garrafas de bebidas, vinagre, açúcar, entre outros produtos, e uma pequena balança e seus pesos dispostos sobre uma mesa. Confiscou tudo e multou a quitandeira Maria Marcelina de Andrada, de acordo com a postura nº 113. Ela recorreu.

Porém, ao contrário do que temos visto até aqui, o fiscal não conseguiu arregimentar testemunhas para sua autuação. Segundo ele, quanto a informação do Inspetor do Quarteirão é inteiramente falsa, porque sendo ele especial amigo de José Alvares de Araujo, amigo de Maria Marcelina de Andrada, e até mesmo como vizinho, decerto não se prestará a dizer a verdade, e mesmo que nenhum dos moradores daquele lugar, que aliás são todos unidos e vizinhos, prestaram-se [sic] a jurar sobre a apreensão feita pelo fiscal, porque a razão deixa a conhecer que quando um ofende a um [dos] moradores daquele lugar, ofende a todos.[34]

Infelizmente não localizei a queixa da quitandeira contra o fiscal, nem o depoimento do inspetor de quarteirão em benefício dela. Porém, o fiscal Cipriano Borges retratou com nitidez o ambiente solidário instalado naquela comunidade da periferia semirrural de Salvador. Laços de amizade, redes de vizinhança, pacto de silêncio e proteção mútua imperavam, formando uma barreira intransponível à livre ação daquele estranho que lá ia abusar de uma pobre quitandeira que procurava sobreviver. As negras de ganho não contavam com tal espírito de corpo no centro urbano de Salvador por sua heterogeneidade social. Não é que inexistissem redes de solidariedade e comunidades significativas das quais elas faziam parte. Já vimos aqui que ambas existiam em diversos circuitos étnicos e religiosos e no próprio andamento do trabalho nas ruas da cidade, como os cantos. Mas ao lado disso habitava a urbe uma legião de brasileiros e europeus de todas as classes, especial mas não somente da elite, indivíduos francamente hostis ou no mínimo descompromissados com a proteção de ganhadeiras e ganhadores africanos.

Um outro exemplo de autuação fora do alvo africano colocou nosso já conhecido fiscal Nicolau Tolentino frente a frente com o português Francisco Maxado Bastos, em fevereiro de 1857. A infração foi ter o maroto desobedecido a um edital da Câmara de Salvador que proibia a abertura do comércio depois do meio-dia nos domingos e dias santos. De modo semelhante ao fiscal do caso anterior, vinha Tolentino pela rua do Genipapeiro à caça de infratores, quando observou um intenso movimento de "pessoas a entrar e sair com gêneros" da venda de Francisco Bastos. Para confirmar o delito, ele enviou ao local um policial que o acompanhava para comprar algum artigo, e a cilada funcionou. Ato contínuo, Tolentino se apresentou e o multou. Mas o comerciante lhe "respondeu asperamente e disse que não pagava". O caso foi comunicado ao advogado da Câmara, que abriu um processo junto ao juiz da primeira vara de Salvador.

A comissão da Câmara que julgou a querela em última instância assim despachou: "Foi bem multado, arquive-se". Observe-se, contudo, a diferença de tratamento dado ao português, e me refiro a não ter ele sido levado preso, nem suas mercadorias confiscadas, como acontecia costumeiramente com as ganhadeiras e os ganhadores que não pudessem ou não quisessem pagar no ato as multas lavradas. Apesar da antipatia despertada pelos negociantes portugueses, eles não chegavam a ser maltratados como eram os trabalhadores africanos.[35]

Também se deve descartar que os fiscais multassem tão somente roceiros, portugueses e africanos. Naquele mesmo ano de 1857, por ocasião dos festejos do Senhor do Bonfim, a mesma pena aplicada ao comerciante português foi aplicada a Antonio José Esteves e Angelo Manoel Bonfim, ambos com tavernas no entorno da igreja em festa. Eles disseram que pagariam a multa, mas só se os botequins também o fizessem. Foi então que o fiscal apresentou uma justificativa para não multá-los: tinham sido armados "os botequins ou barracas com panos e esteiras, para o mesmo festejo, findo o mesmo ficarão inutilizados, como de fato aconteceu". Mas e daí? Estavam ou não funcionando depois do meio-dia num dia santo? Estavam, mas o historiador aqui entendeu que as barracas, por não terem portas, não se encaixavam no edital, que previa a comercialização com "portas abertas" aos domingos e dias santificados. E por ali só tavernas tinham portas, os botequins apenas cortinas e esteiras. Sutilezas legais.[36]

As multas pela desobediência a posturas representavam um item importante das finanças municipais. No seu conjunto, elas chegavam a cerca de 10% da receita, tomando por base o ano financeiro de 1855-6, quando foram calculadas em mais de seis contos de réis. Dois anos depois, a receita seria estimada em 7,5 contos de réis, equivalente a cerca de 13% do orçamento municipal. Não se publicava, porém, quanto desses valores saía das algibeiras dos africanos, mas temo que fosse uma considerável proporção.[37]

5. A voz e a vez do governo provincial

Se as posturas municipais tornaram-se o principal instrumento de controle e ordenamento do trabalho africano nas ruas de Salvador, o governo provincial — apesar de derrotado no caso das capatazias em 1837 — não desistiria de também atuar nesse terreno. E sobretudo na parte tributária, que era prerrogativa sua zelosamente guardada. Ao lado disso, o controle político e policial dos africanos não desaparecia do horizonte das autoridades da província. Daí os censos, a produção de estatísticas, a organização de tabelas demonstrativas. Neste sentido, uma das providências perseguidas a partir da década de 1840 foi computar a mão de obra africana, registrando endereço, ocupação, nação e às vezes o rendimento de cada indivíduo, fosse liberto ou escravo. Esses arrolamentos tinham objetivo tributário tanto quanto de controle político e policial.

Embora aos trancos e barrancos, fez-se um arrolamento entre 1846 e 1847, parece que a pedido do governo imperial. No ofício em que encaminhou o resultado da pesquisa para o ministro da Justiça, o presidente da província lamentou que os 2508 libertos africanos computados representassem um número "diminuto", ou seja, muito abaixo do que eles de fato importavam na população da cidade.[1] Isso indica que muitos tinham se escondido, desconfiados de que na trilha do censo viessem novas medidas de controle policial, arrocho fiscal, talvez confisco de bens e até deportação. Gato escaldado tem medo de água fria. Apesar de insatisfeito com seu recenseamento, prosseguia o presidente, "aquele número e o dos escravos existentes justificam os receios que de vez em quando aparecem, e as requisições que tenho feito para a vinda de alguma tropa de linha que possa de pronto acudir a alguma insurreição que porventura apareça".[2] Estava assim também apresentada, claramente, a razão política para coligir informações e compor estatísticas a respeito dos africanos.

Através desse censo, o governo ficaria sabendo que 60% dos africanos libertos eram mulheres, proporção inversa àquela que representavam na população africana escravizada, um reflexo da maior facilidade que tinham para conquistar a alforria na comparação com os homens.[3] Ao todo, foram listadas 47 ocupações, as mais diversas, inclusive a de mendigo, com 57 pessoas a ela dedicadas. Em outra pesquisa, Walter Fraga Filho contabilizou que a maioria dos mendigos em meados do Oitocentos era africana, 38%; em seguida os crioulos, 21%, quase empatados com os pardos, que contavam 20%; os mendigos brancos, 15%; e os cabras e caboclos, 6%. Periodicamente a polícia reprimia os mendigos, como os três africanos presos por uma patrulha em novembro de 1841, "por andarem mendigando". Mas reconhecia-se que a repressão sistemática à mendicância não ficava bem numa cidade católica, onde a existência da pobreza extrema permitia viabilizar a recompensa celestial pela caridade praticada. Era comum que os devotos pedissem em testamento a presença de mendigos nos seus funerais, pois suas orações, rezadas em troca de esmolas, representavam um investimento sobremodo eficaz para a salvação da alma. Quanto aos africanos, mendigar era mais uma frente aberta no sistema de ganho, quando incapacitados fisicamente ou já avançados na idade.[4]

Por outro lado, muitos africanos registrados em 1846-7 desempenhavam ofícios especializados, como alfaiates, sapateiros, ourives, barbeiros, tanoeiros, calafates, carpinteiros, pedreiros, padeiros, entre outros. Mas predominava amplamente o trabalho nas ruas. Entre mulheres e homens nele empregados, 666 foram listados como no ganho em geral, 452 vendiam quitandas (sobretudo gêneros alimentícios), 437 se dedicavam a vários outros ramos de negócio e 124 carregavam cadeiras, perfazendo 1679, ou 67% dos africanos libertos contados. A venda de quitandas era principalmente exercida pelas mulheres, as quitandeiras, confirmando o que lemos em outros documentos. Num arrolamento feito em 1846 na freguesia da Conceição da Praia, as libertas representavam 90% de quem trabalhava nesse mister. É preciso também chamar a atenção para que muitos carregadores de cadeira definiram sua ocupação sob o guarda-chuva mais amplo de "ganhadores". Aliás, sob a denominação de ganhadores deviam também se abrigar as mais diversas atividades, inclusive o pequeno comércio ambulante e o ofício mecânico. Apesar de atuar sobretudo em atividades urbanas, um bom número de africanos, 304, se empregava na pequena lavoura que, de seus subúrbios rurais, abastecia Salvador.

Até a iluminação da cidade, feita com óleo de baleia, funcionava pelo braço africano, principalmente dos chamados africanos livres (confiscados ao tráfico ilegal), por cujo serviço ganhavam, em 1857, segundo expressão do chefe de polícia, a "mesquinha" diária de quinhentos réis (na verdade menos que isso, 320 réis).[5] Não estranha que amiúde negligenciassem o serviço, como sugere o relato, não desprovido de humor, de um inspetor da freguesia do Pilar. Segundo ele, conferindo a iluminação em sua área de atuação, encontrara o africano Geraldo, "encarregado de acender, embriagado deitado no passeio", em frente ao mar de Água de Meninos. E continuava: "dirigindo-me a ele, perguntei qual a razão de estar ele deitado e não cumprir a obrigação, [ele] disse que não tinha bellas, e nem phosforis; continuando deitado té a hora que me retirei para minha residência".[6] Na falta de velas e fósforos, o africano simplesmente apagou.

Ao enviar ao governo imperial, em 1847, o mapa dos africanos libertos de Salvador, não ocorreu ao mal-agradecido presidente da província comentar sobre a relevância do trabalho por eles desempenhado. Deles dependiam os habitantes da cidade para sobreviver, deles e de seus parceiros escravizados, que alimentavam, transportavam, vestiam, pavimentavam, limpavam, construíam, reformavam e iluminavam a cidade. Sem falar que a alegravam com seus tambores e a curavam com suas ervas e mezinhas. Ao presidente da província importou somente informar à Corte que o levantamento fora uma oportunidade de melhor conhecer uma população propensa à revolta. Ponto para os africanos que se esconderam dos funcionários do censo.

*

Quem melhor encarnou essa política antiafricana, conforme já apontou Manuela Carneiro da Cunha, foi o advogado e senhor de engenho Francisco Gonçalves Martins, o chefe de polícia por ocasião do levante dos malês em

1835. Aquele cargo seria apenas o início de uma carreira de sucesso na política e na administração pública: duas vezes presidente da Bahia, deputado nas assembleias provincial e geral, senador, conselheiro imperial, ministro de Estado, barão e visconde de São Lourenço — este o nome de seu engenho, São Lourenço —, entre outros cargos na estrutura de poder imperial e provincial.[7] Contava entre os principais chefes do Partido Conservador na Bahia, ao lado de João Mauricio Wanderley, o barão de Cotegipe. Na questão africana, entretanto, não era um franco-atirador. Gonçalves Martins estava na companhia de uma legião de ideólogos e protagonistas da política de constrangimento e perseguição dos africanos ganhadores, a quem pretendiam expulsar da cidade por um sem-número de razões econômicas, políticas, culturais, raciais e até psicológicas, a considerar o medo e o desconforto que incutiam em muitos cidadãos de Salvador.

22. *Francisco Gonçalves Martins, o presidente linha-dura que infernizou a vida dos africanos nos dois períodos em que governou a Bahia, 1851-2 e 1868-71.*

O trabalho urbano executado por africanos escravizados e libertos era mais do que simples questão de mão de obra no Brasil. Na Bahia, em particular, ele adquiria uma dimensão política relevante devido à experiência rebelde de seus africanos. A tese que predominava era tangê-los da cidade — pelo menos aqueles dedicados aos ofícios mecânicos e ao ganho de rua — para que fossem servir de força de trabalho escravizada ou dependente e barata no campo.[8] Falhando esse objetivo, o plano seria coagir os libertos a abandonar o país, a retornar à África, e pressionar os senhores urbanos a vender seus escravos para senhores rurais na Bahia, ou a exportá-los para fora da província. Contudo, o alvo principal de intolerância e perseguição eram mesmo os libertos. Com efeito, logo após o levante de 1835, além da lei das capatazias, se criaram outras medidas para atormentar suas vidas. Uma delas, a lei nº 9, de 13 maio de 1835, proibia-os de possuir bens imóveis, estabelecia um imposto per capita de 10 mil-réis anuais, castigava com deportação os inocentados em inquéritos policiais e previa, quando a ocasião o permitisse, a deportação em massa dos libertos para qualquer porto de seu continente de origem. Como esta última medida nunca se concretizou, parte das elites política, econômica e intelectual da Bahia se contentou em pressioná-los a abandonar a capital. Mas uma outra parte não bancou esse plano, ou pelo menos suas versões mais extremas.[9]

Em 1850, quando a Assembleia Legislativa Provincial se reuniu para discutir a lei orçamentária, foi travada uma discussão que representa as diferentes visões sobre o assunto. Debatia-se a sugestão de um deputado para que se dobrasse o imposto de 10 mil-réis pago pelos africanos para poderem negociar. A sugestão fora feita por Francisco Antonio Filgueiras, administrador da Mesa de Rendas Provinciais e do Celeiro Público, empresário do setor de transportes, dono do Estabelecimento de Gôndolas da Linha da Vitória e alugador de carros, seges e carrinhos, além de membro do corpo legislativo.[10] Tratava-se de um funcionário graduado do aparelho tributário, ávido para aumentar a receita da província, mas também um empresário concorrente dos ganhadores no transporte de gente e carga. Adversário de classe dos ganhadores, Filgueiras argumentou que os estrangeiros brancos pagavam bem mais impostos; logo, os africanos, que eram estrangeiros, deviam receber o mesmo tratamento. Seu colega, dr. Francisco Justiniano de Castro Rebello, achou pouco e propôs: "Em lugar de 10 mil-réis, diga-se 50 mil-réis". Rebello era chefe da quarta seção da secretaria do governo provincial, portanto subordinado diretamente ao presidente Gonçalves Martins, subdelegado da freguesia da Vitória, indicado por Martins, e gerente da Companhia de Navegação da Bahia, da qual Martins era presidente. Pensava como o presidente da província.

Nem todos os deputados concordaram com o extremismo de Rebello. Dr. Francisco Mendes da Costa Corrêa, por exemplo, um juiz de direito, estabeleceu a diferença entre os europeus, que haviam imigrado de livre vontade e permaneciam no Brasil enquanto lhes aprouvesse, e os africanos, que "foram arrancados de seu país e trazidos para o Brasil contra a sua vontade, e permanecem por necessidade". Pode-se discordar de que todos os imigrantes escolhiam ficar no Brasil, mas obviamente não chegaram ao país acorrentados nos porões de navios. O deputado, no entanto, concordava que os africanos devessem ser afastados da capital, embora não através da pressão fiscal.

No mesmo sentido se posicionou o deputado Francisco Olegario Rodrigues Vaz, que era juiz municipal e delegado, portanto um homem da ordem a vários títulos. "Não sei como um país de liberdade, em um país Cristão se quer proceder dessa maneira", acusou. A ideia era "acabar com esses homens?", ele perguntou, pois era o que parecia ao se querer impor "impostos tão pesados e desumanos". E concluía: "É aumentar a aflição dos aflitos". E as insurreições?, perguntou-lhe o deputado Rebello. "As insurreições são crimes, que se punem, mas não se previnem dessa forma", respondeu o juiz com conhecimento de causa. Para convencer seus colegas com um argumento quiçá palatável, ele lembrou que o aumento desabrido do imposto seria, ademais, como de outras vezes, transferido para o consumidor. Perdia com isso a população.[11]

Foi o deputado Augusto de Almeida e Martins quem primeiro criticou a "filantropia" cristã de Olegario, que segundo ele devia pedir logo a imediata abolição da escravatura. O que seria impossível, apressou-se em proclamar, haja vista a dependência que tinha a lavoura dos braços africanos. Almeida e Martins pregou que os africanos libertos fossem taxados em 50 mil-réis. E elaborou: "Se bem que os gêneros em que negociam pareçam de pouca monta, são porém os de primeira necessidade para a população, os comestíveis, donde tiram lucros tão avultados, que os têm colocado no ponto de serem ricos proprietários". O que era verdade, mas para uns poucos libertos apenas. A tacada final do deputado foi didática quanto à razão para escorchar com tributos os africanos:

126

como havemos de enviar para a lavoura os africanos libertos, enquanto a imposição for módica, e encontrarem no trabalho de mercadejar vantagens grandes sem as fadigas da agricultura, e isto com grandes riscos do país? (*apoiados!*) Aumentemos, pois, o imposto sobre eles para que, encontrando menores lucros na capital, se vejam na necessidade de se empregarem na lavoura, e com isso se tornarão úteis, de perigosos que são.[12]

Mais sensata, a maioria dos deputados desobedeceu à recomendação de Almeida e Martins e votou a proposta original de emenda, ou seja, um aumento do imposto de "apenas" o dobro do que era, passando de 10 mil-réis para 20 mil-réis.

Contudo, a discussão naquele dia de 1850 trouxe novas reflexões dos senhores deputados a respeito dos ganhadores africanos. Quando se discutiu o aumento de impostos para o carregador de cadeiras, de 5 mil-réis para 10 mil-réis, o deputado Justiniano Baptista Madureira, futuro chefe de polícia da Bahia, defendeu o uso de tributos cada vez maiores para "afastar do centro desta cidade o maior número possível de escravos úteis à lavoura, e prejudiciais ao sossego e tranquilidade pública da capital". Ao tornar os serviços desempenhados pelos escravos sempre mais caros para o consumidor, ele apostava que a escravidão urbana definharia, para o que, aliás, pedia um combate mais firme das autoridades contra o tráfico ilegal. Sua declaração final, no entanto, não distinguia africanos escravizados de libertos, pois afirmou que apoiaria "toda e qualquer medida que tenda de afastar da capital o maior número possível de africanos". Apesar da campanha na assembleia para aumento generalizado de impostos sobre os serviços praticados pelos ganhadores africanos, a maioria votou por manter o mesmo imposto de 5 mil-réis para os carregadores de cadeiras. Afinal, muitos dos deputados sairiam daquela sessão para suas casas carregados em cadeiras de aluguel.[13]

Finalmente, discutiu-se uma emenda para aumentar de 20 mil-réis para 40 mil-réis o imposto pago pelos remadores de saveiro africanos, fossem eles livres, libertos ou escravos. O deputado Freitas Henriques, outro futuro chefe da polícia baiana, defendeu a emenda com vistas ao aumento da arrecadação provincial, e também para retirar os escravos desse setor da economia urbana, dando lugar ao trabalhador livre. Ele não se deu conta de que entre os africanos não existiam apenas escravos, mas do mesmo modo forros, um "lapso" que acompanharia as narrativas em torno de todas as medidas concebidas para desmontar a escravidão em Salvador. A emenda de Henriques não colou porque àquela altura já o governo provincial tratava de regulamentar uma lei anterior que proibia a participação africana no manejo dos saveiros.

A perseguição aos africanos era escancarada, mas a maioria deles permaneceu em Salvador, até porque não era simples nem barato fazer a viagem de volta à África, apesar de muitos decidirem fazê-lo, com não pouco sacrifício e risco. Em geral, os libertos estavam adaptados à vida baiana e consideravam o retorno um tiro no escuro, diante do que pudessem encontrar em suas antigas pátrias, vilas e cidades, amiúde destruídas por décadas de guerras civis e invasões estrangeiras, além da possibilidade de serem reescravizados — eles, elas, seus filhos — e enfiados de novo no porão de um navio negreiro. Resolveram então ficar e enfrentar o homem branco.[14]

*

Quando chegou à Presidência da Província em 1849, Francisco Gonçalves Martins acelerou a política africanofóbica. Manuela Carneiro da Cunha, que já tratou do personagem neste exato contexto, sugere que o comportamento de Martins "tinha características possivelmente idiossincráticas", mas talvez seja melhor posicioná-lo na crista de uma onda.[15] Com efeito, em 1850, os africanos sofreriam dele um considerável baque, com a implementação da lei provincial nº 344, de 1848, que os proibia de trabalhar nos saveiros usados no serviço do porto, mais especificamente, como ficou depois definido, os que atracavam nos cais Dourado, do Comércio e da Ponte do Consulado (Alfândega), ou seja, os mais movimentados. A proposta de legislação partira de um deputado liberal, o professor de aritmética e álgebra do Lyceu, Francisco Luiz Ferreira. A lei do liberal ficara em banho-maria até a subida do conservador Gonçalves Martins ao governo, que designou uma comissão para proceder sua rápida implementação. Antes mesmo de se concretizar a nova diretriz, a tensão subiu entre os africanos, e talvez por isso circulassem boatos insistentes de levante no início de 1850, quando a polícia encontrou, numa casa na rua do Tijolo, "bandeiras e outros sinais de insurreição".[16] Foi aliás na sequência dessas denúncias que se deu a discussão na Assembleia Provincial há pouco apresentada. O alarme podia não passar da paranoia costumeira, ou podia significar alguma coisa. Prevaleceu a primeira sensação.

A medida que proibiu os africanos de remar saveiros entraria em vigor no primeiro dia de novembro de 1850, conforme anúncio publicado na imprensa pela "comissão encarregada pelo governo da província para estabelecer nos cais desta cidade o serviço dos saveiros por pessoas livres". O governo mandava que "os senhores dos africanos remadores" deveriam afastá-los daquele emprego, "e o mesmo fica entendido aos africanos libertos". Somente "africanos", percebam. Se escravos, libertos ou livres, não importava. O governo entendia por "pessoas livres" os libertos crioulos, mas não os nascidos na África. Vamos fixar bem isso.[17]

A nacionalização do serviço dos saveiros foi festejada com pompa pelo presidente da província, que se fez transportar numa dessas embarcações, remadas por brasileiros, até o cais Novo. Ali desembarcou e, num ato simbólico, pagou generosos 20 mil-réis pelo serviço. Todos os ancoradouros indicados na nova lei estavam ornamentados pelos saveiristas "com arcos de triunfo, bandeiras e coretos a fim de festejarem o digno consórcio do trabalho com a liberdade", celebrou o abolicionista Luis Anselmo da Fonseca, em 1887. Também lembrou que, por precaução, o policiamento do porto fora reforçado em seiscentos homens desde a véspera do tal dia — festivo para uns, fatídico para outros. Durante muito tempo, o 1º de novembro de 1850 seria celebrado a cada ano pelos remadores de Salvador.[18]

No ano seguinte, o presidente Gonçalves Martins discursou na abertura dos trabalhos da Assembleia Provincial, em março de 1851, defendendo a lei dos saveiros. Doravante, ele celebrou, os saveiristas seriam "pessoas livres, com exclusão dos africanos". A lei figurava entre outras dirigidas a abrir espaço no mercado de trabalho ao elemento livre, disse ele. Mas se era lógico afastar os escravos africanos e brasileiros do serviço de saveiro, banir os africanos libertos configurava evidente discriminação e, dado o protagonismo de Martins no caso, perseguição política. Confirma-o outra passagem de sua fala à assembleia, quando, apesar dos percalços — como a redução pela metade do número de saveiros disponíveis —, ele festejou o novo cenário humano no porto: "Sem dúvida tem já desaparecido de nossos cais o desagradável espetáculo de uma multidão de Africanos meio nus, aglomerados nas escadas e pequenas embarcações; o que dava uma triste ideia de nossa civilização ao Estrangeiro, que pela primeira vez aqui desembarcava".[19] A presença africana era vista como um espetáculo que diminuía a cidade aos olhos do mundo civilizado. Ora essa, a "nossa civilização" estava montada sobre o triste cativeiro africano, ou o senhor de engenho Gonçalves Martins o ignorava? Além de agradar a seus próprios olhos e sentimentos, o presidente perseguia o estrangeiro negro para dar boa impressão ao estrangeiro branco.

Segundo o presidente da província, tudo corria conforme planejado. Um grande número de trabalhadores livres nacionais já teria abandonado suas ocupações de costume para se empregar nos barcos, "este novo gênero de indústria que lhes era aberto". Um emprego lucrativo que, segundo ele, teve incrementado seu poder de atração porque os clientes, por adesão à nova ordem, aumentaram espontaneamente o valor pago pelos fretes. Mas na sequência de seu discurso, o próprio presidente admitia que, entre alguns saveiristas, prevalecia o espírito de rixa mútua e de desrespeito à sua clientela, comportamentos que Martins considerava pontuais e passageiros de "pequeno número de perturbadores", e logo corrigidos pela pronta atuação das autoridades portuárias.[20]

Martins anunciou que, para melhorar a vida dos novos saveiristas, elevar a eficiência do serviço e abrir novas oportunidades de investimento, fora montada uma comissão encarregada de planejar medidas complementares. Uma delas previa a criação de uma espécie de caixa de assistência financiada pelos próprios saveiristas, com desembolsos mensais, para socorrê-los na hora da doença e do desemprego, e ajudar suas famílias na hora da morte. O modelo eram as sociedades de ajuda mútua que então começavam a proliferar por todo o Brasil, e aos poucos se constituíam na cidade de Salvador, a exemplo da Sociedade Protetora dos Desvalidos. Finalmente, Martins anunciou que pretendia estender a proibição a outros tipos de embarcação além dos saveiros, como as numerosas alvarengas, e a criação de companhias privadas para tocar todo e qualquer serviço no porto somente com braços livres nacionais.

O presidente evitou discutir um resultado inesperado da lei, que foi a drástica redução no número de saveiros em atividade, apesar da chance que se abria não apenas ao remador nacional, mas a quem pudesse investir numa embarcação. O preço não era proibitivo para quem tivesse um pequeno capital disponível. Até africanos possuíam saveiros. Em 1856 se podia comprar um novo por 65 mil-réis, quando o valor médio de um escravo girava em torno de dez vezes mais. Por enquanto, a crise alcançaria tal dimensão que o capitão interino do porto considerou iminente o risco de o serviço de saveiros entrar em colapso. Por isso defendia a dispensa daqueles remadores de saveiro apanhados nas redes de recrutamento da Guarda Nacional e de outras forças militares. No mesmo sentido, em fevereiro de 1857, a Câmara Municipal pediu ao presidente João Lins Vieira Cansação de Sinimbu que sustasse o recrutamento para a Marinha porque se estava com isso afugentando do porto de Salvador muitas lanchas e barcos carregados de farinha, contribuindo para "a carestia deste gênero de absoluta necessidade".[21]

Mas o recrutamento pela Marinha nem sempre era o problema. Em novembro de 1857 houve resistência à prisão de um suposto desertor do Exército, homem pardo, que envergava roupa de marinheiro. Um tenente da Armada, que impedira a prisão do pardo, tomou a frente de um grupo de marinheiros e saveiristas que bradavam "vivas à sociedade dos ditos saveiristas e morra o [Joaquim] Ernesto [de Souza] presidente da Câmara". O incidente teve lugar defronte à igreja matriz da Conceição da Praia, que ficava em frente ao Arsenal da Marinha e ao Celeiro Público, no bairro portuário. Não é claro do que se acusava o vereador, mas é possível que o protesto tivesse ganhado outra dimensão, talvez contra a carestia de víveres, que não era pouca, ou alguma medida específica da Câmara que atingisse os trabalhadores do mar. Não consta que africanos estivessem envolvidos nesse episódio, no entanto.[22]

Boa parte da fala de Martins em 1851 sobre a lei dos saveiros fora extraída de um relatório a ele enviado por Antonio Leocadio do Coutto, capitão titular do porto de Salvador, que era bem mais otimista do que o capitão interino encontrado dois parágrafos atrás. No relatório, Coutto defendia com veemência a lei e contestava as notícias que chegavam ao presidente sobre "o estado de desmoralização dos remadores de saveiro". Começava por afirmar que eles eram o que eram em toda parte — homens rudes, fosse na Bahia, no Rio de Janeiro, em Liverpool ou Nova York —, mas deviam ser tratados mansamente porque o tempo se encarregaria de melhorá-los. Muitas queixas se faziam de que andassem "relaxados em seu trajar, rotos, e meios [sic] nus", mas quem realmente andava assim e continuava a fazê-lo nas alvarengas eram os "negros", escreveu o capitão. Também negou que os remadores circulassem armados, como se dizia, pois carregavam apenas as facas necessárias a seu serviço. E em seguida vinha a parte mais difícil de sua defesa: "No princípio todos se queriam mostrar patriotas pagando-lhes generosamente, e com isso [...] costumaram-nos mal, e hoje como por acinte querem dar-lhes menos do que pagavam aos negros, e se eles repugnam, ou representam alguma coisa, são atrevidos, insultam, usam de palavras ofensivas à moral". Mas eram exceções os que assim agiam.

O capitão garantia haver "uma perseguição sistemática ao atual serviço dos saveiros", por ter prejudicado interesses havia muito estabelecidos (leia-se donos de saveiros, seus escravos e africanos libertos). Antes, era endêmico o roubo de cargas, o que teria desaparecido desde a expulsão dos africanos daquela lide. Pelo contrário, os remadores livres seriam um poço de honestidade, pois entregavam à capitania objetos, tanto de maior como de menor valor, esquecidos por passageiros nos barcos. Os que delinquiam, o capitão do porto os fazia castigar, não sendo mais severo porque "têm sido tantos a prendê-los e a castigá-los [...] que meu rigor pareceria perseguição".[23]

Um episódio narrado pelo *Jornal da Bahia*, em 1857, descreve talvez melhor o que rolava no cais do porto:

> Diálogo entre caixeiro de firma inglesa e saveirista:
> — Quanto dá?
> — O que manda o trabalho, respondeu o caixeiro.
> — Qual tabela nem meia tabela! Quem é que pode me obrigar a receber pelo meu trabalho menos o que me devem? Por este preço não vou lá e ninguém me pode obrigar a ir.
> E o caixeiro teve que entrar em ajuste, pois que não podia prescindir da viagem.[24]

Não era muito divulgada a percepção de que o comportamento dos recém-convertidos a saveiristas seria, no melhor dos casos, igual ao dos africanos. Como se pode ler nos parágrafos anteriores, culminando com as palavras do capitão do porto, predominava nas manifestações públicas e conversas de bastidores do poder uma narrativa francamente antiafricana. Definia-se o africano, fosse escravizado ou liberto, como indivíduo moralmente desprezível, desonesto, avaro, alguma coisa selvagem. Os africanos, na retórica prevalente dos funcionários do governo, serviam de instrumento a negócios escusos e interesses monopolistas de uns poucos donos de saveiros, que seriam na sua maioria portugueses, os quais representavam um outro objeto (estrangeiro) de malquerer do brasileiro "patriota".

Dezenas de ganhadores do mar — chamemos assim aos saveiristas africanos — seriam afetados pela lei nº 344. Na freguesia da Conceição da Praia tinham sido registrados dez desses remadores no arrolamento de 1846, três dos quais possuíam seus próprios saveiros. Eram muito mais, provavelmente, nessa freguesia portuária, mas devem ter desinformado os fiscais do censo, talvez prevendo o que viria logo em seguida. Em 1853, inclusive, teria havido uma conspiração de nagôs que o cônsul inglês atribuiu à pressão do desemprego provocado pela política nefasta do ex-chefe de polícia. Houve confisco dos afamados papéis malês numa busca feita pela polícia à residência de uns africanos. Eram apenas artefatos de sua crença, aparentemente, mas Martins aproveitou os rumores de conspiração para reprimir uma vez mais a comunidade africana, que teve alguns dos seus membros presos e deportados. Na ocasião, o presidente propôs a deportação em massa dos libertos para a África, outra medida içada dentre aquelas concebidas, mas não inteiramente implementadas, no rastro da Revolta dos Malês quase vinte anos antes.

De fato, os africanos expulsos em 1853 o foram com base na lei provincial nº 9, que previa o procedimento sempre que *não* se pudesse encontrar provas suficientes para processar aqueles suspeitos de conspiração. Era a regra da presunção de culpa típica de uma sociedade baseada na escravidão africana. Aproveitavam-se as autoridades, com frequência, para deportar os africanos por outros delitos, que variavam de prostituição, desordem e pequenos roubos a práticas de adivinhação, curandeirismo e outras vinculadas ao complexo religioso do candomblé. Eram subversões do costume, não revolta social. Esse espírito antiafricano, mais do que antiescravista, não foi percebido pelo abolicionista baiano Luis Anselmo da Fonseca, um entusiasta da lei dos saveiros, que ele acreditava ser parte de um esforço genuíno de Gonçalves Martins para promover o trabalho livre na Bahia. Não era.[25]

*

Outros governos provinciais continuariam a obra de Francisco Gonçalves Martins, mas movendo diferentes peças do xadrez político e policial. O cerco, aliás, fechava e afrouxava ao sabor da disposição de quem ocupava o palácio do governo ou a chefatura de polícia. Os chefes de polícia, particularmente, demonstraram, em diversas ocasiões, insatisfação com o que entendiam ser falta de controle sobre os ganhadores. Um deles, em 1854, chegou a escrever uma circular a todos os subdelegados da capital expressando seu desagrado com a conduta daqueles trabalhadores no trato com seus clientes. "Convindo estabelecer algumas providências policiais a respeito dos indivíduos empregados no serviço de ganho", explicou ele, "de modo que possam oferecer algumas garantias àqueles que deles carecem, é mister, primeiro que tudo, proceder-se ao competente arrolamento de todos quantos aplicam-se a *semelhante* serviço." Mais um arrolamento... Na ficha de identificação de cada ganhador deveriam constar atividade específica a que se dedicava, nacionalidade, endereço, condição sócio-jurídica (escravo, livre ou liberto) e, sendo escravo, o nome do senhor. Três meses depois o chefe de polícia, em nova circular, cobrava a mesma providência, pois nenhum subdelegado, exceto o da freguesia de Brotas, tinha obedecido a suas instruções.[26] É possível que esta fosse mais uma tentativa frustrada de enquadrar os ganhadores, pois não há indício nos arquivos de seu resultado.

A própria postura municipal de 1857, que regulava o trabalho no ganho, fora provavelmente provocada por uma sugestão do chefe de polícia da Bahia dois anos antes, durante o governo do conservador João Mauricio Wanderley, futuro barão de Cotegipe. Num ofício de 1855 para os vereadores, o chefe de polícia Innocencio Goes praticamente antecipava as medidas introduzidas pela polêmica postura: "Tenho a honra de submeter à consideração de V. Sas. a seguinte indicação para ser convertida em Postura", e ali estavam a matrícula para o ganho junto à Câmara; a chapa numerada, "para dela usar o ganhador em lugar visível"; os cinco dias de prisão para o escravo e oito para o "livre" encontrado sem a chapa; a apresentação de "fiador idôneo" para ganhador livre ou liberto; a pena de oito dias de cadeia e multa de 30 mil-réis para quem usasse chapa falsa, acrescentadas aquelas penalidades previstas no Código Criminal para esse tipo de fraude. O ofício foi distribuído para a Comissão de Posturas da Câmara Municipal três dias após ter sido remetido pelo chefe de polícia. Foi esse o mapa seguido dois anos depois pelos vereadores rumo à postura causadora da interrupção de suas atividades pelos ganhadores.[27]

Além dessa postura plantada na Câmara por um membro do governo provincial, os vereadores andavam com as próprias pernas à cata de outros meios para disciplinar os trabalhadores africanos e, de quebra, elevar as rendas municipais. Mais uma vez, ousariam tocar num ponto sensível para o funcionamento da cidade, que era o abastecimento de víveres. Em janeiro de 1853, o vereador José Duarte concebeu uma postura que proibiria os africanos libertos, livres e escravos, "de um e outro sexo", de "negociar carne verde e fato, tanto nos açougues como pelas ruas, seja no seu próprio nome, seja no de outrem". A ideia seguiu para a Comissão de Posturas mas não prosperou por lá.[28]

Entre os remadores de saveiros despedidos em 1850, muitos iriam empregar-se no comércio de alimentos, onde as mulheres africanas tradicionalmente reinavam. Em 1857, confirmando sua dedicação ao controle dos africanos naquela quadra, a Câmara Municipal tentou impor uma postura desenhada para onerar a nova alternativa de sobrevivência. Ela proibiu os africanos livres, libertos e escravos de negociarem no celeiro e em outros mercados públicos qualquer gênero de primeira necessidade, víveres e miunças, sob pena de 30 mil-réis e o dobro nas reincidências. Outra medida foi anunciada em ofício ao presidente da província, no qual os vereadores observaram "que, depois da proibição de remar em saveiros, os africanos libertos se têm apoderado do comércio de víveres", e, com vistas a conhecer "quais os libertos africanos que se empregavam em tal comércio", além de enquadrá-los numa postura que punia atravessadores em geral, decretaram uma taxa de 3 mil-réis de licença e 2 mil-réis de selo a serem pagos anualmente, os mesmos valores adotados na postura dos ganhadores em 1857. Era ideia fixa.[29]

Mas os edis encontraram pela frente um presidente da província que pensava diferente de Gonçalves Martins. João Lins Vieira Cansanção de Sinimbu, 47 anos em 1857, era filho de senhor de engenho em Alagoas, doutor em direito na Alemanha, quadro importante do Partido Liberal, futuro visconde de Sinimbu e chefe de gabinete de Pedro II (1878-80).[30] Personagem proeminente da trama de 1857, o presidente, que tinha a prerrogativa de aprovar ou bloquear qualquer postura municipal, achou absurda a ideia dos vereadores, e assim os despachou:

> Se a medida que pela Postura remetida pela Câmara a esta Presidência que deu motivo a este ofício, tinha por fim a Câmara afastar os Africanos libertos do comércio dos gêneros alimentícios, como já foram afastados do serviço dos saveiros em detrimento do público pela elevação dos preços do transporte marítimo, resultado da falta de concorrentes, este fim já deve ser conseguido com a Postura impondo penas aos atravessadores, sendo que a imposição dessa nova Postura, além de injusta por ferir duplicadamente a mesma classe, irá produzir o efeito de aumentar a emigração já notável de Africanos libertos desta Província para a Costa d'África, sem que ainda se tenha conseguido em troca importação de outro braço, feito que em parte não pode deixar de ser nocivo ao País e portanto não pode por ora ser aprovada a referida Postura. Bahia, 29 de Março de 1857. Sinimbu.[31]

O presidente liberal fazia uma crítica velada a seu antecessor conservador pela autoria da lei dos saveiros, além de manifestar seu desacordo com a perseguição fiscal que sofriam os africanos, prejudicial também aos baianos que utilizavam seus serviços. Ademais, lamentava que, sob pressão, os libertos estivessem abandonando a Bahia. O presidente da Câmara leu a reprimenda, apresentou-a na sessão plenária de 1º de abril e despachou secamente: "Registre-se e arquive-se", num gesto de visível irritação pelo que emanava da Presidência da Província. Sinimbu mostrou ser correta sua avaliação de que a postura contra atravessadores, quaisquer que fossem estes, já bastava. Naqueles dias mesmo de greve, o liberto africano Fellippe José Vianna seria preso "por infração da postura que proíbe atravessar gêneros alimentícios".[32]

23. *João Lins Vieira Cansanção de Sinimbu, presidente negociador, o liberal que tentou aliviar a perseguição sofrida pelos ganhadores africanos na Bahia. Tinha traços de ascendência africana. Importante estadista do Império, foi ministro de diversas pastas, além de presidente do Conselho Imperial, presidente de várias províncias, inclusive da Bahia, entre 1857 e 1859.*

Se as medidas tomadas pela Câmara Municipal não combinavam com o pensamento de Sinimbu, elas convergiam com o do ex-presidente Gonçalves Martins, pois visavam empurrar os africanos para o trabalho dependente nos engenhos ou fazê-los retornar em massa à África. Martins foi explícito quanto a lançar fora da cidade os africanos. A ideia não era exatamente nova. Já havia sido amplamente circulada depois da frustrada proibição geral do tráfico transatlântico de escravos, em 1831, e de novo após o levante malê, em 1835. A imprensa repercutia essas opiniões. No final da década de 1830, quando se discutiu em todo o país, inclusive no Parlamento nacional, a reintrodução do comércio negreiro, o *Correio Mercantil* baiano fez coro favorável à ideia. No entanto, caso reaberto o comércio negreiro, sugeria que só fosse "lícita a venda dos africanos destinados ao serviço da lavoura ou de quaisquer outros estabelecimentos industriais, evitando assim que nossas cidades se venham a povoar ainda mais de ganhadores, ou carregadores de cadeira, quando é principalmente a nossa agricultura que só deles precisa".[33] Isso foi escrito mais de uma década antes de implementada a lei dos saveiros sob Gonçalves Martins, em 1850, mesmo ano em que alguns deputados defendiam na Assembleia Provincial a ruralização da população africana.

Uma das alegações para o desinteresse do trabalhador livre por ocupações urbanas seria o desconforto em dividi-las com africanos. A imprensa incentivava tal preconceito. Em 1846, *O Mentor da Infância* recomendava aos artífices que se recusassem a trabalhar ao lado de africanos, os quais eram todos reduzidos à condição de escravos na arenga do jornal. "Muito convém, Senhores Operários", aconselhava, "não admitir em vossas Oficinas os Africanos, a fim de não rebaixardes a vossa classe, muito depreciada por ser em parte exercida por esta gente." E concluía incitando ao prejuízo: "Como quereis ser tidos em consideração, se estais assentados ao lado de um escravo?".[34] E se ao lado sentasse o africano liberto ou o livre? Não importava, porque nessa versão do Brasil o africano liberto ou livre se tornava invisível: africano era sinônimo inevitável de escravo.

Até mesmo *O Guaycuru*, periódico liberal muito empenhado — "por humanidade" — na crítica ao tráfico ilegal de escravos e às autoridades que o toleravam, como era o caso do presidente Martins, se associou à campanha para erradicar os africanos do mundo do trabalho urbano. O jornal combatia o que considerava monopólio africano do pequeno comércio de alimentos. "É uma vergonha", pregava em 1850, "que muitos mil africanos, negros e negras, estejam na exclusiva posse de todo comércio de víveres nesta cidade, monopolizando-o, atravessando-o a bordo dos barcos com arrogância e insolência incrível." E conclamava o povo a dar um basta, antecipando-se ao já visto protesto dos negociantes baianos contra os negociantes africanos em 1855.

O Guaycuru também aplaudira a proibição dos africanos nos saveiros:

> Era uma vergonha que mil negros africanos cobrissem todas as praias e cais desta cidade, dividindo à noite com seus senhores e consigo os produtos deste monopólio, no entretanto que mil brasileiros, mil pais de famílias baianas, aí vegetavam em miséria hedionda, pediam esmolas pelas ruas. O povo reconheceu essa vergonha — viu que isso era indigno de brasileiros — e eis que essa infâmia vai desaparecer.[35]

Por sua posição política, o jornal negou qualquer mérito ao presidente Gonçalves Martins, um conservador, sendo *O Guaycuru* um órgão declaradamente liberal. O protagonista da causa teria sido "o povo". A pauta do periódico era nacionalista — o que se expressava no nome adotado de um grupo indígena —, pois também cuidava de atacar sistematicamente os portugueses, acusados de monopolizar o comércio retalhista e de contratar como caixeiros apenas seus patrícios. Seu editor favorecia a "nacionalização do comércio para os brasileiros". Os portugueses foram ainda denunciados como detentores do "monopólio dos saveiros", agora proibidos de ser manejados pelos africanos. Mas os africanos, como os portugueses e até em aliança com eles, também faziam reserva de mercado, segundo o jornal: "O trabalho dos saveiros da Bahia há largos anos que é um monopólio de oitocentos a mil africanos". Após a lei, a campanha era impedir que os "portugueses" usassem seus escravos africanos sob a alegação de fazer serviço particular para eles senhores.[36]

As denúncias não paravam aí. *O Guaycuru* acusava portugueses e africanos de empregar saveiros no contrabando de produtos vindos do Recôncavo. Noticiou que uma dessas embarcações, pertencente a um taberneiro português e remado por quatro africanos com um piloto ou arrais branco, descarregava sacos de açúcar na calada da noite para escapar ao fisco. E, além disso, conforme alguns meses antes o capitão dos portos oficiara ao presidente da província, eram constantes os roubos do mesmo produto perpetrados pelos pretos empregados em saveiros e alvarengas. Assim, o jornal se juntava ao coro dos que demandavam a nacionalização completa da mão de obra marítima.[37]

Outro periódico que nessa época considerava africanos e portugueses como inimigos externos era *O Povo*, um tabloide de pequenas dimensões e poucas páginas, cujo lema era "Jornal do povo, para o povo e pelo povo". A diferença entre este tabloide e outras publicações era que, segundo seus editores, os portugueses seriam laia muito pior que a dos africanos. Em 1849 foi ali publicada uma crônica intitulada precisamente "Paralelo entre Africanos e Portugueses", na qual se explicava como ambos os grupos vieram ter no Brasil: os primeiros como vítimas da "mais demarcada ambição", tendo sido "arrancados de seus lares [...] e reduzidos à mais vil condição d'escravos", enquanto os outros tinham sido "rejeitados por aqueles desnaturados entes que lhes deram o ser" e expulsos da "Pátria mãe". Mas em geral, segundo *O Povo*, os africanos eram moralmente superiores aos portugueses, por se empenharem em livrar-se do cativeiro ao qual tinham sido submetidos por "monstros". Os portugueses, por seu turno, só pensavam em "granjear fortunas" por meios lícitos ou ilícitos, não importava. "Existe cousa mais digna da execração pública do que o reprovado procedimento de semelhante gentalha?", perguntava o editor ao leitor.

Até os levantes escravos ganhavam estatura moral neste jornal. Apesar de os africanos terem no passado ameaçado os baianos, foram a isso "tão somente levados pelo amor da liberdade, e sempre com o apoio dos portugueses", aliás, a fim de que estes pudessem cumprir "seus sinistros intentos". Mas o africano, pelo menos, lavra "nossos campos", enquanto o português maquina contra nossa lavoura, "destrói a indústria, aniquila o comércio, guerreia mortalmente a qualquer outro que se arroja competir com eles". Enquanto o africano era agradecido a quem o amparava, o português, nas mesmas circunstâncias, respondia com ingratidão. Enquanto os africanos procuravam com sacrifício alforriar suas famílias, os portugueses já desembarcavam "derramando logo o veneno da destruição"; os primeiros muita vez pertenciam na África a famílias ilustres, já os lusos seriam réus, salteadores, chefes de quadrilha, falsificadores, enfim, "galegos que correspondem a quem chamamos — negro cangueiro", insulto que deixava às claras a implicância que os patrióticos redatores nutriam contra o ganhador. *O Povo* concluiu, porém, que o pior dos africanos equivaleria ao melhor dos portugueses.[38]

*

O presidente Francisco Gonçalves Martins certamente não concordava com a avaliação positiva dos africanos por ele lida nas páginas de *O Povo*, uma voz isolada na imprensa baiana de então. Martins fazia parte de outro coro, mais numeroso, do qual, num determinado momento, se fez dedicado maestro. No coro, como já visto, tinha até liberal que dele desafinava politicamente. A lei dos saveiros seria apenas o primeiro ato do espetáculo. Um ano depois viria nova lei, sobretaxando em 10 mil-réis os africanos, libertos ou escravizados, empregados em ofícios mecânicos. Estavam isentos dessa taxa os escravos, livres e libertos nascidos no Brasil, aliás provavelmente melhor representados nesse setor do que os africanos. Entre outros objetivos, discursou o presidente Martins, a legislação "empreendeu por meios indiretos e preventivos libertar o serviço das Cidades encaminhando a escravatura para o trabalho do campo".[39]

Mais uma vez ele confundia seu público ao se apresentar como paladino do trabalho livre, quando seria melhor defini-lo como verdugo do trabalhador liberto nascido na África. Nesse sentido, ainda pregou que, por demandarem "maior desenvolvimento da inteligência", as artes mecânicas se adaptavam melhor ao trabalhador livre. Não percebeu a incoerência de sua retórica, vez que, além de dificultar ao africano livre e liberto de exercer ofício, ele reconhecia a perfeita adaptação dos escravos a este setor do mercado de trabalho. Considere suas palavras:

> Os hábitos do País, onde uma maioria dos artistas pertenceu sempre aos homens livres, os quais somente começaram a sofrer uma concorrência desigual pela especulação dos que, comprando escravos e lhes mandando ensinar os diferentes ofícios, têm pretendido por esta forma tirar aos pobres estes meios de existência que lhes são mais apropriados nas Cidades e grandes povoações, nos afiançam que qualquer reforma ou providência que restrinja esta invasão impolítica será bem-aceita pela população, à parte os mesquinhamente interessados no monopólio que ameaçavam fazer da indústria fabril um recurso para o emprego de seus escravos.[40]

Apesar de sua inteligência supostamente pouco desenvolvida, os escravos, afinal, aprendiam tão bem as artes mecânicas que até ameaçavam desbancar desta ocupação artífices livres nela empregados havia muito tempo. O plano de Martins tinha um cunho de classe, a sua classe de grandes proprietários rurais. O arrocho sobre a escravidão urbana representava arrocho contra os pequenos e médios escravistas da cidade, em favor dos senhores de engenho — como era o próprio Martins —, que agora, após o fim do tráfico, passavam a disputar a força de trabalho escravizada num mercado nacional superaquecido pelo boom do café no Sudeste. Não faltavam agentes na Bahia que se encarregassem de comprar escravos para remetê-los aos cafezais do Sul. Abro o *Diario da Bahia* de um dia qualquer de 1857 e na página comercial leio o anúncio de Souza & Irmão, que "precisam comprar alguns escravos crioulos e africanos, não duvidando pagá-los bem, no seu escritório no Cais Dourado, nº 42". No anúncio de um concorrente, na mesma página, se publica: "Precisa-se para uma encomenda para fora [da Bahia], sendo moços e de boa figura com idade de 12 a 14 anos, e paga-se mais do que qualquer outro comprador, agradando, com preferência sendo crioulos".[41] Enfim, tínhamos então conflitos de interesses entre escravistas pequenos e grandes, urbanos e rurais, baianos e sulistas.

Sobre os pequenos escravistas de Salvador, James Wetherell escreveu, em meados do século XIX: "Em muitos casos, a posse e o uso de escravos são o único meio de sua subsistência". E um deputado afirmou, durante discussão da lei orçamentária de 1850: "Muitas famílias existem, e senhoras viúvas, que unicamente subsistem dos lucros que lhes deixa uma escrava que possuem empregada em vender fazendas em caixinhas". A observação do comerciante inglês e a do deputado baiano eram corretas, e aliás valiam para outras grandes cidades escravistas, como o Rio de Janeiro, por exemplo, onde uma parte significativa da escravaria urbana pertencia a senhores de poucas posses.[42]

Em Salvador, entre aqueles cujos interesses se chocavam com os defendidos por Martins, por outros proprietários rurais e seus protegidos — alguns aboletados na Assembleia Provincial —, estava d. Silvana Inocencia Maria de São José, que em 1857 pediu ao chefe de polícia para soltar seu único escravo, o crioulo José, preso por estar enfiado numa casa a jogar com outros. Ela alegou ser "do trabalho deste que a suplicante se alimenta". José desobedecera à postura nº 90, e d. Silvana, para vê-lo solto e de volta ao batente, foi obrigada a pagar uma multa de 10 mil-réis à Câmara Municipal.[43] Da mesma forma, Maria Teixeira de Nazareth pediu a soltura de sua escrava, a africana Maria do Bonfim, presa por altercações ("só palavradas", garantiu a senhora) com um preto que queria espancá-la. Isso aconteceu às sete horas da noite do dia 5 de dezembro de 1857. A senhora de Maria explicou ao chefe de polícia que tinha "por arrimo o ganho desta sua única escrava", que já havia sido castigada "pela prisão sofrida". Somente depois de quatro dias afastada do ganho a escrava seria solta.[44]

Outra pequena escravista chamava-se d. Fausta Sophia Leite. Ela escreveu longa queixa ao chefe de polícia contra o inspetor de seu quarteirão, acusando-o de prender seu escravo Querino por perseguição inexplicável contra ela. Era assim, acusou, "por [o inspetor] conhecer que a Suplicante não tem em sua casa um homem que por ela figure", deixando entender não apenas como funcionava uma sociedade patriarcal, mas talvez, involuntariamente, insinuando que o inspetor a retaliava por assédio não correspondido. A prisão do escravo se dera sem que lhe fosse oferecida uma justificativa razoável, exceto por desentendimento entre ele, que estava no ganho como mestre de uma lancha que transportava carvão, e um caixeiro livre responsável pela contabilidade do negócio. A briga talvez fosse porque este acusara o escravo de ter desviado dinheiro do patrão.

O fato é que o caixeiro surrara o escravo e este ainda por cima fora preso, e preso estava havia quatro dias. Fausta Sophia ficou desesperada porque "privada de perceber os ganhos para alimento seu e de sua família". E concluiu sua queixa: "A Suplicante, Ilmo. Sr., é pobre e onerada de família, vive em sua casa mansa e pacificamente como é público e notório, e os bens que possui é esse único escravo, e dos ganhos deste alimenta sua família, e paga aluguer de casa, e com o dito escravo preso, tem de sofrer a falta de alimentos, e com que satisfaça o seu proprietário [da casa que alugava]".[45] Eis então mais um retrato de pequena escravista atingida pela política direcionada a forçar a venda dos escravos da cidade para o campo ou, uma alternativa mais lucrativa, vendê-los para o sul cafeeiro.

A mesma política alvejava em cheio libertos um pouco mais prósperos. Embora a grande maioria dos escravos fosse propriedade de brancos e pardos, havia africanos que os possuíam, aliás comprados com dinheiro do ganho. Não eram poucos, proporcionalmente, nem eram todos microescravistas. No arrolamento de 1846 da freguesia da Conceição da Praia, consta terem sido 12% os libertos proprietários de escravos; em 1849, na freguesia de Santana, representavam 22%. Num e noutro casos, contudo, houve senhores que não foram contados e senhores que foram contados mas não declararam seus escravos. Na Conceição da Praia, três ganhadores africanos declararam ser senhores de escravos. A ganhadeira Maria Thereza de Jesus tinha cinco. Na freguesia moravam quitandeira, cozinheira, lavadeira, calafate, barbeiro e negociante africanos que possuíam escravos. A cozinheira Ritta Maria tinha três; o barbeiro Bernardino da Costa, nove; o negociante Manoel Joaquim Ricardo, dezoito. Não se pode nem dizer que os dois últimos fossem pequenos escravistas, considerando o tamanho médio das escravarias urbanas, que eram pequenas, sendo mais típica em Salvador a posse de um ou dois cativos apenas.[46]

Na freguesia de Santana, ainda em 1849, o preto Thomas Fernandes, um "carregador de cargas", era senhor de uma escrava nagô empregada no ganho de rua e de um escravo crioulo, talvez filho dela, que provavelmente o ajudava a carregar. Com o ganho dos dois, ele fazia 1200 réis por dia. O nagô Paulo Francisco Cardoso, carregador de cadeira, possuía uma escrava tapa que ele também pusera no ganho. Sua renda diária declarada era de 1 mil-réis. O mais próspero entre os libertos donos de escravos nesta freguesia, Daniel de Brito, declarou-se "ganhador", mas na verdade era comerciante de lenha. Ele possuía cinco escravos, três homens e duas mulheres, todos ganhadores como ele. Renda diária: 3240 réis. O nagô Roberto de Oliveira remava saveiro ao lado de seu escravo também Roberto, também nagô. Tinha ainda a escrava Maria no ganho. Sua renda declarada era de 1600 réis por dia. São cifras que, na sua maioria, superavam os jornais pagos aos trabalhadores do Arsenal da Marinha, por exemplo, que variavam de seiscentos réis a 1100 réis, e por um escravo de aluguel pagava-se oitocentos réis a seu dono. E é provável que, nas respostas aos encarregados de fazer o censo de Santana, os libertos tivessem sistematicamente omitido o valor real que conseguiam levantar, para evitar a imposição de novos impostos. E estavam certos, porque em breve enfrentariam outros tributos e restrições de acesso ao mercado de trabalho urbano.[47]

Enfim, as reformas pregadas pela elite política baiana prejudicariam a economia dos libertos africanos em geral, e também dos pequenos escravistas urbanos de toda estirpe e seus escravos. Estes últimos porque dependiam do ganho de rua para alimentar suas esperanças de alforria, e principalmente pela ameaça de venda para fora de Salvador, ou mesmo da província, caso seus senhores fossem forçados a se desfazer deles por falta de opção de emprego na cidade. Foi precisamente isso, o leitor há de lembrar, que alguns deputados pregaram em 1850.

O plano completo de Gonçalves Martins e acólitos ficou registrado em sua fala na abertura da Assembleia Provincial, em março de 1852, quando prometeu finalizar a obra iniciada com a lei dos saveiros: "Medidas análogas cumpre exatamente que sejam tomadas e executadas com energia para fazer sair desta Cidade grande número dispensável de escravos, e que por algum tempo preencherá o vazio que deixa atualmente a forte repressão do tráfico africano, que deve produzir sua completa cessação".[48] Mais do mesmo argumento econômico.

No entanto, havia um desiderato também político para fazer vazar da cidade os escravos, conforme apresentado pelo presidente na sua fala do ano anterior. Na ocasião, tratou ele de apontar o perigo que era permitir que se aglomerasse em Salvador "um excessivo número de escravos", porque "nas comoções políticas é ele de extremo perigo".[49] A Revolta dos Malês continuava a reverberar na mente do presidente, e ele sabia mais do que ninguém que dela também participaram africanos libertos. Martins não reduzia sua objeção apenas à presença na cidade do africano *escravizado*; seu plano abarcava os africanos libertos e livres. O "perigo negro" era mais abrangente do que o perigo escravo, como apontou Manuela Carneiro da Cunha.[50] Perigo *africano*, para ser mais exato. No mesmo discurso de 1852, Martins aludiu ao novo imposto a ser cobrado de todos os africanos que exercessem ofícios mecânicos, em mais uma tentativa de pressioná-los a deixar a capital da província.

6. Guerra fiscal e reação pessoal

Uma guerra fiscal seria deflagrada — de modo claro, aberto, sem vergonha — contra os africanos, em especial os libertos. A campanha nascera na sequência da Revolta dos Malês, em 1835. Em maio daquele ano foi concebida pela Assembleia Legislativa Provincial, em seu primeiro ano de funcionamento, a lei nº 9, aqui já mencionada. Esta lei, entre outros direitos retirados aos africanos — como o de possuir bens de raiz —, no seu artigo 17 instituía um imposto de capitação de 10 mil-réis a ser pago por todo liberto nascido na África. Ficavam isentos os miseráveis, sem os recursos suficientes para pagar, e aqueles empregados em alguma fábrica ou engenho, desde que apresentassem contrato assinado, seus patrões se responsabilizassem por suas condutas e eles morassem no local de trabalho ou em instalações fornecidas pelo empregador. Significava, na prática, enviá-los de volta à senzala. Também isentos eram os libertos que denunciassem a existência de uma conspiração africana. Este item podia ser batizado de Lei Sabina da Cruz, nome de uma delatora dos planos do levante de 1835, que pelos bons serviços prestados foi isenta de todos os impostos que incidissem sobre africanos libertos.[1]

Além de ser mais um mecanismo concebido para maltratar os libertos africanos no ambiente pós-1835, induzindo-os a retornar a seu continente de origem, a lei nº 9 não deixava de ter consequências interessantes para os cofres provinciais. Segundo uma estimativa conservadora, eram 4700 os africanos libertos de Salvador em 1835, de modo que, se todos pagassem o imposto, resultaria na arrecadação de 47 contos de réis, equivalentes a 7,6% do orçamento provincial. Os africanos tinham que se virar para pagar, mas um número expressivo sonegava mais ou menos sistematicamente, alegando pobreza e outras razões. Em todo caso, deve-se entender a lei nº 9 como um estímulo ao grande êxodo de africanos que se verificou, da Bahia para a África, nos anos que se seguiram à revolta.[2]

No que diz respeito aos africanos, a legislação tributária não parou no imposto de capitação, se estendendo, com o passar dos anos, a um leque de tributos relacionados com o exercício de praticamente todas as ocupações de ganho de rua, atividades marítimas e ofícios mecânicos nos quais eles estivessem empregados. A tributação era amplamente divulgada na imprensa, pelo menos desde 1848. Em 5 de dezembro daquele ano, por exemplo, o liberal *O Século* publicou um edital da Mesa de Rendas Provinciais que marcava o prazo de um mês para que os africanos livres ou libertos que carregassem cadeiras pagassem o imposto de 6 mil-réis. Os que remassem saveiros e alvarengas, aqui incluídos escravos, pagariam 10 mil-réis, "ficando sujeitos às multas do dobro do imposto os contribuintes [...] que não pagarem no referido prazo".[3]

Os impostos provinciais discutidos neste capítulo foram, na sua maioria, resultado de uma legislação debatida em 1848 pela Assembleia Legislativa Provincial, e representavam um pacote completo de maldades fiscais. O artigo 1º do projeto de lei nº 36 rezava: "Em todos os Distritos Policiais do Município desta Cidade haverão [...] livros de matrícula de Africanos de um e outro sexo", separados em escravos e libertos, com as informações de praxe (nome do ganhador, se escravo ou liberto, nome do senhor, endereço etc.). Em seguida listava as ocupações a serem cobertas: todas! Não satisfeitos, os legisladores especificaram algumas: transporte de carga e de gente (em cadeiras), remar, serviço doméstico, ofícios mecânicos. Planejava-se que os africanos livres e libertos que negociassem em quitandas ou mascateando, bem como os oficiais mecânicos, pagassem 60 mil-réis de imposto anual; os carregadores de gente e carga e os remadores, 20 mil-réis. Estariam isentos os "casados com filhas do Brasil" e com dois ou mais filhos brasileiros, ou os libertos casados com africanas com pelo menos quatro filhos brasileiros.

Uma mesquinharia atrás da outra. A grande maioria dos homens africanos não era casada. Também seriam isentos os maiores de sessenta anos e os que tivessem lutado na guerra da independência do lado do Brasil. Já os africanos escravizados pagariam a taxa de 40 mil-réis, se oficiais mecânicos, 30 mil-réis, se negociassem, e 20 mil-réis, se carregassem ou fossem do serviço doméstico. Aqui se isentavam igualmente os maiores de sessenta anos e os veteranos da guerra de independência, assim como os que compusessem escravarias domésticas com até três cativos pertencentes a senhores solteiros, ou até seis de senhores casados.

Vários outros artigos tratavam de multas que poderiam alcançar 200 mil-réis na reincidência. Os africanos libertos e livres que não pudessem pagar as multas seriam condenados a servir em obras públicas ou nos arsenais militares até completar, pelo cálculo de seus jornais diários, o valor devido. Os ganhadores que sonegassem durante três anos o pagamento da matrícula seriam mandados de volta à África. Uma parte do que fosse arrecadado formaria um fundo para financiar a viagem dos retornados. Para maior precaução, os deputados suspendiam quaisquer leis futuras contrárias à saída dos africanos da província.[4]

Na terceira e última discussão desse projeto, algumas modificações foram introduzidas. As taxas foram reduzidas a 30 mil-réis, no caso dos vendedores ambulantes, 20 mil-réis, dos remadores, 15 mil-réis, dos oficiais mecânicos, e 6 mil-réis, dos carregadores de cadeira e carga. Quanto aos ganhadores escravizados, pagariam 20 mil-réis os ambulantes e oficiais mecânicos, 30 mil-réis os remadores e 6 mil-réis os carregadores de cadeira e carga. No entanto, previa-se que essas taxas seriam aumentadas em 50% a cada ano, tanto para libertos como para escravos. Permaneciam as isenções para os africanos libertos casados com crioulas, mas especificava-se que deveriam ter casamentos celebrados na Igreja até a data de aprovação da lei. Seriam também isentas as africanas libertas, ainda que solteiras, que tivessem filhos brasileiros, não importasse quantos.

O critério de isenção por idade aos sessenta anos foi estendido aos incapacitados para o trabalho por invalidez, fossem libertos ou escravizados. Mantinha-se ainda a isenção fiscal para os escravos domésticos nos mesmos moldes da redação anterior do projeto. Quanto à deportação, também se conservava a redação anterior, mas se acrescentava que, em lugar de servir em obras públicas por incapacidade para pagar o imposto, o liberto seria deixado em paz se prometesse retornar à África no prazo de três meses. Outra novidade era o pagamento de uma recompensa a quem apresentasse mais de vinte pessoas, brasileiras ou estrangeiras, para trabalhar no serviço de carreto. Não podiam, porém, ser africanos, o que é dito explicitamente. Temos aqui introduzido o tópico da imigração europeia, o que escancarava a farsa de que se buscava favorecer o trabalhador nacional. Tratava-se de afastar os africanos para abrir espaço ao brasileiro, e também ao imigrante branco, que fique claro.[5]

Esse projeto de lei não prosperou inteiramente, nem quanto aos valores cobrados, nem quanto à isenção de africanos e africanas casados com brasileiros e as mães de brasileiros. Também não seria isentado o liberto acima de sessenta anos ou o veterano de guerra. Mas pelo menos não se concretizou seu aspecto político mais sórdido, que seria a expulsão sumária dos africanos que faltassem às suas obrigações fiscais. A saída do Brasil passava a ser voluntária, ou alternativa à quitação de tributos atrasados. Manteve-se, no entanto, segundo o regulamento de 31 de outubro de 1846, o sistema de controle dos africanos através de arrolamentos anuais, registrados em livros específicos.

Mas os problemas persistiram. Num longo relatório feito em setembro do ano seguinte, o inspetor da Tesouraria Provincial alegou que ocorrera, na maioria das freguesias, uma diminuição dos africanos que no ano anterior tinham se matriculado. Na freguesia da Conceição da Praia, 35 ganhadores evaporaram; na do Pilar, 28; na da Penha, 46; no Passo, 35; em Santo Antônio, 44; em Santana, 36. Verificou-se um acréscimo de ganhadores apenas na freguesia da Sé (doze), em São Pedro (cinco) e na Vitória (32), e nesta última porque não se fizera arrolamento no ano anterior. No balanço geral, diminuiu em 207 o número de africanos matriculados entre 1846 e 1847. Além disso, muitas das matrículas vinham sem especificar a ocupação e a origem dos ganhadores. O inspetor da Tesouraria Provincial, o negociante João Gonçalves Cezimbra, falou de "irregularidade, omissões e lacunas encontradas nos arrolamentos de africanos libertos que mercadejam", sugerindo que a matrícula deixasse de ser feita pelos subdelegados, a autoridade policial máxima de cada freguesia desde o final de 1841, e passasse à responsabilidade da Mesa de Rendas Provinciais. E assim foi feito.[6]

148

O método desse registro, que devia também incluir os africanos isentos de impostos, foi detalhado no regulamento dos tributos previstos na lei provincial nº 344, que cuidava do orçamento de 1849. Nele se dava chance aos africanos que se sentissem injustiçados de recorrer ao administrador da Mesa de Rendas e, sendo ali derrotados, recorrer ao presidente. A multa pelo descumprimento do registro ou do pagamento dos impostos era alta: 50 mil-réis. Um item específico sobre os carregadores de cadeiras obrigavam-nos a

> pôr nos dois espaços da Caixa superiores aos braços das Cadeiras o número com que elas forem arroladas, o que farão dentro de quinze dias contados do dia do arrolamento, devendo o mesmo número ser declarado no corpo do conhecimento [recibo] que receberem da Mesa [de Rendas Provinciais] pelo pagamento do imposto, sob a multa de 3 mil-réis por cada vez em que forem as Cadeiras encontradas sem o número, ou com a numeração errada.

Cadeiras não registradas no arrolamento seriam imediatamente confiscadas, e só devolvidas quando pagos imposto e multa. Da mesma forma seriam apreendidas mercadorias à venda, saveiros e alvarengas cujos donos se encontrassem em condição irregular junto à receita provincial.[7]

O quadro seguinte representa a evolução das taxas pagas pelos africanos na Bahia nos dez anos que antecederam a greve de 1857 e um pouco além.

De modo geral, verifica-se uma tendência à introdução de novos e ao aumento de antigos tributos, com algumas oscilações. Os chamados "ganhadores" — às vezes separados dos carregadores de cadeira, outras não, para efeito de tributação — passaram incólumes, pelo menos até 1857. Neste ano estreariam a mesma contribuição de 2 mil-réis que a Câmara Municipal pretendera impor.[8]

O Quadro 2 explica que, até 1850, os africanos escravizados e libertos podiam remar todo tipo de embarcação, e mesmo depois da proibição naquele ano lhes era permitido fazê-lo em "alvarengas e outras embarcações de descarga". Porém, essa tolerância foi acompanhada por um incremento de 100% no tributo, entre 1848 e 1849 (primeiro ano do governo Martins), e mais 50% em 1853. Em 1856 o imposto retornaria ao patamar de 1849, para compensar o choque da epidemia do cólera, que dizimou parte da população trabalhadora da cidade, onde ceifara a vida de 10 mil pessoas, além de cerca

QUADRO 2: IMPOSTO ANUAL PAGO PELOS AFRICANOS PARA
O EXERCÍCIO DO GANHO, 1848-61

	REMADOR	ESCRAVO MARINHEIRO DE CABOTAGEM[b]	OFICIAL MECÂNICO	MERCADEJAR	GANHADOR[c]	CARREGADOR DE CADEIRA[e]
1848	10$000	—	—	10$000	—	6$000
1849	20$000	—	—	10$000	—	6$000
1850	20$000[a]	—	—	20$000	—	5$000
1851	20$000	—	10$000	20$000	—	10$000
1852	20$000	—	10$000	20$000	—	10$000
1853	30$000	—	10$000	20$000	—	—
1854	30$000	—	10$000	20$000	—	—
1855	30$000	100$000	10$000	20$000	—	—
1856	20$000	100$000	10$000	20$000	—	—
1857	20$000	100$000	10$000	20$000	2$000	2$000
1858	—	100$000	10$000	20$000	2$000	5$000
1859	—	100$000	10$000	40$000	5$000	5$000
1860	—	100$000	10$000	40$000	5$000	5$000
1861	—	100$000	10$000	40$000	5$000[d]	5$000

FONTE: Fundação Cultural do Estado da Bahia, Diretoria de Bibliotecas Públicas, *Legislação da província da Bahia sobre o negro: 1835 a 1888*, Salvador: Funceb, 1996, pp. 36-68.

a) Com a proibição de 1850, inclui apenas os remadores de "alvarengas e outras embarcações de descarga", exceto saveiros. Válido para todos os escravos a partir de 1853.

b) Válido para qualquer ganhador escravizado, não só africanos, mas estes eram a imensa maioria.

c) Inclui carregador de cadeira nos anos de 1853 e 1854.

d) A ser cobrado por escravo de qualquer origem, africano ou brasileiro, mas liberto somente africano. A partir de 1858 os escravos pagariam 3 mil-réis.

e) Pagavam-se ainda 5 mil-réis por cadeira de aluguel a partir de 1849.

de 26 mil no resto da província. A redução do tributo visava atrair gente para o serviço marítimo, fundamental ao abastecimento de Salvador. Naquela quadra excepcional, à epidemia se somava a carestia de víveres, porque a região do Recôncavo, que abastecia a capital, também fora duramente alvejada pelo surto colérico. "Calamitosa crise, em que dois terríveis inimigos (peste e fome) flagelam o povo", escreveram professores que, em 1857, reivindicavam do governo aumento salarial — eles e praticamente todo o funcionalismo público, e pelas mesmas razões. Naquele ano, até a festa do Dois de Julho, que celebra a independência da Bahia, teve seu brilho ameaçado, pois "a carestia da farinha tem esmorecido o patriotismo, que é uma quimera não estando a barriga cheia", acreditava o correspondente de um jornal carioca em Salvador.[9]

Ainda naquele ano de 1857, a imprensa repercutiu um movimento na Câmara Municipal para expulsar do país um negociante português, José de Azevedo e Almeida, acusado de monopolista, e portanto "o autor principal da exorbitante carne verde". A medida, que fedia a xenofobia, não foi apoiada pelo presidente Sinimbu, e os vereadores decidiram, também em vão, que o imperador os ouvisse. Na mesma petição a Sua Majestade Imperial, eles atribuíram a carestia à escassez de braços na lavoura, em decorrência da epidemia e da proibição definitiva do tráfico — ao qual aquele português também teria se dedicado já na fase ilegal —, e pregaram, entre outras medidas, a imigração de africanos, não mais "como escravos condenados ao suplício atroz do cativeiro, mas como colonos livres, neófitos do cristianismo e da civilização". Afora os rasgos de arrogância cultural, seria uma rara proposta, para a época, de a província se voltar para o imigrante *livre* oriundo da África como solução para a escassez de mão de obra. A epidemia realmente mexera com a cabeça dos peticionários. Na Bahia, como no resto do Brasil, predominava o pensamento de que africano só servia para ser escravo, e já que ele não podia mais ser traficado, que viesse o imigrante livre de outras partes do globo, fossem colonos europeus ou *coolies* asiáticos, sobretudo chineses, que no jargão das migrações oitocentistas, inclusive no Brasil, eram denominados *chins*.[10]

Mas enquanto sugeriam a imigração de africanos livres, os vereadores silenciaram a respeito da expulsão dos libertos africanos do serviço dos saveiros. Ou seja, como explicou o presidente Cansanção de Sinimbu, não chegavam imigrantes de parte alguma, e ainda assim a Bahia cuidava de afastar os africanos libertos de ocupações estratégicas para a economia urbana. O plano migratório dos vereadores, no entanto, convergia com a ideia de destinar os africanos novamente introduzidos na Bahia para o trabalho no campo, e só este. Não destoava, neste aspecto, do embalo geral.

O imposto sobre o remador entrava na lógica de perturbar a escravidão urbana, não apenas a liberdade urbana. Pois o tributo recaía não apenas sobre escravos empregados no transporte público de mercadorias e passageiros, mas também no transporte particular. Foi o que aprendeu Fortunato José da Cunha ao solicitar, em 1851, anistia fiscal para três escravos seus. Inconformado com o indeferimento de sua petição, um ano depois ele organizou um abaixo-assinado, dirigido à Assembleia Legislativa Provincial, no qual assinaram catorze cidadãos afetados pela medida, todos negociantes. Eles alegaram ter seus negócios no Bairro Comercial, mas por morarem afastados do centro, no subúrbio de Itapagipe, faziam o percurso diariamente em saveiros remados por seus escravos. Alguns traziam e levavam seus filhos e os de vizinhos para frequentarem aulas na cidade, e também usavam suas embarcações para o carrego de compras "para gasto de suas casas". A petição foi indeferida.[11]

Na corrida pela substituição do trabalho escravo pelo livre através da imposição de tributos, nenhuma medida seria mais onerosa do que a cobrança de pesados 100 mil-réis pelo escravo matriculado como marinheiro em embarcações usadas na navegação de cabotagem. Essa lei, introduzida em junho de 1855, visava, além de reduzir o componente escravo das tripulações, evitar esquemas para disfarçar o contrabando de cativos, ou seja, a prática muito comum de matriculá-los como marinheiros na Bahia e desembarcá-los como mercadoria, sobretudo no Rio de Janeiro, Santos ou Porto Alegre. O valor do imposto de marinhagem era o mesmo pago por escravo legalmente vendido para fora da província, 100 mil-réis, até este último ser dobrado em 1861. A medida fiscal foi contestada com insistência, junto à Assembleia Provincial, por vários negociantes da praça, mas em vão. Onerar a exportação de escravos era uma maneira de ajudar a economia açucareira, combalida, entre outros fatores, pela falta de braços. A Assembleia Provincial estava cheia de deputados direta ou indiretamente ligados aos interesses rurais, como Barreto de Aragão, Aragão Bulcão, Araujo Goes, Araujo e Vasconcellos, Souza

Dantas, Albuquerque, Cerqueira Pinto, entre outros nomes representativos da grande lavoura.[12]

Do lado oposto estavam os negociantes de vária estatura. Em 1856, seguiu uma petição ao corpo legislativo com 129 assinaturas, mais e menos poderosas, encabeçadas pela do riquíssimo Joaquim Pereira Marinho, português de nascimento, futuro barão e visconde, que fizera fortuna traficando escravos no tempo da ilegalidade e possuía uma frota de navios de cabotagem. Os signatários alegavam que a navegação de cabotagem, tal como acontecera com o setor saveirista, estaria em risco de "diminuição ou paralisação completa" porque "se alimenta e mantém quase exclusivamente com braços escravos". O comércio se "levantaria em peso" para prová-lo, caso os deputados se dispusessem a ouvi-lo. O imposto causaria mais males que benefícios e, com a ruína do setor, não serviria a seu objetivo de forçar a absorção da força de trabalho livre, pois "a navegação de cabotagem não acha braços livres, que se lhe dediquem, salvo uma ou outra exceção; e que mesmo para o suave serviço das barcas d'Alfandega, quase sempre ancoradas, e que só uma ou outra vez largam panos para o cruzeiro na costa, dificilmente encontrarão, e só com grandes soldadas". A falta de braços baratos teria piorado com a epidemia de febre amarela, em 1850, e sobretudo o cólera, em 1855-6, diziam. Embora não houvesse planos para abolir a escravatura, já havia escassez e aumento nos preços dos escravos, "que convidam a desfazer-se deles quem os tem empregados em misteres de pouca conveniência", especialmente depois que a recente epidemia evidenciara os riscos do investimento, tantos tinham sido os mortos. Confirmavam, assim, a corrida dos pequenos escravistas para vender seus cativos.[13]

Num parecer a esta petição solicitado à Tesouraria Provincial pela Assembleia Legislativa, o procurador fiscal Victor d'Oliveira defendeu veementemente a medida como fundamental para estender o trabalho livre a outros setores da vida marítima, além dos saveiros. Ao argumento dos negociantes de que os homens livres recusavam aquele trabalho, o fiscal respondeu: "Uma das causas que arredam a população livre de fazer parte da tripulação dos barcos de cabotagem é justamente o grande número de escravos empregados em tal navegação, havendo da parte do homem livre a natural repugnância de se unir, como em família, à marinhagem de um navio, que é quase totalmente tripulado por escravos". O procurador denunciou a "avidez dos grandes interesses" e xingou os signatários de monopolistas, que tornavam "caros e insuportáveis os fretes entre os diversos portos do Império", sendo portanto justo o valor do imposto. A principal finalidade deste, no entanto, era sem dúvida "facilitar o emprego de marinheiros livres". Pelo menos neste parecer não se vislumbra um ataque direto aos africanos libertos, embora a reiterada expressão "marinheiros *livres*" sugira que ele tinha em mente brasileiros natos. Até porque os estrangeiros — e os africanos o eram —, segundo a lei, não podiam ser empregados na navegação de cabotagem.[14]

*

Se os impostos pagos por saveiristas e marinheiros escravizados oneravam seus senhores, os que incidiam sobre outras atividades atingiam mais diretamente o africano liberto. Este o caso dos oficiais mecânicos, que nada pagavam até 1851, quando a lei antes mencionada entrou em vigor e eles passaram a desembolsar 10 mil-réis a cada ano para exercer suas artes, taxa mantida ao longo da década. Da mesma forma que os brancos bem de vida contestavam os impostos destinados a seus escravos, também os libertos africanos não deixaram passar em branco o assunto.[15]

Em 1854, Luis de São Sebastião, liberto de nação jeje, oficial de sapateiro, solicitou isenção do imposto profissional à vista de ser "maior de setenta anos [...], padecer do olho esquerdo e trabalhar com dificuldade".[16] Não sei se conseguiu, mas provavelmente não, porque nenhuma cláusula constava na lei sobre isenção por idade ou deficiência física. Na mesma linha, dois anos antes, o também sapateiro João do Nascimento, liberto africano, septuagenário, residente na cidade de Cachoeira, invocou da mesma forma sua avançada idade para evitar o pagamento do imposto. Além de idoso, ele servira na guerra da independência na Bahia, tinha filhos brasileiros e seu trabalho rendia pouco. Chegou a declarar que não mais trabalhava, pois só enxergava com um olho — o segundo sapateiro a alegá-lo! —, já tendo passado o bastão do ofício para seu filho brasileiro, se limitando a frequentar a tenda de sapateiro para lhe fazer companhia ou quiçá por hábito. Documento extraordinário, sua petição está publicada no quadro seguinte.[17]

PETIÇÃO DO LIBERTO JOÃO DO NASCIMENTO
AO PRESIDENTE DA PROVÍNCIA, 1852

Ill.ᵐᵒ, e Ex.ᵐᵒ Snr.

João do Nascimento, Affricano Liberto, mais de 70 annos, casado com filhas, q' sustenta, vem ante V. Ex.ᶜⁱᵃ apadrinhado da suma Clemencia, Benignidade, e mais Virtudes q' abrilhantão a excelsa pessoa de V.ᶜⁱᵃ, derramar o justo pranto, e pedir o remedio: o Sup.ᵉ veio de tenra idade [da África]; recebêo o sancto Baptismo, teve a gloria de ser Christão, aprendeo o officio de Sapateiro, e pode comprar a sua liberd.ᵉ, assentou praça em huma comp.ᵃ de Henrique Dias aggregada ao Regimento de Millicias da Cachoeira, onde sempre habitou; apparecêo a Felis Epocha da Glorioza Independencia, o Sup.ᵉ marchou alegre p.ᵃ os Portos, prestou serviços, soffrêo muito, padecendo molestias; agora porem, ja no ocázo da vida está com huma lojinha de hum sobrado velho, q' pelo Amor de Deos lhe derão p.ᵃ trabalhar com hum seo filho, p.ᵃ sustentar 4 filhas donzellas, que tem em sua comp.ᵃ, o Sup.ᵉ padece de húa quaze segueira, vendo apenas mal p.ʳ um olho; elle ja não trabalha, está apenas em comp.ᵃ de seu filho; o collector das Rendas Provinciais exige delle o Imposto de 10$rs; parece por todas as razoens expostas, q' deve ser izempto de pagar esse Tributo, ja pela sua tão avançada [idade], ja p.ʳ q' tem filhas Brazileiras p.ᵃ quem trabalha, ja p.ʳ q' o seu trabalho he tão diminuto, que talvez na roda do anno não chega a 10$rs., ja finalmente p.ʳ q' ja teve a distincta honra, e gloria de servir na lucta da Glorioza Independencia de baixo das Bandeiras Brazileiras, cujo Pavilhão o hade sempre abrigar por Generozidade, e Justiça, o izemptando de todo, e q.ˡ q.ʳ tributo imposto a Affricano; assim o confia a vista dos doccumentos, que apenas pode offerecer, e muito mais pela Clemencia, e Justiça de tão Exclarecido Governo.

E. R. M. [Espera Receber Mercê]

A rogo do Sup.ᵉ p.ʳ não saber escrever

Luiz Osana Madeira

[Despacho:]

Informar o Senhor Inspector da Thesouraria Provincial. Palacio do governo da Bahia, 9 de Março de 1852.

FONTE: APEB, *Tesouraria*, maço 4250.

João do Nascimento anexou à sua petição o despacho do juiz de paz de sua freguesia em Cachoeira atestando a veracidade do que afirmara: que era casado, tinha filhos brasileiros, mais de setenta anos, era paupérrimo e se empenhava em sustentar a família. Outra certidão seria escrita pelo comandante da companhia em que o liberto servira na guerra antilusa; e ali, "debaixo de palavra de honra", seu capitão dizia ter sido Nascimento soldado "muito pronto nas suas obrigações [...] e muito ativo, e boa moral, e boa conduta, Religioso".[18]

O liberto fora um escravo exemplar, morigerado, trabalhador e econômico, daí ter poupado o suficiente para pagar por sua alforria. Alforriado, lutara pelo Brasil contra os portugueses, o que qualquer nação civilizada teria recompensado com, no mínimo, um título de cidadania. Católico fervoroso, casara-se na Igreja, formara uma família legítima, coisa que a maioria dos homens livres não fazia na Bahia. Enfim, o homem que desembarcara escravizado no Brasil havia cumprido uma vida exemplar, segundo o figurino previsto pela sociedade que o escravizara. Só lhe faltara um pouco de prosperidade.

Pois bem, a petição desse pobre homem foi cair nas mãos de Francisco Gonçalves Martins, que a encaminhou para parecer do inspetor interino da Tesouraria Provincial, José Joaquim Pacheco, que a indeferiu. Ele citou, como de praxe, os termos da lei fiscal de 15 de dezembro de 1851 e seu devido regulamento, especificando os artigos 57 e 71. O 57 dizia que o africano, para ser isento, devia provar documentalmente que exercia seu ofício sob contrato num estabelecimento agrícola ou fabril (medida copiada da lei nº 9 da época dos malês), ou que trabalhasse para seu senhor, no caso de ser escravo; o artigo 71 orientava o queixoso a recorrer ao inspetor da tesouraria e, em seguida, se fosse o caso, ao presidente da província. Pelo menos, naquela época, a burocracia caminhava mais célere, pois entre o atestado do juiz de paz, dado em Cachoeira em 26 de fevereiro de 1852, até o despacho do inspetor, em 22 de março, o processo durou menos de um mês, aí incluída a remessa dos papéis daquela cidade no Recôncavo até Salvador. Assim, o velho João do Nascimento soube muito rapidamente que de nada adiantara ter sido um escravo modelo, um liberto modelo, um africano modelo.[19]

A lei também não abria brecha para os africanos que se dedicassem a um ofício apenas esporadicamente. Era o que fazia o pedreiro Rafael José Duarte.

No fatídico ano de 1857, ele solicitou à Presidência da Província que o isentasse do imposto de 10 mil-réis. Consultado, o inspetor da tesouraria, Manoel Francisco de Sá Freire, indeferiu o pedido porque, mais uma vez, a lei "não faz exceção do Africano que periodicamente exerce a profissão". Foi pétreo. O presidente da província, que era o alagoano Cansanção de Sinimbu, um homem em geral razoável, passou um mês e meio pensando no assunto, mas terminou acatando o parecer do inspetor, embora lamentasse em seu parecer "o rigor daquela disposição" legal.[20] Foi fraco.

Só estavam isentos desse imposto os escravos e libertos empregados em estabelecimento agrícola e fabril. Mas o negociante suíço Lucas Jezler não teve um pedido de devolução de imposto pago por seus escravos oficiais mecânicos porque não conseguira provar que "pertencessem a alguma fábrica". Eles trabalhavam, porém, na sua serraria em São Félix, no Recôncavo, registrada no *Almanak* de 1860 como "fábrica de serrar madeira". Na verdade ele fabricava caixas para acomodar charutos. Em futuras leis orçamentárias o suíço seria nominalmente contemplado com a isenção desse tributo.[21]

Em pior situação do que os artífices africanos encontravam-se aqueles que viviam de mercadejar quitandas, porque viram seu tributo aumentar em 100% — de 10 mil-réis para 20 mil-réis — no curto intervalo entre 1848 e 1850, e outro aumento de 100% entre 1858 e 1859. Antes da chegada de Gonçalves Martins ao governo, os legisladores ainda esboçaram uma ponta de comiseração, ao conceder que o tributo não recaísse "sobre aqueles que tiverem tão diminuto negócio, que o não possam suportar".[22] Depois de Martins, essa ressalva sumiria das leis orçamentárias.

A multa pela sonegação ou atraso no pagamento do imposto para mercadejar chegava a azedos 50 mil-réis. Na discussão da lei do orçamento de 1848, o deputado João José Barbosa de Oliveira, pai de Rui Barbosa, criticou o valor excessivo da multa e sugeriu que ela fosse substituída por uma pena de dez dias de prisão. A proposta, que ele achava menos "cruel" do que a multa, foi recusada, pois, argumentou o nobre deputado relator, não cabia legislar sobre prisão no corpo de uma lei orçamentária.[23]

Sobre este capítulo da perseguição fiscal há muito a ser dito. As libertas africanas — falemos logo no feminino por serem elas as principais interessadas — lançaram mão de grande número de argumentos, manhas e artimanhas para burlar ou amenizar os efeitos da legislação, que impunha impostos e multas consideráveis ao comércio africano de rua. Alguns argumentos se assemelhavam àqueles usados pelos ocupados nos ofícios mecânicos. A africana liberta Francisca Maria da Silva, quitandeira, alegou idade provecta para ser isenta do imposto relativo aos anos de 1846 e 1847, o que lhe foi negado. O inspetor da tesouraria, o ex-presidente da província e rico negociante João Gonçalves Cezimbra, respondeu que a solicitação não seria atendida porque a africana não conseguira comprovar sua idade. Mas ela não tinha como fazê-lo. Senhor de escravos que era, Cezimbra devia saber que esse dado simplesmente não existia nas biografias de africanos e africanas traficados, senão estimativas aproximadas feitas pelos párocos na pia batismal, ou pelos avaliadores nas listas de inventários post mortem, neste caso na base de idades descritivas dos escravos arrolados: moleque, moço, maior, adulto, velho etc. Mas haveria, de todo modo, perdão para idosos previsto pela lei? Não, escreveu o inspetor em seu parecer, até porque a ganhadeira "efetivamente se ocupa em mercadejar, como está verificado". Quer dizer, idosa ou não, ela exercia a ocupação coberta pelo imposto e, portanto, estava sujeita à multa respectiva.

Talvez por cochilo, quatro meses antes Cezimbra despachara em favor da própria Francisca Maria da Silva, quando ela pedira perdão da multa, também de 50 mil-réis, pelo atraso do imposto de capitação. Podia ter repetido a dose no caso do imposto de quitandar, mas não o fez. Em junho, inclusive, Francisca Maria já havia conseguido provar ser "viúva honesta, maior de sessenta anos", por meio de atestados do vigário e de um inspetor de quarteirão da freguesia da Conceição da Praia, que juravam ser ela "velha e pobre, que apenas por muito custo pode ganhar para se alimentar". Cezimbra aproveitou para expressar seu desacordo com o imposto: "semelhante maneira de tributar e multar é extremamente revoltante", confidenciou ele ao presidente da província, mas disse não poder fazer nada porque a lei não lhe permitia anistiar a africana. Contudo, num outro lance, em setembro de 1847, ele isentou um casal de africanos libertos do pagamento de multa pelo atraso do imposto de mercadejar. Ou seja, a resposta das autoridades às petições dos africanos era errática. Nos casos de deferimento, caberia especular sobre a interferência de terceiros, algum padrinho que, por ter acesso à máquina do governo, protegesse africanas que fizessem parte de sua rede paternalista.[24]

Por não contar com quem por si intercedesse junto a Cezimbra, a africana Maria da Conceição teve seu requerimento indeferido. Seu marido brasileiro, José das Virgens, foi quem solicitou, em nome dela, anistia do imposto para mercadejar, afirmando que o negócio pertencia na verdade a um brasileiro. Conceição já tinha sido liberada de uma pesada multa recentemente, sob a mesma alegação, mas desta feita o inspetor Cezimbra decidiu barrar suas pretensões, "porque, a passar o precedente, não haveria mais Africano liberto que não alegasse ser o seu negócio pertencente a algum terceiro não sujeito ao imposto".[25] Onze anos depois, Maria da Conceição teve melhor sorte quando pediu perdão da dívida, acumulada desde 1847, pela sonegação da décima urbana (IPTU da época) e respectivas multas. Nessa ocasião ela declarou, como já se tornara praxe, ser "avançada de idade e indigente", e teve parte da dívida de 134 180 réis perdoada.[26]

Foi também o marido brasileiro da africana liberta Narciza Anna Alvarenga quem contou a mesma história de ela trabalhar para outrem. Aconteceu no governo de Gonçalves Martins. O crioulo liberto Victorino José Fernandes, oficial de calafate, argumentou que sua mulher se dedicava à venda de peixe por conta própria, ao mesmo tempo que a serviço de terceiros, estando registrada na Mesa de Rendas Provinciais desde 1847. Agora corria o ano de 1851 e ela se via endividada pelos atrasos e multas. Devia uns 180 mil-réis. Victorino José fez uma defesa consonante ao sistema patriarcal da época, pois, como homem casado e chefe da casa, era ele, um brasileiro, quem teria de bancar o ônus da dívida de sua esposa africana. Aliás, já estava sendo cobrado pela receita provincial. Victorino era pai de quatro filhos, a quem tinha de alimentar, e assim a dívida penalizava não somente a ele, mas toda a família. Vale a pena ler sua petição, aparentemente escrita de punho próprio, com outros detalhes que a tornam um documento não apenas único, mas de certo modo comovente. Está no quadro em seguida, acompanhado dos devidos despachos típicos do empurra-empurra burocrático.[27]

Victorino José anexou à sua petição atestados de casamento com Narciza e de batismo de dois dos seus filhos, documentos que solicitara ao pároco da freguesia da Conceição da Praia, onde provavelmente residia. A certidão de casamento, a propósito, tinha sido escrita alguns anos antes, em 1846, para ser usada para fins que desconheço. Já a certidão de nascimento dos filhos do casal fora requerida, especificamente, para instruir sua petição em 1851, aliás três

PETIÇÃO DE VICTORINO JOSÉ FERNANDES
AO PRESIDENTE DA PROVÍNCIA, 1851

Illmo Exmo Snr. Prizidente da Provincia

Diz Victorino Jozé Fernandes, cazado como mostra pelo documento n.º 1.º com Narciza Anna Alvarenga e da qual tem quatro filhos, como mostra pelo documento de n.º 2.º da dicta sua Molher; mas occorrendo ser a dicta Africana liberta, os Arrematantes dos impostos da Lei Provincial de 1844 exigem do Sup^e [Suplicante] por cabeça de sua Molher os dictos direitos: mas Exmo. Snr., sendo o Sup^e Cidadão Brasileiro e Guarda Nacional, e seus filhos, como está provado e pobres, vivendo de seu oficio de callafate, como lhe é possivel Snr. pagar semelhante trebuto, o qual recai sobre o Suplicante e seos ignocentes filhos Brazileiros, os quaes se estão criando para o serviço do Estado e de S. Magestade Imperial e amparo de sua Velhice, exp^r tt^o [e por tanto]

P. a V. Exª que por misericordia e compaixão da indigencia do Suplicante e de seos filhos, exima a referida sua molher de pagar a dicta taixa, visto recahir toda sobre o Suplicante, ex pr tto espera de V. Exc.^a Justiça e benevolencia e

E. R. M^ce [Espera Receber Mercê]

Victorino Joze Ferns.

[Despachos:]

Informe Senhor Inspector do Thesouro Provincial. Palacio do governo da Bahia, 10 de Novembro de 1851

[Francisco] Gonçalves Martins

Ao Sr. administrador da Mesa de Rendas. Ba. 12 de 9bro de 1851.

[Alvaro Tiburcio de] Moncorvo e Lima

Informe o Sr. fiscal Francisco Antonio da Costa. 13 de Novembro 1851

[Alvaro Tiburcio de Moncorvo e] Lima

FONTE: APEB, *Tesouraria*, maço 4250.

dias antes de ser esta despachada pelo presidente da província. As certidões nos permitem saber um pouco mais sobre a vida do casal. Casaram-se Victorino e Narciza em agosto de 1844, ocasião em que já tinham dois filhos, um com oito anos, outro com seis. Seus registros de batismo não foram localizados pelo pároco nos livros da igreja da Conceição da Praia. Mas, em 1851, teriam catorze ou quinze anos um e dez o outro. Os demais, já nascidos filhos legítimos, tinham três anos um e oito meses o outro, nas contas do pai; nas contas do pároco, o mais velho teria dois anos e o bebê, cinco meses.

A petição de Victorino Fernandes não contesta a legitimidade dos impostos e multas devidos por sua mulher. Ele enfatizou suas circunstâncias vexatórias para evitar pagá-los: era pobre, brasileiro e pai de família numerosa. Não podia, portanto, saldar o que estavam exigindo de sua mulher, tendo, além disso, quatro filhos para criar — aliás, criar "para o serviço do Estado e de Sua Majestade Imperial". Lembrou de dizer que, se sua mulher era africana e portanto estrangeira, ele, apesar de ex-escravo, era agora não apenas cidadão brasileiro, mas membro idôneo da Guarda Nacional, a chamada "milícia cidadã". Igualmente brasileiros eram seus filhos, agora todos libertos, insistiu ele na tecla da cidadania. Lembro de novo: ao contrário dos africanos, que se alforriavam para se tornarem estrangeiros, os ex-escravos brasileiros tornavam-se cidadãos do Império uma vez libertos. Todavia, a africana não ganhava cidadania se casasse com brasileiro.

Victorino nada disse em sua petição sobre seu passado de escravizado. Eu descobri ser ele liberto porque a informação consta de seu registro de casamento; corri atrás de sua carta de alforria e a encontrei. Sua liberdade fora comprada por 500 mil-réis de quatro irmãos que o haviam herdado do pai, Francisco José Fernandes. Isto se deu em 1842, quando já tinham nascido seus dois filhos mais velhos, estando um com menos de um ano de idade naquela data. É relevante que, no documento de alforria, ele já fosse referido como Victorino José Fernandes, a exibir o nome de família do senhor, quando a regra era constar apenas o prenome do escravo, que depois de liberto, aí sim, em geral o adotava. O fato de seu nome de alforriado já constar no título de sua carta de liberdade — "Carta de Liberdade do crioulo Victorino José Fernandes" — sugere que teria uma relação qualificada com a família senhorial. Ou, mais exatamente, que os membros desta, os quatro herdeiros sobretudo, o reconheciam como uma espécie de parente, subordinado que fosse. Nem por isso o escravo fora agraciado com uma alforria gratuita. Talvez Victorino nem vivesse sob o teto senhorial, mas alhures com sua mulher e prole; e como escravo de ganho que por certo era, pagava a semana ao senhor e, com sua morte, a seus filhos. Ou seja, tivera, quiçá, o sabor da liberdade antes de prová-la legalmente.

Quanto a Narciza Anna Alvarenga, sua mulher, já era forra desde 1838 — quatro anos antes da alforria de Victorino —, quando ela se libertou junto com seu filho mais velho, Manoel, da senhora Ana de Alvarenga Abreu Lima. Como seu marido, ela também adotaria o nome de família da senhora. No seu documento de liberdade está dito que Narciza era de nação nagô e que a alforria fora concedida sob a condição de ela acompanhar sua senhora até a morte desta, o que teria ocorrido naquele mesmo ano, entre a redação da carta em maio e seu registro em agosto. De todo modo, a alforria viria antes de seu casamento com Victorino seis anos depois, em cujo registro ambos constam como libertos. Narciza fora alforriada, segundo sua senhora, "pelos bons serviços que me tem prestado, e o filho pelo amor que lhe tenho pelo ter criado". Tanto marido como mulher, além do filho, foram favorecidos pelo jogo de negociações afetivas e imperativos morais típicos do jugo paternalista.[28]

Já os homens do governo agiriam segundo uma lógica puramente burocrática, da qual a negociação não fazia parte na maioria das vezes. Os argumentos de Victorino não comoveram os funcionários do fisco. O inspetor da tesouraria, Alvaro Tiburcio de Moncorvo e Lima, despachou o caso para o presidente Gonçalves Martins nos seguintes termos: "Conquanto pareçam atendíveis as alegações do suplicante, estão elas excluídas pelo Regulamento de 21 de Fevereiro de 1849". E concluiu: "São unicamente isentos do referido imposto aqueles cujo negócio for tão diminuto que não possa dar lucro de 100 mil-réis no decurso de um ano".[29] É possível que o negócio de Narciza se encaixasse nesse artigo, mas Victorino devia desconhecê-lo. Nada constava, como mais tarde viria a constar, sobre isenção para africanas com filhos brasileiros, ou para os maridos dessas africanas que, legalmente, respondiam pelos negócios do casal. Terminava o inspetor Moncorvo afirmando em seu parecer que só "por graça especial" poderia a Assembleia Provincial decretar isenção nos termos solicitados pelo liberto crioulo.

No entanto, não foi emitido com essa frieza protocolar o parecer recebido por Moncorvo do funcionário da Mesa de Rendas, Antonio da Costa Pires. Este de fato aludia que na lei não haveria brecha para atender a solicitação de

Victorino Fernandes, mas ele se estendeu além da conta e se inclinou um bocado para o lado do calafate crioulo. Observem o que escreveu, após lamentar a retranca legal:

> mas considerando-se os princípios do Direito, e a natureza e fim da Sociedade conjugal, cuja administração dos bens e gerência dos negócios pertence aos maridos; por equidade, e segundo eles, poderia o Governo atender sua súplica, já que o Suplicante é quem nas regras do Direito mercadeja pela pessoa de sua Mulher, interessada na manutenção dos filhos, e na conservação do Suplicante falto de meios, como alega, mas que não está isto provado [...]. Assim entendo que o Governo, bem considerando a espécie, poderá com a imparcialidade que o distingue fazer alguma equidade para com o Suplicante à vista do seu estado, e dos filhos que alimenta.[30]

O funcionário serviu ao governo um prato cheio de argumentos, vã tentativa de colaborar com a sobrevivência de uma família negra pobre.

Melhor sorte teve a liberta Fabrícia Maria da Conceição, que negociava "carvão, pimentas e outras miudezas" e pagou regularmente o imposto de 10 mil-réis desde que fora introduzido em 1846. Mas no terceiro ano, 1848, ela não conseguiu pagar, ficou sujeita à pesada multa de 50 mil-réis e solicitou anistia. O administrador da Mesa de Rendas Provinciais, Manoel José Rodrigues Freire, considerou "diminuto o seu negócio", condição prevista pela lei para anistiá-la. Lembrava ele que havia precedentes. Um dia depois, o procurador fiscal da tesouraria discordou. Lavrou um despacho no qual, embora também reconhecesse excessiva a multa, repetia como outros burocratas que a lei existia para ser cumprida. Mencionou a dilatação do prazo para o pagamento do imposto, amplamente divulgada na imprensa — como se os africanos lessem jornais todos os dias —, sentenciando que "nenhum africano pode ser hoje aliviado da multa". Este último parecer foi encaminhado ao presidente da província pelo inspetor interino da Tesouraria Provincial, Antonio Francisco da Costa Meirelles, que seria diplomático. Reconheceu "o princípio de equidade" esgrimido pelo procurador fiscal — todos teriam de cumprir suas obrigações com o fisco —, mas considerou que não estivesse "prejudicado o princípio, em que se funda a suplicante para que seja relaxada desta multa, realmente dolorosa". E passou a súplica para a última instância, o presidente da província, pois, "para resolver como o caso melhor exija, tem V. Exa. a suficiente sabedoria, e o cálculo indispensável". O presidente, desembargador carioca Joaquim José Pinheiro de Vasconcelos, que logo seria substituído por Gonçalves Martins, concordou em deferir a súplica da africana.[31]

Pobreza, idade avançada, família, doença, cidadania — os argumentos para evitar tributos e multas eram muitos. Como parte do arrocho fiscal, os libertos eram submetidos a procedimentos burocráticos concebidos para coagi-los e humilhá-los. Mas não se deixavam vencer facilmente. A incompreensão das leis e o próprio cipoal burocrático não faltaram ao arsenal de razões apresentadas aos senhores do governo. Algumas africanas declararam se confundir com prazos e datas para o pagamento do imposto de mercadejar, porque calendário anual era uma coisa e calendário financeiro, outra. A arrecadação do imposto se dava no primeiro mês do ano financeiro, julho. Como assim?!, alegou Claudina Antonia de Amorim, ganhadeira de nação nagô, que não entendia de finanças do Estado, e solicitou isenção da multa incorrida em 1848. Moradora do Rosário de Itapagipe, na distante freguesia da Penha, ela matriculou-se e pagou o imposto de 10 mil-réis em janeiro de 1847, mas teria de pagá-lo de novo em julho para exercer a atividade pelos próximos doze meses. Só descobriu a cilada quando buscou, em janeiro de 1848, quitar pelo segundo ano o imposto, e foi-lhe na ocasião cobrada uma "excessiva multa" de 50 mil-réis, que ela agora pedia lhe fosse perdoada. Claudina Antonia alegou que os africanos, apesar de licenciados,

> só por ignorarem quais seus deveres ou mesmo por suas tristes circunstâncias, deixaram de satisfazer com mais ou menos prontidão os pagamentos devidos, sendo da mais necessária equidade tolerar-se de alguma maneira as faltas de todos os Africanos nas circunstâncias da Suplicante, que por suas ignorâncias não devem ser punidos com mais vigor do que aqueles outros devedores da Fazenda Provincial, que pela demora dos pagamentos a que também estão sujeitos não se lhes impõem outra multa além daquelas que se regula pela porcentagem do capital da dívida.[32]

Nesse trecho de sua petição, o procurador a quem Claudina contratara para representá-la fez as vezes de defensor dos africanos em geral, todos que se encontrassem nas mesmas circunstâncias que ela. João Batista de Farias, o procurador, explicou ser injusta a marginalização a que estavam submetidos os africanos e pediu isonomia com outros devedores do fisco. O pedido de isenção se transformou, assim, num protesto contra a discriminação dos negros d'além-mar. Não adiantou, contudo, porque a ideia era precisamente discriminá-los. O presidente da província, Gonçalves Martins, após ouvir as autoridades da tesouraria, indeferiu o pedido. E também fez ouvido mouco a Sabina Maria da Conceição, que jurou ter cumprido todas as suas obrigações tributárias, mas, queixou-se, tinha saído para negociar certa de estar praticando um negócio lícito e o fiscal da freguesia do Pilar confiscou os gêneros alimentícios do seu tráfico, não sem protestos da ganhadeira.[33]

Na mesma situação se encontrava Joanna Maria da Conceição, não porque atrasasse o pagamento do imposto, mas porque ficara dois anos sem trabalhar no ganho, período durante o qual entendeu ser isenta. Era um negócio pequeno o seu, mas que ainda assim interrompera "por falta de meios". Por sorte, tinha conseguido que lhe emprestassem 30 mil-réis para obter nova licença, mas descobriu que teria de pagar uma multa de 100 mil-réis pelos dois anos em que não se matriculara, além de 20 mil-réis por dois anos de imposto devido. Joanna Maria, que de passagem disse ter mais de sessenta anos, pedia "proteção" ao recém-empossado presidente Gonçalves Martins para ser dispensada da dívida, "mandando-lhe dar licença para continuar no seu giro". Não sei como sua petição foi despachada, mas desconfio.[34]

Já a africana liberta Joaquina Rosa do Sacramento conseguiria um acordo para "pagar em prestações" os impostos e multas pendentes, no considerável valor de 240 mil-réis — mais da metade do preço médio de uma escrava —, referente aos anos de 1846 a 1851. Ela desembolsou uma primeira parcela de 40 mil-réis, e o restante seria depositado em prestações trimestrais de 30 mil-réis — equivalente a três anos de imposto ou ao preço de uma passagem de volta à África em 1841. O contratado era que quitasse sua dívida no curso de dois anos. Ou seja, condições escorchantes que não sei se lhe foi possível cumprir. Ademais, a africana teria de oferecer dois fiadores idôneos e provar sua liberdade com documento competente, antes de conseguir fechar sua negociação com o fisco.[35]

Enquanto isso, em 1858, um outro africano, Antônio Xavier de Jesus, abandonou o trabalho de mercadejar e solicitou "ser eliminado do respectivo arrolamento". Este ganhador era agora um homem rico, já que, por aquela época, recebera de herança os bens de seu ex-senhor, um próspero negociante também africano que morrera na Costa da Mina, tendo sido expulso do Brasil em 1835 sob a falsa acusação de conspirar com os malês contra a ordem.[36]

Viagem à África foi o que provocou uma petição do liberto Antonio Ferreira de Souza, que pediu isenção do imposto no ano de 1849 porque estava do outro lado do Atlântico. Era um dos muitos pequenos negociantes transatlânticos que compravam mercadorias na Costa da Mina, panos sobretudo, mas com frequência, até 1850, também cativos. Antonio Ferreira ausentou-se, mais precisamente, entre março de 1848 e julho de 1849, provando sua viagem por meio de passaporte e atestado do inspetor de quarteirão onde residia. Consultado, o procurador fiscal Ignacio José Ferreira foi inclemente. Suas palavras revelam uma tensão entre os vários níveis da burocracia do governo, pois ele denunciou a existência de relações clientelísticas, ou mesmo corrupção, envolvendo funcionários e africanos. Em seu parecer, Ignacio José desqualificou a "atestação de Inspetores de Quarteirão ou a quaisquer outros documentos oficiosos, que facilmente apresentam os africanos mais protegidos". Se atinha ao fato de que, em 1848, o liberto fora arrolado como comerciante, e, portanto, deveria também sê-lo no ano seguinte. "O fato de ter ido o Suplicante à Costa d'África não prova que deixasse ele de ter negócio n'esta Província sob a gerência de algum preposto", advertiu o procurador fiscal, aliás, com fundamento. E concluiu: "pelo contrário, são justamente os africanos mais comerciantes que vão às vezes à Costa d'África", no que também acertava.

Esse parecer subiu à mesa do inspetor interino da Tesouraria Provincial, que, agindo como protetor do negociante africano, declarou que de fato ele estava arrolado em 1848, mas não deveria estar, por ter passado aquele ano fora da Bahia. Deixava, porém, a decisão ao presidente da província, inclusive à vista do parecer negativo de Ignacio José por ele ajuntado ao processo. O presidente decidiu deferir a súplica de Antonio Ferreira de Souza, assim despachando: "Deve ser isento do imposto [por] ausência do suplicante". O presidente era ninguém menos que Francisco Gonçalves Martins, a demonstrar que mesmo ele podia às vezes aliviar a mão, quiçá, neste caso, a pedido de algum protetor poderoso do africano.[37]

Algumas ganhadeiras tentaram claramente burlar a lei invocando o artigo 2º do regulamento de 21 de fevereiro de 1849, que isentava aquelas "cujo negócio for tão diminuto que não possa dar o lucro de 100 mil-réis no decurso de um ano". Foi o que afirmou a liberta Delphina de Souza, moradora à rua da Poeira, freguesia de Santo Antônio, onde vivia com suas escravas, sem declarar quantas. A existência destas seria um dos argumentos da inspetoria provincial para negar o benefício daquele artigo. Perguntado sobre a situação da africana, o inspetor de quarteirão respondeu que ela fazia bom dinheiro, ela e suas escravas, vendendo caruru e acaçá, além de mascatear fazendas pelas ruas. O fiscal da Mesa de Rendas Provinciais concluiu que Delphina certamente possuía renda anual superior a 100 mil-réis. E estava certo: a africana devia ter um rendimento bruto de pelo menos 300 mil-réis no ano, imaginando que possuísse duas escravas empregadas no ganho, além dela própria.[38]

As dificuldades encontradas quando já dentro do sistema eram com frequência antecedidas daquelas para nele entrar. A africana Anna da Cruz, liberta de Luisa Borges da Cruz, era uma mulher muito pobre, "insignificante e pobre", conforme escreveu ao presidente Francisco Gonçalves Martins, em 1851. Atenta ao roteiro paternalista que devia seguir, a ele pediu "proteção" para permiti-la mercadejar, mas ficou sem resposta. Outra, Ritta Ferraz, também se propunha a mercadejar e requereu licença ao tesoureiro provincial. Passados dois meses, ainda aguardava deferimento, e protestou que queria logo pagar a taxa apropriada, pois "não pode ficar sem ocupar-se".[39] Mas podia, a depender do burocrata de plantão.

*

Se os funcionários da Fazenda Provincial quiseram fazer da vida dos libertos africanos um inferno, estes se recusaram a ceder. A prova estava na luta cotidiana em busca de alívio da carga fiscal, a ponto de emperrar a máquina burocrática. Num ofício encaminhado ao presidente da província, o inspetor da tesouraria desculpava-se por não ter sido mais célere em sua resposta a uma petição a ele encaminhada por mais um africano que pedia isenção de imposto. Justificou a demora "pela grande afluência que tem havido de petições para o mesmo fim" — o que dá a medida do estorvo causado pelos africanos aos burocratas da província.[40]

À parte isso, houve uma sonegação generalizada que, ao longo do tempo, se refletiu nas expectativas de arrecadação. Assim ficou demonstrado em diversos relatórios, nos quais os inspetores da Tesouraria da Bahia indicaram que o número de libertos matriculados nas várias ocupações não batia com os valores arrecadados: calculava-se a expectativa de receita para um determinado ano fiscal e esta não se realizava. O imposto arrecadado dos oficiais mecânicos, por exemplo, que em 1854 alcançara 6810 mil-réis (ou seis contos e 810 mil-réis), tombou para 1840 mil-réis (ou um conto e 840 mil-réis) em 1861; o de mercadejar também mergulhou de 5640 mil-réis para 1260 mil-réis. Nas contas de 1858, verificou-se um déficit de 7270 mil-réis em relação à expectativa de arrecadação do imposto cobrado dos africanos libertos para mercadejar e mais 6350 mil-réis cobrados daqueles dedicados aos ofícios mecânicos, um total de 13620 mil-réis. Ou seja, segundo o arrolamento, eles deveriam ter pago 20470 mil-réis, mas só pagaram 6850 mil-réis, quer dizer, 33,5% do que deveriam ter recolhido aos cofres públicos. Mas não só os africanos sonegavam os impostos provinciais. O valor sonegado por eles equivalia a apenas 8% do déficit total de arrecadação para aquele ano. Somente os traficantes de escravos deixaram de pagar 66003571 réis (47% do déficit em impostos) pela venda de 660 cativos para fora da Bahia. Mas eles podiam.[41]

A emigração também contribuiria para a queda da arrecadação entre os africanos, e aqui eles foram vencidos. A pressão política, as restrições da liberdade, do direito de ir e vir, o cerceamento do mercado de trabalho e o arrocho tributário da década de 1850, tempos também de epidemias de febre amarela e cólera, intensificaram, conforme observado pelo presidente Sinimbu, o movimento dos africanos de volta à África. O retorno, todavia, seria também encorajado por mudanças na conjuntura atlântica mais ampla. O fim do tráfico para o Brasil, em 1850, e, no ano seguinte, a ocupação britânica de Lagos — naquela altura o mais importante entreposto negreiro da Costa da Mina — reduziram o risco de os retornados africanos e seus filhos crioulos serem reescravizados e devolvidos às senzalas brasileiras ou enviados aos *barracones* de Cuba. Com a perspectiva de trocar um ambiente cada vez mais hostil por outro que se anunciava amigo, um grande número de africanos não pestanejou. Apesar de incompletos, os dados disponíveis indicam que a migração da Bahia para a África deu um salto de mais de 50% entre as décadas de 1840 e 1850.[42]

No próprio ano de 1857, quando Sinimbu, preocupado com a falta de braços, alertou para o êxodo de africanos da Bahia, os jornais publicaram numerosos anúncios nos quais os retornados comunicavam a decisão de deixar o país. Todo africano era, por lei, obrigado a anunciar a viagem na imprensa, ao longo de três dias, para se habilitar a obter o passaporte, uma medida que visava alertar possíveis credores e outros envolvidos em negócios pendentes com o viajante, inclusive processos que porventura tramitassem na Justiça. Ademais, careciam tirar folha corrida emitida por todos os cartórios da cidade, apresentar sua carta de alforria à polícia e provar quitação dos impostos de capitação e ocupação. Isso valia para qualquer africano, tanto os que estivessem em missão de negócio, como os que retornassem definitivamente para a África. Neste último caso estavam aqueles a quem pertencem os anúncios a seguir.[43]

Em 18 de fevereiro de 1857, o *Jornal da Bahia* publicou: "Retiram-se para a Costa d'África os africanos Jacintho Albernaz e sua mulher, Romana Ribeiro, e Felix Manoel Alves, levando este em sua companhia a mulher Luiza Anna Romana e seu filho crioulo Manoel Rodrigues Pereira de Macedo". Em 21 de fevereiro, seis africanos anunciaram bater em retirada. Um deles, Salvador Ramos das Neves, avisou que partia para a África "levando sua família" extensa, constituída de mulher e cinco "crias forras". No dia 23, mais cinco africanos e crioulos mandaram publicar anúncios com o mesmo teor. Esses emigrantes, os adultos pelo menos, por certo eram na sua maioria ganhadeiras ou ganhadores.

Todos, provavelmente, seguiriam com destino a Onim (atual Lagos, Nigéria), levados pelo *Independence*, navio "de primeira marcha e com excelentes acomodações para passageiros", segundo proclamaram seus consignatários, a firma Gantois & Marback. As companhias de navegação também apregoavam a venda de passagens para a Costa d'África. A empresa G. C. Salvi anunciou, em 21 de maio de 1857, que dentro de uma semana para lá partiria a polaca sarda *Itália*, e "recebe passageiros". As famílias Salvi, Gantois e Marback participaram ativamente do tráfico clandestino de escravos para a Bahia entre 1831 e 1850; agora faziam dinheiro transportando legalmente africanos libertos de volta à África.[44]

7. A "revolução dos ganhadores"

A postura que provocou a paralisação de 1857 foi parte de uma longa campanha visando ao controle e até mesmo, no melhor dos mundos, à expulsão do trabalhador africano de Salvador, fosse escravo, liberto ou livre. Mas fez-se uma lei mais branda e mais simples do que a de 1835, aquela que criava as capatazias para substituir os cantos. Da lei anterior, herdaria a exigência de matrícula e do uso de um distintivo de identidade, agora uma chapa, antes uma pulseira. Desta vez, contudo, não se mexeu na organização interna dos cantos, talvez porque já se previsse o mesmo fracasso da legislação anterior. Assim, permaneceram os capitães, eleitos pelos ganhadores, bem como os locais em que eles se reuniam em seus cantos. Tais garantias não tornaram a nova postura mais palatável ao gosto africano.

O movimento paredista começou no primeiro dia de junho de 1857. A principal fonte de informação sobre seu andamento é o *Jornal da Bahia*, que publicou notícias sempre estampadas na sua primeira página, ao modo de manchete. Outros periódicos baianos devem tê-lo noticiado, mas infelizmente ainda não localizei nenhum publicado naqueles dias que tivesse sobrevivido para nos contar sua versão. Alguns jornais do Rio de Janeiro também publicaram notícias e opiniões, algumas delas originais, escritas por "correspondentes" — no sentido antigo de missivista voluntário —, enquanto outros reproduziram ou resumiram matérias publicadas no periódico baiano.

Sobre o início da greve, o *Jornal da Bahia* noticiou, em sua edição de 2 de junho:

> Ontem esteve a cidade deserta de ganhadores e carregadores de cadeiras. Não se achava quem se prestasse para conduzir objeto algum. Da alfândega nenhum objeto saiu, a não ser objeto mui portátil, ou que fosse tirado por escravos da pessoa interessada. [...] Os pretos ocultaram-se; e se os senhores não intervierem nisso, ordenando-lhes que obedeçam a Lei, o mal continuará, porque, segundo ouvimos, eles estão nessa disposição.[1]

De acordo com o jornal, o motivo principal da parada fora "a execução da postura que obriga os ganhadores a trazerem chapa ao pescoço!". As chapas, assim, avultam como a principal causa da suspensão do transporte de pessoas e mercadorias em Salvador. O periódico esboçava a esperança de que os senhores obrigassem seus cativos a retornar ao serviço. Mas não foi o que aconteceu. E apesar de o movimento ser pacífico, não por acaso o governo anunciou, naquele mesmo dia, o aumento para 180 homens do contingente do 2º Batalhão da Guarda Nacional. Embora sem saber o tamanho anterior desta força, esse anúncio, naquele momento, não pode ter sido mera coincidência.[2]

Já no primeiro dia, os africanos receberam um aliado acidental mas importante. A Associação Comercial, que representava os grandes negociantes da praça da Bahia, protestou contra a lei municipal junto ao presidente da província, nosso já conhecido Cansanção de Sinimbu. Os homens de negócio se alarmaram com os prejuízos que sofreriam caso não fizessem circular suas mercadorias. Um contemporâneo, o poeta João Nepomuceno, relatou que "apinhou-se o Palácio do Governo de pessoas do comércio" para queixarem-se. Elas achavam que o motivo da greve era o "imposto" de 2 mil-réis, mas enganavam-se. O protesto envolvia também a matrícula junto à Câmara Municipal, a fiança que os libertos deveriam apresentar e a chapa de identidade que todos os ganhadores seriam obrigados a usar penduradas ao pescoço.[3]

Mas por que a paralisação dos ganhadores se fez um problema tão alarmante para o serviço de transporte na cidade? Não haveria alternativa para os comerciantes movimentarem suas mercadorias, nem outra opção para as pessoas se locomoverem, além das cadeiras de arruar?

Em 1851, James Wetherell escreveu que a "marcha do progresso" havia chegado à Bahia na forma de duas linhas de bondes e muitos carros de aluguel com tração animal; além disso, bandos de mulas eram usados para carregar cal, pedra, areia, ferros e outras cargas pesadas. Mas tanto progresso não bastava para solucionar a crise do momento. Tinha havido no passado vãs tentativas de fazer face, explicitamente, ao controle pelos ganhadores africanos do negócio de transporte, conforme anúncios publicados em 1841 no *Correio Mercantil*. Um deles garantia o transporte de barro, tijolo, areia e cal por 15% "mais barato do que ganhadores", e ainda o fazia a crédito, com pagamento apenas "no final do mês, ou ainda mais demorado". O outro anúncio prometia: "Quem quiser transportar materiais d'um para outro lugar em animais, condução que fica por muito menos do que por pretos ganhadores, dirija-se à rua Direita de Santa Bárbara, casa 23, 1º andar, do lado direito". O primeiro anúncio foi publicado apenas uma vez; o segundo, duas, em dias consecutivos. Aparentemente os anunciantes não prosperaram no negócio porque não voltei a encontrá-los em outras edições do *Correio*. A situação era análoga à de outras grandes cidades escravistas, mas na Bahia havia a topografia enladeirada que dificultava o uso generalizado de carros com tração animal.[4]

Quando a greve surpreendeu Salvador, consta que o setor de transporte por carros estava monopolizado. O *Almanak* da Bahia para o ano de 1857 listou apenas dois "alugadores de carros, seges e carrinhos": um era Francisco Paraasu Cachoeira Junior, com garagem em Água de Meninos, e o outro era Rafael Ariani, com escritórios no Bonfim, então subúrbio de Salvador, e na rua de São Bento, no centro da Cidade Alta. Cachoeira Junior, morador na ladeira da Barra, não vivia apenas do serviço de transporte em carros, pois também explorava o negócio do ganho, tendo matriculado cinco cativos seus em 1857.[5]

De fato, o principal empresário do setor era Rafael Ariani, imigrante judeu italiano, proprietário de veículos de carga e passageiros, carruagens para ocasiões solenes e carros funerários. Ariani não se ocupava apenas do setor de transporte. Consta ter sido negociante grossista, importador, com armazém na rua Nova do Comércio, beco do Garapa mais especificamente, na Cidade Baixa, segundo anúncios publicados em 1844 na imprensa local. Num deles convidava o público para leilão de mercadorias para todo uso e gosto: um caixão cheio de bonecas, pílulas de copaíba, dedais de osso, tesouras finas, canivetes, carteiras de algibeira, linhas de sapateiro, chapéus de vários tipos, fazendas de lã para coletes, "vestidos mui ricos para senhoras" e, junto com tudo isso, um cavalo castanho, novo e gordo. Noutro anúncio dizia ter para vender bolachão para embarcar (era comida típica de bordo), pedras para filtrar água, meias de algodão, bolas de bilhar, cadernos, "tudo por preço mui cômodo".[6]

O *Almanach* de 1845 — publicação que listava os profissionais, funcionários públicos, oficiais militares, negociantes etc. — tinha Rafael Ariani como o único leiloeiro em atividade na cidade de Salvador. Ele prometia "comprar e vender qualquer objeto que se lhe oferecer", e anunciou que seu estabelecimento funcionava como um depósito de fazendas e de móveis. Ao abrir o *Correio Mercantil* publicado ao longo do mês de julho de 1850, verifico mais anúncios de leilões por ele presididos, não apenas de mercadorias próprias, mas também móveis, prataria e louça de uma família que vendia seus bens por estar de mudança para fora da Bahia. Leio ainda que Ariani foi encarregado pelo Consulado da Sardenha de leiloar "diversos objetos, de vestuário etc. [...] pertencentes a marinheiros sardos falecidos". O italiano investia, além disso, no setor de obras públicas. Arrematou, por exemplo, as obras de calçamento entre a rua do Julião e o forte da Jequitaia, para o que a administração provincial lhe devia, em 1851, a exorbitante soma de 18,5 contos de réis, que equivalia ao valor de 37 escravos naquele ano.[7]

Em 1849, no governo de Francisco Gonçalves Martins — lembram-se dele? —, Rafael Ariani obtivera monopólio por dez anos de "uma linha de ônibus", também chamados "gôndolas", entre a zona portuária e a Baixa do Bonfim, seis quilômetros de um negócio que ainda mantinha em 1863. Neste ano escreveria longa queixa ao governo da província sobre a má conservação das ruas, "quebrando rodas e eixos" de seus carros, provocando capotagem e levando "incômodo e susto, para não dizer perigo para os passageiros que nelas transitam". O governo provincial e a Câmara Municipal reconheceram o problema e prometeram solução.[8]

Ariani também conseguiu um monopólio para seus carros de passeio, em 1851. Vale a pena detalhar o plano deste último empreendimento. O privilégio valeria por doze anos para serviço de "carros de aluguel decentemente preparados, e montados, prontos para seguirem viagem, logo que se apresentem passageiros". Os pontos seriam as praças do Palácio (freguesia da Sé), do Teatro (freguesia de São Pedro), do Comércio (freguesia da Conceição da Praia), "e precisando, ao Pilar e onde mais convier nas ditas freguesias". Prometia cobrar 1 mil-réis por passageiro e 1500 réis por dois, acrescentando mais quinhentos réis se a viagem ultrapassasse os limites da freguesia. Seus carros trabalhariam o ano todo, menos no primeiro dia do ano e nas festas do ciclo do Bonfim (Senhor do Bonfim, São Gonçalo e Nossa Senhora da Guia), quando seriam desviados para o serviço das gôndolas no transporte dos romeiros e festeiros. Nos demais dias, o usuário os encontraria em funcionamento das sete horas da manhã às sete da noite, com intervalo para almoço entre onze horas da manhã e uma da tarde, no verão, e de sete horas da manhã até as seis da tarde, com o mesmo intervalo, durante os meses de inverno. Na sua solicitação, Ariani terminava com essa pérola de bajulação, que era como na época o setor privado fazia negócio com o setor público: "Conhecendo o Suplicante o incomparável gênio d'este benigno, justo e imparcial Governo, pelo aumento do País, e conforme semelhantes empresas, de muito podem coadjuvar; está certo que V. Exa. se não recusará de lhe acordar o privilégio etc.". E o governo de Francisco Gonçalves Martins não recusou.[9]

No seu negócio de transporte de passageiros, Ariani mantinha o que podemos chamar de uma linha de luxo para serviços e usuários especiais, e nesta cobrava preços altos, de 40 mil-réis a 50 mil-réis pelo carro comum, e até 70 mil-réis por carruagem, puxada por quatro garbosos cavalos, para casamentos. O *Jornal da Bahia* vivia a criticar o homem de negócios. Em janeiro de 1857 acusou-o de cobrar preço exorbitante para levar em seus coches à festa do Bonfim alguns turistas desembarcados de um vapor ancorado no cais da Conceição da Praia. Quanto aos carros mortuários, o jornal protestou que "na Bahia custa-se mais morrer do que viver". E quando seus clientes iam queixar-se, Ariani os recebia com "maus modos [...] já proverbiais", acusação extensiva a seus cocheiros, que "tratam grosseiramente os seus passageiros".[10]

Alguns anos depois, em longa carta ao presidente da província — que já não era mais o amigo Martins —, o empresário, a propósito de uma lei que tabelava os serviços de carros de aluguel em Salvador, se queixaria da campanha negativa de que era objeto na imprensa, insinuando ser vítima de xenofobia. Ele destacava os vultosos investimentos feitos e enormes despesas que cotidianamente ainda fazia para manter em funcionamento a empresa, "de reconhecida utilidade". Ele próprio citava quais os termos dos rumores espalhados contra ele: "o Ariani está muito rico com o sangue que tira do povo; é preciso dar a queda a esse estrangeiro orgulhoso e usurário". Isso ele escreveu em 1861.[11]

Quatro anos antes, o *Jornal da Bahia* criticara o governo por não ter fixado uma tabela de preços para os carros, como havia sido feito para os saveiros. E brincava: "Voltai-vos para as cadeirinhas", sempre carregadas por africanos. Com a vantagem de que cadeirinhas não atropelavam pessoas, como fez um carro do sr. Ariani na elegante Vitória, onde colheu uma preta e mais adiante um octogenário, deixando-o entre a vida e a morte. Os boleeiros do empresário até corridas apostavam pelas ruas da cidade. Em junho de 1858, João Ramos, português, e o africano Dario, escravo do poderoso Joaquim Pereira Marinho, foram acusados de "terem esmagado com o carro o africano Cesario, escravo de d. Guilhermina de Mattos Villela". Este acidente simboliza o choque, ainda sem vencedores, entre a modernidade dos carros com rodas e tração animal e a tradição dos ganhadores com seus músculos e habilidades no transporte de gente e carga.[12]

A nova onda se desenvolvia numa cidade ainda despreparada para recebê-la. Entre as posturas editadas em 1857, uma proibia que se treinassem animais para o serviço dos carros nas ruas centrais de Salvador, prática comum, e indicava os locais adequados para tais exercícios na periferia da cidade. Ariani ameaçava a salubridade pública de outras formas. Um ano depois, a Comissão de Higiene da Câmara Municipal produziu um relatório circunstanciado, premente devido à recente epidemia de cólera, denunciando a completa falta de higiene encontrada nas cavalariças do empresário, localizadas na rua de Baixo de São Bento, atual Carlos Gomes.[13]

Rafael Ariani não só alugava carros de todo tipo; ele também os fabricava e consertava em sociedade com uma firma francesa. Inaugurou o negócio em 1851, quando obteve o monopólio dos carros de passeio, e o anunciou pela imprensa, ao "respeitável público", como uma contribuição do imigrante agradecido à "bela cidade" da Bahia que o acolhera tão bem. E para prestar "algum benefício a este hospitaleiro país", convidava os pais de família a lhe entregarem seus filhos como aprendizes da arte de construir e consertar carros. Os moços teriam de ser brasileiros, livres e maiores de doze anos, dando preferência aos que já fossem iniciados como ferreiros, carpinteiros, segeiros, correeiros, seleiros e pintores. Era mais uma porta que se abria ao trabalhador livre nacional — fechada, porém, ao forro africano. Em 1852, o presidente Gonçalves Martins elogiou o empreendimento, e aproveitou para estocar, uma vez mais, os ganhadores africanos, ao declarar que a fábrica de carros fora "um passo progressivo que nos deve habilitar para principiarmos a substituição da singular e hoje insustentável prática das *cadeirinhas* por aquele veículo de condução mais cômodo e digno de nossa civilização".[14] É claro que Ariani e Martins se davam muito bem, este sempre apoiando, inclusive com dinheiro público, os negócios do formidável concorrente dos africanos no transporte de carga e passageiros. A troco de quê? Somente do progresso da província? Coisa a ser investigada.

*

A dependência dos comerciantes e dos passageiros em relação aos ganhadores talvez nunca tivesse ficado tão clara como em 1857. Prender-se às rodas monopolizadas de Ariani não era boa aposta, fosse quitandeiro, grande comerciante, passageiro de cadeira, família de noivos ou parente de defunto. O alto custo do aluguel de carros, além da falta de mercadoria na praça, pressionaria o aumento generalizado dos preços durante a greve. "A carestia cresceu", escreveria mais tarde o *Jornal da Bahia* (15/06/1857). Todos queriam os africanos de volta aos cantos. Mas estavam errados se acreditavam na tese da Associação Comercial de que se tratasse apenas de isentá-los da nova taxa.

Pressionado pelos comerciantes, o presidente Sinimbu imediatamente exigiu da Câmara Municipal a suspensão da cobrança da taxa de matrícula e a distribuição gratuita das chapas. Sinimbu, como os membros da Associação Comercial, era adepto do livre-comércio, o que em diversas ocasiões o contrapunha à Câmara, mais intervencionista na regulamentação do mercado de serviços e, sobretudo, de produtos de primeira necessidade, como farinha e carne. O acirramento da divisão no centro administrativo da cidade — Câmara Municipal e Palácio Presidencial ocupavam a mesma praça — seria o primeiro fato político importante criado pela parede africana. Acrescente-se que o corpo municipal estava cheio de aliados dos principais adversários políticos de Cansanção de Sinimbu na Bahia, entre eles seu chefe conservador, Francisco Gonçalves Martins.[15]

A sessão da Câmara Municipal que discutiu as ordens do presidente foi tensa e concorrida. O plenário estava repleto de "numerosos espectadores que afluíram pelo que excitava esta crise de uma nova espécie", segundo o relato de um contemporâneo e talvez testemunha ocular.[16] O assunto dividiu os nove vereadores soteropolitanos. Dois deles, inclusive o presidente da casa, propuseram que a matrícula fosse reduzida a 1 mil-réis e se dispensasse fiador para o ganhador liberto. A proposta foi rejeitada. Manuel Jerônimo Ferreira, membro da comissão que havia preparado a postura em disputa, e por isso um edil mais exaltado, na sua declaração de voto acusou o presidente da província de abolir uma cobrança legal porque, argumentou, não podia haver qualquer "licença sem pagamento" devido. E acusou o governo de irresponsável, por ter dado mostra "de não ter ciência de seus atos". Ao argumento financeiro, outro vereador acrescentou o regimental, "por entender que a Presidência da Província [...] não pode, assim como a Assembleia Legislativa Provincial, derrogar, nulificar ou alternar uma Postura qualquer depois de aprovada". E votou contra o cancelamento da postura. Outro vereador, o tenente-coronel Manoel José de Magalhães, votou a favor da substituição da postura, "mas votei protestando", declarou ele, "por sua ilegalidade, por infratora das leis Provinciais e Gerais". E pediu que sua indignação fosse lavrada em ata.[17]

Depois de muito espernear, os vereadores acataram o presidente, sempre sob protestos. Em matéria publicada na imprensa, lembraram que ele mesmo havia aprovado, embora provisoriamente, o texto da postura, que fora não só inspirada mas "literalmente copiada do código municipal do Rio de Janeiro". E disso, eu acrescento, devia saber Sinimbu, já que ocupara o cargo de chefe de polícia da capital do Império. Realmente, na Corte, desde 1838 pelo menos, os ganhadores haviam sido obrigados a usar chapas. Assim rezava a postura carioca, copiada na primeira versão da postura soteropolitana: "Ninguém poderá ter escravos ao ganho sem tirar a licença da Câmara Municipal, recebendo com a licença uma chapa de metal numerada, a qual deverá sempre andar com o ganhador em local visível. O que for encontrado a ganhar sem chapa sofrerá oito dias de calabouço, sendo escravo, e, sendo livre, oito dias de cadeia". E sobre ganhadores não escravizados: "Quando o ganhador for pessoa livre, deverá apresentar fiador que se responsabilize por ele, a fim de poder conseguir a licença e a chapa, a qual será restituída quando por qualquer motivo cesse o exercício do ganhador".[18]

De acordo com a historiadora Marilene Rosa Nogueira da Silva, os ganhadores cariocas pagavam à Câmara Municipal 1 mil-réis anualmente pela licença para trabalhar, além de 280 réis pela chapa da primeira vez que se matriculassem. Valores de 1870, anotem, o que significa que os vereadores baianos, legislando treze anos antes, já inflacionavam em 500% o preço cobrado no Rio pelos dois itens somados, licença e chapa. Outra diferença é que a postura carioca não previa o pagamento de multa por sua desobediência, só prisão. Apesar das discrepâncias, os vereadores baianos tentaram convencer a opinião pública de que seguiram à risca o modelo da capital imperial, o que tornaria a postura baiana "legal, justa e exequível". Não era o caso. Omitiam o valor escorchante que cobravam pela licença e multa. Outro detalhe: quiseram cobrar 3 mil-réis por uma chapa que lhes havia custado apenas seiscentos réis — talvez já superfaturados —, pagos à fundição G. Colombo, conforme veio à tona numa reunião da casa.[19]

Do ponto de vista da argumentação política, o comentário talvez mais plantado dos vereadores foi apontar a insistência dos ganhadores em manter sua relativa liberdade de atuação no mercado de trabalho do ganho. Demonstrando experiência em tratar com eles, definiram o movimento como "conluio ou parede entre africanos libertos e os escravos, não porque lhes pese o dispêndio que a licença acarreta, na verdade insignificante para indústria tão lucrativa, que nenhum outro imposto paga, mas porque se querem eximir de toda e qualquer fiscalização". Já expus que os ganhadores haviam pago diferentes taxas *à província* até 1852, quando chegaram a desembolsar 10 mil-réis anualmente. Mas, por certo, os carregadores de cadeira e carga, especificamente, não tinham sido contemplados nas leis orçamentárias dos quatro anos seguintes, ou seja, de 1853 a 1856. Daí os vereadores acharem que, já tendo pago 10 mil-réis no passado à Fazenda Provincial, os 2 mil-réis da nova postura e os 3 mil-réis da chapa representavam uma ninharia.

Os vereadores apontaram que a atitude dos ganhadores era, na verdade, uma recusa ao controle de suas vidas no trabalho, definindo a paralisação como resistência civil. Ou seja, tratava-se de questão política, não fiscal. Advertiram ao presidente que ceder aos grevistas daria um péssimo exemplo a quantos no futuro quisessem "neutralizar a ação do Governo". Em vez de ceder, as autoridades deviam tentar neutralizar o movimento, mobilizando como fura-greves os operários do Arsenal de Guerra, ocupados na indústria naval, e os africanos livres, submetidos à tutela do governo. No médio prazo, a Câmara Municipal apostava que fossem logo criadas as companhias de homens livres, já previstas na legislação do tempo de Francisco Gonçalves Martins na presidência da província.[20]

Mas o presidente Cansanção de Sinimbu não deu ouvidos ao barulho que lhe chegava do outro lado da praça. Segundo ele, já que a Câmara pretendia tão somente disciplinar os ganhadores, a medida devia ter caráter apenas policial e não fiscal. Como medida policial, bastava que permanecessem o arrolamento junto à Câmara e a obrigatoriedade "desses indivíduos trazerem visivelmente em uma chapa de metal o número de sua matrícula". Ademais, a municipalidade não tinha a prerrogativa de criar impostos, senão com aprovação da Assembleia Provincial. O presidente ecoava as críticas à lei de 1836, utilizando argumentos semelhantes àqueles antes usados contra a tentativa de sobretaxar os africanos que especulassem com a distribuição de víveres. Aqui, de novo, Sinimbu explicou que, na eventualidade de ser realmente feita a cobrança, os ganhadores terminariam embutindo o valor do tributo no preço de seus serviços, em detrimento da população:

> A Câmara sabe que a imposição resultante dessa licença recai sobre os consumidores e não sobre os contribuintes [ganhadores], e portanto deve ponderar que o alívio que se pretende fazer com a isenção dela não é feita aos escravos, e nem aos africanos libertos, mas sim à população consumidora, cujos interesses é dever da autoridade atender, máxime quando trazidos ao seu conhecimento pelo modo legal e pacífico por que o fez a junta diretora da Associação Comercial.[21]

O presidente não fez menção aos senhores dos escravos, mas a libertos *e* escravos, reconhecendo implicitamente a autonomia destes últimos e, por que não dizer, sua personalidade política. Sinimbu não visava beneficiar os ganhadores, e sim os comerciantes e usuários em geral, que buscavam ver de volta o funcionamento da cidade a preços módicos. Desse modo, deixava muito claro quais interesses defendia. Mas visto por outro ângulo, se ele agia em nome dos "consumidores" e sob pressão da Associação Comercial, esta agia em nome de negociantes pressionada pelos grevistas. Em resumo, o presidente exigiu que os vereadores acatassem suas ordens.

*

Assim, no segundo dia de paralisação, já os africanos escravizados e forros haviam conseguido derrotar a parte fiscal da postura municipal. Continuavam parados contra a parte "policial". Na mesma edição em que publicara a polêmica entre a Câmara Municipal e a Presidência da Província, o *Jornal da Bahia* (03/06/1857) noticiava sobre o segundo dia da greve: "Os cantos ainda estiveram desertos". Observava, entretanto, que carros operados por homens livres, além de escravos pertencentes a despachantes, haviam retirado "diversos volumes" da alfândega. Muitos particulares também estariam aderindo aos carros de Ariani, uma opção dispendiosa, fruto de circunstância emergencial. Ademais, os carros, carregadores livres e escravos domésticos disponíveis não davam conta do volume de carga a ser transportado, que incluía os produtos da pauta de exportação: açúcar, aguardente, tabaco, couros, algodão. Grande parte dos membros da Associação Comercial operava no setor exportador, a começar por sua diretoria, da qual faziam parte, nessa época, Manuel Belens de Lima (presidente), João Cezimbra (secretário) e John Smith Gillmer, todos negociantes de grande porte. A greve afetava diretamente o comércio exterior da província, perturbando sua integração com o sistema de trocas nacional e mundial.[22]

Por outro lado, o movimento paredista trazia à tona impasses relacionados à segmentação étnica do mercado de trabalho em Salvador, ponto que ia além da substituição do trabalho escravo pelo livre. Os homens livres brasileiros, mesmo os de cor, consideravam indigno trabalhar lado a lado com escravos ou libertos *africanos*. Já lemos algo sobre isso neste livro. Trago outras percepções da época a respeito do tema. Segundo o *Jornal da Bahia* de 15 de junho de 1857, "muitos braços livres, que não concorrem àquele trabalho porque não querem exercê-lo a par de africanos libertos ou escravos, correriam pressurosos a ganhar ali decentemente o pão, que lhes não abunda, certos de que nada teriam a sofrer nos prejuízos que herdaram e alimentam". Era o mesmo que se dava no negócio dos saveiros e navios de cabotagem, já vimos. O preconceito ("prejuízo") contra o *africano*, e não apenas o escravizado, era então generalizado, um dado da estrutura mental da classe trabalhadora livre nacional — na maioria negros, aliás —, herança cotidianamente alimentada, esclareceu o periódico. Não se tratava de repulsa de cor (ou racial, se preferirem) nem de classe, mas étnica, uma espécie de xenofobia crioula historicamente acicatada pela elite senhorial por meio de uma política de favorecimento aos escravos nascidos no Brasil. Não surpreende que os africanos também se protegessem por detrás de barreiras étnicas.

Sem dúvida, o preconceito acentuava-se na medida em que, na hora da competição no mercado de trabalho, os brasileiros livres encontravam os africanos solidamente organizados em seus cantos, que por sua vez se reuniam segundo noções robustas de solidariedade étnica. Os cantos de trabalho representavam um instrumento de reserva de mercado, um obstáculo à entrada de estranhos — e, na altura de 1857, neles só entravam africanos (leia-se sobretudo nagôs), ou quem a eles se submetesse. Naquela Bahia urbana, os ganhadores escravizados e libertos nascidos na África pareciam estar mais bem organizados, para a competição ou para o conflito, do que os trabalhadores livres ou libertos nacionais. Com certeza demonstraram maior combatividade — e não apenas em 1857 — do que as associações de ajuda mútua, inclusive negras, que se expandiam velozmente em todo o país nesse período, com finalidades assistenciais semelhantes às irmandades, instituições agora declinantes.[23]

Como as irmandades, mas sem com elas se confundir, as associações mutualistas se dedicavam a assistir seus membros com ajuda financeira, jurídica, médica, funerária, entre outras. Não por acaso, as duas primeiramente fundadas na Bahia, ambas em 1832, nasceram no interior de tradicionais irmandades negras do Rosário: a Sociedade dos Artífices, refundada em 1862 como Sociedade Montepio dos Artistas (SMA), se abrigou na igreja da Irmandade do Rosário dos Pretos da Rua de João Pereira, e a Sociedade Protetora dos Desvalidos (SPD) teve seu embrião na Irmandade de Nossa Senhora da Soledade Amparo dos Desvalidos, instalada na igreja dos Quinze Mistérios, à sombra da Irmandade do Rosário local. A irmandade que antecedeu a SPD havia sido criada por um grupo de trabalhadores negros, tendo à frente o ganhador de um canto instalado na Preguiça. Chamava-se ele Manoel Victor Serra, e provavelmente não seria o único ganhador a participar da nova agremiação. Nascia ali uma instituição que, embora capitaneada por negros brasileiros, tinha raízes em instituições africanas tradicionais: de um lado, as irmandades negras, do outro, os cantos.[24]

Todavia, como explica o historiador Douglas Leite, a SPD constituiu-se como dissidência da irmandade Nossa Senhora da Soledade, e não como uma evolução desta. Criada em 1851, seis anos antes da greve africana, a SPD manteve-se, porém, vinculada ao universo católico negro, tanto por invocar devoção a Nossa Senhora da Soledade Amparo dos Desvalidos, como por, nos primeiros tempos, se instalar na capela da Irmandade do Rosário dos Pretos das

Portas do Carmo, no largo do Pelourinho. Apesar de fundada por um ganhador, a nova SPD se tornaria mais identificada com os artífices. E os ganhadores seriam no futuro explicitamente barrados na entrada. A SPD "não devia aceitar pessoas para ela já entrando como ganhador, pois não ficava bem para a Sociedade [Protetora dos Desvalidos]", opinou em 1886 o tesoureiro da instituição sobre um candidato a sócio. A respeito deste episódio, o antropólogo Julio Braga comentou a ironia da matéria: "As transformações na Sociedade [Protetora dos Desvalidos] atingiram tal ponto que, 54 anos depois da fundação, seus dirigentes negavam admissão a um sócio cuja atividade era a mesma do seu fundador, Manoel Victor Serra".[25]

Ademais, na SPD só entravam negros brasileiros, como acontecia em outras instituições mutualistas. Representavam estas, assim, um protagonismo racial e de classe com características bem distintas dos cantos, sintonizadas que estavam à promoção do trabalho nacional livre qualificado. Além disso, funcionavam sob tutela do governo, até para dirimir disputas internas. Neste particular, as sociedades de ajuda mútua se assemelhavam às irmandades, apostando na negociação paternalista para fazer avançar os interesses de seus membros. Ambas as instituições possuíam um corpo de sócios "protetores" constituído pelas mais altas autoridades da província, as quais influenciavam, e amiúde definiam, os negócios internos das associações, inclusive eleições de seus dirigentes. Francisco Gonçalves Martins, por exemplo, foi feito sócio protetor da SPD desde sua fundação, em 1851, ele e João Mauricio Wanderley (futuro barão de Cotegipe), outro chefe conservador da Bahia. A SPD, aliás, cabia como uma luva no projeto tanto de conservadores como de liberais de promover a participação no mercado de trabalho dos negros livres e libertos brasileiros. Disso advinham dividendos políticos. Apesar de os estatutos das sociedades mutualistas proibirem que desenvolvessem atividades políticas, seus membros pertenciam a uma classe de brasileiros que tinham peso no complexo sistema eleitoral do Império, uma vez que representavam a grande maioria dos votantes (72,5%) nas eleições primárias. Eles eram cidadãos teoricamente plenos, não obstante a cor da pele. Os africanos nem cidadãos eram. Daí o contraste há pouco proposto quanto à maior independência sistêmica e combatividade política dos cantos de ganhadores, uma história que já vinha do papel por eles desempenhado nas revoltas escravas desde o início do século XIX.[26]

Seja em 1857 ou décadas depois, as associações mutualistas foram criadas para servir trabalhadores qualificados: oficiais mecânicos, artífices, artistas, como se os queiram chamar. Os trabalhadores livres brasileiros sem quaisquer ofícios, ou os que, mesmo tendo-os, não encontravam trabalho para exercê-los, foram impelidos ao trabalho braçal e a competir mais diretamente com os ganhadores africanos. Para melhor promover seus interesses, eles recorreram, como as associações mutualistas, à proteção do governo. Foi graças a essa proteção que vieram a adentrar o serviço dos saveiros. A lei de 1850, lembrem-se, proibia a participação nessa atividade de qualquer escravo e dos africanos em geral, fossem estes escravizados, libertos ou livres. Contudo, se a estiva se dividia entre escravos e livres (destes, 35,2% eram brancos em 1856), o carrego além dos limites do ancoradouro permanecia nas mãos de escravos e libertos africanos. Daí o impacto da parede grevista.[27]

*

Um outro sinal que diferenciava ganhadores e artífices: estes últimos nunca foram obrigados a usar chapas, nem a apresentar fiador para poderem exercer seus ofícios. Restavam essas duas questões a serem resolvidas pelos ganhadores em 1857. Sobre o terceiro dia da greve, o *Jornal da Bahia* informou que o transporte continuava devagar, "apesar do auxílio prestado por alguns braços livres e carros". O movimento agora girava em torno da fiança cobrada dos libertos e da chapa de metal exigida de todos os ganhadores. Um correspondente do *Jornal do Commercio* carioca escreveu que os ganhadores, que "até então só falavam no importe [custo] da licença, passaram também a exigir a dispensa da fiança, continuando recolhidos, a não se prestarem ao serviço das conduções". Já para a folha baiana, a razão para a continuidade do movimento era agora a chapa, exclusivamente. "A repulsa pelas chapas", noticiava o *Jornal da Bahia*, "ainda continua por parte dos pretos. Ontem esteve a cidade, como nos dias precedentes, limpa de pretos carregadores." Tal como o crítico das chapas em 1836, o periódico percebeu o que estava em jogo. Mais do que rejeitar o controle do seu trabalho, os africanos rejeitavam aquela forma específica de controle. O uso das chapas era tido como humilhante, "exigência que ainda subsiste para receber o escárnio que dela fazem", como explicou o correspondente do *Jornal do Commercio*.[28]

Os africanos vinham de um mundo em que as escarificações do corpo (as *abaja* dos nagôs), o uso de determinados objetos, adornos, roupas, torços, turbantes e penteados informavam sobre sua posição na ordem social e ritual da comunidade. Os africanos estavam com Michel Foucault: "O corpo está diretamente mergulhado num campo político". A Câmara Municipal também: "O corpo só se torna força útil se é ao mesmo tempo corpo produtivo e corpo submisso".[29] Governo e ganhadores sabiam que naquela chapa jogavam uma cartada política decisiva. Isso foi plenamente entendido pelos contemporâneos. Conforme escreveu o *Jornal da Bahia* (06/06/1857), os africanos lutavam para "desembaraçar-se do tal ferro, que tão desumanamente os equipara aos míseros quadrúpedes". É provável que o periódico se referisse a uma postura que obrigava "carro de aluguel" puxado a animal usar chapa semelhante, também fornecida pela Câmara, gravada com o número da matrícula.

E havia mais relações a serem feitas com o uso da chapa. O crítico de 1836 comparou as pulseiras de metal então exigidas com os grilhões dos condenados a trabalho forçado, só para relembrar. Um comentário de Wetherell lembra outra associação, esta ainda mais direta: o colar de ferro enfiado no pescoço do escravo fujão. O inglês escreveu: "Esse distintivo é considerado uma grande desgraça, pois, quando passam [os escravos com ele], seus conhecidos zombam deles".[30] A gente imagina que esses bravos devessem receber aplausos dos parceiros de escravidão pelo destemor da fuga. Mas não. A vaia podia ser um refúgio dos covardes, ou uma crítica à incompetência do trânsfuga. Seu sentido mais profundo talvez nunca se esclareça. É até possível que o inglês Wetherell tivesse mal interpretado o que vira ou ouvira, tomando por zombaria o que seria outra coisa, porventura um lamento. O fato é que o ferro encaixado no corpo humilhava, fazendo pesar ainda mais a condição de cativo. A chapa que se queria enfiar no corpo do ganhador produzia um efeito parecido, embora não tão radical na aparência. E sendo o ganhador um liberto, lembrava-lhe sua passagem, em geral recente, pelo jugo escravocrata.

Há finalmente um outro motivo, quiçá o mais forte, pelo qual a chapa danificava a autoestima dos ganhadores. Informações chegadas à redação de um periódico carioca davam conta de que a placa era "sinal odioso que os ridicularizava perante o *bello sexo*". Talvez fosse por aí que ela se tornara motivo de escárnio. Por alguma razão que o *Diario do Rio de Janeiro* não esclareceu, o uso do troço diminuía a percepção de masculinidade do ganhador, um grupo cuja identidade de gênero era profundamente acentuada pela sociabilidade desenvolvida em torno do trabalho a que se dedicavam. O apoio das mulheres ao movimento — pois rolou isso — possivelmente também se explique por essa conivência delas em preservar a figura deles, quer dizer, proteger a configuração estética e moral do corpo masculino segundo o padrão fixado pela comunidade africana. Que mulher iria querer um homem com uma chapa pendurada ao pescoço? O jornal percebeu que a Câmara Municipal com "pertinácia insistira no seu propósito de abater o orgulho africano", ao obrigar os ganhadores a carregar no peito o tal trem.[31]

Naquele terceiro dia de greve, o olheiro do *Jornal da Bahia* (04/06/1857) circulou pela cidade com as orelhas de pé: "Temos ouvido que dentro em pouco andarão de novo os pretos nas ruas como dantes, independentemente de chapas e matrículas". Seria atitude ousada esta de ir ao ganho sem se matricular e sem o famoso distintivo. Mas não foi por certo isso (ou pelo menos não só isso) o que aconteceu. Nesse dia o movimento começou a sofrer as primeiras baixas, exatamente no elo mais fraco da comunidade de ganhadores: os escravos. Seus senhores os pressionavam, e apressaram-se em comparecer à Câmara Municipal para registrá-los, obter gratuitamente a placa e mandá-los com ela de volta ao batente. Os ganhadores enfrentavam a difícil circunstância de fazer política segmentados entre libertos e escravos. Se os primeiros só precisavam seguir o comando dos capitães do canto, os segundos ficavam entre as ordens de seus capitães e as de seus senhores. Os escravos enfrentavam mais riscos. Desobedecer aos senhores podia redundar em castigo, redução e até suspensão de sua parcela do ganho, e podia inclusive comprometer a alforria, que dependia, além de dinheiro, da boa vontade dos senhores, que de seus escravos exigiam "bons serviços" — conforme se lê em nove entre dez cartas de alforria. E os senhores, uma vez cancelada a taxa, não viam por que se opor à matrícula e ao uso da chapa, aliás um bem-vindo método de controle extra. Com efeito, a partir de 4 de junho de 1857, quando perceberam que não teriam de pagar o novo tributo, eles correram a registrar seus escravos. Eu só consegui encontrar, no arquivo da Câmara Municipal, três matrículas até aquela data; para o dia 4 encontrei quarenta.[32]

Não obstante as dificuldades, os grevistas procuraram reagir, e o fizeram com táticas de piqueteiros modernos. "Alguns senhores", noticiou o *Jornal da Bahia*, "têm matriculado seus escravos, que saem para a rua com a chapa respectiva, mas são logo obrigados a arrancá-la, não só porque os companheiros os maltratam e obrigam a isso, como também porque os moleques e as pretas fazem-lhes roda, e os desesperam com ditos e sarcasmos." As mulheres de novo a escarnecer os ganhadores chapeados, agora ajudadas pelos meninos. Os grevistas não estavam sozinhos. No dia seguinte, o jornal baiano informaria que escravos com chapas haviam sido apedrejados pelos parceiros de trabalho. Obrigados a sacá-las, eles voltavam para casa por não poder ganhar sem serem presos pelos fiscais da Câmara por desobediência à postura. Ficaram entre dois fogos. Três fogos, porque ainda tinham os senhores a quem prestar contas.[33]

Os "moleques" voltariam a aparecer outras vezes como ativos participantes na refrega. Um dos incidentes motivou uma petição à Câmara, feita por Eufemia Maria das Dores Rocha, que "tendo matriculado n'essa Repartição no dia 1º de junho os seus escravos que andam no ganho, sob os números 99 e 100, aconteceu que o de nº 100, de nome Antonio, nação Ussá, recolhendo-se para casa depois da Ave-Maria, um grupo de africanos moleques na Baixa de Sapateiros arrancassem do pescoço a chapa, que trazia o dito escravo, vindo espancado". A senhora do escravo haussá solicitava que o dinheiro pago pela chapa perdida fosse devolvido, como seria o de todos que a haviam adquirido, conforme a ordem da Presidência da Província de que ela seria gratuita. A Câmara deferiu o pedido, lavrando em ata que o incidente "denota falta de ação policial", uma crítica velada ao governo provincial — ou seja, Sinimbu —, responsável pelo policiamento de Salvador.[34]

Mas a polícia dificilmente poderia controlar toda a cidade. Inclusive porque os ganhadores atraíram aliados para o movimento: parte da comunidade africana viera a campo apoiá-los, nomeadamente seus rapazes e suas mulheres. Já disse e repito que estas controlavam boa fatia do pequeno comércio de Salvador. Ganhadores e ganhadeiras dividiam a soberania das ruas. Apesar de não participarem dos cantos, uma instituição masculina, elas se faziam presentes nas redes mais amplas de trabalhadores africanos da cidade, podiam ser parte de suas famílias, suas mães, mulheres e filhas. E devem ter ajudado o movimento não apenas desencorajando as deserções e enxovalhando os desertores. No Rio de Janeiro, a imprensa chamou essas pretas solidárias de "quitandeiras", o que provavelmente eram na sua maioria.[35] Como negociantes de comida, não duvido que a tivessem fornecido fiado a ganhadores que havia

186

dias não faziam vintém. De toda sorte, o quadro da resistência se ampliava em número e gênero entre os que tinham uma percepção crítica do momento.

Acompanhando as mães no serviço, já no trabalho ou à solta na molecagem, os meninos crioulos eram outros personagens conspícuos da cena pública oitocentista. Muitos deviam ser filhos de pais grevistas. Esses "moleques", como eram chamados crianças e adolescentes negros, frequentavam os relatos de viajantes, os relatórios policiais e mesmo a crônica política. Nos motins antiportugueses e outros levantes das décadas de 1820 e 1830, figuraram como certeiros apedrejadores contra procissões e tropas portuguesas, contra ativistas conservadores ou apenas transeuntes de pele mais clara. Suas traquinagens não pararam com o passar do tempo, sequer mudaram eles sua plataforma de lançamento de projéteis, o elevado largo do Teatro (atual praça Castro Alves), onde já atuavam no tempo dos conflitos da independência. Em 1868, segundo *O Alabama*, uma outra geração de apedrejadores continuava a tradição: "Os meninos, da rampa do Teatro, divertem-se em atirar pedras em quem pela distância não os pode alcançar", reportou o jornal. Em 1857, junto com as quitandeiras, eles azucrinavam os pobres escravos, forçados pelos senhores a furar a greve. Por traição ao canto, esses escravos eram colocados "na roda" e submetidos à humilhação pública, à arrelia, ao xingamento, ao apupo e, no limite, à violência irrompida no interior de uma classe de trabalhadores dividida pelo estatuto da escravatura.[36]

*

No quarto e quinto dias de greve, nenhuma novidade percebida pelos observadores da imprensa, exceto um ou outro incidente entre ganhadores e alguns escravos que se arriscaram a aparecer chapeados em público. O *Jornal da Bahia*, entretanto, começou a transmitir sinais de alarme, ao mesmo tempo que tentava entender melhor o que acontecia a seu redor. Em 5 de junho, ele noticiou: "Essa resistência inesperada, que há três dias não passava de uma novidade como outra qualquer, vai tomando um caráter de crise".

Termo forte: crise! Aos poucos os editores foram elaborando conceitualmente o que se oferecia diante de seus olhos. Numa outra edição, dez dias depois (15/06/1857), lançavam o conceito de "resistência passiva" para definir o movimento. O jornal usava uma expressão que a gente imagina afeita apenas aos meios acadêmicos atuais, uma categoria analítica, a exemplo de *resistência escrava*. Mas lá estava ela, empregada como categoria política para definir, no calor e suor da hora, a greve dos ganhadores.[37] Uma categoria "nativa", diria um antropólogo. Resistência inesperada, realmente, embora pacífica, mas nem por isso menos perturbadora. Os baianos não deviam dormir em paz numa cidade paralisada por africanos musculosos, zangados, alguns talvez veteranos das revoltas escravas d'outrora, e onde já se falava de abolicionismo em sociedades organizadas por jovens idealistas, alunos brancos ou levemente mestiços da Faculdade de Medicina. Naqueles dias em que ocorria a greve, a Sociedade Abolicionista da Escravatura, formada por esses estudantes, elegia sua nova diretoria. O mundo se tornava cada vez mais complexo naquela altura do século. Ficava mais fácil entender uma revolta como a dos malês — mas o que era *aquilo*?![38]

Os contemporâneos lançaram mão de um cardápio titubeante de vocábulos para definir o movimento de 1857. Não o chamaram de "greve", termo de origem francesa (*grève*) usado desde o final do século XVIII para designar suspensão coletiva do trabalho, embora já houvesse quem no Brasil o empregasse com igual semântica em meados do século XIX.[39] "Parede" era, então, o termo mais comum para as circunstâncias. Conforme já dito aqui, em 1857, os vereadores definiram o movimento como "conluio ou parede entre africanos libertos e os escravos". Foi também assim, quiçá a imitar os edis baianos, que um correspondente do *Diario do Rio de Janeiro* se referiu ao episódio, ao escrever: "A postura das *chapas* dos ganhadores [...] assim como a *parede* que os mesmos fizeram no primeiro dia de sua execução", e seguia um balanço dos acontecimentos.[40] Em dicionário do final do século XVIII, "parede" é registrado para significar insubordinação de estudantes que se recusam a entrar na sala de aula para escutar suas lições, acepção que adentrará o século seguinte. Só mais tarde o vocábulo evoluiria para representar a suspensão coletiva do trabalho como repertório de protesto.[41]

Contudo, uma palavra mais forte foi também lançada ao público leitor para falar do movimento dos ganhadores. Num longo balanço do movimento, o *Jornal da Bahia* de 5 de junho de 1857, uma sexta-feira, tentou entendê-lo por meio de uma nova configuração conceitual e o classificou como "ameaçadora crise, uma revolução", a "revolução dos ganhadores"; e estes seriam "novos revolucionários", que tinham "entendido dever impor seus interesses". Não era só este periódico que batia nessa tecla de sentidos. A carta de um residente em Salvador, testemunha dos acontecimentos, publicada no *Correio Mercantil* carioca, afirmou estar em curso na província nortista — o Nordeste ainda não tinha sido inventado como região — uma "revolução pacífica dos africanos ganhadores: é uma novidade nova que tem feito aqui seu barulho".[42] Os contemporâneos reconheceram tratar-se de coisa novíssima, impactante, identificando sem rodeios o protagonismo dos africanos organizados e a radicalidade de sua ação coletiva.

Não obstante a semântica ainda incerta do vocábulo "revolução" na Bahia daquele tempo, não se duvida que fosse entendido como abalo profundo da ordem, ou como uma ordem em crise. Orientando o significado do termo estavam movimentos grandes, como a Revolução Francesa e, ainda na França, o recente movimento de 1848. Mas assim foram também frequentemente definidos episódios menos explosivos da história colonial ou imperial brasileira, como a conspiração de 1798, na Bahia, o movimento de 1817, em Pernambuco, a própria independência do Brasil, em 1822, as revoltas do período regencial (1831-40) e, por fim, a mais recente Praieira, esta acontecida a uma distância de apenas dez anos da parede africana em Salvador. Movimentos mui diversos, a indicar a polissemia do vocábulo. De todo modo, imaginar a parada dos ganhadores como "revolução" era uma ousadia conceitual, e fazê-la acompanhar da expressão "ameaçadora crise" tornava mais claro o que os editores do *Jornal da Bahia* queriam significar. Parecia que apenas o presidente da província não atinava para a gravidade da situação.[43]

Mas espere! O jornal tinha interesse político específico em representar como cataclismo social a disposição dos ganhadores. Era órgão da imprensa conservadora e, portanto, buscava demonstrar a responsabilidade do presidente liberal pela "calamidade" da greve, atribuindo-lhe sem sutileza uma ignorância alagoana sobre a Bahia — pois "que vem de fora" o governante. Como de praxe, vinha de fora o que ameaçava a paz e a segurança internas da ordeira Bahia, a exemplo dos africanos e dos portugueses. Agora tratava-se do presidente nascido em Alagoas. O periódico chegava a colocar na boca dos vereadores a acusação de que, sob Cansanção de Sinimbu, a província estava a ser "**governada por africanos**" — para que maior evidência de revolução? —, acentuando em negrito, e bem a propósito, essas palavras. O presidente, continuava o articulista, teria demonstrado fraqueza (ou "generosa complacência") no trato com os ganhadores paredistas — na "quase totalidade africanos, e em máxima parte livres e libertos" —, pois acolhera a legalidade da postura num dia para em seguida revogá-la, minando no processo a autoridade municipal.

A simples revogação do imposto não surtira o efeito desejado porque, ironizava em chave racista, "os tais pretinhos não querem também sujeitar-se a trazer uma chapa ao pescoço". Atitude presidencial semelhante, lembrava o jornal, teria provocado a Cemiterada, em 1836, quando uma multidão destruíra, sem oposição policial, o cemitério do Campo Santo para opor-se à lei que proibia enterros no interior das igrejas; ou a Sabinada, em 1837-8, a revolta federalista que conquistou Salvador durante quatro meses.[44] Não arriscou, porém, lembrar a Revolta dos Malês, acontecida naquela mesma altura, talvez para não colocar ideias inconvenientes na mente dos grevistas, nem acicatar o medo que já devia circular na mente de numerosos leitores. Mas definia a paralisação africana como uma "revolução" feita por "homens de pulso", cujo desdobramento preocupava. "Qual será o resultado?", interrogava o periódico. Acho que aqui alguma memória dos malês se insinuava na pena do articulista.

O correspondente do *Correio Mercantil* carioca também repercutiu na Corte a estupefação geral, ao escrever que, apesar da revogação da postura, "os negros ou seus senhores ainda não estão satisfeitos; e a falta de ganhadores continua". E observou em tom de deboche: "Somos grandes para essas cousas; e se em toda parte aparecer o que entre nós se vê, estamos muito adiantados sobre legislação, porque aqui até os Africanos legislam". E enviou suas impressões a bordo do vapor inglês que, vindo da adiantada Europa, seguiria para a capital do Império. Na Corte, os jornais também viram esse resultado com pessimismo. O *Diario do Rio de Janeiro* sentenciou: "assim como as cousas se passaram, os pretos carregadores reconheceram suas forças, e ficaram habilitados para fazerem parede todas as vezes que lhes convier, e que entenderem que é esse o meio de se oporem às leis".[45] Temia-se que os africanos da Bahia estivessem fundando uma tradição.

O presidente Sinimbu não parecia preocupado com nada disso. Naquela mesma sexta-feira seguiria tranquilo para sua terra, Alagoas, a bordo do vapor brasileiro *Magé*, "fazendo queimar bom carvão às custas do Estado", alfinetou o *Jornal da Bahia* (06/06/1857). E perguntava o mesmo jornal: "Mas que faria S. Exª se no caminho lhe aparecessem os negros ganhadores com as chapas entre os dentes?". Se o presidente teve esse negro pesadelo no mar, não sabemos. O fato é que os baianos terminavam aquela semana com pesadelo de branco: andar a pé, por falta de carregador de cadeira; levar eles próprios cartas ao correio, por falta de ganhador de cesto; pegar água na fonte, por falta de aguadeiros; além do desabastecimento geral da cidade, por falta de cangueiros para transportar as mercadorias encalhadas no porto. Como era bom ter africano para prover tudo isso! E ainda tinha gente querendo-os expulsar da Bahia. Com efeito, num tom bem-humorado, o correspondente do *Correio Mercantil* escreveu, no início da paralisação, que os africanos tinham obrigado "o respeitável público a carregar suas trouxas, o que é muito justo, por não haver a menor dificuldade em a gente carregar para si, quando fisicamente não nos achamos inabilitados; só pode haver nisto falta de jeito, mas tanto se aprende com a prática".[46] Entretanto, o baiano branco não queria aprender a desempenhar tarefas de negro, queria ter o negro para carregá-lo e carregar suas trouxas e trecos.

No domingo, 7 de junho, um grande número de senhores se ocupou em escrever petições de matrícula para serem entregues à Câmara Municipal no dia seguinte. E de fato, na segunda-feira, dia 8, quando a paralisação completava uma semana, os primeiros carregadores de cadeira apareceram em campo. O canto do largo do Teatro, lugar estratégico de articulação viária da Cidade Alta, e o canto da rua de Baixo de São Bento (atual Carlos Gomes), próximos um do outro, estavam cheios. Com um detalhe: ninguém trazia a chapa de identificação. No dia seguinte, segundo o *Jornal da Bahia* (10/06/1857), os cantos de cadeiras estavam quase todos "sortidos de carregadores", e muitos ganhadores já transportavam cargas, inclusive retiradas da alfândega. Todos permaneciam sem chapa. Mas ainda faltavam braços para normalizar a circulação das mercadorias acumuladas durante o movimento, que em parte continuavam sendo carregadas por carroceiros livres.

O aparecimento dos ganhadores tinha uma explicação. Naquela mesma terça-feira, 9 de junho, a Câmara Municipal — "querendo dar uma prova não equívoca dos desejos que a animam de promover [...] todo o bem dos seus munícipes" — revogaria a postura de março, substituindo-a por outra mais branda. A decisão não tinha sido unânime. Um vereador votou contra. Outro retirou-se em protesto. O debate foi acirrado. Um contemporâneo assim descreveu a sessão: "Foi o diabo na Câmara contra a revogação da postura, e depois de calorosa discussão até às seis horas da tarde, em que disseram os *ilustríssimos* tudo quanto quiseram, foi uma comissão ao governo". Com a Câmara

Municipal funcionando ainda em alta tensão, a minuta da nova postura foi levada ao vizinho Palácio Presidencial. Com data de 9 de junho de 1857, estava assim redigida:

> Ninguém poderá exercer a profissão de ganhador, quer seja livre ou escravo, sem que seja matriculado na Câmara, da qual receberá uma chapa com o número respectivo, sendo obrigado a trazê-la em lugar visível.
>
> Os ganhadores livres, para que obtenham a matrícula e a chapa, deverão apresentar um certificado de abonação da autoridade do distrito em que morarem, e na falta deste de pessoa reconhecidamente idônea.
>
> Todo aquele que for encontrado sem a respectiva chapa, ou a trouxer falsa ou viciada, será condenado em oito dias de prisão e 30 mil-réis de multa, pagos da cadeia. Ordeno, portanto, que neste sentido se expeçam as necessárias comunicações.

E logo retornou a comissão a plenário com a postura aprovada, ainda que "interinamente", pelo presidente em exercício, o desembargador baiano Manoel Messias de Leão. A lei municipal seria publicada na imprensa no dia seguinte, véspera do feriado de Corpus Christi, mais um dia de folga para os grevistas pensarem no que fazer doravante.[47]

Para os ganhadores, o resultado da parede seria motivo de celebração moderada. Caíram o imposto, o pagamento pela chapa e os termos da fiança. Mas o imposto apenas mudava de dono, pois logo ficaria estabelecido que do cofre da municipalidade passaria sem protestos para o da Fazenda Provincial, conforme já indiquei no capítulo anterior. A fiança permaneceu, embora se ampliasse o número de personagens que a pudessem emitir, o que talvez constituísse o principal ganho. E lá permanecia a maldita chapa — alvo capital da resistência africana —, que antes era onerosa, agora pelo menos gratuita. Mantinha-se também uma punição severa para o ganhador que infringisse a lei municipal. O pós-greve prometia ser movimentado.

8. Matrículas: o contraponto paternalista

Um balanço das datas em que os ganhadores escravizados foram matriculados indica que a maioria deles ou dos seus senhores esperou o fim da greve, no dia 12 de junho, para fazê-lo. Antes, apenas 128; daí por diante, 269 (68%) das 397 matrículas cujas datas foram declaradas. Considerando todo o mês de junho, foram 287 (72%) matrículas, alcançando um pico de 55 apenas no dia 12 de junho. Um grande número desses escravos, 110, equivalente a 28%, só se registrou em julho e agosto.

Para propiciar ao leitor o sabor dos documentos, segue pequena amostra dos pedidos de matrícula, dos quais, excepcionalmente, mantive grafia e pontuação originais.[1] Alguns proprietários foram solenes, como este que destaco:

Ilmo. Sr. Presidente e mais membros da Camera Municipal

Diz Felizardo Joze de Faria, morador a Rua da Forca Velha, que elle tem um Negro, de Nação Angola, e de nome Salvador, o qual se ocupa em ganhar, como agora o não pode fazer sem que ande monido da competente Licença e Chapa, em virtude da pustura dessa Mesma Camera, vem por meio desta solicitar uma e outra para poder o seu dito escravo, o cuparce como costuma em ganhar.

E . R . M. [Espera Receber Mercê]

Felizardo Joze de Faria

Ou um requerimento mais rápido, um tanto desajeitado, embora deferente, escrito por um pequeno escravista: "Cypriano José da Costa vai tomar da Ilma. Camera huma chapa para seu único Preto José Angola que anda no ganho morador ao Portão da Piedade nº 42".

Como este, os pedidos eram, na sua maioria, além de rápidos, mais diretos. "Joaquim José Vas Ferreira vem alistar o seo Escravo Benedito Nação Mina morador na Rua do Passo nº 59 no serviço de ganhador", e assinava. Outro: "Francisco José de Brito, morador a rua dos Perdões Freguesia de Santo Antonio casa nº. 56, quer tirar licença para seu escravo de nome Caetano, nação Angolla, matricularce no serviço de Ganhador. Ba. 5 de Julho de 1857". E neste caso foi assinado por um procurador, talvez porque o senhor não soubesse escrever. Mais uma solicitação, esta de um senhor um pouco mais próspero: "Domingos José de Faria preciza licença para os seus três Escravos Felipe Mina carregador de lenha, Agostinho Angola, Servente de Pedreiro, Gaspar Tapa, Servente de Pedreiro, Morador ao Beco do Chegaes, Casa nº 6, B. C. Freguezia da Sé. Ba. 6 de Julho de 1857". Assinado pelo próprio senhor. E ainda: "Francisco Maria da Costa Chastinet, morador na Freguesia da Sé, na casa nº 44 às Portas do Carmo, vem matricular ao seu escravo de nome Luiz Nação Angola para puder ganhar nas ruas d'esta Cidade. Bahia 13 de Junho de 1857".

Um número grande de proprietários matriculou seus escravos por meio de procuradores, sobretudo as mulheres, que quase invariavelmente o fizeram desse modo para se manterem no recato do lar. Bernardino de Melo Brandam matriculou um ganhador como procurador de d. Camilla Honoria Fonseca Coelho, e outro da irmã dela, d. Constância Perpetua Fonseca Coelho, ambas moradoras na rua do Rosário de João Pereira, mas em endereços diferentes. O capitão Silvestre Cardoso de Vasconcelos, morador na rua do Bacalhau, na Sé, matriculou por meio de um procurador seus cinco escravos: Esequiel, mina, Joaquim e Manuel, jejes, Ricardo e Francisco, nagôs, "para poderem ganharem [sic]".

Parentes também faziam as vezes de procuradores, como Martiniano Severo da Rocha, que matriculou Bibiano, escravo nagô, como representante da "demente" d. Flora Maria da Rocha, provável parenta sua. Tais arranjos podiam entrelaçar diversas gerações da mesma família escravista. O negociante Antonio José de Souza Gouvêa matriculou um escravo de seu filho, Alfredo Americo de Souza Gouvêa, e outro de seu pai, Luiz Antonio de Souza Gouvêa.

O escravo do filho chamava-se Vitalino, era nagô, com idade declarada de trinta anos (provavelmente importado depois de 1831), e foi registrado na Câmara Municipal "como carregador de cesto, e de tudo mais que o mandarem carregar ou fazer". O cativo do pai, este morador em Santo Amaro, no Recôncavo, era Miguel, também nagô, teria 25 anos (decerto produto de contrabando), igualmente direcionado ao ganho do cesto e de tudo o mais. O senhor morava em uma cidade e o escravo em outra, onde as oportunidades do ganho eram maiores e produziam mais lucro. Naquele mesmo dia, o pai de Alfredo e filho de Luiz matriculou seu próprio escravo, Francisco, de 41 anos, nagô e carregador do que desse e viesse, como os demais. Todos os cativos moravam juntos na rua do Tijolo, nº 12, na Sé, desacompanhados dos senhores. Pau para toda obra: era a que os escravos dessa família tinham sido destinados. Resta saber se seguiriam à risca esse roteiro senhorial, logo eles que trabalhavam longe das vistas de seus donos. Porém, não interessa o que fizessem, tinham que "pagar a semana" dos senhores.

Alguns proprietários eram ricos, outros viriam a ser famosos. Manoel José Lopes tirou licença para seis ganhadores, três deles "carregadores de cadeira e mais serviços" nagôs, os demais "ganhadores a cesto e mais serviços". O médico e renomado educador Abilio Cezar Borges, futuro barão de Macaúbas, matriculou três escravos no ganho, os africanos Manoel e Francisco e o cabra Aleixo. Naquele ano de 1857 lhe fugira o escravo José, um cabra forte e banguelo, por cuja captura o senhor gratificava com 200 mil-réis, valor de quatro pianos. Ainda no mesmo ano, Abilio publicaria um relatório sobre a instrução pública na Bahia, elaborado a pedido do presidente Sinimbu. No ano seguinte, ele fundou sua própria instituição de ensino, o Gymnasio Bahiano, onde estudariam os abolicionistas Castro Alves e Rui Barbosa. O próprio Abilio mais tarde se converteu à causa da abolição. Por enquanto o temos como o escravista que matriculou seus ganhadores africanos e buscava pelos jornais um cabra seu fugido em 1857.[2]

Só uns poucos senhores acreditaram precisar de um atestado da autoridade policial antes de encaminhar à Câmara Municipal seus requerimentos. Assim, d. Maria Roza da Conceição, senhora do nagô Manoel, escreveu ao subdelegado do primeiro distrito da freguesia de Santo Antônio Além do Carmo solicitando que o inspetor de seu quarteirão desse informações sobre a conduta do escravo. No verso de seu requerimento o inspetor anotou que, até aquele momento, Manoel apresentara "uma regular conducta". De acordo com a postura, esse tipo de atestado era exigido dos ganhadores libertos, não dos escravizados. Pela conduta dos escravos, respondiam os senhores. Mas não entendeu assim d. Conceição, que devia ser uma pequena escravista, talvez liberta, carente de uma assinatura masculina e branca sobre seu pedido de licença.

Em algumas solicitações de matrícula, chama a atenção a confissão de senhores quanto à independência de seus escravos. Manoel Feliciano da Silva Florião escreveu que vinha matricular Mauricio, um dos raros crioulos, "que vive de ser ganhador". Ou seja, o escravo era quem vivia de ser ganhador, não o senhor que vivia do ganho do escravo — um eufemismo, naturalmente, mas que depõe sobre como funcionava um largo espectro da escravidão urbana. Antonio d'Araújo d'Aragão Bulcão, de alta linhagem aristocrática, escreveu: "O escravo Vidal — pertencente a meo Tio Joaquim Ignacio d'Aragão Bulcão, é morador na Rua Direita do Palacio — Casa nº 10, tem boa conducta, e por serviço habitual — o ganho". Quer dizer, o escravo de Joaquim Ignacio, coronel da Guarda Nacional e futuro barão de Matoim, morava por si, é o que se deduz desse papel, e podia continuar assim por ter "boa conducta". Seu senhor vivia em seu engenho Matoim, no Recôncavo, freguesia do Passé, enquanto o escravo residia em Salvador.[3]

Aliás, pouquíssimos senhores explicitaram ser na sua própria casa a residência de seus ganhadores. Joaquim Pereira Caetano, ao contrário, indicou que todos seus cinco africanos "são do meu possessório e se empregão em ser ganhadores e morão em minha casa na Rua do Hospício sem número, Freguesia de S. Pedro". Manoel Rodrigues Valença, ao matricular seus escravos Pedro e Salvador, ambos nagôs, declarou que eles eram "moradores em sua casa de nº 17 defronte do [convento do] Carmo", na freguesia do Passo. Em muitos pedidos de matrícula, o endereço declarado não é do senhor ou da senhora, mas o do próprio escravo.

Arranjos dessa ordem vinham de longe e eram vistos com naturalidade naquela sociedade. Alguns exemplos. No ano de 1830 morreu Antônio, escravo jeje de Francisca da Trindade Gama, madre professa do convento de Santa Clara do Desterro, que recebia semana do cativo. No registro de óbito deste, o pároco escreveu que "vivia sobre si" com tenda de sapateiro à rua da Preguiça, onde morava e onde falecera "com todos os sacramentos, de moléstia interna, e com cinquenta anos na aparência". Por contraste, o padre registrava da seguinte maneira o óbito do escravo que vivesse na companhia do senhor: "em cuja casa e poder falecera".[4] Os termos — "sobre si", "casa", "poder" — exprimem relações micropolíticas diferenciadas, contrapondo experiências escravas que denotavam maior ou menor autonomia face ao senhor.[5]

A permissão senhorial para o escravo viver sobre si campeava em Salvador na época da Revolta dos Malês, mas verificou-se que o costume beneficiara a conspiração, levando as autoridades a proibi-lo. Com o tempo, porém, a lei caducou, decerto por interferir na dinâmica da escravidão urbana. Acontecia em toda parte. No Rio de Janeiro, um projeto draconiano de aditamento ao Código de Posturas de 1838 tentou proibir que os senhores consentissem que seus escravos morassem "sobre si, a pretexto de quitandarem ou por qualquer outro". A punição seria pesada: os senhores podiam sofrer prisão de até trinta dias, e os escravos, castigados com cem açoites. Mas a reforma do código terminou arquivada, certamente porque contrariava interesses enraizados dos senhores urbanos, grandes e pequenos. Na Bahia, pelas mesmas razões, a proibição de os escravos viverem sobre si acabaria esquecida.[6]

Em 1857, alguns requerimentos de matrícula chegaram a ser feitos em nome dos escravos mesmos, pelo menos no linguajar utilizado. Num deles se lê: "O africano Augusto, nação ussá, escravo de José Eleuterio Vieira, morador na Freguesia de Santanna, rua direita de Nazareth, e casa nº 5 [vem pedir] ser matriculado, na conformidade do edital da Câmara, publicado no Jornal da Ba. de 3 de Junho de 1857". E assinava seu senhor, que no entanto parece ter tido problema em ver o escravo matriculado, pois abaixo de sua assinatura escreveu uma mensagem ao "Sr. Carvalho" — provavelmente Francisco Antonio de Magalhães Carvalho, porteiro da Câmara — perguntando-lhe por que a expressão "africano" fora riscada no papel pelo funcionário. Infelizmente não temos o registro da resposta do sr. Carvalho.

Outra solicitação de matrícula foi escrita um dia após a abolição da taxa pela Câmara, e nos seguintes termos: "Os pretos africanos de nome Ignacio, carregador de cadeira, Hilario, do mesmo officio, Antonio ganhador, querem ser matriculados afim de poderem continuar no seu serviço. Todos são escravos do casal do finado João Vitor Moreira, moradores na Freguesia de S. Pedro em S. Raimundo". Os escravos queriam eles próprios ser matriculados e ninguém assinava a petição. É óbvio que esses ganhadores viviam sobre si.

Outros pedidos explicitam a ausência do senhor ou preposto seu no ato da matrícula. Nesses casos ele escrevia sobre uma folha de papel que mandava ser entregue pelo próprio escravo à portaria da Câmara. "Vae meo escravo Pedro Africano matricular-se na Camara Municipal, e receber a competente chapa, ou distinctivo da sua numeração para o serviço do ganho", escreveu o respeitável advogado Luiz Rodrigues d'Utra Rocha — diretor do Banco da Bahia, vereador e alambiqueiro em Santo Amaro, vice-presidente da província, escrivão da Santa Casa —, que repetiu o mesmo bilhete para mais dois escravos seus. Uma senhora, moradora da ladeira do Taboão, Clementina Livinda Divicco, usou praticamente os mesmos termos: "Vai o meo escravo Joaquim carregador de cadeira arrolar-se e receber a competente chapa". E d. Felicia Carolina Accioli de Azevedo, que desconhecia até o número da postura em pauta, mandou avisar ao presidente e demais vereadores da Câmara que seus africanos Benedicto, Braz, Nicolau e Narciso "irão [...] receber a competente chapa, para que possão exercer a profissão de ganhadores". A sra. Margarida Francisca Pontes também pediu a um procurador que escrevesse: "O Portador hé o africano de nome Pio", que ia ele mesmo matricular-se "para o exercício de ganhador e carregador de cadeira". Bernardo Dias Moreira escreveu com ainda maior clareza: "Os Portadores são Africanos de nome Miguel e Joaquim, escravos do abaixo assinado, morador a Rua dos Barris na propriedade da Rossa do Sr. Domingos José Martins, que vem matricular-se para o exercício de ganhadores e carregadores de cadeira". Já vimos que o dono da roça era traficante e vivia na Costa da Mina, como também já disse antes que seus escravos viviam sobre si, o que se confirma neste pedido de licença.

Nenhuma solicitação de matrícula poderia sintetizar melhor do que esta o que temos lido a respeito da relativa independência dos escravos ganhadores:

> Declaro que o Africano Nagô de nome José é meu escravo e que pela confiança que me merece o julgo capaz de exercer a profissão de ganhador; sendo morador à casa nº 47, rua de Baixo, Freguesia de S. Pedro Velho. Ba. 19 de Agosto de 1857.
> A rogo do
> Sr. José Vicente Ferreira do Rosário
> Jacintho Barros Galvão

Se este senhor era o mesmo tenente do Exército, José Vicente Ferreira, ele morava na rua dos Coqueiros, freguesia do Pilar, Cidade Baixa, enquanto seu escravo vivia na Cidade Alta, na rua de Baixo de São Bento. O bilhete registra na palavra "confiança" a chave que abria a porta para esse tipo de relação que permeava a escravidão urbana. Resultado da negociação, a iniciativa do escravo certamente contava para se chegar a tanto.[7]

A vontade do escravo podia se expressar noutros termos. O senhor do engenho São Gonçalo do Poço, José Joaquim Barretto, que veio a Salvador com "dous escravos de cadeira" seus, resolveu tirar matrícula para eles, David e Theotonho, "querendo evitar qualquer acontecimento que possam os ditos fazer em ganho sem o seu consentimento". Pelo que entendi, o senhor buscou evitar transtornos, como a prisão por um fiscal e a consequente multa, caso os africanos decidissem ir ao ganho fazer uns trocados nas horas vagas "sem o seu consentimento", repito. Barretto devia saber do que seus escravos eram capazes.

Numerosos africanos libertos, e até alguns escravizados, eram donos de escravos, mas tal informação se encontra ausente dos pedidos de registro de ganhadores, exceto em um caso. O liberto africano João Rodrigues Lemos, morador na ladeira da Saúde, nº 36, matriculou seu escravo Benedito somente em agosto, dois meses após encerrada a greve. Era mais um africano desconfiado. Como não sabia escrever, sua solicitação à Câmara Municipal foi feita a seu rogo pelo dono de padaria Caetano Alberto da França, que também subscreveu, sem precisão, enquanto "abonador da conduta do referido" escravo. A postura não exigia esse tipo de fiança, a não ser para o liberto que fosse empregar-se como ganhador, e este pode ter sido o caso do africano João Rodrigues. Ou seja, escravo e senhor deviam ser, ambos, ganhadores.

É de desconfiar, ao mesmo tempo, que notórios libertos donos de escravos não constem na matrícula de 1857. Por exemplo, Manoel Joaquim Ricardo, que possuía alguns cativos no ganho, não registrou sequer um. Outros matricularam poucos dos que tinham, como Antônio Xavier de Jesus, dono, em 1846, de nove escravos, segundo o arrolamento da freguesia da Conceição da Praia, mas que agora só matriculara três, apesar de fazê-lo no momento em que se tornava herdeiro universal de seu falecido rico senhor, também ele africano. Uma possibilidade remota é que muitos pedidos de licença tenham se perdido e, entre eles, por coincidência (!), todos feitos por Manoel Joaquim, e pelo menos alguns de Antônio Xavier. Além disso, fico a imaginar se os libertos ricos de Salvador não teriam escondido seus ganhadores, por temerem cair nas garras do governo no dia em que este resolvesse confiscar suas propriedades. Pelo que temos visto até aqui, a cautela era compreensível.[8]

Fossem senhores pequenos ou grandes, as matrículas permitem perceber um espaço de negociação no âmbito do qual se disputava um jogo de interesses com algumas regras básicas. A autonomia concedida pelo senhor ao escravo implicava que este se comportasse dentro dos limites do negociado, desde o pagamento regular da semana contratada até a lealdade, obediência, deferência, um conjunto de comportamentos, enfim, resumido numa expressão clássica da época: "bons serviços prestados". Em troca, o escravo tinha proteção nas horas de apuro, licença para reter parte do ganho, adquirir bens e dispor da chance para discutir termos de liberdade, fosse esta onerosa ou gratuita. Se essas regras não estavam contempladas no direito positivo, constavam do repertório do costume.

Em torno desses preceitos rolavam ajustes aqui e acolá, lances de empurra-empurra em que cada lado buscava alguma vantagem extra. Quando o senhor descumpria além do tolerável sua parte do trato, o escravo podia recuar a uma atitude de acomodação estratégica ou reagir dramaticamente, fugir, agredir ou roubar o senhor, por exemplo. Então a negociação desaguava em resistência, embora esta sempre estivesse de algum modo implicada naquela, no estilo da resistência cotidiana, feita na surdina, em gestos pequenos, imperceptíveis, a exemplo da manipulação psicológica, o fazer a vontade escrava parecer a senhorial. Se era o escravo a desviar-se do combinado, a reação do senhor podia variar do confisco do ganho ao castigo físico e, no caso extremo, à venda para fora da província, entre outras medidas. No já distante capítulo 2, quando aquele escravo se recusou continuar a pagar a semana conforme previsto em carta de alforria condicional, sua senhora mandou prendê-lo até que ele voltasse aos conformes do combinado e já registrado junto ao tabelião. Ela era uma pequena escravista, mas tinha o aparato repressivo e legal do Estado do seu lado.

A balança do poder pendia para o lado do senhor (ou da senhora), naturalmente, e muito mais daquele com maior autoridade política e recursos sociais e materiais a seu dispor no momento em que o escravo decidisse contrariar seu mando. Ou seja, sobre a arena da negociação pairava, sempre pronta a desabar, uma nuvem carregada daquela violência característica do regime escravocrata em estado puro. Isso valia também, em grande medida, para os libertos, os quais, como temos visto, desfrutavam de uma liberdade cheia de limitações.[9]

*

Na postura reformada, os vereadores mantiveram a obrigatoriedade de os libertos apresentarem fiadores por ocasião da matrícula. Com uma diferença importante. Na postura original lia-se: "apresentar fiador que se responsabilize por ele, a fim de poder conseguir a licença e a chapa". Na nova postura lê-se: "apresentar um certificado de abonação da autoridade do distrito em que morarem e, na falta deste, de pessoa reconhecidamente idônea". Não parece grande mudança, mas era. No primeiro caso exigia-se que um homem (sempre um homem) livre e presumivelmente branco *se responsabilizasse* pela conduta futura do liberto, nos mesmos moldes que um senhor, em princípio, respondia pela do seu escravo. Isso implicava a criação ou o reforço de um laço de dependência talvez insuportável, no mínimo desconfortável, para o liberto, sem contar que não seria fácil encontrar alguém disposto a arriscar um tal compromisso. Nessa nova postura, tratava-se apenas de um atestado de comportamento anterior, lavrado por pessoa de confiança do liberto, ou, como alternativa, uma espécie de folha corrida, invariavelmente escrita por um subdelegado, inspetor de quarteirão ou juiz de paz. A medida não evitava relações de dependência, mas amenizava um pouco os laços de domínio paternalista nela envolvidos. As narrativas paternalistas se manifestam cristalinas naquelas fianças que os libertos optaram por solicitar aos tais homens idôneos.

Com efeito, além de inspetores de quarteirão e juízes de paz, atestaram boa conduta dos libertos ex-senhores (ou "patronos"), parentes, amigos e testamenteiros de ex-senhores, clientes dos ganhadores e donos de imóveis por eles alugados. Esse conjunto de documentos aponta para a existência de ampla rede de relações paternalistas que vinculava os libertos africanos a um leque de tipos sociais que compunham a fração da sociedade livre satisfeita, ou pelo menos tolerante, com a presença dos africanos libertos na Bahia.[10]

Começo com os ex-senhores, agora patronos dos seus libertos.[11] Manoelino dos Santos garantiu que Jacob Ojé, escravo alforriado por ele havia pouco tempo, "sempre teve bom comportamento tanto como meo escravo como agora forro". Notem o nome nagô-iorubá, Ojé, um raro reconhecimento da cultura escrava na escrita senhorial, sinal de que Manoelino teria respeitado o desejo de Ojé de manter sua identidade pessoal, sintetizada no nome que recebera na África antes de ser escravizado na Bahia. Outro patrono, Olimpio Fiúza Moniz Barreto, que era inspetor de quarteirão na freguesia da Sé, disse sobre seu liberto nagô Luiz que "enquanto esteve empregado no meo serviço por mais de vinte anos sempre teve um comportamento irrepreensível", e assim permanecera após sua alforria. Elgio Pereira Silva garantiu pelo seu liberto Isak da Silva, ganhador de "regular conducta", tanto que continuava a morar com o ex-senhor, como no tempo de sua escravidão, à rua do Portão da Piedade. Também de "regular conducta" era seu outro liberto, Francisco da Silva, morador na rua dos Capitães, nº 37. Ambos foram afiançados pelo patrono.

Os termos dos atestados eram variações em torno de um mesmo tema, mas precisamente essas variações e a variedade vocabular neles encontrada dão conta da complexa relação de confiança e até apreço entre os indivíduos envolvidos. "Attesto que o preto David dos Santos carregador de cadeiras foi meu escravo, e hoje liberto é capaz e de ótima conducta", escreveu José dos Santos, patrono do ganhador. Por *capaz*, vocábulo dos mais usados para afiançar os libertos, entenda-se aqui idôneo, probo, honesto. Já o liberto Roque Porfirio morava nas Portas do Carmo na companhia de seu patrono, o caldeireiro Antonio Porfirio Machado, para quem ele era "de boa conducta, comportamento verdadeiro, muito fiel [...] e se for preciso jurarei". Tanto que o tinha sob seu teto. Sobre o liberto nagô Antonio, escreveu Francisco José da Rocha: "Foi meu escravo, e é muito bem procedido".

José dos Santos Colonia, padeiro, taberneiro, comprador do Arsenal da Marinha e alferes da Guarda Nacional, atestou que Silvério Guilherme, ganhador de cesto, Samuel e David dos Santos, carregadores de cadeira, tinham sido seus escravos, e sobre cada um deles escreveu, em papéis separados: "hoje liberto, é capaz e de ótima conducta". Moravam todos juntos na rua da Fonte do Coqueiro, freguesia de São Pedro Velho, desfrutando de uma amizade cultivada sob cativeiro. O dr. Luiz Augusto Villasboas, médico e bibliotecário da Faculdade de Medicina, atestou por seu liberto Alexandre, nagô, por ter ele "sempre bom comportamento". Assim também o cônsul dos Estados Unidos, o negociante John Smith Gillmer, membro da diretoria da Associação Comercial, abonou a boa conduta de seu ex-escravo Luis Henrique, que com ele morava. No mesmo dia em que registrava um escravo seu como ganhador, o dr. Manoel Ladislau Aranha Dantas, professor catedrático de patologia externa da Faculdade de Medicina, escreveu um atestado para o nagô Antonio, que fora seu escravo, e "nessa condição portou-se regularmente; e não me consta que tenha depois prevaricado". Sobre o nagô Benedito, carregador de cadeiras e de cesto, o pequeno negociante e alferes da Guarda Nacional Ignacio José Jambeiro escreveu: "foi meu escravo e sempre procedeu muito bem".[12]

Alguns senhorios, como o próprio Ignacio José Jambeiro, aceitaram abonar o comportamento de seus inquilinos libertos. Os nagôs Julião e Bento pediram matrícula para "ganhar tanto com cadeira, como com cesto". Moravam na rua do Bispo, nº 8, em quartos (ou "lojas", subsolos) alugados de Jambeiro, que também ali residia nos andares superiores. Na margem inferior do pedido de matrícula dos africanos, o alferes rabiscou: "Atesto que Julião e Bento são meus inquilinos, há muitos annos, e nunca procederam mal, o que afirmo". O mesmo Jambeiro tinha um escravo seu no ganho, Antonio, outro nagô, igualmente matriculado em 1857. Um termo de fiança particular destoa de todos os demais porque quatro africanos libertos — Nicolau, José, Ambrosio e Vicente — constam como seus autores, mas o documento fora escrito e assinado por Jambeiro, que cumpriu o papel ao mesmo tempo de "procurador e abonador". E o presidente da Câmara Municipal despachou devidamente: "Aceito a fiança". Ignacio Jambeiro parecia movimentar-se desenvolto nos círculos dos libertos africanos, sua rede de dependentes, mas também auxiliava barões, dos quais era ele porventura dependente, na captura de escravos fugidos, conforme anúncio de 1849 publicado em jornal baiano.[13]

A locadora Anna Joaquina Custodia do Espírito Santo, moradora na rua do Rosário do João Pereira, nº 42, foi mais econômica, e no mesmo pedido de matrícula incluiu seu escravo Faustino, nação angola, e o liberto Crispim, nagô, "ambos moradores em sua casa" e provavelmente parceiros do mesmo canto no ganho. Para ela, ter o liberto como seu inquilino seria, por si só, um atestado de boa conduta. O africano José Zeferino, por sua vez, morava com o cidadão Henrique Duarte Rodrigues, que o tinha por ser de "boa conducta". Benedicto e Jorge Godinho, ex-escravos do recém-falecido comendador Francisco José Godinho — rico negociante nascido em Portugal, com lojas em Salvador e Santo Amaro, no Recôncavo —, continuavam morando na casa da família do ex-senhor, à rua Direita do Comércio. A boa conduta de ambos foi declarada por Antonio Tavares da Silva Godinho, parente não sei em que grau do comendador, mas não filho, que não os tinha.

Alguns libertos eram agregados em casas para cujos donos provavelmente prestavam pequenos serviços em troca de abrigo. Funcionário da alfândega e major da Guarda Nacional, Antonio da Costa Chastinet, morador no Cruzeiro de São Francisco, nº 17, declarou que Duraque, liberto nagô, era "morador da casa da minha residência" e tinha "boa conducta". O liberto Gaspar, nagô, que acabara de se alforriar, morava na rua do Gravatá com Manuel Corrêa da Costa, funcionário do Banco Commercial, que garantiu ser o ganhador "capaz e de boa conducta".

Apesar de ter nome de família aristocrática, Salvador Pires de Carvalho e Albuquerque não passava de primeiro escriturário (um dos quatro) da Tesouraria Provincial, mas, cidadão respeitável, se elegeu um dos quatro juízes de paz da freguesia suburbana de Nossa Senhora da Penha. Talvez complementasse seu salário com o aluguel de quartos de seu sobrado na rua do Caquende, freguesia de Santana, onde também moravam três libertos, Agostinho Bento, Pedro Bento e João Anselmo, que deviam ser bons inquilinos ou agregados prestimosos, para serem por ele afiançados como de boa conduta.

Ecos da boa conduta dos libertos quando ainda escravizados ressoam em alguns outros atestados. O finado José da Silva Pereira alforriou em testamento os africanos Guilherme, Salvador, Jacintho, Felipe e Francisco, e o testamenteiro daquele senhor escreveu: "Attesto que elles se conduzem bem, e tanto que mereceram de seu finado senhor e possuidor a liberdade de que gozam desde sua morte, e não me consta que até hoje se tenham desviado do seu procedimento d'então". E finalizava: "por me ser pedido lhes dou esta" carta de fiança. Nesse mesmo sentido, Joaquim Antonio Soares escreveu sobre o ganhador Pedro da Rocha: "conheço há muitos anos, sempre foi boa criatura, tanto que seu senhor lhe deu a liberdade por uma quantia bem menor do que o seu valor". Essa a mentalidade que orientava a concessão e o preço da alforria: para chegar lá, ser reconhecido como bom escravo era condição necessária, embora nem sempre suficiente. O médico Antonio José Fonseca Lessa conhecia havia muitos anos o nagô Tito, morador na rua Nova de São Bento, por tê-lo medicado em diversas ocasiões, daí que "soube de seu senhor que era um excelente escravo e de muito boa conducta". Já o respeitável major Francisco Pereira de Aguiar — que tinha em seu currículo a diretoria de obras militares do Arsenal de Guerra e os cargos de engenheiro da Câmara Municipal, consultor da Santa Casa e mesário do Seminário de São

Joaquim — diagnosticou que outro nagô, Ozorio, era, desde escravo, "de bom comportamento, laborioso e digno de confiança". Apesar de vinculado ao aparato administrativo da Câmara, contra quem os ganhadores se rebelaram, ali estava o engenheiro lavrando fiança por um deles. O paternalismo percorria caminhos misteriosos.

Ultrapassava, por exemplo, as fronteiras da família senhorial para abarcar suas amizades mais próximas, um círculo de relações de dependência no qual se inseria o liberto. Isso explica por que Francisco Barbosa de Araújo escreveu sobre o africano Sansão, a quem conhecia bem: "foi escravo do meu amigo o Padre Eutischio Pereira da Rocha, que sempre o abonou muito. Hoje acha-se forro, e seu comportamento tem continuado irreprehensível; o que declaro por ser verdade e me ter sido pedido". O liberto era de nação tapa e morador na rua do Genipapeiro. Do mesmo teor é o documento de fiança seguinte: "O Africano Odorico foi optimo escravo do falecido Professor de música João Capistrano Luti, e continua depois de forro com a mesma regularidade de comportamento", segundo Francisco Barbosa de Araújo. No pedaço de papel se encontra ainda anotado que o liberto era nagô e morava na rua do Gravatá, nas lojas de um certo "Dr. Daniel", ninguém menos que o delegado e juiz municipal Daniel Accioli de Azevedo.

Foi por ter sido "íntimo amigo" do capitão de milícias Theodoro Ribeiro Sanches, finado senhor de Aleixo Sanches, carregador de cadeira no canto da ladeira de São Bento, que o procurador da vara criminal Cypriano Alves Rigaud sabia ser o liberto "preto de toda a capacidade, o que também o attestão outras pessoas que o conhecem como eu há muitos annos".[14] Da mesma forma, Rigaud escreveu em favor de Antonio João de Bastos, ganhador nagô do canto do Trapiche das Grades de Ferro, na freguesia da Conceição da Praia, e "que vive de ganho carregando qualquer objecto no comércio desta cidade". O fiador havia sido amigo de João de Bastos, finado senhor do ganhador, e garantiu "que também attestará muitos dos senhores Negociantes desta praça, que o conhecem como eu há mais de 20 anos". Bernardo Dias Moreira afiançou, em diferentes atestados, terem tido "até hoje um comportamento regular" os libertos Scipião, Joaquim Leite, Manoel e Francisco. Todos eles eram nagôs e ex-escravos do traficante Domingos José Martins, cujos interesses Moreira representava na Bahia, só para relembrar o leitor de um personagem que já circulou várias vezes por este livro.

205

O serviço bem-feito e honesto criara confiança de uma clientela que, nesta hora, vinha a calhar, e serve de contraste à fama que tinham de gatunos os negros de ganho. Precisamente essa fama tinha sido uma das principais justificativas anunciadas para a criação da postura de 1857. Na contramão, vários comerciantes escreveram atestados de boa conduta para ganhadores cujos serviços conheciam e aprovavam. Um bom nome na praça foi o que levou os libertos Marcellino e Balthazar a conseguir atestado de Manoel José Magalhães, comerciante e vereador em 1857, que escreveu: "têm gozado de crédito para com as casas de commercio que costumam carregar carreto". O vereador Magalhães, apesar do protesto grevista contra a Câmara Municipal, declarou fiança de mesmo teor em favor do liberto Cezar. Eram moradores na freguesia da Conceição da Praia, o bairro portuário e comercial da cidade. No mesmo embalo, Francisco da Cunha Maciel abonou a conduta de Pedro e Joaquim, garantindo que cada um "tem gozado de credito para com as casas de comércio, para onde costuma conduzir carretos té hoje". O fiador, além de fiscal da Câmara — portanto responsável direto por autuar quem desobedecesse às posturas municipais —, era dono de açougue, para o qual Pedro provavelmente carregara nas costas muita carne, e continuaria a carregar. E três comerciantes atestaram que o liberto Francisco Jesus de Andrade, ganhador no canto do Trapiche Gaspar, "tem tido até o presente boa conducta". Com loja de fazendas inglesas e francesas na rua Direita da Misericórdia, Ambrozio José de Carvalho escreveu sobre o liberto Izak: "é de boa conducta e me responsabilizo pelo mesmo". Posso ver Izak a subir a ladeira da Conceição da Praia, ou talvez a da Misericórdia, carregando rumo à loja de Ambrozio José pesados fardos de tecido chegados da Europa.

Pedro Antonio Velozo da Silveira, tenente-coronel do Exército, deve ter sido muitas vezes carregado na cadeira de arruar pelo liberto Bernardo. Ele afiançou que o africano "é casado, de boa conducta e vive de carregar cadeira no canto da rua de São Bento para a [rua] de Baixo". Rara referência ao estado civil de um ganhador, e sinal de seus bons costumes, o oficial militar quis com isso robustecer a garantia que dava pela conduta do africano. O dr. Joaquim Torquato Carneiro de Campos também tinha seu carregador de cadeira favorito. Tratava-se do preto nagô Francisco, a quem conhecia "há mais de vinte anos, [...] se ocupa de carregar cadeira, e costuma estar no canto do lado do norte da Igreja da Conceição da Praia, e mora na ladeira da

Gameleira número 7-C". A respeito dele, escreveu: "Attesto e abono a sua conducta". Este dr. Joaquim Torquato não limitava seu apoio a este ganhador, especificamente. Foi ele quem, um ano depois, na condição de procurador da Tesouraria Provincial, daria parecer negativo a um projeto de monopólio do serviço de fretes em Salvador, defendendo a livre concorrência e a manutenção dos que "exercem essa indústria em pequena escala", ou seja, os ganhadores africanos.[15]

Um esmerado atestado de boa conduta, e dos mais originais entre as dezenas deles, foi escrito por José Vicente de Sá Freire:

> Atesto que o Africano liberto de nome José Joaquim da Silva, é de boa conducta, Religioso, e fiel observador das leis do País, e como dele tenha cabal conhecimento, o considero capaz de exercer a profissão de ganhador: o mesmo indivíduo é morador a casa nº 61, à Rua da Gameleira, Freguesia da Conceição da Praia. Bahia 3 d'Agosto de 1857.
>
> José Vicente de Sá Freire

Leitor dos jornais baianos, certamente o fiador deste liberto parecia ter entendido a campanha antiafricana em curso naquele momento na Bahia, e decidiu contradizer seus arautos. Assim, garantiu que o africano era católico fervoroso, e portanto não se metia em candomblés; era homem honesto e obediente às leis locais, de modo que abandonara os costumes supostamente "selvagens" da África; e era ganhador "capaz", assim zeloso com a carga alheia e bom no negócio do carrego a que se dedicava. José Vicente conhecia bem e estimava José Joaquim, ou não se arriscaria a escrever um parecer tão elogioso sobre sua conduta. E é possível que estendesse sua simpatia para além deste africano. Não estaria sozinho, como temos visto até aqui, inclusive na ênfase que imprimiu à fiança dada. Tão enfático quanto José Vicente foi Francisco de Castro Lima, quando escreveu ser o "preto José" (estivador, ganhador e morador na área do porto à rua do Julião) "de conduta regular em todo e qualquer sentido, o que afiançô debaixo da minha palavra de honra".

Em todos os casos, os libertos lançavam mão de velhas relações com ex-senhores e pessoas de seu círculo, ou de laços de confiança formados ao longo de anos de bons serviços para os clientes da praça comercial da cidade. Esses atestados de conduta revelam que os ganhadores africanos tinham aliados e protetores no seio da boa sociedade baiana, pessoas que faziam o contraponto à sistemática campanha sustentada contra eles por autoridades políticas e policiais, a imprensa e cidadãos comuns. Aliás, a leitura desses bilhetes de recomendação parece uma borracha passada sobre a greve que terminara havia pouco, e sugere que os paredistas tinham apoiadores entre a população branca. Até um engenheiro, um vereador e um fiscal da Câmara Municipal afiançaram ganhadores africanos. O que vale dizer que não entenderam o movimento paredista como uma ação que os desabonasse.

*

Porém, conforme demonstra o gráfico adiante, na sua maioria os libertos se dirigiram a subdelegados, juízes de paz e inspetores de quarteirão em busca de atestados, o que indica terem eles optado por fugir do círculo de dependência pessoal ou senhorial em troca de uma relação direta, sem intermediários, muitas vezes protocolar e burocrática com os poderes político e policial locais. Mesmo nesses casos, contudo, os africanos dependiam da boa vontade das autoridades, sobretudo dos inspetores de quarteirão onde moravam, pois relações pessoais e funcionais naquela sociedade amiúde se confundiam.

Muitas vezes o papel era recebido pelo subdelegado das mãos do ganhador ou de seu procurador, em seguida encaminhado para instrução ao inspetor do quarteirão onde o liberto morasse. Com mais frequência, os ganhadores se dirigiam diretamente aos inspetores, a quem cabia não apenas afiançar a boa conduta pregressa dos peticionários, mas também atestar se estavam com seus títulos de residência em ordem, o que significava quitação do imposto de 10 mil-réis que lhes permitia permanecer na cidade. Dessa forma, autoridades policial, fiscal e municipal se combinavam para, num só golpe, monitorar o pagamento do imposto e disciplinar o trabalho de rua. Um atestado típico da autoridade distrital dizia: "O suplicante reside nesta Freguesia, onde tem a sua residência verificada por título, e não me consta nada em seu desabono, pelo contrário tem boa conducta".

Não se encontra no arquivo municipal matrícula que tivesse sido negada. Em apenas duas os pareceres dos inspetores foram cautelosos. O liberto Gil Soares da Costa, morador no Jogo do Carneiro, solicitou ao subdelegado

GRÁFICO 1: VARIAÇÃO MENSAL DO TIPO DE FIADOR EM 1857

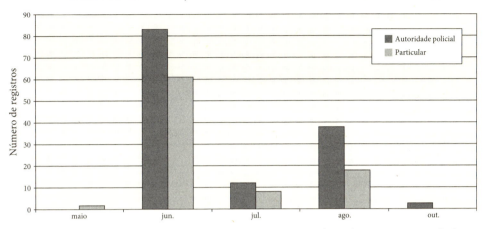

FONTE: Marina Leão de A. Barreto, "Iniciação à pesquisa em fontes históricas a partir da documentação relativa a africanos libertos em trânsito entre o Rio de Janeiro e Salvador (1850-1888)". Relatório final Pibic, Departamento de História da UFBA, 2014.

da freguesia de Santana que instruísse o inspetor de seu quarteirão para "que lhe ateste ao pé deste qual a conduta do suplicante, *e se acha no caso de responder por qualquer falta*, que possa ter o mesmo suplicante". Ora, convenhamos que era exigir demais do inspetor, que assim respondeu ao subdelegado, com um ar de não me comprometa: "não posso afirmar se o suplicante está no caso de eu como inspetor afiançar por toda e qualquer falta que ele possa ter, pois é morador no quarteirão há três meses, e por hora [sic] nada me consta que o desabone; tem o seu título de residência, é o que posso informar". E tirou o corpo fora. Foi mais ou menos assim que respondeu o inspetor Manoel Emilio Pereira ao pedido de Antonio José para abonar sua conduta, sobre quem declarou: "tem seu título de residência, enquanto a sua conduta nada tenho a dizer, porque o suplicante mora aqui há muito pouco tempo". Ser conhecido e bem considerado na vizinhança, eis outro atributo de que o liberto precisava para melhor se desempenhar naquela Bahia. Esses dois libertos ainda não eram membros reconhecidos e aprovados de uma comunidade de vizinhos.

Boa conduta ou "conduta moral", como escrito num pedido do liberto Antonio Pereira da Silva, eram expressões nas quais caberia um amplo leque de comportamentos, mas no caso dos ganhadores sobrelevava a honestidade no trato com os clientes. Um inspetor de quarteirão introduziu outro elemento ao garantir que o liberto nagô Antonio Maia, "carregador de vários objetos" e morador na rua do Pão de Ló, "tem se conservado com boa conducta civil e moral", a sugerir, esse "civil", que, vindo da África "bárbara", ele já se teria "civilizado" no Brasil. Assim, tais documentos funcionavam também como um atestado de ladinização, neste caso a dizer que os africanos afiançados já entendiam bem o funcionamento e tinham aderido à cultura e aos padrões morais — seja lá quais fossem —, aos costumes, enfim, da sociedade onde viviam e trabalhavam. Ficava no segredo, porém, o outro lado da cultura afro-ladina, que era a habilidade de seus protagonistas manipular e driblar em benefício próprio as regras sociais hegemônicas. E então ladinidade se transformava em esperteza e capacidade de resistência.

De um modo geral, portanto, o que estava previsto nesses documentos, como naqueles escritos por abonadores particulares, era o desempenho de um papel de subalterno que o africano liberto devia representar no trato com seus superiores sociais e, principalmente, com as autoridades. Tratava-se, este registro, de um ritual de poder no qual se encenava o reconhecimento da hierarquia imperante naquela sociedade. A greve foi também uma resistência a esses trâmites da ordem. Ao mesmo tempo, e da mesma forma que nos atestados assinados por patronos, senhorios, clientes e conhecidos, nestes abonados pelas autoridades policiais se vislumbram outros tantos personagens que não pareciam comungar com a linha dura no tratamento dado aos africanos. Um inspetor de quarteirão da freguesia do Pilar, morador na rua do Xixi, chegou a afirmar com veemência que o ganhador Jacintho, com residência na rua dos Coqueiros, tinha "excelente comportamento". E o juiz de paz local assinou embaixo.

Na sua maioria os libertos mandavam eles próprios redigir o documento de fiança por um procurador, solicitando à autoridade distrital que lhe desse atestado de conduta. O documento transcrito a seguir foi assinado, a pedido do ganhador africano, diretamente pelo juiz de paz da freguesia da Vitória, sem consulta prévia ao inspetor de quarteirão:

Ilmo. Sr. Juiz de Paz da Freguesia de Nossa Senhora da Victoria,

Diz Tibério da Cunha, africano liberto carregador de cadeira residente n'esta Freguesia que precisa para bem do seu direito, preencher as ordens da Câmara Municipal, que V. Sa. lhe ateste ao pé desta sua conducta e modo de vida, para poder obter licença para usar da chapa que fora ultimamente estabelecida para os ganhadores.

Attesto que o suplicante é carregador de cadeira e tem boa conducta.

Bahia, Freguesia da Victoria, 12 de junho de 1857.

José Augusto Pereira de Mattos

Atenção para o trecho desta solicitação no qual o liberto se resigna, explicitamente, a usar a chapa, condição para obter a licença para ganhar. Seria um atestado eloquente da capitulação dos ganhadores diante da medida que mais os ultrajou em todo esse episódio. Resta saber quão sincera seria essa disposição para usar o troço ao pescoço. De todo modo, não se pode dizer que, mesmo nos pedidos de licença, eles silenciassem frente ao ataque à sua honra, autoestima, seu orgulho.

Nesse mesmo sentido, muitos ganhadores da Vitória contrataram para escrever tais petições Firmino da Costa Menezes, que deve ter armado uma banquinha no meio da rua para atendê-los a todos. É politicamente relevante que nelas se repetisse um trecho amargo: "acontece que a Câmara Municipal tem criado a Postura que obriga aos ganhadores a uzar de uma chapa que os distinga dentre os operários das outras classes, e que esta seja concedida a quem apresentasse attestado de sua boa conducta".[16] Há nessas palavras uma denúncia velada à discriminação sofrida pelos africanos, e é possível que a ideia de introduzi-las não tivesse sido do escrivão e procurador Firmino Menezes, mas deles próprios. Os africanos tinham plena consciência de estarem sendo marcados para baixo, desclassificados na comparação com os "operários das outras classes". Assim nasce o sentimento coletivo de classe.

9. Fim de greve

Em 12 de junho de 1857 estava praticamente acabada a greve. Nos dias seguintes o transporte em Salvador retornaria à normalidade, embora nem tudo funcionasse a contento. Disputados para o transporte de todo tipo de carga, faltaram animais para carregar a água potável que abastecia a Casa de Correção, por exemplo, segundo alegou o arrematante do serviço. O primeiro alerta veio a 11 de junho, mas até pelo menos o dia 15 os presos, muitos deles escravos africanos, continuavam sem água adequada para beber. Apesar de funcionar desde janeiro daquele ano, a Companhia do Queimado não dava conta do abastecimento das prisões, a que estava comprometida por contrato. A dependência dos aguadeiros africanos é apenas mais um exemplo dos efeitos da parede levantada pelos ganhadores.[1]

Muitos ganhadores se apresentariam na rua com chapa ao pescoço naquele 12 de junho, uma sexta-feira, dia imediato ao feriado de Corpus Christi. O número de pedidos de matrícula de escravos escritos nessa data — não necessariamente entregues à Câmara Municipal — foi menor apenas do que aqueles feitos no domingo, 7 de junho, quando os senhores decidiram sentar-se em massa à mesa para redigi-los após uma semana de ação paredista e o anúncio da postura substituta. Mas é do dia 12 de junho, sobretudo, a maior parte dos pedidos de fiança dos libertos, 66, comparando-se com o dia seguinte, 39, a segunda maior cifra. Faz sentido que os libertos esperassem até o último instante para decidir se matricular, uma vez que foram eles a sustentar a greve por mais tempo e os que mais resistiram ao uso da chapa e da fiança. Mas nem todos os ganhadores foram vistos com a tal chapa. Uns provavelmente por resistência, outros por faltarem chapas na Câmara, que não mandara fabricá-las em número suficiente. Indagava por isso o *Jornal da Bahia* se os ganhadores poderiam trabalhar sem elas até que normalizada sua distribuição. Um jornal carioca chegou a ironizar que, depois de tanto esforço da Câmara para impor as chapas sobre os ganhadores, parecia incrível que ela tivesse errado nas contas de quantas produzir. Mas, naquela altura, sem esquecer de criticar a ineficiência dos vereadores, o *Jornal da Bahia* cantava vitória: "as cousas vão voltando aos seus eixos".[2]

GRÁFICO 2: FREQUÊNCIA DIÁRIA DOS ATESTADOS DE CONDUTA EM 1857

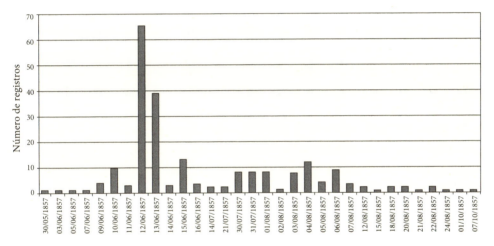

FONTE: Marina Leão de A. Barreto, "Iniciação à pesquisa em fontes históricas a partir da documentação relativa a africanos libertos em trânsito entre o Rio de Janeiro e Salvador (1850-1888)". Relatório final Pibic, Departamento de História da UFBA, 2014.

Encerrava, assim, segundo o *Jornal da Bahia* (15/06/1857), um episódio que "tem sido [...] a ordem do dia desta última semana [...] que concentra todas as atenções, e ocupa ainda grandemente todos os pensadores", filosofava solene. Os ganhadores tinham ido até onde puderam. Depois de mais de uma semana sem ganhar, haviam chegado ao limite suportável. Com base nas declarações de renda diária feitas em 1849, e sem considerar a inflação dos oito anos até 1857, pode-se calcular uma perda média entre 7 mil-réis e 10 mil-réis para cada ganhador. No ano da greve, com 10 mil-réis se compravam cerca de 25 quilos de carne, considerando a média dos preços nos diversos açougues de Salvador.[3]

O movimento tinha sido um sucesso parcial: derrubara a taxa de matrícula e modificara os termos da fiança exigida dos libertos, mas não lograra abolir todos os aspectos da postura. Já no início de setembro, a Assembleia Provincial aprovaria provisoriamente uma nova redação da lei municipal, na qual a abominável chapa seguia valendo, apesar de sua distribuição pela Câmara ser agora gratuita.[4]

A chapa fora o aspecto mais saliente do protesto, o mais combatido pelos grevistas, a razão por ter a parede se arrastado tanto tempo. Não fora a matrícula, o imposto ou a fiança. "Imposto da postura de chapa" — assim o correspondente do *Correio Mercantil* definiu a legislação contestada pelos ganhadores. Morador na Bahia, ele deve ter colhido a ideia nas ruas. Mas sua carta não seria publicada senão duas semanas após o fim do levante paredista. Antes já haviam chegado ao Rio de Janeiro notícias que, provavelmente a título de curiosidade baiana, colocavam a chapa no centro da cena. "A Câmara Municipal fizera publicar [...] uma postura, na qual dispunha que os pretos ganhadores traziam ao pescoço uma chapa numerada", publicou o *Correio da Tarde* em 8 de junho. "A postura das *chapas* dos ganhadores, da qual lhe dei notícias, assim como a *parede* que os mesmos fizeram no primeiro dia da sua execução, tem passado em muito pouco tempo por muitas fases", comunicou no meio da crise, pela pena de um correspondente, o *Diario do Rio de Janeiro*, que assim noticiava o fim da greve: "Estava resolvida pacificamente a crise africana, produzida pela postura da Câmara Municipal, que obrigava os pretos a trazerem ostensivamente uma chapa de metal". E não mencionava outro aspecto da postura senão "a fatal chapa". Até na Assembleia Geral Legislativa, sediada no Rio de Janeiro, a greve foi mencionada na tecla da chapa. Ao discorrer durante quase duas horas sobre os diversos acontecimentos de sua terra em 1857, o deputado baiano Inocêncio Marques de Araújo Goes mencionou "uma demonstração pacífica, [...] uma reação contra a postura aprovada pela presidência acerca do serviço de ganhadores, o que deu lugar a uma crise que denominou-se crise das chapas". Só falou isso sobre o tema, mas o bastante para fazer o movimento africano chegar ao Parlamento nacional.[5]

A Greve da Chapa (ou a Parede da Chapa) poderia ser o nome daquele movimento. Não ter conseguido abolir o uso do penduricalho fora, portanto, uma derrota considerável. De todo modo, resultara façanha formidável parar por causa de uma chapa todo um importante setor de trabalhadores urbanos durante mais de uma semana. Que isso tivesse sido possível deve-se atribuir a que os ganhadores não constituíam uma massa desorganizada e destituída de interesses próprios. Isso foi entendido pelos contemporâneos, mas com ênfases diferentes quanto ao papel daqueles trabalhadores no desenrolar dos acontecimentos, e sobre aquilo que resultou de ganho do movimento paredista.

João Nepomuceno da Silva, um escritor da época francamente africanófobo, dedicou este comentário à recente greve:

> Entendendo um dia a Câmara Municipal que, para evitar furtos e enganos que cometiam pretos ganhadores desta cidade, deveria lançar mão de uma medida preventiva, e determinou que cada um deles trouxesse pendente do pescoço uma chapa de metal com um número pelo qual se conhecesse aquele a quem se tivesse confiado algum volume. Isto deu motivo a levantar-se logo uma celeuma de reprovação. Os carregadores meteram-se em casa, e tudo pareceu paralisado: apinhou-se o Palácio do Governo de pessoas do comércio, abosinaram [sic] o presidente de tal forma que esta medida, que tão necessária se reputava afim de evitar ladroeiras, caiu por terra.[6]

Mais uma vez avulta na lembrança do movimento a famosa chapa, em detrimento de outros aspectos da postura que o provocou. Não atinou Nepomuceno que precisamente a chapa tinha sido mantida na nova postura que sucederia a anulada, seguindo a orientação do presidente da província de que a medida devesse ter função apenas policial, e não fiscal. Ou seja, prevaleceu o objetivo, traçado pelo presidente Sinimbu, de melhor vigiar para evitar desvios e roubos de volumes carregados, um problema crônico, conforme já foi aqui visto. Isso quanto ao resultado do movimento.

Quanto ao desenrolar da greve, Nepomuceno deu peso menor ao protagonismo dos ganhadores do que ao dos comerciantes. Em relação à pressão destes sobre o presidente, a quem "abosinaram" bastante, o escritor traçou, todavia, um retrato expressivo, provavelmente fiel, do que se passara nos dias em que aqueles homens entraram em parafuso por ver suas mercadorias acumuladas nos armazéns, trapiches e na alfândega, muita dela perecível e impedida de circular.

Já em seu balanço dos acontecimentos, o *Jornal da Bahia* (15/06/1857) acentuou o protagonismo africano. O periódico admitia que o presidente agira contra a postura "em virtude da resistência dos africanos", mais do que por pressão dos negociantes. E a resistência havia sido eficaz porque agiram "os africanos a uma só voz, movidos por uma só vontade, iludiram a disposição municipal e presidencial, e efetuaram essa revolução de nova espécie, que veio paralisar terrivelmente a atividade do comércio e surpreender toda a população". E arrematava: "No dia marcado para a execução da postura, um só preto carregador não se apresentou". Chegou a lembrar uma outra vitória, acontecida vinte anos antes, contra a lei das capatazias. A presidência, segundo o jornal, "cedendo à influência, à ação africana, que já conseguiu inutilizar as capatazias criadas por lei, dobrou o colo".

Foi também este o tom da cobertura do episódio na imprensa carioca aqui diversas vezes citada. A Câmara Municipal "cedeu à suscetibilidade dos pretos e revogou a primeira postura", segundo o *Diario do Rio de Janeiro*. Na Bahia "até os Africanos legislam", vaticinou o *Correio Mercantil*. "Os pretos ganhadores [...] se tinham negado ao serviço", publicou o *Correio da Tarde*. E outras manifestações da imprensa, da Câmara Municipal etc., etc., que já lemos nestas páginas, narrando o protagonismo dos africanos na "Crise das Chapas".

Como fora isso possível?

Infelizmente não tenho como responder com precisão a essa pergunta porque nos faltam depoimentos dos próprios ganhadores. Eles não apresentaram uma queixa formal, ou petição, qualquer manifesto, enfim, dirigido ao governo da província, e sobretudo ao governo do município, em protesto contra a postura. Simplesmente pararam, se retiraram das ruas, correram a notícia de boca em boca e fizeram a cidade gemer de sofrimento. A discussão do problema nos círculos do poder ficou por conta da Presidência da Província, da Câmara Municipal e da Associação Comercial da Bahia. Não se montou nada como uma mesa de negociações, na qual os africanos tivessem assento e suas vozes fossem registradas por escrito. Além da própria parada, tudo que sabemos vindo do campo africano durante aqueles dias se resume aos comentários da imprensa quanto à ação dos paredistas. A bulha se verificou entre o governo, a Câmara Municipal e a Associação Comercial.

Por outro lado, porque as autoridades foram surpreendidas por "uma revolução de uma nova espécie", além de se encontrarem divididas em como combatê-la, não houve o emprego da força. Não havia sequer base legal para a repressão, ou seja, inexistia legislação específica contra greves, tipo de movimento que, insisto, era uma novidade para a época no Brasil.[7] Não se tratava de insurreição escrava ou da formação de quilombo, não tinha sequer grevista nas ruas para ser obrigado a retornar ao trabalho. A Guarda Urbana, por exemplo — regulamentada em maio daquele mesmo ano, formada por cem praças e tendo como uma de suas funções "velar pelas posturas" —, não foi mobilizada para reprimir os ganhadores.[8] O *Jornal da Bahia* (16/06/1857) pregou que o governo provincial tinha de manter a postura e obrigar os africanos a obedecê-la, mesmo sendo ela "má" e "ilegal", porque não seria "deles que certamente devia partir o corretivo". Mas não foi assim que evoluíram os acontecimentos, e o "corretivo" fora aplicado pelos africanos, enquanto o susto e a surpresa paralisavam os poderes constituídos. Não houve, por isso, repressão nem se abriu inquérito policial, com prisões, denúncias, depoimento de testemunhas e interrogatório de réus, o tipo de documentação que poderia fornecer uma visão a partir de dentro do movimento, por mais contaminada que fosse pela pena do escrivão de polícia.

Houve mesmo apagamento do episódio do registro oficial. Em sua fala proferida na abertura dos trabalhos da Assembleia Provincial, em 3 de setembro de 1857, com os acontecimentos ainda frescos, o presidente Cansanção de Sinimbu limitou-se a proclamar que a província "oferece o exemplo de vinte anos não interrompidos de sossego" — ou seja, desde a Sabinada, em 1837 —, graças à "índole reconhecidamente pacífica dos habitantes da Bahia".[9] Absolutamente nada foi dito sobre o movimento dos ganhadores no balanço dos acontecimentos relevantes daquele ano. Como não ser relevante a cidade parar durante mais de uma semana? E tal esquecimento na fala do presidente da província no futuro se repetiria nas crônicas e histórias da Bahia sobre o período. Assim, para interpretar os fatos, resta-nos por enquanto ler nas entrelinhas do noticiário da época.

*

Os cantos certamente tiveram papel fundamental na organização da parede grevista, embora se mantivessem invisíveis para os contemporâneos que a comentaram — nunca foram mencionados, por exemplo, nas reportagens do *Jornal da Bahia*, nem na correspondência recebida e publicada por periódicos cariocas. Mas para que os ganhadores parassem em ordem, no mesmo dia e "a uma só voz" (*JB*), fora necessário discutir, combinar, decidir e mobilizar numa extensão só alcançável a partir de uma estrutura organizacional preexistente. O que reforça a impressão de que os cantos não eram reinozinhos isolados uns dos outros, mas formavam uma espécie de federação com vasos comunicantes. Tal já estava consignado nas cerimônias de posse dos seus capitães, às quais compareciam delegações de diferentes cantos. Como em 1835, por ocasião da Revolta dos Malês, ou em 1836-7, com a resistência às capatazias, fica claro que em 1857 os cantos constituíam não apenas uma malha significativa de relações econômicas e sociais, mas também de organização política e mobilização. E a linha que tecia essas redes era, em larga medida, a "nação" africana. Mas qual nação?

Conforme já expus, com dados de 1849, os nagôs predominavam entre ganhadores libertos e escravos. As evidências para 1857 o confirmam. Sobre os 226 libertos cujas matrículas ou fianças foram encontradas, 51 revelam algo sobre suas nações africanas. Destes, 45 se declararam nagôs, perfazendo 88%. Eram seguidos por jejes e haussás, empatados em 4% num distante segundo lugar.

GRÁFICO 3: NAÇÕES DOS AFRICANOS LIBERTOS* NO GANHO EM 1857

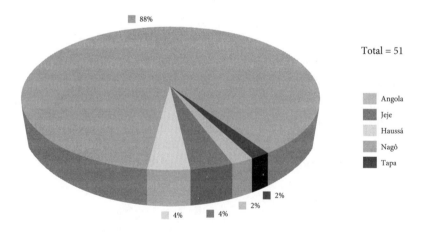

* Excluídos 175 sem dados sobre suas nações.
FONTE: Arquivo Histórico Municipal de Salvador (AHMS).

Há mais informações sobre os escravos. Das 773 matrículas encontradas, 138 não se referem à origem dos escravos, outras 251 os listam apenas como "africanos" e 380 especificaram suas nações (as quatro matrículas restantes estão ilegíveis). Destes, trezentos eram nagôs, ou 79%. Os demais ganhadores somavam oitenta, conforme o gráfico a seguir. De escravos brasileiros, havia apenas nove crioulos, que deviam estar bem integrados aos círculos de sociabilidade formados no ganho; talvez fossem parentes, filhos, sobrinhos, afilhados de africanos. Por ser uma amostra de bom tamanho, portanto representativa do universo desses trabalhadores, é estatisticamente correto estender esses resultados ao conjunto dos ganhadores escravizados em 1857. Não é que só nagôs tivessem feito a greve, mas sua proporção superlativa facilitou a mobilização dos ganhadores, até pela agilidade de comunicação na mesma língua. E uma vez decididos a parar, quem ousaria desafiá-los? Veja o que se passou com aquele escravo haussá, Antonio, que conhecemos dois capítulos atrás: indo à rua usando chapa em plena greve, seria despachado para casa espancado, humilhado e sem sua chapa. A identidade étnica, que desempenhara papel saliente nos violentos levantes escravos até 1835, voltava a fazê-lo agora que os nagôs passariam a adotar táticas pacíficas de enfrentamento coletivo, ou uma "resistência passiva", como a definiram os redatores do *Jornal da Bahia*.

Com uma diferença: dado o número desproporcional de nagôs, eles praticamente viraram sinônimo de africano. Em 1835 eram cerca de 31% dos escravos africanos residentes em Salvador; em 1857 seriam 79%, pelo menos entre aqueles que trabalhavam no ganho. Outras fontes confirmam a concentração vertiginosa de nagôs na cidade. Mieko Nishida observou que os nagôs representavam 53,6% dos escravos comercializados na freguesia da Sé entre 1838 e 1848, e 79,3% entre 1852 e 1888. Maria Inês Côrtes de Oliveira chegou a números semelhantes combinando várias fontes.[10]

Os cantos controlados pelo enorme contingente nagô decerto abrigavam africanos pertencentes a nações menores, cujo número reduzido não era suficiente para formar canto próprio, ou assegurar instituições mais estruturadas do ponto de vista étnico. E muitos, então, teriam se tornado nagôs por adoção. Não que os membros de minorias étnicas deixassem de ser o que eram, mas, ao passarem a integrar as redes sociais e institucionais nagôs, eles precisariam abrir mão ou negociar parte de suas antigas identidades, o que

GRÁFICO 4: NAÇÕES DOS ESCRAVOS MATRICULADOS EM 1857*

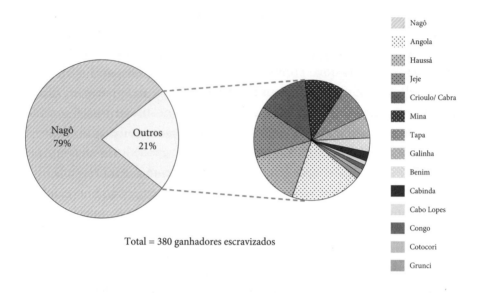

Total = 380 ganhadores escravizados

* Excluídos 138 ganhadores sem dados sobre suas nações, quatro com estas ilegíveis e 251 definidos genericamente como africanos.
FONTE: Arquivo Histórico Municipal de Salvador (AHMS).

não vinha a ser estranho a quem tivera de fazer adaptações identitárias desde a captura na terra natal, passando pela longa caminhada até os portos do tráfico, a travessia atlântica e a vida como escravo na Bahia. Acontece que, nessa segunda metade do Oitocentos, as pequenas nações iriam encolher rapidamente, enquanto se consolidava a hegemonia nagô, que de demográfica traduziu-se também em política e cultural. A predominância do culto aos orixás, ainda hoje vigente, seria um dos resultados mais visíveis e duradouros, pois para nascer os deuses precisam de devotos, e para sobreviver, florescer e prevalecer, eles precisam de devotos sempre mais numerosos.[11]

Assim, os nagôs ocupariam um lugar social em que, da perspectiva dos africanos, "o outro" se tornaria cada vez menos o outro africano e cada vez mais o baiano. Brancos, crioulos e mestiços nascidos no Brasil também passariam a enxergar cada vez menos as diferenças entre os africanos e a divisar no nagô o africano típico. Dessa forma é que se verificaria uma espécie de pan-africanização da identidade étnica na segunda metade do século xix baiano. Dito de outra maneira, a africanização resultaria da nagoização. Por isso, ao contrário de 1835, o movimento de 1857 não foi cunhado pelos contemporâneos de "nagô", e sim de "africano". Relembro a definição que fez da greve a Câmara Municipal: "conluio ou parede entre *africanos* libertos e os escravos". Mas africanos que eram maciçamente nagôs, detalhe perdido pelos vereadores, pelas autoridades provinciais, pela imprensa e por todos quantos comentaram o movimento paredista no calor dos acontecimentos.[12]

Ainda que unidos pela identidade étnica, os ganhadores estavam divididos pela condição sócio-jurídica entre libertos e escravos. Segundo o *Jornal da Bahia* (05/06/1857), os ganhadores da cidade eram na sua maioria africanos libertos, mas o número de escravos, de acordo com os dados da matrícula, seria na verdade bem maior. Em números, 224 libertos para 773 escravos. É possível, mas improvável, que esse resultado apenas signifique que sobreviveram mais matrículas de escravos do que de forros nos arquivos. Eu aposto que os dados existentes traduzem a realidade, embora não se confunda totalmente com ela.

Para além dos números, importa o perfil dessa força de trabalho. Se os forros tinham posição ocupacional semelhante aos escravos no ganho, se trabalhavam ombro a ombro com eles, se estavam submetidos às mesmas regras de comportamento e obedeciam às mesmas lideranças, a liberdade de que desfrutavam, porém, apesar dos óbices que a acompanhavam, os colocava num outro patamar da estratificação social e tinha consequências políticas. Já sabemos que partiram de escravos, pressionados por seus senhores, as primeiras defecções do movimento. Isso se refletiu no grande número de pedidos de matrícula redigidos pelos senhores antes do final da greve, em 12 de junho, se comparados àqueles preparados pelos libertos, que só decolam a partir dessa data. Se nação, ocupação e discriminação uniam os cativos aos parceiros libertos, o binômio escravidão-liberdade os separava.

Aquele censo de 1849 da freguesia de Santana ilustra de forma contundente essa situação: 78 escravos eram propriedade de africanos alforriados, dos quais 47 (60%) pertenciam a senhores da mesma nação. Não duvido, inclusive, que ganhadores houvesse que trabalhavam lado a lado com seus próprios escravos no ganho. É possível que a greve tivesse ido ainda mais longe não fossem essas diferenças. Ao mesmo tempo, por ter ido até onde foi, e até por ter acontecido, depõe mais sobre aliança e solidariedade do que sobre segmentação e estranhamento entre os ganhadores. Como havia ocorrido em outros movimentos anteriores de africanos, nos quais escravos e libertos se uniram em revolta — como em 1835 —, a greve esteve marcada por uma solidariedade costurada com linhas culturais e étnicas e a experiência comum no processo de trabalho, numa sociedade que discriminava e abusava do africano independentemente de ele possuir ou não uma carta de alforria.

O movimento de 1857 suscita questões mais amplas. A greve não foi um método de luta desconhecido dos escravos nas Américas, mas desenvolveu-se como um protocolo do conflito de classe típico do trabalhador urbano moderno, sobretudo do trabalhador fabril. Como observa Charles Tilly, embora sem este nome, a greve foi inventada muitas vezes na história, em toda parte, mas só com o predomínio do sistema urbano-industrial, ao longo do século XIX, ela se consagraria no repertório das ações coletivas da classe trabalhadora. Até então o pobre aprendia a ser classe fazendo motins contra a carestia e a escassez de alimentos (os *food riots*), contra medidas que contrariavam costumes consagrados, contra a imposição de impostos e assim por diante; ou seja, movimentos que mobilizavam uma noção de "economia moral", no sentido de resistência à perda ou à ameaça a direitos costumeiros. Esse tipo de movimento *do contra* (ou *reativo*), de mobilização defensiva para impedir ou reverter mudanças moralmente inaceitáveis, foi declinando até sua quase extinção na Europa, sendo substituído sobretudo pela greve, uma forma de luta em geral *propositiva*, ou *a favor* de maiores salários e melhores condições de trabalho, contra a insalubridade, as longas jornadas no batente, o uso predatório da mão de obra infantil e feminina, entre outras mazelas da formação e consolidação do capitalismo enquanto regime específico de exploração de classe.[13]

Esse modelo europeu de greve não parece de jeito algum ter inspirado os grevistas de 1857. O movimento fora uma dessas invenções "aleatórias" amiúde encontradas no curso da história, e que não era desconhecida, aliás, nos mundos da escravidão. Em torno de 1789, por exemplo, os escravos de um engenho em Ilhéus, no sul da Bahia, cruzaram os braços, adentraram a mata e, algum tempo depois, escreveram um "tratado de paz" elencando as condições sob as quais retornariam ao trabalho. Greves de escravos rurais abundaram no Caribe, onde a Guerra Batista na Jamaica, grande revolta escrava ocorrida no final de 1831, fora originalmente planejada como uma paralisação geral a partir do primeiro dia de 1832. Numa dimensão bem menor, mas não menos significativa, escravos no Brasil participaram ou fizeram greves em estabelecimentos urbanos, privados e estatais, sem contudo ultrapassar as portas de cada empresa individual.[14]

Suspender o trabalho é uma atitude algo óbvia de protesto do trabalhador, sob qualquer regime e qualquer sistema, nos mais diversos períodos e ambientes históricos. A Bahia de 1857 conheceu um movimento híbrido, mistura do contra com roupagem de propositivo. A greve foi uma reação à tentativa do governo municipal de subtrair aos ganhadores "direitos e rotinas estabelecidos" — termos de Tilly[15] —, inclusive a imposição de uma taxa de matrícula, de um fiador de bons antecedentes e, sobretudo, do uso da placa de metal ao pescoço, que feriam costumes zelosamente guardados. Diante disso, os ganhadores não se amotinaram, só suspenderam suas atividades, movimento típico do trabalhador "moderno". Seria, porém, uma greve fiscal, no marco da economia moral, contra a violação de costumes estabelecidos ou, dito de outro modo, contra a introdução de procedimentos que perturbariam não apenas a rotina do ganho, mas o jeito de ser gente dos trabalhadores africanos de rua.

Os ganhadores não trabalhavam reunidos em fábrica, mas estavam coletivamente organizados em torno de seus cantos, e portanto segundo sua posição no processo de trabalho "informal" urbano e sua filiação a determinadas nações africanas. Na dinâmica do movimento de 1857, classe e etnicidade se entrelaçavam de maneira irredutível e complexa. Os africanos eram trabalhadores urbanos estrangeiros, e estrangeiros da mesma origem étnica, conscientes de sua importância para o funcionamento da cidade, senhores de um mercado de serviços que o governo tentava em vão controlar para redistribuir entre ganhadores nacionais. Tudo isso explica o estilo de resistência escolhido. Com movimentos como estes, os africanos treinavam para ser classe, pois, como sugeriu E. P. Thompson, é assim que as classes se constituem, no combate, e não como resultado imediato de sua posição no processo produtivo, seja ele qual for.[16]

O movimento como um todo foi pacífico, exceção feita a alguns incidentes com africanos que ousaram romper a parede e usar a chapa antes que um acordo coletivo, embora informal, os liberasse para tal. Os grevistas demonstraram imensa contenção, aliás. Os detratores de plantão não tiveram a chance de defini-los como os "selvagens africanos" que povoavam as narrativas dos homens supostamente civilizados, em geral brancos, da velha Bahia. Pelo contrário, os ganhadores surpreenderam pela organização, disciplina, inteligência política e eficácia na mobilização da vontade coletiva. O movimento representou uma forma avançada, até sofisticada, de protesto para sua época.

*

Com o fim da greve, a resistência coletiva daria lugar à ação individual, facilitada pelo número reduzido de fiscais municipais, apenas oito, para controlar centenas de ganhadores.[17] Além disso, nem sempre os policiais se dispunham a ajudá-los, conforme comunicou ao chefe de polícia o presidente da Câmara Municipal, pois "seus fiscais se queixam de não achar em algumas autoridades policiais a precisa energia para punição dos infratores das Posturas Municipais".[18] Porém, não encontrei nada parecido com a recusa do delegado da cidade de Cachoeira a ceder dois guardas para acompanhar um fiscal que pretendia multar ambulantes. Estes, segundo o fiscal, já até o haviam ameaçado de morte por tentar fazer valer a postura que os mandava vender seus produtos no mercado e não de porta em porta. Eis a sombria advertência:

Avizo

Aviza-se ao Sr. Fiscal Barrozo

que previna-se a vir contric-

to, pois que se fizer asneiras

e imposturas querendo [se]

sustentar a fim de ganha-

rem [sic] a gorgêta dos 200$

terá uma bôa recompensa

~ O Alma do Outro Mundo ~

E reproduzo em seguida o singular documento original.

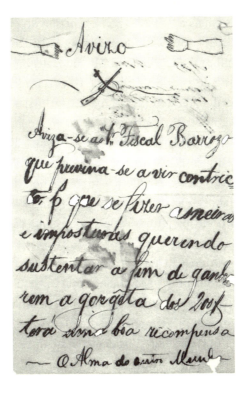

24. *Documento raro, este "Avizo" de morte enviado a um fiscal da Câmara Municipal de Cachoeira, em 1857, é um bom exemplo de até onde podiam chegar as tensões entre as partes envolvidas. Há sugestão de que se tratasse de um fiscal corrupto, que exigiria a "gorjeta" de 200 mil-réis para deixar em paz os pequenos negociantes. Outra leitura possível é que esse valor equivalesse à multa aplicada — muito alta, porém, para que fosse este o caso. A assinatura como Alma do Outro Mundo estabelece um clima jocoso, mas é uma confirmação da ameaça de morte já anunciada pelas armas desenhadas na abertura do escrito.*

Enquanto isso, em Salvador, embora poucos, os fiscais seguiam perturbando a vida dos africanos recalcitrantes, e ainda contavam, em muitos casos, com a ajuda da polícia, cuja energia para esse papel nem sempre falhava. Em 16 de junho de 1857, poucos dias após a greve, foram presos os escravos José e Basílio por infração da postura da chapa. Em 30 de setembro foi a vez do escravo Ivo, "por infração da postura que obriga os ganhadores a trazerem chapa com numeração", segundo noticiou o *Diario da Bahia*. O mesmo jornal anotou a prisão do escravo Rogério, em 7 de outubro, pela mesma infração.[19]

Há informações mais detalhadas sobre a prisão do escravo Joaquim, em 25 de agosto de 1857. Ele foi recolhido à prisão do Aljube por estar no ganho sem a chapa. Seu senhor, Simão Lopes d'Almeida, alegou que Joaquim era do serviço doméstico, e que estaria a seu serviço e não no ganho. E disse ainda, contraditoriamente, que, tendo ido à Câmara "por mais de uma vez" obter a chapa, o item estava em falta. Consultado o amanuense da Câmara sobre o assunto, este respondeu que havia quase um mês tinha sido publicado na imprensa um aviso de que já existiam chapas disponíveis. Entrementes, o fiscal que mandara prender o escravo defendeu-se afirmando que "o preto" não estava a serviço do senhor, "como posso provar com testemunhas se necessário for". Por fim, o senhor de Joaquim comunicou ao chefe de polícia sua disposição para pagar a multa prevista em lei, o que foi feito e o escravo solto. Porém, estranhamente, em outubro do mesmo ano, o presidente da Câmara deferiu o requerimento de Simão Lopes, "visto que não está incurso na Postura". Temos confusão entre as autoridades, ou um presidente da Câmara que teria alguma relação de favor com este mesmo senhor, de quem talvez comprasse pão na padaria de que era proprietário, localizada no Guadalupe, a poucos metros da casa da Câmara.[20]

Para evitar esse tipo de problema, o dr. Manoel Ladislau Aranha Dantas, professor da Faculdade de Medicina, por segurança matriculou seu escravo Zacharias, "que às vezes sai a ganhar". Só às vezes. Mais um ganhador em regime de dedicação parcial ao ganho, como existiam centenas em Salvador. Podemos imaginar, numa leitura otimista, que, sendo do serviço doméstico, nos momentos de folga aquele escravo — como muitos outros — teria permissão do senhor doutor para levantar uns trocados para si; ou, numa leitura quiçá mais realista, Zacharias seria desses escravos que cumpriam dupla jornada de trabalho, uma em casa, outra na rua, sendo o lucro do seu ganho dividido com o senhor.[21] A segunda hipótese se realiza no texto de uma outra matrícula, na qual o senhor Antonio Pereira Franco afirmou empregar seus quatro escravos nagôs — Felix, Luiz, Antonio e Mamede — não no serviço doméstico, mas na lavoura; porém, "em certos dias que não tenha de dar a fazer nesse mister, desejando aproveitar qualquer lucro talvez os mande ganhar, pelo que deseja matriculá-los, e pois receber as competentes chapas". O senhor desses nagôs era padre coadjutor da freguesia da Sé e, provavelmente, também lavrador, daqueles que plantavam nas vizinhanças de Salvador e abastecia a cidade com o produto de sua lavoura. Como os demais senhores, ele tentava evitar que seus cativos fossem encontrados na rua sem a placa de ganhar.[22]

Por mais precavidos que fossem os senhores, seus escravos estavam sempre se metendo em encrenca com os fiscais da Câmara, os quais, como já vimos, ganhavam por produtividade. O escravo Damião alegou ter perdido sua chapa, de nº 651, que recebera quando sua senhora, Maria Dorothea Lessa, o matriculara no dia 16 de junho de 1857. Ele passaria a circular sem a peça durante um mês e onze dias, sob risco de ser preso. Esse o tempo levado entre a petição de sua senhora solicitando nova chapa, "para ele continuar na profissão de ganhador", e o despacho positivo do presidente da Câmara, desde que fosse pago 1 mil-réis "para as despesas" incorridas pela municipalidade. Não era o único caso. O mesmo procedimento verificou-se quanto ao escravo Tibério, que perdera sua chapa com a inscrição nº 1740. Mas, neste caso, o trâmite foi mais rápido, doze dias apenas.[23]

Não é possível saber se esses escravos haviam de fato perdido suas chapas — e foram muitos os que as perderam — ou se simplesmente as lançaram fora ou as venderam para outros negros dispostos a entrar no ganho sem matrícula, o que era uma falta grave para uns e outros. Ou talvez se possa incluir tais atitudes no capítulo da resistência àquela postura. O certo é que os incidentes a esse respeito se multiplicaram. Em setembro de 1857, o *Diario da Bahia* publicou que no dia 3 a polícia prendera, na freguesia de Santana, Cidade Alta, o africano Silvério, escravo, "por infração da postura que obriga os ganhadores a trazerem chapa com o respectivo número". No mês seguinte foi preso pelo fiscal da freguesia da Vitória o africano Rogério, escravo, "por infração da Postura que obriga os ganhadores a trazerem chapa com numeração", segundo ocorrência policial registrada no dia 7 de outubro.[24]

Uma dúvida em relação ao controle da chapa foi lançada pelo fiscal Antonio Coelho. Ele queria saber se haveria de multar aqueles ganhadores que não apresentassem suas chapas em lugar visível. O problema era que a postura não previa punição pecuniária nesses casos, "limitando-se somente a fazer aplicável [a multa] aos que não trouxerem, ou trouxerem falsas e viciadas". A consulta foi remetida à Comissão de Justiça da Câmara Municipal, mas desconheço seu parecer. A questão levantada pelo fiscal aponta para outra forma de contestação da nova postura, que era a atitude de os ganhadores esconderem suas chapas e apenas apresentá-las quando solicitados pelos prepostos da municipalidade ou os policiais da província. Com isso evitavam o aspecto mais ultrajante da medida, que era o uso da coisa em local visível. Pela dúvida do fiscal, parecia estar se constituindo uma espécie de acordo entre autoridades e ganhadores quanto a este assunto polêmico. Isso naturalmente desvirtuaria uma das principais funções da chapa, que era tê-la à vista do freguês para que ele pudesse identificar, pelo número da matrícula ali inscrito, o carregador que porventura subtraísse sua carga.[25]

A ousadia de um outro ganhador dá força à hipótese da resistência, no entanto. Em 29 de setembro de 1857, passados dois meses do fim da greve, Ivo, um escravo africano, seria preso, segundo o fiscal José Pinto Ferreira, porque "não só não tinha a chapa, como também não queria que um outro que tinha carregasse".[26] Dez dias depois, Ludgero dos Santos Piedade, outro fiscal da Câmara Municipal, narrou para o chefe de polícia que prendera

> um preto Africano que arriando a cadeira que levava de arruar, entrando em uma venda, a ele segui por ver estar dizendo que tinha ganhado muito dinheiro, eu perguntei-lhe pela chapa, respondeu-me que tinha a chapa porém que me não mostrava, o que instei para que me mostrasse como Fiscal da Câmara Municipal competente para este fim, foi debalde, o que motivou o dito preto a insultar-me com palavras, e a ponto de querer dar-me e que se não o fez, foi por ter ido acompanhado com um guarda que deu a ordem de preso, e ainda mesmo depois de preso lutou muito, [...] por todo o caminho veio jurando-me que quando me encontrasse que me havia de ensinar, que já me conhecia, que seu senhor não era pobre.[27]

Um belo embate este. Pelo jeito, ao fiscal desagradava ver africano feliz a cartar de seu ganho, o que parece ter pesado em sua decisão de persegui-lo por não carregar a chapa. Era um bom pretexto para dar vazão a um preconceito muito comum naquela altura, quem sabe alimentado pelo ressentimento de não ser tão bem remunerado como o ganhador. Contra esse tipo de arrogância, era costume dos escravos usarem o bom nome do senhor, como se escravo de poderoso, poderoso fosse. Daí ter o ganhador resistido à prisão e ameaçado o fiscal. Mas não só escravos de senhores ricos costumavam resistir. Incidentes semelhantes se multiplicariam. A tal chapa não marcaria por muito tempo os corpos dos ganhadores. O nome do africano preso por Ludgero era Augusto. Nome forte o desse nagô.

228

Além da falta de fiscais e da resistência dos africanos a usar a chapa, a aparente trégua entre a Câmara Municipal e a Presidência da Província apenas abafava tensões latentes. Enquanto se queixava da inoperância da polícia provincial em coadjuvar seus fiscais na repressão aos africanos, a Câmara fazia corpo mole para repassar à Tesouraria Provincial a relação dos ganhadores por ela matriculados. O órgão arrecadador precisava desse arrolamento para cobrar os impostos instituídos pela província na lei orçamentária decretada naquele mesmo ano de 1857, para vigência no ano seguinte, quando começariam a cobrar entre 2 mil-réis e 5 mil-réis anuais para o exercício do ganho pelos ganhadores e pelos carregadores de cadeira, respectivamente. Em maio de 1858, por exemplo, o inspetor daquela tesouraria queixou-se ao presidente de que os vereadores não tinham respondido a seus pedidos, "não se dignando, ao menos, de acusar o recebimento dos ofícios". Uma semana depois dessa queixa, os vereadores, decerto por pressão presidencial, resolveram finalmente enviar a tal lista dos ganhadores de rua requisitada havia mais de mês. Câmara e governo voltaram a se harmonizar em nome do objetivo maior de controlar os trabalhadores africanos.

10. Rescaldo

A postura de 1857 não seria o primeiro nem o último instrumento de combate à autonomia dos ganhadores africanos, e com vista a pressioná-los a abandonar, de uma vez por todas, o serviço de carreto em Salvador. Além dos arrolamentos, impostos, fiscalização ostensiva, matrícula, chapa, fiança e repressão policial, houve tentativa, já no ano seguinte à greve, de afastá-los do mercado de fretes definitivamente.

O processo tivera início em 1855, através da lei nº 576, de 30 de junho daquele ano, que previa a criação de uma companhia de carros a serem usados no transporte de mercadorias na capital da Bahia. Segundo a lei, a Assembleia Legislativa Provincial autorizava o governo da província a conceder a Manuel Jerônimo Ferreira o monopólio, durante trinta anos, para transportar "gêneros e objetos para onde lhe fosse solicitado em Salvador, utilizando, para tanto, carros, carretas ou quaisquer veículos apropriados a cargo de homens livres". Além de "empresário", como ele se autodenominava, Ferreira era — que coincidência! — um dos vereadores que assinaram a postura contra os ganhadores em 1857, uma maneira de infernizá-los enquanto se preparava para substituí-los por sua empresa monopolista. Na carta de intenções publicada como anexo à lei, o vereador (ou empresário) afirmava seu propósito de contribuir para banir os africanos da cidade, de modo a que se empregassem na lavoura, que "cada dia mais se definha à falta de braços" — e assim recitava a ladainha do dia. Ao mesmo tempo que prometia mais segurança para os objetos carregados, ele batia em outra tecla na moda, oferecendo com seu empreendimento "incalculáveis vantagens em prol da ordem Pública, da segurança e garantia da propriedade, da civilização e bons costumes".[1] Eis aí um ótimo resumo da ópera. Desnecessário dizer quem seriam os responsáveis pela desordem pública, pela insegurança da propriedade privada, pela barbárie e os maus costumes.

Desconheço por que o empresário (ou vereador) Ferreira demorou três anos para solicitar sua "carta de privilégio" ao presidente da província. Estaria reunindo capitais e sócios para lançar sua companhia? Diminuiu seu ânimo a peste de 1855-6? Reanimou-o a confusão instaurada pela greve e, só então, decidiu concretizar seu lucrativo plano?

Em 1858, Ferreira confirmaria junto à Presidência da Província sua intenção de, no prazo de três anos, criar capatazias — ei-las de volta via setor privado — nas diversas freguesias da cidade, a começar por quatro delas: Conceição da Praia e Pilar, as mais relevantes para seu negócio porque localizadas na movimentada zona portuária, o filé da carretagem; Sé e São Pedro Velho, as mais populosas freguesias da Cidade Alta. Umas e outras formavam o núcleo urbano de Salvador. Mas o empresário prometia estender o serviço a todas as demais freguesias, com isso expandir seu monopólio e assim eliminar do mercado os ganhadores africanos, à exceção dos carregadores de cadeira.

Cumprindo promessa feita na carta-proposta de 1855, o empresário vereador oferecia uma tabela de preços, com destaque para o pagamento de oitenta réis pelo transporte de volumes até uma arroba dentro dos limites da mesma freguesia, com acréscimo de 50% por cada passagem de uma a outra freguesia. O que mais afetaria os ganhadores se encontra no item 5 da proposta, onde se lê que uma multa de 100 mil-réis incidiria sobre quem carregasse volumes na cidade, com uma ressalva desanimadora: "exceptuam-se os que conduzirem para si próprios por si, seus escravos ou fâmulos" — trecho já presente na carta de intenções de 1855.[2]

Mas o presidente Sinimbu não assinou embaixo sem pestanejar, como agradaria ao vereador Ferreira. Dois dias depois, despachou a matéria para parecer do inspetor da Tesouraria Provincial, Manoel Francisco de Sá Freire. Este, por sua vez, solicitou parecer ao procurador fiscal da mesma repartição, que não concordou com todas as condições solicitadas, sobretudo a que estabelecia o monopólio da "carretagem". O dr. Joaquim Torquato Carneiro de Campos — autoridade máxima da alfândega, além de sexto vice-presidente da província —, adepto da doutrina do laissez-faire, um liberal como o então presidente Cansanção de Sinimbu, escreveu que "a ciência tem reconhecido e condenado como sumamente prejudicial tudo quanto tende a arrear ou excluir a concorrência, estabelecendo ou criando o monopólio". Se Ferreira acreditava que sua proposta era a melhor na praça, não tinha por que temer a concorrência, pareceu ao procurador. E ainda acrescentava que não deveria "ser permitida a exclusão dos que hoje exercem essa indústria em pequena escala". Tal passagem do parecer soava como música aos ouvidos dos ganhadores, não fosse a dissonância do inspetor Sá Freire. Ao contrário de Carneiro de Campos, o inspetor recomendou que se excluíssem do trabalho do frete os escravos de ganho.[3] Ficou a discussão por aí. Como sabemos pelos desdobramentos posteriores, o negócio de Manuel Jerônimo Ferreira não foi adiante, e os escravos africanos, assim como os libertos, permaneceram no lugar em que sempre estiveram. Falhara mais uma tentativa de acossá-los.

*

Governo, imprensa e empresários não eram os únicos protagonistas da campanha antiafricana. Em 1860, os africanos — os libertos, sobretudo — passariam às páginas da ficção como grandes vilões. Naquele ano, João Nepomuceno da Silva, o poeta e escritor satírico já aqui mencionado, publicou um livrinho intitulado *Os misterios da Bahia*, no qual passava a limpo, ao estilo de diálogos ficcionais típicos da imprensa crítica da época, uma longa lista de males que assolavam a província e o Império. De seu rol de mistérios baianos faziam parte clientelismo, nepotismo, corrupção, sinecuras, monopólios, fraude eleitoral, impostos, carestia, escravidão, candomblés e, *last but not least*, os africanos em seu conjunto tratados como entidade coletiva do mal. Os africanos estariam, de uma maneira ou de outra, na origem da maioria dos problemas arrolados pelo escritor, em alguns casos muito diretamente envolvidos.[4]

Nepomuceno argumentava, por exemplo, que a carestia da moradia na capital da Bahia resultava de os africanos ocuparem muitas casas que poderiam ser alugadas, a preços módicos, para a gente pobre livre e brasileira, como aliás era o caso dele; que a carestia dos alimentos procedia de os africanos controlarem sua distribuição em vez de se dedicarem em massa à sua plantação; que a corrupção dos costumes se devia a práticas africanas como o candomblé, referido como "feitiçaria" e cada vez mais abraçado pela população baiana, segundo disse ter constatado o poeta; que os homens livres nacionais amargavam o desemprego por culpa dos africanos escravizados e libertos residentes em Salvador, que dominavam o mercado de ganho e de ofícios.

Para corrigir tantos malefícios, a novela (ou crônica de costumes) de João Nepomuceno encerrava com a apresentação de um projeto, elaborado por um dos seus personagens — um humilde, instruído e improvável lavrador —, a ser encaminhado a algum deputado antiafricano da Assembleia Geral Legislativa, sediada na capital do Império. O autor não pensava pequeno: embora inspirado na Bahia, almejava ver suas grandes ideias realizadas em todo o país. O projeto fictício merece ser lido na íntegra, pelo que representa de peça demonstrativa e síntese de até onde podia chegar a repulsa aos africanos residentes no Brasil — um lugar, eu repito, para o qual foram trazidos manietados, aqui escravizados, e onde apenas uma pequena minoria dos vários milhões traficados conseguiria se alforriar.[5]

UM PROJETO PARA O BRASIL, 1860

PROJETO DE LEI SOBRE NEGROS AFRICANOS

A Assembleia resolve:

Art. 1º Serão deportados para os portos da Costa d'África por conta do Governo todos os africanos libertos, que existirem dentro das cidades, vilas e povoações do Brasil, empregados em qualquer gênero do comércio, ou indústria, artes ou ofícios de qualquer sexo que sejam, três meses depois da publicação desta lei. Excetuam-se os seguintes:

§ 1º Os doentes maiores de sessenta anos.

§ 2º Os moços inutilizados por aleijão, cegueira ou doudice.

§ 3º Os que se ocuparem no asseio das cidades, vilas e povoações contratados com o governo da Municipalidade.

§ 4º Os que viverem da lavoura da mandioca, milho, feijão, ou inhames em roças próprias, ou alheias nos subúrbios da Cidade fora da décima urbana.

Art. 2º É absolutamente proibido a qualquer africano possuir d'ora em diante escravos, filhos do país, para o que se lhes concede o prazo de 60 dias contados da publicação desta lei, afim de que possam vender, trocar ou libertar os que atualmente são de sua posse e domínio, findos os quais serão considerados forros, e qualquer cidadão fica autorizado a por em notas [do tabelião] a carta de sua liberdade.

Art. 3º Todos os juízes de paz apresentarão dentro de 30 dias uma relação nominal de todos os africanos libertos que morarem em suas freguesias, com declaração de sua idade, e ocupação, e de quantos escravos possuem; seus nomes, idades e nacionalidades, com observação sobre os enfermos, forros e escravos.

Art. 4º Todo africano forro que se ocultar, assim como aquele que tiver casas de candomblés, e que for achado nelas, ou constar que vive disto, será preso por um ano, findo o qual será deportado.

Art. 5º Todo aquele que sonegar algum escravo filho do País, não o tendo vendido, trocado ou libertado no prazo dos 60 dias da lei, pena de um a dez anos de galés, havendo circunstâncias agravantes, cuja pena lhe será imposta pelo tribunal do Júri com acusação da justiça.

Art. 6º Todo africano que d'ora em diante se libertar, apresentará no mesmo dia a sua carta ao seu juíz de paz, o qual oficiará a respeito ao presidente da província com as declarações acima mencionadas, e dará destino ao novo liberto para a lavoura (estando no caso) ou o mandará embora, se estiver compreendido em alguns dos parágrafos 1º, 2º e 3º do art. 1º desta lei.

Art. 7º Nenhum africano liberto poderá vender os produtos de sua lavoura por si ou seus escravos, senão nas porteiras de suas roças, em grosso ou a retalho. Pena de ser tomado o que for encontrado, e multado no importe de outro tanto dos referidos produtos.

Art. 8º Nenhum africano forro ou escravo, de qualquer sexo, poderá ocupar-se em negociar comprando ou vendendo seja o que for. Pena de um ano de cadeia, cada vez que for encontrado neste tráfico.

Art. 9º Nenhum africano de lavoura pagará imposto algum por si ou por seus escravos, empregados na cultura da terra, e seus filhos serão garantidos do recrutamento de mar e terra, e isentos do serviço da guarda nacional, enquanto se empregarem nos trabalhos do campo.

Art. 10º A criação de animais gozará das mesmas garantias, de que goza a lavoura, provando o indivíduo que se dedica seriamente a esse trabalho, e que tem para cima de cinquenta reses, ou cem de gado lanígero.

Art. 11º Ficam revogadas todas as leis em contrário.

FONTE: João Nepomuceno da Silva, *Os misterios da Bahia* (Bahia: Typographia de Manoel Agostinho Cruz Mello, 1860), v. 1, pp. 78-80.

Já expliquei, ao longo deste livro, que havia um desejo difuso na Bahia de expulsar o africano de sua capital. O projeto de Nepomuceno sintetizava-o com aprumo e ainda elaborava um pouco mais sobre o tema. Ele retomou um antigo anseio de certa elite pensante baiana de deportar em massa os libertos africanos de volta à África, o que estava planejado, mas nunca executado — só para re-lembrar —, na lei nº 9, de maio de 1835, como reação à Revolta dos Malês, em janeiro daquele ano. Também não era novidade lhes oferecer a alternativa de se empregarem no campo para satisfazer a sede de mão de obra, que se tornara escassa nos canaviais da província com o fim do tráfico negreiro externo e a intensificação do tráfico interno para fora da Bahia. Contudo, Nepomuceno deu maior ênfase ao emprego dos libertos na lavoura de abastecimento alimen-tar do que na de exportação, no que se afastava da maioria dos representantes dos interesses rurais, particularmente o presidente Gonçalves Martins.

Os lavradores africanos seriam, ao contrário do que ocorria com os ga-nhadores de Salvador, isentos de qualquer imposto, a única graça que o autor concedeu a seu objeto de rancor, em troca de abastecer de víveres a capital da Bahia. A sugestão de expulsar os africanos da cidade tão logo recebessem sua carta de alforria levaria à criação de uma espécie de gueto na periferia rural da capital, ou em locais até mais distantes. Lembra leis estadunidenses que obri-gavam o escravo alforriado a deixar o estado da federação onde vivia, mesmo se ali ainda tivesse sua família escravizada.[6] No caso do Brasil, tornava letra morta os termos legais das cartas de alforria, nas quais se afirmava, reiterada-mente, que o liberto "poderá gozar de sua liberdade como bem lhe parecer", ou "para que possa gozar de sua liberdade como se de ventre livre nascesse", e outras expressões solenes do gênero, inclusive que contemplavam, em especí-fico, o direito à liberdade de movimento.

Incomodava a Nepomuceno — e este devia ser um sentimento comum entre muitos baianos — a prosperidade de alguns libertos africanos em Salva-dor, consequência da boa administração de seus lucros no ganho, de sua capa-cidade para poupar e investir, enfim, de seu conhecido tino comercial e finan-ceiro. No projeto do poeta, esse lucrativo mercado seria agora interditado a eles. Nepomuceno não tolerava, em particular, ver que havia africanos com capacidade para ascender na escala social acima da maioria dos brancos, a ponto de se tornarem proprietários. Muitos decerto eram bem mais prósperos do que o próprio poeta. Um personagem do livro comenta que os africanos especulavam no preço dos alimentos e "se enriqueciam com o sangue do povo", ao que outro protagonista retorquiu: "Nada lucramos com isto, meu amigo, mas eles se enriquecem com estas transações; e como têm dinheiro".[7]

Podiam ter escravos, até. Nesse ponto entra um componente de indignação nacional, pois o autor não concebia que libertos africanos possuíssem escravos *brasileiros*, admitindo, porém, que se escravizassem entre si. Ora, os escravos "nacionais" dos africanos eram geralmente as chamadas "crias" da casa, filhas e filhos de suas escravas africanas. A proposta de que os libertos fossem obrigados a se desfazer dessas crianças, vendendo-as a proprietários brasileiros, se implementada, redundaria na separação de muitas mães de seus filhos. Mas isso era um detalhe que não importava ao patriota baiano.

Causa surpresa que Nepomuceno não pregasse o confisco generalizado dos bens dos africanos, inclusive de seus escravos. Prevaleceu o respeito à propriedade privada consignado na Constituição do Império, o que seria de esperar numa terra perfeitamente adaptada ao regime capitalista, mesmo se periférico. Inveja-se mas respeita-se a propriedade alheia, até a do inimigo pessoal, social, racial ou étnico. Nesse item o poeta limitou-se a propor que aos africanos fosse doravante proibido obter e acumular bens. Isso também já estava em parte previsto na lei que os proibia de adquirir bens imóveis, embora não os semoventes, como eram os escravos. Com a planejada proibição de os africanos libertos possuírem escravos nascidos no Brasil, num contexto de proibição do tráfico transatlântico, o declínio econômico do grupo demoraria um pouco, mas seria inevitável. Afinal, os escravos continuavam a ser a principal fonte de acumulação de riqueza no país.

Algumas medidas sugeridas por Nepomuceno já vinham sendo implementadas, mas ele aparentemente as desconhecia ou pretendia endurecê-las. O censo dos libertos, por exemplo, se fazia desde o final da década de 1840, exatamente nos moldes por ele sugerido, até com os mesmos dados a serem coletados (nome, idade, ocupação, lista de escravos possuídos, seus nomes, idades, nações etc.). A perseguição ao candomblé e seus sacerdotes também já se fazia sob a capa de diversos argumentos e leis, em geral acusações, amiúde vagas, de estelionato, envenenamento, prática ilegal da medicina, perturbação do sossego e da moralidade públicos. Como muitos desses delitos se mostraram difíceis de provar, curandeiros, adivinhos e sacerdotes africanos eram expulsos do país como alternativa para a punição segundo a lei. Expulsos para não mais voltar.[8]

Não causa surpresa que Nepomuceno complementasse seu protesto com uma proposta de lei, pois tinha a Assembleia Provincial como inoperante no controle dos africanos. No ano anterior publicara um poema satírico no qual criticava os políticos reunidos na Assembleia Provincial, por ele chamada de "Parlamento Malê". E nos veio com esta:

Pai Mané mandou à mesa
Uma emenda em língua Uçá
Pedindo aumento do ganho
Que mal dava p'ra acaçá.[9]

Ele sugeria que os interesses dos africanos conseguiam ser mais ouvidos na Assembleia da Bahia do que os interesses de gente como ele. O órgão servia até de foro para o escravo reivindicar aumento do ganho recebido do senhor. O parlamento do poeta, aquele sintonizado com seu projeto de lei, colocaria os africanos em seu devido lugar.

O projeto de João Nepomuceno culminava com uma longa arenga, desfiada no decorrer de muitas páginas de seu livro, nas quais dois personagens trocam ideias sobre a nefasta presença africana no Brasil. A certa altura, após diagnóstico severo de seu interlocutor a respeito dos desvios morais disseminados pelo candomblé e o sincretismo afro-católico, um deles conclui: — "d'ora em diante considerarei esta raça de africanos ainda mais perigosa ao país do que supunha".[10] Eis uma frase que resume bem a burrice de parcela da inteligência baiana em relação aos africanos. Foi sob esse clima que acontecera a greve de 1857, para muitos prova cabal dos malefícios da presença daquela gente d'além-mar entre os brasileiros, os quais, não obstante, continuavam a depender, em quase tudo, do trabalho dos paredistas.

*

No ano seguinte ao lançamento do livro de Nepomuceno, 1861, foi publicado um regulamento que dava conta de algumas das recomendações ali propostas. Não que houvesse uma ligação direta entre ficção e realidade, pois temos visto que não faltavam ideias e ideólogos na Bahia, e em melhor posição que o escritor, dispostos a atanazar a vida dos africanos como ela era. As repartições governamentais estavam bem fornidas daqueles tipos. Porém, o regulamento de 1861 não seria tão draconiano como o proposto pelo poeta em 1860. Digamos que a realidade seria mais compassiva do que a ficção, sem deixar de ser dura, todavia.

O regulamento de 1861 não era dedicado apenas aos africanos, pois cobria todo tipo de ocupação exercida individualmente pelo trabalhador urbano. O documento recuperava a experiência acumulada ao longo da última década para montar uma política fiscal mais coerente e eficaz para a província da Bahia, num momento em que o carro-chefe de sua economia, a produção do açúcar, dava início a um profundo mergulho recessivo após quinze anos em recuperação.[11] O regulamento buscava maior eficiência na coleta de tributos, representando uma espécie de coletânea da legislação fiscal ao mesmo tempo que detalhava vários de seus aspectos. Nos seus diversos artigos estavam contemplados desde advogados, médicos, tabeliães e outros profissionais, perfilados na categoria de "Escritório não comercial", até ambulantes, oficiais mecânicos e ganhadores em geral. O édito sistematizava pela primeira vez, de maneira detalhada e consistente, os impostos profissionais na província. Nele também se consagrava a discriminação fiscal aos africanos no exercício de diversas ocupações no espaço urbano.[12]

Tome-se como exemplo os dois pesos e duas medidas para o ofício de mercadejar. Rezava o título 15 do regulamento que qualquer pessoa nascida no Brasil que trabalhasse com tabuleiros e caixinhas para a venda de gêneros secos em geral — exclusive, portanto, os alimentícios — pagaria um imposto anual de 5 mil-réis. Para quem vendesse do mesmo modo joias, o valor crescia para 10 mil-réis, igual ao pago pelos profissionais de "escritórios". Quanto aos africanos, além de pagar esses impostos, foram contemplados com um título específico do regulamento: "Quarenta mil-réis sobre africanos que mercadejarem". Esse valor representava o dobro do que eles pagavam no ano da greve, e mais 5 mil-réis. O imposto era dirigido especificamente aos africanos livres e libertos, e incluía os que vendessem "qualquer tipo de mercadoria, não apenas em Salvador, mas também nas cidades do litoral".[13] Estava porém isento quem tivesse um lucro anual aquém de 180 mil-réis, considerado "diminuto", o que, pelo menos, aumentava em muito o teto de isenção antes estabelecido de 100 mil-réis.

A penalidade pelo atraso ou sonegação do imposto "africano" de mercadejar era multa equivalente ao valor do imposto, o que também diminuía de

50 mil-réis para 40 mil-réis em relação àquela cobrada na década de 1850. Fosse a ganhadeira encontrada a vender nas ruas sem os papéis que comprovassem quitação com o fisco, sua mercadoria seria confiscada até que efetuado o pagamento do imposto e da multa. Essa parte do regulamento vale a pena ler:

> Art. 275. Sempre que o Africano for encontrado mercadejando do 1º de Abril em diante, quer esteja arrolado, quer não, sem haver pago o imposto, serão os gêneros que fizerem objeto do seu negócio apreendidos pelos empregados fiscais e levados ao Administrador da Mesa, acompanhados do respectivo dono, sempre que a isto não se recusar.
>
> Art. 276. Feita a apreensão, serão os gêneros entregues ao africano, se imediatamente pagar multa e imposto a que estiver sujeito. No caso contrário ficarão os gêneros depositados na Mesa de Rendas, ou Coletoria, por 8 dias os que não forem de fácil corrupção, e estes por 24 horas; findos os quais prazos serão arrematados em hasta pública em uma só praça, precedendo editais.[14]

Caso o valor levantado em leilão não fosse suficiente para quitar a dívida fiscal e a multa, o africano ficaria sujeito a nova apreensão de suas mercadorias, a serem também leiloadas, até solver seu débito por inteiro.

Havia a possibilidade de recurso a todas essas medidas, segundo o artigo 278, que indicava o prazo de oito dias para que fosse feito à Mesa de Rendas Provinciais e, tendo recebido despacho negativo, novo recurso no prazo de quinze dias ao inspetor da Tesouraria Provincial. Indeferido em ambas as instâncias, ainda restava ao africano a possibilidade de recorrer ao presidente da província.

O projeto antiafricano também contemplava os oficiais mecânicos. O título 18 do regulamento de 1861 já anunciava: "Dez mil-réis por cada africano que exercer ofício mecânico". Era o mesmo valor do imposto vigente quatro anos antes e valia para o africano livre, liberto e escravizado. O documento inovava em relação a medidas anteriores porque listava dezenas desses ofícios, somando aos mais clássicos — de carpina, pedreiro, pintor, ferreiro, tanoeiro, alfaiate, entre outros — alguns inusitados, como fogueteiro, encadernador e livreiro. Esta última ocupação provavelmente se aplicava a quem produzisse fisicamente livros, embora os dicionários desde o século XVII já definissem livreiro como alguém que negociasse livros.[15] O artigo 230 isentava desse tributo os oficiais mecânicos empregados em propriedades rurais e, especificamente, na fábrica de caixas para charutos de São Félix, pertencente ao suíço Lucas Jezler, a quem já encontramos noutro capítulo, ele próprio senhor de escravos. Este último incentivo fiscal estava em consonância com os esforços do governo provincial para promover a indústria fumageira no Recôncavo, cujas produção e exportação de charutos seriam eventualmente controladas por firmas alemãs afinadas com o regime escravocrata vigente no país.[16]

No capítulo das multas, concebeu-se uma de 10 mil-réis para os donos e administradores de oficinas e obras públicas ou particulares que empregassem africanos, e outra de 30 mil-réis para o funcionário que passasse documentos aos africanos, como passaporte, escritura e título de residência, sem verificar o pagamento dos impostos estabelecidos para cada categoria de trabalhador. Quanto ao controle, haveria um arrolamento — mais um! — dos africanos pela Mesa de Rendas Provinciais, contendo os itens já clássicos: nome, naturalidade, condição (escravo, liberto ou livre), endereço, nome do senhor, se escravo, e natureza do ofício. Uma vez registrados, eles só seriam dispensados do imposto e retirados do arrolamento nas seguintes circunstâncias: se incluídos no artigo 230, mencionado no parágrafo anterior; os atingidos por doença, velhice incapacitante ou morte; por se retirar da província; por abandonar a profissão de oficial mecânico; e, em sendo escravo, "por fuga competentemente provada". Havia também punição pecuniária para quem, uma vez afastado pelas razões previstas, fosse encontrado no exercício de alguma ocupação. A inobservância no pagamento das multas resultaria em prisão por trinta dias e no lançamento do nome na dívida ativa da província.[17]

Chegamos agora ao ganhador de rua, pivô da crise de 1857. Uma surpresa e uma novidade seria não discriminar o africano na descrição das regras tributárias, que agora valeriam para "todo o carregador de cadeira livre ou escravo, ou ganhador escravo". Reafirmava-se, ainda, a importância que continuava a ter o carregador de cadeira para a locomoção de pessoas pela cidade, daí ter sido a ocupação citada diretamente e não dissolvida na categoria de ganhador. Os incluídos nesse artigo do regulamento pagariam um imposto de 5 mil-réis anuais para exercer a ocupação, valor bem superior aos 2 mil-réis para os ganhadores "genéricos" em 1857. Vale observar que dos carros usados para o transporte de pessoas, inclusive os carros mortuários, seria cobrado um imposto anual quatro vezes maior, 20 mil-réis, enquanto carros e carroças, com tração animal, usados para o transporte de cargas, recolheriam o mesmo valor pago por um carregador de cadeira, 5 mil-réis. A sonegação do tributo implicaria na apreensão do animal.

Publicada a nova regra, a luta continuou. O liberto africano Fellippe José Vianna seria um dos primeiros a fazer uma defesa detalhada para obter isenção de impostos com base no regulamento de 1861.[18] Seu recurso seguiu os passos traçados no artigo 275, chegando até a última instância, que era o presidente da província. Ou seja, já havia passado pela Mesa de Rendas e pela Tesouraria Provincial. Em essência, o liberto repetiu ao presidente a petição feita às autoridades fiscais abaixo dele. Alegou ter sido injustamente autuado por comércio ilegal de lenha, para o exercício de cujo negócio não teria pago o imposto devido, nem sequer se apresentado para seu arrolamento. Explicou que atuava apenas como intermediário dos donos da lenha trazida de barco do Recôncavo para o porto da Preguiça, na Conceição da Praia. Com esses negociantes, narrou ele, "se contrata o suplicante para não só procurar comprador à mesma lenha, mas também dividi-la e fazer conduzi-la aos mesmos compradores do modo que por todos é sabido nesta capital". Para prová-lo, entregou à Mesa de Rendas um abaixo-assinado firmado por "pessoas fidedignas".

O abaixo-assinado, datado de 8 de junho de 1862, confirmaria as informações dadas, e segue aqui transcrito:

> Nós, abaixo assinados, juramos aos Santos Evangelhos, e o faremos em Juízo sendo necessário, em como o Sr. Fellippe José Vianna, natural de África, por ser aleijado de um pé e não poder aplicar-se a certos trabalhos, vive no Porto da Preguiça, pelo conhecimento que tem de vários homens que possui [sic] lancha de conduzir lenha à venda para esta Cidade, agenciando pessoas que compram a mesma lenha, de cujo trabalho percebe uma pequena contribuição, que nem chega para seu sustento, sem contudo ter negócio algum nesse mesmo lugar em que gira.[19]

Quando o liberto afirmou que os autores desse abaixo-assinado eram, de acordo com a convenção da época, "pessoas fidedignas", ele não blefava. Dos sete assinantes cujas firmas foram reconhecidas por tabelião, consegui identificar cinco listados no *Almanak* da Bahia: dois eram advogados, sendo um deles suplente de juiz municipal; um escriturário da alfândega; um comerciante com loja de fazendas; e o escrivão do juiz de paz da freguesia da Conceição da Praia, morador na Preguiça, exatamente onde Fellippe fazia ponto.

No entanto, todas as instâncias da burocracia provincial escolheram dar ouvidos aos fiscais que autuaram o africano, os quais disseram tê-lo encontrado "dispondo de grande porção de lenha e carvão". Ao indagarem pessoas que o conheciam, essas lhes teriam dito ser o liberto "o primeiro, e mais forte, a negociar comprando por atacado diversas mercadorias que vêm àquele porto, e tão aboletado está hoje pelas suas circunstâncias, como pela antiguidade que tem d'ali mercadejar". Por isso o governo o teria intimado a pagar imposto e multa.

Porém, não fora possível aos fiscais apreender a lenha porque os ganhadores estabelecidos na Preguiça se recusaram a transportá-la, sob orientação do "seu Chefe Capitão do Canto, que vive prevenido com os agentes", queixaram-se estes. Os agentes davam, portanto, um testemunho da solidariedade que caracterizava a relação entre ganhadores, devidamente mediados por seu capitão, e negociantes africanos. Havia, é natural, interesses envolvidos na atitude solidária — e é quase sempre assim —, uma vez que os ganhadores daquele canto decerto seriam os mesmos contratados por Fellippe para o carrego das lenhas que ele fazia desembarcar e distribuir pela cidade. Temos aqui mais um exemplo do funcionamento de um circuito étnico africano no sistema de ganho em Salvador.

Nos seus diversos recursos, Fellippe Vianna argumentou que, embora sua ocupação fosse enquadrada como a de mercadejar, ele deveria ser isento do imposto por dois motivos: primeiro porque era "doente e aleijado de um pé", ou, como escreveu noutra petição, "por lhe faltar uma perna, e por isso proibido de poder empregar-se em qualquer trabalho"; além do mais, seu lucro anual estava abaixo dos 180 mil-réis, visto que sua atividade gerava apenas "uma pequena gratificação" dos donos da lenha desembarcada. Para finalizar, acusou os fiscais de o autuarem por interessados na parte que lhes caberia das multas e "no valor das mercadorias apreendidas". De fato, o artigo 272 do regulamento abria as portas à corrupção ao premiar os fiscais da receita com uma parte do valor das multas, o que já era antigo costume, ao que se somava o interesse em participar dos leilões das mercadorias apreendidas. Não obstante suas explicações, e das testemunhas confirmando-as, o africano Fellippe José Vianna teve seus recursos negados em todas as instâncias da burocracia provincial por ele acionadas.

Ao longo da década de 1860, permaneceu a guerra fiscal aos africanos, mas isso mudaria na medida em que eles foram desaparecendo da demografia soteropolitana por morte, venda ou migração. De africanos em geral, o governo passou aos poucos a tributar os escravos em geral. De um conjunto de ocupações às quais os africanos estavam dedicados e que eram especificadas nas leis fiscais em 1860 — comércio, ofício mecânico, carrego de cadeira e ganho —, apenas o ofício mecânico e o ganho seriam citados a partir de 1870, e englobava "escravos" de forma genérica. Não havia mais a menção ao africano liberto, especificamente. Nesse último ano o ganhador foi taxado em 5 mil-réis e o oficial mecânico em 10 mil-réis, os mesmos valores que já vinham pagando antes. Em 1873 foi suspensa a cobrança aos escravos de ganho, mantendo-se a dos escravos artífices. Dois anos depois os ganhadores retornariam a figurar no orçamento, e em 1876 o tributo deles cobrado dobraria para 10 mil-réis e o dos oficiais mecânicos para 20 mil-réis (para carroças, 25 mil-réis); em 1878, estes pagariam o mesmo valor, e os ganhadores passariam a desembolsar 15 mil-réis, um substancial aumento de 50%. Em 1880 se fez uma equalização dos impostos em 20 mil-réis, "por escravo que exercesse ofício mecânico ou de ganhador, qualquer que fosse o serviço em que se empregasse". Em 1883 o ganhador escravizado foi retirado da lei orçamentária para não mais retornar, e em 1886 o mesmo se deu com o oficial mecânico.[20]

A evolução dos tributos pagos pelos ganhadores no período posterior à parede de 1857, apesar de às vezes errática, aponta para um esforço — agora sim — não mais limitado a expulsar os africanos da capital, mas a erradicar a escravidão urbana, pelo menos da porta da casa senhorial para fora. O escravo doméstico seguia intocado.

O ano de 1870 trouxe um marco importante nessa transformação, só comparável à expulsão dos africanos dos saveiros em 1850. Tratava-se de uma tentativa de mexer no setor de transporte terrestre de mercadorias, o cerne do trabalho dos ganhadores africanos. E, uma vez mais, à frente desse movimento estava Francisco Gonçalves Martins, agora barão de São Lourenço, novamente indicado presidente da província pelo imperador Pedro II, dois anos antes.

Em meados de 1870, um grupo de homens livres pobres, desempregados ou mal empregados, comunicou ao guarda-mor da alfândega o desejo de substituir escravos e africanos libertos no transporte de mercadorias desembarcadas naquela repartição e na ponte de atracação da Companhia Bahiana de Navegação a Vapor. Os dois locais eram os mais concorridos, pelo volume de mercadorias neles descarregado. O funcionário da aduana respondia pelo nome de José Gonçalves Martins, e era filho do presidente da província. Informado pelo filho sobre o assunto, o pai sugeriu que os candidatos a ganhador formalizassem suas demandas, o que foi feito e atendido em pouco tempo.

Não consegui localizar esse documento. Por isso, dependo das palavras de Francisco Gonçalves Martins, num ofício por ele enviado à Associação Comercial da Bahia, publicado pelo *Diario da Bahia* e mais tarde reproduzido pelo abolicionista Luis Anselmo da Fonseca.[21] O presidente tentou buscar apoio dos negociantes da associação para as reivindicações dos peticionários, alegando reproduzi-las fielmente. Disse que a petição fora a ele encaminhada pelo "capataz dos remadores de saveiros da estação do Cais de São João", que falaria em nome dos remadores de todo o porto. Temos aí que, nos vinte anos que se seguiram à proibição dos africanos no serviço dos saveiros, os remadores nacionais haviam se organizado em turmas de trabalho denominadas capatazias, um velho sonho das autoridades policiais. Em cada cais reinava um capataz. Um deles teria representado os demais na nova demanda. Aproveitando o retorno ao governo do homem responsável por implementar a lei dos saveiros, tratava-se agora de estender para terra firme o que já havia sido conquistado no mar: a erradicação dos ganhadores africanos.

Os peticionários, segundo Martins, queriam trabalho para "se sustentarem e a suas famílias", e já teriam se entendido com alguns comerciantes que prometiam empregá-los no transporte de suas mercadorias, "serviço executado hoje por africanos". Anotem: *africanos*, não escravos africanos, ou escravos em seu conjunto. Os ganhadores brasileiros anunciavam fazer melhor e mais barato. O argumento não era novo, nem havia novidade sobre quem devia ser o perdedor. As palavras eram do presidente, mas parece que ele repetia o que lhe havia sido solicitado, ou seja, a expulsão dos africanos do serviço de frete nos principais embarcadouros do porto.

No entanto, consultados o chefe de polícia e a Câmara Municipal, ambos se pronunciaram contra a reserva daquele serviço somente para os brasileiros, deixando claro que se deveria ainda permitir que os libertos e escravos de qualquer origem pudessem continuar carregando. Caberia aos usuários definir quem eles desejavam contratar. Na missiva do presidente, aliás, ele repetiu diversas vezes que o novo serviço se faria "sem prejuízo de terceiros". Sua organização, por outro lado, seguiria os moldes de "associações", que ocupariam os diversos "distritos" do mercado do ganho, cada um deles chefiado por um capataz, reproduzindo assim o esquema vigente entre os remadores. Formadas por brasileiros livres e libertos — à exclusão, portanto, de africanos —, os carregadores associados usariam uma chapa no peito, variando sua cor de acordo com o distrito, e cada uma inscrita com o número do registro de seu portador. Renascia, então, sobre o peito do ganhador nacional, o sistema de identificação que em 1857 representara o principal item de protesto do ganhador africano.

Assim surgiu a "companhia" União e Indústria (UI) de carregadores livres brasileiros, agora unidos para desfrutar o que era, nas palavras de Martins já ouvidas aqui, uma "indústria lucrativa". Surpreendentemente, de animador do empreendimento, o filho do presidente da província passaria a diretor da entidade, segundo informação de Luis Anselmo da Fonseca.[22] O abolicionista não detalhou, contudo, qual a função exata de José Gonçalves Martins na companhia, se seria trabalho voluntário, remunerado ou um negócio visando lucro pessoal. Seja qual for, a função assumida pelo funcionário da alfândega representaria mais um exemplo de relações paternalistas típicas daquela sociedade: um senhor poderoso que, em troca de fidelidade pessoal e apoio político, protegia cidadãos destituídos que lutavam pela sobrevivência, ao mesmo tempo que comprometiam a sobrevivência daqueles excluídos do esquema de favores. Naturalmente, o grande chefe da cadeia de comando desse sistema clientelista era o pai do diretor da UI, que permanecia um dos mais importantes chefes políticos da Bahia conservadora.[23]

Mas se José Gonçalves Martins se fizera diretor, o dirigente e fundador da UI, o líder no terreno, seria Francisco Hygino Carneiro. Pelo menos foi o que este alegou numa petição enviada à Assembleia Provincial, em 1871, contando sua versão da fundação daquela entidade, história omitida pelo abolicionista baiano. Senão vejamos:

> O abaixo assinado, cidadão brasileiro, residente n'esta capital, regressando a ela dos campos do Paraguai, onde também foi combater como Voluntário da Pátria, reconheceu que no País dominava a convicção, de que cumpria cuidar na substituição do trabalho escravo pelo de pessoas livres. Essa convicção felizmente

compartilhada pelo Suplicante inspirou-lhe a ideia, d'aproveitar os braços disponíveis de muitos dos seus companheiros voluntários da Pátria; os quais, concluída a guerra, achavam-se sem emprego para o seu trabalho, que é seu único recurso. N'esse intuito, organizou o Suplicante uma companhia de trabalhadores livres, que fora inaugurada no dia 2 de dezembro próximo passado, sob a denominação de União e Indústria; a qual funciona nesta Capital desde o dito dia, ocupando-se no serviço de condução de gêneros e carretos em geral, que anteriormente era feito por africanos escravos em sua generalidade.[24]

Este Francisco Hygino seria, provavelmente, o mesmo "capataz dos remadores de saveiros da estação do Cais de São João", mencionado por Francisco Gonçalves Martins como autor da petição que propunha a criação de um serviço de ganhadores livres. Antes de partir para a Guerra do Paraguai (1865-1870), como alferes comandante da 6ª Companhia de Zuavos, parte das famosas tropas formadas por voluntários negros, Hygino tinha sido pequeno comerciante no mercado de Santa Bárbara, bem próximo ao ancoradouro de onde embarcaria rumo ao sul do país.[25]

Conforme afirmou Hygino, a inauguração da UI se verificou em 2 de dezembro de 1870, uma sexta-feira, ocasião celebrada com grande alarido nas ruas da cidade. O *Diario da Bahia* noticiou que uma carroça carregada com uma pipa e decorada com bandeirolas e flores fora conduzida da Cidade Baixa até a porta do Palácio Presidencial, na Cidade Alta, acompanhada por numerosos ganhadores livres. Iam agradecer ao presidente pela força dada. Em frente ao palácio formou-se uma multidão para ouvir palavras de incentivo ao trabalho livre proferidas por Gonçalves Martins, que com certeza contribuiu para o planejamento do espetáculo, como fizera vinte anos antes por ocasião da "libertação" dos saveiros do controle africano.

O *Alabama*, que saudou a UI com um "Deus abençoe a ideia do trabalho livre", publicou outros detalhes do cortejo festivo: partira às duas da tarde da praça Riachuelo, que celebrava a decisiva batalha da recém-finda guerra, em frente ao cais Dourado, onde se erguia a sede da Associação Comercial, com dois carros "bem enfeitados puxados por 40 a 50 homens livres", que subiram até o palácio do governo, onde ouviram "palavras de animação" da boca de Gonçalves Martins. Em seguida dirigiram-se à casa de José Alvares do Amaral, secretário do governo, onde seria assinada a ata de inauguração da companhia.

Tudo bastante oficial para um empreendimento não governamental. Por fim, a passeata retornou ao porto e percorreu seus atracadouros em clima de festa popular. Os africanos devem ter se escondido. Uma semana depois, 8 de dezembro, dia de Nossa Senhora da Conceição da Praia, patrona do bairro portuário, a UI seguiria do mundo das ruas para o mundo das letras com o lançamento de um jornal que recebeu o mesmo nome da associação.[26]

Quanto ao aspecto organizacional, a UI representaria uma espécie de guarda-chuva sob o qual se distribuíam as diversas capatazias terrestres do porto. Um regulamento encaminhado ao governo provincial foi aprovado em setembro de 1871, com algumas emendas sugeridas pelo desembargador da Coroa e o chefe de polícia. Não consegui localizar tal documento. Na abertura do ano legislativo, o presidente interino Francisco José da Rocha — o titular da presidência havia reassumido no Rio de Janeiro seu assento no Senado — relatou que a associação havia sido criada "com o fim de facilitar a condução, por pessoas livres, dos volumes que se retiram da alfândega, oferecendo no transporte mais ordem, segurança e responsabilidade do que oferecem os africanos".[27] Repetia assim a mesma cantilena de vinte anos atrás. E de novo a realidade trairia a expectativa.

Com efeito, a vitória sobre os carregadores africanos ainda não seria completa. Conforme se lê no relatório do presidente interino, o monopólio da UI se limitaria às mercadorias despachadas da alfândega, não abrangendo, portanto, aquelas desobrigadas de controle aduaneiro, inclusive a ponte da Companhia Bahiana de Navegação, que constava do plano original da UI. Dessa forma, os africanos libertos e escravizados permaneceriam ocupando um pedaço grande do mercado de transporte terrestre em Salvador. Houve, porém, novas tentativas de expulsá-los de qualquer participação nessa atividade.

Apesar de simpático aos ganhadores brasileiros, pelo menos um órgão da imprensa manifestou-se em favor dos africanos, o *Diario da Bahia*. Na mesma linha de outros jornais, o *Diario* havia aplaudido a criação da UI como medida que promovia a "extinção do elemento servil". A nova associação, advogava o jornal, contradizia os defensores da escravidão, que argumentavam ser o homem livre pobre avesso a tarefas identificadas com o trabalho escravo. "A União e Indústria consagrou, pois, a nobreza do trabalho livre: tal é o seu máximo merecimento", concluiu grandiloquente. Mas nem tudo eram flores. O *Diario* denunciou os novos carregadores de "querer imporem-se [sic] ao comércio e aos cidadãos com violência aos africanos", decaindo "da nobreza que lhes apontamos para uma guerra de despeitos e interesses pessoais". E condenou com veemência a xenofobia expressa naquela atitude: "Os africanos, por não serem nacionais, não estão proibidos do trabalho: o trabalho não é um direito político, porém natural, e é crueldade reduzir, violenta e inopinadamente, aquelas criaturas pelo crime de terem sido violentamente arrojadas ao cativeiro, à necessidade do suicídio ou do roubo". Suicídio? Terá sido a perseguição nas ruas o motivo pelo qual o africano Salvador, que ganhava no canto de São Domingos, se enforcou três dias após a inauguração da UI? Seria este o episódio que os periodistas tinham em mente ao escrever aquelas palavras?[28]

O *Diario* não chegou a noticiar incidentes específicos contra os ganhadores africanos, agora cada vez mais ameaçados pelos trabalhadores nacionais, cujos números não paravam de crescer na capital, inclusive pela migração do interior da província, naquela quadra assolado por severa seca desde 1868. Além da estiagem, a província vivia os efeitos de uma recessão profunda, e não apenas regional ou nacional, mas mundial, inicialmente ligada à Guerra Franco-Prussiana (1870-1) e alcançando seu clímax com o Pânico de 1873, uma prolongada crise financeira que abalou os Estados Unidos e a Europa. Muito antes disso a economia baiana já entrara em apuros, devido à queda brutal dos preços internacionais do açúcar (afetado pela competição cubana e do açúcar extraído da beterraba), do diamante (cujo principal mercado era a França em guerra), do fumo (que tinha seu melhor mercado na Alemanha também em guerra) e do algodão (que agora sofria a competição norte-americana com o fim da Guerra Civil nos Estados Unidos). Para culminar, disseminou-se pelos canaviais baianos uma doença "que diminuíra talvez um terço da safra do açúcar, e prejudicou suas qualidades", discursou ninguém menos que Gonçalves Martins no Senado, em maio de 1871. "Os gêneros da província", concluiu ele sobre tal conjuntura, "caíram tão baixo que mesmo não tinham oferta [de compra], cheios todos os grandes depósitos, a não poderem receber as novas remessas dos produtores."[29] A crise naturalmente afetou o mercado de trabalho na capital da província, cuja economia respirava com os pulmões do campo e se alimentava, em grande medida, do mercado nacional e sobretudo internacional.

No plano nacional, o fim da Guerra do Paraguai não ajudou a curar a economia enferma. Os gastos com o conflito chegaram a comprometer metade do orçamento imperial, prejudicando o investimento público pelas próximas duas décadas. A atividade econômica caminhava a passos de cágado.

Foi nesse ambiente recessivo que a Bahia recebeu de volta os sobreviventes dos mais de 15 mil homens enviados da província para os campos de batalha. Entre os ganhadores que brigavam por um emprego em Salvador estavam numerosos veteranos dos batalhões de Voluntários da Pátria, que eram principalmente negros e mestiços brasileiros. Na sua maior parte voluntários apenas no nome, eles tinham sido recrutados à força, apanhados no laço como eram os escravos fugidos, a ponto de serem conhecidos como "voluntários a pau e corda" — uma alusão, observem bem, ao trabalho de ganho executado pelos cangueiros, mas agora com o sentido de recrutamento forçado.

De volta à Bahia, desfrutaram os ex-combatentes um momento efêmero de glória: foram recebidos por populares e membros do governo como heróis da pátria, com direito a comemorações ruidosas, aclamados com palmas e apupos da multidão, com versos de poetas, bandas de música, ruas ocupadas por desfiles, enfeitadas por bandeirolas e toalhas estendidas à janela das casas e de prédios públicos como se fazia em ocasiões de júbilo cívico. Não lhes faltou uma caminhada à igreja do Bonfim para agradecer terem saído vivos da "maldita guerra". Agora começaria a batalha por outro tipo de sobrevivência, e nessa marcha muitos se alistaram na UI, aliás fundada por um deles. O *Diario da Bahia*, interessado em lhes pautar o comportamento na chave da ordem, usou palavras doces para incentivar o trabalho amargo do ganho: "soldados na guerra, na paz são os homens do trabalho e honram a este no campo do suor, como honraram a farda no campo do sangue". Era ponto pacífico, comentado em toda a cidade, que a UI havia absorvido a mão de obra dos veteranos, ou, como escreveu *O Alabama*, tinha sido ali "onde encontraram […] meio de ganhar a vida". Isso era bom, garantia a imprensa apreensiva, porque havia uma preocupação generalizada das autoridades políticas e policiais do Império com as tensões sociais provocadas pelo desemprego dos guerreiros negros em cidades espalhadas por todo o país.[30]

Os soldados retornados à Bahia já assumiam, inclusive, uma atitude de desafio perante homens brancos, muitos dos quais teimavam em diminuir a nova cidadania conquistada na ponta das armas. Um incidente acontecido em setembro de 1871 ilustra-o bem. O administrador do Hospital dos Lázaros, João da Costa Carvalho, se encontrava na horta do estabelecimento quando viu, em suas palavras, "um grupo de negrinhas, dessas que infelizmente enchem as ruas desta Capital, ofendendo a moral com palavras e gestos, cantando e dançando ao som de palmas e a modo de africano". Acompanhavam-nas, acrescentou raivoso, "alguns capadócios, adequados companheiros de tal gentalha". Uma das moças bateu à porta do administrador gritando por uma escrava que servia na cozinha dele, convidando-a para se juntar ao grupo. O homem, que a tudo agora observava de uma janela, não gostou da perturbação que o ato representava para o bom serviço da casa. Mandou a moça retirar-se, rispidamente, e ela respondeu-lhe com correspondente altivez. Foi quando um dos rapazes interveio. Ouçamos o administrador Carvalho:

> Ao tempo que assim dizia eu a negrinha me respondia uma pilhéria em tom de mofa, um dos capadócios [...] com insolência gritou-me que não se me estava roubando cousa alguma nem se me tirava parte da porta. Disse-lhe que não me tinha dirigido a ele; que a casa era minha e eu a governava como entendia, e nada tinha ele que dizer-me. Em vez de calar-se, continuou a dirigir-se a mim com mais insolência, até que, mandando-o calar, disse-me que não o faria, que eu não era suficiente para o mandar fazer; que era tanto quanto eu.

O rapaz negro que se considerava "tanto quanto" o homem branco chamava-se João Herculano de Oliveira Mendes, um veterano da guerra do Paraguai. Ele e seus amigos estavam naquelas imediações para um enterro no cemitério da Quinta dos Lázaros, e tão logo chegara o cortejo fúnebre deixaram Carvalho a falar sozinho. Enquanto os negros homenageavam seu morto, o homem branco planejava sua vingança: convocou um policial para prender o veterano pela sua "insolência". O que não foi feito sem protesto, seguido de uma tentativa de fuga: "Quando intimado à prisão [...] repetiu as insolências referidas [...] porque ele era tão bom quanto eu, que nada se lhe podia fazer porque, o que poderia ser era mandá-lo para o sul, que de lá já ele tinha vindo, sendo seus ditos acompanhados pelos saídos dentre os companheiros de 'vá amanhar-se, sai'". E disparou mais uma pérola em defesa de seus privilégios de classe e cor, que exigiam demonstrações de subordinação por parte dos negros, mesmo os negros livres: "Desrespeita-se a qualquer com a maior sem cerimônia, sem se ter em vista que pode se estar tratando com pessoa de consideração".

João da Costa Carvalho aproveitou para dirigir sua pena ferina contra os veteranos em geral. "Estamos mal e para muito pior iremos", escreveu, "porque esses que lograram voltar da campanha do Paraguai julgam-se com um salvo-conduto para tudo quanto quiserem fazer, porque dizem como esse: não me hão de mandar para o Sul!" O final da história não favoreceu o ex-combatente, que foi trancafiado na Casa de Correção para reaprender qual seu lugar naquela sociedade. De todo modo, o novo espírito de rebeldia apontado por Carvalho talvez não pudesse ser corrigido completamente.[31]

Esse empoderamento dos ex-combatentes, contudo, não se voltaria apenas, nem talvez principalmente, para as "pessoas de consideração". Os trabalhadores africanos pareciam adversários mais à mão. Pode-se imaginar que, tendo experimentado a violência na versão extrema da guerra, os retornados não se furtariam a usar da força para conquistar espaço num mercado de trabalho ainda controlado pelos africanos. Diga-se, além disso, que alguns dos veteranos eram capoeiristas, gente de briga que fora recrutada pelo governo coercitivamente. Agora estavam de volta, todos eles, cheios de moral patriótica e orgulhosos pela campanha vitoriosa em terras estrangeiras, daí arriscarem desafiar até gente branca. Porque se sacrificaram pela pátria lá fora, não admitiam, no retorno à terra natal, ouvir insultos de branco, e muito menos enfrentar o desemprego enquanto viam negros estrangeiros empregados. O ressentimento contra os africanos era típico do que nutrem nativos contra imigrantes, no caso negros brasileiros versus negros d'além-mar, tensão de ordem étnica — não racial — potencializada pela percepção de prosperidade que se tinha de alguns africanos. Assim, as relações historicamente carregadas entre crioulos e africanos voltariam a aflorar na crítica conjuntura do pós-guerra, contaminando, aliás, não apenas os veteranos mas o conjunto da classe trabalhadora nativa.[32]

Todavia, não se acentue demais este ponto, pois não se verificou uma guerra total entre ganhadores brasileiros e africanos, e a própria imprensa parou de falar do assunto. Outra ordem de críticas contra a UI logo ganharia mais relevância. *O Alabama*, que aplaudira com entusiasmo a criação da companhia de carregadores livres, três meses depois já dizia estar "lhe perdendo a fé". O jornal vinha recolhendo notícias de "muitos fatos pouco airosos" por haver a associação se tornado "receptáculo de tratantes e servido de capa a muito marreteiro". Ele aludia a roubos perpetrados por ganhadores da UI, uma prática que a propaganda oficial prometera fazer desaparecer com a nacionalização do serviço de ganho. Por ironia, uma das vítimas de roubo naqueles dias seria um jovem sargento dos Voluntários da Pátria — eles de novo —, que no desembarque do vapor *Paraná* teve seu baú surrupiado por membro da UI, um prejuízo de 600 mil-réis, com o que se podia então comprar um escravo, embora dos mais baratos. *O Alabama* denunciou também o roubo de parte de uma carga de madeira que ganhadores daquela companhia deveriam ter entregado ao comprador, mas acabou vendida a meio caminho de um depósito de material de construção. "Se não houver muita moralidade, adeus União e Indústria!", vaticinou o periódico.[33]

O mesmo jornal, faltando duas semanas para o primeiro aniversário de inauguração da UI, noticiou que a desordem campeava nos desembarcadouros do porto geridos pela associação. Narrou um tumulto no cais de Santa Bárbara envolvendo saveiristas, marinheiros e carregadores da companhia. A briga começara porque um dos carregadores teria convidado "a um marinheiro para fins indecentes", sem esclarecer que fins seriam esses exatamente. Os contendores armaram-se de cacetes e um carregador atacou um marinheiro com faca, deixando-o "com uma grande brecha na cabeça". É provável que a briga resultasse de discussão de jogo, que era comum entre membros das três categorias ali representadas e que "sempre acaba debaixo de barulho". Desacordo com o resultado de uma partida regada a álcool, insultos de parte a parte, honra masculina de algum modo ferida — este pode ter sido o enredo da bulha num ambiente de valentões querendo exibir masculinidade. O jornal parecia não entender; ou melhor, entendia, mas considerava tudo aquilo comportamento inculto — e tome-lhe crítica culta.[34]

A conduta dos ganhadores brasileiros vinha sendo alvo de queixas desde o início de 1871 por parte dos próprios clientes que os contratavam. Em meados de março daquele ano, cerca de sessenta negociantes dirigiram um abaixo-assinado ao presidente da província contestando sua insistência para que eles empregassem tão somente os carregadores livres brasileiros. Domingos Soares Pereira e Januário Cyrillo da Costa, respectivamente presidente e secretário da Associação Comercial da Bahia, encaminharam ao governo um ofício acompanhado do abaixo-assinado, que endossavam na íntegra em nome da instituição. Na função de porta-vozes, afirmaram que, embora os negociantes reconhecessem "as justas aspirações daquela classe de trabalhadores", fazia-se preciso que antes estes se distinguissem "por seus atos" na competição com outros ganhadores — leia-se, com os africanos. Os "muitos dos mais respeitáveis negociantes nacionais e estrangeiros" da Bahia não aceitariam, conforme registraram no abaixo-assinado, contratar qualquer ganhador: contratariam "quem melhor os servir". A Associação Comercial da Bahia lembrava ao presidente da província a Constituição do Império, no tocante aos artigos que protegiam a "liberdade do trabalho e do direito de propriedade".[35]

Mas qual seria, em detalhe, a posição do comércio sobre o assunto? O abaixo-assinado protestava "contra uma ordem pelo mesmo Governo expedida sem apoio da Lei, e contra o direito de propriedade e do comércio, de só poderem ser as fazendas despachadas na alfândega conduzidas por uma certa classe ou número de indivíduos" — "fazendas" aqui no antigo sentido de bens, mercadorias, objetos. Contestavam, assim, o monopólio concedido arbitrariamente pelo governo da província aos ganhadores da UI. A medida seria ilegal, uma vez que privilégios tais dependiam de legislação específica, ferindo, além disso, a livre concorrência e o direito dos proprietários de administrar seus bens como lhes conviesse. Os negociantes afirmaram ter seus próprios carregadores e carros, que recebiam e despachavam seus artigos "com o maior cuidado e zelo". Em contrapartida, os "indivíduos que se julgam privilegiados" faziam um trabalho negligente com as mercadorias que carregavam, chegando elas a seu destino "deterioradas ou inutilizadas". Se queixaram também de que o monopólio resultaria no aumento do preço do serviço. Solicitavam, portanto, que a ordem presidencial fosse revogada e que as autoridades policiais fossem avisadas de que os negociantes tinham direito a transportar suas mercadorias "para onde e por quem lhes convier". Falaram grosso, ao modo de classe dominante.[36]

Desconheço a resposta dada pelo presidente da província a essa duríssima crítica, mas é certo que a Assembleia Provincial não produziu lei alguma confirmando a vontade presidencial. Pelo contrário, em abril de 1871, o corpo legislativo demonstrou má vontade a respeito de uma petição da UI, na qual seu dirigente, Francisco Hygino Carneiro, solicitava um empréstimo de 2 contos de réis para a compra de carroças, carros e animais a serem empregados no transporte de mercadorias pela sociedade por ele representada. Apresentou como fiador José Lopes Pereira de Carvalho, um sólido negociante de "ferragens grossas", que tinha assento em diretorias de banco, montepio, companhia de navegação, sociedade filantrópica, recreativa e patriótica, entre outros cargos de destaque na vida mercantil e civil, e ainda era coronel da Guarda Nacional.[37] Apesar desse poderoso patrono, a Comissão de Fazenda da Assembleia negou o empréstimo a Francisco Hygino, com um parecer no qual interrogava se o veterano de guerra era representante legal da UI, e até duvidou que esta estivesse "efetivamente organizada".[38] Pelo visto, nessa época, o legislativo baiano não estava alinhado, como outrora, ao presidente Francisco Gonçalves Martins, nem interessado em afagar negros patriotas e patrocinar seus projetos progressistas. Os deputados se alinhavam mais aos negociantes da praça da Bahia.

Que Francisco Hygino liderasse a UI, uma agremiação hostil aos africanos, é dado curioso, porque seus pais eram africanos. Chamavam-se José Hygino Carneiro, negociante, e Francisca da Silva, provavelmente ganhadeira. Francisco era, portanto, crioulo de primeira geração. O pai morrera em 1856, quando o moço tinha dezenove anos. José declarou doze escravos em testamento, mas o legado foi corroído por dívidas contraídas pelo finado. Francisco herdou apenas duas bancas de miudezas no mercado de Santa Bárbara. Dois anos depois, em 1858, foi preso durante mais de seis meses sob acusação de esconder uns poucos bens pessoais passíveis de apreensão pela Justiça para pagamento de uma dívida por tecidos comprados para sua lojinha. Foi-lhe tomada até a roupa do corpo. Deve ter-se recuperado alguma coisa do baque, pois em 1862 reassumiu seu lugar em Santa Bárbara, mas por pouco tempo. No ano seguinte seu nome já desaparecia da lista dos comerciantes daquele mercado publicada no *Almanak*. Em 1866, quando se voluntariou para lutar no Paraguai, Francisco Hygino, então com 29 anos, era um homem pobre, e pobre retornaria do conflito para se tornar ganhador da UI.[39]

Muitos crioulos da geração de Francisco Hygino serviriam no Paraguai, onde talvez tivessem cultivado uma mentalidade patriótica exacerbada. Haviam mudado durante aqueles anos. Tinham sido criados no seio de famílias africanas, comungando valores da comunidade africana, transitando em seus ambientes de lazer, devoção, trabalho, frequentando festas, irmandades, casas de candomblé, cantos, feiras, barbearias, oficinas de artes e ofícios, um universo povoado por africanos. E no entanto, ao retornarem da guerra, se associaram a um projeto de cidade que pretendia tanger os africanos do ganho, aceitando tacitamente o argumento então em voga de que os crioulos seriam superiores a seus pais e avós: mais civilizados, operosos, ordeiros, enfim, trabalhadores mais confiáveis.

Não obstante as expectativas depositadas no trabalhador livre pelos profetas da civilização e da desafricanização, a experiência demonstrou que organizar o ganho e disciplinar o ganhador não eram tarefas fáceis, fosse ele africano ou nacional, escravizado, liberto ou livre. Como já se viu, importantes comerciantes depositavam mais confiança nos ganhadores africanos. Apesar de, em 1876, *O Monitor* ainda badalar a importância da UI na marcha pela emancipação do trabalho e pelo progresso social, a companhia de homens livres em pouco tempo perderia sua relevância para logo desaparecer de cena. Naquele mesmo ano, uma outra categoria de trabalhadores também empregada no setor de transporte demonstrava sua força política, ao obter da Assembleia Legislativa Provincial a revogação do imposto, previsto no orçamento, para saveiristas, pescadores e "gente embarcada", enfim, "todo o povo marítimo", como escreveram em agradecimento à concessão.[40] Em terra firme, apesar de desamparados pelos políticos e ignorados pela imprensa, os cantos, ao contrário da UI, sobreviveram, embora, para alcançar tal desfecho, contasse terem eles aberto suas fronteiras à participação de ganhadores brasileiros, um movimento inverso ao daquela agremiação crioula. É do que tratam os próximos capítulos.

11. Novas regras

Em 1879, o chefe de polícia da Bahia, José Antonio Rocha Vianna, como fizera a Câmara Municipal em 1857, escreveu ao chefe de polícia da Corte do Rio de Janeiro solicitando o envio de uma cópia do regulamento ali vigente, "ou outra disposição que sirva para a boa ordem e marcha do serviço dos ganhadores". Ele pretendia seguir o exemplo da capital do Império para "regularizar nesta província o mesmo serviço". Desconheço a resposta a esta correspondência, mas é provável que o documento enviado da Corte fosse o Código de Posturas da Câmara Municipal do Rio de Janeiro, consolidado em 1870, no qual, no entanto, os ganhadores foram contemplados com apenas dois parágrafos de uma postura já vigente em 1838.[1] No Rio, ao contrário da Bahia, os ganhadores não estavam organizados em cantos, os quais, logo veremos, seriam o ponto em torno do qual giraria o novo regulamento baiano. No conjunto das províncias do Império, este regulamento figurava, talvez, como peça original de controle do ganhador.

Oito meses depois daquela consulta ao chefe de polícia da Corte, em outubro de 1880, estava pronto o regulamento dos cantos baianos, uma novidade que o chefe de polícia anunciou em seu relatório anual, anexado à *Falla* com que o presidente da província abriu a sessão legislativa de 1880. Ali ele justificou assim a confecção do regulamento:

Sendo palpitante a necessidade que se notava de uma providência no sentido de harmonizar-se com as conveniências públicas os serviços dos trabalhadores do bairro comercial, uma vez que esse serviço era feito sem método e sem ordem, dando muitas vezes lugar a sérios conflitos, não só entre os próprios trabalhadores mas entre estes e aqueles que d'eles necessitavam, em 13 de Março próximo passado expedi o Regulamento anexo [...] que desde logo mandei pôr em execução; e espero que, pela forma com que n'ele atendi a extinção de vários abusos, pelo emprego da disciplina que estabeleci, o melhoramento desejado se há de alcançar completamente, com mais um pouco de tempo indispensável a serem feitas todas as matrículas, e alguma perseverança na fiscalização do trabalho.[2]

Repetia-se a intenção de pôr ordem no serviço de ganho em Salvador, sobretudo coibir os abusos e melhor controlar um setor da classe trabalhadora considerado indisciplinado, tanto internamente como na relação com seus clientes. No trecho citado destacam-se termos como "método", "ordem", "disciplina" e "fiscalização", tudo que, por suposto, faltaria ao mundo dos ganhadores. Estava em jogo combater, aliás mais uma vez, "formas próprias e autônomas de organização das atividades de trabalho por parte dos ganhadores", segundo o historiador Wilson Mattos, que também analisou este documento.[3]

Apesar de anunciar que o regulamento seguia anexo, este não chegou a ser transcrito na publicação da *Falla* do presidente da província proferida naquele ano. Na verdade, o regulamento só seria finalizado alguns meses depois, em outubro de 1880, quando foi assinado pelo novo chefe de polícia, Virgilio Silvestre de Faria, que sucedeu a Rocha Vianna. As novas regras marcariam um momento decisivo na história das relações entre os ganhadores e o governo. Os cantos de ganhadores nas vésperas da abolição da escravidão são o tema dos últimos capítulos deste livro.[4]

O trabalho ao ganho, conforme temos aqui visto, era característico da escravidão urbana em todo o Brasil durante a maior parte do Oitocentos. Ao longo da década de 1880, entretanto, o número de escravos nele empregados se reduziria a quase nada. Na Bahia, as novas regras de controle dos ganhadores foram elaboradas num ambiente de franca decadência do regime escravocrata. Em 1872 havia algo entre 72 mil e 81 mil escravos nos engenhos de açúcar e outras propriedades do Recôncavo baiano, o coração da economia escravista na província. Na mesma data, a população escrava de Salvador girava em torno de 12 500, representando 11,6% dos 108 138 habitantes da cidade então computados.[5] Uma estimativa para toda a província da Bahia sugere que a população escrava diminuiu de 165 403 para 76 838 entre 1874 e 1887, como decorrência da mortalidade, da venda para fora da província, das alforrias e dos efeitos da chamada Lei do Ventre Livre, de 1871, a partir de quando a mão de obra cativa cessaria de ser renovada pelo nascimento.[6]

Supondo que o número dos escravos da capital foi reduzido na mesma proporção, teríamos cerca de 6700 em 1887. Mas como nas cidades o desmonte da escravidão se deu com maior velocidade, uma estimativa mais realista aproximaria aquele número de algo entre 3 mil e 4 mil escravos em 1887, agora numa Salvador com cerca de 140 mil habitantes. Com efeito, o abolicionista Luis Anselmo da Fonseca informou o número preciso de 3172 escravos matriculados na cidade naquele ano, aos quais talvez se possam acrescentar algumas dezenas de escravos não matriculados por seus senhores.[7] Ou seja, entre 1872 e o último ano de vigência da escravidão, a parte escravizada da população soteropolitana teria sua proporção enxugada cerca de cinco vezes, de perto de 12% para algo em torno de 2,5% dos seus habitantes.

Assim, durante a década de 1880, o novo regulamento dos ganhadores seria imposto sobre uma categoria de trabalhadores formada cada vez mais por homens livres, libertos e nascidos no Brasil. Desde meados do século XIX, pelo menos, já era considerável entre os ganhadores de Salvador a presença de libertos, que no entanto não superavam numericamente os escravos. A situação agora seria outra. Se até então os ganhadores estavam submetidos ao duplo controle dos senhores e do governo, doravante caberia apenas ao poder público a tarefa de controlá-los, tendo em vista que a escravidão definia cada vez menos sua condição. Daí talvez a necessidade de uma intervenção mais vigorosa do governo. Daí também a transferência para a polícia, órgão repressivo por excelência, de uma tarefa que antes pertencia à Câmara Municipal. Não que esta tivesse saído de cena por completo. Continuavam em vigor as posturas que regulamentavam o trabalho de rua, e permanecia a ação dos seus fiscais no sentido de fazê-las obedecer. Mas o maior papel neste controle passaria a ser desempenhado diretamente pela própria polícia. A decisão não era apenas policial, era também política, consoante o momento em que este setor da classe trabalhadora mudava seu perfil, não mais respondendo ao controle senhorial.[8]

O regulamento valeria para os cantos de trabalho localizados no Bairro Comercial, e este, numa definição restrita, incluiria somente as freguesias da área portuária da cidade de Salvador, ou seja, Nossa Senhora da Conceição da Praia e parte de Nossa Senhora do Pilar. Isso poderia significar que cantos localizados em outros bairros — na Cidade Alta ou fora do núcleo urbano — não estariam sujeitos às novas regras de controle. Entretanto, a hipótese de que os cantos *só pudessem funcionar* no Bairro Comercial, sendo proibidos alhures ou seus ganhadores dispensados da matrícula, deve ser descartada, porque aspecto tão relevante dessa operação teria sido registrado no próprio regulamento.

*

O escopo da operação fica mais claro porque acompanhava o regulamento um volumoso *Livro de matrícula*, datado de 1887, que constitui minha principal fonte daqui em diante.[9] Segundo esse livro, os cantos, embora mais numerosos na região portuária, se espalhavam por diversos bairros da cidade, como sempre tinha sido. Não sei o que teria mudado, entre 1880 e 1887, que levasse o governo a ampliar o espaço coberto pelo regulamento policial, enquanto as demais regras continuavam em geral a vigorar. É possível que, com o iminente fim da escravidão, as autoridades policiais considerassem de bom alvitre uma maior vigilância sobre os trabalhadores de rua em toda a extensão da cidade, e não apenas no Bairro Comercial. Entre os ganhadores matriculados em 1887 — quando parece ter sido ampliada a área inicialmente regulamentada — existiam poucos escravos, inclusive entre os africanos. Tratava-se, eu insisto, de disciplinar, controlar e reprimir uma população negra livre e liberta considerada a nova classe perigosa brasileira. É nesses termos que precisamos entender o regulamento de 1880.[10]

O regulamento continha onze artigos e estabelecia normas para a organização, controle e funcionamento do trabalho dos ganhadores, à exceção daqueles ocupados na alfândega ou empregados em trapiches, armazéns e casas comerciais. As regras valiam para os agora chamados "trabalhadores públicos" — não confundir com funcionários públicos —, ou seja, os não assalariados. Hoje os chamaríamos de autônomos, informais, avulsos. Confirmava-se também a situação estabelecida desde a década de 1850 de se considerar os trabalhadores diretamente ligados às atividades do mar e do porto — no caso os estivadores — como uma categoria à parte daqueles outros dedicados ao transporte de mercadorias e pessoas através da cidade. Mas isto é o que estava no papel. Com efeito, muitos cantos se achavam estabelecidos à beira-mar, no cais do porto, no interior de armazéns e mercados da zona portuária. Ao que parece, seus membros não tinham permissão para descarregar embarcações obrigadas à fiscalização alfandegária — o que seria função das capatazias marítimas —, mas restavam as centenas de barcos e saveiros empregados na navegação de cabotagem ao longo do comprido litoral baiano, além do intenso transporte realizado por mar entre Salvador e o Recôncavo.

O novo código de controle impunha o monopólio dos cantos sobre o serviço de fretes do Bairro Comercial. O artigo 10 vetava aquela atividade a qualquer trabalhador, livre ou escravizado, que não se filiasse a um canto. O expediente, ao mesmo tempo que fortaleceu a organização desses grupos de trabalho — inclusive assegurando-lhes em lei uma espécie de reserva de mercado já estabelecida pelo costume —, facilitaria o controle do governo sobre os trabalhadores.

Comparado às regras ensaiadas em 1836, com a frustrada tentativa de criação de capatazias, e em 1857, com a postura municipal que provocou a greve, agora observam-se algumas mudanças importantes. Em primeiro lugar, ao contrário de 1836, quando se tentou substituir os líderes dos cantos, chamados *capitães*, por homens escolhidos pela autoridade policial, intitulados *capatazes*, na década de 1880 foram mantidos os capitães e dada a eles autonomia para formarem e dissolverem cantos. Ou seja, reconhecia-se a liderança tradicional desses grupos de trabalho, mantendo-se inclusive seus títulos de "capitães de canto" e admitindo que eles fossem escolhidos diretamente por seus pares. No entanto, a eleição só teria validade após ser aprovada pelo chefe de polícia, que poderia demiti-los "quando julgar conveniente" (art. 6º). Se havia um modelo anterior, ele vinha da postura de 1785, que exigia a aprovação do líder do canto pela Câmara Municipal. Mas quem lembrava da postura de um século atrás? É evidente que não se foi tão longe na busca de inspiração para a reforma. Agora o controle político dos trabalhadores ganhava reforço através da concessão pela polícia de um "título de nomeação" ao capitão, espécie de diploma que oficializava sua posição de liderança. Essas medidas estabeleciam uma relação direta entre os chefes dos ganhadores e o chefe de polícia, ao contrário do que se tentou em 1836, quando autoridades policiais menores — no caso os juízes de paz e, abaixo deles, seus inspetores — se encarregariam do procedimento de legitimação dos capatazes que substituiriam os capitães.

O novo esquema, mais centralizado, reforçava os mecanismos de fiscalização a partir da própria organização dos ganhadores. Foi um golpe de mestre do governo. Ao mesmo tempo, embora os ganhadores formassem o último patamar na hierarquia das classes sociais urbanas, seus líderes pareciam ganhar uma legitimidade política antes inexistente.

Todos os membros do canto seriam obrigados ao registro junto à polícia e não mais junto à Câmara Municipal, como se procedeu em 1857. O controle dos ganhadores se faria, além disso, pela exigência de que cada um teria de usar "camisa de mangas curtas, trazendo na do lado direito em letras bem visíveis, feita de ganga vermelha, o número de ordem que lhes pertencer e, acima destes, a letra do canto respectivo". Com isso ficava revogado oficialmente o uso da chapa de metal pendurada ao pescoço, medida que fizera prolongar a greve de 1857 e seria depois desacatada pelos ganhadores, até desaparecer de cena, aparentemente.

Ao passo que estabelecia a autoridade do chefe de polícia sobre os capitães de canto, o regulamento de 1880 promovia a subordinação dos membros de cada canto a seu capitão. Cabia a este o papel de intermediário entre ganhadores e autoridades policiais, repetindo, num outro nível, o papel que cumpriam de mediadores com clientes dos cantos. Segundo o artigo 8º, "os trabalhadores são obrigados a obedecer aos capitães", e só a estes competia organizar o processo de trabalho de ganho. Também cabia aos capitães — "sob pena de demissão do cargo por incapacidade" — responder junto ao chefe de polícia pelo comportamento de seus liderados, denunciando infrações e crimes e entregando-os às autoridades para serem devidamente punidos. Além de intermediário entre polícia e ganhador, o capitão se transformava num aliado da polícia no controle do ganhador. Nenhum mecanismo de queixa contra o líder do canto foi introduzido no regulamento.

Um incidente acontecido em abril de 1888 ilustra como funcionava o sistema de controle, ao mesmo tempo que revela sua debilidade. Ganhadores de um canto no bairro do Pilar teriam roubado um baú do tenente Luiz Felipe Rastelle, que ao desembarcar em Salvador, vindo de Santo Amaro, os havia contratado para carregar. O capitão do canto foi chamado pela autoridade policial do porto para dar satisfação, e este lhe respondera "que já tinha abandonado o Canto por bandalheiras feitas pelos ganhadores que estavam debaixo de suas vistas". Foram presos três ganhadores, nas mãos de um dos quais estava o baú, "já tendo sido substituída toda a roupa que o mesmo continha por duas camisas de ganhador". Na troca de roupas, uma metáfora para a inversão da hierarquia social. Já vimos que o roubo de tal item pelos ganhadores era comum em período anterior, e continuava a ser nas vésperas da abolição — um indício de que a indigência de pelo menos alguns desses trabalhadores permanecia inabalada.

Mais dois ganhadores estariam implicados no incidente, portanto seriam cinco, quase metade dos membros do canto. Aquele canto era, segundo a matrícula de 1887, todo ele formado por trabalhadores nacionais, nenhum africano, e chefiado por um preto de vinte anos, Francisco Amelio Chagas, à frente de onze homens na sua maioria na mesma faixa dos vinte anos, todos solteiros, exceto um, que destoava também na idade: 33 anos. Por ocasião do ocorrido, os ganhadores do canto se encontravam completamente à margem da lei, na resistência, pois, inclusive, "não usam mais os distintivos do Canto, para assim poderem fazer suas escamoteações", anotou o policial. No seu despacho, o chefe de polícia mandava o subdelegado do Pilar instaurar inquérito e intimar o capitão do canto a reorganizá-lo, sob pena de ser o grupo dissolvido. Contudo, embora respaldado pela polícia, tudo indica que o capitão tinha perdido a autoridade sobre seus subordinados, que talvez já obedecessem a um outro qualquer. Pelo menos naquele canto havia sido desmoralizado o sistema montado para controlar com rédea curta os ganhadores.[11]

O regulamento de 1880 certamente representou um ponto alto na campanha de monitoração dos trabalhadores de rua em Salvador. Não obstante as autoridades policiais dessem as cartas do jogo, não se deve concluir que faltassem concessões. A mais importante delas dizia respeito à manutenção da estrutura organizacional e sobretudo das hierarquias tradicionais dos cantos. Apesar de mais estreitamente subordinados à autoridade policial, os ganhadores foram deixados livres para definir seu governo interno e suas relações com o mercado. Tudo isso estava no papel.[12]

Infelizmente, o regulamento pouco revela sobre a dinâmica interna do canto, sobre as engrenagens e os valores do exercício de poder, as relações de solidariedade e mando, ou mesmo a organização do processo de trabalho. Outras fontes, entretanto, nos permitem penetrar um pouco mais no universo desses trabalhadores.

*

O regulamento mandava que os capitães fizessem na polícia a matrícula dos ganhadores de seus respectivos cantos. Foi assim que surgiu o *Livro de matrícula*. Pena que nele não constem as datas de registro de cada um dos ganhadores, mas constam as de nomeação dos seus capitães, embora não todos eles.[13] As nomeações datadas estão assim distribuídas: nove em 1880; quatro em 1881; uma em 1882; uma em 1884; uma em 1886; 51 em 1887; uma em 1888; uma em 1889. A maior atividade se deu em 1887, ano anterior ao da abolição, como se tivesse então havido algum tipo de reordenamento dos cantos pela polícia, uma maior exigência no registro, a criação de novos cantos, ou uma combinação de tudo isso. O governo se preparava para enfrentar a abolição.

25. *Antes dominado por ganhadeiras e mascates, o comércio retalhista entrou em nova fase com a inauguração de lojas como Ao Barateiro, cujo anúncio, de 1881, publicado em diversos jornais, convidava a nela comprar, sem discriminação, "Desde o rico ao mais pobre/ Desde o fidalgo ao roceiro", além de "Povos de todas as raças". O negociante queria vender a quem quer que fosse, ou assim pregava na propaganda.*

Há também a história provável do próprio documento. O *Livro de matrícula* foi preenchido entre 1887 e 1889, embora se reporte à nomeação de capitães desde 1880, uma delas datada de apenas treze dias após a publicação do regulamento que acabei de discutir. No ano da abolição parece ter havido pouco movimento, pelo menos na liderança dos cantos, vez que só um capitão foi nomeado em 1888.[14] Não sei se outros livros desse tipo existiram para anos anteriores a 1887-8, ou se foram necessários cerca de sete anos para que o regulamento fosse inteiramente acatado neste ponto. Eu aposto na segunda hipótese e, a julgar pelos antecedentes, imagino que possa ter havido alguma resistência dos trabalhadores às novas regras, além da incompetência ou da ineficiência da polícia em fazer cumprir a lei. Em 1887 já se sabia que a escravidão caminhava rapidamente para seu fim, e urgia apertar a fiscalização sobre os trabalhadores de rua, em particular aqueles que em breve deixariam o campo para viver na cidade. O livro é testemunha disso.

Ele registra a exata localização dos cantos em Salvador, o que nos permite conhecer perfeitamente a distribuição geográfica dos grupos de ganhadores na cidade. Trata-se da mais completa documentação sobre o assunto que emergiu até agora da poeira de arquivos. Além disso, contém diversas informações a respeito de cada um de seus membros, encabeçados pelo capitão e seu ajudante, dos quais se revelam também, embora com muitas lacunas, as datas de suas nomeações. Fazem parte do registro de cada membro os seguintes dados: 1) nome completo; 2) idade; 3) estado civil; 4) local de residência (apenas o nome da rua, não o número); 5) naturalidade; 6) descrição física, incluindo altura, cor da pele, tipo e cor do cabelo ("carapinha", "liso", "corrido", "anelado", "grisalho" etc.), traços faciais (tamanho e formato de nariz, olhos, boca, orelha, barba, bigode, cavanhaque etc.), marcas sobre o corpo (cicatrizes, tatuagens, escarificações étnicas etc.) e anomalias físicas congênitas ou adquiridas por meio de doenças, acidentes e outros traumas. Tratava-se de uma espécie de ficha policial.[15]

A cada canto era atribuída uma letra (de A a Z) e enumerados seus ganhadores (a partir do número 1 para o capitão), com anotações sobre seus dados vitais, descrição física e observações variadas que ajudassem a melhor identificar a pessoa. Pode-se imaginar o trabalhador numa sala da secretaria de polícia, de pé diante do escrivão, que examina seu corpo e anota suas "características físicas", inclusive as condições de seus dentes e as marcas de seu corpo, como se estivesse comprando um escravo. Creio até que fossem examinados despidos. Senão como interpretar a anotação feita a respeito do ganhador Vitorino de Assunção Araújo, 22 anos, pardo, que teria a "cabeça grande e os escrotos crescidos"?[16] Apenas os ganhadores eram submetidos a esse tratamento humilhante, nenhum outro trabalhador. Desonrado dessa forma aos oitenta anos de idade, o africano José Bartholomeu certamente não fez o mínimo esforço para ser simpático com o funcionário da polícia, e deste ganhou a seguinte anotação: "Negro feio e mal-encarado".[17]

O exercício de identificação caracteriza com eloquência a visão dos poderes públicos de que os ganhadores eram potenciais criminosos. Este é mais um elemento que confirma a preocupação da época com o comportamento dos homens livres e libertos, negros quase todos, que sobreviviam nas cidades do trabalho autônomo de rua. É possível que as autoridades da Bahia estivessem influenciadas, em alguma medida, por práticas policiais que ganhavam terreno na Europa do período, visando à "busca das singularidades individuais", como sugere Alain Corbin.[18] De fato, a polícia tinha o objetivo de controlar trabalhadores potencialmente perigosos à paz social e com uma história pontilhada por acusações de roubo de objetos que transportavam, daí um registro de suas características físicas, além do número da matrícula à vista, feitos para facilitar a identificação e apreensão do suspeito. Já não bastava uma chapa ou outro sistema mais abstrato de reconhecimento do ganhador. Volto a discutir o tema no último capítulo do livro. Por enquanto me acompanhem no exame do *Livro de matrícula*.

Nele se encontram registrados 89 cantos, espalhados por quase toda a malha urbana de Salvador. Deles faziam parte 1703 membros, todos libertos ou livres, à exceção de cinco escravos.[19] Mesmo que alguns cantos tivessem ficado fora do arrolamento de 1887, creio que naquele documento esteja inscrita a quase totalidade, se não todos os ganhadores.[20]

Apesar de os ganhadores residirem majoritariamente na Cidade Alta, os cantos ali situados e nos distritos afastados da zona portuária agrupavam não mais que 18% dos trabalhadores.[21] A maioria dos cantos e aqueles mais concorridos ficavam na Cidade Baixa, o chamado Bairro Comercial — e até hoje referido como "Comércio" —, que reunia as freguesias de Nossa Senhora da Conceição da Praia e Nossa Senhora do Pilar. Ali se encontrava o melhor bocado do mercado de trabalho: o transporte de mercadorias e de bagagem pessoal que chegavam e saíam através do porto. Muitos grupos se reuniam ao longo dos diversos terminais marítimos, sendo 27 à beira do cais, somando 646 ganhadores, que representavam 38% do conjunto daqueles matriculados em toda a cidade. No cais das Amarras se localizavam nada menos que cinco cantos, com setenta ganhadores; no cais do Barroso, quatro cantos, com 93 membros; no cais Novo, apenas dois cantos, os maiores da cidade, concentravam 135 carregadores. Cada canto ocupava uma escada de embarque no respectivo cais. De fato eram as escadas do cais de atracação, com seus nomes característicos, que melhor definiam o lugar exato de reunião de cada canto portuário, sua pequena jurisdição territorial.[22]

Em suma, o porto e as instalações em torno dele — estaleiros, trapiches, armazéns, depósitos, mercados, casas comerciais — constituíam o principal atrativo à formação desses grupos de trabalho.[23] A implantação de novos meios de transporte de carga, no entanto, já começava a ampliar a geografia dos cantos. Este o caso daqueles estabelecidos na Calçada, distante uns quatro quilômetros do Bairro Comercial, um deles com 23 membros e localizado em frente ao terminal ferroviário da Bahia and São Francisco Railway, construído pelos ingleses cerca de vinte anos antes; outro, perto deste, no Gasômetro, agregava 25 trabalhadores. Eram grupos relativamente grandes.[24]

Os ganhadores dessa época ainda se dedicavam sobretudo ao transporte de carga e bagagem. Apesar de continuarem a carregar individualmente pequenos volumes em cestos e a transportar em grupo cargas mais pesadas com a ajuda de pau e corda, ao longo da segunda metade do século XIX também passaram a utilizar carroças de duas rodas puxadas por jumentos, cavalos e burros, ou um tipo de carro com quatro rodas pequenas que os próprios ganhadores puxavam ou empurravam.[25]

Por outro lado, no final da década de 1880, estavam à beira da extinção as cadeiras de arruar, que antes haviam ocupado grande parte dos ganhadores. No passado, elas se encontravam espalhadas por cantos estabelecidos em toda a cidade, até mesmo nos bairros exclusivamente residenciais, como o da Vitória, onde não consta a existência de canto algum em 1887. A cidade agora passara a contar com novos meios de transporte de passageiros, vide bondes com tração animal, dos quais havia duas linhas no início dos anos 1880: a Companhia Trilhos Centrais, ligando a Barroquinha à Fonte Nova, Soledade, Quinta dos Lázaros, Cabula, Engenho Retiro e Rio Vermelho, com 26,6 quilômetros de extensão; e a Trilhos Urbanos, que, começando na praça do Palácio, passava pelo Campo Grande, Graça, Barra e Rio Vermelho, cobrindo 12,1 quilômetros. Já existia, desde 1873, um elevador — ou *hoisting machinery* —, com capacidade para vinte passageiros, que ligava a Cidade Baixa à Cidade Alta. Era o futuro Elevador Lacerda, ainda de pé. Antes os brancos faziam esse percurso instalados em cadeiras carregadas por negros, sendo as vias mais comuns de acesso a íngreme ladeira da Conceição da Praia e a mais suave ladeira da Preguiça, que desembocavam, ambas, no largo do Teatro. O próprio declínio da escravidão em Salvador cuidou de eliminar uma atividade, a de carregador de cadeiras, que talvez representasse a mais típica cena de subordinação negra nas ruas da cidade escravista.[26]

Não que as cadeiras tivessem desaparecido por completo. Provavelmente alguns ganhadores da Cidade Alta, e mesmo uns tantos da Cidade Baixa, ainda as carregassem em 1887. Cerca de dez anos depois, feita a abolição e já quase na virada do século, Nina Rodrigues escreveria que "poucos [africanos] conduzem as últimas cadeirinhas ou palanquins". Note-se que ele especificou "africanos", a essa altura já carregados nos anos de vida, velhos mas, alguns pelo menos, ainda fortes o bastante para a pesada tarefa, a depender do peso do cliente. As gerações crioulas, mais jovens, não se ocupariam dessa atividade — aliás, nunca se haviam nela ocupado, salvo exceções. Nina acrescentaria que ficavam na ladeira de São Bento (em frente ao Hotel Paris) e no largo da Piedade os únicos cantos que, em seu tempo, reuniam carregadores de cadeira. Este último e um outro canto no Campo Grande não foram registrados em 1887, ao contrário de todos os demais por ele mencionados. É possível que tivessem sido criados depois dessa data, mas uma segunda hipótese seria que nem todos os cantos de Salvador, afinal, tivessem sido arrolados até aquela altura, particularmente os poucos formados por parcos carregadores de cadeira. A hipótese de que os cantos afastados do Bairro Comercial não estivessem obrigados à matrícula deve ser descartada porque, neste caso, não teriam sido registrados, por exemplo, o canto de São Bento, ou o da entrada de São Raimundo, nas Mercês, e o da rua da Forca (que desemboca no largo da Piedade), e outros devidamente anotados pelo professor de medicina, todos na Cidade Alta. Nenhum, porém, formado por carregadores de cadeira.[27]

26

27

28

26, 27 e 28. As escadas representavam a referência espacial mais comum dos cantos de ganhadores reunidos no movimentado cais do porto. Por elas eram desembarcadas as mercadorias descarregadas por barcos menores de navios ancorados ao largo do porto. Observem, sobretudo na Fig. 28, que as escadas servem como polos de atração de pequenas multidões de ganhadores, clientes, transeuntes e vendedores, expressão da intensa vida social no ambiente dos cantos.

29

30

29, 30 e 31. Na segunda metade do século XIX, carroças e carros sobre trilhos com tração animal já se somavam aos braços dos ganhadores no transporte de grandes volumes e de passageiros. Na Fig. 29, do largo do Teatro (atual praça Castro Alves), na extrema esquerda da foto, um grupo de homens negros reunidos, provavelmente membros de um canto de trabalho, aguardam convocação para algum serviço. Já na Fig. 31 se destacam, estacionados no meio-fio, vários carrinhos de quatro rodas com um cabo numa das extremidades usado pelo ganhador, individualmente ou em dupla, para puxá-los. Também aqui se notam pequenos grupos de ganhadores que aguardam frete e talvez formassem um ou mais cantos.

Há no *Livro de matrícula* de 1887, todavia, uma informação que nos leva a duvidar de que nessa época os ganhadores de canto vivessem exclusivamente do trabalho de carregar. É que ali se descobrem muitos deles declarando ofícios, ocupações em geral especializadas que não eram típicas dos ganhadores d'antanho.

Devo dizer, de partida, que nenhum dos 822 ganhadores listados como nascidos na África aparece como habilitado para algum ofício. Suponho que mesmo possuindo outras habilidades, além de carregar, estas não foram registradas por presunção da autoridade policial de que os africanos reunidos nos cantos fossem todos apenas carregadores. Outros podiam haver com ocupações diferentes, não estes. Não creio que a inexistência da informação na matrícula resultasse, uma vez mais, de silêncio planeado dos próprios africanos. Não havia razão para tal. Naquela altura do século, os tributos discriminatórios pagos pelos africanos libertos já tinham desaparecido. Além disso, um boicote unânime dos africanos a fornecer esse dado seria improvável, de modo que a falta desse registro decorreu mesmo de iniciativa da própria polícia ao matricular os africanos. Em outras palavras, um desinteresse por se informar a respeito de uma gente em extinção na Bahia, a mesma que, décadas antes, era alvo de cuidadoso escrutínio por autoridades policiais, políticas e fiscais.

Já entre os 869 ganhadores nascidos no Brasil, metade deles declarou 35 ocupações alternativas à de carregar. As mais frequentes foram: 114 pedreiros; 69 carpinas; quarenta cozinheiros; 34 marceneiros; 32 ferreiros; 32 roceiros; dezessete sapateiros; catorze alfaiates; doze calafates; onze copeiros; nove padeiros; sete tanoeiros. Essas ocupações compunham 90% de todas as observadas na matrícula. A mais numerosa, a de pedreiro, representava 26,2% delas. Somando quatro atividades típicas do trabalho de construção — pedreiro, carpina, marceneiros e ferreiro —, resulta uma considerável proporção de 57,7%.[28] Esses dados me levam a confirmar que o mercado de trabalho de boa parte dos ganhadores não se restringia ao carrego. Mas por que estavam aqueles profissionais exercendo esta atividade?

Segundo Kátia Mattoso, a década de 1880 foi de marasmo econômico. Observou ela, por exemplo, uma diminuição de cerca de 17% na receita de exportação em relação à década anterior, e um aumento de 16% para 30% no déficit da balança comercial. Toda a década fora marcada por secas que deprimiram a atividade agrícola, base da economia regional. A historiadora define o período como fase de depressão econômica aguda, até 1887, a data do *Livro de matrícula* dos ganhadores. Acrescente-se que, em 1886, teve início um ciclo de alta no índice geral dos preços de alimentos que duraria até o final do século. Em parte responsável pela inflação, a seca castigou até a capital da província, onde os reservatórios de água baixaram a um ponto crítico em fevereiro de 1886, porque não chovia desde abril do ano anterior. A Companhia do Queimado, responsável pelo abastecimento de água na cidade, chegou a anunciar na imprensa a necessidade de racionamento.[29]

Os ganhadores com ofícios e outras ocupações definidas decerto viram diminuir suas chances de exercê-las num quadro economicamente anuviado. Não haveria trabalho para eles, ponto-final. Então empregavam-se na atividade intermitente de carregar, que servia como uma alternativa, com sorte apenas temporária.

Nesse período, os africanos, em geral trabalhadores menos qualificados, já não eram senhores absolutos do ganho nas ruas da cidade. Com a crioulização da mão de obra local, e especialmente daquela reunida nos cantos, estes se locupletaram de oficiais mecânicos — ou artífices, como também se chamavam — que ali foram passar a chuva em tempo de crise. O que vai aqui dito supõe que a remuneração de um trabalhador qualificado fosse superior aos ganhos auferidos por um carregador. Além da melhor remuneração, haveria o prestígio associado a ocupações mais especializadas, com suas organizações específicas, a exemplo da Sociedade Montepio dos Artistas. Por essas razões, creio que o trabalho braçal extenuante de carregar — com todo atrativo que trabalhar na rua pudesse oferecer — não seria, em regra, preferível àquele que porventura desenvolvesse o "artista" oitocentista.[30]

Mas voltemos ao fio da meada. Quem era essa gente de ofício matriculada nos cantos em 1887? Tomemos o caso dos pedreiros, que abundavam entre os membros dos cantos baianos nessa ocasião. De acordo com Mattoso, os salários desses profissionais cresceram regularmente ao longo do século XIX, alcançando um pico de pouco mais de 600 mil-réis anuais em meados da década de 1870, daí declinando para 500 mil-réis (queda de 20%), e permaneceram nesse patamar durante a década de 1880. Com certeza o poder de compra teria diminuído em maior proporção devido à inflação durante o período.[31] A significativa presença dos pedreiros entre os ganhadores provavelmente refletia um momento difícil para as atividades de construção, época de desemprego no setor, o que explicaria a queda salarial, sendo aliás surpreendente que esta não tivesse sido ainda maior.

Não duvido que a matrícula de 1887 também fosse realizada para melhor disciplinar trabalhadores mais qualificados que estivessem entrando em grande número, e pela primeira vez, no mercado informal de trabalho urbano, indo dilatar os cantos já estabelecidos e criando outros. Além de uma medida de controle do trabalhador livre, era uma medida tomada num contexto de desemprego propício ao aumento das tensões sociais. O degringolar da escravidão e a crise econômica combinados constituíam terreno fértil para transformar tensões em conflitos, como iria acontecer em breve, durante as refregas pró e antimonarquistas e as greves e protestos contra a carestia ao longo da Primeira República. Mas até lá predominou a batalha pela sobrevivência, que era, porém, enfrentada coletivamente. Esta a função precípua dos cantos. Registre-se, no entanto, que entre 1890 e 1930 os setores da classe trabalhadora baiana que mais greve fizeram foram os marítimos, doqueiros, estivadores e empregados em transportes urbanos, ou seja, os "descendentes" diretos dos ganhadores de cantos. Mas estes, segundo a matrícula de 1887, não reuniam apenas ganhadores empregados no carreto em tempo integral, também reuniam gente com ofício.[32]

Com efeito, muitos cantos tornaram-se verdadeiras turmas de construção, e seus capitães, empreiteiros de obras potenciais. Este o caso dos cantos listados como P, BM, GG, EE e RR, todos compostos por numerosos pedreiros, marceneiros, carpinas e ferreiros. O canto P, por exemplo, localizado defronte a um depósito de açúcar no Cabrito, subúrbio de Salvador, era formado por dezessete membros, dez dos quais trabalhavam em ofícios ligados à atividade de construção, quatro tinham outros ofícios e somente três não contavam com nenhum ofício definido. Não é difícil imaginar que em torno daquele núcleo maior, formado por cinco pedreiros, dois ferreiros, dois carpinas e um marceneiro, se aglutinassem, para empreitar obras como ajudantes, o roceiro, o cozinheiro, o chapeleiro, o alfaiate do canto, além dos sem ofício, que também compunham o grupo. É interessante observar que o capitão fosse um africano liberto de 47 anos, sem ofício, em cujo registro encontra-se anotado que deixara o canto. É provável que tenha sido substituído por um pardo de trinta anos, seu ajudante, que era carpina, resultando no controle do canto por oficiais mecânicos.

Ainda no rol dos cantos de construtores, dos 31 membros do canto EE, estabelecido na praça Riachuelo, no Comércio, treze tinham ocupações ligadas à construção. Também o tinham onze entre os dezesseis membros do canto RR, estacionado no cais de Santa Bárbara. O grupo mais numeroso de oficiais mecânicos reunia-se no canto GG, localizado no cais do Ouro, e era composto por 29 pessoas — na sua maioria pedreiros, marceneiros, carpinas e ferreiros —, dentre os seus 37 associados. Mas por menor que fosse o grupo de trabalhadores habilitados para a atividade de construção, eles podiam facilmente iniciar os demais em funções menos especializadas típicas desse setor, como servente de obra.

Suponho que os ganhadores com ofício, quase 60% deles com ocupações ligadas à construção, formavam pequenas empreiteiras prontas para tocar obras, além de atuar no mercado de fretes. A natureza descontínua das atividades de construção facilitava a combinação entre os dois misteres. Acrescente-se que as duas atividades se complementavam, pois uma das tarefas indispensáveis numa obra era precisamente o transporte de materiais de construção, de pedras, tijolos, telhas, pisos, areia, barro, cal, madeira, ferragem. Na própria região do porto havia trabalho nos estaleiros, na construção de cais, trapiches, armazéns, edifícios e obras públicas.

Portanto, carregar e exercer outras atividades não era algo necessariamente incompatível, em época de crise ou de prosperidade. Além disso, creio que os cantos, embora pudessem abrigar sobretudo carregadores — apenas um quarto dos ganhadores declarou ter ofício —, também funcionavam como uma espécie de agência informal de emprego para diversas ocupações. Se alguém desejasse contratar ferreiro, marceneiro, cozinheiro, entre outros profissionais, sua melhor chance de encontrá-los rapidamente seria dirigir-se a um canto de ganhadores. Foi talvez assim que o padeiro Victor Celestino de Mattos, 26, deixou a Preguiça, onde ganhava no canto CC, para trabalhar numa padaria.[33]

Ao longo do *Livro de matrícula* encontram-se anotações de saídas de ganhadores dos cantos, embora na maioria das vezes sem especificar os motivos. Em muitos casos tratava-se de mudança de um canto para outro. Mas desconfio que, na sua maioria, era gente recrutada para emprego fora do canto. Gente como o ferreiro Jacintho Thomé de Mattos, um pardo de vinte anos, pertencente ao canto I, assentado no cais de Santa Bárbara, sobre quem se lê: "Deixou de ser ganhador deste canto e matriculou-se como criado do Major Leocadio Duarte da Silva". Ou Joaquim Tavares de Passos, 25, pardo, que em maio de 1887 trocou o ganho no canto O, estabelecido no cais do Barroso, por um emprego na Companhia Trilhos Centraes. Aqui ele ficaria apenas um mês, retornando ao ganho, agora no canto A, assentado também na zona portuária, no cais do Ouro.

A experiência de Joaquim pode expressar a volatilidade do emprego fixo na Salvador daquele tempo. Pode ser ainda um exemplo de alguém que não se acostumara à disciplina do trabalho assalariado, preferindo a relativa liberdade do ganho. Duvido, porém, que esse hipotético comportamento pudesse ser generalizado. O pardo santo-amarense José Veranda, 48, deixou seu canto, que ficava em frente à Companhia Bahiana de Navegação, para trabalhar na própria companhia. Pode-se imaginar que do canto ele andara observando, inquirindo, se oferecendo para um emprego mais estável, talvez trabalho mais leve, na Bahiana.[34]

O frete representava atividade complementar ou alternativa para muitos trabalhadores que possuíam outras ocupações, além daquelas típicas da indústria da construção. Os muitos sapateiros, alfaiates, seleiros, empalhadores, chapeleiros e cordoeiros — todas profissões listadas em 1887 — podiam, enquanto esperavam carrego, dedicar-se a consertar ou confeccionar sapatos, roupas, selas, esteiras, cestos e chapéus no local mesmo onde se reuniam seus cantos.[35] Alguns chegariam inclusive a recusar fretes, caso muito atarefados em seus ofícios, precisando cumprir prazos contratados com clientes. Por outro lado, foguistas, copeiros, cozinheiros, vaqueiros, jardineiros, roceiros e pescadores não podiam fazer o mesmo, por se ocuparem de atividades que demandavam afastamento, ainda que temporário, de seus cantos. Para estes, o trabalho no ganho tornava-se uma alternativa real ao desemprego completo. Mas se alguns, em fases de aquecimento da economia, tinham chance de vir a reassumir suas ocupações específicas no mercado de trabalho urbano, outros não. Os numerosos roceiros e os três ou quatro vaqueiros podem ter escolhido a vida urbana como alternativa definitiva ao ambiente rural, castigado pela seca e dominado por senhores de engenho e coronéis despóticos. Sem acesso à terra lavrável, impedidos de se transformar em lavradores independentes, teriam optado pelo trabalho autônomo dos cantos na cidade.

Em suma, os cantos que estamos a analisar, sobretudo aqueles formados por trabalhadores nacionais (não africanos), tinham sido estabelecidos para o serviço do carrego, mas não funcionavam apenas para esta finalidade. Resta saber se o fenômeno seria específico daqueles momentos finais do século, às vésperas da abolição. A minha hipótese é que, embora estivesse presente antes, tal configuração se intensificou nesse período, passando a envolver um universo ocupacional mais amplo e um maior número de trabalhadores. A novidade, assim, estaria ligada tanto a mudanças estruturais na economia — a agonia e morte da escravidão — quanto à conjuntura econômica depressiva da década de 1880. A novidade também apontava para uma transformação fundamental na demografia étnica: o declínio dos africanos como senhores absolutos do mundo dos cantos em Salvador.

ANEXO

REGULAMENTO DOS CANTOS DE SALVADOR, 1880

REGULAMENTO POLICIAL

para

o serviço dos trabalhadores do bairro comercial

Art. 1º — Os trabalhadores do bairro comercial serão divididos em grupos, tendo cada um d'estes um chefe que se denominará — **Capitão de Canto**, e um ajudante que o substituirá em seus impedimentos.

Art. 2º — Cada grupo conterá um número ilimitado de trabalhadores.

Art. 3º — Todos os trabalhadores serão dados à matrícula na Polícia pelos capitães dos cantos, que para este fim os farão apresentar ao Dr. Chefe de Polícia, não podendo ser admitido quem não estiver legalmente matriculado.

Art. 4º — Os cantos terão a denominação — **A., B., C.**, e assim por diante conforme a necessidade de sua colocação para condução de objetos.

Art. 5º — Os trabalhadores são obrigados a usar de camisa de mangas curtas, trazendo na do lado direito em letras bem visíveis, feita de ganga vermelha, o numero de ordem, que lhes pertencer e acima d'estes a letra do canto respectivo.

Art. 6º — A nomeação dos "capitães dos cantos" e de seus ajudantes será feita pelos trabalhadores de cada canto, mas só valerá depois de ser aprovada pelo Dr. Chefe de Polícia, que os poderá demitir quando julgar conveniente.

Art. 7º — Será entregue pelo Dr. Chefe de Polícia a cada um dos capitães de canto gratuitamente um título de nomeação e cópia autêntica das presentes instruções para que possam facilmente todos saber dos seus deveres.

Art. 8º — Os trabalhadores são obrigados a obedecer aos capitães, que regularizarão, cada um em seu canto, o trabalho pela melhor forma possível de modo que haja igualdade de serviço e interesses entre seus subordinados.

Art. 9º — Os capitães responderão perante o Dr. Chefe de Polícia pelos seus subordinados que, durante as horas de trabalho, provocarem desordens, jogarem, embriagarem-se, usarem de armas proibidas, enfim infringirem qualquer lei ou regulamento policial ou cometerem delitos.

§ 1º — São ainda obrigados a comunicar as infrações e crimes, fazendo ir imediatamente a presença da dita autoridade os subordinados que as cometerem, afim de serem legalmente punidos, conforme o caso pedir, sob pena de demissão do cargo por incapacidade.

§ 2º — Darão mais parte do falecimento, desaparecimento repentino, e de quaisquer outros fatos que alterem o numero dos trabalhadores.

§ 3º — Essas comunicações poderão ser feitas pessoalmente ou por escrito.

Art. 10º — Fica expressamente proibido a qualquer carregador público, seja de que condição for, trabalhar no bairro comercial sem que se filie a um dos cantos e use do vestuário e distintivo indicados n'este regulamento.

§ Único — Excetuam-se os trabalhadores internos da Alfândega, Companhia Bahiana, trapiches, depósitos ou de quaisquer outros armazéns ou casas comerciais.

Art. 11º — As presentes instruções serão alteradas, modificadas ou reformadas quando assim o entender o Chefe da Polícia da Província da Bahia, 5 de outubro de 1880.

O Chefe de Polícia
Virgilio Silvestre de Faria

FONTE: APEB, *Polícia. Livro de matrícula dos cantos,* maço 7116.

12. Africanos e outros ganhadores

Os cantos haviam se constituído historicamente como instituições africanas em Salvador. A cerimônia de posse de seus capitães, ao contrário do burocrático documento policial que a partir de 1880 os nomeava, consistia num ritual elaborado de poder e de afirmação de identidade africana e ocupacional (ver capítulo 3). No final da década, os africanos, cujo contingente não se renovava desde o término do tráfico transatlântico, em 1850, estavam envelhecidos e rapidamente desapareciam. Em 1896, Nina Rodrigues calculou-os em cerca de 2 mil, talvez metade do que haviam sido dez anos antes, na época em que foram preenchidas as páginas do *Livro de matrícula*.[1]

Em 1857, os africanos natos representavam praticamente a totalidade dos ganhadores escravos e libertos de Salvador. Trinta anos depois, em 1887, eles eram quase todos libertos e compunham 48% dos 1703 ganhadores, ou seja, 822 dos matriculados cuja naturalidade conhecemos. Quase todos tinham cabelos grisalhos ou já alvos. Apenas 6% dos africanos contavam menos de cinquenta anos, e 74% acumulavam mais de sessenta, alguns talvez ex-escravos favorecidos pela recente Lei dos Sexagenários.[2] O canto BC, por exemplo, localizado em Santo Antônio da Mouraria, estava em vias de extinção porque formado por apenas quatro africanos, com idades que variavam entre 68 e 73 anos.

De qualquer sorte, os ganhadores nascidos na África ainda constituíam maioria se comparados aos 368 (22%) ganhadores nascidos em Salvador. Os naturais de outras cidades baianas somavam 438 (26%), e os de outras províncias do Império, 41 (2,5%). Visto por outro ângulo, a maior parte (77%) daqueles ocupados no trabalho de carregar mercadorias continuava a ser de trabalhadores nascidos fora de Salvador, quer vindos da África, do interior da Bahia ou de outras províncias do Império. Estes últimos, em geral, chegavam a bordo de navios, como embarcadiços, e na Bahia decidiam trocar o mar por terra firme. O jovem pernambucano João José de Jesus do Espírito Santo, um pardo com nome mui católico, de cabelos anelados e apenas dezessete anos de idade, chegara no vapor *Jaguaribe*, onde servia como criado. Um ano depois matriculou-se no canto H, que ficava à beira-mar, em Água de Meninos. Analfabeto e sem ofício, decidira tentar a vida de ganhador. O cabra José Alves dos Santos, 22, também chegara a Salvador de navio. Em seu registro no canto N, sito ao cais de Cachoeira, pode-se ler: "Veio do Maranhão há 2 anos — veio há poucos dias do Rio de Janeiro". Entendi que ele intercalava o trabalho a bordo com o trabalho à beira-mar. O maranhense gostava de mudança: encontra-se registrada sua transferência para o canto BM, também localizado num cais do porto. Dentre todos os ganhadores brasileiros de fora da Bahia, o que veio de mais longe foi o gaúcho Belizário Fernandes de Lima, preto de 27 anos, registrado com a ocupação de marítimo.[3]

Ao contrário do que se passou no Rio de Janeiro, onde imigrantes principalmente portugueses substituiriam, ao longo da segunda metade do século XIX, boa parte dos ganhadores africanos e nacionais, para a Bahia não vieram imigrantes europeus, apesar da esperança e dos esforços de seus intelectuais, governantes e proprietários rurais. Não encontrei sequer um branco estrangeiro registrado como ganhador. Os africanos saíam paulatinamente do mercado do ganho para dar lugar aos negros e mestiços brasileiros, sobretudo a gente que vinha de fora de Salvador, do interior da província.[4]

A grande maioria dos ganhadores da capital baiana nas vésperas da abolição tinha vindo, espontânea ou compulsoriamente, do Recôncavo e da África. Alguns seriam refugiados das secas no interior da província. Talvez o ganho representasse a porta de entrada dos migrantes para o mercado de trabalho de Salvador, o que é uma condição comum, de fato estrutural, da maior parte dos imigrantes: ocupar os escalões mais empobrecidos e menos especializados da classe trabalhadora, aqueles dedicados ao trabalho braçal, o pequeno comércio, o serviço doméstico.[5] Da região dos engenhos, agora em franco declínio, o maior número (11,6%) chegara de Santo Amaro, São Sebastião do Passé, Cachoeira e São Francisco do Conde, principais centros da lavoura canavieira nos tempos áureos da escravidão baiana. Como a quase totalidade dos africanos, muitos deles eram ex-cativos.[6]

Rufino Gallo, por exemplo, era um liberto de cinquenta anos, nascido em São Sebastião do Passé, de onde provavelmente emigrara para Salvador após conseguir sua liberdade, em data desconhecida. Na grande cidade ele se juntou ao canto E, no cais da Escada da Cal, onde, em 1887, substituiu seu capitão, o africano Francisco Joaquim Gonçalves, falecido naquele ano. O grupo era formado por catorze ganhadores, dos quais oito eram libertos, e destes apenas três nascidos no Brasil. Rufino não era o único vindo para Salvador do Recôncavo e de outras plagas baianas após adquirir sua liberdade. Apesar de "zambeta da perna direita", Leocádio Dionízio, 32, fula, deslocou-se da Fazenda Nova, em Bom Jardim, perto de Santo Amaro, depois do 13 de maio de 1888; Eleutério Januário, 32, preto, partiu de Itaparica; Agostinho Machado, 27, preto, e Epiphanio Machado, cabra escuro, emigraram de São Gonçalo dos Campos, ambos ex-escravos de José da Silva Machado; Albino Baptista, quarenta anos, preto, deixou Cruz das Almas em 1886.[7] Muitos outros libertos, na maioria nascidos no interior, haviam decidido gozar a liberdade longe do ambiente onde tinham vivido escravizados. Gente assim, empregada no trabalho de rua, preocupava os políticos e os proprietários, em particular os senhores de engenho, os quais, com a próxima extinção do trabalho escravo, reclamavam da falta de mão de obra provocada pela recusa dos libertos a se empregarem em suas terras. Depois da abolição esse movimento se intensificou.[8]

O grande industrial têxtil Luiz Tarquínio, filho de mãe escravizada, escreveu em 1885, sob o pseudônimo "Cincinnatus", um plano de emancipação que duraria dez anos, no qual não compartilhava as preocupações de outros membros da classe proprietária, sobretudo de seu ramo rural. Ele acreditava que o liberto "rara e excepcionalmente emigrará do local onde tudo a seus olhos empresta um novo prisma", no caso, o prisma da liberdade. O empresário estava errado, ou pelo menos seu prognóstico não valia para todos os libertos.[9]

*

Os africanos já eram carta fora do baralho porque, como disse, estavam velhos para que deles dependesse o futuro da grande lavoura ou de qualquer outro setor da economia. Mas quem eram eles? Infelizmente, o registro de suas nações — se nagôs, jejes, haussás, angolas — não absorveu as autoridades. Só dois africanos aparecem matriculados com essa informação: Ivo Villarinho Gomes, nação mina, um ganhador de quarenta anos do canto AA, no cais de Cachoeira, que usava bigode e cavanhaque; e Guilherme da Cunha, um jeje de cinquenta anos, casado, alto, magro e já grisalho, matriculado no canto M, que ganhava no cais do Moreira.[10] Talvez esses dois homens fizessem questão de ter suas nações registradas porque não eram nagôs. Nos demais registros bastou ao funcionário informar que se tratava de africano e pronto; sabia-se que tinha chance quase completa de ser nagô. Se essa era uma tendência por ocasião da greve de 1857, pode-se imaginar o que seguiria três décadas depois.

Naturalmente os nagôs, que já naquele período representavam cerca de 80% dos africanos no ganho — por terem sido as vítimas mais frequentes dos últimos vinte anos do tráfico da África —, agora constituíam o grosso do contingente africano. Eram, no final da escravidão, mais do que nunca, o africano "típico", o que reforçava o olhar uniforme com que os encaravam os baianos, em particular a polícia baiana, responsável pela elaboração do *Livro de matrícula* de 1887. Por que se preocupar com os detalhes étnicos de indivíduos que, nos seus mais de sessenta anos, já não representavam o perigo de quando eram jovens e era imperativo conhecer suas filiações étnicas? Na época em que os nagôs promoviam rebeliões e atemorizavam os baianos, era importante distingui-los dos demais africanos. Agora, para efeito de controle policial, bastava saber que se tratava de alguém vindo da África.

Sorte nossa que havia um Nina Rodrigues na Bahia, que na década seguinte se preocupou precisamente com o estudo das diferenças étnicas entre os africanos. O médico assistiu, em 1897, ao embarque de um grupo de velhos nagôs e haussás que retornavam à África, episódio que o fez pensar. Ponderou que, apesar de tantos anos na Bahia, aqueles homens e mulheres permaneciam estrangeiros, ainda cultivavam a identidade das nações a que pertenciam: "eles se segregam da população geral em cujo seio vivem e trabalham, para se fechar ou limitar aos pequenos círculos ou colônias das nações pretas".[11] O registro de cantos de 1887 confirma em parte as palavras de Nina.

Com efeito, contei na matrícula de 1887 um número elevado de cantos ocupados exclusivamente por gente nascida na África: 24 cantos, que congregavam 376 africanos, 45,7% daqueles matriculados. Mas esses dados dizem que a maioria dos africanos (54,3%) se misturava aos ganhadores nacionais em outros cantos. A mistura, no entanto, era de dois tipos: grupos em que os africanos predominavam numericamente, mas também admitiam trabalhadores nacionais, e grupos em que estes últimos predominavam mas aceitavam africanos. Os do primeiro tipo eram maioria, dezesseis, e reuniam uma quantidade maior de trabalhadores: trezentos ganhadores africanos e 76 nacionais. Os do segundo tipo abrigavam africanos pingados aqui e ali, à exceção do canto H, no cais de Água de Meninos, formado por dezessete brasileiros e catorze africanos, e estes, apesar de minoria, elegeram o capitão.

Esses números demonstram que, afinal de contas, os africanos não estavam tão segregados como Nina os quis ver, conforme já indiquei, e agora transcrevo mais do que ele escreveu sobre o assunto: "Cada qual procura e vive com os de sua terra e são os sentimentos e as afinidades da pátria que nesta cidade repartem os derradeiros africanos em pequenos círculos ou sociedades". E concluía: "As nações ainda numerosas possuem os seus *cantos*, sítios da cidade onde, a tecer chapéus ou cestas de palha e a praticar das gratas recordações da mocidade, os velhinhos aguardam fretes".[12] Não era bem assim, pelo menos não em 1887.

Vejamos mais de perto de que maneira se verificavam tanto a integração como a segregação entre ganhadores africanos e nacionais. Comecemos por analisar alguns cantos que Nina apontou como exclusivos de certas nações, e que provavelmente eram os mesmos da matrícula de 1887 — esta, apesar de não distinguir as nações dos ganhadores, ao menos identifica quando eles eram africanos. Nina atribuiu como domínio da nação gurunci (ou grunci) o canto localizado nos Arcos de Santa Bárbara, um mercado coberto do Bairro Comercial, nas imediações da atual praça da Inglaterra. Trata-se, talvez, do canto SS da matrícula de 1887, e de fato os africanos formavam a quase totalidade dos seus 28 membros, à exceção de dois crioulos, um de Salvador, calafate de vinte anos, e outro de Rio de Contas, 55, além de um pardo de 44 anos. Os dois crioulos podiam ser filhos ou parentes de africanos deste canto e por isso estariam ali abrigados, relação de parentesco pouco provável no caso do pardo. De todo modo, não seriam esses três nacionais a perturbar a absoluta hegemonia africana — ou grunci? — deste grupo.

O canto de São Raimundo, nas Mercês, equivalente ao canto BD de 1887, era, na observação de Nina, domínio exclusivo de dois ou três negros minas. É provável que eles fossem remanescentes dos dez trabalhadores ali registrados em 1887, todos nascidos na África, com idades que variavam entre 44 e setenta anos. Nina também observou que a maioria dos demais cantos pertenceria aos numerosos nagôs. Na rua das Princesas, zona portuária, seriam vários. Com efeito, dois cantos da rua Nova das Princesas eram, em 1887, africanos por inteiro, o de letra X e o de letras PP, com 25 e 33 membros, respectivamente. Por fim, na Baixa dos Sapateiros, no tempo de Nina, reuniam-se "africanos de diversas nacionalidades". Havia dois cantos ali em 1887, um no interior do mercado local e outro na rua em frente — o primeiro seria o AG da matrícula, com 24 africanos, e o segundo, o AV, com 23 membros, dos quais, porém, apenas sete eram africanos na altura da matrícula.

Nina realmente acertou na maioria dos casos, ou seja, cantos que afirmou serem de africanos assim o eram de fato. O problema é que ele parece só ter olhado para estes, e isso porque lhe interessava encontrar o africano em estado puro, para melhor observá-lo enquanto espécie racial e tipo cultural, seguindo os padrões de classificação racialista de seu tempo. Os dados da matrícula de 1887 mostram que os africanos estavam mais integrados à classe trabalhadora local do que nos fez crer aquele arguto, embora parcial, observador.[13] Em várias passagens de seu livro, aliás, Nina mesmo se traiu quanto à exclusividade étnica dos cantos na ocasião em que os observou na década de 1890. "No canto do Campo Grande", escreveu, "a alguns nagôs se reúnem uns três ou quatro jejes." Na Baixa dos Sapateiros, eu repito com ele, "reúnem-se africanos de diversas nacionalidades".[14] A situação não devia ser muito diferente alguns anos antes.

O que temos aqui é provavelmente uma absorção de grupos minoritários pela grande maioria nagô, que, estes sim, por serem tão mais numerosos, podiam contar com cantos etnicamente fechados. O fenômeno se explicaria, então, mais pela demografia do que por ideais de pureza étnica, ao contrário do que sugeriu Nina. Isto, vejam bem, não descarta a existência de uma "identidade nagô" na Bahia de então, a qual se manifestava, por exemplo, através de rituais religiosos, inclusive, talvez, rituais feitos no âmbito dos próprios cantos. Os nagôs, naquele momento, já representavam a força maior do candomblé baiano, já disse e repito.[15]

Afora a questão da exclusividade étnica africana e da reunião de africanos de diversas nações nos mesmos cantos, temos documentada no *Livro de matrícula* a mistura entre africanos e gente da terra no trabalho de rua em Salvador. Este o tema que Nina Rodrigues evitou discutir para não trair seu afrocentrismo. Aquela mistura, entretanto, não significa que os africanos confiassem menos em trabalhar apenas entre os seus. Os cantos não tinham perdido seu papel de espaço de performance da identidade étnica, nem em 1887, nem pouco depois, quando o professor de medicina legal os descreveu. Mas alguma coisa na composição do quadro étnico estava mudando radicalmente naquele final de era, ou já teria mudado, sob a pressão de outras transformações, sobretudo demográficas, no perfil dos ganhadores. Eu repito: os africanos, que controlavam o trabalho de rua em meados do século, em 1887, apesar de continuarem a formar um contingente respeitável desse mercado, já o disputavam com um contingente nacional de igual grandeza numérica e em geral bem mais jovem. Eles estavam abandonando rapidamente esse terreno por força da idade, da morte e do retorno de alguns para suas várias Áfricas, em especial aquelas conectadas com os antigos portos do tráfico na Costa da Mina.

Mas enquanto não desapareciam, muitos ganhadores africanos compartilhavam sua experiência com parceiros de trabalho nascidos no Brasil, a maioria provavelmente forasteiros chegados havia pouco do interior da Bahia, assim como um dia eles, africanos, tinham recém-chegado do exterior. Longe estavam do modelo da União e Indústria, a associação de ganhadores nacionais que excluía africanos de seus quadros, conforme averiguado no capítulo 10.

Um dado que demonstra o prestígio dos africanos entre os ganhadores baianos é constatar sua significativa presença no cargo de capitão de canto. Se os africanos representavam 49% do conjunto dos ganhadores, eles constituíam 57% de sua liderança, sendo os demais capitães assim distribuídos quanto ao local de nascimento: 23% de Salvador, 17% de outros locais da Bahia e 3% de outras províncias. Essas contas me levam a crer que a experiência dos africanos — ou o controle histórico exercido por eles do trabalho de rua — fazia os ganhadores nacionais, introduzidos a este cenário mais recentemente, se submeterem a suas lideranças. Para isso os brasileiros tiveram de suspender o preconceito que muitas vezes guardavam contra os africanos, e que no passado havia sido um importante fator restritivo à inserção de crioulos e pardos no mundo do ganho de rua na Bahia. Esses dados também sugerem que esquemas antiafricanos como a União e Indústria não teriam prosperado.

Segundo a matrícula de 1887, sempre que os africanos constituíam maioria no grupo, eles faziam o líder. Já o contrário não se verificava. O canto κ, por exemplo, localizado no cais do Moreira, agrupava dezesseis membros, apenas cinco deles africanos libertos, inclusive seu capitão, Zepherino de Moura, de setenta anos, idade que traduzia precedência, experiência e, por consequência, liderança. Esse canto, porém, apresentava uma outra característica: somente três ganhadores haviam nascido em Salvador, os demais eram baianos do interior. Reunidos aos africanos, os interioranos formavam no canto uma maioria de forasteiros na capital. Tínhamos assim o encontro entre pessoas que, talvez discriminadas pelos soteropolitanos, se associariam entre si? Será que era essa a estratégia de recrutamento desenvolvida pelos africanos para renovar os membros de seus grupos de trabalho, antes renovados por meio do ingresso de gente chegada da África? Em parte, sim.

Quando recrutavam fora de seu grupo, os africanos pareciam preferir ganhadores não oriundos de Salvador, ou estes eram mais bem aceitos nos cantos controlados pelos africanos. No conjunto dos cantos predominantemente africanos, a minoria brasileira estava distribuída da seguinte maneira: 39 nascidos em Salvador e 63 nascidos fora. Dos dezesseis cantos assim constituídos, apenas um não tinha um africano na chefia. Era o canto cc, localizado na Preguiça, formado por onze associados provenientes da África, cinco soteropolitanos e o preto santo-amarense Manoel do Bonfim, um sapateiro de 41 anos de idade, seu capitão.

No entanto, nada parecido com o canto que se agrupava na porta de um depósito de açúcar em Santo Antônio do Cabrito, composto por dezessete baianos, nove deles naturais de Salvador, sob a liderança do único africano do grupo, o liberto Olympio Pedro Caetano, de 47 anos. Este homem, entretanto, era brasileiro para todos os efeitos. Jovem, se comparado com os demais africanos em 1887, ele devia ter feito a travessia do Atlântico na década de 1840, ainda miúdo, com no máximo dez anos de idade. Era uma dos milhares de crianças vítimas do tráfico ilegal de escravos, e praticamente crescera e se formara na Bahia — talvez nem sotaque tivesse, se não ficou isolado nalgum nicho étnico africano. Sua posição no grupo não representava, desta forma, aquela de um estrangeiro expe-

32

32 e 33. *Ganhadores africanos e brasileiros fotografados provavelmente na década de 1880. Envelhecidos, os africanos agora se dedicavam a trabalhos mais leves, como fabricar sacolas (mocós), cestos, esteiras e chapéus de palha. Essas e outras atividades eram havia muito desenvolvidas no espaço do canto por carregadores, mesmo os mais jovens (como na Fig. 33), enquanto aguardavam clientes para uma atividade de frete. Na primeira imagem, um ganhador brasileiro (de pé) talvez dedicado à mesma atividade de trançar palha. Na segunda, um grupo maior de ganhadores foi reunido no porto de Salvador pelo fotógrafo. Nela fica mais evidente a convivência entre duas gera-*

33

ções de trabalhadores, a africana e a crioula. Numa perspectiva mais realista que a foto anterior, aqui, seus trajes simples, sujos, às vezes rotos, e seus pés descalços e maltratados, contrastam com aqueles dos transeuntes, bem-vestidos e calçados, que acorreram curiosos ou foram chamados para a cena armada pelo retratista. A única mulher do grupo tem um lugar de destaque na composição do retrato: de pé, numa postura entre relaxada e atrevida. Mulheres como estas circulavam pelos cantos a mercadejar, conversar, galantear e serem galanteadas. Alguns dos mais velhos retratados nas duas fotografias, senão todos, participaram, ou pelo menos testemunharam, a paralisação de 1857.

riente a liderar ganhadores nacionais, tal como podia ser o caso do capitão do canto k visto anteriormente. Era como se ele fosse realmente crioulo.

Se os africanos recebiam brasileiros em seus cantos, estes adotavam aqueles nos seus, embora poucos. Os africanos, individualmente ou em grupos de dois, três e quatro, participavam de alguns cantos controlados por brasileiros. É provável que fossem ganhadores pertencentes a pequenas nações que, por alguma razão, não tinham conseguido espaço nas redes étnicas majoritárias da comunidade africana, dominadas pelos poderosos nagôs. E se adaptaram melhor convivendo, ou pelo menos trabalhando, entre os afro-brasileiros. Este pode ter sido o caso de Ivo Villarinho Gomes, mina, e Guilherme da Cunha, jeje, os dois africanos cujas nações foram explicitadas na matrícula de 1887. O primeiro fazia parte do canto a a, assentado no cais de Cachoeira, onde figurava como o único ganhador nascido na África, entre os dezesseis homens que formavam o grupo; o segundo se juntou ao canto m, no cais do Moreira, onde também era o único africano de seus dezesseis ganhadores. Ambos tinham como capitães cabras baianos, um com quarenta e outro com apenas 26 anos de idade.[16]

Entretanto, nem sempre era tranquila a vida do africano entre os brasileiros. Daniel da Silva Freire, cinquenta anos, participava do canto av, na Baixa dos Sapateiros, ao lado de outros seis africanos libertos, além de sete pretos, seis pardos e um cabra brasileiros. O cabra era o capitão do grupo, Lourenço Astério Honorato, 41, com quem Daniel se desentendera, e por esta razão acabou se mudando para o canto au, na mesma vizinhança, formado todo ele por gente nascida na África. Este parece ser um exemplo de africano que tentou mas não conseguiu trabalhar ombro a ombro com brasileiros. Mas os demais seis africanos conseguiram.[17]

Pergunto: a mistura de africanos com brasileiros nos cantos poderia representar, ao invés de enfraquecimento da exclusividade africana, uma subordinação de crioulos e mestiços brasileiros a valores africanos? Em cantos formados predominantemente por africanos, é possível que este tivesse sido o caso, embora devamos admitir que brasileiros pudessem se limitar apenas a fazer força ao lado dos parceiros d'além-mar. Mas seria improvável que a convivência não levasse a algum nível de compartilhamento do universo simbólico de parte a parte. Os muitos imigrantes do interior acolhidos em cantos africanos, por exemplo, talvez buscassem algo mais do que colocação no mercado de trabalho — procuravam também participar de novas redes de sociabilidade e tecer relações solidárias que os ajudassem a refazer suas vidas na cidade; buscavam, enfim, dar novos sentidos a suas biografias. O canto podia ser um começo. Por meio dele, quem sabe, talvez chegassem a grupos de samba, cordões carnavalescos, maltas de capoeira, terreiros de candomblé, irmandades religiosas e associações de classe frequentados pelos mesmos companheiros de canto.

Apesar disso, esses interioranos nunca se tornariam seriamente africanos — leia-se sobretudo nagôs — na sua maior parte. Encontrei apenas um ganhador que chegou perto disso, e ele não era do interior. Segundo anotação de sua matrícula, Lino Antônio Guimarães era um preto alto, de boca e nariz grandes, traços que em tudo convergiam com aqueles da maioria dos demais ganhadores do canto onde trabalhava, localizado na Fonte dos Padres. A diferença estava em que Lino era o único brasileiro de um grupo de 25 trabalhadores, todos africanos. Para confirmar suas conexões africanas, ele morava na rua dos Nagôs. Assim cercado de gente da África, o que talvez incluísse parentes de sangue, não causa surpresa que falasse iorubá muito bem, a língua da imensa maioria dos africanos então residentes na capital baiana. Quanto à língua portuguesa, o escrivão anotou com um quê de desapontamento: "É natural desta cidade, [mas] fala com sotaque de africano".[18]

A língua do Brasil era mais bem falada por Ricardo Burgos, um africano de oitenta anos, com barba e cabelos já alvos, que morava perto de Lino, no Jogo do Carneiro, freguesia de Santana. Figurante entre os 52 africanos de seu canto, sobre o velho Ricardo o escrivão observou com surpresa: "fala português muito claro". Da mesma forma, Faustino José Pereira, preto fulo, alto, magro e imberbe, era, segundo um escrivão um tanto confuso, "natural da Freguesia do Socorro, digo, é crioulo, mas nasceu na África, vindo muito pequeno para cá".[19] Ele teria 22 anos na época do seu registro no livro de matrícula, onde não consta ser escravo ou liberto. Tudo indica que veio para o Brasil como menino livre, na década de 1860, possivelmente a bordo de um dos navios que continuavam a singrar o Atlântico levando e trazendo africanos e seus filhos em viagens de negócio, de ordem pessoal e de articulação religiosa. Faustino pertencia a um canto com dezoito membros, todos brasileiros. Tinha se tornado "brasileiro" no Brasil, ou talvez fosse um agudá, filho de uma das muitas comunidades de retornados estabelecidas em Lagos, Uidá, Porto Novo e outras cidades do golfo do Benim. A confusão do funcionário da polícia nos permite ampliar a abrangência semântica do termo "crioulo" para incluir o negro nascido entre os retornados, o que faz sentido: era, afinal, um "brasileiro" da África.[20]

Não era incomum (permitam-me o parêntese) que africanos parecessem crioulos, não sendo este um sinal de fim de século. O anúncio de busca por um escravo fugido em 1841 o deu como de nação mina, mas com a ressalva: "apesar de parecer crioulo, visto ter chegado a esta terra de idade de um ano". Ele chegara à Bahia, provavelmente com a mãe, havia mais ou menos vinte anos. Como tinha "algumas cicatrizes nas costas", presumo que fugisse do chicote senhorial. Em contrapartida, dois dias antes tinha sido anunciada, no mesmo jornal, a fuga de uma escrava nagô, cerca de trinta anos de idade, "muito bruta, posto [que] tenha muitos anos de terra".[21] Havia africanos que nunca ladinizavam.

Enquanto cerca de setenta ganhadores nacionais vindos de fora de Salvador foram absorvidos pelos cantos dominados por africanos, a grande maioria deles terminou se fixando em cantos predominantemente brasileiros. Investiguei se eles se associavam a pessoas procedentes das mesmas cidades, assim como no passado os africanos o faziam guiados pela procedência na África. A resposta é sim e não. Há alguns casos de grupos pequenos, de dois a quatro ganhadores, oriundos do mesmo município, que se reuniam misturados a pessoas de outros lugares, mas nada como aquela quase exclusividade étnica que parece ter caracterizado a maioria dos cantos africanos nos tempos áureos do tráfico transatlântico de escravos. Não há por que imaginar que os nove santo-amarenses encontrados no canto GG do cais do Ouro ali estivessem por mero acidente. Mas ainda que essa pequena concentração resultasse da origem comum, até de pessoas que talvez já se conhecessem antes de se mudar para Salvador, eram apenas nove num universo de 38 ganhadores. O mesmo pode ser dito dos seis santo-amarenses do canto DD, estabelecido por dezoito ganhadores em frente à Companhia Bahiana de Navegação. O certo é que, apesar dos nascidos em Santo Amaro serem numerosos entre os ganhadores de Salvador, ao invés de fundarem cantos exclusivos, considerando que tivessem liberdade para tal, eles se distribuíram por quase todos os cantos brasileiros e alguns africanos.

Não terá sido também por acaso que dois dos três únicos filhos de Camamu — vila costeira ao sul da Bahia, distante 159 quilômetros de Salvador — se encontrassem reunidos no mesmo canto OO, localizado no beco da Carne-Seca, em meio a trinta trabalhadores com naturalidades variadas. Tobias Manuel de Brito e Eguiduno Martins eram pretos, o primeiro com 25 e o outro com 26 anos, e provavelmente fizeram juntos a longa viagem para Salvador. Muitos ex-escravos, antes e depois da Lei Áurea, devem ter tomado o mesmo caminho desses moços, por terra ou por mar, saindo em grupos dos engenhos, fazendas, roças e vilas do interior para tentar a vida de libertos na capital.

Uma turma grande de libertos se transferiu de São Sebastião do Passé para o canto XX, na rua Guindaste dos Padres, no bairro portuário. Eram eles: Saturnino de Jesus, trinta anos, preto, marinheiro de lancha casado com Maria Faustina de Jesus, e José Theodoro, 25, fula, que tinham sido escravos do recém-falecido (1886) barão de Matoim, Joaquim Ignacio de Aragão Bulcão, que no capítulo 8 deste livro andou matriculando ganhadores seus em 1857; José Antonio Dórea, 48, ferreiro fula, liberto do já falecido Isiquiel Antonio de Menezes Dórea; Pedro Celestino, 26, cabra, e José Antero, 28, fula, libertos de João Baptista Pinto Sanches.[22] Todos esses senhores pertenciam a famílias tradicionais de escravocratas do Recôncavo, com destaque para os Aragão Bulcão. Seus escravos optaram por não mais servir à parentela dos antigos senhores após conquistarem a alforria pouco antes da Lei Áurea.

Como estes libertos, muitos outros deixaram para trás os mesmos lugares e senhores que os possuíam. Pedro Francisco de Souza, de dezoito anos, e Nilo Manoel de Souza, marceneiro de dezenove anos, migraram de São Tomé de Paripe, onde foram libertados em 13 de maio de 1888, tendo sido escravos de Benjamim de Souza. Agora viviam em Salvador, dividindo endereço à rua das Laranjeiras, e trabalhando ambos no canto B, no portão do depósito central de açúcar. No entanto, continuavam a carregar o sobrenome de quem os escravizara, o que era comum. Este hábito nos permite identificar mais ganhadores que haviam pertencido a igual dono. No canto PP, localizado na rua Nova das Princesas, encontramos alguns, como os africanos Agostinho e Vicente Baraúna, além de Cézar, Luiz e Tobias Teixeira Gomes. Do canto QQ, que ocupava o interior do Mercado do Ouro, faziam parte Antonio, 31, nascido em Salvador, Severiano, 27, natural de Alagoinhas, e Januario, 22, oriundo de Pernambuco. Tudo indica que eles se matricularam no mesmo dia, no mesmo canto; todos moravam no Barbalho e tinham o sobrenome Ferreira Lima.[23] Esses e outros libertos talvez já estivessem agrupados no ganho antes até de haverem alcançado a liberdade. E depois permaneceram juntos.

*

Outras conexões podem ter pesado na escolha e no acolhimento dos ganhadores por determinados cantos. Tendo já analisado longamente o local de nascimento, passo a examinar a relação entre os cantos e a cor da pele de seus membros. Isso nos permitirá pintar um quadro preciso da composição racial dos trabalhadores de rua naquele período.

As categorias raciais encontradas na matrícula de 1887 variavam muito, em especial a cor dos indivíduos.[24] Como se tratava de descrever as características físicas dos trabalhadores com o intuito de identificá-los e assim aprimorar o controle policial, o escrivão de polícia anotou as nuances cromáticas que diante dele se apresentavam. Suponho que a classificação racial foi atribuída por um funcionário da polícia e não definida pelos próprios ganhadores. Temos como resultado uma longa lista de cores, sendo as mais recorrentes preto, fula, pardo, mulato, caboclo e cabra. Aqui desaparece o termo "crioulo", introduzido no período colonial para definir o negro nascido no Brasil e diferenciá-lo do africano. Este último era comumente referido apenas como "preto". Agora preto valia para descrever negro brasileiro ou africano, um indício de que a sociedade adaptava seu sistema de classificação racial para conviver com apenas um tipo de negro: aquele nascido no Brasil.

Ao passar a ser chamado como antes eram chamados os africanos, o negro brasileiro sofreu uma espécie de africanização. Pode-se dizer que ele foi rebaixado à categoria de africano no imaginário daquele fim de século, e digo rebaixado porque o africano estava mais próximo à base da pirâmide social do que o crioulo de antigamente — o africano era, enfim, o cativo típico do escravismo luso-brasileiro. Mas não era somente a chave sociológica que abria novas portas de entrada para a construção da ideia de raça naquele período. À sociologia estava associada a biologia. A racialização das desigualdades sociais ganharia foro acadêmico nas teorias raciais que iriam definir o continente africano como o infeliz berço genético do negro brasileiro e, em parte, de seus mestiços. Em resumo, o termo "preto" deixava de remeter a um tipo étnico, o africano, para representar um tipo racial, não interessasse onde tivesse nascido o indivíduo assim classificado. Isto se encaixava melhor no pensamento racialista que começava a ocupar as elites letradas crentes de que eram brancas. O que passava a valer era o critério científico, mais especificamente a biologia.[25]

Nem por isso chegamos, naquela altura, a um método binário de classificação, de um lado pretos, do outro brancos. A cor da pele permanecia um descritor relevante numa sociedade em que a miscigenação se encontrava não apenas disseminada mas reconhecida como fator de identidade e identificação. Neste sentido, para facilitar o trabalho policial, buscavam-se as singularidades individuais. Por isso o *Livro de matrícula* revela um festival de cores. Por *fula* entendia-se o negro cuja pele não era de um preto denso, seguro, mas característico dos africanos da nação fulani (fula), da qual deriva o termo — sem que se entenda que preto *fulo* fosse descendente de fulanis, uma nação, aliás, pouquíssimo numerosa entre os africanos traficados para a Bahia. O fato é que um etnônimo africano se tornaria termo de classificação racial muito usado naquele fim de século. Me intriga, porém, qual seria a talvez sutil diferença entre fulo e *cabra*, que definia alguém com a pele entre parda e preta.[26] Já o *caboclo* seria quem tivesse feições mais próximas do indígena brasileiro, mestiço de índio com negro ou com branco, com cabelos de tipo variado, a depender da ascendência.

As demais categorias acima mencionadas não são problemáticas, embora seja necessário gostar de classificar cores para distinguir as diferenças tênues, para quem olha de longe no tempo, entre pardo e mulato, ou entre fulo e cabra e até caboclo. Muitas vezes a dessemelhança estava no cabelo, mas no canto estabelecido na refinação do Ferreira se reuniam vários pardos com cabelo "carapinha" e um com "cabelos anelados"; no canto FF, na rua da Forca, trabalhava um pardo de cabelo "corrido"; no canto S, situado na porta da Alfândega, labutava um alfaiate pardo de "cabelos lisos". No Brasil, e isso vem de longe, a classificação racial é em grande medida situacional, depende do contexto, da posição social de quem classifica e de quem é classificado, e a coisa se complica sobretudo quando se trata dos mestiços.[27] Em 1887, o policial provavelmente tendia a classificar "para baixo" os trabalhadores braçais. Assim, não se conformando que fosse branco um ganhador alagoano do canto AL, na Calçada, ele o classificou como sendo de "cor clara quase branco".[28] Fosse este um médico, ou mesmo um policial, o funcionário não teria dúvida em registrá-lo como branco. Ganhador é que não podia ser facilmente branco.

Na matrícula de 1887, além dos termos já mencionados, havia numerosas outras expressões referidas à cor de pele: preta escura; escura; preta anêmica; fula anêmica; quase fula; cabra fula; cabra escura; parda escura; parda acaboclada; parda macilenta; parda clara; parda pálida; parda afogueada, além de simplesmente afogueada; cor de "um tipo imitando Paraguai"; acaboclada; avermelhada; morena. A riqueza vocabular para termos raciais datava dos tempos coloniais, atravessou todo o século XIX e se mantém ainda hoje, segundo informam pesquisas recentes com respostas abertas (ou espontâneas) a perguntas sobre identificação de cor.[29]

Com o risco de empobrecer a imaginação racial da época, tomei a liberdade de reclassificar essas categorias em torno daquelas cinco mais frequentes e que, por suposto, melhor demarcavam fronteiras raciais: preto, pardo (ou mulato), cabra, caboclo e branco (ou "quase branco"). Resultou a seguinte distribuição racial dos ganhadores de cantos em 1887: 1421 (83,4%) pretos; 136 (8%) pardos e mulatos; 105 (6,2%) cabras; 37 (2,2%) caboclos; cinco (0,3%) brancos e quase brancos. No meio da grande maioria preta, os africanos participavam com mais da metade (58%). Quando os retirei da contabilidade racial dos cantos, para melhor observar como os 881 brasileiros estavam divididos, o resultado foi o seguinte: 68% pretos; 15,5% pardos e mulatos; 12% cabras; 4,2% caboclos; 0,6% brancos e quase brancos.

Mesmo subtraindo os africanos, os pretos ainda mantinham uma enorme dianteira sobre os demais grupos, todos relativos a pessoas nascidas no Brasil. Considerado em seu conjunto, preta ainda era a cor típica do ganhador de Salvador no final da década de 1880. Supondo que a distribuição racial da população da cidade se manteve a mesma entre 1872 e 1887, observa-se uma sobrerrepresentação, de mais de 60%, dos pretos entre os ganhadores, ou seja, eles eram perto de 23% no conjunto dos habitantes da cidade e 83,4% dos trabalhadores de canto. Todos os demais grupos, à exceção dos caboclos, se encontravam drasticamente sub-representados nos cantos (ver quadro a seguir).[30]

QUADRO 3: GANHADORES E POPULAÇÃO DE SALVADOR E SEU TERMO, SEGUNDO A COR

	COR NOS CANTOS (1887)		COR NO CENSO DE 1872	
Pretos	1421	83,4%	27 179	22,8%
Pardos	136	8%	53 779	45%
Cabras	105	6,2%	não consta	—
Caboclos	37	2,2%	2210	1,8%
Brancos	5	0,3%	36 296	30,4%
Total	1704	100%	119 464	100%

FONTE: APEB, *Livro de matrícula dos cantos*; e Manuel Jesuino Ferreira, *A Provincia da Bahia: apontamentos* (Rio de Janeiro: Typographia Nacional, 1875), pp. 32-3.

Embora na razão de menos de 20%, não deixa de ser relevante a entrada de outros sujeitos raciais num setor do mercado de trabalho ainda dominado pelos pretos. Além da paulatina substituição dos africanos pelos nacionais, esta é a outra novidade do período: a participação de mestiços e até de brancos no mundo dos cantos, trinta anos antes inteiramente preto, e preto da África. Talvez se possa considerar este mais um indício das dificuldades econômicas da época, que teriam empurrado numerosos mestiços e um pequeno punhado de brancos a se empregar num lugar historicamente estigmatizado como exclusivo de africanos. Isso sugere que os mestiços estivessem em queda na hierarquia social, um quadro que matiza aquele pintado por Gilberto Freyre sobre a ascensão do "mulato" no Brasil imperial.[31]

No ambiente dos cantos de Salvador, os recém-chegados mais pálidos se misturavam obrigatoriamente aos pretos, mas sobretudo aqueles pretos nascidos no Brasil. À exceção dos cantos formados por africanos apenas, não se observa uma tendência à separação racial entre os ganhadores. Existiam alguns cantos formados apenas por trabalhadores descritos como pretos, fossem brasileiros ou um misto de brasileiros e africanos, o que era normal devido ao grande número de pretos na categoria. No cais de São João, o canto J, por exemplo, reunia vinte pretos africanos e onze pretos brasileiros. Os cantos AQ, MN e RR, todos no Bairro Comercial, eram formados, respectivamente, por nove, quatro e dezenove pretos nascidos no Brasil. Mas a maioria dos cantos nacionais abrigava minorias formadas por pardos, cabras e caboclos misturados com a maioria preta.

Os mestiços inclusive chefiavam alguns grupos, catorze ao todo, numa proporção superior à que representavam na população de ganhadores. É o que revela o quadro adiante. Oito cabras e seis pardos chefiavam cantos, apesar de serem minorias na maioria deles. Observe-se, porém, que quase sempre não eram minorias numericamente desprezíveis. De fato, esses cantos agregavam cem mestiços, o equivalente a 36% do conjunto de ganhadores assim classificados. Verifica-se, então, uma robusta concentração de mestiços nesses catorze cantos. Se a distribuição fosse "justa" — ou estatisticamente ponderada —, estes só deveriam agrupar 43 mestiços, mas agrupavam cem, repito. Do que se conclui que ou os mestiços estavam sendo atraídos por se tratar de grupos chefiados por homens de sua qualidade, ou, uma vez reunidos em bom número nesses cantos, conseguiam eleger seus chefes convencendo os pretos para seu projeto de poder (ou micropoder).

QUADRO 4: COMPOSIÇÃO RACIAL DOS CANTOS
CHEFIADOS POR MESTIÇOS EM 1887

Cantos com capitães cabras:

Canto M: 10 pretos; 1 pardo; 1 caboclo; 4 cabras.

Canto AK: 5 pretos; 1 pardo; 1 caboclo; 5 cabras.

Canto AL: 2 pretos; 7 pardos; 7 caboclos; 2 cabras; 5 brancos ou "quase brancos".

Canto AA: 12 pretos; 1 pardo; 4 cabras.

Canto BK: 10 pretos; 5 pardos; 4 cabras.

Canto BR: 3 pretos; 3 pardos; 3 cabras.

Canto GG: 26 pretos; 4 pardos; 10 cabras.

Canto AV: 14 pretos; 6 pardos; 1 cabra.

Cantos com capitães pardos:

Canto C: 7 pretos; 6 pardos; 1 cabra.

Canto AE: 9 pretos; 5 pardos.

Canto F: 12 pretos; 3 pardos; 2 cabras.

Canto AX: 14 pretos; 3 pardos.

Canto BL: 18 pretos; 5 pardos.

Canto DD: 13 pretos; 2 pardos; 2 caboclos; 1 cabra.

FONTE: APEB, *Livro de matrícula dos cantos.*

Em quase todos esses grupos, os pretos, apesar de mais numerosos, não elegiam — ou optaram por não eleger — capitães com seu perfil racial. Seria este um indício de que estivessem sendo desbancados de posições de liderança pelos recém-chegados? Não dá para dizer que sim apenas baseado num quadro fixo no tempo como aquele apresentado pelo *Livro de matrícula*. Para responder à questão, teríamos de saber mais sobre o processo de escolha dos capitães e se a cor da pele contava na mesma grandeza que contava para a ascensão na sociedade envolvente, onde os mestiços tinham mais chances de progredir que os pretos. E nisso Gilberto Freyre acertou.

Podemos também arriscar outra hipótese, qual seja: no universo do trabalho de rua, os afro-brasileiros, fossem pretos ou mestiços, estariam mais identificados à sua classe do que aos seus perfis raciais. (Sem que estes deixassem de contar, conforme acabo de demonstrar.) Isso tinha implicações para a identidade racial (e étnica, não esquecendo os africanos). Quero sugerir que as distâncias entre preto (africano ou brasileiro), cabra, pardo ou caboclo seriam reduzidas no ambiente dos cantos, um lugar em que os não brancos eram quase todos pretos. Daí que, talvez, a cor do chefe não fosse tão importante quanto outros atributos, como capacidade de liderança, carisma, arrojo, experiência e conhecimento do mercado de trabalho e da clientela. Ainda assim, vale lembrar que a maioria dos cantos continuava capitaneada por pretos, que também capitaneavam a maioria dos ganhadores mestiços.

Havia um canto chefiado por um cabra que destoava dos demais na sua composição racial. O canto AL, localizado na estação ferroviária da Calçada, era o único que reunia, entre seus ganhadores, dois definidos como "quase brancos" e três como "brancos", estes últimos provavelmente bem alvos (ou caiados, como então se dizia), para merecer tal classificação por parte do funcionário da polícia. Os cinco ganhadores de pele clara demonstraram possuir *esprit de corps*, reunindo-se todos num só canto, talvez recém-formado com ajuda deles. Aves raras, merecem apresentação detalhada. João Alves Damasceno, 36 anos, natural de Santana de Catu (Recôncavo), alto, cabelos castanhos lisos, usava bigode, cavanhaque e tatuagens. Tinha sido músico do 5º Batalhão do Exército, praça do corpo de polícia e latoeiro (ou funileiro), e era agora, em tempos bicudos, ganhador. Pedro Alves tinha 43 anos, cabelos lisos grisalhos, e também usava cavanhaque. Nascera em Vila Nova da Rainha (atual Senhor do Bonfim), no sertão baiano, e, como Damasceno, tivera passagem pelo Exército na posição de praça do 7º Batalhão. O mais jovem da turma branca era Thomas da Silva Mendonça, ainda buço aos dezoito anos, nascido em Salvador. Ele e Damasceno se matricularam juntos.

Quanto aos "quase brancos", um era Eduardo Pereira Lima, trinta anos, natural de Penedo, Alagoas, com bigode e uma cicatriz sobre o estômago, e o outro era Victorino de Souza, cinquenta anos, único casado do grupo, que também usava bigode. Ambos possuíam cabelos "pretos anelados", talvez a razão pela qual perderam um lugar na categoria de cem por cento brancos. Victorino, tal como Damasceno, havia nascido em Catu. Todos os cinco membros desse grupo moravam no mesmo bairro da Calçada onde funcionava o canto.

Este canto parecia excepcional no sentido de abrigar, entre seus 23 membros, apenas um preto e um fula. Os demais estavam assim distribuídos: dois cabras, três brancos e dois "quase brancos", sete pardos de vários matizes (escuro, acaboclado, macilento e simplesmente pardo) e sete pessoas descritas como "acabocladas". O capitão do canto, no entanto, não era dos mais claros: o cabra Victorino dos Passos Vieira, 47 anos, oficial de ferreiro, morador na Imperatriz (no bairro de Itapagipe, próximo à estação ferroviária), com barba e cabelos grisalhos e o rosto marcado por cicatrizes de varíola.[32] Talvez não seja coincidência que este grupo pouco negro estivesse num local inabitual da geografia dos cantos de Salvador, acolhendo ganhadores com perfil racial — os brancos ou quase brancos — também não habitual nesse ramo do mercado de trabalho.

*

A etnicidade e decerto a cor da pele foram fatores importantes, embora não decisivos, para a organização e a dinâmica internas dos cantos de ganhadores nas vésperas da abolição. Africanos e brasileiros, pretos, pardos, cabras e outros "grupos raciais" se encontravam misturados no mundo dos cantos de Salvador, uns com maior densidade, outros com menor e até mínima densidade. Além dos ainda numerosos cantos completamente africanos, uma herança do passado, apenas uns poucos ganhadores descritos como brancos e quase brancos convergiram para o mesmo grupo de trabalho, mesmo assim um canto cuja maioria era formada por mestiços, inclusive sua liderança.

Ao contrário de certas instituições coloniais (algumas também pós-coloniais) segregadas racial ou etnicamente, a exemplo dos corpos de milícias e irmandades católicas — ou os próprios cantos de duas, três décadas antes —, os cantos de 1887 pareciam caminhar para uma organização mais orientada por princípios classistas. Na véspera da abolição, embora raça e etnia ainda representassem um princípio organizacional basilar na sociedade baiana, e portanto se poder falar de raça como elemento estruturador, seu peso tendia a ser mais leve no mundo do trabalho urbano de rua — senão no conjunto da classe trabalhadora. Essa tendência, possivelmente, foi estimulada pela agonia e a derrocada final da escravidão, uma vez que a liberdade ajudou a nivelar, em alguma medida, trabalhadores que no passado se dividiam nas ruas em livres, libertos e escravos; e além disso, mestiços, crioulos e africanos antes ocupavam lugares diferenciados da estrutura ocupacional. Acrescente-se que, em função de um grande número dos ganhadores possuir ocupações especializadas, sobretudo ligadas ao setor de construção, muitos experimentavam, de tempos em tempos, o assalariamento, quer dizer, tiveram a experiência de terem patrões. Tiveram, assim, uma experiência de classe mais "clássica".[33]

13. Os ganhadores de Porcina

O exemplo mais singular de reunião de ganhadores que um dia tinham sido escravos do mesmo dono aconteceu no canto AX, situado no largo de Guadalupe, ao pé da ladeira da Praça. O grupo era formado por dezesseis membros, quase todos libertos e nascidos em diferentes lugares: Salvador, Chapada Diamantina, Recôncavo, Pará e África. Seu capitão, empossado em setembro de 1887, chamava-se Aprigio Francisco de Assis, um pardo de 29 anos e impressionantes cabelos cor de fogo, natural de Santo Amaro, mesmo município do Recôncavo de onde migraram numerosos ganhadores libertos. Os únicos membros do canto nascidos livres eram um pardo de vinte anos, também santo-amarense, e um preto de dezesseis, nascido em Salvador. Pois bem, treze dos dezesseis membros deste grupo de trabalhadores, inclusive o capitão, haviam pertencido a Raymunda Porcina Maria de Jesus, que faleceu de "cirrose do fígado" na madrugada de 9 de julho de 1887, aos oitenta anos de idade, em sua casa no largo do Desterro. Foi sepultada no cemitério do Campo Santo, que pertencia à Santa Casa de Misericórdia, instituição generosamente beneficiada pela finada em seu testamento.[1]

Porcina era uma mulher excepcional. Sua figura, que merece um estudo específico, foi crescendo aos poucos nesta pesquisa. No registro do canto do Guadalupe, o nome completo dela aparece apenas uma vez, quando o escrivão matriculou um de seus libertos, Pedro Felisberto dos Santos. Na matrícula dos demais libertos encontra-se a anotação: "Foi escravo da Chapadista". Porcina era senhora de um grupo de escravos que formavam a banda Música da Chapada, nome sem dúvida derivado de Chapada Diamantina, região central da Bahia de onde eram naturais alguns de seus músicos e onde sua senhora vivera antes de se mudar para Salvador. A banda se apresentava no interior baiano, além de ser famosa por suas apresentações em Salvador. Tanto que Porcina podia ser reconhecida por seus contemporâneos apenas como a Chapadista.[2]

No testamento de Porcina, feito em junho de 1887, ela se declarou natural de Rio Pardo, Minas Gerais, solteira e sem herdeiros obrigatórios, o que lhe permitiu deixar libertos 28 escravos (24 homens e quatro mulheres) dos 33 (27 homens e seis mulheres) que possuía, além de distribuir livremente seus demais bens.[3] Nem todos os seus libertos foram parar no registro dos cantos, mas a maioria sim. Não se pode dizer que a alforria fora um gesto de grandeza. Em 1887, era mais do que evidente que a escravidão havia perdido a força moral e política, estava com seus dias contados. Naquela altura, muitos senhores, em todo o Brasil, antes mesmo de morrer, já libertavam suas escravarias com a esperança de não serem por elas abandonados diante da iminência da abolição. Aliás, esse deve ter sido o caso de muitos proprietários do Recôncavo baiano cujos escravos, conforme mostrei no capítulo anterior, preferiram Salvador aos engenhos de onde haviam sido libertados, não atendendo, desta forma, às expectativas de seus ex-senhores. Além de esperar até o último suspiro do regime, e o seu próprio, o gesto de Porcina não prejudicaria parente algum, porque não os tinha, fosse marido, filho, irmão, sobrinho, ninguém.

Ela contava, porém, com gente mui querida no seu círculo doméstico, a quem legaria cinco escravos e outros bens. Eram quatro pessoas que no testamento ela intitulou "seus protegidos", além de um outro, a quem se referiu como "criado". Este último chamava-se Tibério, filho de uma das escravas libertas em testamento, Theodolina. O criado seria beneficiado com uma "rocinha" e uma casa defronte a esta, enquanto os protegidos o seriam com bens mais valiosos.

De fato, os bens de Porcina não se reduziam a sua escravaria, pois era proprietária de numerosas casas na freguesia de Santana, perto de onde ela

34. *Raymunda Porcina Maria de Jesus (1807-87). Tendo deixado à Santa Casa de Misericórdia da Bahia um generoso legado de dez contos de réis e onze imóveis, a instituição encomendou este retrato para compor sua galeria de benfeitores.*

residia com seus escravos, alguns dos quais seriam mais beneficiados do que outros. Todos, contudo, ganhariam de herança, além de móveis e instrumentos musicais, um teto para viver coletivamente e mesadas que variavam de 5 mil-réis a 10 mil-réis, a serem auferidos dos aluguéis das casas da falecida para isso especificamente designadas em verba testamentária. Com esse dinheiro não se ia muito longe naquela época, segundo os preços anunciados em 1886 e 1887 na *Gazeta da Bahia*: um par de sapatos na Pelicano custava 4 mil-réis; um milheiro de cigarros Barbacena, 5 mil-réis; uma garrafa de vinho do Porto, entre 1 mil-réis e 3 mil-réis; 450 gramas de sabonete em barra, 1200 réis; assinatura mensal do serviço de telefonia, 10 mil-réis.

Informações algo duvidosas sobre Porcina provêm de notas recolhidas no início do século xx pelo folclorista João Varela:

> A Chapadista era parda de cabelos lisos, seu marido adoecera ligeiramente, morrendo pouco tempo depois. Vendo que a família dele não lhe era muito simpática e lhe iria fazer toda a guerra, arribou com os escravos que quiseram acompanhá-la, e depois, então, mandou prevenir aos parentes do seu marido a morte deste. Era mulher-homem. Disposta a todo serviço. Os operários que possuía eram os seus próprios escravos.[4]

Essa história talvez tivesse um outro enredo. Em seu testamento, Porcina declarou: "Sou natural da cidade do Rio Pardo, na Província de Minas, e nunca me casei, nem tive filhos, e não tenho herdeiro algum necessário". Nunca se casara, mas é possível que tivesse vivido maritalmente, em Rio Pardo, com alguém que, tendo falecido, ela se apressou em fugir com uns poucos escravos, por temer que a família do finado (irmãos, sobrinhos, quiçá pais) a deixasse na lona. De Rio Pardo, seguiu para algum lugar da Chapada Diamantina na Bahia, provavelmente Mucugê, numa época em que a região experimentava um surto de prosperidade mineradora. Ali teria prosperado (talvez com mineração, ou com comércio), aumentando o tamanho de sua escravaria e formando a competente banda de música, daí o nome desta: Música da Chapada. Confirmaria esse roteiro o fato de alguns dos músicos terem nascido naquela região, em Santa Isabel do Paraguaçu, antigo nome de Mucugê.

Apesar de sua linguagem pitorescamente patriarcal, Varela estaria certo, contudo, de que a Chapadista fosse uma "mulher-homem", no sentido de ter o caráter forte e empreendedor que na época do escritor se atribuía ao elemento masculino.[5] Ele também identificou que, além de "operários", pelo menos alguns de seus escravos seriam músicos, citando sete nominalmente. Destes, apenas Gasparino, um preto fula de 27 anos em 1887, foi registrado como trabalhador de canto naquele ano. Era um dos nascidos em Santa Isabel do Paraguaçu.

Mais informações sobre d. Porcina e seus músicos foram publicadas por Anfrísia Santiago na década de 1960. A autora, famosa educadora baiana, se baseou em história oral e no testamento da Chapadista, que ela transcreveu e publicou, além de livros da igreja de Santana, matriz da freguesia onde morava a Chapadista. Na época em que escreveu seu opúsculo (não mais de oito páginas), a professora comandava um colégio feminino — conhecido justamente como Colégio de Dona Anfrísia — localizado no topo da ladeira da Fonte Nova, muito próximo de onde fora a residência de Porcina, moradora no largo do Desterro, em frente ao convento das clarissas. Naquela vizinhança, Anfrísia teria ouvido histórias da Chapadista que a levaram a se interessar pela personagem e a identificar as propriedades que a ela pertenceram, no largo do Desterro, na ladeira da Fonte Nova, na rua da Independência, entre outros logradouros do bairro. A destacar a influência da famosa moradora, havia ali, inclusive, o beco da Chapadista (atual rua Júlia Fetal), que ficava entre a rua do Carro e o largo do Desterro (atual rua Santa Clara).[6]

D. Anfrísia comentou a respeito das muitas casas e sobrados comprados ou construídos pela Chapadista na região do Desterro e na ladeira da Fonte Nova, de cuja construção a proprietária participava ativamente. Até usava calças para isso, um atrevimento na época, mas que lhe facilitava subir em escadas e andaimes para melhor acompanhar o andamento das obras feitas por seus escravos.

Sobre a banda de músicos, Anfrísia Santiago escreveu que Raymunda Porcina

> manteve grande número de escravos, fez negócios, organizou uma filarmônica com seus negros mais inteligentes e de ouvidos mais argutos. Porque "a banda da Chapadista", como era conhecida a charanga de seus escravos, não aprendia música, tocava de ouvido, repetindo magistralmente os ensaios das filarmônicas aqui existentes ou das bandas marciais da polícia e do exército, dirigidas por excelentes músicos.[7]

Nos livros da matriz de Santana, a professora encontrou registrados pagamentos de 50 mil-réis e 90 mil-réis por apresentações do grupo no adro da igreja, em 1884 e 1885, provavelmente durante festejos do dia da padroeira daquela paróquia, 26 de julho. Mas os músicos da Chapadista não se apresentavam apenas em ambientes devotos. Eram memoráveis suas apresentações na margem profana da festa do Bonfim, desde 1866, e na Segunda-Feira Gorda (ou Cheia) do Bonfim, que eu em menino conheci como Segunda-Feira da Ribeira. Mais de três décadas após a morte da dona da banda, continuava esta na memória dos baianos. Em

1915, uma matéria de primeira página do jornal *A Noticia* comentava com entusiasmo a animada festa popular daquele ano, que no entanto não lograria alcançar o brilho que tivera no passado: "A *segunda-feira* de ontem não se compara com aquelas estrondosas do tempo em que a música da Chapadista assassinava um dobrado seu predileto, que era obrigado a esse acompanhamento de *Zezinho*: Lá vai, lá vai/ Ó quizomba!/ Ó querida mariposa,/ Oh! Quizomba!".[8] Registre-se que quizomba é o nome de uma dança trazida para o Brasil pelos negros de Angola. O vocábulo está dicionarizado. Seu uso aqui sugere que a música tocada pelos chapadistas tinha um pé na África, assim como seus músicos. Oito anos depois daquela nota no jornal, um cronista da devoção do Bonfim confirmará a popularidade da banda da Chapada nas antigas celebrações do querido santo.[9]

Festa e trabalho estavam intimamente associados à banda de Porcina, segundo as lembranças guardadas pelo folclorista Antônio Vianna das celebrações que aconteciam nos cais do porto antes de este ser reformado e suas escadas desaparecerem no início do século xx, soterradas para a construção do novo porto de Salvador. Organizadas por saveiristas e ganhadores que atuavam naquela área, as festas, que aconteciam em agosto, duravam vários dias e se moviam entre um e outro cais, sendo o mais importante o cais do Ouro. Neste se reuniam seis cantos com seus 164 ganhadores, o local de maior concentração desses trabalhadores, segundo o *Livro de matrícula*. "Armava-se palanque em frente à escada para danças e para música", anotou Vianna. "Fez época a Filarmônica da Chapada", como lembrava ser o nome da banda dos cativos de Porcina.[10] Temos aí uma proximidade considerável dos músicos chapadistas com os trabalhadores de rua, seus parceiros em outras lides.

*

Seriam todos os 27 escravos listados no testamento de Porcina realmente membros da Música da Chapada? Só se a resposta fosse sim poderíamos afirmar com certeza que os ganhadores do canto do Guadalupe também seriam todos eles músicos. Se a resposta é que alguns fossem e outros não, esse canto de trabalho poderia ter sido formado, com uma ou outra exceção, exatamente pelos escravos de Porcina que não pertencessem à banda. Acontece que não tenho certeza. Deste canto só constam treze libertos da Chapadista. Fora dele está registrado mais um liberto dela. O que dizer dos outros treze mencionados em testamento? Seriam estes, e apenas estes, os músicos de sua banda?

Oito anos antes, em 1879, numa petição dirigida pela Chapadista ao presidente da província, somos informados de que ela possuía quarenta escravos, todos supostamente músicos da sua já célebre charanga. Na petição, a empresária solicitava que a Junta da Fazenda Provincial retirasse do registro de escravos dedicados a ofícios mecânicos o nome de nove daqueles que a ela pertenciam. Do contrário, teria de pagar 20 mil-réis por cabeça de imposto que incidia sobre escravos daquele modo empregados. Segundo Porcina, apenas dois de seus escravos teriam ofício, Plácido e Estevão — este último o único listado no testamento —, ambos "péssimos pedreiros". E deviam ser ainda piores músicos. Pelo menos dois dos nove escravos por ela listados na petição ao presidente constam ter sido flautistas da banda, Tibério e Braz, de acordo com as notas de João Varela.

A certa altura de sua petição, Porcina descreveu a banda e o emprego de seus escravos:

> É público que a suplicante tem uma banda de música denominada — Música da Chapada — composta de muitas figuras, que se emprega em festas nesta cidade e em lugares de fora, como Santo Amaro, Cachoeira, onde se demora oito e quinze dias, à qual pertencem todos os escravos, que a suplicante possui, e quando não estão ocupados nesse serviço os seus escravos ensaiam em casa e na falta desta fazem o serviço de servente nas obras, que a suplicante continuamente tem, em trabalhos domésticos, de lavoura e de jardim.[11]

Houve um tempo em que a empresária registrara alguns escravos seus como ganhadores, mas dera depois baixa deles, à exceção dos dois "péssimos pedreiros" mencionados. Ela explicou que a preparação dos músicos não permitia que exercessem outra profissão, pois "para serem músicos principiam a aprender a ler a música desde meninos e não têm tempo para aprenderem o ofício". A se acreditar nela, corrija-se então a professora Anfrísia na parte em que esta disse que os músicos da Chapadista tocavam de ouvido. Mas talvez Porcina estivesse apenas defendendo seus lucros, pois é difícil acreditar que todos os seus quarenta escravos tocassem, estudassem música e se empregassem apenas no serviço pessoal dela, todos eles, como serventes de suas obras, domésticos, lavradores e jardineiros. Ela devia estar blefando. Eles provavelmente também trabalhavam no ganho ou como alugados a terceiros, mesmo que de maneira irregular, apesar do testemunho mui amigo de pessoas por ela mobilizadas para corroborar sua narrativa dos fatos. Um mestre de obras que trabalhava com frequência para a Chapadista declarou que, à exceção de Plácido e Estevão, os demais não passavam de "criançolas" dedicadas à música.

Porcina terminava sua petição acusando um desafeto de tê-la denunciado à repartição fazendária. Seria uma perseguição antiga e sistemática. A esse homem ela também culpou de haver convencido o maestro de sua banda a se alforriar, provavelmente num processo litigioso que ainda não consegui localizar nos arquivos. Por fim, ao cruzar a menção do folclorista Varela a escravos "operários" de Porcina com a declaração dela de que se empregavam em várias obras suas, temos que eles eram também operários de construção, portanto deviam ter ofícios, os quais, porém, não foram registrados no *Livro de matrícula*. Mas o que construíam (e consertavam)? As muitas casas que ela possuía e alugava, devidamente declaradas no seu testamento. Mas, insisto, será que tantos escravos estavam dedicados todos eles a manter essas casas de aluguel (e outros pequenos serviços) somente no intervalo entre uma e outra apresentação da banda? Embora não tenha me convencido, Porcina convenceu as autoridades fiscais de sua época, que deferiram sua petição. Não duvido, porém, que tivesse mexido pauzinhos para obter este resultado.

*

Dez anos antes dessa petição de Porcina, em 1868, uma tragédia desabara sobre a banda de música, quando um de seus membros, o escravo Francisco, pardo, cometeu suicídio. O motivo aparente seria uma "paixão amorosa", segundo as palavras de um parceiro seu. Francisco se enforcou. Nessa ocasião, feito o inquérito policial para investigar possível sevícia senhorial, diversas testemunhas, entre elas cinco escravos da Chapadista, disseram que a senhora tratava o suicida muito bem, um deles afirmando até que "sua senhora o estimava muito". Pode ter sido tudo combinado com a senhora, que os pressionara a dar depoimentos a ela favoráveis. A destoar do cativeiro ameno sob Porcina, temos o testemunho silencioso do maestro que quis se alforriar da banda escravizada. De todo modo, "bom tratamento" senhorial não devia, em geral, ser melhor que a liberdade, e assim pareceu ao maestro, que sem dúvida criara expectativas mais alvissareiras para sua vida depois de forro. De toda sorte, os cinco escravos que depuseram em 1868 eram músicos, além do morto, e todos estiveram, no domingo da tragédia, empregados numa festa ao Desterro, de onde teriam retornado para casa alegres e contentes. O gesto extremo do suicida surpreendeu seus companheiros de banda, mas talvez a escravidão pudesse explicá-lo em parte. Quem sabe a mulher objeto da paixão de Francisco fosse livre e não o aceitasse devido à sua condição de escravizado.[12]

Há, no entanto, outros indícios de que os escravos de Porcina não estavam satisfeitos com seu cativeiro. Três deles lhe fugiram no início da década de 1870. Em julho daquele ano a senhora publicou um anúncio na imprensa noticiando o desaparecimento do africano Lucrécio, ausente havia quase um ano. Lucrécio foi assim descrito pela mui observadora senhora: "altura regular, cabelos muito soltos, olhos regalados e um tanto bugalhados [sic], tem bons dentes, barba não tem nenhuma, só tem uns quatros cabelinhos na ponta da barba e no beiço de cima tem outros tantos, rosto bem liso, gosta de conversar bastante e também bebe alguma cousa".[13] O africano pode ter logrado fugir para bem longe das vistas de Porcina com a ajuda de quem lhe caíra na conversa. Ignoro se ela jamais o recuperou, pois não se encontra listado no seu testamento. Mas pode tê-lo capturado e punido com a venda, o que era comum acontecer aos fujões recapturados pelos senhores. Daí tantos serem vendidos com a explícita condição de seguirem para fora da província, para longe de parentes, amigos, afetos, além de senhoras e senhores.

O cabra Vicente também fugiu de Porcina. Ele era "espigado de corpo, estatura regular, olhos castanhos, boca e beiços regulares, fala muito apressado, tem no pescoço sinais de escrófulas, não sabendo-se de que lado, tem a pele do rosto crespa de espinhas [...] tem todos os dentes da frente, porém amarelados".[14] Vicente escapou em novembro de 1870, e tampouco consta na lista de escravos mencionados no testamento, mas se encontra listado na matrícula dos cantos.

Pouco tempo depois seria a vez de Benedicta escapar, em torno de fevereiro de 1871. Já estava à solta havia seis meses. Era quase branca, pois foi descrita como "parda clara", um ótimo disfarce para uma escrava fugida. Além disso, tinha cabelos bem pretos e não amarra, traz cortados, olhos pequenos e fundos, boca regular, beiços muito finos, bons dentes, no queixo de cima tem dois dentes que são abertos por natureza, e de um lado do queixo, não se sabe dizer se é de cima ou de baixo, tem um dente podre ou quebrado, nariz afilado e bem comprido, mãos grosseiras, as unhas estão nesta data inflamadas de unheiro que a dita costuma sofrer, isto sempre, altura baixa, canelas grossas e bem-feitas, pés pequenos e malfeitos, esparralhados na frente, tem os dedos bem abertos, levou consigo uma trouxa de roupa.[15]

A Chapadista quis ser detalhista na descrição de Benedicta porque ela não tinha as características comuns a uma escrava, sobretudo a cor clara da pele e as feições do rosto, podendo portanto se passar por livre sem grande esforço. Mas foi capturada. Benedicta é mencionada no testamento da senhora entre os poucos escravos que ela, decerto para puni-la, não deixou livre.

Lucrécio e Vicente não tiveram a ocupação de músico mencionada nos anúncios de fuga mandados publicar por Porcina. Fossem músicos, esse detalhe seria com certeza divulgado para facilitar na identificação e captura deles. Deviam então trabalhar no ganho ou diretamente para a senhora. Mas músico também se rebelava. Aquele escravo suicida, por exemplo, fugiu para o além. Um outro fugiu, mas por cá mesmo. Em junho de 1881, o secretário da polícia baiana escreveu ao subdelegado de Curralinho (atual Castro Alves), no interior baiano, avisando que um crioulo chamado Antônio, "que se diz forro", era de fato escravo de Porcina, e instruía que o capturasse e remetesse a Salvador. As despesas de captura e traslado do escravo correriam por conta da senhora, como de praxe. O secretário informou que o fugitivo estava ganhando a vida naquela vila como mestre de uma filarmônica denominada Bonfim, talvez em homenagem a um santo que ele costumava celebrar com sua música quando vivia em Salvador.[16] O nome de Antônio não consta entre os ganhadores de canto listados em 1887, nem é um dos 28 escravos que Porcina alforriou em testamento no mesmo ano. Mas ele foi recuperado pela Chapadista.

A fuga era uma atitude nem sempre explicada por maus-tratos físicos e morais, excesso de trabalho, sonegação de direitos costumeiros ou tudo junto. Havia também o que se pode chamar "fuga proativa", quando o escravo escapava do senhor ou da senhora em busca de um objetivo específico, ao contrário de fugir de algo ou de alguém. A típica fuga proativa era aquela que almejava a reunião com membros da família ou outra pessoa de quem a separação pesava. A liberdade em si podia ser o motivo propulsor da fuga, mesmo se o cativeiro não fosse dos piores na comparação com outros ao redor. Já d. Porcina deixou pistas para se acreditar que um escravo gostasse de fugir dela. Os termos de seu testamento evidenciam que se tratava de uma senhora rígida, vingativa até.

Com efeito, o mestre de música seria registrado no testamento de Porcina junto com outros três escravos que ela se negou a alforriar, legando-os para o serviço de seus herdeiros preferenciais. Antônio e Benedicta foram destinados a Antero da Costa, cria muito querida da testadora, a quem ela se referiu como "meu protegido".[17] Na avaliação da senhora, aquele grupo de quatro escravos, um homem e três mulheres — além de Benedicta, Joana e Afra (esta comprada em 1883) —, não merecia a liberdade por bons serviços, lealdade e obediência sob cativeiro, o que era condição indispensável para o prêmio. Elas e ele haviam contestado a escravidão em pequenos gestos cotidianos, ou em planos mais arrojados, como Antônio e Benedicta, que tentaram alcançar a liberdade por meio da fuga, e talvez mais de uma vez. A punição pela ousadia ali estava: continuariam escravizados. Sorte que seria por pouco tempo, menos de um ano, libertos que foram em 13 de maio de 1888.[18]

Não sei qual das escravas fora a vítima de uma tremenda sova aplicada por Porcina, segundo denúncia do jornal *O Alabama*, em 1867. "Não há muito tempo", lê-se ali, "que uma fera, vinda lá das brenhas, com figura de mulher, flagelou uma sua escrava arrancando-lhe as carnes a chicote, e dizem que, por cúmulo de barbaridade, lhe aplicara uma fricção de pimentas nas partes retalhadas. O negócio foi afeto à polícia, porém ficou em mortório", ou seja, foi enterrado, concluiu a nota, insinuando que a mulher tinha costas quentes na chefatura de polícia. O jornal nem sempre dava nomes aos muitos senhores que denunciava por maus-tratos a seus escravos, mas com frequência deixava pistas visíveis. Por exemplo, ao descrever esta senhora como "uma fera, vinda lá das brenhas", ofereceu um primeiro indício de quem se tratava, vez que Porcina teria chegado a Salvador vinda do interior profundo da Bahia. Continuando a ler *O Alabama*, mais adiante a notícia escancara a identidade da senhora, ao recomendar ao presidente e ao chefe de polícia da Bahia que os "dois últimos casos [de sevícia] acontecidos não fiquem impunes, tanto o do português Felix Bahia como o da *chapadista*". No que parece ser uma segunda notícia sobre este caso, cerca de duas semanas depois, o jornal publicaria que a "fúria da Chapada fizera desaparecer uma sua cria de quinze anos por ciúme". O motivo do ciúme não foi explicado, e a nota insinua que a menina teria sido assassinada ou talvez vendida.[19] Não só rígida e vingativa, Porcina podia ser extremamente cruel.

Em mais um episódio de violência escravista, em fevereiro de 1883, Raymunda Porcina seria denunciada por castigar "barbaramente" um escravo seu, talvez o Antônio a quem ela recusaria liberdade em testamento. Em seguida à surra, prendeu-o no tronco que mantinha em sua residência no largo do Desterro. O chefe de polícia instruiu o subdelegado do primeiro distrito da freguesia de Santana que procedesse a uma investigação e o informasse. Não deve ter dado em nada.[20]

Dos ganhadores do canto chapadista registrados em 1887, nenhum respondera ao inquérito feito vinte anos antes pela polícia para investigar o suicídio do pardo Francisco. Talvez já tivessem sido alforriados gratuita ou onerosamente. Um ou outro teria morrido, ou fugido para sempre. Mas o Antônio cujo nome ali consta, ao contrário do crioulo que fugiu, era pardo. No entanto, como frequentemente a cor da pele muda de um para outro registro, a depender dos olhos de quem vê, há uma possibilidade de se tratar da mesma pessoa.

Alguns dos ex-escravos de Porcina haviam adotado o nome da senhora como apelido de família, costume comum entre libertos. Mas, neste caso, talvez já o usassem antes mesmo de serem alforriados em verba testamentária, o que, embora não fosse costumeiro, acontecia. Chamavam-se esses ganhadores Gasparino Porcino de Jesus, 27, fula; Manoel Porcino de Jesus, dezenove anos, fula; José Porcino de Jesus, sessenta anos, africano; Vicente Porcino de Jesus, 45, fula (este seria o fujão de 1870); Cassiano Porcino de Jesus, sessenta anos, fula; Manoel Porcino, 37, preto. De quebra, havia uma Theodolina Porcina de Jesus, ex-escrava e herdeira de uma casa da Chapadista, casada com o ganhador Pedro Felisberto dos Santos, preto de trinta anos, que escapara de carregar o nome da senhora. Pedro, que aparece no testamento como Pedro Crioulo, e o preto Jacintho Santos, 33, outro ex-escravo da Chapadista, quando comprados por ela talvez já tivessem sobrenomes tomados a senhor anterior. Ou talvez buscassem, com a adoção do sobrenome Santos, invocar devoção católica e ao mesmo tempo livrar-se de memórias amargas sob o cativeiro dessa mulher.

Porcina era uma mulher muito rica. Além de escravos, possuía numerosas casas, algumas deixadas para seus herdeiros, enquanto as demais teriam seus aluguéis doravante distribuídos entre seus libertos, numa proporção de 10 mil-réis mensais para uns e 5 mil-réis para outros. Sobre os instrumentos da banda, ela escreveu que já os havia deixado "a diversas pessoas da minha amizade e que comigo sempre conviveram". Quero crer que essas pessoas fossem seus músicos, aos quais ela considerava amigos leais mais que cativos, dentro do figurino de governo paternalista, e também um sinal de que pretendesse lavar sua alma pecaminosa antes de morrer — ela era católica fervorosa —, amenizando no céu e na terra a reputação de má senhora que tinha.[21]

A Chapadista morava no largo do Desterro, num sobrado que legou, além de três escravos, a um de seus "protegidos", Antero Porcino da Costa, cria sua já liberta. Os escravos alforriados em testamento ganharam uma "casa abarracada" para morar naquelas imediações, na rua Mineira, exatamente. O canto que eles formaram havia sido montado ali perto, no largo de Guadalupe, onde existia uma igreja, demolida na década de 1850, que abrigava uma irmandade de pardos devotos de Nossa Senhora de Guadalupe (no local hoje se encontra o QG do Corpo de Bombeiros).

D. Porcina formara um grupo cuja condição escrava em si não basta para explicar sua coesão enquanto ganhadores. Supondo que estes fossem quase todos músicos, como ela alegara quase dez anos antes, a solidariedade e a identidade grupal seriam consolidadas pelo tipo de ocupação que exerciam, com uns dependendo dos demais para funcionar no ganho de rua como se formassem uma orquestra. Além disso, conforme já foi dito, esses escravos não se dedicavam apenas à música, trabalhando também, no mínimo, na construção e manutenção das casas da dona. Formavam, como tantos outros ganhadores, uma equipe de tocadores de obras. Oscilariam, portanto, entre a música e a construção, inclusive o trabalho em obras que não apenas aquelas da Chapadista. E isto antes mesmo de adquirirem a liberdade. Todavia, o canto registrado em 1887 seria fundado após a morte da senhora em junho daquele ano, a se considerar que a nomeação do seu capitão em setembro estaria ligada à própria fundação do coletivo de ganhadores. Neste caso eles davam continuidade a uma vivência iniciada no cativeiro, ainda que organizados de outra maneira: se no cativeiro obedeciam a ordens de d. Porcina, agora tinham líder próprio, o capitão Aprigio Francisco de Assis, quiçá também maestro da banda. Muitas as possibilidades nessa história, mas todas convergem para uma experiência de solidariedade grupal constituída ao longo do tempo, que desembocou na formação do canto AX do largo de Guadalupe.

Um ex-escravo da Chapadista, no entanto, desgarrou-se do grupo, embora continuasse nas redondezas, no canto AT, também instalado no Guada-

314

lupe. O africano Pedro da Costa optou por se estabelecer num canto formado apenas por africanos, onde figurava como ajudante do capitão, talvez um desses casos em que identidade étnica falasse mais alto do que identidade de classe. O próprio nome por ele adotado podia aludir à costa da África. Em sentido inverso, José e Cassiano Porcino de Jesus, embora africanos, ficaram no outro grupo, o canto AX. Seus nomes sugerem maior integração à banda de Porcina.[22]

Há um quebra-cabeça envolvendo o sobrenome Costa que ainda não consegui montar. Todos os por ela nomeados "protegidos", os que Porcina mais beneficiou em seu testamento, carregavam o sobrenome Costa: Antero, Davino, Eladia e Damiana Porcino da Costa. Mas nenhuma relação de parentesco foi indicada entre os protegidos e o ganhador Pedro da Costa. Creio terem sido irmãos, todos crias de Porcina e filhos de ex-escravas dela, que provavelmente os tratava como os filhos que não teve. Só consegui confirmar com certeza os nomes dos pais de Antero, que eram Antonio e Barbara, declinados numa escritura datada de 1866, na qual Porcina doava a Antero, ainda menor, o escravinho Aprigio, de dez anos, comprado em Santo Amaro por 500 mil-réis. Nesta mesma escritura são mencionadas as "irmãs" de Antero, que creio serem as duas protegidas Eladia e Damiana, as quais herdariam o escravo Aprigio caso Antero falecesse sem filhos legítimos. O cativo doado ao sabor das circunstâncias era o mesmo Aprigio Francisco de Assis listado na matrícula de 1887 como ex-escravo da Chapadista, aquele pardo de cabelos cor de fogo que ocupava o cargo de capitão do canto estabelecido no largo de Guadalupe.[23]

*

É provável que os chapadistas estivessem diretamente envolvidos com o abolicionismo. Muitos ganhadores se organizaram em cada freguesia para, com o estímulo do afamado abolicionista Eduardo Carigé, incentivar e coordenar a fuga de escravos, uma das táticas usadas pelos setores mais radicais do movimento, sobretudo nos últimos meses de vida da escravidão.[24] Os libertos de Porcina constituíam um dos mais importantes cantos de trabalho da freguesia de Santana e devem ter participado desse empuxo final para a derrubada do regime escravocrata. É certo que, em 1888, por ocasião das celebrações pela abolição na Bahia, lá estava a banda da Chapada a animar as ruas.

No ano seguinte à abolição, esses mesmos músicos voltariam à carga. Quando da visita do líder republicano Silva Jardim a Salvador, onde desembarcou em 15 de julho de 1889, eles foram contratados para tocar em sua homenagem. Mas trocaram os sinais, e em vez de seguir o roteiro previsto, tocaram para concitar um ataque ao cortejo republicano pelos numerosos manifestantes monarquistas, na sua maioria populares negros, inclusive ganhadores. É compreensível este incidente. A monarquia alcançara o clímax de sua popularidade em 1888, sobretudo entre os negros, ao mesmo tempo que crescia a oposição republicana, aproveitando a onda de repulsa ao regime por parte da elite escravocrata golpeada pela Lei Áurea.

Fosse nos festejos pela abolição ou durante a batalha entre monarquistas e republicanos, é crível que pelo menos alguns dos membros do canto de Guadalupe estivessem entre os músicos da Chapada que se fizeram presentes. Entretanto, nenhum foi mencionado nominalmente como parte da banda. Sobre o segundo episódio, o chefe de polícia, chamado a investigar a violência contra a turma republicana, mencionou o maestro João Augusto de Figueiredo e os músicos Lúcio Lino dos Santos e Querino Bispo de Araújo, nomes que não constam na lista de ganhadores chapadistas matriculados em 1887.

Desconheço se esses libertos estavam entre os ganhadores monarquistas, mas seguramente havia, entre estes últimos, membros de cantos instalados no cais do porto, onde Silva Jardim desembarcou e teve início a manifestação antirrepublicana. Naquela ocasião, um carregador por nome Silvino destruiu o estandarte republicano que substituíra a bandeira do Império de praxe desfraldada no mastro do navio. O nome Silvino consta três vezes no arrolamento de 1887: Silvino Muniz, 62, um liberto africano, alto e corpulento, ganhador na escada do cais do Pedroso, defronte à praça São João; Silvino Carolino Carneiro, 34, um preto fula alto e forte, soteropolitano, ganhador num canto estabelecido no cais do Ouro; e Silvino Rio de Contas, cinquenta anos, estatura e corpo "regulares", africano liberto, ganhador na Baixa dos Sapateiros, na Cidade Alta, longe da zona portuária, portanto. Por serem ganhadores de cantos marítimos, os dois primeiros seriam os mais prováveis candidatos ao Silvino que destroçou o símbolo republicano. Embora não fosse chapadista, o ganhador lutava pelo regime que acabara de abolir a escravidão e com isso abrira um novo horizonte de esperança para uma população negra sedenta de cidadania. Que se chame a isso falsa consciência, mas era a consciência de interesses faturados que a República poderia ameaçar.[25]

14. Dispersão e conflito nos cantos

Apesar de o *Livro de matrícula* ser um documento que registra um momento fixo no tempo, que aponta a estabilidade para a maioria dos ganhadores reunidos nos cantos de trabalho, observa-se também algum movimento de entrada e sobretudo de saída deles. Pouca coisa, mas o suficiente para abrir uma fresta que permite observar algo da dinâmica desses grupos. Em geral, os ganhadores que saíam o faziam espontaneamente, conforme se depreende das anotações ao longo do livro, que são lacônicas: "saiu do canto", "desligou-se do canto", "saiu por livre vontade", "saiu por si mesmo". Sobre a saída do pedreiro Caetano José Francisco Ribeiro, de trinta anos, o escrivão anotou: "Saiu do canto sem motivo algum". Já o africano liberto Antônio Joaquim Andrade Castro, de setenta anos, "foi dispensado por velhice" e substituído, não obstante haver dezenas de africanos mais velhos do que Castro, alguns com até oitenta anos ou mais, que permaneciam na batalha. Antônio Joaquim, além de septuagenário, provavelmente estaria fora de combate por algum ou alguns achaques que o impediam de qualquer esforço um pouco maior.[1]

Em alguns casos, o escrivão da polícia indicou que o ganhador havia saído de um para outro grupo de ganhadores, mas poucas vezes anotou o motivo da mudança. Observou, porém, que Jacintho Thomé de Mattos, o jovem ferreiro a quem já referi, saíra não de um para outro canto, mas com vistas a trabalhar como criado para um major, presumivelmente em troca de casa e comida e, quem sabe, um salário regular.[2] Sobra silêncio em relação aos motivos pelos quais os ganhadores desistiam de servir em determinados cantos ou em qualquer um deles. Pode-se imaginar conflitos pessoais com o capitão ou com outros membros do grupo, pressão por quebra de normas estabelecidas de comportamento no trabalho e no relacionamento com clientes, inabilidade para o serviço contratado, falta mesmo de trabalho a fazer, e portanto dinheiro a ganhar, entre outros motivos.

A evasão de seus ganhadores podia levar um canto à extinção. Em agosto de 1887, João Gregório Rodrigues, cinquenta anos, capitão desde 1880, e seu ajudante, Marçal Pereira, 39, decidiram fechar o canto que lideravam no cais das Amarras. Segundo se encontra registrado no *Livro de matrícula*, eles "entregaram nesta secretaria [de polícia] os respectivos títulos, declarando que por ora não podiam manter um canto de ganhadores por falta de pessoal". Embora a maioria dos cantos apresentasse uma composição estável, com baixa rotatividade entre seus ganhadores, uns poucos sofriam de sangria que os condenava ao aniquilamento. Esta seria a experiência do canto O, localizado no cais do Barroso. Apesar de ser um grupo numeroso, de quase cinquenta membros, registrou-se ali a saída de vinte homens, cinco dos quais expulsos. Essas expulsões podem explicar a debandada de ganhadores, já que talvez resultasse de solidariedade aos punidos, um protesto contra uma liderança mais despótica exercida pelo capitão.[3]

Interessa em particular a saída forçada de ganhadores dos cantos porque era sinal de conflitos internos ou de ruptura com normas coletivas pelos assim punidos, embora pudessem também contar antipatias pessoais da parte do capitão e de seu ajudante. Destacava-se, por certo, o que a polícia impunha como regra de comportamento. Muitas vezes foram feitas no *Livro de matrícula* anotações do tipo "excluído do canto", ou "foi despedido", e ainda, evitando eufemismos, "expulso do canto". Raramente o motivo se encontra esclarecido. Em apenas duas ocasiões me deparei com uma razão ligada à função precípua do grupo. Manoel Maria do Bonfim, pedreiro, e Macedonio José do Bonfim, sem profissão definida — ambos moradores ao Carmo, ambos com 22 anos de idade, e, pelo sobrenome, irmãos gêmeos ou libertos de um mesmo senhor de sobrenome Bonfim —, foram expulsos do canto A, estabelecido no cais do Ouro. Em seus registros lemos ainda hoje anotado: "expulso por mau trabalhador".[4]

O que significava ser "mau trabalhador"? Trata-se de um marcador moral de classe. O bom trabalhador se enquadrava nos padrões de controle social que azeitavam a máquina do sistema de ganho, mas também favoreciam a prosperidade dos cantos — a lâmina cortava dos dois lados. Pontualidade, produtividade, honestidade, competência, eficiência e presteza no serviço, entre outros atributos, definiam esse trabalhador. No mundo dos ganhadores, honestidade e cabeça fria despontavam como virtudes essenciais. Anotações sobre alguns dos expulsos o indicam. Houve ganhador desligado do seu canto por acusação de roubo de carga, delito seriíssimo em se tratando da atividade exercida — o transporte de bens alheios —, que exigia confiança máxima. Sempre que o governo provincial ou a Câmara Municipal tomava medidas para organizar o ganho na cidade, a questão do desvio de carga estava na pauta, ou seja, as medidas eram tomadas para proteger o cliente contra ganhadores dados a desapropriar clientes. Já cobrimos esse terreno no distante capítulo 2. A maioria dos punidos com a expulsão, no entanto, o foram sob acusações mais vagas de desordem, turbulência, mau procedimento. Em geral, desordem era o principal motivo de prisão em 1887. Wilson Mattos computou que entre os 214 presos por rondas policiais no mês de março daquele ano em Salvador, 52,34% estiveram envolvidos em desordem, e em seguida vinham os acusados de furto, com 17,28%.[5]

Esse tipo de estatística explica o modelo disciplinar a ser exigido pela polícia dos ganhadores, que eram trabalhadores de difícil manejo, dada a natureza independente de exercer suas atividades e a ostensiva ocupação do espaço público. Eles não estavam confinados entre as paredes de uma fábrica a operar no ritmo de uma linha de montagem, sob o olhar de um supervisor, ou empregados na lavoura sob a vigilância de feitores e capatazes. Também não estavam submetidos a um contrato privado de serviço, mecanismo cada vez mais utilizado na organização do trabalho no período de desmonte da escravidão no Brasil. Muitos contratos resultavam de dívida contraída aos empregadores por escravos para a compra da alforria, conforme já indicado no capítulo 2. No ambiente do ganho, resolver diferenças no braço era comum. O capitão do canto tinha como uma de suas funções precisamente negociar a paz interna no grupo que comandava, não apenas para seguir ordens da polícia, mas para zelar pela coesão e a solidariedade entre seus comandados. Disciplina para o canto não tinha o mesmo sentido que disciplina para a polícia.

Mas talvez a principal regra a ser seguida pelos ganhadores dizia respeito a não meter a mão nos pertences alheios. E a acusação de roubo de mercadorias foi registrada poucas vezes no *Livro de matrícula*. De um canto localizado no cais de Santa Bárbara, o BM, saíram dois jovens, Julio Auctor das Neves, 21, pardo alto e ainda buço, natural de Itapicuru, marceneiro, e Boaventura de Cerqueira Lima, 23, um preto baixo de Santo Amaro, ferreiro, com sobrenome pesado de uma família notória por haver participado ativamente no tráfico de escravos e também dona de engenho no Recôncavo. Esse canto BM, aliás, com seus quinze ganhadores, estava em séria crise. Além desses acusados de roubo, cinco outros membros se retiraram por razões desconhecidas, talvez em solidariedade aos dois expulsos, e mais um para servir o Exército, o sergipano Marcolino Pereira dos Santos, trinta anos, cozinheiro.[6]

*

Já mencionei em capítulo anterior que o roubo de carga era uma tentação à qual os despossuídos ganhadores nem sempre conseguiam resistir. Descrevi incidentes ocorridos principalmente até meados da década de 1850. Nas décadas de 1870 e 1880, vários ganhadores continuavam a ser presos pelas rondas policiais acusados desse tipo de delito. Algumas coisas não mudam porque o contexto em que acontecem permanece estruturalmente o mesmo — me refiro sobretudo à pobreza.

Fora das folhas do *Livro de matrícula* rolavam registros mais regulares de ganhadores presos por roubo. Segundo os boletins de ocorrências policiais, em 31 de janeiro de 1871 foi detido por isso o pardo José Thomas de Aquino, e em 23 de outubro de 1884 foi a vez do também pardo Manuel d'Assumpção de Sant'Anna. São informações sumárias encontradas naqueles relatórios. Outras fontes fornecem dados mais detalhados. Num incidente de agosto de 1877, o ganhador Balbino, morador no Desterro, teria roubado um baú da lancha *São Pedro*, ancorada no cais de Cachoeira. Oito anos depois, em maio de 1885, o subdelegado da Conceição da Praia recebeu denúncia anônima de que vários "intitulados ganhadores" do cais do Comércio estariam envolvidos no roubo de cargas. Em junho ele prenderia Tito Antonio do Sacramento sob suspeita de haver extraviado um baú de José Lopes Menezes Paranhos.[7]

Há mais detalhes a respeito de uma ocorrência de roubo acontecido em 9 de abril de 1888, poucas semanas antes da Lei Áurea. O comandante do destacamento de polícia do Bairro Comercial, alferes João Pedro dos Santos Vital, informou o chefe de polícia sobre queixa do tenente Luis Felipe Bastelle de que um baú seu havia desaparecido por ocasião de seu desembarque em Salvador, vindo de Santo Amaro, no Recôncavo. A acusação recaía sobre ganhadores estabelecidos no canto AD, localizado na travessa do Julião, um desses cantos constituídos por muitos ganhadores jovens, na faixa dos vinte anos de idade, que em 1887 tinham por capitão Francisco Aurélio Chagas, preto de vinte anos. Foi preso Julio Francisco Tavares, com quem se encontrava o baú, já aliviado de toda roupa nele guardada, agora substituída por "duas camisas de ganhador". Quem observa em fotos da época os andrajos que cobriam os corpos dos ganhadores no Brasil entenderá por que eles roubavam roupas com tanta frequência.[8] Além de Julio, foram presos como cúmplices Bonifacio Manuel Marques, André Manoel Joaquim e Simplício Manuel Bello. Dois outros implicados continuavam à solta. O tenente também informou ao chefe de polícia que nenhum deles usava camisa com o distintivo de ganhador, de modo a melhor camuflar suas "escamoteações", ou seja, eram acusados de roubar com sutileza. Eis mais um motivo para os ganhadores recusarem qualquer distintivo que os identificasse individualmente, fosse uma pulseira em 1836, uma chapa em 1857 ou uma tarja vermelha em 1888.[9]

Apenas um dos indigitados nesse crime, Simplício Manuel Bello, se encontra listado no *Livro de matrícula*, mas como Simpliciano Bello. Não sei se a polícia se enganou ao anotar o nome do ganhador, ou se foi por este enganada quando efetuada a prisão em 1888 ou a matrícula no ano anterior. Nesta última data ele tinha 23 anos, declarou-se natural de Santo Antônio de Jesus, no Recôncavo baiano com ofício de pedreiro, era preto, e sua cabeça raspada exibia várias cicatrizes. Seu canto reunia doze membros quando registrado em 1887, cinco deles moradores na rua do Passo — a pouca distância do Julião, onde trabalhavam —, os quais parecem ter constituído seu núcleo original. Ao grupo fundador pertencia o próprio Simpliciano, ou Simplício.[10] Essa solidariedade vicinal, porém, não redundara em solidariedade no processo de trabalho; ou esta última pode ter se enfraquecido com a entrada de novos membros, como a maioria dos envolvidos no roubo, que ainda não estavam matriculados em 1887. Foi pela falta dessa coesão interna que morreu o canto do Julião.

Não digo isso por causa do episódio do roubo em si, mas pelo que informou o capitão do canto ao alferes Vital, que escreveu: "Imediatamente fiz vir à minha presença o capitão do referido canto, e este disse-me que já tinha abandonado o canto, por bandalheiras feitas pelos ganhadores que estavam debaixo das suas vistas". O capitão do canto, Francisco Aurélio Chagas, com apenas 21 anos, havia perdido o controle de seu grupo, agora ameaçado de extinção. Com efeito, em seu despacho ao comandante do policiamento do Bairro Comercial, o chefe de polícia ordenava: "Intime o Capitão do Canto a que se refere este ofício a organizar o respectivo canto de acordo com o Regulamento sob pena de ser dissolvido".[11] A nota arrogante da autoridade policial foi dar em ouvidos moucos, pois não consta que Francisco Chagas tivesse interesse em reativar o canto de ganhadores problemáticos sob sua chefia.

Aconteceu em abril de 1879 um caso mais emaranhado de acusação de tentativa de roubo envolvendo um ganhador. Jerônimo José da Silva, que além de ganhador no cais de Santa Bárbara era servente de pedreiro, foi preso na ponte da Companhia Bahiana de Navegação por correr atrás de outro trabalhador de canto munido de faca e porrete. Ele fora agarrado por dois outros ganhadores a mando do visconde Joaquim Pereira Marinho, acionista maior daquela empresa marítima desde 1876. O ex-traficante era agora rico e respeitado negociante, banqueiro, agiota, armador, construtor, locador de imóveis e senhor de escravos de ganho, dos quais matriculara sete em 1857.[12]

No curso do seu interrogatório pela polícia, Jerônimo confessou ter convidado o crioulo Dionísio a juntos furtarem uma partida de charutos da casa Meira & Cia. A complicação do caso vem de que, apesar dessa confissão, Jerônimo disse que sua briga com Dionísio decorrera de ter este se metido noutra briga entre ele e um terceiro ganhador, de nome Anselmo, "por haver este lhe insultado por causa de uma rapariga". Temos então uma figura feminina como pivô da desavença entre os dois homens, situação clássica envolvendo a honra masculina ameaçada. Vários ganhadores depuseram sobre o incidente, mas afirmaram desconhecer a real causa do conflito.

Num segundo interrogatório, já com a cabeça fria, Jerônimo deu um depoimento complementar e discordante do primeiro: disse que no dia do incidente "estava esperando que o vapor encostasse para conduzir carregos"; que a briga começara entre Anselmo e Dionísio e ele havia "intervi[n]do para acomodá-los"; e que "conspirou-se Anselmo contra ele dando-lhe cacetadas", correndo o depoente para dentro da ponte, "onde, encontrando-se com o Sr. Visconde Pereira Marinho, fora por ele agarrado junto a uma preta que vendia jaca, em cuja gamela tinha uma faca, que então o visconde deu-se ser dele". Acompanhe o leitor a cena: um visconde branco, rico proprietário nascido em Portugal, agarra pela camisa um ganhador preto, descendente de escravos — cena síntese de como seria o sistema de mando, em sua versão mais cruel, naquela Bahia.

Num terceiro e derradeiro depoimento, desta feita diante do tribunal do júri, o agora réu Jerônimo voltou a dizer que brigara com Anselmo por causa de uma "rapariga que se chama Anna Maria, crioula". Aqui temos o nome da moça. E surge um terceiro conflito. Aparentemente Jerônimo altercava com ela, "quando interveio Anselmo, dirigindo palavras a um e outro, palavras as quais resultou atracarem-se em briga". Palavras que nunca foram reveladas, aliás, durante o julgamento. Nessa altura Dionísio entrara na briga e lhe dera com uma acha; foi quando Jerônimo correu para dentro da ponte de atracação, desarmado, e Pereira Marinho teria encontrado uma faca no chão, afirmando ser dele, mas, repetindo o depoimento anterior, seria de uma preta que vendia jaca no local. Ainda segundo Jerônimo, o vapor de Cachoeira tinha acabado de chegar e "havia grande aglomeração de povo na ponte". Com isso quis dizer que Pereira Marinho se enganara devido ao cenário confuso instalado pela multidão que desembarcava. Concluiu dizendo que "o Visconde Pereira Marinho foi quem o mandou prender gritando para os ganhadores da ponte", mas "mandou prender não a ele respondente só, mas a ele e também a Dionísio". Nessa nova versão do incidente, o visconde não toca no ganhador; ele *manda* alguém agarrá-lo, aos dois contendores, na verdade. Jerônimo tentava traçar um perfil de homem justo do poderoso empresário, um gesto estratégico de subalternidade explícita moldado para amenizar o drama que vivia naquele tribunal de homens brancos.

Jerônimo disse ainda que sua intenção era apenas tomar o cacete da mão de Dionísio e "espancá-lo da mesma forma que ele havia feito a ele". Ao ser alertado sobre a contradição entre este e o interrogatório dado em primeira mão ao subdelegado, o inquirido disse que aquilo fora "mandado escrever" pela autoridade, não eram palavras suas, sendo porém certo que ele havia convidado Dionísio para roubar o caixote de charutos e este se recusara a acompanhá-lo. Ou seja, confessava pela segunda vez a conspiração para roubar como uma cortina de fumaça para evitar a acusação mais grave de tentativa de homicídio; não deixava, porém, de acusar o subdelegado de pôr em sua boca palavras que o incriminavam.

Levado a julgamento por este último crime, no dia 10 de outubro de 1880 o júri o considerou culpado e o condenou a quatro anos de prisão com trabalho, que poderiam ter sido doze, não fosse uma circunstância atenuante: o fato de Jerônimo ter sido primeiro agredido por Dionísio. Quatro anos de prisão! Eis no que deu a intromissão de um branco poderoso no que, de outra forma, não teria passado de uma rusga entre dois ganhadores, um corriqueiro conflito intraclasse. Mas o comportamento do ganhador feria os interesses do fidalgo do Império. Para Pereira Marinho, que tinha fama de severo e até irascível, a punição teria um efeito salutar de disciplinamento sobre os ganhadores que frequentavam a ponte de sua companhia, os quais doravante pensariam duas vezes antes de armarem confusão que perturbasse os negócios e os lucros do talvez maior capitalista da praça de Salvador naquela altura. Em seu testamento, feito no ano em que Jerônimo terminaria de cumprir sua pena, Pereira Marinho escreveu que tinha "a consciência tranquila de passar para a vida eterna sem nunca haver concorrido para o mal de meu semelhante [...] nunca deixando de fazer ao meu semelhante o bem que podia fazer". Bem, convenhamos que o visconde devia estar certo, por não considerar seu semelhante gente como Jerônimo José da Silva, nem tampouco as centenas de escravos por ele contrabandeados da África, entre os quais talvez os pais ou avós deste ganhador.[13]

*

Jerônimo fora desligado de seu canto pela prisão, e esta decorreu de uma desordem de rua. Com efeito, o motivo mais frequente de desligamento dos cantos seria o envolvimento dos ganhadores naquilo que a polícia definia como desordem, em geral acompanhada por embriaguez. As rondas policiais muitas vezes apanhavam-nos em tais situações. Em 20 de outubro de 1884, o chefe de polícia informava ao presidente da província a prisão, na freguesia da Sé, por bebedeira, do crioulo Daniel Vianna e do pardo Thomaz d'Aquino do Nascimento, ambos ganhadores, este último talvez o mesmo já aqui mencionado (p. 320), detido treze anos antes. Naquele mesmo dia e na mesma jurisdição policial foram presos o ganhador Cosme Crispiniano do Sacramento e a escrava crioula Belmira, "encontrados em desordem", segundo relatório do chefe de polícia Vital Ferreira.[14]

Um caso mais sério teve lugar em meados de junho de 1881, quando ainda não havia completado um ano de vigência do regulamento dos cantos, de outubro de 1880. O chefe de polícia recebera queixa do cônsul inglês de que os ganhadores do canto n tinham "horrivelmente espancado" o capitão da escuna inglesa *Kerbel*. O subdelegado da Conceição da Praia foi orientado a proceder corpo de delito na vítima e a abrir inquérito para apurar os fatos e punir os culpados. Tudo indica que o incidente estava ligado aos procedimentos de desembarque dos tripulantes da escuna, mas nenhum detalhe é oferecido pela fonte consultada. É certo que os ganhadores não agiram por pura maldade, ou índole criminosa, como muito policial acreditava ser típico deles, sobretudo por se tratar de negros; mas, sim, que tivessem reagido à proverbial arrogância dos marinheiros ingleses, conhecidos por promover arruaças na zona portuária.[15]

Aquela espécie de conduta também se encontra registrada nas páginas do *Livro de matrícula*. O cabra Bruno Joaquim dos Santos, 33, natural de Goiás, alfaiate que ganhava no cais de Santa Bárbara, foi expulso do canto por ordem do subdelegado do distrito, por ter recebido queixa de que ele costumava "embriagar-se diariamente e provocar desordens". Note-se que a autoridade policial passou por cima da autoridade do capitão do canto, mas não descarto que o próprio tivesse solicitado intervenção do subdelegado. Como aconteceu com o surdo-mudo Luiz da França, de quarenta anos, preto de cor, que foi "excluído a pedido do capitão por ser turbulento". Da mesma forma, João Antonio de Souza, um preto pedreiro de 22 anos, seria "excluído do canto pelo próprio capitão à vista do péssimo procedimento que tem tido". Sobre Jorge, 45, ganhador em São Raimundo, um dos poucos africanos acusados de indisciplina, o escrivão anotou: "Foi despedido por incorrigível", sendo substituído por outro africano, pois o canto se compunha com exclusividade por gente da África. Não se sabe ao certo o que devia ser corrigido no ganhador expulso. Para o marceneiro Gervasio Manuel da Cruz, 27, fula soteropolitano, o escrivão reservou, além de "incorrigível", a pecha de "desordeiro". Havia, porém, os de mau proceder que eram expulsos, se regeneravam e negociavam seu retorno. Foi o que se deu com Thomas Jacintho, um preto de 29 anos e tanoeiro, que ostentava bigode e cavanhaque. Ele saiu de seu canto na praça Riachuelo, por razões desconhecidas, e mais tarde retornaria, em circunstâncias que também não sei.[16]

Vê-se por alguns desses exemplos que um ganhador podia perder seu lugar no canto quer por intervenção direta da autoridade policial, quer por decisão de seu capitão, ou por pressão do grupo. Todavia, "mau procedimento" e "desordem" são expressões vagas, que pouco explicam, ou apenas explicam o que os superiores definiam como comportamento fora da ordem, ou suspeito, dos subalternos. Em 27 de outubro de 1884, o chefe de polícia notificou ao presidente da província a prisão de vários trabalhadores, fora do expediente de trabalho, nos seguintes termos:

> Dionísio José da Silva, crioulo, caldeireiro, Rufino Angelo dos Santos, crioulo, criado de servir, Francisco Chaves, cabra, alfaiate, Luiz José de Cerqueira Lima, pardo, cozinheiro, Manuel Felippe José d'Assumção, crioulo, pedreiro, Damasio Rodrigues Magalhães, crioulo, estivador, Tiburcio Martins da Silva, crioulo, calafate, José do Bonfim, crioulo, carapina, Rosendo Leão da Fonseca, pardo, ganhador, Domingas Maria da Conceição, Emilia Maria Madalena, Agripina Maria da Piedade, crioulas, ganhadeiras, e Maria, cabra, escrava, todos [presos] por serem encontrados alta noite vagando sem destino pelas ruas da cidade.[17]

O documento evidencia um método de controle que, desenvolvido para reprimir escravos, se estendeu às pessoas livres e libertas "de cor", sobretudo na medida em que estas vieram a se tornar maioria entre os trabalhadores de Salvador ao longo da segunda metade do Oitocentos. Uma regra desse método, conforme já se viu no início deste livro, seria vigiar e controlar o que negras e negros faziam durante as horas de lazer, principalmente à noite. Hora de recolhimento obrigatório para escravos — e depois da revolta de 1835, também para libertos africanos —, a noite passaria agora a ser interditada às novas gerações de trabalhadores, já crioulas, as emergentes "classes perigosas" livres que se formaram ou se avolumaram com o declínio da escravidão e da população africana em geral. Para justificar a prisão noturna de supostos suspeitos, a polícia repetia uma velha fórmula: "encontrado(a) na rua fora de horas". No incidente acima notificado, indivíduos com diversas ocupações, todas típicas dos trabalhadores urbanos, além de ganhadores e ganhadeiras, todos pretos, cabras ou pardos, se divertiam à noite nas ruas da cidade, até toparem com uma patrulha policial cujo comandante traduziu sociabilidade noturna festiva por potencial desordem. Ou para a polícia a festa negra representava a própria desordem. Muitos trabalhadores como os que compunham esse grupo eram cotidianamente presos pelo delito de "vagar sem destino à noite".[18] A expressão evoca uma imagem de dominação classista, com óbvia moldura racial, no sentido de que as classes superiores, formadas por brancos, pretendiam que as subalternas, formadas por negros, caminhassem dia e noite no rumo (ou ao destino) indicado por aquelas. A noite era para ser ocupada pelo sono reparador das energias a serem consumidas no trabalho diurno. Cabia em parte a policiais negros e mestiços fazer cumprir esse plano. Isso não é só passado.

Ignoro se aqueles ganhadores expulsos de seus cantos por desordem, embriaguez ou o genérico "mau comportamento" o foram por atos praticados no ambiente de trabalho, fora dele ou em ambos. De acordo com o artigo 9º do regulamento de 1880, os capitães deveriam responder apenas pelos atos praticados por seus subordinados "durante as horas de trabalho". E especificava os desvios de conduta a serem considerados: desordem, embriaguez, jogos ilegais, uso de armas proibidas e outras infrações policiais. De fato, o bêbado ou o arruaceiro contumaz, diuturno, podia prejudicar o andamento das tarefas do canto e manchar sua reputação, resultando na perda de clientes, mesmo se o comportamento desviante tivesse lugar fora do expediente de trabalho. Mas um ganhador que, em sua função, atuasse como ordeiro e cumpridor das tarefas talvez não fosse necessariamente renegado por seus pares, em particular por seu capitão, se à noite se transformasse num consumidor de aguardente com passagens periódicas pela polícia por algum tipo de distúrbio ou desacato à autoridade. Isso fazia parte da experiência de ser pessoa negra, trabalhadora e pobre. E como segundo o regulamento todo poder cabia ao capitão do canto, o espaço para arbitrariedades, assim como para a complacência, era deveras amplo. Mas o principal e mais imediato adversário dos ganhadores estava fora do canto: a polícia.

Há evidências de que as relações entre ganhadores e policiais não eram cordiais, dentro ou fora do horário de trabalho. Além dos conflitos individuais, o que era mais comum, ocorriam confusões coletivas. Como a que rolou em 1884, entre cinco e oito horas da manhã do primeiro dia de junho, um sério confronto entre os ganhadores do cais do Mercado do Ouro e a força pública. No cais e no interior daquele mercado funcionavam pelo menos nove cantos de trabalho. Segundo o relato do subdelegado local, os policiais teriam sido agredidos por tentarem impedir "o desembarque de sacos de açúcar furtado do mar para a terra". Mais uma vez o tema do roubo emergia na vida do ganho. Nessa ocasião, ganhadores e saveiristas feriram alguns soldados, um deles mortalmente. O chefe de polícia chegou a recomendar a ocupação da freguesia do Pilar por tropas do Exército para que o inquérito se verificasse sem tropeços. Só cerca de um mês depois seria preso, no mesmo cais Dourado, um dos envolvidos no conflito, João José Lins de Novaes, vulgo Conrado, que foi logo recolhido à Casa de Correção. O erro de Conrado fora voltar à cena do crime, achando que o caso esfriara.[19]

Outro episódio que merece registro tinha ocorrido cinco anos antes, em 1879, desta vez fora das horas de ganho. Um grupo que reunia caixeiros residentes no comércio e "ganhadores nacionais", todos armados com cacetes, invadiu num sábado, 9 de agosto, uma casa na rua da Alfândega, "no intuito de plantarem a desordem numa sala de danças", segundo o relato do subdelegado da Conceição da Praia. Tendo sido enviada uma força policial para o local, o grupo se dispersou. Na noite seguinte, os caixeiros ameaçaram voltar à carga, mas seriam novamente varridos pela polícia das imediações do botequim Caboclo, onde costumavam se reunir. Foram presos quatro, um dos quais bastante embriagado.[20]

Essa refrega sugere várias reflexões, além de revelar mais um enfrentamento entre ganhadores e policiais. Mostra, por exemplo, a possibilidade de aliança entre diferentes setores da classe trabalhadora soteropolitana, embora, neste caso, sem objetivos trabalhistas, mas lúdicos, parte do conjunto de suas sociabilidades urbanas. "Caixeiros aliados com os ganhadores nacionais", conforme se expressou um oficial da ronda contra incêndios, que foi encontrar fogo onde menos procurava. Possivelmente aqueles trabalhadores exigiam entrar num baile para o qual não tinham sido convidados, e juntaram forças para tentar dançar e, ainda mais provável, buscar aventuras de maior arrojo junto ao público feminino. Uma casa de bailes no Bairro Comercial, embora propriedade de um homem definido como "cidadão" pela autoridade policial, não devia ser lugar para moças recatadas, de modo que a promessa de felicidade não devia ser pequena para aqueles homens acostumados com as ruas e suas personagens e possibilidades. Valia a pena brigar para adentrar o recinto. Com esse intuito, compuseram uma frente de combate dois grupos cujo conhecimento mútuo decorria de relações tecidas no espaço do trabalho. Ambos laboravam naquela vizinhança e se cruzavam a todo momento, uns carregando mercadorias para as casas de comércio, outros nestas recebendo e conferindo-as. Apesar de ocuparem posições bem distintas no mundo do trabalho, esses e outros encontros podem ter resultado em laços solidários, mesmo se ocasionais e estratégicos. O que mais surpreende é serem os caixeiros na sua maioria brancos e em grande parte jovens imigrantes portugueses, enquanto os ganhadores eram, na sua quase totalidade, negros e mestiços africanos ou nascidos no Brasil. Além de uma cooperação entre dois setores distintos de trabalhadores no comércio, o episódio representou uma inusitada aliança inter-racial provocada pela fome de festa.[21]

Note-se, por outro lado, que a autoridade policial fez questão de pontuar que se tratava de "ganhadores nacionais", ou seja, os africanos não se envolveram no barulho. Esse detalhe importa por indicativo da distância mantida pelos africanos em relação a algumas formas de intercurso social da classe trabalhadora em Salvador no período. Os africanos continuavam a ser reprimidos em seus batuques seculares e religiosos, estes em geral vinculados a terreiros de candomblé — os quais, aliás, não reuniam apenas africanos —, mas sua presença diminuía entre aqueles que caíam cotidianamente na malha das rondas policiais por desordens e outros lances da indisciplina urbana. Segundo o estudo de Alexandra Brown, entre 1877 e 1888, a proporção de africanos presos por patrulhas da polícia nas ruas de Salvador variou entre apenas 1,8% e 5,7%, quando havia alcançado cerca de 65% na metade do século.[22] Essa queda drástica se deveu principalmente ao declínio da população africana, mas também a que, nesse período, ela estava mais envelhecida e talvez menos dada às aventuras noturnas que agora caracterizavam os bem mais jovens ganhadores nacionais, a maioria dos quais descendente de africanos, todavia.

Desordens e bebedeiras são comportamentos comuns de coletividades *abertas* predominantemente masculinas, como eram os cantos, onde a exibição de força, coragem e virilidade e a defesa da honra e outros valores de masculinidade pareciam fazer parte da rotina, sobretudo entre os mais jovens. Essa característica talvez assumisse importância ainda maior na cultura dos ganhadores, uma vez que correspondia a homens que viviam de seus músculos e num ambiente prenhe de conflitos. Além disso, muitos ganhadores deviam ser capoeiras, e como tais frequentemente metidos em confusão, não apenas entre si, mas com outra gente e a polícia. Há fonte que aponta o espaço do porto, em particular o cais do Ouro, como local de atuação de capoeiras e de enfrentamento destes com policiais. Relembro que aconteceu no cais do Ouro o conflito de 1884 relatado alguns parágrafos atrás e que resultou na morte de um soldado. Apesar de tanto a capoeira como sua repressão serem menos expressivas na Bahia do que no Rio de Janeiro, elas foram ali documentadas desde meados do século XIX.[23]

O cronista baiano Antonio Vianna, lembrando-se nas primeiras décadas do século xx de seu tempo de menino durante as últimas décadas do século anterior, depois de descrever vivamente as brigas entre capoeiras e policiais no cais do Ouro, escreveu seu testemunho como se a meninice fosse um outro país e ele um viajante estrangeiro. Eis o que nos lembrou Vianna (e que parece uma foto de Pierre Verger):

> No dia seguinte, estavam a postos os trabalhadores na faina de conduzir à cabeça, dentre outros, pesados fardos de charque escadas acima [do cais], músculos retesados, suarentos, atléticos e joviais. Valia vê-los de dorsos desnudados, lustrosos, braços erguidos em arco a sustentar os volumes na corrida constante do ofício. Nos intervalos para as refeições, ei-los compensando os dispêndios físicos com alimentos suculentos, servidos em bacias de estanho e alguidares de barro de trinta e quarenta centímetros. Comida para uma família de almofadinhas. Carne verde, do sertão, toucinho, linguiça de porco, verduras. Tudo em abundância. Pirão de litro, além da farófia de abóbora para enxugar a boca. Depois meia dúzia de laranjas maduras. Abacaxis. Mamão. Ou qualquer fruta da estação. As bananas constituíam aperitivos no correr do trabalho. Dormiam em seguida sobre pilhas de cereais à viração.[24]

Empregados no embarque e desembarque de víveres vindos do Recôncavo ou de portos brasileiros fora da Bahia, é possível que os ganhadores tivessem acesso a comida farta e barata, até gratuita, mesmo se em quantidade menor do que a percebida pelos olhos de um garoto que se recordou da cena muitos anos depois. Comida que, no entanto, alimentava corpos robustos, de gente valente, mas maltratados pela violência de vária ordem.

15. Corpos marcados

Os conflitos narrados no capítulo anterior explicam, em parte, o tema deste capítulo. Cicatrizes produzidas por facadas, tiros e acidentes de trabalho, bem como doenças e deficiências físicas, abundam nas folhas do *Livro de matrícula*. Registra-se, ainda, pequena amostra de corpos tatuados e dentes limados. Afinal, o arrolamento tinha como seu principal objetivo servir ao disciplinamento e ao controle policial dos trabalhadores de rua em Salvador, e para isso a polícia precisava conhecê-los. Além das informações fisionômicas dos ganhadores — cor da pele, altura, cabelo, barba, olhos, orelhas, boca, nariz —, foram acrescentadas as marcas inscritas sobre seus corpos que pudessem facilitar a identificação (e a eventual localização) de cada um.

O ganhador Militão José Correia, por exemplo, jovem de 28 anos, preto carpina natural de Ilhéus, tinha uma cicatriz oriunda de facada no lado esquerdo das costas. José Antônio dos Santos, 32, preto nascido em Alagoinhas, além de marcas de varíola espalhadas por todo o corpo, exibia cicatriz, também feita à faca, no braço direito. Ambos trabalhavam num canto estabelecido no Pilar, onde ficava o cais do Ouro, cenário recorrente das guerras de capoeiras na Cidade Baixa. É possível que essas cicatrizes resultassem de brigas de rua. O fogueteiro e foguista Manuel Braz de Sant'Anna — caboclo de cabelos anelados e 39 anos — fora vítima de um cachorro enfurecido, cujas dentadas deixariam cicatrizes no peito e na coxa esquerda. As dentadas de um cão também marcariam para sempre, com duas cicatrizes, o antebraço esquerdo do preto Cesário Augusto da Costa, 38, cozinheiro, ganhador de um canto estabelecido na rua Guindaste dos Padres. Eram muitos os perigos oferecidos pelas ruas.[1]

Outro tipo de conflito bem maior deixou marcas duradouras nos corpos dos ganhadores. Assim foi com Daniel Tavares, 35, preto calafate. Ele trazia uma cicatriz na perna direita produzida por um balaço recebido durante a Guerra do Paraguai, onde, vinte anos antes, servira no 40º Batalhão de Voluntários da Pátria, primeiras tropas que retornaram à Bahia e foram recebidas com estrondosa festa ao desembarcarem.[2] Daniel era provavelmente soldado de alguma companhia de zuavos com que a Bahia se notabilizou nos campos de batalha. Do mesmo conflito participara Felipe José de Almeida, preto de quarenta anos, sobre quem o escrivão de polícia anotou ser "todo defeituoso de ferimentos da guerra", mas não informou em qual corpo militar servira. Talvez devido a esses ferimentos ele não mais pudesse exercer sua profissão de alfaiate, que exigia destreza com os dedos das mãos. Além desses, contamos Aniceto Ramos, pardo de 39 anos, também voluntário da pátria, que tinha "uma orelha mutilada", e Adriano Esmero da França, preto pedreiro de 44 anos, um raro ganhador casado na Igreja católica, para cuja cerimônia talvez já levasse uma cicatriz na orelha esquerda conquistada no Paraguai enquanto praça do 10º Batalhão de Infantaria. Uns eram supostamente voluntários, como Daniel Tavares, outros explicitamente recrutas, como Adriano Esmero. Todos faziam parte dos mais de 10 mil soldados que seguiram da Bahia para o teatro da guerra, de onde retornariam para as fileiras mais baixas da hierarquia social soteropolitana, conforme já indicado no capítulo 10. Alguns seriam capoeiras enviados à frente de batalha para livrar as ruas de Salvador de suas peripécias.[3]

Essas ruas, em todo caso, não deixavam de equivaler a um campo de batalha no qual a classe trabalhadora se estrepava desde sempre, deixando um rastro de devastação sobre os corpos de seus membros. Segue pequeno inventário dessa estética sombria da desigualdade: "talho no braço esquerdo"; "cicatriz no pé direito"; "queimadura no braço esquerdo"; "cicatrizes de corte no antebraço esquerdo"; "cicatriz de corte no rosto"; "metade da orelha cortada"; "cicatriz no cotovelo direito"; "cicatrizes na perna esquerda"; "cicatriz na testa"; "cicatriz na mão direita"; "grande cicatriz no alto do crânio"; "cicatriz no rosto"; "braço esquerdo decepado"; "grande cicatriz na perna esquerda"; "cicatriz no punho esquerdo"; "cicatriz de golpe no rosto"; "cicatriz de golpe na testa"; "cicatriz do lado esquerdo da testa"; "cicatrizes no rosto"; "cicatriz na virilha esquerda"; "cego de um olho"; "cego do olho esquerdo"; "braço direito quebrado"; "perna direita defeituosa e pé quebrado"; "zambeta da perna direita"; "fístula no rosto"; "não enxerga pelo olho esquerdo"; "tem o olho direito cego"; "bate muito com a cabeça, creio ser moléstia" — e por aí corriam as anotações do funcionário da chefatura de polícia.

Eram corpos estropiados, abusados, retalhados por cicatrizes de todo tipo, em toda parte, membros quebrados ou amputados, olhos que não enxergavam, orelhas que não ouviam, pernas que mal andavam. Tudo cuidadosamente registrado no *Livro de matrícula*. Tantos cortes, em tantas regiões do corpo, me levam a pensar se não teriam sido feitos, alguns deles, por navalhas, armas características dos capoeiras. E seriam exibidos como espécie de troféus de valentia. O uso em alguns registros do termo "golpe" como origem das cicatrizes sugere pelo menos que resultaram de violência deliberada, inclusive da polícia, quiçá de senhores e patrões ou seus sicários. Havia ganhadores que apresentavam estragos em várias partes do corpo. O preto Matheus dos Santos, 25, nascido em Salvador, cozinheiro, tinha "uma cicatriz de corte no lado direito do nariz, outra em cima do sobrolho direito e o dedo grande da mão esquerda aleijado".[4]

Quase nunca é possível dizer, no entanto, se aquelas marcas e mutilações resultaram de brigas de rua (como as narradas no capítulo anterior), acidentes (inclusive acidentes de trabalho), ou se seriam testemunhos perenes do velho látego e outras brutalidades senhoriais. Quanto a isso, muitos dos ganhadores tinham sido escravos até pouco tempo antes de feitas suas matrículas, e uns poucos, pouquíssimos, ainda o eram. As duas cicatrizes no braço direito do cabra Ivo José Ribeiro, 23, podiam ser lembranças de feridas abertas pelo chicote de seu antigo senhor, João Baptista Pinto Sanches. O detalhe de o ex-escravo não usar o sobrenome do patrono insinua que as relações entre os dois não tinham sido das melhores.[5]

Algumas cicatrizes tiveram origem em doença, como os 52 ganhadores com marcas de varíola (em três dos casos anotadas como bexiga), além de seis homens "rendidos da virilha". Estes últimos eram portadores de hérnia inguinal, provavelmente provocada pelo esforço empregado durante anos na condução de objetos pesados, atividade típica de ganhador. Tratava-se da moléstia mais incidente sobre corpos escravizados em Salvador.[6] Os acometidos com hérnia já deviam ter batido em retirada do serviço de frete, e é possível que só se empregassem no transporte de objetos mais leves.

Havia também sinais de acidentes de trabalho. O padeiro Euclides Ferreira da Silva, por exemplo, cabra de 23 anos, apresentava um lado do peito "todo marcado por uma queimadura", provável resultado de acidente em forno de padaria. E o caboclo carpina Francisco Querino dos Santos, 39, teve um dedo da mão decepado ao preparar alguma peça de madeira, eu imagino. Pelo menos uma vez a matrícula esclarece com todas as letras um acidente ocupacional, quando registrou que o vaqueiro Mauricio Ferreira da Silva, pardo de vinte anos, natural de Feira de Santana, vila famosa por sua feira de gado, mostrava um defeito na boca decorrente de uma chifrada de boi. Outro vaqueiro chifrado, Daniel Justino Barbosa, quarenta anos, também pardo, nascera em Maracás, município ganadeiro a 365 quilômetros de Salvador, de onde se mudara havia sete anos. Ele trazia de sua terra "um grande defeito do lado esquerdo da cabeça e metade da orelha cortada", resultado do ataque de um boi furioso.[7]

*

Alguns ganhadores exibiam nos corpos sinais que traduziam outro aspecto da experiência das classes populares urbanas. Refiro-me à tatuagem, uma marca voluntária, ao contrário das anteriormente descritas. Ela fazia parte da cultura marítima a que a Bahia estava profundamente vinculada enquanto porto de porte. Com efeito, quinze dos dezessete ganhadores tatuados atuavam no distrito portuário, treze deles nos diversos atracadouros locais. Pode-se imaginar o hábito de tatuar chegando aos ganhadores a bordo de navios nacionais e estrangeiros, que muita vez já traziam marinheiros peritos na arte de marcar corpos com desenhos, números e letras. Mas devia já existir na Bahia, como no Rio de Janeiro da virada do século XX, os chamados "marcadores" — como eram então chamados os tatuadores — que viviam em terra firme.[8]

Por vagas que fossem, as descrições das tatuagens dos ganhadores baianos representavam mais um procedimento policial visando fixar as características singulares de cada um deles. Na Europa, em alguns países mais que outros, as tatuagens eram tidas naquele período como um indício de tendências à delinquência. Era o que pregava Cesare Lombroso, criminologista e professor na Universidade de Turim, em sua obra *L'uomo delinquente* [O homem delinquente], publicada em 1876, com várias edições posteriores. Prócere da escola positivista de criminologia italiana, o sábio dizia que o criminoso não nascia das circunstâncias sociais, nem era fruto do seu livre-arbítrio, mas representava "um ser atávico que reproduz em sua pessoa os instintos ferozes da primitiva humanidade e os animais inferiores", conforme escreveu taxativo na introdução ao livro de um correligionário.[9] Às características fisionômicas (cabeça oval, queixo grande, ossos faciais altos, orelhas "de abano" etc.) e à dimensão reduzida da caixa craniana se somavam as tatuagens como pistas a identificar o criminoso potencial. O criminologista escreveu um capítulo inteiro sobre o tema, intitulado "Da tatuagem entre os criminosos", na parte de sua obra em que discutiu a "Biologia e a psicologia no criminoso nato". A indicar a ideologia que o orientava, Lombroso pregava que os diversos tipos de tatuagens seriam "traços eternos das ideias e das paixões predominantes nas classes inferiores da sociedade". Assim, na sua ideia — e em boa parte da ciência coeva —, as tatuagens eram um marcador, um estigma de grupos sociais subalternos.[10]

O pensamento de Lombroso fez escola no Brasil. Sem mencionar especificamente o professor italiano, a tese da tatuagem como indício de regressão atávica esteve contemplada num pequeno artigo do renomado dr. Ladisláo Netto, publicado em 1882 na *Revista da Exposição Anthropologica Brazileira*. Segundo ele, as várias técnicas de tatuagem e escarificação seriam "de uso peculiar de todos os povos selvagens ou semisselvagens, que vivem na zona tórrida ou em latitudes próximas a esta". O doutor também considerou "tatuagens" as marcas étnicas dos africanos, que seriam na verdade escarificações incolores. A tatuagem que nos interessa, porém, não é esta última, mas a que Ladisláo Netto definiu como aquela "que ainda hoje se observa em muitos mestiços civilizados, descendentes dos primitivos bárbaros, compreendendo a inoculação hipodérmica de materiais corantes". Admitiu, no entanto, que mesmo entre os europeus, e "mui seguida pelas populações marítimas", a tatuagem desse tipo existia, "embora limitada à representação de emblemas de fidelidade e de esperança, de alguns objetos de mera fantasia, e mais geralmente das iniciais do próprio indivíduo, ou de algum ente que lhe seja caro".[11] Ainda que falto em detalhes, isso descreveria os corpos tatuados dos ganhadores de 1887.

Era verdade, como indica James Bradley, que ao longo do século xix, na Europa, "as tatuagens eram mais associadas com os marinheiros". No final do século, entretanto, já se experimentava ali a corrida a uma moda disputada por homens das camadas sociais médias, mesmo as altas e até a aristocracia. Nas Forças Armadas, na Marinha sobretudo, ela já havia deixado de ser um hábito apenas de marinheiros para envolver a oficialidade. A adoção da tatuagem por membros da elite estrangeira era do conhecimento do público leitor no Brasil. O *Jornal do Recife*, por exemplo, publicou notícia, em 1895, sobre a difusão da tatuagem na Europa, inclusive na Inglaterra, até entre membros do Parlamento. Estes se faziam marcar com brasões de armas "para se distinguir do vulgo", pelo que pagavam caro ao hábil tatuador.[12]

Porém, predominava na Europa do final do Oitocentos uma associação lombrosiana entre tatuagem e criminalidade, sobretudo na França e na Itália. O mesmo se dava em vários países latino-americanos.[13]

Na Bahia, Lombroso foi particularmente popular entre os lentes da Faculdade de Medicina, em especial para pensar a questão da raça e da mestiçagem, com o intuito de, através de medidas cranianas e principalmente a identificação da descendência, enquadrar o negro como "raça inferior" — este o termo então usado — na cadeia evolutiva da humanidade. A teoria do criminoso nato foi adotada com paixão. Seu maior expoente seria o professor Raymundo Nina Rodrigues, que tratou do assunto pelo ângulo racial, mas escreveu de um ponto de vista mais teórico e, como fizera sobre isso pouca pesquisa de campo, omitiu a tatuagem de suas reflexões, escritas em torno de 1894.[14]

No entanto, não faltou discípulo seu na Faculdade de Medicina da Bahia que tratasse do assunto. Seguindo diligentemente as pegadas do criminologista italiano, o acadêmico Alvaro Ladislau Cavalcanti d'Albuquerque escreveria, em 1902, sua tese de conclusão do curso em medicina legal, sem dúvida sob orientação de Nina Rodrigues, professor titular daquela cadeira. Nina, portanto, fervoroso lombrosiano, embora discordasse do mestre aqui e ali, devia estar por trás das ideias do formando. Este, por seu turno, não se destacaria pela sofisticação acadêmica e prosa literária do orientador.

Intitulada *Contribuição ao estudo das tatuagens nos criminosos*, a tese de Alvaro Ladislau se baseava na observação de 72 presos e suas 347 tatuagens, uma ótima amostragem. "Entre as muitas anomalias que revestem e caracterizam o criminoso nato, verifica-se o acentuado gosto pelas tatuagens", anunciou o autor com solenidade à banca examinadora. Pouco adiante, porém, ele baixava um pouco a bola para admitir que "nem todo indivíduo que tem tatuagens possa insinuar tal suspeita", pois, como suas leituras o haviam informado, razões religiosas, a "imitação" e a "saudade" — algumas das categorias tomadas a Lombroso — podiam inspirar o dono do corpo tatuado. Nos homens "normais", as tatuagens seriam em geral afetivas ou de identificação profissional. Já entre os criminosos por ele examinados, além dessas, encontrou inscrições desviantes, entre as quais destacou "Morte aos burgueses", uma declaração político-ideológica ardilosamente criminalizada pelo formando — e que tinha equivalentes em plagas europeias.[15] Outro tatuado mandara escrever em sua pele a expressão "Nascido sob má estrella", que apenas reconhecia má sorte na vida desde o berço, mas o futuro médico se permitiu interpretar como o reconhecimento da tendência nata ao crime pelo próprio encarcerado. Os homens examinados também gostavam de se fazer tatuar com temas "obscenos", a exemplo do desenho da genitália masculina e da feminina, ou marcavam o próprio pênis. Enfim, essa tese acadêmica não passava de um roteiro de Lombroso encenado na Bahia pelo discípulo de Nina Rodrigues.[16]

Repetindo a teoria do criminoso nato aprendida nas aulas de seu orientador, Alvaro Ladislau escreveu que o mais importante no estudo das tatuagens — como no das características físicas de um indivíduo — era poder prevenir o crime identificando de antemão o criminoso potencial: "o estudo das tatuagens tem sua importância na antropologia criminal, porquanto elas permitem muita vez, pelo seu número, forma e localização, um juízo a priori mais ou menos seguro a respeito da índole e perversão moral de seus portadores".[17] Ou seja, o tatuado devia ser vigiado de perto pelas autoridades policiais porque, cedo ou tarde, ele atacaria.

O futuro médico, no entanto, chegou atrasado ao encontro com o criminoso. Sua pesquisa fora feita na penitenciária da Bahia, onde já se encontravam seus tatuados, e muitas das tatuagens teriam sido feitas no interior da própria prisão. O método do futuro médico, aliás, é fantástico: selecionou presidiários tatuados para concluir que os tatuados tendem ao crime! Lombroso e outros contemporâneos seus pelo menos se deram ao trabalho de investigar outros grupos, como os soldados, *antes* desses "criminosos natos" delinquirem, ou pelo menos antes de serem presos. De fato, muitos estudos foram realizados na Europa sobre o uso da tatuagem na caserna, um dos

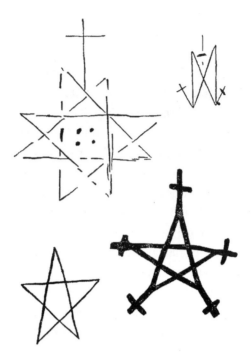

35. *Signos de salomão debuxados de observações forenses dos corpos de prisioneiros pelo dr. Alvaro Ladislau Cavalcanti d'Albuquerque e publicados em sua tese de formatura, de inspiração lombrosiana, intitulada* Contribuição ao estudo das tatuagens nos criminosos, *de 1902.*

principais ambientes de difusão do hábito. Embora o meio marítimo fosse dos mais lembrados como contexto de adesão, era mais fácil colher dados em instituições fechadas, como quartéis e prisões, do que no porto ou a bordo de navios. Os navios podem ser encarados como instituições fechadas somente no sentido de que seus tripulantes ficam confinados, durante as viagens, num ambiente propício à encenação de rituais de identidade, como sói ser o uso da tatuagem.

O interesse pelas teses de Lombroso, e com elas pela tatuagem, não ficou restrito ao ambiente acadêmico. A imprensa brasileira amiúde publicava referências ao tema. E não apenas para aderir cegamente à tendência científica da vez. Coube, por acaso, a José Joaquim de Senna Freitas, padre português radicado no Brasil, desfechar uma crítica contundente ao criminologista. Em 1891, o religioso constatou que o pensamento de Lombroso havia se tornado corrente entre professores, policiais e advogados no Brasil, o que significa dizer que a moda intelectual já corria solta quatro anos antes, quando confeccionado o *Livro de matrícula* de 1887. Senna Freitas expôs brevemente a doutrina, enfatizando seu determinismo biológico: "'existe um tipo criminoso que torna criminoso de nascença aquele em que se encarna este tipo". Esta hipótese cármica, mas de suposto fundo materialista, segundo o padre, desfigurava a face moral do indivíduo, sua responsabilidade penal inclusive, porque o criminoso "se acha amarrado à cadeia de ferro da fatalidade". E refutava: "segue-se ser incompreensível que a criança, incapaz de ato algum, já traga do seio materno o apanágio sinistro de ser um delinquente, e delinquente a tal ponto que torne irresponsáveis [sic] dos crimes que no futuro vier a cometer, como se semelhante hereditariedade fosse semelhante à cegueira e à surdez de nascença, que os anos não curam".[18]

Entre as evidências do tipo criminoso lombrosiano estaria "o hábito da tatuagem", anotou o padre, mas apenas de passagem. Seu diagnóstico profissional seguia: "Existem, sim, *tipos de delinquentes*, mas não existe o *tipo delinquente*". Embora admitisse algum atavismo, "a maioria dos delinquentes é *susceptível* de voltar a sentimentos honestos", garantia. "O catolicismo conta-os aos centenares no seu hagiológio." E atribuiu a Cesare Lombroso a criação de uma "metafísica gratuita dentro da antropologia". Não deixa de ser uma boa definição das ideias do professor italiano.

Senna Freitas não era um franco-atirador. Ele aderia a um dos lados de uma peleja fervilhante na Europa em torno da criminalidade, que dividia justamente "espiritualistas" e "materialistas". Estes teriam em Cesare Lombroso e sua escola positivista seus representantes mais típicos; aqueles seriam os adeptos do livre-arbítrio, da capacidade de cada um agir por decisão própria e, por isso, como resume Pierre Darmon, "devia ser considerado responsável pelos seus atos, e essa responsabilidade repousava sobre a concepção de uma alma imaterial à qual o Criador dera a noção do bem e do mal".[19] Do ponto de vista ocupacional, foi uma disputa que colocou em campos opostos magistrados da velha escola penal ("espiritualistas") e médicos da nova escola biologizante ("materialistas") no debate sobre quem estaria mais bem aparelhado para pontificar sobre crime e castigo. A intervenção espiritualista do padre Freitas sugere que ele conhecia o que se discutia na

Europa a respeito de tema tão candente. O religioso, aliás, seria o antípoda de Nina Rodrigues no Brasil, que defendia o determinismo biológico e portanto a primazia do médico — como ele era — sobre o magistrado na definição dos rumos de um processo criminal.[20]

Mas terão essas disputas interferido nos procedimentos policiais de fim de século na Bahia? Ou melhor, do período que antecede a confecção do *Livro de matrícula* dos ganhadores? Quando este foi criado, em 1887, fisionomias e tatuagens, entre outros indícios, já eram usadas no Brasil como alvos de observação para definir o criminoso nato lombrosiano, mas a decolagem desse pensamento aguardaria a década seguinte. Não é certo, assim, que a polícia baiana, ao fazer a matrícula de 1887, tivesse sido rigorosamente treinada nos moldes da escola italiana ou quaisquer outros métodos de "polícia científica" que começavam a se consolidar na Europa da época. O uso mais sistemático desses métodos no Brasil esperaria a chegada da República, quando foram introduzidos os gabinetes de identificação criminal. Na Bahia isto se deu em 1911, e sua regulamentação veio no ano seguinte, tendo como objetivo, entre outros, produzir fichas criminais que descrevessem "filiação morfológica e exame descritivo, notas cromáticas, traços característicos, particularidades, cicatrizes, tatuagens, anomalias congênitas acidentais ou adquiridas", conforme rezava seu regulamento.[21] Era de fato o mesmo roteiro adotado no registro de ganhadores de 1887, mas que vinha sendo trilhado desde muito antes.

Embora na década de 1880 já devessem ter chegado à Bahia notícias da nova abordagem criminológica, esta devia se entrelaçar com velhos procedimentos usados para descrever em minúcias o sujeito desviante, não para prevenir o crime, mas para identificar o criminoso, capturá-lo e puni-lo. Ao anotar no livro dos cantos as tatuagens e outras marcas encontradas nos corpos dos ganhadores, a polícia dava prosseguimento a usos vigentes no Brasil imperial de descrever fisicamente as pessoas nos autos de prisão, nos passaportes, nas cartas de emancipação de africanos, nos anúncios de escravos fugidos, só para citar alguns documentos da época preocupados com a identificação individual. Se seus portadores delinquissem ou já o tivessem feito, seria mais fácil encontrá-los. O método não era novo.

Por exemplo, em 1835, no termo de prisão, hábito e tonsura do escravo africano Matheos Dada, um dos indiciados por envolvimento na Revolta dos Malês, foi registrado ser ele de nação nagô, "de estatura ordinária, magro, com muito pouca barba, cabeça e orelhas pequenas, nariz ordinário, com três sinais de sua terra perpendiculares na testa e três em cada lado da cara". Além dessas informações, indicava-se o nome e o endereço do senhor de Matheos.[22] Tudo tal qual os termos de identificação encontrados no *Livro de matrícula* quase cinquenta anos depois. Em 1850, na carta de emancipação do africano livre batizado como Pedro, escrita em Alagoas, lemos as seguintes informações: "idade presumível, 20; rosto redondo; olhos regulares; nariz grosso; beiços grossos; orelhas regulares". Quanto aos "defeitos particulares, marcas ||| em cada face, além de muitos talhos miúdos", e ainda trazia no peito uma cicatriz de ferro quente com as iniciais de seu presumível comprador na Costa da Mina. Informava também o documento que Pedro era nagô. Mesma forma do registro dos ganhadores em 1887. Em 1858, o passaporte emitido para o escravo africano Domingos — como todos os passaportes emitidos no Império para brancos, pretos, pardos, escravos, libertos ou livres — registrava os "signaes" do viajante, que neste caso seguia para o Rio de Janeiro, presumivelmente acompanhado por seu senhor ou por este entregue a algum outro homem livre. Lá estavam idade, estatura, cabelo, testa, sobrancelha, olhos, nariz, boca, barba, fisionomia e cor, e ainda se reservava um campo, que ficou em branco, para "Signaes particulares". Fosse ele tatuado, teria sido registrado. De novo à semelhança da matrícula de 1887. E todos esses registros feitos em datas mui anteriores à adoção do pensamento lombrosiano em terras brasileiras.[23]

Havia ainda outro costume que reclamava a observação cuidadosa do corpo subalterno numa sociedade escravista: os anúncios de escravos fugidos. Publicadas na imprensa, essas notícias se esmeravam na descrição física (altura, massa corporal, formato de nariz, lábios, textura de cabelo, cicatrizes, marcas étnicas etc.), além de apontar o perfil psicológico (gagueira, timidez, altivez, eloquência, esperteza etc.), hábitos pessoais (beber, jogar, dançar, tocar instrumentos etc.), estado de saúde e habilidade profissional dos perseguidos. Tudo era feito para facilitar a identificação e captura do escravo fugido pelos caçadores de recompensa. Leiam o anúncio a seguir e entenderão o que falo. Ele descreve o crioulo Theodosio, fugido do engenho Pindobas, no Recôncavo baiano, em 1850: "estatura regular, bons dentes, rosto um tanto comprido, mas cheio, com uma cicatriz em uma das faces por efeito de dores de dentes e supuração, barba não fechada, conquanto tenha suíças compridas até por baixo da barba, corpo mais comprido do que as pernas, um tanto crescido do estômago e da barriga, pernas grossas e pés grandes".[24] Além de divulgar as características físicas de Theodosio, o anúncio informava que ele fazia todo tipo de serviço braçal, sendo muito corpulento e forçudo, mas era principalmente bom carreiro, vaqueiro e tangedor de cavalos, e trabalhava também como serrador, hábil no machado, na foice e enxada. Acrescente-se que não era fujão iniciante, pois tinha o costume de se evadir e mudar de nome para ludibriar seus perseguidores.

Este outro anúncio é de 1869:

> Fugiu ao abaixo assinado, desde o dia 20 de janeiro do corrente ano, o seu escravo Antonio José, conhecido como Antonio do birimbau, por gostar de tocar este instrumento; e tem os seguintes sinais: 35 a 38 anos pouco mais ou menos, cheio do corpo, estatura regular, orelhas grandes e abanadas, barba falhada, que traz sempre rapada, queixo fino, maçãs do rosto bem salientes, fala um pouco tátara, e costuma às vezes a embriagar-se.[25]

Assim, tínhamos uma sociedade acostumada a observar, descrever e classificar as características físicas, ocupacionais e morais dos indivíduos — sobretudo (mas não apenas) da classe trabalhadora livre, liberta e escravizada —, sem que tal proceder se inspirasse, necessariamente, em métodos científicos de policiar importados da Europa. Lombroso teria muito a aprender com o sistema de identificação do Brasil imperial-escravocrata. Faziam seu tipo criminoso, aliás, as maçãs do rosto salientes, as orelhas de abano e a gagueira ("fala tátara") do tocador de berimbau.

Devido à tradição classificatória dos indivíduos existente de longa data no Brasil, é de estranhar uma circular de 1883, feita pelo chefe de polícia interino, Joaquim José de Oliveira Andrade, aos delegados e subdelegados da província da Bahia. Ele avisou àquelas autoridades que nos inquéritos policiais se devia colher a descrição dos "sinais característicos e costumes dos delinquentes", fossem os já presos ou os ainda procurados. Andrade citava os sinais que queria ver sempre registrados: "cor, estatura, qualidade dos cabelos ou barba, e quanto de particular e notável ofereçam os olhos, nariz, lábios etc. dos criminosos, precisando ainda a sua idade, filiação, naturalidade, estado e costumes, como de jogar, cantar, tocar certo instrumento, embriagar-se etc.". Até parece que esse chefe de polícia vivia noutro país, pois, como acabamos de ver, tais dados faziam parte, corriqueiramente, dos inquéritos policiais — ou deveriam fazê-lo — desde os tempos coloniais, e agora, no Império, eram também registrados nos passaportes e divulgados na imprensa em anúncios de escravos fugidos. Continuando a mensagem a seus subordinados, dr. Andrade recomendou que, quando se tratasse de criminosos à solta, procurassem colher aquelas informações de parentes e conhecidos deles, além das testemunhas de seus delitos, espécie de retrato falado. A ideia do chefe de polícia foi aproveitada por seu sucessor, Virgílio Gordilho, também interino, que alguns meses depois o substituiria e fez circular aos delegados e subdelegados a mesma correspondência, na íntegra, agora com sua assinatura, cometendo espécie de plágio administrativo.[26]

O historiador Eliseu Santos Ferreira Silva acredita que a circular desses chefes de polícia indicaria "brisas da criminologia positivista soprando na polícia baiana na década de 1880".[27] Disse-o bem: "brisa" e não vendaval, ainda. Há de fato alguma sombra de Cesare Lombroso nas palavras do chefe de polícia. Termos como "delinquentes" por este usado invocam o título do livro do criminologista italiano, e "sinais característicos" era uma expressão cara ao professor de Turim para definir o criminoso nato. Mas é pouco para afirmar que haviam desembarcado na Bahia os métodos de polícia científica que circulavam na Europa, à exceção, talvez, do retrato falado. Faltou uma referência mais direta ao italiano ou mesmo a "países bem policiados", que era um sinônimo de "países civilizados", expressão muito comum naqueles tempos. Fica então a dúvida. A dúvida se estende a se o *Livro de matrícula* teria sido, de alguma forma, inspirado em normas policiais europeias, ou se apenas recuperava um protocolo secularmente estabelecido no Brasil. Ou, quiçá, ambas as coisas.

De toda sorte, o modo sumário com que foram descritas as tatuagens no *Livro de matrícula* indica que seus escrivães não tiveram treinamento específico para o trabalho forense segundo os cânones da antropologia criminal da época.[28]

*

Gota d'água no oceano de ganhadores (dezessete entre mais de 1700), os tatuados estavam assim distribuídos quanto à cor da pele: oito pardos, três cabras, três pretos, um fula, um caboclo e um branco. Portanto, predominavam aqueles de pele mais clara, que podiam melhor exibir suas tatuagens, em geral feitas com tintura azul.[29]

343

QUADRO 5: TATUAGENS E TATUADOS NA MATRÍCULA DE 1887

1. "no braço direito as letras MMP, por baixo das quais um signo salomão" (Firmino Olegário Pereira da Silva, 20, pardo, marceneiro, natural de Assu da Torre, Canto O, Cais do Barroso);

2. iniciais AOPS no braço esquerdo (Ambrósio Olegário Pereira da Silva, 19, cabra, marceneiro, natural de Assu da Torre, Canto O, Cais do Barroso);

3. "emblema" e embaixo as iniciais MP e BA no braço direito, usava também bigode e cavanhaque (Manoel Rodrigues dos Santos, 38, cabra escuro, sapateiro, natural de Cachoeira, Canto U, Cais Novo);

4. iniciais EMN no braço direito e MS no esquerdo (João Alves Damasceno, 36, branco, latoeiro, ex-músico do Exército e ex-policial, natural de Santana do Catu, Canto AL, em frente à estrada de ferro da calçada);

5. "emblemas de tinta azul nos braços" (Bazilio Gomes Caldeira, 34, pardo, ferreiro, natural de Salvador, Canto AV, Baixa dos Sapateiros);

6. "emblemas e letras de tinta azul em ambos os braços, sendo as do braço esquerdo VMC AJB, e as do direito CPM (André José de Britto, 24, preto, natural de Salvador, Canto ZZ, Rua da Alfândega);

7. palavra "Julho tatuada no antebraço direito e diversos emblemas no esquerdo" (Hospício Angelo Ferreira, 20, preto, pedreiro, natural de Salvador, Canto BM, Cais de Santa Bárbara);

8. S no braço direito (Marcolino da França Cardoso, 20, pardo, carpina, sabe ler e escrever, natural de Salvador, Canto BM, Cais de Santa Bárbara);

9. TE no antebraço direito, LMC, FMI e ZM no esquerdo (Aprigio José dos Santos, 30, pardo, natural de Itapicuru, Canto BM, Cais de Santa Bárbara);

10. JA no antebraço direito (Julio Auctor das Neves, 21, pardo, marceneiro, natural de Itapicuru, Canto BM, Cais de Santa Bárbara);

11. MD e cicatriz de talho no punho esquerdo (Marcolino Pereira dos Santos, 30, fula, cozinheiro, natural de Estância, Sergipe, Canto BM, Cais de Santa Bárbara);

12. "tem um signo no antebraço direito" (Antonio Francisco, 28, preto, natural de Salvador, Canto BM, Cais de Santa Bárbara);

13. "tem uns emblemas de tinta azul em ambos os braços" (Galdino Victor Sobral, 22, acaboclado, seleiro, natural de Salvador, Canto AF, Cais do Ouro);

14. "emblemas de tinta azul no braço esquerdo" (Herminio Magalhães Leopoldino, 18, pardo escuro, alfaiate, natural de Salvador, Canto A F, Cais do Ouro);

15. "emblemas de tinta azul em ambos os braços" (Manoel Jerônimo da Silva, 36, pardo escuro, natural do Rio São Francisco, Canto A F, Cais do Ouro);[30]

16. "um emblema de tinta azul nas costas da mão esquerda" (Francisco Nicolau Teixeira, 21, pardo, carpinteiro, natural de Salvador, Canto A F, Cais do Ouro);

17. "um emblema azul no antibraço esquerdo" (João da Cruz, 23, cabra, natural de Inhambupe, Canto QQ, dentro do Mercado do Ouro).

FONTE: APEB, *Livro de matrícula dos cantos.*

Há um traço de união entre a maioria dos tatuados, que era terem eles ocupações especializadas. Três marceneiros, dois carpinas, além de cozinheiro, seleiro, alfaiate, sapateiro, pedreiro, ferreiro e latoeiro, um de cada ofício. Este último havia também sido policial e músico do Exército. Apenas cinco ganhadores tatuados não tiveram ocupações especificadas, devendo ter sido carregadores tão somente. Essa distribuição ocupacional destoa com força de qualquer tentativa de criminalizar, na partida, os tatuados dessa amostra. Eram não apenas trabalhadores, possuíam ofícios. Mas apesar de terem ocupações tipicamente urbanas, o interior da província estava bem representado, pois metade dos tatuados era ali nascida, ficando Salvador com a outra metade. É possível que a capital tivesse servido de oficina de treinamento para esses interioranos, inclusive para a feitura da maioria das tatuagens que exibiam. Quanto à idade, os tatuados eram na maior parte jovens com menos de trinta anos, apenas quatro acima dessa marca. O mais novo tinha dezoito anos, e o mais velho, 38. Na faixa dos dezoito a trinta anos se acomodavam treze. Isso quer dizer que trazer o corpo marcado era um hábito juvenil e, portanto, de introdução mais recente nas ruas da Bahia.

A distribuição dos ganhadores tatuados pelos cantos sugere uma inclinação sutil de agregação entre eles. Dos dezessete, apenas cinco estavam completamente isolados em seus respectivos grupos de trabalho. Enquanto isso, dois eram membros do canto O, localizado no cais do Barroso, quatro do canto AF, que ocupava a escada de pau do cais do Ouro, e seis do canto BM, sediado no cais de Santa Bárbara. Fica assim evidenciado que o uso de tatuagens por indivíduos que trabalhassem ombro a ombro representaria, em certa medida, uma identidade coletiva, mas não forte o suficiente para reunir todos os tatuados, ou pelo menos uma grande maioria, no mesmo canto.

Uma pergunta inevitável e ainda impossível de responder é se o próprio canto teria sido o local onde as tatuagens fossem porventura produzidas, com um ganhador imitando o outro e até a se tatuarem mutuamente. Fosse este o caso, a moda não se espalhou entre os ganhadores.

Para desengano dos lombrosianos, não se pode afirmar que os tatuados fossem ganhadores com procedimento particularmente desviante, rebelde ou violento, pois apenas dois constam no rol daqueles expulsos de seus grupos, um pertencente ao canto BM e outro ao AF. Deste último fora expulso Manoel Jerônimo da Silva, em novembro de 1887, "por mau procedimento". Do BM, que tinha a maior concentração dos tatuados, saíram vários ganhadores acusados de roubo, mas apenas um deles tinha tatuagem, Julio Auctor. Conforme já apontei, esse canto praticamente desapareceu com a saída espontânea da maioria de seus membros.

Exceto pela cor da pele, só um pouco diferente, os dois primeiros ganhadores listados no quadro anterior, além de ganhar no mesmo canto, possuíam diversas características em comum, inclusive o nome de família. Representam um caso especial, eu diria. Um chamava-se Firmino Olegário Pereira da Silva, o outro, Ambrósio Olegário Pereira da Silva. É provável que fossem irmãos, mas talvez tivessem sido escravos do mesmo senhor, cujo sobrenome seria Pereira da Silva. Contra esta última hipótese existe a circunstância de que nada fora registrado neste sentido, ao contrário de anotações feitas nas fichas de outros ganhadores libertos, cujos antigos senhores foram nomeados, embora não sistematicamente. Tanto Firmino quanto Ambrósio eram marceneiros, quase da mesma idade, moravam em Brotas, decerto no mesmo endereço, nasceram em Açu da Torre, no litoral norte da Bahia, e ambos pertenciam ao canto O, estabelecido no cais do Barroso. Um era espelho do outro, mas suas tatuagens diferiam. A de Ambrósio representava claramente as iniciais de seu nome, o que não era o caso das letras tatuadas no braço de Firmino, as quais seriam quiçá iniciais de outra pessoa do círculo de suas relações afetivas. De todo modo, ambos tinham um mundo em comum, e suas tatuagens apenas serviam para acrescentar mais um dado de parecença. Posso vê-los, pois, combinando um com o outro se submeterem juntos à operação que marcaria seus corpos talvez para sempre.

Antes de ser um sinal de identidade grupal, a tatuagem representava um ato radical de identificação pessoal, e também um ato político, ou, se preferirem, micropolítico. Servia para afirmar uma personalidade individual onde as classes superiores só enxergavam a peça menor de um mecanismo social controlado de cima para baixo. Destacam-se nesse sentido nomes próprios ou suas iniciais. Como Ambrósio Olegário, Julio Auctor tinha as iniciais de seu nome tatuadas no antebraço direito, da mesma forma que André José de Brito e Manoel Rodrigues dos Santos. Somados, quatro dos dezessete ganhadores tatuados apresentavam tal característica. Auctor tinha mais uma tatuagem com as iniciais VMC. Como em outros ganhadores, havia boa chance de que as iniciais aludissem a alguém de seu bem-querer. Iniciais de amantes e amores — passados, presentes ou pretendidos — seriam o mais provável, o que incluiria esses trabalhadores nos anais do amor romântico; mas podia ser também uma prática mágica, no caso magia de amarração da mulher conquistada ou daquela desejada. Outra possibilidade é que as iniciais citassem grupos organizados, ilegais ou clandestinos, sociedades secretas ou maltas de capoeiras, por exemplo. Mas esta suspeita se enfraquece quando se observa que a combinação das letras nunca se repete em diferentes ganhadores.

Além de letras, foram registradas tatuagens com emblemas azuis e "signos", sem que fossem descritos os desenhos, exceto uma vez, o signo de salomão de Firmino Olegário. Considerado amuleto protetor, ele era representado por uma estrela de seis pontas — mas podiam ser cinco ou oito pontas — e muito usado não apenas no Brasil, como também na Europa e talvez em outras regiões tocadas pelo Ocidente cristão.[31] Era tão popular que possivelmente o termo "signo" que aparece na descrição do preto Antônio Francisco se referisse ao desenho salomônico, assim como o seriam alguns dos referidos vagamente como "emblemas". O recurso à proteção mágica não podia ser desprezado num mundo em que a violência rondava as vidas dos ganhadores, o que se evidenciava nas numerosas cicatrizes que marcavam seus corpos. É claro que o uso de tatuagens não era o único expediente protetor numa cidade tão mística como Salvador, mas tinha a vantagem de ser um alerta permanente e indelevelmente preso ao indivíduo a ser defendido.

Por fim, quanto ao tipo de tatuagem registrada na matrícula, apenas no braço de um preto pedreiro de vinte anos, que tinha o curioso nome de Hospício Ferreira, surge uma palavra completa, "Julho", cujo sentido é de difícil alcance. Podia ser, contudo, obra inacabada em alusão ao Dois de Julho, a data em que se comemora com muita festa e grande estilo a independência da Bahia. Teríamos então uma tatuagem cívica ou, em se tratando de Bahia, patriótica. A tatuagem patriótica não constituía novidade, sendo comuns desenhos de bandeiras nacionais, brasões de casas reais ou declarações explícitas de amor à pátria.[32]

Um aspecto que vale a pena mencionar, brevemente que seja, é o local do corpo em que as tatuagens foram inscritas, todas nos braços e antebraços, à exceção de duas: uma no punho esquerdo e outra na mão esquerda. De todo modo, nos membros superiores todas elas. Foram ao todo dez no braço e cinco no antebraço, e alguns ganhadores as tinham tanto no lado direito como no esquerdo. A preferência por essas partes do corpo se repetiria mais tarde na pesquisa do acadêmico Alvaro Ladislau Cavalcanti d'Albuquerque, antes referida, e era generalizada mundo afora. Nos ganhadores, porém, as tatuagens decoravam membros de sua anatomia que serviam de verdadeiros instrumentos de trabalho, ou seja, braços que recebiam, transportavam, carregavam e descarregavam mercadorias.

É lamentável que Alvaro Ladislau nada escrevesse sobre os tatuadores ou "marcadores" e seus métodos de tatuar. Tivéssemos um cronista para a Bahia como o Rio de Janeiro teve em João do Rio, saberíamos alguma coisa a respeito desse assunto. Na virada do século xx, segundo ele, os tatuadores da praça carioca eram muito numerosos, tanto que a competição pelo mercado podia ser acirrada e os consumidores aproveitavam para fazer boas barganhas. João do Rio observou que eram duas as técnicas usadas para tatuar na capital: por picadas e por incisão. À primeira ele atribuiu uma origem africana, e já não era muito usada. Na mais popular, por incisão, se usavam "três agulhas amarradas e embebidas em graxa, tinta anil ou fuligem, pólvora, acompanhando um desenho prévio". E concluía: "O marcador trabalha como as senhoras bordam".[33]

A técnica africana provavelmente deixara de ser usada na Bahia, considerando que um dia o tivesse sido. Nenhum ganhador nascido na África foi registrado no *Livro de matrícula* com tatuagem, embora fosse uma prática existente entre os nagôs, que formavam a imensa maioria dos africanos remanescentes em Salvador naqueles anos.[34]

Observa-se no *Livro de matrícula* um silêncio quase absoluto sobre cicatrizes e outras marcas no corpo do africano. Inclusive sobre suas escarificações étnicas. Em apenas dois momentos estas foram anotadas pelo escrivão de polícia. Sobre José do Monte Falcão, 52, liberto, ajudante num canto de apenas quatro ganhadores, o escrivão anotou: "tem no rosto sinais próprios de sua nação"; e foi mais específico sobre Luiz Jacintho de Souza, quarenta anos, outro africano liberto, que exibia "três lanhos grandes em cada lado do rosto". Há um terceiro africano, de nação mina, que ganhava no cais de Cachoeira e talvez tivesse suas marcas étnicas registradas, mas que o escrivão descreveu como cicatrizes no rosto.[35] E só.

Os dois primeiros pareciam representar traços típicos dos diversos grupos étnicos classificados como nagôs na Bahia, especialmente dos numerosos naturais do reino de Oyó. Não creio que, entre os mais de oitocentos ganhadores africanos, apenas dois, talvez três, tivessem tais marcas, até porque elas foram amplamente usadas na África do século XIX, devido às guerras em território iorubá e à consequente escravização dos que eram feitos prisioneiros no campo de batalha, ou em vilas e cidades pilhadas. Segundo o depoimento de um velho iorubá:

> Nos dias antigos [...] durante as guerras há muito tempo, se qualquer criança (sem marcas) fosse levada pelo inimigo, não podíamos mais tarde reconhecê-la se ela fosse encontrada, porque não havia marcas. [...] Assim, se eu tenho minha própria marca, então a coloco nos meus filhos, e se os vejo, eu sei que são meus próprios filhos. [...] Isso aconteceu durante as guerras, levando-os a terem de fazer as marcas.[36]

As escarificações étnicas podiam representar a esperança de retorno, um dia, de vítimas do tráfico transatlântico para suas comunidades originais na África, onde seriam então reconhecidas e acolhidas pelos remanescentes de suas parentelas. Segundo o historiador Samuel Johnson, escrevendo no final do século XIX, as marcas faciais distinguiam os principais ramos familiares dos diversos subgrupos étnicos que compunham o povo iorubá, tendo sido durante largo tempo apenas usadas pelos habitantes de Oyó como registro do privilégio de pertencer a um Estado poderoso, que proibia com veemência a escravização de seus súditos. Ou seja, os escarificados não podiam ser escravizados. Essa regra, contudo, caducou com a decadência de Oyó e com a imitação daquele costume pelos súditos de outros reinos iorubás.[37]

Se a ausência de anotações sobre incisões étnicas no *Livro de matrícula* refletia a negligência ou mesmo uma norma de identificação policial — o que acho mais provável —, restaria a hipótese de que os ganhadores africanos viessem de grupos nagôs nos quais inexistisse aquele costume, ou de grupos em que aquelas marcas seriam tão finas que, com o tempo, desapareceriam ou se tornariam invisíveis aos olhos pouco treinados e pouco interessados do escrivão de polícia.[38] Mas, como disse antes, penso que a polícia não estivesse interessada em ser tão meticulosa na descrição dos africanos, afinal um grupo talvez mais conhecido, cujos membros não seriam de difícil localização e na sua maior parte formado por homens idosos que não se metiam tão frequentemente em bulha quanto os mais jovens negros e mestiços nascidos no Brasil. Portanto, mais uma evidência de que estes últimos eram agora os principais alvos da vigilância policial, aos quais se queria conhecer com maior detalhe para melhor disciplinar e reprimir em suas eventuais faltas. Daí não terem sido os corpos dos africanos tão minuciosamente devassados nas folhas do *Livro de matrícula* como foram os corpos dos trabalhadores nacionais.

*

Havia outro tipo de intervenção no corpo ainda mais raro do que as tatuagens: "dentes limados", conforme a expressão da época. Embora não generalizado, era costume comum entre os iorubás e outros povos africanos. No entanto, não aparece no *Livro de matrícula* relacionado com ganhadores nascidos na África, talvez pelo que acabei de dizer sobre o desinteresse policial em descrevê-los minuciosamente. Os registros de dentes limados naquele documento se referem a três ganhadores: o cabra Estanislau Joaquim do Sacramento, pedreiro nascido em Salvador em 1861, que também carregava uma grande cicatriz no alto do crânio; o preto Custódio Domingos da Fonseca, 21, de Santo Amaro; e o fulo Manoel dos Santos, trinta anos, natural de Cachoeira.[39] Homens com naturalidades, cor da pele e idades diversas. E apenas três, no meio de centenas de ganhadores — um número deveras desprezível, embora, só por existirem, chamem a atenção.

De onde, de qual contexto social e cultural tiraram eles a ideia para essas alterações dentárias, eu ainda não sei. Também ignoro por que a adotaram. Não sei se investiam num efeito estético, se era um dispositivo para provocar medo ou respeito, procedimento ritual, esforço para estabelecer mais radicalmente uma identidade pessoal e até coletiva, ou outra motivação qualquer. As formas dadas aos dentes modificados não são tampouco descritas. Segundo pesquisas arqueológicas feitas em Salvador, a mais comum no século XIX era a "retirada dos dois ângulos centrais dos incisivos centrais superiores", formando um V invertido no centro da arcada dentária superior, e a mais rara era a dentadura chamada "de piranha", em que todos os dentes frontais eram serrados até apresentarem a ponta superior bem fina.[40]

Só um dos portadores de dentes modificados, o preto santo-amarense Custódio da Fonseca, vivia cercado por africanos, pois pertencia a um canto em que 52 destes trabalhavam ao lado de 24 brasileiros. Sua convivência com africanos talvez se estendesse para fora do local de trabalho, uma vez que morava na Quinta das Beatas (atual bairro Cosme de Farias), lugar famoso na época por seus muitos candomblés, uma religião ainda densamente africana.[41] Já Estanislau e Manoel estavam em cantos diferentes, ambos formados apenas por trabalhadores nacionais. Mas o canto, fosse de africanos ou nacionais, não figura como fator de adesão a essa prática, ou seja, o mais provável é que os ganhadores tivessem limado seus dentes fora do ambiente de trabalho e mesmo longe do convívio com outros ganhadores. Isso não significa que a conexão africana deva ser totalmente descartada, uma vez que a escravidão parece ter tido algum papel nessa história.

Pois dentes limados também ocorrem em outra fonte documental já aqui examinada: os anúncios de escravos fugidos. A limação foi adotada por 9,4% de uma amostra de 173 escravos anunciados em jornais paraibanos entre 1850 e 1888, por exemplo. Não era uma proporção desprezível.[42] Minha própria pesquisa em jornais publicados em Salvador, no mesmo período, resultou numa proporção bem menor de escravos fugidos com dentes limados: de uma amostra de 482, apenas seis, não mais que 1,5%. Três eram mulheres, e destas, uma era africana. Dos três homens, um era brasileiro e dois eram africanos, sendo um destes de nação galinha (da região do rio Gallinas, na atual Libéria) e outro, mina.[43]

Como entre os ganhadores de cantos, nos anúncios de fuga a limação dos dentes não era uma característica apenas dos nascidos na África, mas é possível que os escravos nascidos no Brasil a tivessem adotado, em contextos específicos, por imitação, deferência ou influência dos africanos, e que essa prática fosse passada de geração a geração. Que a "modificação voluntária" dos dentes não fosse exclusiva dos africanos no Brasil é também o que concluem pesquisas arqueológicas.[44]

*

Fica que as diferentes marcas exibidas nos corpos dos ganhadores seriam, no seu conjunto e mais amplamente, típicas da classe trabalhadora baiana. Há que diferenciar as menos numerosas produzidas por decisão individual ou processo ritual (portanto coletivo) — tatuagens, limação dentária e escarificações étnicas —, todas sinais de identidade, daquelas recebidas involuntariamente de castigos, golpes de briga, ferimentos de guerra, doenças, acidentes de trabalho, todas lembranças da violência e mesmo da brutalidade. Este último conjunto de cicatrizes testemunharia a precariedade da existência de um setor da população na sua imensa maioria egresso da escravidão ou de descendência escrava. Fossem de libertos ou dos já nascidos livres, os corpos dos ganhadores descritos no *Livro de matrícula* formam um quadro eloquente da espoliação sistêmica e secular de várias gerações de trabalhadores, as derradeiras prestes a entrar na era do pós-abolição. Naqueles corpos estava de certo modo significado o legado imediato do regime escravocrata brasileiro, que iria se projetar para muito além de 13 de maio de 1888.[45]

Epílogo

Os africanos escravizados, libertos e livres foram vítimas de apertado controle na Bahia oitocentista, conforme busquei demonstrar ao longo deste livro. Não apenas eram seus passos vigiados por senhores, autoridades policiais e "cidadãos de bem" em geral, que limitavam sua circulação pelas ruas da capital, os humilhavam e castigavam regularmente. Os filhos da África, que nem cidadãos eram, foram, além disso, submetidos a uma forma original de acossamento, o arrocho tributário, verdadeira guerra fiscal, como me permiti chamar a imposição de um conjunto de medidas tributárias que incidiam sobre eles, e só eles. Em nome do progresso, da civilização, do abastecimento de braços para o campo, da proteção ao trabalhador nacional, os ganhadores africanos, que nunca pediram para estar no Brasil, foram se tornando *personae non gratae*. A novidade desta investigação está sobretudo em demonstrar, com o maior detalhe possível, como se montou e evoluiu essa campanha original de discriminação étnica em terras baianas.

Mas os ganhadores africanos não se deixariam abater facilmente. A greve de 1857 foi a mais eloquente resposta à pressão por eles sofrida, um movimento inédito, ousado e original nos anais da sociedade escravista no Brasil, e mesmo nas Américas, episódio que deixou perplexas as autoridades políticas e policiais da província da Bahia e repercutiu como curiosidade excêntrica nos principais jornais da corte imperial. A Bahia já era conhecida por revoltas incomuns: em 1835 ocorreu a Revolta dos Malês, muçulmana, que pregou um massacre aos brancos; em 1836, a Revolta da Cemiterada, católica, um protesto contra a proibição dos enterros nas igrejas; no ano seguinte, a Sabinada, uma revolta federalista mais convencional, com um verniz republicano. Esses movimentos, sobretudo o de 1835, provocaram um estado de vigilância permanente nas autoridades locais em relação aos africanos, escravizados ou não. Muito da vontade de expulsar os libertos e vender os escravos africanos para fora da capital, e se possível da província, resultara do temor de que a Bahia viesse a repetir o Haiti, onde, entre 1791 e 1804, uma revolução escrava havia massacrado centenas de brancos, abolido a escravidão e criado um país governado por negros. O fantasma do haitianismo, na Bahia em aliança com o fantasma malê, logrou assustar os baianos durante muitas décadas ao longo do Oitocentos, mas eventualmente bateu em retirada.[1]

Entretanto, ao nervosismo político somavam-se preocupações de vária ordem, econômica, social, cultural. Com o fim do tráfico e a resultante escassez de mão de obra no campo, os proprietários rurais quiseram ter acesso à mão de obra africana empregada em atividades urbanas. Não importava se fossem africanos já libertos ou ainda escravizados. Vimos que esse projeto de muitas vozes foi numerosas vezes veiculado na imprensa, na literatura, na correspondência governamental, no debate parlamentar. A expulsão dos africanos de Salvador visava também abrir espaços de sociabilidade nas ruas e praças para a circulação confortável e segura dos membros da elite e das camadas médias brancas, cujos números cresciam numa cidade que eles desejavam europeizar na marra. Para realizar tal projeto, aspiravam desafricanizar a capital baiana, um esforço que se prolongou pela era republicana. Para alcançar esse objetivo, cabia neutralizar a expansão dos costumes oriundos da África, em particular sua religião, que, apesar de perseguida, se espalhava de cima a baixo na pirâmide social ao longo do século XIX. De fato, com o tempo, o candomblé deixaria de ser coisa somente de africano para ganhar adeptos entre negros, mestiços e brancos de vária estatura social nascidos no Brasil.[2]

Cabe lembrar, no entanto, que os projetos mais mesquinhos de ataque aos africanos não obtiveram adesão unânime da população livre. Não se conhecem organizações ou grupos de indivíduos que se dedicassem, de forma regular ou esporádica, a exercer programaticamente a violência física contra eles. À exceção da atuação da polícia, dos fiscais e senhores, que agiam no varejo, os únicos incidentes por mim detectados de violência coletiva contra os ganhadores africanos foram protagonizados por ganhadores nacionais, sobre o que, todavia, as notícias são tão escassas que nos impedem de verificar a verdadeira dimensão dos fatos e o perfil específico dos envolvidos. A ideia que predominou entre os baianos incomodados foi a de vencer os africanos pelo cansaço, pela aplicação homeopática de medidas e sanções policiais, pela discriminação no cotidiano do trabalho e do lazer, fechando-lhes as portas das mais diversas instituições, inclusive algumas controladas por negros brasileiros — enfim, um conjunto de atitudes que tornariam ainda mais incertas suas vidas. Tal a fórmula do racismo à brasileira, neste caso acrescentado de preconceito antiafricano especificamente.

Contudo, mesmo essas formas de ofender, humilhar, disciplinar e punir os ganhadores africanos não receberiam aprovação unânime. Vimos ao longo deste livro que até as maiores autoridades da província podiam discordar sobre como proceder nesse aspecto. Digamos que para cada sujeito intolerante como o presidente da província Francisco Gonçalves Martins havia um negociador como o presidente João Lins Vieira Cansanção de Sinimbu. Além dos senhores, que tinham por obrigação e interesse proteger seus negros de ganho contra a intromissão governamental em arranjos privados, os clientes, comerciantes, senhorios, vizinhos, patrões, parlamentares, funcionários públicos e até autoridades policiais podiam estender mãos solidárias aos trabalhadores africanos libertos — tudo, entretanto, dentro do figurino previsto no sistema da economia de favores, da política paternalista, do clientelismo estamental, ou que outro nome se queira dar às relações de subordinação, dependência e negociação típicas, ao lado da violência pura e simples, em sociedades escravocratas, embora não apenas nestas.

Todavia, foram a proteção e a solidariedade mútuas que prevaleceram entre os ganhadores africanos, que reagiram como puderam, individual e coletivamente, ao assalto fiscal e a outros ataques a eles dirigidos no e em torno do ambiente de trabalho. Não se mobilizaram apenas para protestar e resistir, mas também para sobreviver e competir a cada dia no mercado de serviços e vendas. Organizavam-se para ganhar e comerciar, formando grupos e redes em geral assentados sobre identidades coletivas com dimensões étnicas e de classe. Essas mesmas instituições informais permitiram que boicotassem a tentativa de controle de seus grupos de trabalho em 1837 e que parassem a cidade em 1857. Se eram multados, usavam cada um os recursos legais disponíveis para reclamar até a última instância do poder. Se eram presos por algum delito mal explicado, queixavam-se até serem ouvidos por autoridades superiores. Se não eram atendidos, como na maioria das vezes, pelo menos deram trabalho à burocracia do governo com o julgamento de suas repetidas demandas. Foi precisamente o enorme volume de papéis gerados pelos africanos para essa burocracia que nos permitiu escrever a história aqui narrada. Embora muitos deles desistissem de enfrentar a pressão, retornando à África ou seguindo para outras províncias menos hostis, na sua maioria eles foram ficando na Bahia, a terra de branco que já tinham adotado como sua, na qual muitos deles haviam constituído família, formado laços comunitários, estabelecido negócios e alguns chegaram a prosperar. Nessas mesmas terras os africanos fincaram raízes culturais, inclusive suas divindades, que se tornariam o principal vetor de uma identidade regional expressiva, e com ramificações em todo o país.

Com o declínio da população africana, a discriminação especificamente dirigida a eles seria aos poucos transferida para seus descendentes, agora na forma de um racismo com veleidade científica, de elite, embora uma versão mais antiga e popular, baseada no estigma da escravidão, continuasse a alimentar o imaginário daquela sociedade, mesmo (talvez sobretudo) após a abolição. Os capítulos finais deste livro explicam como se deu tal transformação entre os ganhadores de rua da Bahia. Os cantos de trabalho, por mais de século instituições exclusivamente africanas, deixariam de sê-lo nos últimos dez a quinze anos do regime escravocrata. Nascia ali uma nova ordem, não mais etnicizada como na época da hegemonia africana no ganho, mas racializada e com acentuado sotaque de classe. Seria, porém, uma instituição africana, o canto de trabalho, a servir de escola sob cuja égide, na Bahia, os ganhadores brasileiros começariam a se entender como classe trabalhadora, sem esquecer que eram também negros de cor.

Agradecimentos

Muitas pessoas e instituições colaboraram, de diferentes maneiras, para a pesquisa e a escrita deste livro. Judith Allen foi quem primeiro me chamou a atenção para a greve de 1857. Aldrin Castellucci, Carlos da Silva Jr., Daniel Rebouças, Eliseu Santos Ferreira Silva, Franklin Martins, Gabriela dos Reis Sampaio, Juliana Farias, Juliana Teixeira Souza, Lisa Castillo, Lizir Arcanjo Alves, Luís Nicolau Parés, Marco Morel, Maria Luiza Ferreira de Oliveira, Margarida de Souza Neves, Maria Inês Côrtes de Oliveira, Moema Parente Augel, Moisés Sebastião da Silva, Paulo de Morais Farias, Ricardo Tadeu Caires Silva, Rosana Santos de Souza, Suely Cerávolo, Ubaldo Senna Filho, Walter Fraga Filho, Ynaê Lopes e Wlamyra Albuquerque compartilharam comigo fontes, iconografia, bibliografia, questões e reflexões sobre os temas ora discutidos. Se esqueci alguém, peço indulgência. Sem a ajuda dos dedicados dirigentes e funcionários de arquivos, bibliotecas e museus aqui referidos, seria impossível ter levado a bom termo esta investigação. Urano Andrade, lenda viva da pesquisa na Bahia, atendeu com presteza meus pedidos para localizar e digitalizar documentos fundamentais. Ele é também responsável pela reprodução da maioria das imagens aqui publicadas. Marina Leão Barreto preparou o banco de dados, criou e discutiu comigo os gráficos sobre matrículas de ganhadores.

Um agradecimento destacado aos membros da linha de pesquisa Escravidão e Invenção da Liberdade, do Programa de Pós-Graduação em História da

Universidade Federal da Bahia. Devo às discussões acontecidas neste grupo de amigos, colegas e alunos muito das reflexões aqui desenvolvidas.

Agradeço os comentários dos colegas e estudantes de instituições onde discuti, ao longo de pelo menos duas décadas, os temas aqui apresentados: Cecult (Unicamp), Centro de Estudos Africanos (UFMG), David Rockefeller Center for Latin American Studies (Harvard), Departamento de História (Universidade Brandeis), Mecila/ Centro Brasileiro de Análise e Planejamento (Cebrap), entre outras instituições. A versão em inglês de um artigo sobre a greve de 1857 foi comentada por Sandra Graham, Richard Graham e dois pareceristas do *Journal of Latin American Studies*, onde foi publicado em 1997.

Mariângela Nogueira, uma vez mais, leu todo o livro, comentou e sugeriu melhorias ao texto. Durante alguns meses de convivência, Carlos da Silva Jr. e Juliana Souza me emprestaram seus ouvidos, quase diariamente, para papos meus sobre ganhadores.

Como em ocasiões anteriores, o apoio de Lilia Moritz Schwarcz foi decisivo à publicação de *Ganhadores*. Também mais uma vez contei com uma competente equipe da Companhia das Letras, particularmente Otávio Marques da Costa, que acolheu com entusiasmo este projeto, e Lucila Lombardi, pela supervisão editorial do livro. A preparação dos originais, feita por Osvaldo Tagliavini Filho, foi detalhada e muito competente, me salvando com sua leitura cuidadosa de diversas imperfeições de estilo e de gramática, entre outras. Retoques adicionais foram feitos por Jane Pessoa, Angela das Neves e Fábio Bonillo, este também responsável pelo "fechamento" do livro. Preciso também agradecer a Mariana Newlands pela bela capa.

Encontra-se aqui o resultado parcial de uma investigação mais ampla apoiada pelo Conselho Nacional de Desenvolvimento Científico e Tecnológico (CNPq) com bolsa de Produtividade em Pesquisa. Sou também grato ao Projeto Re:work, da Universidade Humboldt, em Berlim, pela concessão de uma bolsa de pesquisador visitante que me permitiu escrever a maior porção do livro, num ambiente academicamente estimulante, durante parte do ano de 2016. Nessa oportunidade fiz amigos queridos, entre os quais destaco Claudio Pinheiro e Eloisa Martins, com os quais comentei e de quem colhi comentários, às vezes sem que percebessem, a respeito desta e de outras pesquisas que desenvolvo. A estadia em Berlim foi enriquecida, em muitos aspectos, pela companhia solidária de minha filha Natália. A ela e a meu filho Demian, companheiro de outras viagens, dedico este livro.

Notas

1. CONTROLE NOITE E DIA [pp. 19-34]

1. Marcus J. M. de Carvalho, "De portas adentro e de portas afora: trabalho doméstico e escravidão no Recife, 1822-1850", *Afro-Ásia*, n. 29-30 (2003), p. 66. Trabalho escravo e não escravo combinados, no Rio de Janeiro oitocentista, é também o tema de Marcelo Badaró Mattos, *Escravizados e livres. Experiências comuns na formação da classe trabalhadora carioca* (Rio de Janeiro: Bom Texto, 2009). Sua abordagem, porém, é mais ampla e acentuadamente teórica, diversa portanto daquela aqui encontrada, que é mais focada na interpretação do trabalhador africano escravizado e liberto.

2. *Posturas da Camara Municipal da Cidade de S. Salvador, capital da Provincia da Bahia* (Bahia: Typographia Constitucional, 1873), pp. 6-7; e Arquivo Público do Estado da Bahia (doravante APEB), *Correspondência recebida da Câmara de Salvador, 1877-1878*, maço 1412. Panos da costa, que sempre pensamos oriundos da costa da África, em meados do século já podiam vir da Inglaterra, que também inundou o mercado africano com seus têxteis. Em anúncio no *Correio Mercantil* de 10 de março de 1840, a firma inglesa Lyon & Parkinson convidava os leitores para um leilão de tecidos, entre cujas peças incluía "pannos da costa inglezes". O jornal *O Século*, em sua edição de 4 de maio de 1850, publicou um anúncio que informava a fuga de Delfina, de nação mina e ganhadeira, vestida de "saia de chita desbotada, e um pano da costa inglês novo embrulhado na cintura". Sobre a exportação de panos ingleses para Lagos após o fim do tráfico, ver Kristin Mann, *Slavery and the Birth of an African City: Lagos, 1769-1900* (Bloomington: Indiana University Press, 2007), p. 129.

3. Alfredo Carlos Pessoa da Silva, *Duas palavras sobre a Provincia da Bahia* (Bahia: Typographia de Galdino José Bizessa e Cia., 1845), p. 27.

4. Ver balanço desses observadores e outros dados relativos à densidade da população ne-

gra na soterópolis setecentista e suas ocupações em Daniele Santos de Souza, "Entre o 'serviço da casa' e o 'ganho': escravidão em Salvador na primeira metade do século XVIII" (Dissertação de Mestrado, Universidade Federal da Bahia, 2010), esp. p. 51 e cap. 2 (Frézier citado na p. 61).

5. Jean-Baptiste Douville, "Voyage chez les sauvages du Brésil, les Patachos, les Kerequimu, les Gadios et les Machacalis, fait pendant les années 1833, 1834 et 1835", fl. 16, mss. Bibliothèque Sainte Geneviève, disponível em: <https://archive.org/details/MS3507/>, acesso em: mar. 2019 (agradeço a Suely Serávolo a indicação desta fonte); Daniel P. Kidder, *Sketches of Residence and Travels in Brazil* (Filadélfia: Sorin & Ball, 1845), v. 2, pp. 19-20; M. Forth-Rouen, "Bahia en 1847: deux lettres de M. Forth-Rouen", em Henri Cordier, *Mélanges américains* (Paris: Jean Maisonneuve & Fils, 1913), p. 116; e Robert Avé-Lallemant, *Viagens pelas províncias da Bahia, Pernambuco, Alagoas e Sergipe (1859)* (Belo Horizonte: Itatiaia; São Paulo: Edusp, 1980), p. 22.

6. Câmara Municipal para o presidente da província, 14 de março de 1857, AMS, *Câmara ao Presidente da Província, 1856-1857*, maço 1403.

7. *Jornal da Bahia*, 16 jan. e 8 maio 1857 (da coleção de periódicos da Biblioteca Pública do Estado da Bahia), para o preço da carne.

8. Felicidade, ganhadeira nagô, para a Câmara Municipal, *c.* 1857, Arquivo Histórico Municipal de Salvador (doravante AHMS), *Fundo Câmara Municipal de Salvador. Matrícula escravos, 1857-1873*.

9. "Instruções para a arrecadação das Rendas Provinciais", 23 de junho de 1835, APEB, *Seção Colonial/ Provincial. Regulamento e instruções dadas pelo Presidente da Província*, maço 1510, fls. 13v-14.

10. *Jornal da Bahia*, 16 mar. e 8 maio 1857 (da coleção de periódicos da Biblioteca Pública do Estado da Bahia).

11. *Jornal da Bahia*, 14 fev. 1855.

12. *Jornal da Bahia*, 8 maio 1857. Nesse mesmo ano a Câmara Municipal introduziu o uso de chapas para carros de aluguel por tração animal, os quais deveriam colocar o número da licença "na parte posterior dos mesmos". Nascia assim a chapa de carros com tração animal antes de serem adotadas para os automóveis. Posturas (1857), APEB, *Câmara de Salvador*, maço 1404.

13. Câmara ao presidente da província, 14 de março de 1857, APEB, *Governo da Província. Correspondência recebida da Câmara de Salvador, 1856-1857*, maço 1503.

14. Marcus J. M. de Carvalho, *Liberdade: rotinas e rupturas do escravismo no Recife, 1822-1850* (Recife: Edufpe, 1998), p. 242.

15. *Diario da Bahia*, 5 de outubro de 1857, p. 2, para a prisão de Esperança, e 1º de setembro de 1857, para o preço da saca de milho. No Recife, o valor da multa paga por esta infração, na década de 1870, era cinco vezes menor do que em Salvador. Ver Clarissa Nunes Maia, "Sambas, batuques, vozerias e farsas públicas: o controle social sobre os escravos em Pernambuco no século XIX (1850-1888)" (Dissertação de Mestrado, Universidade Federal de Pernambuco, 1995), p. 104. O estudo de Maia detalha o controle dos escravos especificamente por meio das posturas municipais pernambucanas.

16. Ver o trabalho pioneiro (1985) de Manuela Carneiro da Cunha, *Negros, estrangeiros: os escravos libertos e seu retorno à África*, 2ª ed. (São Paulo: Companhia das Letras, 2012).

17. AHMS, *Livro de posturas, 1828-1859*, maço 119.5; *Posturas da Camara Municipal da Cidade de S. Salvador* (1873), p. 37; e APEB, *Polícia. Correspondência expedida, 1857-1859*, fl. 109, sobre a prisão de Antonio de Sousa.

18. José Antônio da Costa Guimarães para o chefe de polícia, *c.* 1857, APEB, *Escravos (assuntos diversos)*, maço 6320.

19. Antonio Alves da Câmara para o chefe de polícia, 1º de agosto de 1857, APEB, *Escravos, 1860-1870*, maço 6321; Antonio José dos Santos para o chefe de polícia, 16 de setembro de 1857; Paulino Marques para o chefe de polícia, 30 de outubro de 1857, APEB, *Polícia (assuntos), 1857*, maço 648.

20. Partes da Polícia, 25 de fevereiro de 1858, APEB, *Polícia, 1858-1859*, maço 3139-18; *Posturas da Camara Municipal da Cidade de S. Salvador, capital da Provincia da Bahia* (Bahia: Typographia de Manuel Agostinho Cruz Mello, 1860), p. 20; e Emiliano Graves para o chefe de polícia, [s.d.], com despacho favorável em 22 de abril de 1951, APEB, *Polícia, Escravos*, maço 6283. Sobre Graves, ver Elaine Santos Falheiros, "Luís e Antônio Xavier de Jesus: mobilidade social de africanos na Bahia oitocentista" (Dissertação de Mestrado, Universidade Federal da Bahia, 2013), pp. 79-85.

21. *Posturas da Camara Municipal da Cidade de S. Salvador* (1860), p. 15.

22. Bernardo Dias Moreira para o chefe de polícia, despacho em 14 de julho de 1857, APEB, *Escravos, 1860-1870*, maço 6321. Sobre Domingos José Martins, ver David Ross, "The Career of Domingos Martinez in the Bight of Benin, 1833-64", *The Journal of African History*, v. 6, n. 1 (1965), pp. 79-90.

23. João da Costa Mattos para o chefe de polícia, despacho em 5 de abril de 1856, APEB, *Polícia*, maço 6480.

24. *O Alabama*, 2 set. 1867.

25. *O Alabama*, 14 abr. 1866.

26. Major Caetano da Silva Velloso para o chefe de polícia, despacho de 31 de dezembro de 1857, APEB, *Polícia*, maço 6384.

27. Genuino Barbosa Bettamio para o chefe de polícia, [s.d.], APEB, *Polícia, 1857-1861*, maço 6271.

28. Partes da Polícia, 26 e 27 de março de 1858, APEB, *Polícia, 1858-1859*, maço 3139-18.

29. *Mercantil*, 13 maio 1848.

30. AHMS, *Livro de posturas, 1829-1859*, v. 119.5, fls. 96-96v; *Posturas da Camara Municipal da Cidade de S. Salvador* (1860), p. 30; Relatório da ronda policial em 20 de novembro de 1854, APEB, *Polícia, 1853-1876*, maço 6298; e Antonio F. Coelho, fiscal claviculário, para o presidente e vereadores da Câmara Municipal, 7 de agosto de 1857, AHMS, *Correspondência recebida de fiscais, 1857*, n./cat. Cálculo da diária baseado em "Relação dos Africanos Residentes na Freguesia de Santana [1849]", em APEB, *Escravos*, maço 2898.

31. *O Alabama*, 14 jan. 1877.

32. João Mauricio Wanderley, presidente da província, para a Câmara Municipal, 16 de outubro de 1854, AHMS, *Correspondência recebida do Governo, 1854*, n./cat.; AHMS, *Posturas, 1829-1859*, v. 119.5, fl. 114v.

2. TRABALHO AFRICANO DE RUA [pp. 35-67]

1. Segundo Koval, os gráficos teriam organizado "a primeira greve da história do Brasil". Ver Boris Koval, *História do proletariado brasileiro, 1857 a 1967* (São Paulo: Alfa Omega, 1982),

pp. 71-2. Ainda sobre esta greve, ver Artur José Renda Vitorino, "Escravismo, proletários e a greve dos compositores tipográficos de 1858 no Rio de Janeiro", *Cadernos do AEL*, v. 6, n. 10-11 (1999), pp. 71-106. Este autor escreve que a greve dos tipógrafos cariocas teria sido "a primeira luta reivindicatória dos compositores tipográficos no Rio de Janeiro, e quiçá a primeira greve realizada por operários no Brasil" (p. 73). Ainda bem que não usou o termo "trabalhadores", mas "operários", que na sua concepção não abarcaria os africanos empregados no ganho, somente trabalhadores assalariados empregados em algum tipo de oficina coletiva. Sobre Recife, ver Marcelo Mac Cord, "Conexões atlânticas nos canteiros de obras públicas recifenses: lutas subalternas contra a precarização do trabalho, década de 1850", *Revista de História Comparada*, v. 7, n. 1 (2013), p. 161, mas ele não desenvolve o assunto talvez por falta de mais dados.

2. Conferir o sítio do Transatlantic Slave Trade Database (TSTD) para todas as estatísticas do tráfico neste livro, em: <www.slavevoyages.org>. Os idealizadores desse formidável banco de dados publicaram vários estudos nele baseados, entre os quais David Eltis e David Davidson (orgs.), *Extending the Frontiers: Essays on the New Transatlantic Slave Trade Database* (New Haven: Yale University Press, 2008); e Eltis e Davidson, *Atlas of the Transatlantic Slave Trade* (New Haven: Yale University Press, 2010).

3. Beatriz G. Mamigonian, *Africanos livres: a abolição do tráfico de escravos no Brasil* (São Paulo: Companhia das Letras, 2017); e Sidney Chalhoub, *A força da escravidão: ilegalidade e costume no Brasil oitocentista* (São Paulo: Companhia das Letras, 2012), entre outros títulos.

4. Forth-Rouen, "Bahia en 1847", pp. 116-7. O barão deve ter aprendido um bocado sobre o tráfico baiano do representante francês na Bahia, Pierre Victor Mauboussin, que acabara de enviar a seu governo um relatório sobre o assunto. Ver Ubiratan Castro de Araújo, "1846, um ano na rota Bahia-Lagos: negócios, negociantes e outros parceiros", em João José Reis e Carlos da Silva Jr. (orgs.), *Atlântico de dor: faces do tráfico de escravos* (Belo Horizonte: Fino Traço, 2016), pp. 127-50.

5. Forth-Rouen, "Bahia en 1847", p. 117.

6. O número estimado de africanos ilegalmente importados pela Bahia entre 1845 e 1850 foi 44 742, segundo a mais recente versão do TSTD, uma cifra não muito distante dos cerca de 46 mil encontrados há mais de trinta anos por Herbert Klein, "A demografia do tráfico atlântico de escravos para o Brasil", *Estudos Econômicos*, v. 17, n. 2 (1987), p. 133.

7. Kátia M. de Queirós Mattoso, *Bahia: a cidade do Salvador e seu mercado no século XIX* (São Paulo: Hucitec, 1978), p. 138; Anna Amélia Vieira Nascimento, *Dez freguesias da cidade do Salvador: aspectos sociais e urbanos do século XIX* (Salvador: Funceb, 1986), p. 65; e *Jornal da Bahia*, 9 fev. 1857.

8. Evasão do censo: James Wetherell, *Brazil: Stray Notes from Bahia* (Liverpool: Webb & Hunt, 1860), pp. 95-6; e subdelegado Manoel Rodrigues Valença ao chefe de polícia, 31 de julho de 1854, APEB, *Polícia*, maço 6231.

9. Avé-Lallemant, *Viagens*, p. 272. Proporção de brancos, escravos etc., em Nascimento, *Dez freguesias*, p. 97. Sobre as revoltas escravas, ver João José Reis, *Rebelião escrava no Brasil: a história do levante dos malês em 1835*, 3ª ed. rev. e ampl. (São Paulo: Companhia das Letras, 2017).

10. Maria José de Souza Andrade, *A mão de obra escrava em Salvador, 1811-1860* (São Paulo: Corrupio, 1988), pp. 189-90; Reis, *Rebelião escrava no Brasil*, p. 24; e Nascimento, *Dez freguesias*, p. 95.

11. Sobre o tráfico no golfo do Benim, ver o clássico de Pierre Verger, *Flux et reflux de la traite des nègres entre le golfe de Bénin et Bahia de Todos os Santos du XVIIᵉ au XIXᵉ siècle* (Paris:

Mouton, 1968). Sobre as nações africanas, ver o apanhado continental de Gwendolyn Midlo Hall, *Slavery and African Ethnicities in the Americas: Restoring the Links* (Chapel Hill: The University of North Carolina Press, 2005).

12. Sobre a etnogênese iorubá, tema bastante debatido, ver por exemplo J. D. Y. Peel, "The Cultural Work of Yoruba Ethnogenesis", em E. Tonkin, M. McDonald e M. Chapman (orgs.), *History and Ethnicity* (Londres e Nova York: Routledge & Kegan Paul, 1989), pp. 198-215; e Bíódún Adédiran, "Yoruba Ethnic Groups or a Yoruba Ethnic Group? A Review of the Problem of Ethnic Identification", *África: Revista do Centro de Estudos Africanos da USP*, n. 7 (1984), pp. 57-70. Para a contribuição brasileira, ver J. Lorand Matory, *Black Atlantic Religion: Tradition, Transnationalism, and Matriarchy in the Afro-Brazilian Candomblé* (Princeton: Princeton University Press, 2003). E para a relação com nagô, ver Robin Law, "Ethnicity and the Slave Trade: 'Lucumi' and 'Nagô' as Ethnonyms in West Africa", *History in Africa*, n. 24 (1997), pp. 205-19.

13. "Relação de Africanos residentes na Freguesia de Santana etc. [11/02/1849]", APEB, *Escravos (assuntos)*, maço 2898. Ver também David Eltis, "The Diaspora of the Yoruba Speakers, 1650-1865: Dimensions", em Toyin Falola e Matt Childs (orgs.), *The Yoruba Diaspora in the Atlantic World* (Bloomington: Indiana University Press, 2004), pp. 17-39, esp. p. 31.

14. Manoel Rodrigues Valença para o chefe de polícia, 31 de julho de 1854, APEB, *Polícia. Subdelegados, 1854-1858*, maço 6231.

15. Kátia M. de Queirós Mattoso, *Bahia, século XIX: uma província no Império* (Rio de Janeiro: Nova Fronteira, 1992), p. 538. Da mesma autora, sobre escravidão principalmente urbana, *Être Esclave au Brésil, XVIᵉ-XIXᵉ siècles* (Paris: Hachette, 1979). Para o século XVIII, ver Souza, "Entre o 'serviço da casa' e o 'ganho'".

16. Felix da Graça Pereira Lisboa, juiz de paz do segundo distrito da Sé, para o presidente da província, 23 de janeiro de 1837, APEB, *Juízes de paz*, maço 2688.

17. Por exemplo, sobre o Rio Grande do Sul, Mário Maestri, *O sobrado e o cativo: a arquitetura urbana erudita no Brasil escravista: o caso gaúcho* (Passo Fundo: UPF, 2001), pp. 160-2. No Rio de Janeiro era mais comum a expressão "morar sobre si", segundo Ynaê Lopes dos Santos, *Além da senzala: arranjos escravos de moradia no Rio de Janeiro (1808-1850)* (São Paulo: Hucitec, 2010), p. 100; e na comparação com Havana, da mesma autora, "Na tecitura do urbano: Rio de Janeiro e Havana na trama da escravidão (1816-1820)", *Almanak*, n. 12 (2016), pp. 122-3.

18. Spix e Martius, *Viagem pelo Brasil*, v. 2, p. 141; Andrade, *A mão de obra escrava em Salvador*, p. 133; Inventário de Antônio Xavier de Jesus (1872), APEB, *Judiciária*, maço 07/3023/01; e Falheiros, "Luis e Antônio Xavier de Jesus", p. 120.

19. Cálculos baseados em "Relação dos Africanos Residentes na Freguesia de Santana [1849]", APEB, *Escravos*, maço 2898.

20. Os últimos três parágrafos se baseiam, em grande parte, em Reis, *Rebelião escrava no Brasil*, pp. 352-3. Sobre alforrias, tema amplamente discutido pela historiografia brasileira, cito apenas alguns títulos relativos à Bahia: Kátia M. de Queirós Mattoso, "A Propósito de Cartas de Alforria", *Anais de História*, n. 4 (1972), pp. 23-52; Stuart Schwartz, "The Manumission of Slaves in Colonial Brazil: Bahia, 1684-1745", *Hispanic American Historical Review*, v. 54, n. 4 (1974), pp. 603-35; Mieko Nishida, "Manumission and Ethnicity in Urban Slavery: Salvador, Brazil, 1808-1888", *Hispanic American Historical Review*, v. 73, n. 3 (1993), pp. 361-91; e Katia Lorena N. Almeida, *Alforrias em Rio de Contas — Bahia, século XIX* (Salvador: Edufba, 2012).

21. D. Cipriana Maria de Sta. Anna para o chefe de polícia, 25 de junho de 1856, APEB, *Polícia*, maço 6480.

22. Antonio Peixoto Veras, carcereiro, para o chefe de polícia, 25 de julho de 1856, APEB, *Polícia*, maço 6480.

23. "Escritura de locação de serviços, que faz Benedicto, africano liberto, a D. Maria Constança da Silva Freire, por tempo de 8 annos, a razão de 50$000 por anno", 24 de novembro de 1869, APEB, *LNT*, n. 404; e "Liberdade de Benedicto", 20 de novembro de 1867, APEB, *LNT*, n. 402, fl. 97. Sobre contratos de serviço nesse período, em diferentes regiões do Brasil, e os diversos arranjos, incertezas, tensões e conflitos envolvidos, ver Maria Lúcia Lamounier, *Da escravidão ao trabalho livre* (Campinas: Papirus, 1988); Denise A. Soares de Moura, *Saindo das sombras: homens livres no declínio do escravismo* (Campinas: Centro de Memória da Unicamp, 1998), esp. cap. 3; Henrique Espada Lima, "Sob o domínio da precariedade: escravidão e os significados da liberdade de trabalho no século XIX", *Topoi: Revista de História*, v. 6, n. 11 (2005), pp. 289-326; id., "Trabalho e lei para os libertos na ilha de Santa Catarina no século XIX: arranjos e contratos entre a autonomia e a domesticidade", *Cadernos AEL*, v. 14, n. 26 (2009), pp. 133-75; Paulo Roberto Staudt Moreira, *Os cativos e os homens de bem: experiências negras no espaço urbano* (Porto Alegre: EST, 2003), pp. 260-6; Marília Bueno de Araújo Ariza, "Comprando brigas e liberdade na província de São Paulo nas últimas décadas da escravidão (1874--1884)", e Thiago Leitão de Araújo, "Nem escravos, nem libertos: os contratos de prestações de serviços nos últimos anos da escravidão na província de São Pedro", ambos em Maria Helena P. T. Machado e Celso Thomas Castilho (orgs.), *Tornando-se livre: agentes históricos e lutas sociais no processo de abolição* (São Paulo: Edusp, 2018), pp. 65-83 e 85-104, respectivamente.

24. Herbert Randolph, *Life of General Sir Robert Wilson* (Londres: John Murray, 1862), v. 1, p. 344.

25. Andrade, *A mão de obra escrava em Salvador*, p. 129; e "Mapa dos ganhadores que compõem a capatazia deste distrito da freguesia da Sé"; e Joaquim Cesar d'Almeida, inspetor de capatazia, para o juiz de paz do segundo distrito da Sé, APEB, *Juízes de paz*, maço 2688.

26. Para um estudo sobre o negro na fotografia da Bahia no período, e mais além, ver Christianne Silva Vasconcellos, "O circuito social das fotografias da gente negra: Salvador 1860-1916" (Dissertação de Mestrado, Universidade Federal da Bahia, 2006).

27. Andrade, *A mão de obra escrava em Salvador*, p. 129; "Mapa dos ganhadores que compõem a capatazia deste distrito da freguesia da Sé"; e Manuel Querino, *A Bahia d'outrora* (Salvador: Progresso, 1955), p. 123. Para os preços: *Correio da Bahia*, 30 dez. 1871; *O Monitor*, 1 jun. 1876; *Gazeta da Bahia*, 12 jan. 1879; e Inventário de Umbelina Carvalho (1873), APEB, Judiciária, 07/3069/04, fls. 301v-303 (valor de cadeira, mesa, gamela, facas). Sobre o Rio de Janeiro, ver Luiz Carlos Soares, *O 'Povo de Cam' na capital do Brasil: a escravidão urbana no Rio de Janeiro do século XIX* (Rio de Janeiro: Faperj; 7Letras, 2007), p. 168; e Mary Karasch, *Slave Life in Rio de Janeiro, 1808-1850* (Princeton: Princeton University Press, 1987), p. 191.

28. Ver histórico em Nilza Botelho, "Serpentinas e cadeirinhas de arruar", *Anais do Museu Histórico Nacional*, v. 4 (1943), p. 466; e Frederico G. Edelweiss, *A serpentina e a cadeirinha de arruar (achegas históricas)* (Salvador: Universidade Federal da Bahia, 1968). Este autor estabelece bem a diferença entre cadeira e serpentina, sendo esta qualquer tipo de rede de arruar (p. 13).

29. Kidder, *Sketches*, v. 2, p. 21.

30. George Gardner, *Travels in the Interior of Brazil* (Londres: Reeve Brothers, 1846), p. 75; Kindersley cit. por Edelweiss, "A serpentina e a cadeirinha", p. 16; e Wetherell, *Brazil*, pp. 24-5.

31. Maria Graham, *Journal of a Voyage to Brazil and Residence there, During Part of the Years 1821, 1822, 1823* (Londres: Longman, Hurst, Rees, Orme, Brown, and Green; J. Murray, 1824), p. 133.

32. Q. M. R. ver Huell, *Minha primeira viagem marítima, 1807-1810* (Salvador: Edufba, 2007), p. 152; Captain Robert FitzRoy, *Narrative of the Surveying Voyages of His Majesty's Ships Adventure and Beagle, between the Years 1826 and 1836, Describing Their Examination of the Southern Shores of South America, and the Beagle's Circumnavigation of the Globe* (Londres: Henry Colburn, 1839), v. 2, p. 62; Maximiliano de Habsburgo, *Bahia 1860: esboços de viagem* (Rio de Janeiro: Tempo Brasileiro; Salvador: Funceb, 1982), p. 80; e Querino, *A Bahia d'outrora*, p. 123. Ver também a etnografia da cadeira de arruar, detalhes sobre modelos, técnicas de fabricação, armação etc., em Botelho, "Serpentinas e cadeirinhas"; e Edelweiss, "A serpentina e a cadeirinha".

33. Botelho, "Serpentinas e cadeirinhas"; e *O Carril: Jornal para a Distração de Viajantes*, 1 dez. 1870.

34. Graham, *Journal of a Voyage to Brazil*, p. 133.

35. Inventário de Ventura Ferreira Milles, APEB, *Judiciária*, n. 05/1977/2449/10, fls. 8-9.

36. *Mercantil*, 29 abr. 1848; e *Supplemento ao Correio Mercantil*, n. 155, 18 jul. 1850. Em outras praças, como no Recife, também se anunciava escravo "de elegante figura, bom para cadeirinha". *Diario de Pernambuco*, 16 jul. 1851, p. 4.

37. *Correio Mercantil*, 25 abr. 1840; *Mercantil*, 3 jun. 1848; e *O Guaycuru*, 6 abr. 1857.

38. AHMS, *Fundo Câmara Municipal de Salvador. Matrícula escravos, 1857-1873*.

39. Andrade, *A mão de obra escrava em Salvador*, p. 157; e *Mercantil*, 4 maio 1848.

40. Reis, *Rebelião escrava no Brasil*, p. 381.

41. *O Alabama*, 3 jan. 1867.

42. *Correio Mercantil*, 4 dez. 1841, p. 3.

43. *Correio Mercantil*, 4 ago. 1848, p. 3.

44. João da Silva Campos, "Ligeiras notas sobre a vida íntima, costumes e religião dos africanos na Bahia", *Anais do Arquivo Público do Estado da Bahia*, n. 29 (1943), p. 292. O autor nos faz uma vívida descrição da vida dos ganhadores em meados dos anos 1870, segundo sua própria datação.

45. José Sabino de Carvalho, subdelegado da Conceição da Praia, para o chefe de polícia, 23 de setembro de 1859, APEB, *Polícia. Subdelegados*, maço 6232.

46. Sobre a dimensão social do crime perpetrado pelo escravo, ver Maria Helena P. T. Machado, *Crime e escravidão: trabalho, luta e resistência nas lavouras paulistas, 1830-1888* (São Paulo: Edusp, 2014).

47. *Idade d'Ouro do Brasil*, 23 set. 1814.

48. Paulo César de Souza, *A Sabinada: a revolta separatista da Bahia, 1837* (São Paulo: Companhia das Letras, 2009), pp. 115-37.

49. Kátia M. de Queirós Mattoso, Herbert Klein e Stanley Engerman, "Notas sobre as tendências e padrões dos preços de alforria na Bahia, 1819-1888", em João José Reis (org.), *Escravidão e invenção da liberdade* (São Paulo: Brasiliense, 1988), p. 66.

50. *Correio Mercantil*, 14 maio 1838.

51. *Correio Mercantil*, 24 dez. 1839.

52. *Correio Mercantil*, 11 jun. 1844.

53. *Correio Mercantil*, 30 abr. 1838.

54. *Correio Mercantil*, 26 jan. 1844.

55. *Correio Mercantil*, 24 abr. 1840.

56. *Correio Mercantil*, 10 mar. 1840.

57. O preço médio de um escravo em 1840 era 450 mil-réis, segundo Mattoso, *Être Esclave au Brésil*, p. 108.

58. Cálculo baseado em 600 réis de diária, considerando que, nove anos depois, 640 réis seria a diária de um carregador de cadeira, segundo a "Relação dos Africanos Residentes na Freguesia de Santana [1849]".

59. *Correio Mercantil*, 2 maio 1840.

60. *Correio Mercantil*, 6 nov. 1840.

61. *Correio Mercantil*, 14 mar. 1844.

62. Subdelegado da freguesia da Conceição da Praia para o chefe de polícia, 16 de agosto de 1860, APEB, *Polícia. Subdelegados*, maço 6233; e Antonio Jesuino da Costa, subdelegado da freguesia de Santana, para o chefe de polícia, 9 de agosto de 1877, APEB, *Subdelegados (1877)*, maço 6245.

63. *Diario da Bahia*, 5 maio 1836, p. 3.

64. *O Alabama*, 21 mar. 1865; 22 abr. 1865; 11 maio 1865; 2 dez. 1865; 28 jun. 1867; 10 out. 1867; e 12 out. 1867.

3. CANÇÕES, CANTOS E REDES [pp. 68-100]

1. Sobre o ciclo de revoltas escravas que culminaram com a dos malês, em 1835, ver Reis, *Rebelião escrava no Brasil*.

2. A expressão "feitor ausente" aqui usada vem de Leila Mezan Algranti, *O feitor ausente: estudos sobre a escravidão urbana no Rio de Janeiro* (Petrópolis: Vozes, 1988).

3. Kátia M. de Queirós Mattoso, *Família e sociedade na Bahia do século XIX* (São Paulo: Corrupio, 1988), p. 104.

4. Exemplos da volumosa bibliografia já publicada a respeito das nações africanas no Brasil: Juliana Barreto Farias, Carlos Eugênio Líbano Soares e Flávio dos Santos Gomes, *O labirinto das nações: africanos e identidades no Rio de Janeiro, século XIX* (Rio de Janeiro: Arquivo Nacional, 2005); Mariza de Carvalho Soares, *Devotos da cor: identidade étnica, religiosidade e escravidão no Rio de Janeiro, século XVIII* (Rio de Janeiro: Civilização Brasileira, 2000); Robert W. Slenes, "'*Malungu, ngoma* vem!': África encoberta e descoberta no Brasil", *Revista USP*, n. 12 (1991-2), pp. 48-67; Maria Inês Côrtes de Oliveira, "Quem eram os 'Negros da Guiné'? A origem dos africanos na Bahia", *Afro-Ásia*, n. 19-20 (1997), pp. 37-73; id., "Viver e morrer no meio dos seus: nações e comunidades africanas na Bahia do século XIX", *Revista USP*, n. 28 (1995-6), pp. 175-93; Renato da Silveira, "Nação africana no Brasil escravista: problemas teóricos e metodológicos", *Afro-Ásia*, n. 38 (2008), pp. 245-301; Reis, *Rebelião escrava no Brasil*, cap. 10; Luís

Nicolau Parés, *A formação do candomblé: história e ritual da nação jeje na Bahia* (Campinas: Editora da Unicamp, 2006); e Lucilene Reginaldo, *Os rosários dos angolas: irmandades de africanos e crioulos na Bahia setecentista* (São Paulo: Alameda, 2011). Para uma discussão clássica sobre identidade étnica, ver Fredrik Barth (org.), *Ethnic Groups and Boundaries: The Social Organization of Culture Difference* (Boston: Little, Brown & Co., 1969), particularmente o ensaio introdutório de Barth.

5. Reis, *Rebelião escrava no Brasil*, p. 338 (citação); João José Reis, Flávio dos Santos Gomes e Marcus J. M. de Carvalho, *O alufá Rufino: tráfico, escravidão e liberdade no Atlântico Negro (c. 1822-c. 1853)*, 2ª ed. (São Paulo: Companhia das Letras, 2017); Eduardo Silva, *Dom Obá II d'África, o príncipe do povo* (São Paulo: Companhia das Letras, 1997); Nina Rodrigues, *Os africanos no Brasil*, 4ª ed. (São Paulo: Companhia Editora Nacional, 1976), cap. 4; Vivaldo da Costa Lima, *A família de santo nos candomblés jejes-nagôs da Bahia: um estudo de relações intragrupais*, 2ª ed. (Salvador: Corrupio, 2003); Renato da Silveira, *O candomblé da Barroquinha: processo de constituição do primeiro terreiro baiano de keto* (Salvador: Maianga, 2006), esp. cap. 11; e Lisa Earl Castillo, "Entre memória, mito e história: viajantes transatlânticos da Casa Branca", em João José Reis e Elciene Azevedo (orgs.), *Escravidão e suas sombras* (Salvador: Edufba, 2012), pp. 65-110.

6. Para uma sugestão teórica a esse respeito, ver Marshall Sahlins, *Culture and Practical Reason* (Chicago: The University of Chicago Press, 1976).

7. Peter Kolchin, "Reevaluating the Antebellum Slave Community: A Comparative Perspective", *The Journal of American History*, v. 70, n. 3 (1983), p. 581. Uma obra pioneira (1972) sobre a comunidade escrava nos Estados Unidos do século xix é de John W. Blassingame, *The Slave Community: Plantation Life in the Antebellum South*, 2ª ed. (Nova York; Oxford: Oxford University Press, 1979).

8. A bibliografia sobre escravidão urbana no Brasil é imensa e já se encontra contemplada ao longo deste livro. Ver uma excelente síntese em Marcus J. M. de Carvalho, "Cidades escravistas", em Lilia Moritz Schwarcz e Flávio dos Santos Gomes (orgs.), *Dicionário da escravidão e liberdade* (São Paulo: Companhia das Letras, 2018), pp. 156-62. Sobre os Estados Unidos, ver o clássico de Richard C. Wade, *Slavery in the Cities: The South, 1820-1860* (Londres; Oxford; Nova York: Oxford University Press, 1964).

9. Citado em João José Reis, "Recôncavo rebelde: revoltas escravas nos engenhos baianos", *Afro-Ásia*, n. 15 (1992), p. 125 (ênfase minha). A noção de "economia moral" vem de E. P. Thompson, *Customs in Common: Studies in Traditional Popular Culture* (Nova York: The New Press, 1991), esp. caps. 4 e 5. [Ed. bras.: *Costumes em comum: estudos sobre a cultura popular tradicional*. Trad. de Rosaura Eichenberg. São Paulo: Companhia das Letras, 1998.]

10. Sobre cidades-esconderijos, Sidney Chalhoub, *Visões da liberdade: uma história das últimas décadas da escravidão na Corte* (São Paulo: Companhia das Letras, 1990), pp. 212 ss.; e ver também Carvalho, *Liberdade*, sobretudo caps. 10 e 11. Demais dados do parágrafo: João José Reis, *Rebelião escrava no Brasil*, pp. 193, 196, 378 e 380; id., *Domingos Sodré, um sacerdote africano: escravidão, liberdade e candomblé na Bahia do século XIX* (São Paulo: Companhia das Letras, 2008); id., "Candomblé and Slave Resistance in Nineteenth-Century Bahia", em Luís Nicolau Parés e Roger Sansi (orgs.), *Sorcery in the Black Atlantic* (Chicago: The University of Chicago Press, 2011), pp. 55-74; e Wetherell, *Brazil*, p. 56.

11. G. J. Afolabi Ojo, *Yoruba Culture: A Geographical Analysis* (Ife: University of Ife; Londres: University of London Press, 1966), p. 203; Wetherell, *Brazil*, p. 54 (grifado no original); Richard Lander, *Records of Captain Clapperton's Last Expedition to Africa* (Londres: Frank Cass, 1967 [orig. 1830]), v. 1, p. 298; Benjamin C. Ray, *African Religion: Symbol, Ritual and Community* (Englewood Cliffs: Prentice Hall, 1976), p. 41; Keletso Atkins, "'Kefir Time': Preindustrial Temporal Concepts and Labour in Nineteenth-Century Colonial Natal", *Journal of African History*, n. 29 (1988), pp. 229-44; e também Frederick Cooper, "Colonizing Time: Work Rhythms and Labor Conflict in Colonial Mombasa", em Nicholas B. Dirks (org.), *Colonialism and Culture* (Ann Arbor: The University of Michigan Press, 1992), pp. 209-45. Para comparação com a Europa, ver o clássico de E. P. Thompson, "Time, Work-Discipline, and Industrial Capitalism", *Past & Present*, n. 38 (1967), pp. 56-97.

12. Sir Robert Wilson, "Memoranda of S. Salvador or Bahia [1808]", em Herbert Randolph, *Life of General Sir Robert Wilson* (Londres: John Murray, 1862), v. 1, p. 344.

13. Huell, *Minha primeira viagem marítima*, pp. 119-20.

14. Paulo Alexandre de Wuerttemberg, "Viagem do príncipe Paulo Alexandre de Wuerttemberg à América do Sul", *Revista do Instituto Histórico e Geográfico Brasileiro*, n. 171 (1936), p. 9; Wetherell, *Brazil*, pp. 53-4; e Julius Naeher, *Excursões na Província da Bahia: a terra e a gente da Província brasileira da Bahia* (Salvador: Cian, 2011), v. 1, p. 100. Sobre a África dos nagôs, ver Lander, *Records of Captain Clapperton's Last Expedition*, v. 1, p. 295.

15. John M. Chernoff, *African Rhythm and Sensibility: Aesthetics and Social Action in African Musical Idioms* (Chicago: The University of Chicago Press, 1979), p. 36; Kidder, *Sketches*, v. 2, p. 21; Marjoribanks e Detmer citados em Moema Parente Augel, *Visitantes estrangeiros na Bahia oitocentista* (São Paulo: Cultrix, 1980), p. 217; e Wetherell, *Brazil*, p. 53.

16. James C. Scott, *Domination and the Arts of Resistance: Hidden Transcripts* (New Haven: Yale University Press, 1990).

17. Habsburgo, *Bahia 1860*, p. 123.

18. Ibid.

19. Ibid., p. 245, nota 91, de Moema Parente Augel.

20. Citado em Campos, "Ligeiras notas", p. 294.

21. *O vendedor d'agua, primeira canção popular bahiana, para acompanhamento de piano*, música de Francisco Santini e poesia de João de Brito (Bahia: Lithographia de M. J. de Araujo, *c*. anos 1880). Agradeço a Franklin Martins por me ter fornecido uma cópia dessa peça.

22. Martha Abreu, "Outras histórias de Pai João: conflitos raciais, protesto escravo e irreverência sexual na poesia popular, 1880-1850", *Afro-Ásia*, n. 31 (2004), pp. 235-76 (citações nas pp. 274 e 275).

23. Ibid., p. 244.

24. Wetherell, *Brazil*, pp. 53-4.

25. APEB, *Saúde. Falecimentos*, maço 5500.

26. Sobre africanos livres, ver Robert Conrad, *Tumbeiros: o tráfico de escravos para o Brasil* (São Paulo: Brasiliense, 1985); e especialmente o enciclopédico livro de Mamigonian, *Africanos livres*. Sobre a Bahia, Afonso Bandeira Florence, "Nem escravos, nem libertos: os 'africanos livres' na Bahia", *Cadernos do CEAS*, n. 121 (1989), pp. 58-69.

27. Campos, "Ligeiras notas", p. 291.

28. Ver, para Pernambuco, Claudia Viana Torres, "Um reinado de negros em um Estado de brancos: organizações de escravos urbanos em Recife no final do século XVIII e início do século XIX (1775-1815)" (Dissertação de Mestrado, Universidade Federal de Pernambuco, 1997), pp. 47-59; e Luiz Geraldo Silva, "Da festa à sedição. Sociabilidades, etnia e controle social na América Portuguesa (1776-1814)", em István Jancsó e Iris Kantor (orgs.), *Festa: cultura e sociabilidade na América portuguesa* (São Paulo: Hucitec, Edusp, Imprensa Oficial do Estado e Fapesp, 2001), v. 1, pp. 313-35. Embora desmobilizadas após 1815, hierarquias que lembram essas corporações se mantinham, pelo menos entre os canoeiros, no final dos anos 1830, segundo testemunho de Daniel Kidder citado por Marcus Carvalho, "Os caminhos do Rio: negros canoeiros no Recife na primeira metade do século XIX", *Afro-Ásia*, n. 19-20 (1997), p. 91. Para o Rio de Janeiro, ver Karasch, *Slave Life*, p. 189; Soares, *O "Povo de Cam"*, p. 166; e o mais detalhado e excelente estudo de Maria Cecília Velasco e Cruz, "Tradições negras na formação de um sindicato: Sociedade de Resistência dos Trabalhadores em Trapiche e Café, Rio de Janeiro, 1905-1930", *Afro-Ásia*, n. 24 (2000), pp. 243-90 (esp. pp. 254-64). Sobre o capitão em Porto Alegre, ver Valéria Zanetti, *Calabouço urbano: escravos e libertos em Porto Alegre (1840-1860)* (Passo Fundo: UPF, 2002), p. 71. E sobre o tráfico da Bahia para o Sul, ver Albertina Lima Vasconcelos, "Tráfico interno, liberdade e cotidiano de escravos no Rio Grande do Sul: 1800-1850", II Encontro Escravidão e Liberdade no Brasil Meridional, 2005 (disponível em: <http://www.escravidaoeliberdade.com.br/site/images/Textos2/albertina%20vasconcelos%20completo.pdf>; acesso em: jan. 2017); e Graziele Corso, "Tráfico ilegal de escravos e características da escravidão em Porto Alegre (1831-1850)" (monografia de licenciatura em História, UFRGS, 2013; disponível em: <http://www.lume.ufrgs.br/handle/10183/90292>; acesso em: jun. 2016).

29. Robin Law, *The Oyo Empire, c. 1600-c. 1836: A West African Imperialism in the Era of the Atlantic Slave Trade* (Oxford: Clarendon, 1977), p. 203; e Melville Herskovits, *Dahomey, An Ancient West African Kingdom* (Nova York: J. J. Augustin, Publisher, 1938), v. 1, pp. 31, 63-5 (sobre *dókpwê*). Agradeço a Carlos da Silva Jr. pela indicação desta fonte.

30. Como explicou Parés em *A formação do Candomblé*, foram os jejes que estabeleceram a matriz organizacional do candomblé na Bahia. É possível que o mesmo fenômeno se repetisse a respeito de outras instituições africanas como os cantos de trabalho. Questão a ser estudada.

31. AHMS, *Livro de posturas*, 119.1, fl. 132.

32. Ana de Lourdes Ribeiro da Costa, "Espaços negros: 'cantos' e 'lojas' em Salvador no século XIX", *Cantos e Toques: Suplemento do Caderno CRH* (1991), p. 25.

33. *Mercantil*, 15 jul. 1848.

34. Kidder, *Sketches*, v. 2, pp. 20-1.

35. Este e o parágrafo anterior se baseiam, principalmente, em Kidder, *Sketches*, v. 2, pp. 21-7; Manuel Querino, *A raça africana e os seus costumes* (Salvador: Progresso, 1955), pp. 87-8; Campos, "Ligeiras notas", pp. 291-4 (publica também um croqui do ayó); Verger, *Flux et reflux*, pp. 524-7; e Rodrigues, *Os africanos no Brasil*, pp. 101-2. Este autor afirmou, no final do século XIX, que existiam alguns cantos de mulheres (p. 102), o que não consegui confirmar na documentação compulsada sobre o período.

36. Sobre juntas de alforria, ver Reis, *Domingos Sodré*, pp. 205-25.

37. *Mercantil*, 15 jul. 1848.

38. Mas se a ideia fosse poupar com vistas à alforria, um valor muito maior precisaria ser

diariamente depositado, uma vez que, no curso de dez anos trabalhados todos os dias, resultaria um pecúlio de tão somente 73 mil-réis, quase oito vezes menos do que o valor médio de uma alforria em 1845. Mattoso, Klein e Engerman, "Notas", p. 66.

39. AHMS, *Câmara. Requerimentos, 1860*, n./cat. Que Villaça era português e acusado de arrogante, aprendi em *O Almotacé* (6 jul. 1851, pp. 3-4). Por ironia, o jornal convida o comerciante, que havia insultado um brasileiro deficiente físico, a ir-se da Bahia para Moçâmedes, em Moçambique, com "seus malungos da costa de África", assim rebaixando-o ao nível dos africanos que ele menosprezava e combatia.

40. Em Pernambuco, os líderes das corporações étnicas e de trabalho eram denominados *governadores* e, tal como os capatazes em Salvador, eram ungidos pela Câmara Municipal. Lá este papel cabia ao governador e capitão-general da capitania, que distribuía cartas patentes nomeando os líderes africanos. Mas havia também lideranças menores desses grupos que eram denominadas *capitães*. Ver Torres, "Um reinado de negros", pp. 48-52, 58 e 74.

41. Xavier Marques, *O feiticeiro* (São Paulo: GRD; Brasília: INL, 1975 [orig. 1897]), p. 33.

42. Reis, *Rebelião escrava no Brasil*, p. 360.

43. T. G. O. Gbadamosi, *The Growth of Islam among the Yoruba, 1841-1908* (Atlantic Highlands: Humanities Press, 1978), p. 2; Peter C. Lloyd, "Craft Organization in Yoruba Towns", *Africa*, v. 23, n. 1 (1953), p. 34; Robin Law, *The Slave Coast of West Africa, 1550-1750: The Impact of the Atlantic Slave Trade on an African Society* (Oxford: Oxford University Press, 1991), pp. 51 e 100; e Francis de Castelnau, *Renseignements sur l'Afrique centrale et sur une nation d'hommes à queue qui s'y trouverait, d'après le rapport des nègres du Soudan, esclaves à Bahia* (Paris: P. Bertrand, 1851).

44. Slenes, "*Malungu, ngoma vem!*".

45. Querino, *A raça africana*, pp. 88-9; e Campos, "Ligeiras notas", p. 291.

46. Sobre o malungu, Slenes, "*Malungu, ngoma vem!*", pp. 51-4. De Vos citado por Charles F. Keyes, "The Dialectics of Ethnic Change", em Charles F. Keyes (org.), *Ethnic Change* (Seattle: University of Washington Press, 1981), p. 9.

47. Roger Bastide, *As religiões africanas no Brasil* (São Paulo: Pioneira; Edusp, 1971), v. 1, p. 76.

48. Sobre pombeiros no Rio de Janeiro, ver, entre outros trabalhos de Juliana Farias, vários trechos de *Mercados minas: africanos ocidentais na Praça do Mercado do Rio de Janeiro (1830-1890)* (Rio de Janeiro: Arquivo Nacional, 2015); e id., "Mercado em greve: protestos e organização dos trabalhadores do pequeno comércio no Rio de Janeiro — outubro de 1885", *Anais da Biblioteca Nacional*, n. 27 (2007), pp. 99-157. Sobre Desterro (atual Florianópolis), ver Fabiane Popinigis, "'Em benefício do povo': o comércio de gêneros em Desterro no século XIX", em Regina Célia Lima Xavier (org.), *Escravidão e liberdade: temas, problemas e perspectivas de análise* (São Paulo: Alameda, 2012), pp. 357-81.

49. APEB, *Abaixo-assinados, 1856-1859*, maço 984. Para comparação, ver disputas no comércio de comida entre escravos e livres no Caribe inglês, em Michael Mullin, *Africa in America: Slave Acculturation and Resistance in the American South and the British Caribbean, 1736-1831* (Urbana: University of Illinois Press, 1992), p. 155.

50. Sobre a cultura comercial dos africanos trazidos em maior número para a Bahia no século XIX, o leitor pode consultar impressões de primeira mão nas páginas dos seguintes relatos de viagem: Hugh Clapperton, *Journal of a Second Expedition into the Interior of Africa, from the Bight of Benin to Soccatoo* (Londres: Frank Cass, 1966 [orig. 1829]); Richard Lander, "Journal of

Richard Lander, Servant to the Late Captain Clapperton", em Hugh Clapperton, *Journal of a Second Expedition*, pp. 255-327; Richard Lander, *Records of Captain Clapperton's Last Expedition*; Richard Lander e John Lander, *Journal of an Expedition to Explore the Course and Termination of the Niger* (Nova York: Harper & Brothers, 1837); e Frederick E. Forbes, *Dahomey and the Dahomans: Being the Journals of Two Missions to the King of Dahomey, and Residence at His Capital, in the Years 1849 and 1850* (Londres: Longman, Brown, Green and Longmans, 1851).

51. Luís dos Santos Vilhena, *A Bahia no século XVIII* (Salvador: Itapuã, 1969 [orig. 1802]), v. 1, pp. 93, 127 e 129-30; Huell, *Minha primeira viagem marítima*, pp. 151-2; Augel, *Visitantes estrangeiros*; Reis, *Rebelião escrava no Brasil*, p. 508. Sobre a negra ganhadeira em Salvador nessa época, ver Cecília Moreira Soares, *Mulher negra na Bahia no século XIX* (Salvador: Eduneb, 2007), cap. 2; e Richard Graham, *Feeding the City: From Street Market to Liberal Reform in Salvador, Brazil, 1780-1860* (Austin: University of Texas Press, 2010), esp. cap. 2. [Ed. bras.: *Alimentar a cidade: das vendedoras de rua à reforma liberal (Salvador, 1780-1860)*. Trad. de Berilo Vargas (São Paulo: Companhia das Letras, 2013).]

52. *O Alabama*, 5 maio 1868.

53. Ibid.

54. Sobre o Celeiro Público, ver Graham, *Feeding the City*, cap. 5.

55. Petição dos comerciantes do Celeiro Público, 9 de maio de 1855, APEB, *Abaixo-assinados, 1850-1855*, maço 983. Ver outra petição semelhante em APEB, *Requerimentos, 1857*, n./cat.

56. Sobre aliança, competição e conflito entre comerciantes minas e portugueses no Rio de Janeiro, ver Farias, *Mercados minas*, esp. pp. 94-108.

57. Posturas (1857), APEB, *Câmara de Salvador*, maço 1404.

4. CONTROLE E CONFLITO NO MERCADO NEGRO: ANTECEDENTES [pp. 101-20]

1. *Collecção das Leis e Resoluções da Assemblea Legislativa da Bahia, 1835-1841*, v. 1, pp. 22-7. Já tratei dessa lei em diversos trabalhos anteriores, desde a primeira edição de *Rebelião escrava no Brasil*, em 1986. Confira a nova edição do mesmo livro já aqui referida (pp. 503-8), bem como João José Reis, "A greve negra de 1857 na Bahia", *Revista USP*, n. 18 (1993), pp. 17-21. A discussão aqui exposta, inescapável num livro sobre ganhadores, é uma versão atualizada das anteriores. Sobre flutuação do preço da farinha no período, ver B. J. Barickman, *A Bahian Counterpoint: Sugar, Tobacco, Cassava, and Slavery in the Recôncavo, 1780-1860* (Stanford: Stanford University Press, 1998), pp. 80-1, 94-5.

2. *Diario da Bahia*, 5 maio 1836. O jornal foi encontrado na Biblioteca Pública do Estado da Bahia, em Salvador. Os negritos são do original.

3. Antonio José Gomes Ribeiro, juiz de paz do segundo distrito da Penha, para o presidente da província, 29 de abril de 1836; e Francisco da Costa Passos, juiz de paz do primeiro distrito da Penha, para o presidente da província, 7 de maio de 1836, APEB, *Juízes de paz*, maço 2686.

4. André de Carvalho Camara, juiz de paz do primeiro distrito do Pilar, para o presidente da província, 4 de maio de 1836, APEB, *Juízes de paz*, maço 2686.

5. *Diario da Bahia*, 27 maio 1836, e diversos ofícios em APEB, *Juízes de paz*, maço 2688.

6. Evaristo Ladislao da Silva para o presidente da província, 13 de fevereiro de 1837, APEB, *Juízes de paz*, maço 2688.

7. Evaristo Ladislao da Silva para o presidente da província, 9 de março de 1837, APEB, *Juízes de paz*, maço 2688.

8. Felix da Graça Pereira Lisboa, juiz de paz do segundo distrito da Sé, para o presidente da província, 28 de janeiro de 1837, APEB, *Juízes de paz*, maço 2688.

9. Evaristo Ladislao da Silva para o presidente da província, 9 de março de 1837, APEB, *Juízes de paz*, maço 2688.

10. Felix da Graça Pereira Lisboa, juiz de paz do segundo distrito da Sé, para o presidente da província, 31 de janeiro de 1837 (com despacho do presidente), APEB, *Juízes de Paz*, maço 2688. Dizia o art. 3º da lei nº 14, de 2 de junho de 1835: "Qualquer indivíduo, que se empregue no serviço do ganho, sem se matricular, incorrerá na multa de 10$000 [dez mil-réis] para a Caixa Provincial, e na de mais metade para o denunciante; o que tudo será pago pelo Senhor, sendo o multado escravo, os livres, que a não satisfizerem serão empregados nas obras públicas por tanto tempo, quanto baste para satisfação da referida multa". E o artigo seguinte dobrava a pena no caso de reincidência.

11. Juiz de paz do segundo distrito da Sé, Felix da Graça Pereira Lisboa, para o presidente da província, 9 de maio de 1836; e juiz de paz suplente do primeiro distrito da Sé para o presidente da província, 7 de maio de 1836, APEB, *Juízes de paz*, maço 2686.

12. André de Carvalho Camara, juiz de paz do Pilar, para o presidente da província, 21 de fevereiro de 1837, APEB, *Juízes de paz*, maço 2688.

13. Ver resolução nº 60, de 25 de abril de 1837, em Funceb, *Legislação da província da Bahia sobre o negro: 1835 a 1888* (Salvador: Funceb, 1996), p. 106.

14. Sobre a Sabinada, ver Souza, *A Sabinada*; Hendrik Kraay, "'As Terrifying as Unexpected': The Bahian Sabinada, 1837-1838", *Hispanic American Historical Review*, v. 72, n. 4 (1992), pp. 501-27; Douglas Guimarães Leite, *Sabinos e diversos: emergências políticas e projetos de poder na revolta baiana de 1837* (Salvador: EGBA; Fundação Pedro Calmon, 2007); e Juliana Serzedello Crespim Lopes, "Identidades políticas e raciais na Sabinada (Bahia, 1837-1838)" (Dissertação de Mestrado, Universidade de São Paulo, 2008).

15. *Diario da Bahia*, 16 jun. 1836.

16. *Correio Mercantil*, 8 out. 1847.

17. Para o estudo pioneiro no Brasil sobre quitandeiras livres (inclusive brancas), forras e escravizadas (e suas senhoras), ver Maria Odila Leite da Silva Dias, *Quotidiano e poder em São Paulo no século XIX* (São Paulo: Brasiliense, 1984).

18. *Posturas da Camara Municipal da Cidade de S. Salvador* (1860), p. 5. Por relevantes para os temas tratados neste capítulo, uso uns poucos exemplos referentes a um período posterior a 1857.

19. O edital de 1824 está publicado em *O Independente Constitucional*, 1 mar. 1824, pp. 1-2. Agradeço a Lizir Arcanjo Alves por me repassar esta fonte.

20. *Correio Mercantil*, 22 abr. 1839. Esse tipo de queixa não se limitava a Salvador. Uma postura de Cachoeira, no Recôncavo, estabelecia um local para venda até se construir um mercado, alegando que tinha a medida "por fim desimpedir as ruas desse enxame de ganhadeiras". Câmara Municipal de Cachoeira à Assembleia Legislativa Provincial, 21 de outubro de 1857, APEB, *Assembleia Legislativa Provincial. Ofícios recebidos, 1857*, maço 1151.

21. *Diario de Pernambuco*, 20 jul. 1858. Sobre as ganhadeiras recifenses (e queixas contra elas) nessa época, ver Maciel Henrique Silva, *Pretas de honra: vida e trabalho de domésticas e vendedoras no Recife do século XIX (1840-1870)* (Recife: Edufpe; Salvador: Edufba, 2011).

22. Joaquim Ernesto de Souza, presidente da Câmara Municipal, e vereadores para o presidente da província, 22 de janeiro de 1857 (anexo relatório da comissão), APEB, *Governo da Província. Correspondência recebida da Câmara de Salvador, 1856-1857*, maço 1403.

23. *Mercantil*, 6 e 13 de maio de 1848 (grifo no original).

24. José Custódio Lobo para o presidente e demais vereadores da Câmara Municipal de Salvador, AHMS, *Câmara. Correspondência de fiscais, 1835*, n./cat.; Francisco Antonio de Magalhães Carvalho para o presidente e demais vereadores da Câmara Municipal de Salvador, despacho final de 22 de setembro de 1857, AHMS, *Requerimentos, 1857*, n./cat.

25. Ezequiel d'Araujo para o presidente e vereadores da Câmara Municipal, AHMS, *Requerimentos, 1857*, n./cat.; AHMS, *Livro de Atas, 1853-1857*, v. 948, fl. 198v; João Braz Nepomuceno, fiscal da freguesia do Pilar, para o presidente da Câmara Municipal de Salvador, 13 de março de 1860, AHMS, *Correspondência de fiscais, 1860*, n./cat.

26. *Diario de Pernambuco*, 13 jan. 1855.

27. Angélica de tal para o chefe de polícia, 9 nov. 1857, APEB, *Polícia, 1838-1858*, maço 6283.

28. Sobre este incidente, ver Manoel Alexandrino Machado e Antonio Franco de Castro Meirelles para o presidente e demais vereadores, 20 de julho de 1860 (e anexos), AHMS, *Requerimentos, 1860*, n./cat. A postura continuava em vigor em 1873, com a seguinte redação: "Os passeios das ruas d'esta Cidade novamente calçadas servirão unicamente para trânsito de pessoas a pé e sem carga: multa aos infratores de 4$000 [4 mil-réis] ou dois dias de prisão: o dobro nas reincidências. Na mesma pena incorrerão os senhores dos escravos ou donos dos animais que por eles passarem e os que arrastarem pelos passeios quaisquer objetos". *Posturas da Camara Municipal da Cidade de S. Salvador* [1873], p. 20.

29. Requerimento da africana Henriqueta para o presidente e vereadores da Câmara Municipal de Salvador, 9 de maio de 1860 (e anexos), AHMS, *Requerimentos, 1860*, n./cat.; Campos, "Ligeiras notas", p. 296; e Aurélio Buarque de Holanda, *Novo Aurélio, século XXI* (Rio de Janeiro: Nova Fronteira, 1999), p. 357. Neste dicionário, o verbete "caco" tem definição para *axá*: "Pó a que se reduz o fumo depois de torrado e moído em um caco de louça; tabaco-de-caco, axá". A argila com que se faz louça contém ferro, potássio, cálcio, magnésio etc., perceberam?

30. José Joaquim de Seixas para o presidente e vereadores da Câmara Municipal de Salvador, com primeiro despacho em 6 de agosto de 1860 e despacho final em 4 de outubro de 1860, AHMS, *Requerimentos, 1860*, n./cat.

31. João Braz Nepomuceno, fiscal da freguesia do Pilar, para o presidente e vereadores da Câmara Municipal, 11 de outubro de 1860, AHMS, *Correspondência de fiscais, 1860*, n./cat.

32. D. Rita de Cassia de Jesus Ramalho para o chefe de polícia, [s.d.], com despacho em 10 de março de 1854, APEB, *Polícia* (escravos), maço 6285.

33. "Demonstrativo [da] Receita e Despeza da Camara Municipal da Bahia para o anno financeiro vindouro, contado do 1º de Outubro de 1857 a 30 de Setembro de 1858".

34. Cipriano Borges de Almeida para o presidente e demais vereadores da Câmara Municipal, 25 de fevereiro de 1857, AHMS, *Correspondência de fiscais, 1857*, n./cat.

35. Nicolau Tolentino Barreto Baraúna para os vereadores, 26 de março de 1857, AHMS, *Correspondência dos fiscais, 1857*, n./cat.

36. Ignacio Gomes Falcão para o presidente e vereadores da Câmara Municipal, 2 de março de 1857, *Correspondência dos fiscais, 1857*, n./cat.

37. "Demonstrativo da Receita e Despeza da Camara Municipal da Bahia do anno financeiro municipal contado do 1º de Outubro de 1855 a 30 de Setembro de 1856"; e "Demonstrativo [da] Receita e Despeza da Camara Municipal da Bahia para o anno financeiro vindouro, contado do 1º de Outubro de 1857 a 30 de Setembro de 1858", APEB, *Câmara de Salvador*, maço 1404.

5. A VOZ E A VEZ DO GOVERNO PROVINCIAL [pp. 121-44]

1. No Rio de Janeiro, uma cidade bem mais populosa do que Salvador, os libertos africanos eram, em 1849, sensivelmente mais numerosos: 7589, um grande número dos quais imigrantes da Bahia. Ver Farias, *Mercados minas*, pp. 151-3 e 167.

2. Ofício do presidente da província da Bahia, Antonio Ignacio d'Azevedo, para o ministro da Justiça, José Joaquim Fernandes Torres, 20 de março de 1847, Arquivo Nacional do Rio de Janeiro (doravante ANRJ), *Ministério da Justiça. Ofícios dos presidentes de província*, IJ¹, 403.

3. João José Reis, "População e rebelião: notas sobre a população escrava na Bahia na primeira metade do século XIX", *Revista das Ciências Humanas*, v. 1, n. 1 (1980), pp. 143-54; Andrade, *A mão de obra escrava em Salvador*; e Nishida, "Manumission and Ethnicity in Urban Slavery", pp. 361-91. As fontes para a proporção de homens e mulheres entre os escravos são os inventários post mortem, e para a distribuição da liberdade por sexo são as cartas de alforria. No Rio de Janeiro, a proporção de mulheres entre os libertos, 56%, não era muito diferente da encontrada em Salvador. Ver Farias, *Mercados minas*, p. 167.

4. *Correio Mercantil*, 4 dez. 1841, p. 3 (prisão de mendigos); Walter Fraga Filho, *Mendigos, moleques e vadios na Bahia do século XIX* (Salvador: Edufba; São Paulo: Hucitec, 1996), p. 67; e João José Reis, *A morte é uma festa: ritos fúnebres e revolta popular no Brasil do século XIX* (São Paulo: Companhia das Letras, 1991), p. 153.

5. Justiniano Baptista Madureira, chefe de polícia, para o presidente da província, 17 de outubro de 1857, APEB, *Assembleia Legislativa Provincial. Oficios Recebidos, 1857*, maço 1151; e Manoel Francisco de Sá Freire, inspetor da tesouraria, para o presidente da província, 27 de outubro de 1857, APEB, *Presidente da Província. Oficios recebidos*, maço 4246.

6. Sabino Ferreira da Silva, inspetor do 13º quarteirão, para o subdelegado do Pilar, 6 de outubro de 1868, APEB, *Delegados, 1858*, maço 6190. Mantive aqui a saborosa ortografia original.

7. Cunha, *Negros, estrangeiros*, pp. 102-6. Todo este capítulo é grandemente inspirado nesse livro seminal.

8. Ibid., p. 103, já havia percebido isso. Me encarrego de seguir e aprofundar suas pistas.

9. Sobre a lei nº 9, ibid., p. 102; e especialmente Luciana da Cruz Brito, *Temores da África: segurança, legislação e população africana na Bahia oitocentista* (Salvador: Edufba, 2016), pp. 61-76. Também já analisei essa lei em Reis, *Rebelião escrava no Brasil*, pp. 498-503.

10. Informações sobre os membros da Assembleia Legislativa Provincial foram extraídas de diversos jornais da época e sobretudo do *Almanak administrativo, mercantil e industrial da Bahia* para os anos de 1855 a 1860, disponíveis no site da Hemeroteca Digital da Biblioteca Nacional (<http://bndigital.bn.gov.br/hemeroteca-digital/>).

11. "Assemblea Provincial, Sessão em 1º de julho de 1850", *Supplemento ao Correio Mercantil*, n. 163. Única que conheço, a coleção desse jornal, guardado no IGHB, está incompleta, se

limitando a poucos números do ano de 1850 e de alguns "Supplementos" avulsos dedicados todos eles à transcrição dos debates na Assembleia Provincial.

12. Ibid.

13. Ibid.

14. Pouco antes da Revolta dos Malês, uma resolução de 25 de junho de 1834 da Assembleia Geral Legislativa proibia o uso da mão de obra escrava nas fábricas e oficinas do Estado, especialmente os arsenais militares, que empregavam muitos artífices (calafates, tanoeiros, ferreiros, carpinteiros, poleeiros, pintores, pedreiros etc.). A resolução, porém, era sistematicamente desobedecida porque os operários livres não se conformavam em trabalhar por diárias pouco atrativas, exceto quando não encontravam serviço no setor privado. Ver neste sentido os ofícios, entre outros, de Francisco Fabiano da Costa, intendente da Marinha, para o presidente da província, 10 de fevereiro de 1841 e 19 de julho de 1842, APEB, *Correspondência da Intendência da Marinha ao Presidente da Província, 1841-1859*, maço 3257.

15. Cunha, *Negros, estrangeiros*, p. 103.

16. *O Século*, 26 jan. 1850, p. 1. Era mais um episódio de tensão entre os escravos nas vésperas da lei que aboliu definitivamente o tráfico transatlântico de escravos. Ver Dale T. Graden, *From Slavery to Freedom in Brazil: Bahia, 1835-1900* (Albuquerque: University of New Mexico Press, 2006), cap. 2; e id., *Disease, Resistance, and Lies: The Demise of the Transatlantic Slave Trade to Brazil and Cuba* (Baton Rouge: Louisiana State University Press, 2014), caps. 4 e 5.

17. Ver lei nº 344, de 5 de agosto de 1848, em *Collecção das Leis e Resoluções da Assemblea Legislativa e Regulamentos do Governo da Província da Bahia, sancionadas e publicadas nos annos de 1848 a 1849*, v. 5; e *O Guaycuru*, 24 out. 1850, p. 1.

18. Luis Anselmo da Fonseca, *A escravidão, o clero e o abolicionismo* (Recife: Masangano, 1988 [orig. 1887]), pp. 189-91.

19. Sobre a defesa pelo presidente da lei provincial nº 344, ver *Falla que recitou o Presidente da Província da Bahia, o Dezembargador Conselheiro Francisco Gonçalves Martins, n'abertura da Assembléa Provincial da mesma Província no 1º de Março de 1851* (Bahia: Typographia Constitucional de Vicente Ribeiro Moreira, 1851), pp. 33-44. Ver também Cunha, *Negros, estrangeiros*, pp. 96-7.

20. *Falla que recitou o Presidente da Província da Bahia […] no 1º de Março de 1851*, p. 34.

21. Ver diversos ofícios em APEB, *Polícia. Capitania do Porto, 1850-1854*, maço 3143. O preço do saveiro é mencionado na correspondência de Diogo Ignacio Tavares, intendente da Marinha, para o presidente da província, 19 de novembro de 1856, APEB, *Intendência da Marinha, 1856*, maço 3248; e Ofício da Câmara ao presidente da província, 20 de fevereiro de 1857, APEB, *Ofícios da Câmara ao Presidente da Província, 1856-1857*, maço 1403.

22. "Parte Geral da Guarda Urbana", 2 de novembro de 1857, APEB, *Chefe de Polícia*, maço 6298. A lista de posturas de 1857, inclusive a dos ganhadores reformulada, nada tinha que ferisse particularmente os interesses dos remadores de saveiros, mas dos ganhadores, sim. APEB, *Câmara de Salvador*, maço 1404, em versão impressa; e APEB, *Legislativa. Câmara Municipal: Posturas*, maço 853, versão manuscrita.

23. Antonio Leocadio do Coutto, capitão do porto, para o presidente da província, 10 de novembro de 1851, APEB, *Polícia. Capitania do Porto, 1852-1854*, maço 3143.

24. *Jornal da Bahia*, 8 maio 1857.

25. Remadores na Conceição da Praia listados no "Arrolamento dos africanos libertos que

rezidem nesta freguezia da Conceição da Praia", 31 de janeiro de 1846, APEB, *Polícia*, maço 6472. Para a conspiração de 1853, ver Verger, *Flux et reflux*, pp. 537-8; e Reis, *Domingos Sodré*, pp. 252-8, e pp. 167-80 sobre deportação de africanos. Para os elogios abolicionistas a Martins por Fonseca, ver Fonseca, *A escravidão, o clero e o abolicionismo*, parte 2, cap. 2.

26. Circular do chefe de polícia Inocêncio Marques de Araújo Goes aos subdelegados de Salvador, 26 de abril e 24 de julho de 1854, APEB, *Polícia. Registro de correspondência expedida, 1854-1855*, v. 5716, fls. 61v-62 e 110.

27. Chefe de Polícia para a Câmara, 22 de janeiro de 1855, AHMS, Câmara. *Secretaria da Polícia da Província da Bahia. Ofícios e requerimentos, 1853-1880*, n./cat.

28. AHMS, *Escravos*, n./cat.

29. Anexo a João Lins Vieira Cansanção de Sinimbu para a Câmara Municipal de Salvador, 29 de março de 1857, APEB, *Governo da Província. Correspondência recebida da Câmara de Salvador, 1856-1857*, maço 1503. As posturas de 1857 estão em APEB, *Câmara de Salvador*, maço 1404.

30. Sobre Sinimbu, ver Craveiro Costa, *O visconde de Sinimbu: sua vida e sua atuação na política nacional (1840-1889)* (São Paulo: Companhia Editora Nacional, 1937); e Arnold Wildberger, *Os presidentes da província da Bahia, efectivos e interinos, 1824-1889* (Salvador: Typographia Beneditina, 1949), pp. 368-81.

31. Sinimbu para a Câmara Municipal de Salvador, 29 de março de 1857, APEB, *Governo da Província. Correspondência recebida da Câmara de Salvador, 1856-1857*, maço 1503; e também AHMS, *Ofícios recebidos, 1857*.

32. APEB, *Polícia. Correspondência expedida, 1857-1859*, v. 5728, fl. 99v.

33. *Correio Mercantil*, 20 ago. 1839. Sobre a política do tráfico, a discussão para reintroduzi-lo e a tolerância ao contrabando pelo governo conservador a partir de meados da década de 1830, ver Tâmis Parron, *A política da escravidão no Império do Brasil, 1826-1865* (Rio de Janeiro: Civilização Brasileira, 2011), cap. 2.

34. *O Mentor da Infância*, 9 dez. 1846.

35. *O Guaycuru*, 24 out. 1850.

36. Sobre a posição política oposicionista e o antilusitanismo de *O Guaycuru*, ver Dilton Oliveira de Araújo, *O tutu da Bahia: transição conservadora e formação da nação, 1838-1850* (Salvador: Edufba, 2009), pp. 216-42 e 255-91.

37. Ibid. E também *O Guaycuru*, 27 set. e 29 out. 1850 e 28 jan. 1851. Esses temas estão distribuídos entre diversos números desse jornal. Outros jornais defendiam de forma mais ampla a substituição do trabalho escravo pelo livre, inclusive nos engenhos. Ver, por exemplo, *A Verdadeira Marmota*, 27 ago. 1851. Sobre denúncia de roubo de açúcar, ver Augusto Wenceslao da Silva Lisboa, capitão interino do porto, para o presidente da província, 18 de abril de 1850, APEB, *Polícia. Capitania do Porto, 1852-1854*, maço 3143.

38. *O Povo*, 18 fev. 1849.

39. *Falla que recitou o Presidente da Província da Bahia, o Desembargador Conselheiro Francisco Gonçalves Martins, n'abertura da Assemblea Legislativa da mesma Província no 1º de Março de 1852* (Bahia: Typographia Constitucional de Vicente Ribeiro Moreira, 1852), p. 55.

40. Ibid., p. 55.

41. *Diario da Bahia*, 3 set. 1857.

42. Wetherell, *Brazil*, p. 54; "Assemblea Provincial, sessão em 1º de julho de 1850", *Supple-*

mento ao Correio Mercantil, n. 163. Sobre o Rio de Janeiro, ver Soares, *O "Povo de Cam"*, p. 137, que estimou que 88,26% dos donos de escravos de ganho possuíam apenas um ou dois deles. Ver também Zephyr L. Frank, *Dutra's World: Wealth and Family in Nineteenth-Century Rio de Janeiro* (Albuquerque: University of New Mexico Press, 2004).

43. Silvana Inocencia Maria de São José para o chefe de polícia, com despachado favorável em 25 de agosto de 1857, APEB, *Polícia. Escravos*, maço 6320.

44. Maria Teixeira de Nazareth para o chefe de polícia, 7 de dezembro de 1857, e para o subdelegado da freguesia de Santana, 9 de dezembro de 1857, APEB, *Polícia*, maço 6480.

45. Fausta Sophia Leite para o chefe de polícia, 2 de novembro de 1857, APEB, *Polícia. Escravos*, maço 6320.

46. "Arrolamento dos africanos libertos [...] Conceição da Praia". Do dono dos dezoito escravos desse rol eu tratei em João José Reis, "De escravo a rico liberto: a trajetória do africano Manoel Joaquim Ricardo na Bahia oitocentista", *Revista de História*, n. 174 (2016), pp. 15-68.

47. "Relação de Africanos residentes na Freguesia de Santana"; Diogo Ignacio Tavares, intendente da Marinha, para o presidente da província, 17 de abril e 12 de novembro de 1856, APEB, *Intendência da Marinha, 1856*, maço 3248.

48. *Falla que recitou o Presidente da Província da Bahia, o Desembargador Conselheiro Francisco Gonçalves Martins, n'abertura da Assemblea Legislativa da mesma Província no 1º de Março de 1852*, pp. 34-5.

49. Ibid, p. 55.

50. Cunha, *Negros, estrangeiros*, p. 96.

6. GUERRA FISCAL E REAÇÃO PESSOAL [pp. 145-69]

1. "Lei de 13 de maio de 1835", em *Collecção das Leis e Resoluções da Assemblea Legislativa da Bahia, 1835-1841*, v. 1, pp. 22-7. Sobre o papel de Sabina da Cruz como delatora, ver Brito, *Temores da África*, pp. 168-76; e id., "Sem direitos, nem cidadania: condição legal e agência de mulheres e homens africanos na Bahia do século XIX", *História Unisinos*, v. 14, n. 3 (2010), pp. 334-8 (esp. p. 336). Parece que, posteriormente à lei, africanas e africanos casados com brasileiras e brasileiros, ou com filhos nascidos no Brasil, também ficavam isentos desse imposto.

2. Sobre o movimento de retorno dos libertos à África, confira Lisa Earl Castillo, "Mapping the Nineteenth-Century Brazilian Returnee Movement: Demographics, Life Stories and the Question of Slavery", *Atlantic Studies*, v. 13, n. 1 (2016), pp. 24-52 (ver tabela à p. 52). A tradução desse artigo apareceu na revista *Afro-Ásia*, n. 55 (2016), pp. 111-47, mas sem a tabela aqui referida. A autora se baseia nas estimativas de Verger, *Flux et reflux*, p. 633, e de Mônica de Lima e Souza, "Entre margens: o retorno à África de libertos no Brasil, 1830-1870" (Tese de Doutorado, Universidade Federal Fluminense, 2008), p. 125.

3. *O Século*, 5 dez. 1848, p. 4.

4. APEB, *Presidência da Província. Governo*, maço 1229-1.

5. Ibid. No entanto, deve-se observar que os estrangeiros não eram bem-vindos em qualquer ocupação do pequeno comércio. Quando o suíço Luiz Jaccard pediu isenção do imposto de 100 mil-réis — pagos por cidadãos de países sem tratado específico com o Brasil — para mercadejar fazendas e gêneros pelas ruas em tabuleiros, caixinhas etc., o administrador da Mesa

de Rendas, Joaquim Carneiro de Campos, indeferiu alegando que a lei visava "afastar os estrangeiros desse pequeno modo de vida, a que se dão os Nacionais de poucas fortunas". Parecer anexo a Manoel Francisco de Sá Freire, inspetor da tesouraria, para o presidente da província, 8 de novembro de 1858, APEB, *Tesouraria. Inspetor, 1858*, maço 4257.

6. João Gonçalves Cezimbra para o presidente da província, 27 de setembro de 1847, e Manoel José Rodrigues Freire, administrador da Tesouraria Provincial, para o inspetor João Gonçalves Cezimbra, 16 de setembro de 1847, APEB, *Tesouraria Provincial. Inspetor*, maço 4206.

7. Ver lei nº 344, de 5 de agosto de 1848, e regulamento de 21 de fevereiro de 1849, em *Collecção das Leis e Resoluções da Assemblea Legislativa e Regulamentos do Governo da Província da Bahia, sancionadas e publicadas nos annos de 1848 a 1849*, v. 5, pp. 129, 131, 133 e 419-25.

8. Um resumo da tributação provincial relacionada a escravos encontra-se em Wilson Roberto de Mattos, *Negros contra a ordem: astúcias, resistências e liberdades possíveis (Salvador-BA, 1850-1888)* (Salvador: Eduneb; Edufba, 2008), pp. 117-23.

9. APEB, *Assembleia Legislativa Provincial. Abaixo-Assinados, 1856-1859*, maço 984. Confira-se, nesse mesmo maço, outras petições além desta dos professores. Sobre o fraco Dois de Julho daquele ano, ver *Jornal do Commercio*, 23 jun. 1857. Quanto ao número de vítimas do cólera, ver Onildo Reis David, *O inimigo invisível: epidemia na Bahia no século XIX* (Salvador: Edufba; Sarah Letras, 1996), pp. 129-31.

10. *O Guaycuru*, 6 abr. 1857; Wildberger, *Os presidentes da província da Bahia*, p. 377. Apesar de na mesma época padecer de escassez e carestia de alimentos, não se verificou no Rio de Janeiro a estigmatização de comerciantes portugueses como inimigos do consumidor brasileiro, pelo menos na proporção em que se deu na Bahia e em outras províncias do Norte. Ver a esse respeito Juliana Teixeira Souza, *A Câmara e o governo da cidade: poder local, cidadania e polícia nos mercados da Corte Imperial* (Natal: EDUFRN, 2018), esp. pp. 54-90.

11. José Joaquim de Mello Pacheco, inspetor interino da Tesouraria Provincial, para o presidente da província, 1º de julho de 1851 (e anexos), APEB, *Tesouraria Provincial*, maço 4250; e APEB, *Assembleia Legislativa Provincial. Abaixo-Assinados, 1850-1855*, maço 983.

12. *Almanak administrativo, mercantil e industrial da Bahia para o anno de 1855*, organizado por Camillo de Lellis Masson (Bahia: Typographia de Camillo de Lellis Masson, 1854), pp. 71-2.

13. APEB, *Assembleia Legislativa Provincial. Abaixo-Assinados, 1850-1855*, maço 983. Vários ofícios do capitão do porto nessa época de fato dão conta de que os capitães de cabotagem pediam com insistência licença para empregar marinheiros estrangeiros, o que era ilegal, por não conseguirem o engajamento de brasileiros livres, apesar de anunciarem o emprego em jornais da cidade. APEB, *Polícia. Capitania do Porto, 1852-1854*, maço 3143. Apesar de sua alta proporção, a predominância dos escravos na navegação de cabotagem não era, certamente, um fenômeno nacional. Em 1857 os escravos formavam 41% da tripulação matriculada em doze províncias, inclusive a Bahia, e na Corte do Rio de Janeiro. Ver Silvana Jeha, "Cores e marcas dos recrutas e marujos da Armada, c. 1840-c. 1860", *Revista de História Comparada*, v. 7, n. 1 (2013), p. 59.

14. Parecer de Victor d'Oliveira, procurador fiscal, ao inspetor da Tesouraria Provincial, 30 de julho de 1856, APEB, *Sessão Legislativa. Ofícios recebidos, 1856*, maço 1150.

15. Os impostos que atingiram os oficiais mecânicos, especificamente, foram também discutidos por Lysie Reis, *A liberdade que veio do ofício: práticas sociais e cultura dos artífices da Bahia do século XIX* (Salvador: Edufba, 2013), pp. 124-6.

16. APEB, *Escravos (assuntos), 1829-1869*, maço 2885.

17. Mantive na transcrição deste documento a grafia das palavras, inclusive as abreviaturas, para permitir ao leitor uma aproximação, digamos, mais íntima com o seu autor.

18. Petição do africano liberto João do Nascimento ao presidente da província, março de 1852, APEB, *Tesouraria*, maço 4250.

19. Os documentos pertinentes encontram-se em José Joaquim Pacheco para o presidente da província, 22 de março de 1852 (e anexos), APEB, *Tesouraria. Inspetor*, maço 4250. O regulamento de 15 dezembro de 1851 está publicado em *Collecção das Leis e Resoluções da Assemblea Legislativa e Regulamentos do Governo da Província da Bahia, sancionadas e publicadas nos annos de 1850 a 1852*, v. 6, pp. 401-16.

20. Manoel Francisco de Sá Freire para o presidente da província, 30 de outubro de 1857, com despacho do presidente em 14 de dezembro de 1857, APEB, *Tesouraria. Inspetor, 1857*, maço 4246.

21. José Joaquim Pacheco, inspetor da tesouraria, para o presidente da província, 22 de abril de 1857, APEB, *Tesouraria. Inspetor, 1851-1858*, maço 4251; *Almanak [...] para o anno de 1860*, p. 471. Sobre lei isentando Lucas Jezler de pagar imposto por seus escravos, ver Reis, *A liberdade que veio do ofício*, p. 124; e Funceb, *Legislação da província*, p. 54. Sobre a trajetória do empresário no Brasil, ver Anna-Julia Lingg, "In und zwischen zwei Welten: Lucas Jezler, ein Schweizer Kaufmann in Brasilien, 1829-1863", *Schweizerische Zeitschrift für Geschichte = Revue Suisse d'Histoire = Rivista Storica Svizzera*, v. 58, n. 4 (2008), pp. 407-25.

22. Ver lei nº 179, de 20 de junho de 1842, em *Collecção das Leis e Resoluções da Assemblea Legislativa e Regulamentos do Governo da Província da Bahia, sancionadas e publicadas nos annos de 1842 a 1847*, v. 4, p. 133.

23. *Mercantil*, 18 jul. 1848.

24. João Gonçalves Cezimbra para o presidente da província, 18 de setembro de 1847 (e anexos), APEB, *Tesouraria. Inspetor*, maço 4206; e João Gonçalves Cezimbra para o presidente da província, 26 de julho e 24 de novembro de 1847 (e anexos), APEB, *Tesouraria. Inspetor*, maço 4205.

25. João Gonçalves Cezimbra para o presidente da província, 21 de outubro de 1847, APEB, *Tesouraria. Inspetor*, maço 4209.

26. Manoel Francisco de Sá Freire, inspetor da tesouraria, para o presidente da província, 1º de março de 1858, APEB, *Tesouraria. Inspetor, 1853-1858*, maço 4250. Mascatear fazendas não era necessariamente negócio autônomo, como se verifica num anúncio do *Correio Mercantil* de 26 de janeiro de 1844: "Precisa-se alugar um ou dois pretos para carregar fazendas pelas ruas; quem os tiver dirija-se à rua da Louça, 18 e 19". Outro anúncio, no *Diario da Bahia* de 10 de setembro de 1857, avisava: "Na ladeira da Conceição, casa n. 15, precisa-se alugar um preto para carregar fazendas pelas ruas desta cidade".

27. Os documentos relativos a este caso se encontram em APEB, *Tesouraria. Inspetor*, maço 4250.

28. "Carta de Liberdade do crioulo Victorino José Fernandes", 13 de maio de 1842, APEB, *Livro de Notas do Tabelião*, v. 272, fl. 275v; "Liberdade de Narciza, Nagô, e seu filho Manoel, crioulo", 25 de maio de 1838, APEB, *Livro de Notas do Tabelião*, v. 261, fls. 159v-160. Sobre demonstrações de afetividade e pragmatismo no complexo jogo da liberdade, ver Lígia Bellini, "Por amor e por interesse: a relação senhor-escravo em cartas de alforria", em João José Reis (org.), *Escravidão e invenção da liberdade*, pp. 73-86.

29. Tratava-se de um regulamento especificamente para fiscalizar a cobrança de impostos

aos trabalhadores africanos, libertos e escravizados, durante o governo de Francisco Gonçalves Martins. Ver regulamento de 21 de fevereiro de 1849 relativo à lei orçamentária nº 344, *Collecção das Leis e Resoluções da Assemblea Legislativa e Regulamentos do Governo da Província da Bahia, sancionadas e publicadas nos annos de 1848 a 1849*, v. 5, p. 419.

30. Como já disse, todos os documentos relativos a este caso se encontram em APEB, *Tesouraria*, maço 4250.

31. Antonio Francisco da Costa Meirelles para o presidente da província, 14 de junho de 1848, APEB, *Tesouraria Provincial. Inspetor*, maço 4211.

32. Petição de Claudina Antonia de Amorim para o presidente da província, com último despacho em 27 de dezembro de 1848, APEB, *Tesouraria. Impostos, 1829-1879*, maço 4476.

33. APEB, *Escravos (assuntos), 1829-1869*, maço 2885. Resumos da lei nº 250, de 8 de junho de 1846, e do seu regulamento, de 31 de outubro do mesmo ano, estão em Funceb, *Legislação*, pp. 33-4 e 161-3.

34. APEB, *Escravos (assuntos)*, maço 2896.

35. Tesoureiro da província para o presidente da província, 21 de maio de 1851 (e anexos), APEB, *Tesouraria. Inspetor, 1851-1858*, maço 4249.

36. Manoel Francisco de Sá Freire para o presidente da província, 26 de novembro de 1858, APEB, *Tesouraria. Inspetor, 1851-1858*, maço 4257; e Falheiros, "Luís e Antônio Xavier de Jesus", p. 38, para o preço da passagem de Salvador para a Costa da Mina em 1841.

37. José Joaquim de Mello para o presidente da província, 3 de outubro de 1849, e Ignacio José Ferreira para o inspetor interino da tesouraria, 29 de setembro de 1849, APEB, *Tesouraria. Inspetor, 1847-1849*, maço 4219.

38. José Joaquim Pacheco, inspetor interino, para o presidente da província, 24 de julho de 1857, APEB, *Tesouraria. Inspetor, 1853-1858*, maço 4254.

39. APEB, *Escravos (assuntos)*, maço 2898; e APEB, *Escravos (assuntos)*, maço 2896.

40. José Joaquim Pacheco, inspetor da Tesouraria Provincial, para o presidente da província, 18 e 31 de março de 1851, APEB, *Tesouraria. Inspetor, 1851-1859*, maço 4259.

41. Ver "Balanços da arrecadação realisada da Thesouraria Provincial da Bahia", anexados às *Fallas* do Presidente da Província para os anos de 1854, 1858 e 1861.

42. Castillo, "Mapping the Nineteenth-Century Brazilian Returnee Movement", p. 52. Sobre a ocupação britânica de Lagos, ver Mann, *Slavery and the Birth of an African City*, cap. 3.

43. Ver o pedido de passaporte de Benedicto, nagô, "empregado em ganho pelas ruas d'esta cidade", de março de 1858, APEB, *Polícia. Passaportes*, maço 6348.

44. *Jornal da Bahia*, 18 de fevereiro e 21 de maio de 1857. Sobre os Salvi e a firma Gantois & Marback como traficantes, confira Verger, *Flux et reflux*, pp. 433, 435, 437, 453-4, 477 (nota 1), 537-8 etc.

7. A "REVOLUÇÃO DOS GANHADORES" [pp. 170-92]

1. Para evitar sobrecarregar a leitura com notas, em alguns casos as referências às edições do *Jornal da Bahia* serão dadas apenas no próprio texto, com suas respectivas datas.

2. *Jornal da Bahia*, 2 jun. 1857.

3. João Nepomuceno da Silva, *Os misterios da Bahia* (Bahia: Typographia de Manoel Agos-

tinho Cruz Mello, 1860), v. 1, p. 28. Apesar da participação ativa para resolver a crise junto à Presidência da Província, a Associação Comercial não incluiu o episódio entre "o que de mais notável ocorreu a nossa Associação" nos anos de 1856 e 1857. Arquivo da Associação Comercial da Bahia, *Livro de atas, 1851-1860*, fls. 122-124.

4. Wetherell, *Brazil*, p. 53; *Correio Mercantil*, 3 de junho e 22 e 23 de dezembro de 1841. Sobre o Rio de Janeiro, ver Soares, *O "Povo de Cam"*, pp. 128-31, e Karasch, *Slave Life*, pp. 188-92. Sobre Porto Alegre, ver Zanetti, *Calabouço urbano*, pp. 71-6.

5. AHMS, *Fundo Câmara Municipal. Matrícula escravos — Atestados de conduta, 1857*, est. 68, prat. 05.

6. *Correio Mercantil*, 15 mar. e 20 ago. 1844 e 1º jul. 1850 (citação). Sobre a atuação de Ariani e seus filhos no negócio dos transportes, ver Consuelo Novaes Sampaio, *50 anos de urbanização: Salvador da Bahia no século XIX* (Rio de Janeiro: Versal, 2005), pp. 133-51. Alguns documentos aqui analisados também o foram por Sampaio.

7. *Almanach para o anno de 1845* (Bahia: Typographia de M. A. da S. Serva, 1844; edição fac-símile publicada pela Funceb, 1998), pp. 201-2; e José Joaquim Pacheco, inspetor da tesouraria, para o presidente da província, 11 de maio de 1851, APEB, *Tesouraria. Inspetor, 1851-1858*, maço 4249. Preços de escravos em Mattoso, *Être esclave au Brésil*, p. 108.

8. Rafael Ariani para o presidente da província, 30 de outubro de 1863, APEB, *Viação. Transporte*, maço 5015.

9. Rafael Ariani para o presidente da província, 20 de novembro de 1851, APEB, *Viação. Transporte*, maço 5015. Esse monopólio foi suspenso, em 1859, por recomendação do chefe de polícia. Ver Agostinho Luiz da Gama, chefe de polícia, para o presidente da província, 29 de dezembro de 1859, APEB, *Polícia, 1858-1859*, maço 3139-18. Um serviço de gôndolas entre o largo do Teatro e o largo da Vitória foi concedido em 1853 ao empresário Francisco Antonio Filgueiras, que era também administrador da Mesa de Rendas Provinciais e do Celeiro Público, e tinha um "omnibus" e três gôndolas que rodavam três vezes ao dia. *Almanak [...] para o anno de 1855*, pp. 153 e 234, e *Almanak [...] para o anno de 1856*, pp. 191 e 335.

10. *Jornal da Bahia*, 16 jan. 1857.

11. Rafael Ariani para o presidente da província da Bahia, 31 de agosto de 1861, APEB, *Viação. Transporte*, maço 5015. Regras detalhadas de uso dos carros nas ruas de Salvador, relação com o passageiro, tarifas e muitos outros itens foram publicados em 1872 pela Câmara Municipal. Ver *Posturas da Camara Municipal da Cidade de S. Salvador* (1873), pp. 84-95.

12. *Almanak [...] para o anno de 1857*, p. 365, sobre os negócios de Ariani; *Jornal da Bahia*, 16 de janeiro, 14 de fevereiro, 14 e 21 de junho de 1857; e Belarmino Austricliano (?) para o chefe de polícia, 25 de junho de 1858, APEB, *Polícia. Subdelegados, 1854-1858*, maço 6231.

13. APEB, *Câmara Municipal à Presidência da Província, 1856-1857*, maço 1403, doc. 86. É dessa época a proposta de criação de um serviço de carros para coleta de lixo em Salvador.

14. *O Guaycuru*, 28 jan. 1851; e *Falla que recitou o Presidente da Província da Bahia, o Desembargador Conselheiro Francisco Gonçalves Martins, n'abertura da Assemblea Legislativa da mesma Província no 1º de Março de 1852*, p. 59 (itálico no original).

15. Sobre a inclinação à doutrina econômica liberal da Associação Comercial, ver Eugene W. Ridings, "The Bahian Commercial Association, 1840-1889: A Pressure Group in an Underdevel-

oped Area" (Tese de Doutorado, Universidade da Flórida, 1970), pp. 116, 120 e 133. Sobre adversários políticos de Sinimbu na Bahia, ver Craveiro Costa, *O visconde de Sinimbu*, pp. 152-7.

16. *Jornal do Commercio*, 23 jun. 1857.

17. AHMS, *Atas da Câmara*, v. 9.48, fls. 274-5v; e votos dos vereadores em AHMS, *Correspondência recebida. Vereador, 1857*, n./cat. No ano seguinte, 1858, haveria uma manifestação contra a carestia em Salvador, tendo como pano de fundo essas políticas divergentes entre governo provincial e municipal. Também nessa ocasião, o mais acerbo crítico de Sinimbu será Manuel Jerônimo Ferreira. Ver João José Reis e Gabriela Delfim, "'Carne sem osso, farinha sem caroço': o motim de 1858 contra a carestia na Bahia", *Revista de História*, n. 135 (1996), pp. 133-59.

18. *Codigo de Posturas da Illustrissima Camara Municipal do Rio de Janeiro e Editaes da mesma Camara* (Rio de Janeiro: Eduardo & Henrique Laemmert, 1870), pp. 27-8. Agradeço a Juliana Teixeira Souza por compartilhar comigo esta fonte, que ela também analisa, para outros fins, em *A Câmara e o Governo da cidade*. Apesar de publicado em 1870, esse código consolidava posturas anteriormente emitidas. Sem datá-la, também transcreve na íntegra essa postura a historiadora Marilene Rosa Nogueira da Silva, *Negro na rua: a nova face da escravidão* (São Paulo: Hucitec, 1988), p. 103. Ver ainda Patricia Acerbi, *Street Occupations: Urban Vending in Rio de Janeiro, 1850-1925* (Austin: University of Texas Press, 2017), p. 23, que no entanto data de 1854 a obrigatoriedade do uso da chapa pelos ganhadores cariocas, o que não parece ter sido o caso. Ver o contrário mais adiante, p. 388, nota 24, uma notícia sobre a chapa no Rio em 1853.

19. Silva, *Negro na rua*, pp. 105-6. Ver também Soares, *O "Povo de Cam"*, p. 125, sobre as chapas cariocas. Mais sobre estes e outros assuntos relativos a ganhadores no Rio de Janeiro se encontra no *Correio Mercantil* e demais periódicos cariocas da época disponíveis na Hemeroteca Digital da Biblioteca Nacional. Ainda sobre este parágrafo, *Jornal da Bahia*, 3 jun. 1857; e AHMS, *Atas da Câmara*, v. 9.48, fl. 269. A obrigação de os ganhadores urbanos usarem chapas com as mesmas características das usadas no Brasil também existiu nos Estados Unidos. Mas lá, além do número de matrícula, amiúde se registrava a ocupação específica do negro escravizado, livre ou liberto. Ver Theresa A. Singleton, "The Slave Tag: An Artifact of Urban Slavery", *South Carolina Antiquities*, v. 16, n. 1-2 (1984), pp. 41-65, que estuda particularmente a cidade de Charleston, na Carolina do Sul. Sobre o mesmo assunto, ver Wade, *Slavery in the Cities*, pp. 40-1, que escreve: "o real propósito do sistema era controle, não arrecadação [municipal]" (p. 41), também a principal meta na Bahia.

20. Câmara para o presidente da província, 2 de junho de 1857, AHMS, *Câmara ao Presidente da Província, 1856-1857*, maço 1403. Também publicado no *Jornal da Bahia*, 3 jun. 1857.

21. *Jornal da Bahia*, 3 jun. 1857.

22. Sobre o grande comércio de Salvador, ver Mattoso, *Bahia: a cidade do Salvador e seu mercado no século XIX*, cap. 27.

23. Há crescente interesse pela história do mutualismo no Brasil. Sobre a Bahia, ver os panoramas traçados por Aldrin Castellucci, "O associativismo mutualista na formação da classe operária em Salvador (1832-1930)", em Claudio Batalha e Marcelo Mac Cord (orgs.), *Organizar e proteger: trabalhadores, associações e mutualismo no Brasil (séculos XIX e XX)* (Campinas: Editora da Unicamp, 2014), pp. 47-82; Maria das Graças de Andrade Leal, *A arte de ter um ofício: Liceu de Artes e Ofícios da Bahia, 1872-1996* (Salvador: Fundação Odebrecht; Liceu de

Artes e Ofícios, 1996); e id., "Artífices baianos, mutualismo e liberalismo no Brasil independente", em Maria das Graças de Andrade Leal e Avanete Pereira de Souza (orgs.), *Capítulos de história da Bahia: independência* (Salvador: Assembleia Legislativa da Bahia; Eduneb, 2017), pp. 405-32. Sobre outras regiões do Império, além do livro organizado por Batalha e Mac Cord acima registrado, ver balanços bibliográficos de Claudio Batalha, "Relançando o debate sobre mutualismo no Brasil: as relações entre corporações, irmandades, sociedades mutualistas de trabalhadores e sindicatos à luz da produção recente", e Ronaldo Pereira de Jesus e David P. Lacerda, "Dinâmica associativa no século XIX: socorro mútuo e solidariedade entre livres e libertos no Rio de Janeiro imperial", ambos publicados em *Mundos do Trabalho*, v. 2, n. 4 (2010), pp. 12-22 e 126-42, respectivamente. Confira ainda o alentado estudo monográfico de Marcelo Mac Cord, *Artífices da cidadania: mutualismo, educação e trabalho no Recife oitocentista* (Campinas: Fapesp; Editora da Unicamp, 2012). Para um levantamento quantitativo de âmbito nacional, ver Ronaldo Pereira de Jesus, "Associativismo no Brasil do século XIX: repertório crítico dos registros de sociedades no Conselho de Estado (1860-1889)", *Locus: Revista de História*, v. 13, n. 1 (2007), pp. 144-70.

24. A SPD e a SMA foram objeto de diversos estudos, entre os quais Julio Santana Braga, *Sociedade Protetora dos Desvalidos, uma irmandade de cor* (Salvador: Ianamá, 1987); Douglas Guimarães Leite, "Mutualistas graças a Deus: identidade de cor, tradições e transformações do mutualismo popular na Bahia do século XIX" (Tese de Doutorado, Universidade de São Paulo, 2017); Lucas Ribeiro Campos, "Sociedade Protetora dos Desvalidos: mutualismo, política e identidade racial em Salvador (1861-1894)" (Dissertação de Mestrado, Universidade Federal da Bahia, 2018); Maria Conceição B. da Costa e Silva, *O Montepio dos Artistas: elo dos trabalhadores em Salvador* (Salvador: Funceb; EGBA, 1998), cap. 3; e Eliane Maia dos Reis, "Três momentos do mutualismo em Salvador (1850-1887)" (Dissertação de Mestrado, Universidade Federal da Bahia, 2016), cap. 1.

25. Braga, *Sociedade Protetora dos Desvalidos*, pp. 55-6. Ver também Campos, "Sociedade Protetora dos Desvalidos", p. 79 (citação do tesoureiro da SPD). Reis, *A liberdade que veio do ofício*, pp. 211-2, sugere que a entrada nos montepios estava restrita "aos mais qualificados, restando aos demais alternativas como o ganho".

26. Leite, "Mutualistas graças a Deus", esp. pp. 67-87; e Campos, "Sociedade Protetora dos Desvalidos", esp. cap. 2 (ambos registram Martins e Cotegipe como sócios protetores). Ver também Aldrin Castellucci, "Os trabalhadores e a política no Brasil Império: o problema da cidadania operária em uma sociedade escravista (Salvador, 1850-1881)", em Lisa Castillo, Wlamyra Albuquerque e Gabriela dos Reis Sampaio (orgs.), *Barganhas e querelas da escravidão: tráfico, alforria e liberdade (séculos XVIII e XIX)* (Salvador: Edufba, 2014), pp. 281-314 (esp. pp. 300-4), sobre participação eleitoral dos chamados "homens de cor".

27. Maria Cecília Velasco e Cruz desenvolve pesquisa específica, ainda inédita, sobre a estiva em Salvador ao longo do século XIX.

28. *Jornal da Bahia*, 4 jun. 1857; e *Jornal do Commercio*, 23 jun. 1857.

29. Michel Foucault, *Vigiar e punir* (Petrópolis: Vozes, 1977), p. 28.

30. Wetherell, *Brazil*, p. 70 (grifado no original).

31. *Diario do Rio de Janeiro*, 23 jun. 1857, p. 1 (itálicos no original).

32. AHMS, *Fundo Câmara Municipal de Salvador. Matrícula escravos, 1857-1873*.

33. *Jornal da Bahia*, 4 e 5 jun. de 1857.

34. AHMS, *Atas da Câmara*, v. 9.48, fl. 283. Outros donos de escravos pediram a devolução do dinheiro pago pela chapa.

35. *Correio da Tarde*, 8 jun. 1857.

36. Sobre os "moleques" na Salvador oitocentista, ver Fraga Filho, *Mendigos, moleques e vadios*, cap. 5. Citação d'*O Alabama*, 5 maio 1868, p. 2. No tempo da independência, ver João José Reis, "O jogo duro do Dois de Julho", em João José Reis e Eduardo Silva, *Negociação e conflito: a resistência negra no Brasil escravista* (São Paulo: Companhia das Letras, 1989), pp. 84-5.

37. Mais tarde, na virada do século XX, o vocábulo seria mesmo incorporado ao nome de uma organização de trabalhadores do porto do Rio de Janeiro, na sua maioria negros. Ver Maria Cecília Velasco e Cruz, "Cor, etnicidade e formação de classe no porto do Rio de Janeiro: a Sociedade de Resistência dos Trabalhadores em Trapiche e Café e o conflito de 1908", *Revista USP*, n. 68 (2005-6), pp. 188-209.

38. *Jornal da Bahia*, 5 jun. 1857. Jailton Lima Brito, *A abolição na Bahia, 1870-1888* (Salvador: Centro de Estudos Baianos; Edufba, 2003), pp. 133-51, não cita esta sociedade no trecho em que discute as organizações abolicionistas. Ele dá a Dois de Julho como tendo sido fundada em 1852 por estudantes de medicina. Eu creio que se trata da mesma citada com outro nome pelo jornal.

39. O termo "greve" foi usado por um correspondente, na cidade de São Paulo, do carioca *Jornal do Comércio* (27 jun. 1852) para definir a suspensão do trabalho por quinze dias pelos carreiros que se empregavam no transporte de lenha. Depois de explicar a origem francesa do termo, o autor da nota assim o empregou: "saiba agora que os carreiros dos contornos da capital, que costumam fornecer a lenha para o consumo, fizeram greve há vinte dias mais ou menos". Eles protestavam contra uma postura que proibia o chiado produzido pelas rodas de seus carros! Agradeço a Maria Luiza Ferreira de Oliveira pela indicação desta fonte.

40. "Correspondência do *Diario*, 19 de junho de 1857", *Diario do Rio de Janeiro*, 26 jun. 1857.

41. Por exemplo, Antonio de Morais e Silva, *Diccionario da lingua portugueza* (Lisboa: Officina de Simão Thaddeo Ferreira, 1789); e Luiz Maria da Silva Pinto, *Diccionario da lingua brasileira* (Ouro Preto: Typographia de Silva, 1832). No mundo mais estrito da estiva, *parede* é o sistema de recrutamento de mão de obra em que os trabalhadores se reúnem em um local do porto, também chamado *parede*, para a escolha daqueles a serem contratados. Ver Maria Cecília Velasco e Cruz, "A morte de João de Adão: realidade e fantasia na memória operária de um crime", em Antonio L. Negro, Evergton S. Souza e Lígia Bellini (orgs.), *Tecendo histórias: espaço, política e identidade* (Salvador: Edufba, 2009), p. 209, nota 20.

42. "Correspondência da Bahia, 4 de junho", *Correio Mercantil*, 24 jun. 1857. O mesmo autor também referiu-se a 1857 como "bernarda de canga", sendo "bernarda" termo usado no Oitocentos para definir uma revolta.

43. *Autos da Devassa da Conspiração dos Alfaiates* (Salvador: Arquivo Público do Estado da Bahia, 1998), 2 v.; Carlos Guilherme Mota, *Nordeste 1817: estruturas e argumentos* (São Paulo: Perspectiva, 1972); Evaldo Cabral de Mello, *A outra independência: o federalismo pernambucano de 1817 a 1824* (São Paulo: Editora 34, 2004); Izabel Andrade Marson, *O Império do progresso: a Revolução Praieira em Pernambuco (1842-1855)* (São Paulo: Brasiliense, 1987); João Paulo G. Pimenta, "A independência do Brasil como uma revolução: história e atualidade de um tema

clássico", *História da Historiografia*, n. 3 (2009), pp. 53-82; Ilmar Rohloff de Mattos, *O Tempo Saquarema: a formação do Estado imperial* (São Paulo: Hucitec, 1990), esp. cap. 2; e id., "Construtores e herdeiros: a trama dos interesses na construção da unidade política", *Almanak Braziliense*, n. 1 (2005), pp. 8-26. Ver ainda Marco Morel, *O período das Regências (1831-1840)* (Rio de Janeiro: Zahar, 2003), pp. 20-5, sobre a polissemia do vocábulo "revolução" nos movimentos do período regencial.

44. Sobre esses dois movimentos, ver João José Reis, *A morte é uma festa*; e Souza, *A Sabinada*. O jornal omitiu que o chefe de polícia na época, Francisco Gonçalves Martins, fora acusado de negligência. Ver Antônio Pereira Rebouças, "Ao Sr. Chefe de Polícia, Responde o Rebouças [1838]", em *A Revolução de 7 de Novembro de 1837 (Sabinada)* (Salvador: Imprensa Oficial da Bahia, 1948), v. 5, pp. 23-62. Nesse mesmo volume e no volume 2 estão publicadas as réplicas e tréplicas dessa polêmica.

45. "Correspondência da Bahia, 4 de junho", *Correio Mercantil*, 24 jun. 1857.

46. *Correio Mercantil*, 24 jun. 1857.

47. *Jornal da Bahia*, 10 jun. 1857; "Correspondência da Bahia, 4 de junho", *Correio Mercantil*, 24 jun. 1857; AHMS, *Atas da Câmara*, v. 9.48, fl. 275v; e AHMS, *Ofícios recebidos, 1857*, n./ cat. Corpus Christi segundo o *Almanak [...] para o anno de 1857*, p. 26.

8. MATRÍCULAS: O CONTRAPONTO PATERNALISTA [pp. 193-211]

1. Todos os registros de matrícula se encontram no AHMS, *Fundo Câmara Municipal de Salvador. Matrícula escravos, 1857-1873*, e não serão refenciados em nota daqui para a frente.

2. AHMS, *Fundo Câmara Municipal de Salvador. Matrícula escravos, 1857-1873*; *Diario da Bahia*, 3 de setembro (preço de um piano) e 16 de setembro de 1857 (fuga de José); Abilio Cezar Borges, *Relatorio sobre a instrução publica na Provincia da Bahia apresentado ao Ilm. e Exm. Sr. Presidente o Dez. João Lins Vieira Cansanção do Sinimbu* (Bahia: [s.n.], 1857), citado em "Rellação dos impressos das differentes Typographias d'esta Cidade etc.", anexo 4 ao relatório do bibliotecário Gaspar José Lisboa para Francisco Xavier Paes Barreto, 24 de janeiro de 1859, em *Falla recitada na abertura da Assembléa Legislativa da Bahia pelo Presidente da Provincia o Doutor Francisco Xavier Paes Barreto em 15 de março de 1859* (Bahia: Typographia de Antonio Olavo da França Guerra, 1859). Conheça o Abilio abolicionista, em destaque, nas páginas de Angela Alonso, *Flores, votos e balas: o movimento abolicionista brasileiro (1868-1888)* (São Paulo: Companhia das Letras, 2015).

3. A família Aragão Bulcão está representada em Luiz Alberto Moniz Bandeira, *O feudo — A Casa da Torre de Garcia d'Ávila: da conquista dos sertões à independência do Brasil*, 2ª ed. (Rio de Janeiro: Civilização Brasileira, 2007).

4. Arquivo da Cúria Metropolitana de Salvador (doravante ACMS), *Livro de registro de óbitos da Freguesia da Conceição da Praia, 1828-1834*, fl. 52v (21 fev. 1830), pass.

5. Muita vez a autonomia podia representar uma cilada para o cativo, no sentido de que desobrigava o senhor de cuidar do seu sustento, em especial quando adoecia. Mas, alto lá, em última instância o senhor tinha óbvio interesse em zelar pela saúde de seu escravo, que para ele representava renda e riqueza. A exceção seria aquele escravo já encostado por enfermo ou mui-

to velho, portanto improdutivo, caso em que a participação senhorial em sua sobrevivência ficava sendo um compromisso moral que nem todo senhor cumpria.

6. Ynaê Lopes dos Santos, "Que lancem todos os dias os nomes, empregos e mais sinais: circulação escrava e tentativas de controle estatal nas leis municipais do Rio de Janeiro e de Havana na década de 1830", *Revista do Arquivo Geral da Cidade do Rio de Janeiro*, n. 9 (2015), pp. 31-47 (cit. às pp. 36-7). Ver também, da mesma autora, sobre moradia escrava no Rio, *Além da senzala*.

7. *Almanak* [...] *para o anno de 1857*, p. 189.

8. João José Reis, "De escravo a rico liberto"; "Arrolamento dos africanos libertos [...] Conceição da Praia"; e Falheiros, "Luís e Antônio Xavier de Jesus", esp. cap. 2.

9. Sobre o complexo paternalismo/resistência no Brasil, ver a obra de Sidney Chalhoub, sobretudo *Machado de Assis, historiador* (São Paulo: Companhia das Letras, 2003). Clássico sobre o tema é Eugene Genovese, *Roll, Jordan, Roll: The World the Slaves Made* (Nova York: Pantheon, 1974), mas que não entende certos comportamentos escravos como resistência, eu sim. Ver também E. P. Thompson, *Customs in Common*; id., "Eighteenth-Century English Society: Class Struggle Without Class?", *Social History*, v. 3, n. 2 (1978), pp. 133-75; e Scott, *Domination and the Arts of Resistance*. Nunca é demais lembrar um artigo pioneiro, clássico, sobre resistência do dia a dia: Raymond e Alice Bauer, "Day to Day Resistance to Slavery", *Journal of Negro History*, n. 27 (1942), pp. 388-419, também reproduzido em J. H. Bracey Jr. et al. (orgs.), *American Slavery: The Question of Resistance* (Belmont, Califórnia: Wadsworth Publishing Co., 1971), pp. 37-60.

10. Sobre procedimento e personagens semelhantes no Rio de Janeiro, ver Acerbi, *Street Occupations*, p. 27, que analisa tais fianças como expressões de dependência/relações de clientela, o que, aliás, eu já indicava em trabalho anterior sobre 1857. Ver Reis, "'The Revolution of the *Ganhadores*'", pp. 35-6.

11. No Brasil, os ex-senhores eram considerados *patronos* dos seus ex-escravos, no sentido de se presumir que tivessem "patrocinado" suas alforrias. Até a chamada Lei do Ventre Livre, em 1871, eles podiam tentar revogar na Justiça cartas de liberdade concedidas sob condição, ou quando se considerassem vítimas de algum (mau) comportamento de seus libertos. Assim, a dependência do liberto diante do patrono estava consagrada em lei. Ver Manuela Carneiro da Cunha, *Antropologia do Brasil: mito, história, etnicidade* (São Paulo: Brasiliense, 1986), pp. 126-44; id., *Negros, estrangeiros*; Keila Grinberg, *Liberata: a lei da ambigüidade* (Rio de Janeiro: Relume-Dumará, 1994); Chalhoub, *Visões da liberdade*, esp. cap. 2; e id., *Machado de Assis, historiador*, esp. caps. 1 e 4.

12. AHMS, *Fundo Câmara Municipal de Salvador. Matrícula escravos, 1857-1873*.

13. Que Ignacio Jambeiro era negociante, ver *O Guaycuru*, 27 out. 1847, onde também se registra que seu rendimento anual seria de 800 mil-réis. Em 1849, o barão de Passé o encarregou de recompensar em Salvador quem capturasse ou desse notícia de Jorge, escravo nagô fugido do engenho Matoim. Ver *Correio Mercantil*, 24 jul. 1849. Jambeiro aparece como alferes da Guarda Nacional nesta nota de fuga e em diversas edições do *Almanak administrativo, mercantil e industrial da Bahia*.

14. *Almanak* [...] *para o anno de 1855*, p. 97.

15. Joaquim Torquato Carneiro de Campos para o inspetor da Tesouraria Provincial, 20 de julho de 1858, APEB, *Escravos (assuntos), 1823-1878*, maço 2889.

16. AHMS, *Fundo Câmara Municipal de Salvador. Matrícula escravos, 1857-1873*.

9. FIM DE GREVE [pp. 212-29]

1. Francisco de Paula Bahia, carcereiro da Casa de Correção, para o chefe de polícia, 11 de junho de 1857, APEB, *Polícia (assuntos), 1857*, maço 6481; *Falla recitada na abertura da Assemblea Legislativa Provincial da Bahia pelo 1º Vice-Presidente da Provincia o Dezembargador Manoel Messias de Leão, em 15 de Setembro de 1858* (Bahia: Typographia de Antonio Olavo da França Guerra, 1858), p. 17, sobre a Companhia do Queimado fornecer água para prisões. E sobre a formação da Companhia do Queimado, ver Sampaio, *50 anos de urbanização*, pp. 108-13. Desde 1835, pelo menos, havia gente interessada em instalar uma companhia, em regime de monopólio, para explorar poços e fontes por dez anos, entre outros privilégios, visando "fazer menos precisa a massa d'escravos empregada na condução, até hoje mais ou menos difícil, de barris e potes levada às mesquinhas fontes actuais". A Assembleia Provincial deferiu o projeto 54 para o estabelecimento dessa companhia. APEB, *Legislativa. Petições, 1829-1835*, maço 1026.

2. *Jornal da Bahia*, 13 jun. 1857; e *Diario do Rio de Janeiro*, 23 jun. 1857.

3. *Jornal da Bahia*, 16 jan. 1857.

4. Secretaria do governo provincial à secretaria da Assembleia Legislativa, 11 de setembro de 1857, APEB, *Assembleia Legislativa Provincial*, maço 1151.

5. "Correspondência da Bahia, 4 de junho de 1857", p. 3; *Diario do Rio de Janeiro*, 23 e 26 de junho de 1857, p. 1; e *Annaes do Parlamento Brazileiro. Camara dos Srs. Deputados. Sessão de 1858* (Rio de Janeiro: Typographia Imperial e Constitucional de J. Villeneuve & Cia., 1858), t. 2, p. 155.

6. Silva, *Os misterios da Bahia*, v. 1, p. 28.

7. Já no ano seguinte, foram presos cinco operários, um dos quais escravo, da fábrica de tecidos do Queimado, "para indagações policiais, acerca dos motivos por que [...] em grave prejuízo daquela Fábrica, premeditadamente abandonaram os trabalhos, a que estavam obrigados". Teria o governo aprendido a lidar com greves? "Partes da Polícia da Bahia", 11 de fevereiro de 1858, APEB, *Polícia, 1858-1859*, maço 3139-18. Não encontrei informações adicionais sobre esse episódio.

8. Aliás, cada guarda ganhava diariamente 1 mil-réis, se iletrado, e 1200 réis, se soubesse ler e escrever, e seu comandante ganhava 2 mil-réis, valores que equivaliam ao que faturavam os ganhadores. A guarda contemplava também o uso de secretas "em trajos disfarçados", que bem poderiam ser usados contra os grevistas africanos. A lei que criava a Guarda Urbana é de dezembro de 1856. "Regulamento da Guarda de Polícia denominada Urbana", 18 de maio de 1857, APEB, *Ato de criação da Guarda Urbana, 1857*, maço 2946; e APEB, *Polícia. Correspondência, 1850-1857*, maço 6151. Havia a lei provincial nº 29, de 23 de junho de 1835, concebida ainda sob o impacto da Revolta dos Malês, que criou a Guarda Policial, com organograma bem mais complexo. O soldo variava de trezentos réis, para remunerar os guardas, a oitocentos réis, para o tenente-comandante.

9. *Falla recitada na abertura da Assemblea Legislativa Provincial da Bahia pelo Presidente da Provincia o Dezembargador João Lins Vieira Cansanção de Sinimbu, no 3 de Setembro de 1857* (Bahia: Typographia de Antonio Olavo da França Guerra, 1857), pp. 2-3.

10. Nishida, "Manumission and Ethnicity in Urban Slavery", p. 370; e Maria Inês Côrtes de Oliveira, "Retrouver une identité: jeux sociaux des africains de Bahia (vers 1750-vers 1890)" (Tese de Doutorado, Universidade de Paris IV, Sorbonne, 1992), anexos.

11. Luís Nicolau Parés, "The 'Nagôization' Process in Bahian Candomblé", em Toyin Falola e Matt Childs (orgs.), *The Yoruba Diaspora in the Atlantic World* (Bloomington: Indiana University Press, 2004), pp. 185-208; e Karin Barber, "How Man Makes God in West Africa: Yoruba Attitudes Towards the Orisa", *Africa*, v. 51, n. 3 (1981), pp. 724-45.

12. Na Bahia e outras regiões do Brasil de nossos dias, a convergência entre "africano" e "nagô", este sendo inclusive símbolo de uma suposta "pureza africana", se dá em vários níveis da cultura popular, sobretudo no seio das religiões afro-brasileiras. Ver a respeito a perspectiva pioneira (depois retomada por diversos antropólogos) de Beatriz Góis Dantas, *Vovó nagô e papai branco: usos e abusos da África no Brasil* (Rio de Janeiro: Graal, 1988).

13. Charles Tilly, *From Mobilization to Revolution* (Reading: Addison-Wesley, 1978), cap. 5. Só relembrando: sobre os movimentos da classe trabalhadora na chave da "economia moral", ver Thompson, *Customs in Common*.

14. Sobre greve escrava no Caribe, ver, por exemplo, Michael Craton, *Testing the Chains: Resistance to Slavery in the British West Indies* (Ithaca: Cornell University Press, 1982), pp. 225, 253, 280, 291 e 300; Mullin, *Africa in America*, pp. 208-9, 254 e 258; Carolyn Fick, *The Making of Haiti: The Saint Domingue Revolution from Below* (Knoxville: The University of Tennessee Press, 1992), p. 98. Já Robert Conrad, *The Destruction of Brazilian Slavery, 1850-1888* (Berkeley: University of California Press, 1972), pp. 264-5, menciona greves escravas no Brasil em 1887. Quanto ao Brasil, ver ainda a breve síntese de Antonio Luigi Negro e Flávio dos Santos Gomes, "As greves antes da *grève*: as paralisações do trabalho feitas por escravos no século xix", *Ciência e Cultura*, 19 abr. 2013, pp. 56-9.

15. Tilly, *From Mobilization to Revolution*, p. 146.

16. Thompson, "Eighteenth-Century English Society", pp. 133-75. Para o Rio, na mesma chave teórica mas com outros realces, ver Mattos, *Escravizados e livres*.

17. *Almanak* [...] *para o anno de 1857*, pp. 93-4.

18. Joaquim Ernesto de Sousa, presidente da Câmara Municipal, para o chefe de polícia, 12 de janeiro de 1857, APEB, *Câmaras*, maço 6173.

19. Boletim de ocorrência da prisão de José e Basílio, APEB, *Polícia. Portarias e registros, 1857-1858*, maço 5628, fl. 31; *Diario da Bahia*, 5 e 12 de outubro de 1857.

20. Simão Lopes d'Almeida para o chefe de polícia, com despacho em 25 de agosto de 1857, APEB, *Polícia. Escravos*, maço 6320; Simão Lopes d'Almeida para o presidente e vereadores, 25 de agosto de 1857, AHMS, *Fundo Câmara Municipal de Salvador. Matrícula escravos, 1857-1873*. Sobre Simão Lopes padeiro, ver *Almanak* [...] *para o anno de 1854*, p. 293.

21. AHMS, *Fundo Câmara Municipal de Salvador. Matrícula escravos, 1857-1873*. Ver lista de professores da Faculdade de Medicina no *Almanak* [...] *para o anno de 1855*, p. 160.

22. AHMS, *Fundo Câmara Municipal de Salvador. Matrícula escravos, 1857-1873*.

23. D. Maria Dorothea Lessa de Oliveira para a Câmara Municipal, 11 de agosto de 1857, com despacho em 22 de setembro de 1857, AHMS, *Fundo Câmara Municipal de Salvador. Matrícula escravos, 1857-1873*. Ambos os documentos mostram que existia um (ou mais de um) livro de matrícula de ganhadores em 1857 que se perdeu.

24. *Diario da Bahia*, 10 set. 1857; APEB, *Polícia. Portarias e registros, 1857-1858*, maço 5628, fl. 53. Também no Rio de Janeiro os ganhadores se recusavam a obedecer à exigência da chapa. Ver *Diario do Rio de Janeiro*, 25 dez. 1853, p. 2, onde se pede que o chefe de polícia "obrigue os escravos ganhadores a trazerem a chapinha da câmara na qual se declara alguma coisa que guia um homem a procurá-los, quando estes tentam jogar o jogo das escondidas".

25. Antonio F. Coelho, fiscal claviculário, para o presidente e vereadores da Câmara Municipal, 2 de setembro de 1857, AHMS, *Correspondência recebida de fiscais, 1857*, n./cat.

26. José Pinto Ferreira para o chefe de polícia, 29 de setembro de 1857, APEB, *Polícia. Correspondência expedida, 1856-1857*, v. 5720, fl. 438v; e APEB, *Polícia*, maço 6321.

27. APEB, *Polícia*, maço 6481.

10. RESCALDO [pp. 230-55]

1. *Collecção das Leis e Resoluções da Assemblea Legislativa e Regulamentos do Governo da Província da Bahia, sancionadas e publicadas nos annos de 1853 a 1854*, v. 7, pp. 128-32.

2. Manuel Jerônimo Ferreira para o presidente da província, 13 de julho de 1858, APEB, *Escravos (assuntos), 1823-1878*, maço 2889.

3. Joaquim Torquato Carneiro de Campos, procurador, para o inspetor da Tesouraria Provincial, 20 de julho de 1858, e Manoel Francisco de Sá Freire, inspetor, ao presidente da província em exercício, 19 de agosto de 1858, APEB, *Escravos (assuntos), 1823-1878*, maço 2889.

4. O intelectual negro Querino, *A Bahia de outrora*, pp. 321-30, traçou um perfil deveras positivo de Nepomuceno, e ele leu *Os misterios da Bahia*.

5. Silva, *Os misterios da Bahia*, v. 1, pp. 78-80.

6. Ira Berlin, *Slaves Without Masters: The Free Negro in the Antebellum South* (Nova York: Pantheon, 1974); Loren Schweninger, *Black Property Owners in the South, 1790-1915* (Chicago: University of Illinois Press, 1990), pp. 46-7, 50-2 e 252-6; Larry Koger, *Black Slave Owners: Free Black Slave Masters in South Carolina, 1790-1860* (Columbia: The University of South Carolina Press, 1995), pp. 43-4, cap. 4; e John Hope Franklin e Loren Schweninger, *In Search of the Promised Land: A Slave Family in the Old South* (Nova York; Oxford: Oxford University Press, 2006). "Até o final dos anos 1850, numerosos estados já haviam proibido a alforria dentro de suas fronteiras", escreve o historiador Thomas D. Morris, *Southern Slavery and the Law, 1619-1860* (Chapel Hill: The University of North Carolina Press, 1996), p. 398.

7. Silva, *Os misterios da Bahia*, v. 1, pp. 73-4.

8. Ver Reis, *Domingos Sodré*, esp. pp. 167-80.

9. João Nepomuceno da Silva, *Os capetas: poema herói-cômico-satírico em sete cantos e poesias perdidas* (Bahia: Typographia de Camillo de Lellis Masson, 1859), p. 122.

10. Silva, *Os misterios da Bahia*, v. 1, p. 73.

11. Barickman, *A Bahian Counterpoint*, pp. 71-85.

12. *Collecção dos Regulamentos expedidos pela Presidencia da Provincia da Bahia no anno de 1861*, v. 15, pp. 194-218.

13. Ver também lei nº 405, de 2 de agosto de 1850, e lei nº 844, de 8 de agosto de 1860, em Funceb, *Legislação da Província da Bahia*, pp. 40 e 68-9.

14. *Collecção dos Regulamentos expedidos pela Presidencia da Provincia da Bahia no anno de 1861*, v. 15, p. 216.

15. Silva, *Diccionario da lingua portugueza*, v. 2, p. 30; e Pinto, *Diccionario da lingua brasileira*, [s.p.].

16. Sobre a evolução da indústria do fumo na Bahia, ver Silza Fraga Costa Borba, "Industrialização e exportação de fumo na Bahia, 1870-1930" (Dissertação de Mestrado, Universidade Federal da Bahia, 1975).

17. A pena de prisão foi revogada por ato de 4 de dezembro de 1862 do presidente da província Joaquim Antão Fernandes Leão. Funceb, *Legislação da província da Bahia sobre o negro*, p. 242.

18. Todo o processo está contido na petição de Fellippe José Vianna para o presidente da província, despachado em 14 de agosto de 1862, APEB, *Tesouraria. Impostos, 1823-1881*, maço 4477.

19. Ibid.

20. Funceb, *Legislação da província da Bahia sobre o negro*, pp. 66-101; e *Jornal da Bahia*, 3 ago. 1876, p. 3.

21. *Diario da Bahia*, 11 dez. 1870, em Fonseca, *A escravidão, o clero e o abolicionismo*, pp. 200-4. Não logrei encontrar este exemplar do jornal para confirmar a fidelidade de sua transcrição por Fonseca. Este episódio foi também abordado por Wlamyra R. de Albuquerque, *O jogo da dissimulação: abolição e cidadania negra no Brasil* (São Paulo: Companhia das Letras, 2009), pp. 75-79.

22. Fonseca, *A escravidão, o clero e o abolicionismo*, p. 200.

23. Sete anos depois, denunciado por crime de contrabando, José Gonçalves Martins safou-se, talvez por proteção política, mas foi punido com transferência para a alfândega do Maranhão. *Correio da Bahia*, 22 de junho e 17 de agosto de 1878; e *O Monitor*, 31 jul. 1877.

24. Francisco Hygino Carneiro para a Assembleia Legislativa Provincial, 24 de abril de 1871, APEB, *Assembleia Legislativa Provincial. Abaixo-assinados, 1870-1874*, maço 986.

25. *Almanak* [...] *para o anno de 1857*, p. 343 (venda de miudezas); e sobre Francisco Hygino como tenente-comandante da 6ª Companhia de Zuavos, ver *Relatorio apresentado à Assemblea Legislativa Provincial pelo Excelentissimo Presidente da Provincia, o Comendador Manoel Pinto de Souza Dantas, no dia 1º de março de 1866* (Bahia: Typographia de Tourinho & Cia., 1866), p. 17, e o anexo 1 ao relatório presidencial, "Quadro demonstrativo das peças de fardamento, equipamento, insignias e outros objectos, utensilios e objectos de enfermaria comprados pela Commissão composta dos Negociantes desta praça [...] com declaração do que foi distribuido aos diversos Batalhões, Companhias, Contingentes de Voluntários da Patria etc.", de 20 de fevereiro de 1866. Neste último documento, Hygino foi registrado como alferes. A comissão dos negociantes acima mencionada era formada por Candido Pereira de Castro, José Lopes da Silva Lima e Antônio Francisco de Lacerda, o do elevador que liga a Cidade Baixa à Cidade Alta. Sobre os zuavos, ver Hendrik Kraay, "Os companheiros de Dom Obá: os zuavos baianos e outras companhias negras na Guerra do Paraguai", *Afro-Ásia*, n. 46 (2012), pp. 121-61. Engrossaram as tropas negras muitos escravos fugidos. Ver, deste mesmo autor, "'O abrigo da farda': o Exército brasileiro e os escravos fugidos, 1800-1881", *Afro-Ásia*, n. 17 (1996), pp. 29-56.

26. *O Alabama*, 2 e 13 de dezembro de 1870. Ignoro quantos números foram publicados do jornal *União e Indústria*, do qual não logrei encontrar sequer um exemplar.

27. *Relatorio apresentado ao Illm. e Exm. Sr. Dez. João José d'Almeida Couto 1º Vice-Presidente da Provincia pelo 4º Vice-Presidente Dr. Francisco José da Rocha ao passar-lhe a administração da Província em 17 de outubro de 1871* (Bahia: Typographia do Correio da Bahia, 1871), p. 69.

28. *Diario da Bahia*, 8 dez. 1870, citado em Fonseca, *A escravidão, o clero e o abolicionismo*, pp. 205-9; e para a notícia sobre o suicídio de Salvador, ver *O Alabama*, 7 dez. 1870. O suicida tomara uma atitude severamente condenada em sua cultura religiosa, exceção feita a situações rituais específicas. Isola Olomola, "Suicide in Yoruba Culture", *África: Revista do Centro de Estudos Africanos da USP*, n. 10 (1987), pp. 52-83.

29. Palavras de Martins citadas em Wanderley Pinho, *História de um engenho do Recôncavo: Matoim — Novo Caboto — Freguesia, 1552-1944*, 2ª ed. (São Paulo: Companhia Editora Nacional; Brasília: INL, 1982), pp. 589-90. Sobre os efeitos da recessão na Bahia, ver Mattoso, *Bahia, século XIX*, pp. 572-3; e Silvio Humberto Cunha, *Um retrato fiel da Bahia: sociedade, racismo, economia na transição para o trabalho livre no Recôncavo açucareiro, 1871-1902* (Rio de Janeiro: Kitábu, no prelo), cap. 3.

30. Referências pertinentes aos últimos três parágrafos: Francisco Doratioto, *Maldita guerra: nova história da Guerra do Paraguai*, 2ª ed. rev. (São Paulo: Companhia das Letras, 2015), pp. 458-62, que registra 15 197 soldados que da Bahia foram lutar no Paraguai; *Diario da Bahia*, 8 dez. 1870, citado em Fonseca, *A escravidão, o clero e o abolicionismo*, p. 207; e *O Alabama*, 13 dez. 1870. Sobre o período de estiagem, ver Graciela Rodrigues Gonçalves, "As secas na Bahia do século XIX: sociedade e política" (Dissertação de Mestrado, Universidade Federal da Bahia, 2000), pp. 83-102. Sobre a recepção festiva aos ex-combatentes, ver Marcelo Santos Rodrigues, "Os (in)voluntários da pátria na Guerra do Paraguai: a participação da Bahia" (Dissertação de Mestrado, Universidade Federal da Bahia, 2001), cap. 4, que sistematiza a ótima cobertura dos eventos feita pelo jornal *O Alabama*. Sobre as tensões entre a população negra durante e logo após a guerra, ver Graden, *From Slavery to Freedom in Brazil*, cap. 3.

31. João da Costa Carvalho, administrador da Quinta e Hospital dos Lázaros para o chefe de polícia, 11 de setembro de 1870, APEB, *Correspondência recebida de hospitais, 1862-1889*, maço 6421.

32. Kraay, "Os companheiros de Dom Obá", p. 144 (recrutamento de capoeiras). Ver também Frederico José de Abreu, *Capoeiras: Bahia, século XIX* (Salvador: Instituto Jair Moura, 2005), pp. 127-47. Sobre os batalhões negros na Guerra do Paraguai, confira ainda Osvaldo Silva Félix Jr., "O envio de negros da Bahia para a Guerra do Paraguai", *História & Perspectivas*, v. 24, n. 45 (2011), pp. 379-410; Ricardo Salles, *Guerra do Paraguai: escravidão e cidadania na formação do Exército* (Rio de Janeiro: Paz e Terra, 1990), esp. cap. 5; Jorge Prata de Sousa, *Escravidão ou morte: os escravos brasileiros na Guerra do Paraguai* (Rio de Janeiro: Mauad; Adesa, 1996); e Silva, *Dom Obá II d'África*, cap. 2. Graden, *From Slavery to Freedom in Brazil*, pp. 65-6, entendeu que a ideia por trás da União e Indústria era substituir os escravos, quando na verdade era substituir não só a estes, mas também aos africanos livres e libertos.

33. *O Alabama*, 11 mar. 1871.

34. *O Alabama*, 15 nov. 1871.

35. Domingos Soares Pereira, presidente, e Januário Cyrillo da Costa, secretário, para o presidente da província, Bahia e sala da Associação Comercial, 17 de março de 1871, APEB, *Governo da Província. Correspondência recebida. Associação Comercial, 1840-1872*, maço 1580-1. Este documento e o abaixo-assinado a ele apenso foram também analisados por Albuquerque, *O jogo da dissimulação*, p. 178.

36. Abaixo-assinado de negociantes da praça da Bahia ao presidente da província, 11 de

março de 1871, APEB, *Governo da Província. Correspondência recebida. Associação Comercial, 1840-1872*, maço 1580-1.

37. Sobre o negociante José Lopes Pereira de Carvalho, ver diversos números do *Almanak administrativo, mercantil e industrial da Bahia* para os anos entre 1854 e 1873.

38. Francisco Hygino Carneiro para a Assembleia Legislativa Provincial, 24 de abril de 1871, APEB, *Assembleia Legislativa Provincial. Abaixo-assinados, 1870-1874*, maço 986; e parecer nº 69 de Olympio Vital e A. Sebrão, 8 de maio de 1871, APEB, *Assembleia Legislativa Provincial. Pareceres, 1867-1872*, v. 149, fls. 154-154v.

39. Testamento de José Hygino Carneiro (1850), APEB, *Judiciária*, maço 07/2967/06; e execução de penhora contra Francisco Hygino Carneiro (1858), APEB, *Judiciária*, maço 51/1806/10. Por compartilhar comigo esses documentos, agradeço à historiadora Gabriela dos Reis Sampaio, que desenvolve pesquisa sobre José Hygino e sua família.

40. *O Monitor*, 10 ago. 1876; e *Jornal da Bahia*, 20 jul. 1876, p. 2.

11. NOVAS REGRAS [pp. 256-79]

1. José Antonio Rocha Vianna para o desembargador chefe de polícia da Corte, 15 de dezembro de 1879, APEB, *Polícia*, maço 5840. Ver *Código de Posturas da Illustrissima Camara Municipal do Rio de Janeiro*, pp. 27-8.

2. José Antonio Rocha Vianna, "Secretaria de Polícia da Bahia em 20 de Abril de 1880", p. 19, relatório anexo à *Falla com que abriu no dia 1º de maio de 1880 a 1ª sessão da 23ª legislatura da Asembleia Legislativa Provincial da Bahia o Exmo. Sr. Dr. Antonio de Araujo de Aragão Bulcão, presidente da Província da Bahia* (Bahia: Typographia do Diario da Bahia, 1880).

3. Mattos, *Negros contra a ordem*, p. 82.

4. APEB, *Polícia. Livro de matrícula dos Cantos*, maço 7116. O regulamento encontra-se transcrito no final deste capítulo.

5. B. J. Barickman, "Até a véspera: o trabalho escravo e a produção de açúcar nos engenhos do Recôncavo baiano", *Afro-Ásia*, n. 21-22 (1998-9), p. 235; e Mattoso, *Bahia, século XIX*, p. 111.

6. Conrad, *The Destruction of Brazilian Slavery*, p. 285.

7. Fonseca, *A escravidão, o clero e o abolicionismo*, p. 239.

8. No pós-abolição essa tendência seria intensificada. Ver Iacy Maia Mata, "Libertos de Treze de Maio e ex-senhores na Bahia: conflitos no pós-abolição", *Afro-Ásia*, n. 35 (2007), pp. 163-98.

9. Tanto o regulamento como o *Livro de matrícula* foram antes por mim analisados em João José Reis, "De olho no canto: trabalho de rua na Bahia na véspera da abolição", *Afro-Ásia*, n. 24 (2000), pp. 199-242; e por Mattos, *Negros contra a ordem*, esp. cap. 2.

10. A discussão de Mattos, em *Negros contra a ordem*, segue também por aí. Naquela época, os planos e as políticas de controle dos trabalhadores livres e libertos eram vistos como questão de grande relevo em todo o Brasil, sobretudo no campo. A esse respeito, ver, entre outros, os livros pioneiros de Lúcio Kowarick, *Trabalho e vadiagem: a origem do trabalho livre no Brasil* (São Paulo: Brasiliense, 1987), esp. pp. 36-69; Peter Eisenberg, *Homens esquecidos: escravos e*

trabalhadores livres no Brasil, séculos XVIII e XIX (Campinas: Editora da Unicamp, 1989), parte 3; Ademir Gebara, *O mercado de trabalho livre no Brasil* (São Paulo: Brasiliense, 1986), esp. cap. 2. Ver também Lamounier, *Da escravidão ao trabalho livre*; Hebe Mattos, *Das cores do silêncio: os significados da liberdade no Sudeste escravista — Brasil, século XIX*, 2ª ed. (Rio de Janeiro: Nova Fronteira, 1998), esp. caps. 10 a 14; Joseli Maria Nunes Mendonça, *Entre a mão e os anéis: a Lei dos Sexagenários e os caminhos da abolição no Brasil* (Campinas: Editora da Unicamp; Cecult, 1999), esp. cap. 2; e Regina Célia Lima Xavier, *A conquista da liberdade: libertos em Campinas na segunda metade do século XIX* (Campinas: Centro de Memória da Unicamp, 1996). No caso da Bahia, ver Fraga Filho, *Mendigos, moleques e vadios*, e já para o pós-abolição, em especial a respeito do Recôncavo açucareiro, ver Cunha, *Um retrato fiel da Bahia*, caps. 4 e 5. A tentativa de criar um código draconiano de polícia — visando ao controle de trabalhadores rurais, mas não só deles — foi barrada pela mobilização da classe operária, em 1893, cujos representantes classificaram a medida como um retrocesso escravista. Ver Aldrin Castellucci, *Trabalhadores e política no Brasil: do aprendizado do Império aos sucessos da Primeira República* (Salvador: Eduneb, 2015), pp. 81-6.

11. APEB, *Polícia. Correspondência recebida do corpo de polícia, 1888-1889*, maço 6263; APEB, *Polícia. Livro de registros de matriculas dos cantos, 1887*, maço 7116.

12. Em 1887, a Câmara Municipal de São Félix, no Recôncavo baiano, criou um regulamento para os ganhadores, carroceiros e canoeiros (*O Tempo*, Cachoeira, 18 out. 1887). Na outra margem do rio Paraguaçu, no ano seguinte, a cidade de Cachoeira elaborou o seu regulamento, cuja versão final só seria publicada em 1890. Era inspirado no regulamento da capital, embora com algumas diferenças: não havia a figura do capitão do canto, por exemplo, mas um "chefe de turma" nomeado pelo delegado de polícia; estabelecia um número máximo de ganhadores, duzentos, divididos em quatro turmas de cinquenta; o registro do ganhador seria feito tanto na Câmara Municipal quanto na polícia, entre outras coisas (*O Tempo*, Cachoeira, 21 jan. 1888). E ver também o *Regulamento estabelecido pela Polícia e approvado pela Intendencia Municipal para o serviço de ganhadores desta cidade* (Cachoeira: Imprensa Cosmopolita, 1890). Agradeço a Maria Inês Côrtes de Oliveira por me ceder uma cópia desse documento.

13. Os números que apurei destoam em cerca de 3% (para cima) daqueles encontrados por Mattos, *Negros contra a ordem*, p. 55, por exemplo, onde registra um total de 1764 ganhadores matriculados. Para entender os resultados divergentes, teríamos que comparar os dois bancos de dados, métodos de coleta etc., o que não vem ao caso em vista da pequena diferença entre ambos.

14. APEB, *Polícia. Livro de matrícula dos cantos*, maço 7116. O documento está em geral bem conservado. Sua restauração, no entanto, redundou na disposição de algumas páginas fora da ordem, o que muitas vezes confunde o pesquisador. Esse documento será doravante referido apenas como *Livro de matrícula*.

15. Mattos, *Negros contra a ordem*, cap. 2, analisou quantitativamente as seguintes variáveis: cor da pele e naturalidade; residência (por freguesia); ocupação específica (pedreiro, carapina etc.); idade; número de ganhadores por canto.

16. *Livro de matrícula*, fl. 29.

17. Ibid., fl. 80.

18. Alain Corbin, "Bastidores", em Michelle Perrot (org.), *História da vida privada: da Revolução Francesa à Primeira Guerra* (São Paulo: Companhia das Letras, 1995), v. 4, p. 430.

19. Apesar dos cuidados tomados, é possível que minha contagem contenha a duplicação de alguns ganhadores que se mudaram de um canto para outro. Incluí também ganhadores que morreram depois de registrados e os que deixaram os cantos por outra ocupação, ou que foram deles expulsos por contravenção e outros motivos.

20. Em dezembro 1886, a Câmara Municipal de Salvador decretou uma série de posturas regulamentando o trabalho doméstico e, como neste caso, também mandou fazer um livro de registro. Ver Walter Fraga Filho, "Migrações, itinerários e esperanças de mobilidade social no Recôncavo baiano após a abolição", *Cadernos do AEL*, v. 14, n. 26 (2009), pp. 119-24, para um perfil de domésticas e domésticos matriculados. Marina Leão Barreto discutiu em maior detalhe esse regulamento e a respectiva matrícula em "'Criada, não, empregada!': contrastes e resistências sob a vigília dos patrões na regulamentação do trabalho doméstico livre ao final do século xix em Salvador" (Dissertação de Mestrado, Universidade Federal da Bahia, 2018).

21. Mattos, *Negros contra a ordem*, pp. 56-60, discute a distribuição residencial dos ganhadores. Ele calculou que 53,24% residiam em três grandes freguesias da Cidade Alta: Santana (21,32%), Sé (16,84%) e São Pedro (15,08%). Nas duas freguesias portuárias, Conceição da Praia e Pilar, moravam apenas 10,82% dos ganhadores registrados (p. 56, tabela 3).

22. Confirmam essa impressão as festas no cais, observadas no início do século xx por Antônio Vianna, *Quintal de nagô e outras crônicas* (Salvador: Centro de Estudos Baianos-ufba, 1979), p. 8.

23. Ver também Costa, "Espaços negros", pp. 23-7, em que a autora enfatiza a importância da zona portuária na geografia dos cantos, mapeia alguns também encontrados na matrícula de 1887, e outros que ali não se encontravam, a partir principalmente de fontes secundárias. Seus cantos, porém, não chegam a uma vintena em toda a cidade.

24. Ver documentação fotográfica da construção da estrada de ferro Bahia and São Francisco Railway, bem como da estação ferroviária e da ocupação urbana do sítio em seu entorno, em Gilberto Ferrez, *Bahia: velhas fotografias, 1858-1900* (Rio de Janeiro: Kosmos; Salvador: Banco da Bahia Investimentos S.A., 1988), pp. 71 ss. Havia dois gasômetros para abastecer a cidade com o gás que a iluminava naquele fim de século, um na Calçada, outro no Farol da Barra. Ver Eduardo Carigé, *Geographia Physica e Politica da Provincia da Bahia* (Bahia: Imprensa Economica, 1882), p. 75. Sobre a linha ferroviária, ver Etelvina Fernandes, "Bahia and San Francisco Railway: o caminho de ferro para o sertão", em Hugo Gama e Jaime Nascimento (orgs.), *A urbanização de Salvador em três tempos: Colônia, Império e República* (Salvador: Instituto Geográfico e Histórico da Bahia, 2011), pp. 149-68; e Robério S. Souza, *Trabalhadores dos trilhos: imigrantes e nacionais livres, libertos e escravos na construção da primeira ferrovia baiana (1858-1863)* (Campinas: Editora da Unicamp, 2015).

25. Em 1893, um jornal publicava que havia 473 carroceiros matriculados. Ver Fraga Filho, "Migrações, itinerários e esperanças de mobilidade social", p. 119.

26. Ferrez, *Bahia: velhas fotografias*, pp. 44-5, 112 e 187. Esse livro de fotografias da segunda metade do século xix não registra cadeiras de arruar ao longo de suas 199 páginas. Sobre as linhas de bonde e o elevador construído por Antônio Lacerda, ver Carigé, *Geographia physica e politica da provincia da Bahia*, pp. 54 e 78. Sobre a introdução e a expansão de novos meios de

transporte nesse período, inclusive o transporte sobre trilhos, ver o indispensável livro de Sampaio, *50 anos de urbanização.*

27. Rodrigues, *Os africanos no Brasil*, pp. 101-2, com citação à p. 102.

28. Com pequenas diferenças, Mattos, *Negros contra a ordem*, p. 61, chega a resultados semelhantes. Por exemplo, ele calculou em 58,38% a proporção de pedreiros, carpinas, marceneiros e ferreiros, enquanto eu calculei em 57,7%, uma diferença de menos de 1%.

29. Mattoso, *Bahia: a cidade do Salvador e seu mercado no século XIX*, pp. 240 e 343; id., *Bahia, século XIX*, p. 567; *Gazeta da Bahia*, 25 e 27 set. 1886 (sobre a seca em Salvador).

30. Ver Silva, *Sociedade Montepio dos Artistas*; e Reis, *A liberdade que veio do ofício*, pp. 199 ss.

31. Mattoso, *Bahia, século XIX*, p. 548.

32. Sobre o protesto negro antirrepublicano, com participação de ganhadores, no ocaso do regime monárquico, ver Albuquerque, *O jogo da dissimulação*, cap. 3. Sobre greves e movimentos contra a carestia na Primeira República, ver Mário Augusto da Silva Santos, *A república do povo: sobrevivência e tensão* (Salvador: Edufba, 2001), pp. 99-186 (p. 112 sobre as categorias da classe trabalhadora envolvidas em greves). Ver também dois estudos sobre a formação da classe trabalhadora livre baiana entre o Império e a República, nos quais o autor discute mutualismo, política operária, greves inclusive, entre outros temas: Castellucci, *Trabalhadores e política no Brasil*; e id., *Industriais e operários baianos numa conjuntura de crise (1914-1921)* (Salvador: Federação das Indústrias do Estado da Bahia, 2004).

33. *Livro de matrícula*, fl. 79.

34. Ibid., fls. 24, 42 e 81.

35. Os observadores da época — fosse Nina, Querino ou Silva Campos na virada do século XX, fossem os diversos visitantes estrangeiros em período anterior — escreveram sobre o assunto. Ver Augel, *Visitantes estrangeiros.*

12. AFRICANOS E OUTROS GANHADORES [pp. 280-301]

1. Rodrigues, *Os africanos no Brasil*, p. 100.

2. Lembro que o *Livro de matrícula* registra a descrição física dos membros dos cantos, daí eu saber da cor de seus cabelos, além de suas idades. Segundo Conrad, *The Destruction of Brazilian Slavery*, p. 288, em 1886 e 1887 foram matriculados na Bahia apenas 1001 escravos sexagenários. Sobre essa lei, ver Mendonça, *Entre a mão e os anéis.*

3. APEB, *Livro de matrícula*, fls. 22 e 137.

4. Sobre o Rio de Janeiro, ver Cruz, "Tradições negras na formação de um sindicato", pp. 243-90; e também Luiz Felipe de Alencastro, "Proletários e escravos: imigrantes portugueses e cativos africanos no Rio de Janeiro, 1850-1872", *Novos Estudos Cebrap*, n. 21 (1988), pp. 30-56.

5. Sobre a inserção, em tempos mais recentes, do migrante nordestino no mercado de trabalho do Sudeste brasileiro, ver Uvanderson Vitor da Silva, "Velhos caminhos, novos destinos: migrante nordestino na região metropolitana de São Paulo" (Dissertação de Mestrado, Universidade de São Paulo, 2008), esp. cap. 4; e Sueli de Castro Gomes, "Uma inserção dos migrantes nordestinos em São Paulo: o comércio de retalhos", *Imaginário*, v. 12, n. 13 (2006), pp. 143-69.

6. Sobre esses migrantes, ver também Fraga Filho, "Migrações, itinerários e esperanças de mobilidade social no Recôncavo após a abolição", pp. 117-8; e Jeferson Bacelar, *A hierarquia das raças: negros e brancos em Salvador* (Rio de Janeiro: Pallas, 2001).

7. APEB, *Livro de matrícula*, fls. 29, 35 e 135.

8. Ver Walter Fraga Filho, *Encruzilhadas da liberdade: histórias de escravos e libertos na Bahia (1870-1910)* (Campinas: Editora da Unicamp, 2006); id., *Mendigos, moleques e vadios*, esp. cap. 8; e Barickman, "Até a véspera", pp. 228-34. Cunha, *Um retrato fiel da Bahia*, faz inventário detalhado das queixas sobre a suposta falta de braços para a lavoura.

9. Cincinnatus [Luiz Tarquínio], *O elemento escravo e as questões economicas do Brazil* (Bahia: Typographia dos Dois Mundos, 1885), pp. 86-7.

10. APEB, *Livro de matrícula*, fls. 35 e 73.

11. Rodrigues, *Os africanos no Brasil*, p. 98.

12. Ibid., p. 101.

13. Trabalho aqui com a hipótese razoável de que os ganhadores brasileiros continuavam reunidos em cantos na época em que Nina fez suas observações.

14. Rodrigues, *Os africanos no Brasil*, p. 102.

15. Parés, "The 'Nagôization' Process". Ver também Matory, *Black Atlantic Religion*.

16. APEB, *Livro de matrícula*, fls. 35 e 73. A naturalidade dos capitães não parece ter sido fator decisivo na escolha do canto. Ou seja, não se verificou, num exemplo hipotético, que um capitão de Santo Amaro atraísse sistematicamente trabalhadores naturais de Santo Amaro para seu canto. A idade também não parece ter sido decisiva na escolha de líderes, nem entre os africanos, ou os brasileiros. Entre estes, apenas quinze dos 37 capitães tinham mais de quarenta anos; entre os africanos, apenas 55% tinham idades acima de sessenta anos, num grupo em que 74% estavam nessa faixa etária. Na verdade, os mais jovens eram favorecidos na disputa pela chefia do canto, o que desfaz a ideia de que os africanos mantivessem aqui tradições rígidas de autoridade dos mais velhos. Pelo menos nos cantos, antiguidade — no sentido de idade — não resultava necessariamente em posto.

17. APEB, *Livro de matrícula*, fl. 145.

18. Ibid., fl. 133.

19. Ibid., fls. 59 e 94.

20. Há uma longa lista de publicações sobre a conexão entre Bahia e Costa da Mina e a formação ali de comunidades de africanos retornados que se autodenominavam "brasileiros". Seguem alguns títulos: Verger, *Flux et reflux*, cap. 16; Castillo, "Entre memória, mito e história", pp. 65-110; Matory, *Black Atlantic Religion*, cap. 1; Flávio Gonçalves dos Santos, *Economia e cultura do candomblé na Bahia: o comércio de objetos litúrgicos afro-brasileiros (1850-1937)* (Ilhéus: Editus, 2013); Cunha, *Negros, estrangeiros*; Souza, "Entre margens"; Alcione Meira Amos, *Os que voltaram: a história dos retornados afro-brasileiros na África Ocidental no século XIX* (Belo Horizonte: Tradição Planalto, 2007); e Milton Guran, *Agudás: os "brasileiros" do Benim* (Rio de Janeiro: Nova Fronteira, 2000), entre outros.

21. *Correio Mercantil*, 6 e 8 mar. 1841.

22. APEB, *Livro de matrícula*, fls. 144-5.

23. Ibid., fls. 5, 116, 119-120 e 124.

24. Falo de categorias "raciais" no sentido de que cor e outros atributos físicos são os ele-

mentos centrais da ideologia racial brasileira historicamente constituída. Sobre por que falar de "raça" nesse sentido, ver Antônio Sérgio A. Guimarães, *Racismo e anti-racismo no Brasil* (São Paulo: Editora 34, 1999), esp. caps. 1 e 2.

25. A associação entre africanidade e barbárie nesse período não se limitava ao chamado "racismo científico". Sobre este, em geral, ver Renato da Silveira, "Os selvagens e a massa: o papel do racismo científico na montagem da hegemonia ocidental", *Afro-Ásia*, n. 23 (2000), pp. 89-145. Sobre sua institucionalização no Brasil, ver Lilia Moritz Schwarcz, *O espetáculo das raças: cientistas, instituições e questão racial no Brasil (1870-1930)* (São Paulo: Companhia das Letras, 1993). Um exemplo baiano da época é a obra de Nina Rodrigues, claro. E, ainda, sobre a detração da africanidade na Bahia na conjuntura abolicionista e durante a Primeira República, ver Wlamyra R. de Albuquerque, *Algazarra nas ruas: comemorações da independência na Bahia (1889-1923)* (Campinas: Editora da Unicamp; Cecult, 1999); id., *O jogo da dissimulação*; e Meire Lúcia dos Reis, "A cor da notícia: discursos sobre o negro na imprensa baiana" (Dissertação de Mestrado, Universidade Federal da Bahia, 2000), esp. caps. 4 e 5.

26. E a dúvida vem de longe. Num anúncio de fuga de 1855, um senhor definiu a cor de seu escravo como "fula ou cabra" (*Jornal da Bahia*, 31 maio 1855).

27. A esse respeito, ver Yvonne Maggie, "Introdução: cor, hierarquia e sistema de classificação: a diferença fora do lugar", em *Catálogo: Centenário da Abolição* (Rio de Janeiro: CIEC/ Núcleo da Cor/ UFRJ, 1989), pp. 1-29.

28. O caso excepcional da composição racial do canto AL é discutido mais adiante.

29. Ver Jocélio Teles dos Santos, "De pardos disfarçados a brancos pouco claros: classificações raciais no Brasil dos séculos XVIII-XIX", *Afro-Ásia*, n. 32 (2005), pp. 115-37. Este autor encontrou trinta termos para definir cor nos documentos da Santa Casa de Misericórdia de Salvador, entre 1815 e 1824 (p. 129). Para o Brasil atual, ver José Luis Petruccelli e Ana Lucia Saboia (orgs.), *Características étnico-raciais da população: classificações e identidades* (Rio de Janeiro: IBGE, 2013). Uma lista das categorias de cor em alguns países da América Latina se encontra em Henry Louis Gates Jr., *Os negros na América Latina* (São Paulo: Companhia das Letras, 2014), pp. 309-21. No Brasil foram computados 134 termos.

30. Os dados do censo de 1872 foram retirados de Manuel Jesuino Ferreira, *A Província da Bahia: apontamentos* (Rio de Janeiro: Typographia Nacional, 1875), pp. 32-3, e foram contabilizadas as seguintes freguesias: Sé, São Pedro Velho, Santana, Conceição da Praia, Vitória, Passo, Pilar, Santo Antônio, Brotas, Mares, Penha, Itapoã e Pirajá. As cinco últimas localizadas fora do miolo urbano da cidade.

31. Esse o tom predominante em Gilberto Freyre, *Sobrados e mucambos: decadência do patriarcado rural e desenvolvimento do urbano*, 7ª ed. (Rio de Janeiro: José Olympio, 1985), esp. caps. 11 e 12. Há porém uma passagem (pp. 607-8) em que Freyre escreve sobre os mulatos pobres "de rua" — mas não trabalhadores —, a quem definiu como pessoas "socialmente patológicas" (p. 607). Que tal?

32. APEB, *Livro de matrícula*, fl. 63.

33. Para uma maior ênfase no aspecto racial nesse período, ver Cunha, *Um retrato fiel da Bahia*, esp. cap. 5.

13. OS GANHADORES DE PORCINA [pp. 302-16]

1. APEB, *Livro de matrícula*, fl. 51. Os dados sobre a morte de Porcina estão no registro de seu óbito (ACMS, *Registro de óbitos da freguesia de Santana, 1876-1887*, fl. 197v) e também em seu testamento, escrito alguns dias antes de falecer (Testamento de Raymunda Porcina de Jesus, 29 de junho de 1887, APEB, *Livro de Registro de Testamentos*, n. 61, fls. 156v-158v). Este último documento é também transcrito por Anfrísia Santiago, *D. Raimunda Porcina de Jesus (A Chapadista)*, Publicações do Centro de Estudos Bahianos, nº 50 (Salvador: Centro de Estudos Baianos, 1968), pp. 4-8.

2. Quem primeiro me chamou a atenção para a identidade da Chapadista e me indicou seu testamento foi o historiador Walter Fraga Filho.

3. Testamento de Raymunda Porcina de Jesus, 29 de junho de 1887.

4. João Varela, "Do africano, ligeira digressão — a festa dos meninos na Bahia — notas históricas" (IGHB, Coleção Arthur Ramos, 1937). Agradeço a Wlamyra Albuquerque por colocar à minha disposição suas anotações a este manuscrito.

5. Varela provavelmente extraiu a expressão de um romance que cita de passagem a Chapadista como "a muié é um homem", além de sugerir que ela vivia de empregar suas escravas na venda de bolos e doces. Lindolfo Xavier, *Maria Dusá* (1910), citado em Santiago, *D. Raimunda Porcina de Jesus*, pp. 1-2.

6. *Diario da Bahia*, 15 jan. 1889 (seção Câmara Municipal), menciona o beco da Chapadista.

7. Santiago, *D. Raimunda Porcina de Jesus*, p. 2.

8. "Segunda-Feira Cheia", *A Noticia*, terça-feira, 19 jan. 1915, p. 1.

9. Marieta Alves, "Música de barbeiros", *Revista Brasileira de Folclore*, v. 7, n. 17 (1967), p. 11, citando José Eduardo Freire de Carvalho, *A devoção do Senhor J. do Bonfim e sua história*.

10. Vianna, *Quintal de nagô*, p. 27. Sobre projetos de reforma do porto, ver Rita de Cássia Santana Rosado, "O porto de Salvador: modernização em projeto, 1854-1891" (Dissertação de Mestrado, Universidade Federal da Bahia, 1983). Sobre a reforma, ver Paula Silveira de Paoli, "Um diálogo entre antigo e novo: o Bairro do Comércio na modernização do Porto de Salvador (1912)", III Encontro da Associação Nacional de Pesquisa e Pós-Graduação em Arquitetura e Urbanismo, 2014. Disponível em: <http://www.anparq.org.br/dvd-enanparq-3/htm/Artigos/SC/ORAL/SC-PCI-005_DEPAOLI.pdf>. Acesso em: nov. 2016.

11. D. Raymunda Porcina de Jesus para o presidente da província, 24 de março de 1879 (e anexos), APEB, *Escravos (assuntos)*, maço 2894.

12. Inquérito anexo ao ofício do subdelegado Aureliano Augusto de Souza Brito para o chefe de polícia, 1º de junho de 1868, APEB, *Polícia, Subdelegados*, maço 6239. Este documento foi também analisado por Jackson Ferreira, "'Por hoje se acaba a lida': suicídio escravo na Bahia (1850-1888)", *Afro-Ásia*, n. 31 (2004), p. 216.

13. *Jornal da Bahia*, 17 jul. 1870.

14. *Jornal da Bahia*, 17 nov. 1870.

15. *Jornal da Bahia*, 1 jul. 1871.

16. Secretário Francisco de Castro Loureiro para o subdelegado de Curralinho, 3 de junho de 1881, APEB, *Polícia. Subdelegados: correspondência expedida, 1881-1882*, maço 5850.

17. Chamava-se "cria" o escravo nascido e "criado" na casa do senhor.

18. Afra, de cor cabra, foi comprada no Recôncavo, era do serviço de lavoura, nascera em São Francisco do Conde e tinha dezenove anos quando passou às mãos da Chapadista por 450 mil-réis, em 1883. APEB, *LNT*, v. 1536 (14 de abril de 1883).

19. Itálicos no original da nota d'*O Alabama*, 31 dez. 1867, p. 3, e 18 jan. 1867, p. 1.

20. Chefe de Polícia da Bahia para o subdelegado do primeiro distrito da freguesia de Santana, 26 de fevereiro de 1883, APEB, *Polícia*, v. 5857, fl. 172.

21. Numa época em que os testamentos tendiam a ser completamente seculares, o de Porcina abre com um "Em nome de Deus, amém", distribui esmolas para oitenta pobres rezarem e investe em missas por sua alma, além de distribuir legados pios. Testamento de Raymunda Porcina de Jesus, 29 de junho de 1887. A administração das mesadas de seus herdeiros ficaria sob a responsabilidade da Santa Casa. Ver distribuição mensal em ASCM, *Livro de Folha dos Vencimentos dos Empregados de diversas Repartições da Santa Casa (1897-1898)*, v. 416, fls. 121 ss. Os óbitos, na década de 1890, de vários dos ex-escravos legatários de Porcina estão registrados em ASCM, *Registro de Verbas Testamentárias que contém legados pios (1882-1932)*, v. 1702, fl. 45. Agradeço a Rosana Santos de Souza por me fornecer informações sobre os ex-escravos de Porcina nos livros da Santa Casa.

22. Ibid., fl. 123.

23. "Escriptura de doação, que faz Dona Raimunda Porcina de Jesus, a uma cria liberta de nome Antero, do escravo Aprigio, com idade de dez annos, pela quantia de 500$000", 29 de setembro de 1866, APEB, *LNT*, v. 389, fl. 61v. Algumas condições acompanharam a doação, como a de que Aprigio ficaria sob a posse de Porcina até a emancipação, por idade, de Antero.

24. Eduardo Carigé, "O Sr. Eduardo Carigé aos seus concidadãos", *Diario da Bahia*, 4 jan. 1889, p. 2. Disse Carigé que foi ele próprio quem criou o Club Luiz Alvares — homenagem a um abolicionista recém-falecido —, formado por ganhadores. Agradeço a Ricardo Tadeu Caires Silva o compartilhamento desta fonte.

25. APEB, *Livro de matrícula*, fls. 75, 89 e 139. Os episódios aqui mencionados foram narrados em Albuquerque, *O jogo da dissimulação*, caps. 2 e 3, esp. pp. 126 e 148-9.

14. DISPERSÃO E CONFLITO NOS CANTOS [pp. 317-30]

1. APEB, *Livro de matrícula*, fls. 74 e 79.

2. Ibid., fl. 24.

3. Ibid., fls. 2 e 41-43.

4. Ibid., fls. 90 e 91.

5. Mattos, *Negros contra a ordem*, p. 129, tabela 15.

6. APEB, *Livro de matrícula*, fl. 74.

7. Carlos de Cerqueira Pinto, chefe de polícia, para o presidente da província, 1º de fevereiro de 1871, APEB, *Chefes de Polícia, 1870-1871*, maço 2966; Vital F. M. Sacramento, chefe de polícia, para o presidente da província, 14 de outubro de 1884, APEB, *Chefes de Polícia, 1884*, maço 2973; Antonio Jesuino da Costa, subdelegado, para o chefe de polícia, 9 de agosto de 1877, APEB, *Subdelegado, 1877*, maço 6245; e Joaquim José de Oliveira, subdelegado, para o chefe de polícia, 22 de maio e 1º de junho de 1885, APEB, *Subdelegados, 1885-1886*, maço 6249.

8. Além das diversas fotografias aqui publicadas, ver também, por exemplo, Paulo Cesar de Azevedo e Mauricio Lissovsky (orgs.), *Escravos brasileiros do século XIX na fotografia de Christiano Jr.* (São Paulo: Ex Libris, 1988); e Ferrez, *Bahia: velhas fotografias*, pp. 19 e 21.

9. Alferes João Pedro Vital para o chefe de polícia, 9 de abril de 1888, APEB, *Corpo de Polícia, 1888-1889*, maço 6263.

10. APEB, *Livro de matrícula*, fl. 6.

11. Alferes João Pedro Vital para o chefe de polícia, 9 de abril de 1888.

12. Sobre a carreira de Pereira Marinho, ver Cristiana Ferreira Lyrio Ximenes, "Joaquim Pereira Marinho: perfil de um contrabandista de escravos na Bahia, 1828-1887" (Dissertação de Mestrado, Universidade Federal da Bahia, 1998). Sem dar relevo ao papel de Pereira Marinho, a história da Compahia Bahiana de Navegação é contada por Marcos Guedes Vaz Sampaio, *Navegação a vapor na Bahia oitocentista (1839-1894)* (Salvador: Edufba, 2014).

13. APEB, *Judiciária*, processo-crime nº 20/713/02. Sobre a fama de intransigente e rude do empresário, ver Ximenes, "Joaquim Pereira Marinho", pp. 15-6, por exemplo, e p. 120 para o trecho de seu testamento. É da autora a seguinte frase, que endosso, sobre pessoas maltratadas por Pereira Marinho: "Escravos, viúvas, órfãos e devedores, certamente não guardavam nenhuma semelhança com o nosso personagem" (p. 120).

14. Vital Ferreira de Moraes Sarmento para o presidente da província, 20 de outubro de 1884, APEB, *Chefes de Polícia, 1884*, maço 2973.

15. Francisco A. de Castro Loureiro, secretário da polícia, ao subdelegado da Conceição da Praia, 15 de junho de 1881, APEB, *Polícia. Correspondência expedida, 1881-1882*, maço 5850.

16. APEB, *Livro de matrícula*, fls. 13, 23, 38, 47 e 84.

17. Vital Ferreira de Moraes Sarmento para o presidente da província, 27 de outubro de 1884, APEB, *Chefes de Polícia, 1884*, maço 2973.

18. Além de trabalhadores locais, alguns eram marinheiros estrangeiros, sobretudo ingleses e portugueses, também presos pelas rondas noturnas em Salvador ao longo do século XIX. Ver, para a primeira metade do século XIX, Patricia Aufderheide, "Order and Violence: Social Deviance and Social Control in Brazil, 1780-1840" (Tese de Doutorado, Universidade de Minnesota, 1976).

19. Alfredo Devoto, subdelegado da freguesia do Pilar para o chefe de polícia, 1º de junho de 1884, APEB, *Subdelegados, 1883-1884*, maço 6221; Alfredo Devoto para o presidente da província, 2 de junho de 1884; e J. A. de Lima Gordilho, chefe de polícia, para o presidente da província, 31 de junho de 1884, APEB, *Polícia. Correspondência expedida para a Presidência*, maço 5860.

20. Manoel Pereira Soares, subdelegado da Conceição da Praia, para o chefe de polícia, 11 de agosto de 1879; Pompilio Dantas Bacelar, chefe da ronda da Associação de Voluntários contra Incêndios e Polícia Nocturna do Bairro Comercial, para o subdelegado da Conceição da Praia, 9 de agosto de 1879, APEB, *Polícia. Correspondência recebida de subdelegados, 1878-1879*, maço 6246.

21. Sobre caixeiros portugueses, ver Tânia Penido Monteiro, *Portugueses na Bahia na segunda metade do século XIX: imigração e comércio* (Porto: Secretaria de Estado da Imigração, 1985).

22. Alexandra Kelly Brown, "'On the Vanguard of Civilization': Slavery, the Police, and Conflict between Public and Private Power in Salvador da Bahia, Brazil, 1835-1888" (Tese de Doutorado, Universidade do Texas em Austin, 1998), p. 133.

23. Antônio Vianna, *Casos e coisas da Bahia*, 2ª ed. Salvador: Funceb, 1984, pp. 133-5. Chamou minha atenção para esta fonte o artigo de Frederico José de Abreu, "A capoeira baiana no século XIX", *Iê, Capoeira*, v. 1, n. 7 (1999), p. 9. Ver também, deste mesmo autor, o livro já citado *Capoeiras: Bahia, século XIX*, pp. 93-113. Muitos capoeiristas baianos foram residir no Rio de Janeiro nesse período, segundo Carlos Eugênio Líbano Soares, "A capoeiragem baiana na Corte Imperial (1863-1890)", *Afro-Ásia*, n. 21-22 (1998-9), pp. 147-76. E deste mesmo autor, sobre capoeira no Rio de Janeiro, ver *A capoeira escrava e outras tradições rebeldes no Rio de Janeiro (1808-1850)* (Campinas: Editora da Unicamp, 2001); id., *A negregada instituição: os capoeiras no Rio de Janeiro* (Rio de Janeiro: Secretaria Municipal de Cultura, 1994). E também trata do tema Thomas Holloway, *Polícia no Rio de Janeiro: repressão e resistência numa cidade do século XIX* (Rio de Janeiro: FGV, 1997), onde aponta a capoeira entre os delitos mais representados nas estatísticas de prisão na segunda metade do século XIX. Sobre a presença da prática regular de capoeira em Salvador no ano de 1862, ver Reis, *Domingos Sodré*, pp. 28-9.

24. Vianna, *Casos e coisas da Bahia*, p. 134.

15. CORPOS MARCADOS [pp. 331-52]

1. APEB, *Livro de matrícula*, fls. 72 e 144.

2. Rodrigues, "Os (in)voluntários da pátria", pp. 127-30, sobre a festa de recepção do 40º Batalhão.

3. APEB, *Livro de matrícula*, fls. 22, 54, 87 e 145.

4. Ibid., fl. 43.

5. Ibid., fl. 74. A abolição do chicote senhorial só aconteceu no final de 1886, menos de dois anos antes da Lei Áurea. Conrad, *The Destruction of Brazilian Slavery*, pp. 237-8.

6. Andrade, *A mão de obra escrava em Salvador*, p. 157.

7. APEB, *Livro de matrícula*, fls. 34, 49, 87 e 139.

8. Ver João do Rio, *A alma encantadora das ruas* (São Paulo: Companhia das Letras, 1997 [1904-7]), pp. 100-12. Tema pouco explorado em nossa historiografia, ver sobre ele a pesquisa abrangente de Silvana Jeha, *Uma história da tatuagem no Brasil* (São Paulo: Veneta, 2019).

9. Citado em Christopher Hibbert, *The Roots of Evil: A Social History of Crime and Punishment* (Boston: Little, Brown & Co., 1968), p. 186.

10. Cesare Lombroso, *L'Homme criminel: criminel-né — fous moral — épileptique* (Paris: Félix Alcan, 1887), p. 205. Num *Atlas* mais tarde publicado separadamente, Lombroso expôs uma profusão de imagens de "tipos criminosos", descritos de forma minuciosa, inclusive com reproduções das tatuagens daqueles que as usavam. Cesare Lombroso, *L'Homme criminel: atlas*, 2ª ed. (Roma; Turim; Florença: Bocca Frères, 1888). Agradeço a Margarida de Souza Neves por compartilhar comigo esta fonte. Sobre o debate contemporâneo em torno da criminalística lombrosiana, sua ascensão e queda, ver Pierre Darmon, *Médicos e assassinos na Belle Époque: a medicalização do crime* (Rio de Janeiro: Paz e Terra, 1991).

11. *Revista da Exposição Antropologica Brasileira*, n. 2 (1882), p. 14.

12. *Jornal do Recife*, 21 set. 1895, p. 2. Sobre a moda na Europa de fim de século, ver James Bradley, "Body Commodification? Class and Tattoos in Victorian Britain", e Jane Caplan, "Na-

tional Tattooing': Traditions of Tattooing in Nineteenth-Century Europe", ambos em Jane Caplan (org.), *Written on the Body: The Tattoo in European and American History* (Londres: Reaktion Books, 2000), pp. 136-55 (p. 141, citação de Bradley) e pp. 156-73, respectivamente.

13. Sobre a moda Lombroso para a definição do criminoso na América espanhola, ver, pontualmente, alguns ensaios em Ricardo D. Salvatore, Carlos Aguirre e Gilbert M. Joseph (orgs.), *Crime and Punishment in Latin America: Law and Society since Late Colonial Times* (Durham: Duke University Press, 2002), especialmente a síntese em Joseph, "Preface", pp. xiv-xvi. O caso cubano, parecido com o brasileiro pela densidade da população afrodescendente, é discutido por David Domínguez Cabrera, *Cuerpo social, criminalidad y prácticas discursivas en Cuba (1902-1926)* (Havana: Editorial de Ciencias Sociales, 2015). Na Argentina do mesmo período, o principal alvo eram as populações indígenas e mestiças. Ver Eugenia Scarzanella, *Ni gringos ni indios: inmigración, criminalidad y racismo en la Argentina, 1890-1940* (Bernal: Universidad Nacional de Quilmes Editorial, 2015).

14. Nina Rodrigues, *As raças humanas e a responsabilidade penal no Brasil* (Bahia: Imprensa Popular, 1894). Sobre o pensamento racial da "escola baiana", em particular a adoção do ideário lombrosiano, ver Iraneidson Santos Costa, "A Bahia já deu régua e compasso: o saber médico-legal e a questão racial na Bahia, 1890-1940" (Dissertação de Mestrado, Universidade Federal da Bahia, 1997); e Jurandir Antonio Sá Barreto Jr., *Raça e degeneração: análise do processo de construção da imagem dos negros e mestiços, a partir de artigos publicados na* Gazeta Médica Baiana *(1880-1930)* (Salvador: Eduneb, 2005). Conforme já anotado alhures neste livro, um panorama geral do pensamento racialista brasileiro no período é apresentado por Schwarcz, *O espetáculo das raças*.

15. "*Death to the bourgeoisie*" é citado para o mesmo período por Patricia O'Brien, "The Prison on the Continent: Europe, 1865-1965", em Norval Morris e David J. Rothman (orgs.), *The Oxford History of the Prison* (Nova York; Oxford: Oxford University Press, 1995), p. 207. O pensamento lombrosiano foi acionado também para criminalizar os dissidentes políticos entre imigrantes europeus na Argentina. Ver Scarzanella, *Ni gringos ni indios*, pp. 29-34.

16. Alvaro Ladislau Cavalcanti d'Albuquerque, *Contribuição ao estudo das tatuagens nos criminosos. These apresentada à Faculdade de Medicina da Bahia em 28 de fevereiro de 1902* (Bahia: Imprensa Moderna de Prudencio de Carvalho, 1902), pp. 23-4 e 26-7.

17. Ibid., p. 30.

18. Padre Senna Freitas, "O doutor Lombroso", *Jornal do Recife*, 3 dez. 1891, p. 3.

19. Darmon, *Médicos e assassinos*, p. 139.

20. O *Jornal do Recife*, na edição de 6 de dezembro de 1887, publicou uma resenha mui positiva de *Novos horizontes do direito e do processo penal*, livro de Enrico Ferri, discípulo de Lombroso. O resenhista conclui: "O livro de Ferri, tanto pela sua exposição e sua doutrina, como pela tradução, figurará na biblioteca de todos os letrados e amantes da cultura". Pouco mais de um ano depois, em janeiro de 1889, o mesmo periódico publicou mais uma matéria elogiosa à escola italiana, criticando os equívocos de autores brasileiros em relação ao pensamento de Lombroso. O autor da matéria era Arthur Orlando. Há diversos outros artigos sobre o tema nas páginas deste jornal, portanto o do padre Senna não ocorreu no vácuo. No Recife ficava a famosa Faculdade de Direito, onde João Vieira, catedrático de jurisprudência e legislação comparada, era adepto ardente dos italianos. Ver também Costa, "A Bahia já deu régua e compasso", sobre Nina Rodrigues e vários outros assuntos apresentados neste parágrafo.

21. Citado em Costa, "A Bahia já deu régua e compasso", p. 153. Para um rápido panorama sobre o Brasil, ver Francisco Linhares Fonteles Neto, "A criminologia e a polícia no Brasil na transição do século XIX para o XX", *Passagens: Revista Internacional de História Política e Cultura Jurídica*, v. 8, n. 3 (2016), pp. 543-59.

22. Termo de prisão, hábito e tonsura feito no negro Matheos Dada, escravo de José Pereira do Nascimento, 20 de fevereiro de 1835, em "Devassa do levante de escravos ocorrido em Salvador em 1835", *Anais do Arquivo Público do Estado da Bahia*, n. 38 (1968), p. 131. Este procedimento já era previsto nas Ordenações Filipinas para qualquer preso, e podia ser ainda mais detalhado, segundo constatou Alan Nardi de Souza, "Auto de prisão, hábito e tonsura: uma documentação específica no auxílio ao estudo da criminalidade — Mariana, 1803-1809", *Anais do I Colóquio do LAHES*, Juiz de Fora, 13 a 16 de junho de 2005 (disponível em: <http://www.ufjf.br/lahes/files/2010/03/c1-a3.pdf>; acesso em: 6 abr. 2017). Alan de Souza, aliás, observa que, no Brasil, não se esperou a chegada da metodologia policial lombrosiana do final do século XIX para que fossem usados procedimentos de identificação criminal baseados na descrição detalhada dos indivíduos presos.

23. Carta de emancipação do africano livre Pedro, 16 de outubro de 1850, Arquivo Público de Alagoas, *Curador de Africanos*, caixa 2323 (agradeço a Moisés Sebastião da Silva por me fornecer uma cópia deste documento); e Passaporte de Domingos, escravo africano de d. Guilhermina Athaide Thomazia de Freitas, 6 de novembro de 1858, APEB, *Polícia. Passaportes*, maço 6348.

24. *O Século*, 16 abr. 1850.

25. *O Americano*, Cachoeira, 14 out. 1869.

26. Joaquim José de Oliveira Andrade, chefe de polícia, para os delegados e subdelegados da província da Bahia, 28 de outubro de 1883, APEB, *Polícia. Correspondência expedida para delegados (1868-1889)*, v. 5869, fls. 256-258v. Agradeço a Eliseu Santos Ferreira Silva por compartilhar comigo este documento, analisado por ele em "Roubos e salteadores no tempo da abolição (Cachoeira, década de 1880)" (Dissertação de Mestrado, Universidade Federal da Bahia, 2016), p. 51.

27. Silva, "Roubos e salteadores no tempo da abolição", p. 51.

28. Na Inglaterra, por exemplo, uma lei de 1869 — pré-Lombroso, portanto — já havia criado um registro de marcas corporais considerado padrão para servir de guia à vigilância do "criminoso habitual", o que resultou num catálogo de tatuagens encontradas em pessoas condenadas. Bradley, "Body Commodification?", p. 138.

29. O uso dessa cor em tatuagens tinha longa história, pois já havia sido detectada em múmias egípcias do século XI. C. P. Jones, "Stigma and Tattoo", em Caplan (org.), *Written on the Body*, p. 2.

30. Expulso do canto por mau procedimento pelo capitão, *Livro de matrícula*, fl. 77.

31. O signo de salomão constava nos anúncios em jornais de escravos fugidos estudados por Gilberto Freyre, como também na tese de medicina de Alvaro Ladislau Cavalcanti d'Albuqueque e na obra de Cesare Lombroso, as duas últimas já aqui referidas. No caso de Freyre, remeto a *O escravo nos anúncios de jornais brasileiros do século XIX*, 2ª ed. (São Paulo: Companhia Editora Nacional, 1979), p. 123. Ele levantou nos anúncios tatuagens com desenhos de "corações feitos com tinta azul e, no meio dos corações, iniciais, signos-de-salomão; a cruz".

32. Sobre celebração do Dois de Julho, ver Albuquerque, *Algazarra nas ruas*; e Hendrik Kraay, "Entre o Brasil e a Bahia: comemorações do Dois de Julho em Salvador, século xix", *Afro-Ásia*, n. 23 (1999), pp. 9-44. Tatuagens patrióticas foram mencionadas por João do Rio, *A alma encantadora das ruas*, p. 109.

33. João do Rio, *A alma encantadora das ruas*, p. 107.

34. Sobre tradição iorubá de tatuagem, ver Afolabi Ojo, *Yoruba Culture*, pp. 260-1. O que ignoro é se tatuagens já eram usadas no período do tráfico transatlântico de escravos que povoou de nagôs a Bahia.

35. apeb, *Livro de matrícula*, fls. 60, 73 e 109.

36. Citado por Henry D. Drewal, "Art or Accident: Yorùbá Body Artists and Their Deity Ògún", em Sandra Barnes (org.), *Africa's Ogun* (Bloomington: Indiana University Press, 1997), p. 244. Drewal também se refere ao uso de tatuagem entre os iorubás.

37. Samuel Johnson, *The History of the Yorubas: From the Earliest Times to the Beginning of the British Protectorate* (Londres: Routledge & Kegan Paul, 1966 [orig. 1897]), pp. 104-9. Ver também E. Adeniyi Oroge, "The Institution of Slavery in Yorubaland with Particular Reference to the Nineteenth Century" (Tese de Doutorado, Centre of West African Studies, University of Birmingham, 1971), p. 114.

38. Johnson também menciona e ilustra escarificações bem sutis. Johnson, *The History of the Yorubas*, p. 109, por exemplo. Francis de Castelnau, representante francês na Bahia, desenhou e publicou em meados do século xix algumas escarificações de africanos de diversos reinos haussás, além de Borno e Nupe, mas nenhum dos nagôs. Castelnau, *Renseignements sur l'Afrique centrale*. Entretanto, estas podem ser apreciadas num livro contemporâneo de um médico que servia na colônia inglesa de Serra Leoa, para onde eram levados os africanos resgatados do tráfico ilegal para a Bahia, grande número dos quais iorubás. Ver Robert Clarke, *Sierra Leone: A Description of the Manners and Customs of the Liberated Africans, with Observations upon the Natural History of the Colony, and a Notice of the Native Tribes, &c. &c.* (Londres: James Ridgway; Holborn, Johnson & Co., 1843).

39. apeb, *Livro de matrícula*, fls. 38, 61 e 92.

40. Andersen Lyrio, Sheila Mendonça de Souza e Della Collins Cook, "Dentes intencionalmente modificados e etnicidade em cemitérios do Brasil Colônia e Império", *Revista do Museu Arqueológico e Etnográfico*, n. 21 (2011), pp. 315-34.

41. Jocélio Teles dos Santos, "Candomblés e espaço urbano na Bahia do século xix", *Estudos Afro-Asiáticos*, v. 27, n. 1-2 (2005), pp. 205-26.

42. Ver Elaine Cristina Jorge Dias, "Dentes limados: a saúde bucal dos escravizados a partir dos anúncios de fuga, Paraíba (1850-1888)", *Cadernos Imbondeiro*, v. 2, n. 1 (2012) (disponível em: <http://periodicos.ufpb.br/ojs/index.php/ci/article/view/14125/8761>; acesso em: 22 abr. 2015). Freyre, *O escravo nos anúncios de jornais*, p. 123, também registrou terem sido "frequentes os escravos com dentes limados", mas não indicou em que proporção dos cerca de 10 mil anúncios que o autor alegou ter estudado.

43. *O Século*, 13 de outubro de 1849, 7 de fevereiro e 25 de abril de 1850; *Jornal da Bahia*, 18 de abril de 1869; e *Diario da Bahia*, 10 e 28 de setembro de 1871.

44. Lyrio, Souza e Cook, "Dentes intencionalmente modificados", pp. 325-6.

45. Sobre essas continuidades, pensadas como tais, ver John French, "As falsas dicotomias

entre escravidão e liberdade: continuidades e rupturas na formação social e política do Brasil moderno", e Claudio H. M. Batalha, "Limites da liberdade: trabalhadores, relações de trabalho e cidadania durante a Primeira República", ambos em Douglas C. Libby e Júnia F. Furtado (orgs.), *Trabalho livre, trabalho escravo: Brasil e Europa, séculos XVIII e XIX* (São Paulo: Annablume, 2006), pp. 75-96 e pp. 97-110, respectivamente.

EPÍLOGO [pp. 353-6]

1. Sobre o haitianismo, ver, entre outros, Marco Morel, *A Revolução do Haiti e o Brasil escravista: o que não deve ser dito* (Jundiaí: Paco, 2017), esp. cap. 3; Alain El Youssef, *Imprensa e escravidão: política e tráfico negreiro no Império do Brasil* (Rio de Janeiro, 1822-1850) (São Paulo: Intermeios; Fapesp, 2016), pp. 141-54; e João José Reis e Flávio dos Santos Gomes, "The Impact of the Haitian Revolution in Brazil", em David P. Geggus e Norman Fiering (orgs.), *The World of the Haitian Revolution* (Bloomington: Indiana University Press, 2009), pp. 284-313.

2. Sobre desafricanizar a Bahia urbana no período pós-abolição, ver, entre outros títulos, Albuquerque, *O jogo da dissimulação*; id., *Algazarra nas ruas*; e Alberto Heráclito Ferreira Filho, *Quem pariu Mateus que balance: condição feminina e cotidiano popular na Belle Époque imperfeita* (Salvador: Centro de Estudos Baianos, 2003).

Fontes e referências bibliográficas

ARQUIVOS

AACB — Arquivo da Associação Comercial da Bahia
ACMS — Arquivo da Cúria Metropolitana de Salvador
AHMS — Arquivo Histórico Municipal de Salvador
ANRJ — Arquivo Nacional, Rio de Janeiro
APEB — Arquivo Público do Estado da Bahia
ASCMB — Arquivo da Santa Casa de Misericórdia da Bahia
BNRJ — Biblioteca Nacional, Rio de Janeiro
IGHB — Instituto Geográfico e Histórico da Bahia
IHGB — Instituto Histórico e Geográfico Brasileiro, Rio de Janeiro

PERIÓDICOS

O Alabama
O Almotacé
O Americano
O Carril: Jornal para a Distração de Viajantes
Correio Mercantil
Diario da Bahia
Diario de Pernambuco
Diario do Rio de Janeiro
Gazeta da Bahia

O Guaycuru
Idade d'Ouro do Brasil
O Independente Constitucional
Jornal da Bahia
Jornal do Commercio (BA)
Jornal do Commercio (RJ)
Jornal do Recife
Mercantil
O Monitor
A Noticia
O Século
O Tempo

FONTES IMPRESSAS

ALBUQUERQUE, Alvaro Ladislau Cavalcanti d'. *Contribuição ao estudo das tatuagens nos criminosos. These apresentada à Faculdade de Medicina da Bahia em 28 de fevereiro de 1902.* Bahia: Imprensa Moderna de Prudencio de Carvalho, 1902.

ALMANACH para o anno de 1845. Bahia: Typographia de M. A. da S. Serva, 1844 (edição fac-símile publicada pela Funceb, 1998).

ALMANAK administrativo, mercantil e industrial da Bahia para o anno de 1855, organizado por Camillo de Lellis Masson. Bahia: Typographia de Camillo de Lellis Masson, 1854, 1855, 1857, 1862, 1863.

ANNAES do Parlamento Brazileiro. Camara dos Srs. Deputados. Sessão de 1858. Rio de Janeiro: Typographia Imperial e Constitucional de J. Villeneuve & Cia., 1858.

AUTOS da Devassa da Conspiração dos Alfaiates. Salvador: Arquivo Público do Estado da Bahia, 1998. 2 v.

AVÉ-LALLEMANT, Robert. *Viagens pelas províncias da Bahia, Pernambuco, Alagoas e Sergipe (1859).* Belo Horizonte: Itatiaia; São Paulo: Edusp, 1980.

AZEVEDO, Paulo Cesar de; LISSOVSKY, Mauricio (orgs.). *Escravos brasileiros do século XIX na fotografia de Christiano Jr.* São Paulo: Ex Libris, 1988.

CAMPOS, João da Silva. "Ligeiras notas sobre a vida íntima, costumes e religião dos africanos na Bahia". *Anais do Arquivo Público do Estado da Bahia,* n. 29 (1943), pp. 289-309.

CARIGÉ, Eduardo. *Geographia physica e politica da provincia da Bahia.* Bahia: Imprensa Economica, 1882.

CASTELNAU, Francis de. *Renseignements sur l'Afrique centrale et sur une nation d'hommes à queue qui s'y trouverait, d'après le rapport des nègres du Soudan, esclaves à Bahia.* Paris: P. Bertrand, 1851.

CICINNATUS [Luiz Tarquínio]. *O elemento escravo e as questões economicas do Brazil.* Bahia: Typographia dos Dois Mundos, 1885.

CLAPPERTON, Hugh. *Journal of a Second Expedition into the Interior of Africa, from the Bight of Benin to Soccatoo.* Londres: Frank Cass, 1966 [orig. 1829].

CLARKE, Robert. *Sierra Leone: A Description of the Manners and Customs of the Liberated Afri-*

cans, with Observations upon the Natural History of the Colony, and a Notice of the Native Tribes, &c. &c. Londres: James Ridgway; Holborn: Johnson & Co., 1843.

CÓDIGO de Posturas da Illustrissima Camara Municipal do Rio de Janeiro e Editaes da mesma Camara. Rio de Janeiro: Eduardo & Henrique Laemmert, 1870.

COLLECÇÃO das Leis e Resoluções da Assemblea Legislativa da Bahia, 1835-1841. Salvador: Typographia de Antonio Olavo da França Guerra, 1862.

COLLECÇÃO das Leis e Resoluções da Assemblea Legislativa e Regulamentos do Governo da Província da Bahia, sancionadas e publicadas nos annos de 1842 a 1847. Bahia: Typographia Constitucional de França Guerra, 1863.

COLLECÇÃO das Leis e Resoluções da Assemblea Legislativa e Regulamentos do Governo da Província da Bahia, sancionadas e publicadas nos annos de 1848 a 1849. Bahia: Typographia Constitucional de França Guerra, 1865a.

COLLECÇÃO das Leis e Resoluções da Assemblea Legislativa e Regulamentos do Governo da Província da Bahia, sancionadas e publicadas nos annos de 1850 a 1852. Bahia: Typographia Constitucional de França Guerra, 1865b.

COLLECÇÃO das Leis e Resoluções da Assemblea Legislativa e Regulamentos do Governo da Província da Bahia, sancionadas e publicadas nos annos de 1853 a 1854. Bahia: Typographia Constitucional de França Guerra, 1865c.

COLLECÇÃO dos Regulamentos expedidos pela Presidencia da Provincia da Bahia no anno de 1861. Bahia: Typographia Constitucional, 1869.

CONSTITUIÇÃO Política do Império do Brasil. Rio de Janeiro: Typographia de Silva Porto e Cia., 1824.

DEBRET, Jean-Baptiste. Viagem pitoresca e histórica ao Brasil: 1816-1831. São Paulo: Melhoramentos, 1949.

"DEVASSA do levante de escravos ocorrido em Salvador em 1835". Anais do Arquivo Público do Estado da Bahia, n. 38 (1968).

FALLA com que abriu no dia 1º de maio de 1880 a 1ª sessão da 23ª legislatura da Asembleia Legislativa Provincial da Bahia o Exmo. Sr. Dr. Antonio de Araujo de Aragão Bulcão, presidente da Província da Bahia. Bahia: Typographia do Diario da Bahia, 1880.

FALLA que recitou o Presidente da Província da Bahia, o Dezembargador Conselheiro Francisco Gonçalves Martins, n'abertura da Assemblea Provincial da mesma Província no 1º de Março de 1851. Bahia: Typographia Constitucional de Vicente Ribeiro Moreira, 1851.

FALLA que recitou o Presidente da Província da Bahia, o Desembargador Conselheiro Francisco Gonçalves Martins, n'abertura da Assemblea Legislativa da mesma Província no 1º de Março de 1852. Bahia: Typographia Constitucional de Vicente Ribeiro Moreira, 1852.

FALLA recitada na abertura da Assemblea Legislativa Provincial da Bahia pelo Presidente da Provincia o Dezembargador João Lins Vieira Cansanção de Sinimbu, no 3 de Setembro de 1857. Bahia: Typographia de Antonio Olavo da França Guerra, 1857.

FALLA recitada na abertura da Assemblea Legislativa Provincial da Bahia pelo 1º Vice-Presidente da Provincia o Dezembargador Manoel Messias de Leão, em 15 de Setembro de 1858. Bahia: Typographia de Antonio Olavo da França Guerra, 1858.

FALLA recitada na abertura da Assembléa Legislativa da Bahia pelo Presidente da Provincia o Doutor Francisco Xavier Paes Barreto em 15 de março de 1859. Bahia: Typographia de Antonio Olavo da França Guerra, 1859.

FERREIRA, Manuel Jesuino. *A Província da Bahia: apontamentos*. Rio de Janeiro: Typographia Nacional, 1875.

FERREZ, Gilberto. *Bahia: velhas fotografias, 1858-1900*. Rio de Janeiro: Kosmos; Salvador: Banco da Bahia Investimentos S.A., 1988.

_____. *Photography in Brazil, 1840-1900*. Albuquerque: University of New Mexico Press, 1984.

_____; VASQUEZ, Pedro. *A fotografia no Brasil do século XIX*. São Paulo: Pinacoteca do Estado, 1993.

FITZROY, Cpt. Robert. *Narrative of the Surveying Voyages of His Majesty's Ships Adventure and Beagle, between the Years 1826 and 1836, Describing Their Examination of the Southern Shores of South America, and the Beagle's Circumnavigation of the Globe*. 4 v. Londres: Henry Colburn, 1839.

FONSECA, Luis Anselmo da. *A escravidão, o clero e o abolicionismo*. Recife: Masangano, 1988 [orig. 1887].

FORBES, Frederick E. *Dahomey and the Dahomans: Being the Journals of Two Missions to the King of Dahomey, and Residence at His Capital, in the Years 1849 and 1850*. Londres: Longman, Brown, Green and Longmans, 1851.

FORTH-ROUEN, M. "Bahia en 1847: deux lettres de M. Forth-Rouen". In: CORDIER, Henri. *Mélanges américains*. Paris: Jean Maisonneuve et Fils, 1913, pp. 113-22.

FUNDAÇÃO CULTURAL DO ESTADO DA BAHIA. *Legislação da Província da Bahia sobre o negro: 1835 a 1888*. Salvador: Funceb, 1996.

GARDNER, George. *Travels in the Interior of Brazil*. Londres: Reeve Brothers, 1846.

GRAHAM, Maria. *Journal of a Voyage to Brazil and Residence There During Part of the Years 1821, 1822, 1823*. Nova York: Praeger, 1969 [orig. 1824].

HABSBURGO, Maximiliano de. *Bahia 1860: esboços de viagem*. Rio de Janeiro: Tempo Brasileiro; Salvador: Funceb, 1982.

HUELL, Q. M. R. ver. *Minha primeira viagem marítima, 1807-1810*. Trad. de Jan Maurício van Holthe. Salvador: Edufba, 2007 [orig. 1842].

JOÃO DO RIO [João Paulo Barreto]. *As religiões do Rio*. 2ª ed. Rio de Janeiro: Nova Aguilar, 1976 [orig. 1904].

_____. *A alma encantadora das ruas*. São Paulo: Companhia das Letras, 1997 [orig. 1904-7].

JOHNSON, Samuel. *The History of the Yorubas: From the Earliest Times to the Beginning of the British Protectorate*. Londres: Routledge & Kegan Paul, 1966 [orig. 1897].

KIDDER, Daniel P. *Sketches of Residence and Travels in Brazil Embracing Historical and Geographical Notes of the Empire and Its Several Provinces*. Filadélfia: Sorin & Ball, 1845. 2 v.

LANDER, Richard. "Journal of Richard Lander, Servant to the Late Captain Clapperton". In: CLAPPERTON, Hugh. *Journal of a Second Expedition into the Interior of Africa, from the Bight of Benin to Soccatoo*. Londres: Frank Cass, 1966 [orig. 1829], pp. 255-327.

_____. *Records of Captain Clapperton's Last Expedition to Africa*. Londres: Frank Cass, 1967 [orig. 1830]. 2 v.

LANDER, Richard; LANDER, John. *Journal of an Expedition to Explore the Course and Termination of the Niger*. Nova York: Harper & Brothers, 1837.

LOMBROSO, Cesare. *L'Homme criminel: criminel-né — fous moral — épileptique*. Paris: Félix Alcan, 1887.

_____. *L'Homme criminel: atlas*. 2ª ed. Roma; Turim; Florença: Bocca Frères, 1888.

MARQUES, Xavier. *O feiticeiro*. São Paulo: GRD; Brasília: INL, 1973 [orig. 1897].

MARTINS, Francisco Gonçalves. "Relatório". In: BRAZIL, Etienne Ignace. "Os malês", *Revista do Instituto Histórico e Geográfico Brasileiro*, v. 72, n. 2 (1909), pp. 115-23.

_____. "Supplemento à minha exposição dos acontecimentos do dia 7 de novembro de 1837" In: _____. *A revolução do dia 7 de novembro de 1837*, v. 2, pp. 263-300.

NAEHER, Julius. *Excursões na província da Bahia: a terra e a gente da província brasileira da Bahia*. Salvador: Cian, 2011.

PINTO, Luiz Maria da Silva. *Diccionario da lingua brasileira*. Ouro Preto: Typographia de Silva, 1832.

POSTURAS da Camara Municipal da Cidade de S. Salvador, capital da Provincia da Bahia. Bahia: Typographia de Manuel Agostinho Cruz Mello, 1860.

POSTURAS da Camara Municipal da Cidade de S. Salvador, capital da Provincia da Bahia. Bahia: Typographia Constitucional, 1873.

QUERINO, Manuel. *A raça africana e os seus costumes*. Salvador: Progresso, 1955.

_____. *A Bahia de outrora*. Salvador: Progresso, 1955.

RANDOLPH, Herbert. *Life of General Sir Robert Wilson*. 2 v. Londres: John Murray, 1862.

REGULAMENTO estabelecido pela Polícia e approvado pela Intendencia Municipal para o serviço de ganhadores desta cidade. Cachoeira: Imprensa Cosmopolita, 1890.

RELATORIO apresentado à Assemblea Legislativa Provincial pelo Excelentissimo Presidente da Provincia, o Comendador Manoel Pinto de Souza Dantas, no dia 1º de março de 1866. Bahia: Typographia de Tourinho & Cia., 1866.

RELATORIO apresentado ao Illm. e Exm. Sr. Dez. João José d'Almeida Couto 1º Vice-Presidente da Provincia pelo 4º Vice-Presidente Dr. Francisco José da Rocha ao passar-lhe a administração da Província em 17 de outubro de 1871. Bahia: Typographia do Correio da Bahia, 1871.

"RELLAÇÃO dos impressos das differentes Typographias d'esta Cidade etc.", anexo 4 ao relatório do bibliotecário Gaspar José Lisboa para Francisco Xavier Paes Barreto, 24 de janeiro de 1859. In: *FALLA recitada na abertura da Assembléa Legislativa da Bahia pelo Presidente da Provincia o Doutor Francisco Xavier Paes Barreto em 15 de março de 1859*. Bahia: Typographia de Antonio Olavo da França Guerra, 1859.

RODRIGUES, Raimundo Nina. *Os africanos no Brasil*. 4ª ed. São Paulo: Companhia Editora Nacional, 1976 [orig. 1890-1905].

_____. *O animismo fetichista dos negros baianos*. Rio de Janeiro: Civilização Brasileira, 1935 [orig. 1900].

_____. *As raças humanas e a responsabilidade penal no Brasil*. Bahia: Imprensa Popular, 1894.

RUGENDAS, Johann Moritz. *Malerische Reise in Brasilien*. Paris: Engelmann & Cie., 1835.

SILVA, Alfredo Carlos Pessoa da. *Duas palavras sobre a provincia da Bahia*. Bahia: Typographia de Galdino José Bizessa e Cia., 1845.

SILVA, Antonio de Morais e. *Diccionario da lingua portugueza*. Lisboa: Officina de Simão Thaddeo Ferreira, 1789.

SILVA, João Nepomuceno da. *Os misterios da Bahia*. Bahia: Typographia de Manoel Agostinho Cruz Mello, 1860. 2 v.

SILVA, João Nepomuceno da. *Os capetas: poema herói-cômico-satírico em sete cantos e poesias perdidas*. Bahia: Typographia de Camillo de Lellis Masson, 1859.

SILVA, Josino Nascimento. *Código Criminal do Império do Brazil*. Rio de Janeiro: Typographia Eduardo Henrique Laemmert, 1859.

SPIX, Johann Baptist von; MARTIUS, Karl von. *Viagem pelo Brasil*. São Paulo: Melhoramentos; Rio de Janeiro: IHGB; Brasília: INL-MEC, 1976 [orig. 1823]. 3 v.

TERRA, Fernanda; SENNA, Francisco; REBOUÇAS, Daniel. *Salvador, uma iconografia através dos séculos*. Salvador: Caramurê, 2015.

VIANNA, Antônio. *Quintal de nagô e outras crônicas*. Salvador: CEB-UFBA, 1979.

_____. *Casos e coisas da Bahia*. 2ª ed. Salvador: Funceb, 1984.

VILHENA, Luís dos Santos. *A Bahia no século XVIII*. Salvador: Itapuã, 1969 [orig. 1802].

WAGNER, Robert; BANDEIRA, Júlio. *Viagem ao Brasil nas aquarelas de Thomas Ender, 1817-1818*. Petrópolis: Kapa, 2000, v. 2.

WETHERELL, James. *Brazil: Stray Notes from Bahia: Being an Extract from Letters, &c., During Residence of Fifteen Years*. Liverpool: Webb & Hunt, 1860.

WEYLL, Carlos Augusto. "Mappa Topographico da Cidade de S. Salvador e seus Subúrbios" (*c.* 1860). In: REBOUÇAS, Diógenes; GODOFREDO FILHO. *Salvador da Bahia de Todos os Santos no século XIX*. Salvador: Odebrecht S.A., 1985.

WILSON, Sir Robert. "Memoranda of S. Salvador or Bahia [1808]". In: RANDOLPH, Herbert. *Life of General Sir Robert Wilson*. Londres: John Murray, 1862, v. 1, pp. 342-8.

WUERTTEMBERG, Paulo Alexandre de. "Viagem do príncipe Paulo Alexandre de Wuerttemberg à América do Sul". *Revista do Instituto Histórico e Geográfico Brasileiro*, n. 171 (1936), pp. 3-27.

REFERÊNCIAS BIBLIOGRÁFICAS

ABRAHAM, R. C. *Dictionary of Modern Yoruba*. Londres: University of London Press, 1958.

ABREU, Frederico José de. *Capoeiras: Bahia, século XIX*. Salvador: Instituto Jair Moura, 2005.

_____. "A capoeira baiana no século XIX". *Iê, Capoeira*, v. 1, n. 7 (1999), pp. 14-9.

ABREU, Martha. "Outras histórias de Pai João: conflitos raciais, protesto escravo e irreverência sexual na poesia popular, 1880-1850". *Afro-Ásia*, n. 31 (2004), pp. 235-76.

ACERBI, Patricia. *Street Occupations: Urban Vending in Rio de Janeiro, 1850-1925*. Austin: University of Texas Press, 2017.

ADÉDIRAN, Bíódún. "Yoruba Ethnic Groups or a Yoruba Ethnic Group? A Review of the Problem of Ethnic Identification". *África: Revista do Centro de Estudos Africanos da USP*, n. 7 (1984), pp. 57-70.

ALBUQUERQUE, Wlamyra R. de. *O jogo da dissimulação: abolição e cidadania negra no Brasil*. São Paulo: Companhia das Letras, 2009.

_____. *Algazarra nas ruas: comemorações da independência na Bahia (1889-1923)*. Campinas: Editora da Unicamp; Cecult, 1999.

ALENCASTRO, Luiz Felipe de. "Proletários e escravos: imigrantes portugueses e cativos africanos no Rio de Janeiro, 1850-1872". *Novos Estudos Cebrap*, n. 21 (1988), pp. 30-56.

ALGRANTI, Leila Mezan. *O feitor ausente: estudos sobre a escravidão urbana no Rio de Janeiro*. Petrópolis: Vozes, 1988.

ALMEIDA, Kátia Lorena Novais. *Alforrias em Rio de Contas — Bahia, século XIX*. Salvador: Edufba, 2012.

ALONSO, Angela. *Flores, votos e balas: o movimento abolicionista brasileiro (1868-1888)*. São Paulo: Companhia das Letras, 2015.

ALVES, Marieta. "Música de barbeiros". *Revista Brasileira de Folclore*, v. 7, n. 17 (1967), pp. 5-13.

AMOS, Alcione Meira. *Os que voltaram: a história dos retornados afro-brasileiros na África Ocidental no século XIX*. Belo Horizonte: Tradição Planalto, 2007.

ANDRADE, Maria José de Souza. *A mão de obra escrava em Salvador, 1811-1860*. São Paulo: Corrupio, 1988.

ARAÚJO, Dilton Oliveira de. *O tutu da Bahia: transição conservadora e formação da nação, 1838-1850*. Salvador: Edufba, 2009.

ARAÚJO, Thiago Leitão de. "Nem escravos, nem libertos: os contratos de prestações de serviços nos últimos anos da escravidão na província de São Pedro". In: MACHADO, Maria Helena P. T.; CASTILLO, Celso Thomas (orgs.). *Tornando-se livre: agentes históricos e lutas sociais no processo de aboliç*o. São Paulo: Edusp, 2018, pp. 85-104.

ARAÚJO, Ubiratan Castro de. "1846, um ano na rota Bahia-Lagos: negócios, negociantes e outros parceiros". In: REIS, João José; SILVA JR., Carlos da (orgs.). *Atlântico de dor: faces do tráfico de escravos*. Belo Horizonte: Fino Traço, 2016, pp. 127-50.

ARIZA, Marília Bueno de Araújo. "Comprando brigas e liberdade na província de São Paulo nas últimas décadas da escravidão (1874-1884)". In: MACHADO, Maria Helena P. T.; CASTILHO, Celso Thomas (orgs.). *Tornando-se livre: agentes históricos e lutas sociais no processo de abolição*. São Paulo: Edusp, 2018, pp. 65-83.

ATKINS, Keletso. "'Kefir Time': Preindustrial Temporal Concepts and Labour in Nineteenth--Century Colonial Natal". *Journal of African History*, n. 29 (1988), pp. 229-44.

AUFDERHEIDE, Patricia. "Order and Violence: Social Deviance and Social Control in Brazil, 1780-1840". Tese de Doutorado, Universidade de Minnesota, 1976.

AUGEL, Moema Parente. *Visitantes estrangeiros na Bahia oitocentista*. São Paulo: Cultrix, 1980.

BACELAR, Jeferson. *A hierarquia das raças: negros e brancos em Salvador*. Rio de Janeiro: Pallas, 2001.

BANDEIRA, Luiz Alberto Moniz. *O feudo — A Casa da Torre de Garcia d'Ávila: da conquista dos sertões à independência do Brasil*. 2ª ed. Rio de Janeiro: Civilização Brasileira, 2007.

BARBER, Karin. "How Man Makes God in West Africa: Yoruba Attitudes Towards the Orisa". *Africa*, v. 51, n. 3 (1981), pp. 724-45.

BARICKMAN, B. J. "As cores do escravismo: escravistas 'pretos', 'pardos' e 'cabras' no Recôncavo baiano, 1835". *População e Família*, v. 2, n. 2 (1999), pp. 7-62.

_____. "Até a véspera: o trabalho escravo e a produção de açúcar nos engenhos do Recôncavo baiano". *Afro-Ásia*, n. 21-22 (1998-9), pp. 177-238.

_____. *A Bahian Counterpoint: Sugar, Tobacco, Cassava, and Slavery in the Recôncavo, 1780-1860*. Stanford: Stanford University Press, 1998.

BARRETO, Marina Leão de A. "Iniciação à pesquisa em fontes históricas a partir da documentação relativa a africanos libertos em trânsito entre o Rio de Janeiro e Salvador (1850-1888)". Relatório final Pibic, Departamento de História da UFBA, 2014.

BARRETO, Marina Leão de A. "'Criada, não, empregada!': contrastes e resistências sob a vigília dos patrões na regulamentação do trabalho doméstico livre ao final do século XIX em Salvador". Dissertação de Mestrado, Universidade Federal da Bahia, 2018.

BARRETO JR., Jurandir Antonio Sá. *Raça e degeneração: análise do processo de construção da imagem dos negros e mestiços, a partir de artigos publicados na* Gazeta Médica Baiana *(1880-1930)*. Salvador: Eduneb, 2005.

BARTH, Fredrik (org.). *Ethnic Groups and Boundaries: The Social Organization of Culture Difference*. Boston: Little, Brown & Co., 1969.

BASTIDE, Roger. *As religiões africanas no Brasil*. São Paulo: Pioneira; Edusp, 1971. 2 v.

BATALHA, Claudio H. M. "Limites da liberdade: trabalhadores, relações de trabalho e cidadania durante a Primeira República". In: LIBBY, Douglas C.; FURTADO, Júnia F. (orgs.). *Trabalho livre, trabalho escravo: Brasil e Europa, séculos XVIII e XIX*. São Paulo: Annablume, 2006, pp. 97-110.

_____. "Relançando o debate sobre mutualismo no Brasil: as relações entre corporações, irmandades, sociedades mutualistas de trabalhadores e sindicatos à luz da produção recente". *Mundos do Trabalho*, v. 2, n. 4 (2010), pp. 12-22.

BAUER, Raymond; BAUER, Alice. "Day to Day Resistance to Slavery". *Journal of Negro History*, n. 27 (1942), pp. 388-419.

BELLINI, Lígia. "Por amor e por interesse: a relação senhor-escravo em cartas de alforria". In: REIS, João José (org.). *Escravidão e invenção da liberdade*. São Paulo: Brasiliense, 1988, pp. 73-86.

BERLIN, Ira. *Slaves Without Masters: The Free Negro in the Antebellum South*. Nova York: Pantheon, 1974.

BLASSINGAME, John W. *The Slave Community: Plantation Life in the Antebellum South*. 2ª ed. Nova York; Oxford: Oxford University Press, 1979.

BORBA, Silza Fraga Costa. "Industralização e exportação de fumo na Bahia, 1870-1930". Dissertação de Mestrado, Universidade Federal da Bahia, 1975.

BOTELHO, Nilza. "Serpentinas e cadeirinhas de arruar". *Anais do Museu Histórico Nacional*, v. 4 (1943), pp. 445-66.

BRACEY JR., J. H.; MEIER, August; RUDWICK, Elliott (orgs.). *American Slavery: The Question of Resistance*. Belmont: Wadsworth, 1971.

BRADLEY, James. "Body Commodification? Class and Tattoos in Victorian Britain". In: CAPLAN, Jane (org.). *Written on the Body: The Tattoo in European and American History*. Londres: Reaktion, 2000, pp. 136-55.

BRAGA, Julio Santana. *Sociedade Protetora dos Desvalidos, uma irmandade de cor*. Salvador: Ianamá, 1987.

BRITO, Jailton Lima. *A abolição na Bahia, 1870-1888*. Salvador: Centro de Estudos Baianos; Edufba, 2003.

BRITO, Luciana da Cruz. "Sem direitos, nem cidadania: condição legal e agência de mulheres e homens africanos na Bahia do século XIX". *História Unisinos*, v. 14, n. 3 (2010), pp. 334-8.

_____. *Temores da África: segurança, legislação e população africana na Bahia oitocentista*. Salvador: Edufba, 2016.

BRITTO, Eduardo de Caldas. "Levantes de pretos na Bahia", *Revista do Instituto Geográfico e Histórico da Bahia*, v. 10, n. 29 (1903), pp. 69-94.

BROWN, Alexandra Kelly. "'On the Vanguard of Civilization': Slavery, the Police, and Conflict between Public and Private Power in Salvador da Bahia, Brazil, 1835-1888". Tese de Doutorado, Universidade do Texas em Austin, 1998.

CAMPOS, Lucas Ribeiro. "Sociedade Protetora dos Desvalidos: mutualismo, política e identidade racial em Salvador (1861-1894)". Dissertação de Mestrado, Universidade Federal da Bahia, 2018.

CAPLAN, Jane. "'National Tattooing': Traditions of Tattooing in Nineteenth-Century Europe". In: _____ (org.). *Written on the Body: The Tattoo in European and American History*. Londres: Reaktion, 2000, pp. 156-73.

CARVALHO, Marcus J. M. de. "Cidades escravistas". In: SCHWARCZ, Lilia Moritz; GOMES, Flávio dos Santos (orgs.). *Dicionário da escravidão e liberdade*. São Paulo: Companhia das Letras, 2018, pp. 156-62.

_____. "De portas adentro e de portas afora: trabalho doméstico e escravidão no Recife, 1822-1850". *Afro-Ásia*, n. 29-30 (2003), pp. 41-78.

_____. *Liberdade: rotinas e rupturas do escravismo no Recife, 1822-1850*. Recife: Edufpe, 1998.

_____. "Os caminhos do rio: negros canoeiros no Recife na primeira metade do século XIX". *Afro-Ásia*, n. 19-20 (1997), pp. 75-93.

CASTELLUCCI, Aldrin. "Os trabalhadores e a política no Brasil Império: o problema da cidadania operária em uma sociedade escravista (Salvador, 1850-1881)". In: CASTILLO, Lisa; ALBUQUERQUE, Wlamyra; SAMPAIO, Gabriela dos Reis (orgs.). *Barganhas e querelas da escravidão: tráfico, alforria e liberdade (séculos XVIII e XIX)*. Salvador: Edufba, 2014, pp. 281-314.

_____. *Trabalhadores e política no Brasil: do aprendizado do Império aos sucessos da Primeira República*. Salvador: Eduneb, 2015.

_____. "O associativismo mutualista na formação da classe operária em Salvador (1832-1930)". In: BATALHA, Claudio; MAC CORD, Marcelo (orgs.). *Organizar e proteger: trabalhadores, associações e mutualismo no Brasil (séculos XIX e XX)*. Campinas: Editora da Unicamp, 2014, pp. 47-82.

_____. *Industriais e operários baianos numa conjuntura de crise (1914-1921)*. Salvador: Fieb, 2004.

CASTILLO, Lisa Earl. "Mapping the Nineteenth-Century Brazilian Returnee Movement: Demographics, Life Stories and the Question of Slavery". *Atlantic Studies*, v. 13, n. 1 (2016), pp. 24-52.

_____. "Entre memória, mito e história: viajantes transatlânticos da Casa Branca". In: REIS, João José; AZEVEDO, Elciene (orgs.). *Escravidão e suas sombras*. Salvador: Edufba, 2012, pp. 65-110.

_____; PARÉS, Luís Nicolau. "Marcelina da Silva e seu mundo: novos dados para uma historiografia do candomblé ketu". *Afro-Ásia*, n. 36 (2007), pp. 111-50.

CASTRO, Jeanne Berrance de. *A milícia cidadã: a Guarda Nacional de 1831 a 1850*. São Paulo: Companhia Editora Nacional, 1977.

CHALHOUB, Sidney. *A força da escravidão: ilegalidade e costume no Brasil oitocentista*. São Paulo: Companhia das Letras, 2012.

_____. "Solidariedade e liberdade: sociedades beneficentes de negros e negras no Rio de Janeiro na segunda metade do século XIX". In: CUNHA, Olívia Maria Gomes; GOMES, Flávio dos

Santos (orgs.). *Quase-cidadão: histórias e antropologias da pós-emancipação no Brasil.* Rio de Janeiro: FGV, 2007, pp. 219-40.

CHALHOUB, Sidney. *Machado de Assis, historiador.* São Paulo: Companhia das Letras, 2003.

_____. *Visões da liberdade: uma história das últimas décadas da escravidão na Corte.* São Paulo: Companhia das Letras, 1990.

CHERNOFF, John M. *African Rhythm and Sensibility: Aesthetics and Social Action in African Musical Idioms.* Chicago: The University of Chicago Press, 1979.

COHEN, David W.; GREENE, Jack P. (orgs.). *Neither Slave Nor Free: The Freedmen of African Descent in the Slave Societies of the New World.* Baltimore: Johns Hopkins University Press, 1972.

CONRAD, Robert. *Tumbeiros: o tráfico de escravos para o Brasil.* São Paulo: Brasiliense, 1985.

_____. *The Destruction of Brazilian Slavery, 1850-1888.* Berkeley: University of California Press, 1972.

COOPER, Frederick. "Colonizing Time: Work Rhythms and Labor Conflict in Colonial Mombasa". In: DIRKS, Nicholas B. (org.). *Colonialism and Culture.* Ann Arbor: The University of Michigan Press, 1992, pp. 209-45.

CORBIN, Alain. "Bastidores". In: PERROT, Michelle (org.). *História da vida privada: da Revolução Francesa à Primeira Guerra.* São Paulo: Companhia das Letras, 1995, v. 4, pp. 413-611.

CORSO, Graziele. "Tráfico ilegal de escravos e características da escravidão em Porto Alegre (1831-1850)". Monografia de Licenciatura em História, UFRGS, 2013. Disponível em: <http://www.lume.ufrgs.br/handle/10183/90292>. Acesso em: jun. 2016.

COSTA, Ana de Lourdes Ribeiro da. "Espaços negros: 'cantos' e 'lojas' em Salvador no século XIX". *Cantos e Toques: Suplemento do Caderno CRH* (1991), pp. 23-37.

_____. "*Ekabó!* Trabalho escravo e condições de moradia e reordenamento urbano em Salvador no século XIX". Dissertação de Mestrado, Faculdade de Arquitetura da Universidade Federal da Bahia, 1989.

COSTA, Craveiro. *O visconde de Sinimbu: sua vida e sua atuação na política nacional (1840-1889).* São Paulo: Companhia Editora Nacional, 1937.

COSTA, Iraneidson Santos. "A Bahia já deu régua e compasso: o saber médico-legal e a questão racial na Bahia, 1890-1940". Dissertação de Mestrado, Universidade Federal da Bahia, 1997.

CRATON, Michael. *Testing the Chains: Resistance to Slavery in the British West Indies.* Ithaca: Cornell University Press, 1982.

CRUZ, Maria Cecília Velasco e. "A morte de João de Adão: realidade e fantasia na memória operária de um crime". In: NEGRO, Antonio L.; SOUZA, Evergton S.; BELLINI, Lígia (orgs.). *Tecendo histórias: espaço, política e identidade.* Salvador: Edufba, 2009, pp. 199-230.

_____. "Cor, etnicidade e formação de classe no porto do Rio de Janeiro: a Sociedade de Resistência dos Trabalhadores em Trapiche e Café e o conflito de 1908". *Revista USP*, n. 68 (2005-6), pp. 188-209.

_____. "Tradições negras na formação de um sindicato: Sociedade de Resistência dos Trabalhadores em Trapiche e Café, Rio de Janeiro, 1905-1930". *Afro-Ásia*, n. 24 (2000), pp. 243-90.

CUNHA, Manuela Carneiro da. *Negros, estrangeiros: os escravos libertos e sua volta à África.* 2ª ed. rev. e ampl. São Paulo: Companhia das Letras, 2012.

_____. *Antropologia do Brasil: mito, história, etnicidade.* São Paulo: Brasiliense, 1986.

CUNHA, Silvio Humberto dos Passos. *Um retrato fiel da Bahia: sociedade, racismo, economia na transição para o trabalho livre no Recôncavo açucareiro, 1871-1902*. Rio de Janeiro: Kitábu, 2019.

DANTAS, Beatriz Góis. *Vovó nagô e papai branco: usos e abusos da África no Brasil*. Rio de Janeiro: Graal, 1988.

DARMON, Pierre. *Médicos e assassinos na Belle Époque: a medicalização do crime*. Rio de Janeiro: Paz e Terra, 1991.

DAVID, Onildo Reis. *O inimigo invisível: epidemia na Bahia no século XIX*. Salvador: Edufba; Sarah Letras, 1996.

DIAS, Elaine Cristina Jorge. "Dentes limados: a saúde bucal dos escravizados a partir dos anúncios de fuga, Paraíba (1850-1888)". *Cadernos Imbondeiro*, v. 2, n. 1 (2012). Disponível em: <http://periodicos.ufpb.br/ojs/index.php/ci/article/view/14125/8761>. Acesso em: 22 abr. 2015.

DIAS, Maria Odila Leite da Silva. *Quotidiano e poder em São Paulo no século XIX*. São Paulo: Brasiliense, 1984.

DOMÍNGUEZ CABRERA, David. *Cuerpo social, criminalidad y prácticas discursivas en Cuba (1902-1926)*. Havana: Editorial de Ciencias Sociales, 2015.

DORATIOTO, Francisco. *Maldita guerra: nova história da Guerra do Paraguai*. 2ª ed. rev. São Paulo: Companhia das Letras, 2015.

DREWAL, Henry D. "Art or Accident: Yorùbá Body Artists and Their Deity Ògún". In: BARNES, Sandra (org.). *Africa's Ogun*. Bloomington: Indiana University Press, 1997, pp. 235-60.

EDELWEISS, Frederico G. *A serpentina e a cadeirinha de arruar (achegas históricas)*. Salvador: Universidade Federal da Bahia, 1968.

ELTIS, David. "The Diaspora of the Yoruba Speakers, 1650-1865: Dimensions and Implications". In: FALOLA, Toyin; CHILDS, Matt (orgs.). *The Yoruba Diaspora in the Atlantic World*. Bloomington: Indiana University Press, 2004, pp. 17-39.

_____; RICHARDSON, David (orgs.). *Extending the Frontiers: Essays on the New Transatlantic Slave Trade Database*. New Haven: Yale University Press, 2008.

_____. *Atlas of the Transatlantic Slave Trade*. New Haven: Yale University Press, 2010.

EISENBERG, Peter. *Homens esquecidos: escravos e trabalhadores livres no Brasil, séculos XVIII e XIX*. Campinas: Editora da Unicamp, 1989.

FALHEIROS, Elaine Santos. "Luís e Antônio Xavier de Jesus: mobilidade social de africanos na Bahia oitocentista". Dissertação de Mestrado, Universidade Federal da Bahia, 2013.

FARIAS, Juliana Barreto. *Mercados minas: africanos ocidentais na Praça do Mercado do Rio de Janeiro (1830-1890)*. Rio de Janeiro: Arquivo Nacional, 2015.

_____. "Mercado em greve: protestos e organização dos trabalhadores do pequeno comércio no Rio de Janeiro — outubro de 1885". *Anais da Biblioteca Nacional*, n. 27 (2007), pp. 99-157.

_____; SOARES, Carlos Eugênio Líbano; GOMES, Flávio dos Santos. *O labirinto das nações: africanos e identidades no Rio de Janeiro, século XIX*. Rio de Janeiro: Arquivo Nacional, 2005.

FÉLIX JR., Osvaldo Silva. "O envio de negros da Bahia para a Guerra do Paraguai". *História & Perspectivas*, v. 24, n. 45 (2011), pp. 379-410.

FERNANDES, Etelvina. "Bahia and San Francisco Railway: o caminho de ferro para o sertão". In: GAMA, Hugo; NASCIMENTO; Jaime (orgs.). *A urbanização de Salvador em três tempos: Colônia, Império e República*. Salvador: IGHB, 2011, pp. 149-68.

FERREIRA, Jackson. "'Por hoje se acaba a lida': suicídio escravo na Bahia (1850-1888)". *Afro-Ásia*, n. 31 (2004), pp. 197-234.

FERREIRA FILHO, Alberto Heráclito. *Quem pariu Mateus que balance: condição feminina e cotidiano popular na Belle Époque imperfeita*. Salvador: Centro de Estudos Baianos, 2003.

FICK, Carolyn. *The Making of Haiti: The Saint Domingue Revolution from Below*. Knoxville: The University of Tennessee Press, 1992.

FLORENCE, Afonso Bandeira. "Nem escravos, nem libertos: os 'africanos livres' na Bahia". *Cadernos do CEAS*, n. 121 (1989), pp. 58-69.

FLORENTINO, Manolo; GÓES, José Roberto. *A paz das senzalas: famílias escravas e tráfico atlântico*. Rio de Janeiro: Civilização Brasileira, 1997.

FONTELES NETO, Francisco Linhares. "A criminologia e a polícia no Brasil na transição do século XIX para o XX". *Passagens: Revista Internacional de História Política e Cultura Jurídica*, v. 8, n. 3 (2016), pp. 543-59.

FOUCAULT, Michel. *Vigiar e punir*. Petrópolis: Vozes, 1977.

FRAGA FILHO, Walter. "Migrações, itinerários e esperanças de mobilidade social no Recôncavo baiano após a abolição". *Cadernos do AEL*, v. 14, n. 26 (2009), pp. 97-128.

_____. *Encruzilhadas da liberdade: histórias de escravos e libertos na Bahia (1870-1910)*. Campinas: Editora da Unicamp, 2006.

_____. *Mendigos, moleques e vadios na Bahia do século XIX*. Salvador: Edufba; São Paulo: Hucitec, 1996.

FRANK, Zephyr L. *Dutra's World: Wealth and Family in Nineteenth-Century Rio de Janeiro*. Albuquerque: University of New Mexico Press, 2004.

FRANKLIN, John Hope; SCHWENINGER, Loren. *In Search of the Promised Land: A Slave Family in the Old South*. Nova York; Oxford: Oxford University Press, 2006.

FRENCH, John. "As falsas dicotomias entre escravidão e liberdade: continuidades e rupturas na formação social e política do Brasil moderno". In: LIBBY, Douglas C.; FURTADO, Júnia F. (orgs.). *Trabalho livre, trabalho escravo: Brasil e Europa, séculos XVIII e XIX*. São Paulo: Annablume, 2006, pp. 75-96.

FREYRE, Gilberto. *Sobrados e mucambos: decadência do patriarcado rural e desenvolvimento do urbano*. 7ª ed. Rio de Janeiro: José Olympio Editora; Instituto Nacional do Livro, 1985.

_____. *O escravo nos anúncios de jornais brasileiros do século XIX*. 2ª ed. São Paulo: Companhia Editora Nacional, 1979.

GATES JR., Henry Louis. *Os negros na América Latina*. São Paulo: Companhia das Letras, 2014.

GBADAMOSI, T. G. O. *The Growth of Islam among the Yoruba, 1841-1908*. Atlantic Highlands: Humanities Press, 1978.

GEBARA, Ademir. *O mercado de trabalho livre no Brasil*. São Paulo: Brasiliense, 1986.

GENOVESE, Eugene D. *Roll, Jordan, Roll: The World the Slaves Made*. Nova York: Pantheon, 1974.

GOMES, Sueli de Castro. "Uma inserção dos migrantes nordestinos em São Paulo: o comércio de retalhos". *Imaginário*, v. 12, n. 13 (2006), pp. 143-69.

GONÇALVES, Graciela Rodrigues. "As secas na Bahia do século XIX: sociedade e política". Dissertação de Mestrado, Universidade Federal da Bahia, 2000.

GRADEN, Dale T. *Disease, Resistance, and Lies: The Demise of the Transatlantic Slave Trade to Brazil and Cuba*. Baton Rouge: Louisiana State University Press, 2014.

GRADEN, Dale T. *From Slavery to Freedom in Brazil: Bahia, 1835-1900*. Albuquerque: University of New Mexico Press, 2006.

GRAHAM, Richard. *Feeding the City: From Street Market to Liberal Reform in Salvador, Brazil, 1780-1860*. Austin: University of Texas Press, 2010. [Ed. bras.: *Alimentar a cidade: das vendedoras de rua à reforma liberal (Salvador, 1780-1860)*. Trad. de Berilo Vargas. São Paulo: Companhia das Letras, 2013.]

_____. "Nos tumbeiros mais uma vez? O comércio interprovincial de escravos no Brasil". *Afro-Ásia*, n. 27 (2002), pp. 121-60.

GRINBERG, Keila. *Liberata: a lei da ambiguidade. As ações de liberdade da Corte de Apelação do Rio de Janeiro no século XIX*. Rio de Janeiro: Relume-Dumará, 1994.

GUIMARÃES, Antônio Sérgio A. *Racismo e antirracismo no Brasil*. São Paulo: Editora 34, 1999.

GURAN, Milton. *Agudás: os "brasileiros" do Benim*. Rio de Janeiro: Nova Fronteira, 2000.

HALL, Gwendolyn Midlo. *Slavery and African Ethnicities in the Americas: Restoring the Links*. Chapel Hill: The University of North Carolina Press, 2005.

HERSKOVITS, Melville. *Dahomey, An Ancient West African Kingdom*. Nova York: J. J. Augustin, Publisher, 1938. 2 v.

HIBBERT, Christopher. *The Roots of Evil: A Social History of Crime and Punishment*. Boston: Little, Brown & Co., 1968.

HOLANDA, Aurélio Buarque de. *Novo Aurélio, século XXI*. Rio de Janeiro: Nova Fronteira, 1999.

HOLLOWAY, Thomas. *Polícia no Rio de Janeiro: repressão e resistência numa cidade do século XIX*. Rio de Janeiro: FGV, 1997.

JEHA, Silvana. *Uma história da tatuagem no Brasil*. São Paulo: Veneta, 2019.

_____. "Cores e marcas dos recrutas e marujos da Armada, *c.* 1840- *c.* 1860". *Revista de História Comparada*, v. 7, n. 1 (2013), pp. 36-66.

JESUS, Ronaldo Pereira de. "Associativismo no Brasil do século XIX: repertório crítico dos registros de sociedades no Conselho de Estado (1860-1889)". *Locus: Revista de História*, v. 13, n. 1 (2007), pp. 144-70.

_____; LACERDA, David P. "Dinâmica associativa no século XIX: socorro mútuo e solidariedade entre livres e libertos no Rio de Janeiro imperial". *Mundos do Trabalho*, v. 2, n. 4 (2010), pp. 126-42.

JONES, C. P. "Stigma and Tattoo". In: CAPLAN, Jane (org.). *Written on the Body: The Tattoo in European and American History*. Londres: Reaktion, 2000, pp. 1-16.

KARASCH, Mary. *Slave Life in Rio de Janeiro, 1800-1850*. Princeton: Princeton University Press, 1987.

KEYES, Charles F. "The Dialectics of Ethnic Change". In: _____ (org.). *Ethnic Change*. Seattle: University of Washington Press, 1991, pp. 3-30.

KLEIN, Herbert. "A demografia do tráfico atlântico de escravos para o Brasil". *Estudos Econômicos*, v. 17, n. 2 (1987), pp. 129-49.

KOGER, Larry. *Black Slave Owners: Free Black Slave Masters in South Carolina, 1790-1860*. Columbia: The University of South Carolina Press, 1995.

KOLCHIN, Peter. "Reevaluating the Antebellum Slave Community: A Comparative Perspective". *The Journal of American History*, v. 70, n. 3 (1983), pp. 579-601.

KOVAL, Boris. *História do proletariado brasileiro, 1857 a 1967*. São Paulo: Alfa Omega, 1982.

KOWARICK, Lúcio. *Trabalho e vadiagem: a origem do trabalho livre no Brasil*. São Paulo: Brasiliense, 1987.

KRAAY, Hendrik. "Os companheiros de Dom Obá: os zuavos baianos e outras companhias negras na Guerra do Paraguai". *Afro-Ásia*, n. 46 (2012), pp. 121-61.

_____. "Entre o Brasil e a Bahia: comemorações do Dois de Julho em Salvador, século XIX". *Afro-Ásia*, n. 23 (1999), pp. 9-44.

_____. "'O abrigo da farda': o Exército brasileiro e os escravos fugidos, 1800-1881". *Afro-Ásia*, n. 17 (1996), pp. 29-56.

_____. "'As Terrifying as Unexpected': The Bahian Sabinada, 1837-1838". *Hispanic American Historical Review*, v. 72, n. 4 (1992), pp. 501-27.

LAMOUNIER, Maria Lúcia. *Da escravidão ao trabalho livre*. Campinas: Papirus, 1988.

LAW, Robin. "A carreira de Francisco Félix de Souza na África Ocidental (1800-1849)". *Topoi: Revista de História*, n. 2 (2001), pp. 9-39.

_____. "Ethnicity and the Slave Trade: 'Lucumi' and 'Nagô' as Ethnonyms in West Africa". *History in Africa*, n. 24 (1997), pp. 205-19.

_____. *The Slave Coast of West Africa, 1550-1750: The Impact of the Atlantic Slave Trade on an African Society*. Oxford: Oxford University Press, 1991.

_____. *The Oyo Empire, c. 1600-c. 1836: A West African Imperialism in the Era of the Atlantic Slave Trade*. Oxford: Clarendon, 1977.

LEAL, Maria das Graças de Andrade. *A arte de ter um ofício: Liceu de Artes e Ofícios da Bahia, 1872-1996*. Salvador: Fundação Odebrecht; Liceu de Artes e Ofícios, 1996.

_____. "Artífices baianos, mutualismo e liberalismo no Brasil independente". In: _____; SOUZA, Avanete Pereira de (orgs.). *Capítulos de história da Bahia: independência*. Salvador: Assembleia Legislativa da Bahia; Eduneb, 2017, pp. 405-32.

LEITE, Douglas Guimarães. "Mutualistas graças a Deus: identidade de cor, tradições e transformações do mutualismo popular na Bahia do século XIX". Tese de Doutorado, Universidade de São Paulo, 2017.

_____. *Sabinos e diversos: emergências políticas e projetos de poder na revolta baiana de 1837*. Salvador: EGBA; Fundação Pedro Calmon, 2007.

LIMA, Henrique Espada. "Trabalho e lei para os libertos na ilha de Santa Catarina no século XIX: arranjos e contratos entre a autonomia e a domesticidade". *Cadernos AEL*, v. 14, n. 26 (2009), pp. 133-75.

_____. "Sob o domínio da precariedade: escravidão e os significados da liberdade de trabalho no século XIX". *Topoi: Revista de História*, v. 6, n. 11 (2005), pp. 289-326.

LIMA, Vivaldo da Costa. *A família de santo nos candomblés jejes-nagôs da Bahia: um estudo de relações intragrupais*. 2ª ed. Salvador: Corrupio, 2003.

LINGG, Anna-Julia. "In und zwischen zwei Welten: Lucas Jezler, ein Schweizer Kaufmann in Brasilien, 1829-1863". *Schweizerische Zeitschrift für Geschichte = Revue Suisse d'Histoire = Rivista Storica Svizzera*, v. 58, n. 4 (2008), pp. 407-25.

LLOYD, Peter Cutt. "Craft Organization in Yoruba Towns". *Africa*, v. 23, n. 1 (1953), pp. 30-44.

LOPES, Juliana Serzedello Crespim. "Identidades políticas e raciais na Sabinada (Bahia, 1837-1838)". Dissertação de Mestrado, Universidade de São Paulo, 2008.

LYRIO, Andersen; SOUZA, Sheila Mendonça de; COOK, Della Collins. "Dentes intencionalmente modificados e etnicidade em cemitérios do Brasil Colônia e Império". *Revista do Museu Arqueológico e Etnográfico*, n. 21 (2011), pp. 315-34.

MAC CORD, Marcelo. "Conexões atlânticas nos canteiros de obras públicas recifenses: lutas subalternas contra a precarização do trabalho, década de 1850". *Revista de História Comparada*, v. 7, n. 1 (2013), pp. 156-85.

_____. *Artífices da cidadania: mutualismo, educação e trabalho no Recife oitocentista*. Campinas: Fapesp; Editora da Unicamp, 2012.

MACHADO, Maria Helena P. T. *Crime e escravidão: trabalho, luta e resistência nas lavouras paulistas, 1830-1888*. São Paulo: Edusp, 2014.

MAESTRI, Mário. *O sobrado e o cativo: a arquitetura urbana erudita no Brasil escravista: o caso gaúcho*. Passo Fundo: UPF, 2001.

MAGGIE, Yvonne. "Introdução: cor, hierarquia e sistema de classificação: a diferença fora do lugar". In: *CATÁLOGO: Centenário da Abolição*. Rio de Janeiro: CIEC/ Núcleo da Cor/ UFRJ, 1989, pp. 1-29.

MAIA, Clarissa Nunes. "Sambas, batuques, vozerias e farsas públicas: o controle social sobre os escravos em Pernambuco no século XIX (1850-1888)". Dissertação de Mestrado, Universidade Federal de Pernambuco, 1995.

MAMIGONIAN, Beatriz G. *Africanos livres: a abolição do tráfico de escravos no Brasil*. São Paulo: Companhia das Letras, 2017.

MANN, Kristin. *Slavery and the Birth of an African City: Lagos, 1769-1900*. Bloomington e Indianápolis: Indiana University Press, 2007.

MARSON, Izabel Andrade. *O império do progresso: a Revolução Praieira em Pernambuco (1842-1855)*. São Paulo: Brasiliense, 1987.

MATA, Iacy Maia. "Libertos de Treze de Maio e ex-senhores na Bahia: conflitos no pós-abolição". *Afro-Ásia*, n. 35 (2007), pp. 163-98.

MATORY, J. Lorand. *Black Atlantic Religion: Tradition, Transnationalism, and Matriarchy in the Afro-Brazilian Candomblé*. Princeton: Princeton University Press, 2003.

MATTOS, Hebe. *Das cores do silêncio: os significados da liberdade no Sudeste escravista — Brasil, século XIX*. 2ª ed. Rio de Janeiro: Nova Fronteira, 1998.

MATTOS, Ilmar Rohloff de. *O Tempo Saquarema: a formação do Estado imperial*. São Paulo: Hucitec, 1987.

_____. "Construtores e herdeiros: a trama dos interesses na construção da unidade política". *Almanak Braziliense*, n. 1 (2005), pp. 8-26.

MATTOS, Marcelo Badaró. *Escravizados e livres. Experiências comuns na formação da classe trabalhadora carioca*. Rio de Janeiro: Bom Texto, 2009.

MATTOS, Wilson Roberto de. *Negros contra a ordem: astúcias, resistências e liberdades possíveis (Salvador-BA, 1850-1888)*. Salvador: Eduneb; Edufba, 2008.

MATTOSO, Kátia M. de Queirós. *Bahia, século XIX: uma província no Império*. Rio de Janeiro: Nova Fronteira, 1992.

MATTOSO, Kátia M. de Queirós. *Família e sociedade na Bahia do século XIX*. Salvador: Corrupio, 1988.

_____; KLEIN, Herbert; ENGERMAN, Stanley. "Notas sobre as tendências e padrões dos preços de alforria na Bahia, 1819-1888". In: REIS, João José (org.). *Escravidão e invenção da liberdade*. São Paulo: Brasiliense, 1988, pp. 60-72.

_____. *Être esclave au Brésil, XVIe-XIXe siècles*. Paris: Hachette, 1979.

_____. *Bahia: a cidade do Salvador e seu mercado no século XIX*. São Paulo: Hucitec, 1978.

_____. "A propósito de cartas de alforria". *Anais de História*, n. 4, (1972), pp. 23-52.

MELLO, Evaldo Cabral de. *A outra independência: o federalismo pernambucano de 1817 a 1824*. São Paulo: Editora 34, 2004.

MENDONÇA, Joseli Maria Nunes. *Entre a mão e os anéis: a Lei dos Sexagenários e os caminhos da abolição no Brasil*. Campinas: Editora da Unicamp; Cecult, 1999.

MONTEIRO, Tânia Penido. *Portugueses na Bahia na segunda metade do século XIX: imigração e comércio*. Porto: Secretaria de Estado da Imigração, 1985.

MOREIRA, Paulo Roberto Staudt. *Os cativos e os homens de bem: experiências negras no espaço urbano*. Porto Alegre: EST, 2003.

MOREL, Marco. *A Revolução do Haiti e o Brasil escravista: o que não deve ser dito*. Jundiaí: Paco, 2017.

_____. *O período das Regências (1831-1840)*. Rio de Janeiro: Zahar, 2003.

MORRIS, Thomas D. *Southern Slavery and the Law, 1619-1860*. Chapel Hill: The University of North Carolina Press, 1996.

MOTA, Carlos Guilherme. *Nordeste 1817: estruturas e argumentos*. São Paulo: Perspectiva, 1972.

MOURA, Denise A. Soares de. *Saindo das sombras: homens livres no declínio do escravismo*. Campinas: Centro de Memória da Unicamp, 1998.

MULLIN, Michael. *Africa in America: Slave Acculturation and Resistance in the American South and the British Caribbean, 1736-1831*. Urbana: University of Illinois Press, 1992.

NASCIMENTO, Anna Amélia Vieira. *Dez freguesias da cidade do Salvador: aspectos sociais e urbanos do século XIX*. Salvador: Funceb, 1986.

NEGRO, Antonio Luigi; GOMES, Flávio dos Santos. "As greves antes da *grève*: as paralisações do trabalho feitas por escravos no século XIX". *Ciência e Cultura*, 19 abr. 2013, pp. 56-9.

NISHIDA, Mieko. *Slavery and Identity: Ethnicity, Gender, and Race in Salvador, Brazil, 1808-1888*. Bloomington e Indianápolis: Indiana University Press, 2003.

_____. "Manumission and Ethnicity in Urban Slavery: Salvador, Brazil, 1808-1888". *Hispanic American Historical Review*, v. 73, n. 3 (1993), pp. 361-91.

O'BRIEN, Patricia. "The Prison on the Continent: Europe, 1865-1965". In: MORRIS, Norval; ROTHMAN; David J. (orgs.). *The Oxford History of the Prison*. Nova York; Oxford: Oxford University Press, 1995, pp. 199-225.

OJO, G. J. Afolabi. *Yoruba Culture: A Geographical Analysis*. Ifé (Nigéria): Universidade de Ifé; Londres: University of London Press, 1966.

OLIVEIRA, Maria Inês Côrtes de. "Viver e morrer no meio dos seus: nações e comunidades africanas na Bahia do século XIX". *Revista USP*, n. 28 (1995-6), pp. 175-93.

_____. "Quem eram os 'negros da Guiné'? A origem dos africanos na Bahia". *Afro-Ásia*, n. 19-20 (1997), pp. 37-73.

OLIVEIRA, Maria Inês Côrtes de. "Retrouver une identité: jeux sociaux des Africains de Bahia (vers 1750-vers 1890)". Tese de Doutorado, Universidade de Paris IV (Sorbonne), 1992.

_____. *O liberto: o seu mundo e os outros*. São Paulo: Corrupio, 1988.

OLOMOLA, Isola. "Suicide in Yoruba Culture". *África: Revista do Centro de Estudos Africanos da USP*, n. 10 (1987), pp. 52-83.

OROGE, E. Adeniyi. "The Institution of Slavery in Yorubaland with Particular Reference to the Nineteenth Century". Tese de Doutorado, Centre of West African Studies, University of Birmingham, 1971.

PAOLI, Paula Silveira de. "Um diálogo entre antigo e novo: o Bairro do Comércio na modernização do Porto de Salvador (1912)". In: III Encontro da Associação Nacional de Pesquisa e Pós-Graduação em Arquitetura e Urbanismo, 2014. Disponível em: <http://www.anparq.org.br/dvd-enanparq-3/htm/Artigos/SC/ORAL/SC-PCI-005_DEPAOLI.pdf>. Acesso em: nov. 2016.

PARÉS, Luís Nicolau. *A formação do Candomblé: história e ritual da nação jeje na Bahia*. Campinas: Editora da Unicamp, 2006.

_____. "The 'Nagôization' Process in Bahian Candomblé". In: FALOLA, Toyin; CHILDS, Matt (orgs.). *The Yoruba Diaspora in the Atlantic World*. Bloomington e Indianápolis: Indiana University Press, 2004, pp. 185-208.

PARRON, Tâmis. *A política da escravidão no Império do Brasil, 1826-1865*. Rio de Janeiro: Civilização Brasileira, 2011.

PEEL, J. D. Y. "The Cultural Work of Yoruba Ethnogenesis". In: TONKIN, E.; MCDONALD, M.; CHAPMAN, M. (orgs.). *History and Ethnicity*. Londres; Nova York: Routledge & Kegan Paul, 1989, pp. 198-215.

PETRUCCELLI, José Luis; SABOIA, Ana Lucia (orgs.). *Características étnico-raciais da população: classificações e identidades*. Rio de Janeiro: IBGE, 2013.

PIMENTA, João Paulo G. "A independência do Brasil como uma revolução: história e atualidade de um tema clássico". *História da Historiografia*, n. 3 (2009), pp. 53-82.

PINHO, Wanderley. *História de um engenho do Recôncavo: Matoim — Novo Caboto — Freguesia, 1552-1944*. 2ª ed. São Paulo: Companhia Editora Nacional; Brasília: INL, 1982.

POPINIGIS, Fabiane. "'Em benefício do povo': o comércio de gêneros em Desterro no século XIX". In: XAVIER, Regina Célia Lima (org.). *Escravidão e liberdade: temas, problemas e perspectivas de análise*. São Paulo: Alameda, 2012, pp. 357-81.

RAY, Benjamin C. *African Religion: Symbol, Ritual and Community*. Englewood Cliffs: Prentice-Hall, 1976.

REGINALDO, Lucilene. *Os rosários dos angolas: irmandades de africanos e crioulos na Bahia setecentista*. São Paulo: Alameda, 2011.

REIS, Eliane Maia dos. "Três momentos do mutualismo em Salvador (1850-1887)". Dissertação de Mestrado, Universidade Federal da Bahia, 2016.

REIS, João José. "De escravo a rico liberto: a trajetória do africano Manoel Joaquim Ricardo na Bahia oitocentista". *Revista de História*, n. 174 (2016), pp. 15-68.

REIS, João José. *Rebelião escrava no Brasil: a história do levante dos malês em 1835*. 3ª ed. rev. e ampl. São Paulo: Companhia das Letras, 2017.

_____. "Candomblé and Slave Resistance in Nineteenth-Century Bahia". In: PARÉS, Luís Nicolau; SANSI, Roger (orgs.). *Sorcery in the Black Atlantic*. Chicago: The University of Chicago Press, 2011, pp. 55-74.

_____. *Domingos Sodré, um sacerdote africano: escravidão, liberdade e candomblé na Bahia do século XIX*. São Paulo: Companhia das Letras, 2008.

_____. "Tambores e tremores: a festa negra na Bahia na primeira metade do século XIX". In: CUNHA, Maria Clementina Pereira (org.). *Carnavais e outras f(r)estas: ensaios de história social da cultura*. Campinas: Editora da Unicamp, 2002, pp. 101-55.

_____. "De olho no canto: trabalho de rua na Bahia na véspera da abolição". *Afro-Ásia*, n. 24 (2000), pp. 199-242.

_____. "Identidade e diversidade étnicas nas irmandades negras no tempo da escravidão". *Tempo*, n. 3 (1997), pp. 7-33.

_____. "A greve negra de 1857 na Bahia". *Revista USP*, n. 18 (1993), pp. 6-29.

_____. "Recôncavo rebelde: revoltas escravas nos engenhos baianos". *Afro-Ásia*, n. 15 (1992), pp. 100-26.

_____. "População e rebelião: notas sobre a população escrava na Bahia na primeira metade do século XIX". *Revista das Ciências Humanas*, v. 1, n. 1 (1980), pp. 143-54.

_____. *A morte é uma festa: ritos fúnebres e revolta popular no Brasil do século XIX*. São Paulo: Companhia das Letras, 1991.

_____; SILVA, Eduardo. *Negociação e conflito: a resistência negra no Brasil escravista*. São Paulo: Companhia das Letras, 1989.

_____; DELFIM, Gabriela. "'Carne sem osso, farinha sem caroço': o motim de 1858 contra a carestia na Bahia". *Revista de História*, n. 135 (1996), pp. 133-59.

_____; GOMES, Flávio dos Santos; CARVALHO, Marcus J. M. *O alufá Rufino: tráfico, escravidão e liberdade no Atlântico Negro (c. 1822-c. 1853)*. 2ª ed. São Paulo: Companhia das Letras, 2017.

_____; GOMES, Flávio dos Santos. "The Impact of the Haitian Revolution in Brazil". In: GEGGUS, David P.; FIERING, Norman (orgs.). *The World of the Haitian Revolution*. Bloomington e Indianápolis: Indiana University Press, 2009, pp. 284-313.

REIS, Lysie. *A liberdade que veio do ofício: práticas sociais e cultura dos artífices da Bahia do século XIX*. Salvador: Edufba, 2013.

REIS, Meire Lúcia dos. "A cor da notícia: discursos sobre o negro na imprensa baiana". Dissertação de Mestrado, Universidade Federal da Bahia, 2000.

RIDINGS, Eugene W. "The Bahian Commercial Association, 1840-1889: A Pressure Group in an Underdeveloped Area". Tese de Doutorado, Florida University, 1970.

RODRIGUES, Marcelo Santos. "Os (in)voluntários da pátria na Guerra do Paraguai: a participação da Bahia". Dissertação de Mestrado, Universidade Federal da Bahia, 2001.

ROSADO, Rita de Cássia Santana. "O porto de Salvador: modernização em projeto, 1854-1891". Dissertação de Mestrado, Universidade Federal da Bahia, 1983.

RUY, Afonso. *História da Câmara Municipal de Salvador*. Salvador: Câmara Municipal de Salvador, 1953.

SAHLINS, Marshall. *Culture and Practical Reason*. Chicago: The University of Chicago Press, 1976.

SALLES, Ricardo. *Guerra do Paraguai: escravidão e cidadania na formação do Exército*. Rio de Janeiro: Paz e Terra, 1990.

SALVATORE, Ricardo D.; AGUIRRE, Carlos; JOSEPH, Gilbert M. (orgs.). *Crime and Punishment in Latin America: Law and Society since Late Colonial Times*. Durham: Duke University Press, 2002.

SAMPAIO, Consuelo Novais. *50 anos de urbanização: Salvador da Bahia no século XIX*. Rio de Janeiro: Versal, 2005.

SAMPAIO, Marcos Guedes Vaz. *Navegação a vapor na Bahia oitocentista (1839-1894)*. Salvador: Edufba, 2014.

SANTIAGO, Anfrísia. *D. Raimunda Porcina de Jesus (A Chapadista)*. Salvador: Centro de Estudos Baianos, 1968.

SANTOS, Flávio Gonçalves dos. *Economia e cultura do candomblé na Bahia: o comércio de objetos litúrgicos afro-brasileiros (1850-1937)*. Ilhéus: Editus, 2013.

SANTOS, Jocélio Teles dos. "De pardos disfarçados a brancos pouco claros: classificações raciais no Brasil dos séculos XVIII-XIX". *Afro-Ásia*, n. 32 (2005), pp. 115-37.

_____. "Candomblés e espaço urbano na Bahia do século XIX". *Estudos Afro-Asiáticos*, v. 27, n. 1-2 (2005), pp. 205-26.

SANTOS, Mário Augusto da Silva. *A república do povo: sobrevivência e tensão*. Salvador: Edufba, 2001.

SANTOS, Ynaê Lopes dos. "Na tecitura do urbano: Rio de Janeiro e Havana na trama da escravidão (1816-1820)". *Almanak*, n. 12 (2016), pp. 105-28.

_____. "Que lancem todos os dias os nomes, empregos e mais sinais: circulação escrava e tentativas de controle estatal nas leis municipais do Rio de Janeiro e de Havana na década de 1830". *Revista do Arquivo Geral da Cidade do Rio de Janeiro*, n. 9 (2015), pp. 31-47.

_____. *Além da senzala: arranjos escravos de moradia no Rio de Janeiro (1808-1850)*. São Paulo: Hucitec, 2010.

SCARZANELLA, Eugenia. *Ni gringos ni indios: inmigración, criminalidad y racismo en la Argentina, 1890-1940*. Bernal: Universidad Nacional de Quilmes Editorial, 2015.

SCHWARCZ, Lilia Moritz. *O espetáculo das raças: cientistas, instituições e questão racial no Brasil (1870-1930)*. São Paulo: Companhia das Letras, 1993.

SCHWARTZ, Stuart B. "Cantos e quilombos numa conspiração de escravos haussás: Bahia, 1814". In: REIS, João José; GOMES, Flávio dos Santos (orgs.). *Liberdade por um fio: história dos quilombos no Brasil*. São Paulo: Companhia das Letras, 1996, pp. 373-406.

_____. *Sugar Plantations in the Formation of Brazilian Society: Bahia, 1550-1835*. Cambridge: Cambridge University Press, 1985.

_____. "The Manumission of Slaves in Colonial Brazil: Bahia, 1684-1745". *Hispanic American Historical Review*, v. 54, n. 4 (1974), pp. 603-35.

_____. "Resistance and Accommodation in Eighteenth-Century Brazil: The Slaves' View of Slavery". *Hispanic American Historical Review*, v. 57, n. 1 (1977), pp. 69-81.

SCHWENINGER, Loren. *Black Property Owners in the South, 1790-1915*. Chicago: University of Illinois Press, 1990.

SCOTT, James C. *Domination and the Arts of Resistance: Hidden Transcripts*. New Haven: Yale University Press, 1990.

SILVA, Eduardo. *Dom Obá II d'África, o príncipe do povo*. São Paulo: Companhia das Letras, 1997.

SILVA, Eliseu Santos Ferreira. "Roubos e salteadores no tempo da abolição (Cachoeira, década de 1880)". Dissertação de Mestrado, Universidade Federal da Bahia, 2016.

SILVA, Luiz Geraldo. "Da festa à sedição: sociabilidades, etnia e controle social na América portuguesa (1776-1814)". In: JANCSÓ, István; KANTOR, Iris (orgs.). *Festa: cultura e sociabilidade na América portuguesa*. São Paulo: Hucitec, 2001, v. 1, pp. 313-35.

SILVA, Maciel Henrique. *Pretas de honra: vida e trabalho de domésticas e vendedoras no Recife do século XIX (1840-1870)*. Recife: Edufpe; Salvador: Edufba, 2011.

SILVA, Maria Conceição B. da Costa e. *O Montepio dos Artistas: elo dos trabalhadores em Salvador*. Salvador: Funceb; EGBA, 1998.

SILVA, Marilene Rosa Nogueira da. *Negro na rua: a nova face da escravidão*. São Paulo: Hucitec, 1988.

SILVA, Ricardo Tadeu Caires. "Os escravos vão à Justiça: a resistência escrava através das ações de liberdade — Bahia, século XIX". Dissertação de Mestrado, Universidade Federal da Bahia, 2000.

SILVA, Uvanderson Vitor da. "Velhos caminhos, novos destinos: migrante nordestino na região metropolitana de São Paulo". Dissertação de Mestrado, Universidade de São Paulo, 2008.

SILVEIRA, Renato da. *O candomblé da Barroquinha: processo de constituição do primeiro terreiro baiano de keto*. Salvador: Maianga, 2006.

_____. "Os selvagens e a massa: o papel do racismo científico na montagem da hegemonia ocidental". *Afro-Ásia*, n. 23 (2000), pp. 89-145.

_____. "Nação africana no Brasil escravista: problemas teóricos e metodológicos". *Afro-Ásia*, n. 38 (2008), pp. 245-301.

SINGLETON, Theresa A. "The Slave Tag: An Artifact of Urban Slavery". *South Carolina Antiquities*, v. 16, n. 1-2 (1984), pp. 41-65.

SLENES, Robert W. *Na senzala, uma flor: esperanças e recordações na formação da família escrava — Brasil Sudeste, século XIX*. Rio de Janeiro: Nova Fronteira, 1999.

_____. "'Malungu, ngoma vem!': África encoberta e descoberta no Brasil". *Revista USP*, n. 12 (1991-2), pp. 48-67.

SOARES, Carlos Eugênio Líbano. *A capoeira escrava e outras tradições rebeldes no Rio de Janeiro (1808-1850)*. Campinas: Editora da Unicamp, 2001.

_____. "A capoeiragem baiana na corte imperial (1863-1890)". *Afro-Ásia*, n. 21-22 (1998-9), pp. 147-76.

_____. *A negregada instituição: os capoeiras no Rio de Janeiro*. Rio de Janeiro: Secretaria Municipal de Cultura, 1994.

SOARES, Cecília Moreira. *Mulher negra na Bahia no século XIX*. Salvador: Eduneb, 2007.

_____. "As ganhadeiras: mulher e resistência negra em Salvador no século XIX". *Afro-Ásia*, n. 17 (1996), pp. 57-71.

SOARES, Luiz Carlos. *O "Povo de Cam" na capital do Brasil: a escravidão urbana no Rio de Janeiro do século XIX*. Rio de Janeiro: Faperj; 7Letras, 2007.

SOARES, Mariza de Carvalho. *Devotos da cor: identidade étnica, religiosidade e escravidão no Rio de Janeiro, século XVIII*. Rio de Janeiro: Civilização Brasileira, 2000.

SOUSA, Jorge Prata de. *Escravidão ou morte: os escravos brasileiros na Guerra do Paraguai*. Rio de Janeiro: Mauad; Adesa, 1996.

SOUZA, Alan Nardi de. "Auto de prisão, hábito e tonsura: uma documentação específica no auxílio ao estudo da criminalidade — Mariana, 1803-1809". *Anais do I Colóquio do LAHES*, Juiz de Fora, 13 a 16 de junho de 2005. Disponível em: <http://www.ufjf.br/lahes/files/2010/03/c1-a3.pdf>. Acesso em: 6 abr. 2017.

SOUZA, Daniele Santos de. "Entre o 'serviço da casa' e o 'ganho': escravidão em Salvador na primeira metade do século XVIII". Dissertação de Mestrado, Universidade Federal da Bahia, 2010.

SOUZA, Juliana Teixeira. *A Câmara e o governo da cidade: poder local, cidadania e polícia nos mercados da Corte Imperial*. Natal: EDUFRN, 2018.

SOUZA, Mônica de Lima e. "Entre margens: o retorno à África de libertos no Brasil, 1830-1870". Tese de Doutorado, Universidade Federal Fluminense, 2008.

SOUZA, Paulo César de. *A Sabinada: a revolta separatista da Bahia, 1837*. São Paulo: Companhia das Letras, 2009.

SOUZA, Robério S. *Trabalhadores dos trilhos: imigrantes e nacionais livres, libertos e escravos na construção da primeira ferrovia baiana (1858-1863)*. Campinas: Editora da Unicamp, 2015.

TERRA, Fernanda; SENNA, Francisco; REBOUÇAS, Daniel. *Salvador: uma iconografia através dos séculos*. Salvador: Caramurê, 2015.

THOMPSON, E. P. *Customs in Common: Studies in Traditional Popular Culture*. Nova York: The New Press, 1991. [Ed. bras.: *Costumes em comum: estudos sobre a cultura popular tradicional*. Trad. de Rosaura Eichenberg. São Paulo: Companhia das Letras, 1998.]

_____. "Eighteenth-Century English Society: Class Struggle Without Class?". *Social History*, v. 3, n. 2 (1978), pp. 133-75.

_____. "Time, Work-Discipline, and Industrial Capitalism". *Past & Present*, n. 38 (1967), pp. 56-97.

TILLY, Charles. *From Mobilization to Revolution*. Reading: Addison-Wesley, 1978.

TORRES, Claudia Viana. "Um reinado de negros em um Estado de brancos: organizações de escravos urbanos em Recife no final do século XVIII e início do século XIX (1775-1815)". Dissertação de Mestrado, Universidade Federal de Pernambuco, 1997.

VASCONCELOS, Albertina Lima. "Tráfico interno, liberdade e cotidiano de escravos no Rio Grande do Sul: 1800-1850". In: II Encontro Escravidão e Liberdade no Brasil Meridional, 2005. Disponível em: <http://www.escravidaoeliberdade.com.br/site/images/Textos2/albertina%20vasconcelos%20completo.pdf>. Acesso em: jan. 2017.

VASCONCELOS, Christianne Silva. "O circuito social das fotografias da gente negra: Salvador 1860-1916". Dissertação de Mestrado, Universidade Federal da Bahia, 2006.

VERGER, Pierre. *Flux et reflux de la traite des nègres entre le golfe de Bénin et Bahia de Todos os Santos du XVIIe au XIXe siècle*. Paris: Mouton, 1968.

VITORINO, Artur José Renda. "Escravismo, proletários e a greve dos compositores tipográficos de 1858 no Rio de Janeiro". *Cadernos do AEL*, v. 6, n. 10-11 (1999), pp. 71-106.

WADE, Richard C. *Slavery in the Cities: The South, 1820-1860*. Londres; Oxford; Nova York: Oxford University Press, 1964.

WILDBERGER, Arnold. *Os presidentes da província da Bahia, efectivos e interinos, 1824-1889*. Salvador: Typographia Beneditina, 1949.

XAVIER, Regina Célia Lima. *A conquista da liberdade: libertos em Campinas na segunda metade do século XIX*. Campinas: Centro de Memória da Unicamp, 1996.

XIMENES, Cristiana Ferreira Lyrio. "Joaquim Pereira Marinho: perfil de um contrabandista de escravos na Bahia, 1828-1887". Dissertação de Mestrado, Universidade Federal da Bahia, 1998.

YOUSSEF, Alain El. *Imprensa e escravidão: política e tráfico negreiro no Império do Brasil (Rio de Janeiro, 1822-1850)*. São Paulo: Intermeios; Fapesp, 2016.

ZANETTI, Valéria. *Calabouço urbano: escravos e libertos em Porto Alegre (1840-1860)*. Passo Fundo: UPF, 2002.

Créditos das imagens

1. *Mappa topographica da cidade de S. Salvador e seus subúrbios.* Mapa de Carlos Augusto Weyll. Stuttgart: Ferd. Glocker, *c.* 1851. Acervo da Fundação Biblioteca Nacional.
2. "Seller of Sweetmeats (doces) — Bahia". Obra anônima atribuída a Lady Maria Callcott, desenho aquarelado, 16,1 x 11,5 cm. Fonte: Fernanda Terra, Francisco Senna e Daniel Rebouças, *Salvador: uma iconografia através dos séculos* (Salvador: Caramurê, 2015), p. 116.
3. Vista da Bahia. Fotografia de Camillo Vedani, *c.* 1860. Acervo Instituto Moreira Salles.
4. Detalhe de *Planta da Cidade de São Salvador, capital do Estado Federado da Bahia,* org. de Adolfo Morales de Los Rios, 1894. Acervo do Arquivo Público do Estado da Bahia.
5. "Nègres porteurs de fardeaux à Bahia". Litografia colorida de Hippolyte Taunay, *c.* 1822. Fundação Biblioteca Nacional.
6. "Negro Carriers". Gravura de J. J. Butler. Fonte: Daniel P. Kidder, *Sketches of Residence and Travels in Brazil* (Filadélfia: Sorin & Ball, 1845, 2 v.), vol. 2, p. 20.
7. Ganhadores de pau e corda na década de 1860. Fotografia de Alberto Henschel, *c.* 1867-70. In: Gilberto Ferrez, *Bahia: velhas fotografias, 1858-1900* (Rio de Janeiro; Salvador: Kosmos; Banco da Bahia Investimentos S.A., 1988), p. 19. Acervo da Biblioteca Nacional.
8. Detalhe de "Hospice de N. S. da Piedade". Gravura de Johann Moritz Rugendas. Fonte: *Malerische Reise in Brasilien* (Paris: Engelmann & Cie., 1835).
9. "Cadeira". Gravura de J. J. Butler. In: Kidder, *Sketches of Residence and Travels in Brazil,* p. 22. Fonte: Acervo Brasiliana Iconografia.
10. Carregadores de cadeira, *c.* 1824. Fonte: Maria Graham, *Journal of a Voyage to Brazil and Residence there During Part of the Years 1821, 1822, 1823* (Londres: Longman, Hurst, Rees, Orme, Brown, and Green; J. Murray, 1824), p. 133.
11. "Eine Cadeira (Sänfte) in Bahia". Litografia de A. Fasinger, 1878. Fonte: Julius Naeher, *Excursões na província da Bahia* (Salvador: Cian, 2011), v. 1, p. 99.
12. Cadeira de arruar por fotógrafo anônimo, *c.* 1860. Acervo Instituto Moreira Salles.

13. Cadeira de arruar em fotografia de Alberto Henschel, *c.* 1869. Acervo Instituto Moreira Salles.
14. Cadeira de arruar. Museu Afro-Brasileiro da Universidade Federal da Bahia. Fotografias de Urano Andrade.
15. "Bread Seller in Bahia". Obra anônima atribuída a Maria Graham. Fonte: Graham, *Journal of a Voyage to Brazil*. Acervo da Biblioteca Nacional.
16. Ganhador com gorro. Fotografia de Alberto Henschel, *c.* 1860. Acervo Instituto Moreira Salles.
17. Ganhador nagô. Fotografia de Guilherme Gaensly, *c.* 1870-80. Acervo da Biblioteca Nacional.
18. *O vendedor d'água, primeira canção popular bahiana*, década de 1880. Acervo do Núcleo de Estudos Musicológicos da Escola de Música da Universidade Federal da Bahia.
19. Ayó, jogo de tabuleiro. Escultor desconhecido, Nigéria, século XX. Acervo do Museu Afro--Brasileiro da Universidade Federal da Bahia. Fotografias de Urano Andrade.
20-1. "Typos de rua", ganhadoras e ganhadores, final do século XIX. Esculturas em cajazeira de Erotides Lopes. Acervo do Museu Histórico Nacional.
22. Francisco Gonçalves Martins. Óleo sobre tela. Acervo do Instituto Geográfico e Histórico da Bahia.
23. João Lins Vieira Cansanção de Sinimbu. Litografia de Sebastien Auguste Sisson, 1861. In: Arnold Wildberger, *Os presidentes da província da Bahia, efectivos e interinos, 1824-1889* (Salvador: Typographia Beneditina, 1949). Fonte: Acervo Biblioteca Brasiliana Guita e José Mindlin.
24. "Avizo", 1857. Arquivo Público do Estado da Bahia, *Polícia (assuntos), 1855-1861*, maço 3124.
25. "Ao Barateiro". Anúncio em *A Illustração Bahiana: Jornal Illustrado, Litterario e Scientifico*, ano 1, n. 7, set. 1881, p. 4. Fonte: Terra, Senna e Rebouças, *Salvador: uma iconografia através dos séculos*, p. 269.
26. Cais das Amarras, Salvador, *c.* 1885. Fotografia de Rudolf Lindemann. Acervo Instituto Moreira Salles.
27. Cais das Amarras, *c.* 1860-80. Fotografia de William Gaensly. Acervo da Biblioteca Nacional.
28. Cais das Amarras, Salvador, *c.* 1860-80. Fotografia de Benjamin Mulock. Acervo da Biblioteca Nacional.
29. Largo do Teatro, *c.* 1870-80. Fotografia de Guilherme Gaensly, publicada no álbum *Vues de Bahia, c.* 1885. A imagem sofreu alguma edição para reduzir estragos do tempo. Acervo da Biblioteca Nacional.
30. Bairro comercial, *c.* 1897-1903. Fotografia do Estúdio Irmão Rabelo. Fonte: Acervo do Instituto Histórico e Geográfico Brasileiro.
31. Bairro comercial, *c.* 1897-1903. Fotografia do Estúdio Irmão Rabelo. Fonte: Acervo do Instituto Histórico e Geográfico Brasileiro.
32. "Ganhadores africanos — Bahia". Fotografia de Rodolfo Lindemann, *c.* 1880. Fonte: Acervo da Biblioteca Nacional.
33. Canto de trabalho, final do século XIX. Fotógrafo desconhecido. Fonte: Acervo The New York Public Library. (Coleção Brazil, 1860-1900.)
34. Raymunda Porcina Maria de Jesus. Retrato a óleo de Couto Pinto, 1893. Fonte: Museu da Misericórdia da Bahia, Acervo da Santa Casa de Misericórdia da Bahia.
35. Signos de salomão anotados pelo dr. Alvaro Ladislau Cavalcanti d'Albuquerque, *Contribuição ao estudo das tatuagens nos criminosos* (Bahia: Imprensa Moderna de Prudencio de Carvalho, 1902). Fonte: Acervo da Faculdade de Medicina da Universidade Federal da Bahia.

Índice onomástico

Neste índice figuram somente as personalidades da época retratada no livro. Para os demais nomes, veja o índice remissivo.

Afra (escrava de d. Porcina), 312

Agostinho (escravo de Domingos de Faria), 194

Aguiar, Francisco Pereira de, 204

Albernaz, Jacintho (retornado africano), 169

Aleixo (escravo de Abilio Borges), 195

Alexandre (liberto), 202

Alexandre de Wuerttemberg, príncipe, 75

Almeida, Cipriano Borges de, 118-9

Almeida, Felipe José de (africano veterano de guerra), 332

Almeida, Joaquim Cezar de, 106-8

Almeida e Martins, Augusto de, 126-7

Alvarenga, Narciza Anna (liberta), 159-62

Alves, Castro, 195

Alves, Felix Manoel (retornado africano), 169

Alves, José Francisco, 61

Alves, Pedro (ganhador de pele clara), 299

Ambrosio (liberto, inquilino de Jambeiro), 203

Amorim, Claudina Antonia de (ganhadeira), 164

Andrada, Maria Marcelina de, 118-9

Andrade, Francisco Jesus de (liberto), 206

Andrade, Joaquim José de Oliveira, 342

Anna Maria (crioula), 323

Anselmo (ganhador), 322-3

Anselmo, João (liberto), 204

Antero, José (liberto), 293

Antonio (carregador de cadeira), 58

Antonio (escravo de Antonio Franco), 226

Antonio (escravo de d. Eufemia), 186

Antonio (escravo de Ignacio Jambeiro), 203

Antonio (escravo de João Moreira), 197

Antônio (escravo de madre Francisca), 196

Antônio (escravo fugido de d. Porcina), 311-3

Antonio (ex-escravo de Francisco da Rocha), 202

Antonio (ex-escravo de Manoel Dantas), 202

Antonio (pai de Antero Porcino), 315

Antonio José ("Antonio do birimbau", escravo fugido), 342

Antonio José (liberto afiançado por Manoel Pereira), 209

Antonio moço e Antonio velho (carregadores de cadeira), 57

Aprigio (escravo de Antero Porcino) *ver* Assis, Aprigio Francisco de (maestro, ex-escravo de d. Porcina)

Aquino, José Thomas de (ganhador), 320

Araújo, Francisco Barbosa de, 205

Araujo, José Alvares de, 119

Araújo, Querino Bispo de, 316

Araújo, Vitorino de Assunção (ganhador), 265

Araújo Goes, família, 64

Araújo Goes, Inocêncio Marques de, 214

Ariani, Rafael, 172-6, 180

Assis, Aprigio Francisco de (maestro, ex-escravo de d. Porcina), 302, 314-5

Augusto (escravo de José Couto), 108

Augusto (escravo de José Vieira), 197

Augusto (escravo preso após a greve), 228

Avé-Lallemant, Robert, 21, 38

Azevedo e Almeida, José de, 151

Azevedo, Daniel Accioli de, 205

Azevedo, Felicia Carolina Accioli de, 198

Bahia, Felix, 312

Balbino (ganhador), 64, 320

Balthazar (liberto), 206

Baptista, Albino (ganhador), 282

Baraúna, Agostinho (liberto), 293

Baraúna, Nicolau Tolentino Barreto (fiscal municipal), 115, 119

Baraúna, Vicente (liberto), 293

Barbara (mãe de Antero Porcino), 315

Barbosa, Daniel Justino (vaqueiro ganhador), 334

Barbosa, Rui, 157, 195

Barreto, Olimpio Fiúza Moniz, 201-2

Barretto, José Joaquim, 57, 199

Bartholomeu, José (ganhador), 265

Basílio (escravo preso após a greve), 225

Bastos, Antonio João de (liberto), 205

Bastos, Antonio José Teixeira, 57

Bastos, Francisco Maxado, 119

Bastos, João de, 205

Bello, Simplício Manuel (ganhador), 321

Belmira (escrava crioula), 324

Benedicta (escrava fugida de d. Porcina), 310-2

Benedicto (escravo de d. Felicia), 198

Benedicto (escravo de d. Maria Constança), 44

Benedito (escravo de Antonio Bastos), 57

Benedito (escravo de João Lemos), 199

Benedito (escravo de Joaquim Ferreira), 194

Benedito (ex-escravo de Ignacio Jambeiro), 203

Bento (escravo de Cardoso & Irmãos), 29-30

Bento (liberto, inquilino de Jambeiro), 203

Bento, Agostinho (liberto), 204

Bento, Pedro (liberto), 204

Bernardo (escravo de Cardoso & Irmãos), 29-30

Bernardo (liberto afiançado por Pedro Silveira), 206

Bettamio, Genuino Barbosa, 31-2

Bibiano (escravo), 194

Bonfim, Angelo Manoel, 120

Bonfim, José do (ganhador), 326

Bonfim, Macedonio José do (ganhador), 318

Bonfim, Manoel do (sapateiro ganhador), 287

Bonfim, Manoel Maria do (pedreiro ganhador), 318

Bonfim, Maria do (escrava), 141

Borges, Abilio Cezar (barão de Macaúbas), 195

Borges, Domingos (carregador de cadeira), 58

Borges, João (carregador de cadeira), 58

Brandam, Bernardino de Melo, 194

Braz (escravo de d. Felicia), 198

Braz (ex-escravo de d. Porcina), 308

Brito, Daniel de (ganhador e senhor de escravos), 143

Brito, Francisco José de, 194

Brito, João de, 79

Brito, Tobias Manuel de (ganhador), 292

Britto, André José de (ganhador), 344, 347

Bulcão, Antonio d'Araújo d'Aragão, 196

Bulcão, Joaquim Ignacio de Aragão (barão de Matoim), 196, 293

Burgos, Ricardo (ganhador), 291

Cabinda, José (ganhador de cesto), 58

Caetano (escravo de Francisco de Brito), 194

Caetano, Joaquim Pereira, 196

Caetano, Olympio Pedro (liberto), 287

Campos, João da Silva, 78, 82, 85, 92, 116

Campos, Joaquim Torquato Carneiro de, 206, 232, 377 *n* 5

Campos, Joaquina Julia Navarro de, 61

Cardoso & Irmãos (senhores de escravos), 30

Cardoso, Marcolino da França (ganhador), 344

Cardoso, Paulo Francisco (ganhador e senhor de escravos), 143

Carigé, Eduardo, 315

Carlos (carregador de cadeira), 57

Carneiro, Francisco Hygino (líder da União e Indústria), 245-6, 253-4, 390 *n* 25

Carneiro, José Hygino (africano, pai de Francisco Hygino), 254

Carneiro, Rafael Lucio, 116

Carneiro, Silvino Carolino (ganhador), 316

Carvalho, Ambrozio José de, 206

Carvalho, Francisco Antonio de Magalhães (porteiro da Câmara), 197

Carvalho, Francisco Magalhães de (senhor de escravo), 114

Carvalho, João da Costa, 249-51

Carvalho, José Eduardo Freire de, 23

Carvalho, José Lopes Pereira de, 253

Carvalho e Albuquerque, Salvador Pires de, 204

Castelnau, Francis de, 91, 404 *n* 38

Castro, Antônio Joaquim Andrade (ganhador), 317

Castro, Candido Pereira de, 390 *n* 25

Celestino, Pedro (liberto), 293

Cerqueira Lima, Boaventura de (ganhador), 320

Cerqueira Lima, família, 320

Cerqueira Lima, Luiz José de (ganhador), 326

Cesario (escravo), 175

Cezar (liberto), 206

Cezimbra, João Gonçalves, 148, 158-9, 180

Chagas, Francisco Aurélio (capitão de canto), 262, 321-2

Chastinet, Francisco Maria da Costa, 194, 204

Chaves, Francisco (ganhador), 326

Coelho, Antonio, 227

Coelho, Camilla Honoria Fonseca, 194

Coelho, Constância Perpetua Fonseca, 194

Colonia, José dos Santos, 202

Conceição, Domingas Maria da (ganhadeira), 326

Conceição, Joanna Maria da (ganhadeira), 165

Conceição, Maria da (liberta), 159

Conceição, Maria Roza da (senhora de escravos), 195

Conceição, Sabina Maria da (ganhadeira), 165

Corrêa, Francisco Mendes da Costa, 126

Correia, Militão José (ganhador), 331

Cosme (escravo), 27

Costa, Antero Porcino da (criado de d. Porcina), 312, 314-5

Costa, Bernardino da (liberto e senhor de escravos), 143

Costa, Cesário Augusto da (ganhador), 332

Costa, Cypriano José da, 194

Costa, Damiana Porcino da (criada de d. Porcina), 315

Costa, Davino Porcino da (criado de d. Porcina), 315

Costa, Eladia Porcino da (criada de d. Porcina), 315

Costa, Francisco Antonio da, 160

Costa, Gil Soares da (liberto), 208

Costa, Januário Cyrillo da, 252

Costa, Manuel Corrêa da, 204

Costa, Pedro da (ex-escravo de d. Porcina), 315

Cotegipe, barão de *ver* Wanderley, João Maurício

Couto, José Bernardo da Silva, 108

Coutto, Antonio Leocadio do, 131

Crispim (liberto), 203

Cruz, Anna da (liberta), 167

Cruz, Gervasio Manuel da (ganhador), 325

Cruz, João da (ganhador), 345

Cruz, Luisa Borges da, 167

Cruz, Sabina da (africana liberta), 145

Cunha, Fortunato José da, 152
Cunha, Guilherme da (ganhador), 283, 290
Cunha, Manuela Carneiro da, 123, 128, 144
Cunha, Silvio Humberto, 396 *n* 8
Cunha, Tibério da (liberto), 211

D'Albuquerque, Alvaro Ladislau Cavalcanti, 336-7, *338*, 348, 403 *n* 31
D'Almeida, Simão Lopes, 226
D'Araujo, Ezequiel (liberto), 114
D'Assumção, Manuel Felippe José (ganhador), 326
Dada, Matheos (escravo africano), 340, 403 *n* 22
Damasceno, João Alves (ganhador de pele clara), 299, 344
Damião (escravo), 227
Dantas, Manoel Ladislau Aranha, 202, 226
Dario (escravo), 175
Darwin, Charles, 49
Dativo (escravo), 60
David (carregador de cadeira), 57
David (escravo de José Barretto), 199
Delfina (escrava fugida), 359 *n* 2
Detmer, Wilhelm, 76
Dionísio (ganhador envolvido em briga), 322-4
Dionízio, Leocádio (ganhador), 282
Divicco, Clementina Livinda, 198
Domingos (escravo africano), 341
Dórea, Isiquiel Antonio de Menezes, 293
Dórea, José Antonio (liberto), 293
Douville, Jean-Baptiste, 21
Duarte, José (vereador), 134
Duarte, Rafael José (liberto), 156
Duraque (liberto), 204

Elias (carregador de cadeira), 57
Esequiel (escravo), 194
Espírito Santo, Anna Joaquina Custodia do, 203
Espírito Santo, João José de Jesus do (ganhador), 281
Estevão (ex-escravo de d. Porcina), 308-9
Esteves, Antonio José, 120
Falcão, José do Monte (liberto), 349

Faria, Domingos José de, 194
Faria, Felizardo Jozé de, 193
Faria, Virgilio Silvestre de, 257, 279
Farias, João Batista de, 164
Farias, Juliana, 99
Faustino (escravo), 203
Felipe (escravo de Domingos de Faria), 194
Felipe (ex-escravo de José Pereira), 204
Fernandes, Francisco José (pai de Victorino), 161
Fernandes, Thomas (liberto e senhor de escravos), 143
Fernandes, Victorino José (liberto), 159-63
Ferraz, Ritta (liberta), 167
Ferreira, Francisco Luiz, 128
Ferreira, Hospício Angelo (ganhador), 344, 348
Ferreira, Ignacio José, 166
Ferreira, Joaquim José Vas, 194
Ferreira, José Pinto, 228
Ferreira, Manuel Jerônimo, 23, 177, 230-2
Ferreira, Vital, 324
Ferreira Lima, Antonio (liberto), 293
Ferreira Lima, Januario (liberto), 293
Ferreira Lima, Severiano (liberto), 293
Ferri, Enrico, 402 *n* 20
Figueiredo, João Augusto de, 316
Filgueiras, Francisco Antonio, 125, 381 *n* 9
FitzRoy, Robert, 49
Florião, Manoel Feliciano da Silva, 196
Fonseca, Custódio Domingos da (ganhador), 350-1
Fonseca, Luis Anselmo da, 129, 133, 244-5, 258
Fonseca, Rosendo Leão da (ganhador), 326
Forth-Rouen, barão de, 21, 36-7, 362 *n* 4
França, Adriano Esmero da (africano veterano de guerra), 332
França, Caetano Alberto da, 199
França, Luiz da (ganhador surdo-mudo), 325
Francisco (escravo de Abilio Borges), 195
Francisco (escravo de Antonio Gouvêa), 195
Francisco (escravo do capitão Silvestre), 194
Francisco (ex-escravo de Domingos Martins), 205
Francisco (ex-escravo de José Pereira), 204

Francisco (liberto afiançado por Joaquim de Campos), 206

Francisco (pardo suicida, escravo de d. Porcina), 309, 311, 313

Francisco, Antonio (ganhador), 344, 347

Franco, Antonio Pereira, 226

Freire, Daniel da Silva (ganhador), 290

Freire, José Vicente de Sá, 207

Freire, Manoel José Rodrigues, 163

Freire, Maria Constança da Silva, 44

Freitas, José Joaquim de Senna, 338-9, 402 *n* 20

Frézier, Amédée-François, 21

Gallo, Rufino (ganhador), 282

Galvão, Jacintho Barros, 198

Gama, Francisca da Trindade, 196

Gameiro, sr. (boticário), 112

Gardner, George, 49

Gaspar (escravo de Domingos de Faria), 194

Gaspar (ganhador liberto), 204

Geraldo (africano livre), 123

Gillmer, John Smith, 180, 202

Godinho, Antonio Tavares da Silva, 203

Godinho, Benedicto (ex-escravo do comendador Godinho), 203

Godinho, Francisco José (comendador), 203

Godinho, Jorge (ex-escravo do comendador Godinho), 203

Goes, Innocencio, 134

Gomes, Ivo Villarinho (ganhador), 283, 290

Gonçalo (escravo), 27

Gonçalves, Francisco Joaquim (ganhador), 282

Gordilho, Virgílio, 343

Gouvêa, Alfredo Americo de Souza, 194

Gouvêa, Antonio José de Souza, 194

Gouvêa, Luiz Antonio de Souza, 194

Graham, Maria, 49-50

Graves, Emiliano (liberto), 28

Gregório, João (escravo), 43

Guilherme (ex-escravo de José Pereira), 204

Guilherme, Silvério (liberto), 202

Guimarães, José Antônio da Costa, 27

Guimarães, Lino Antônio (ganhador), 291

Gultzow, Frederico, 63

Habsburgo, Maximiliano de, 49

Henriques, Freitas, 127

Henriqueta (liberta), 115

Hilario (carregador de cadeira), 197

Honorato, Lourenço Astério (capitão de canto), 290

Huell, Quirijn ver, 49, 75, 95

Ignacio (carregador de cadeira), 197

Isaac (carregador de cadeira), 57

Ivo (escravo preso após a greve), 225, 228

Izak (liberto), 206

Jaccard, Luiz (comerciante suíço), 377 *n* 5

Jacintho (ex-escravo de José Pereira), 204

Jacintho (ganhador afiançado por um inspetor), 210

Jacintho, Thomas (ganhador), 325

Jambeiro, Ignacio José, 203

Januário, Eleutério (ganhador), 282

Jardim, Silva (líder republicano), 316

Jesus, Antônio Xavier de (liberto e senhor de escravos), 165, 199

Jesus, Maria Faustina de (liberta), 293

Jesus, Maria Thereza de (ganhadeira e senhora de escravos), 143

Jesus, Roberto Pereira de, 60-1

Jesus, Saturnino de (liberto), 293

Jezler, Lucas (industrial suíço), 157, 240

Joana (escrava de d. Porcina), 312

João (carregador de cadeira), 50, 57

João do Rio (cronista), 348

Joaquim (carregador de cadeira), 57

Joaquim (escravo de Clementina Divicco), 198

Joaquim (escravo de Domingos Martins), 198

Joaquim (escravo de José Seixas), 116

Joaquim (escravo detido após toque de recolher), 29

Joaquim (escravo do capitão Silvestre), 194

Joaquim (escravo preso após a greve), 226

Joaquim (ganhador liberto), 206

Joaquim, André Manoel (ganhador), 321

Johnson, Samuel (historiador iorubá), 349, 404 *n* 38

Jorge (escravo do barão de Passé), 386 *n* 13

José (escravo de Abilio Borges), 195

José (escravo de Cypriano da Costa), 194

José (escravo de José Vicente Ferreira), 198

José (escravo preso após a greve), 225

José (liberto afiançado por Francisco de Lima), 207

José (liberto, inquilino de Jambeiro), 203

Joseph (carregador de cadeira), 57

Julião (escravo de Antonio Bastos), 57

Julião (liberto, inquilino de Jambeiro), 203

Kidder, Daniel, 21, 48-9, 76, 86

Kindersley, Mrs., 49

Lacerda, Antônio Francisco de, 390 *n* 25

Ladisláo Netto, dr., 335

Lander, Richard, 74

Leite, Fausta Sophia, 142

Leite, Joaquim (liberto), 205

Lemos, João Rodrigues (ganhador e senhor de escravos), 199

Leopoldino, Herminio Magalhães (ganhador), 345

Leopoldo (escravo), 27

Lessa, Antonio José Fonseca, 204

Lessa, Maria Dorothea, 227

Lima, Ana de Alvarenga Abreu, 162

Lima, Belizário Fernandes de (ganhador), 281

Lima, Eduardo Pereira (ganhador de pele clara), 299

Lima, Francisco de Castro, 207

Lima, José Lopes da Silva, 390 *n* 25

Lima, Manuel Belens de (negociante grossista), 180

Lobo, José Custódio, 113

Lombroso, Cesare, 335-9, 342-3, 401 *n* 10, 402 *n* 20, 403 *n* 31

Lopes, Erotides, *96*

Lopes, Manoel José, 195

Lourenço (escravo), 31

Lucrécio (escravo fugido de d. Porcina), 310-1

Luis Henrique (ex-escravo de John Gillmer), 202

Luiz (escravo de Antonio Franco), 226

Luiz (escravo de Francisco Chastinet), 194

Luti, João Capistrano, 205

Macedo, Manoel Rodrigues Pereira de (retornado africano), 169

Machado, Agostinho (ganhador), 282

Machado, Antonio Porfirio, 202

Machado, Epiphanio (ganhador), 282

Machado, José da Silva, 282

Machado, Manoel Alexandrino, 115

Maciel, Francisco da Cunha, 206

Madalena, Emilia Maria (ganhadeira), 326

Madeira, Luiz Osana, 155

Madureira, Justiniano Baptista, 127

Magalhães, Damasio Rodrigues (ganhador), 326

Magalhães, Manoel José, 206

Magalhães, Manoel José de, 177

Maia, Antonio (liberto), 210

Mamede (escravo), 226

Manoel (escravo de Abilio Borges), 195

Manoel (escravo de d. Maria Roza), 195

Manoel (ex-escravo de Ana de Alvarenga), 162

Manoel (ex-escravo de Domingos Martins), 205

Manuel (escravo do capitão Silvestre), 194

Marback, família, 169

Marcellino (liberto), 206

Maria (cabra ganhadeira), 326

Maria (escrava de Roberto de Oliveira), 143

Marinho, Joaquim Pereira (visconde), 153, 175, 322-4, 400 *n* 13

Marjoribanks, Alexander, 76

Marques, Bonifacio Manuel (ganhador), 321

Marques, Xavier (escritor), 90

Martins, Domingos José, 28, 198, 205

Martins, Eguiduno (ganhador), 292

Martins, Francisco Gonçalves (visconde de São Lourenço), 123-4, 126, 128-30, 133, 135, 137-8, 140, 144, 156-7, 159-60, 162, 164-7, 173-6, 178, 182, 235, 243-4, 246, 248, 254, 355

Martins, José Gonçalves, 244-5, 390 n 23

Martius, Carl Friedrich Philipp von, 42

Matoim, barão de ver Bulcão, Joaquim Ignacio de Aragão

Mattos, Jacintho Thomé de (ex-ganhador), 275, 317

Mattos, José Augusto Pereira de, 211

Mattos, Victor Celestino de (ganhador), 275

Mauboussin, Pierre Victor, 362 n 4

Mauricio (escravo de Manoel Florião), 196

Maximiliano da Áustria, príncipe, 76-8

Meirelles, Antonio Francisco da Costa (inspetor da Tesouraria Provincial), 163

Meirelles, Antonio Franco de Castro (senhor de escravos), 115

Mendes, João Herculano de Oliveira (africano veterano de guerra), 250

Mendonça, Thomas da Silva (ganhador de pele clara), 299

Menezes, Firmino da Costa, 211

Miguel (carregador de cadeira), 57

Miguel (escravo de Antonio Gouvêa), 195

Miguel (escravo de Domingos Martins), 198

Miguel (escravo de Manoel Machado), 115

Milles, Ventura Ferreira (liberto africano), 50, 57

Moncorvo e Lima, Alvaro Tiburcio de (vice-presidente da Bahia), 160, 162

Moreira, Bernardo Dias, 28-9, 57, 198, 205

Moreira, João Vitor, 197

Moura, Affonço Paraizo, 57

Moura, Zepherino de (capitão de canto), 287

Muniz, Silvino (ganhador liberto), 316

Naeher, Julius (viajante alemão), 76

Narcizo (escravo de d. Felicia), 198

Nascimento, João do (liberto), 154-6

Nascimento, Thomaz d'Aquino do (ganhador), 324

Nazareth, Maria Teixeira de, 141

Neves, Julio Auctor das (ganhador), 320, 344, 346-7

Neves, Salvador Ramos das (retornado africano), 169

Nicolau (escravo de d. Felicia), 198

Nicolau (liberto, inquilino de Jambeiro), 203

Novaes, João José Lins de (ganhador, vulgo Conrado), 328

Obá ii d'África, d., 70

Ojé, Jacob (liberto), 201

Olímpio (escravo), 31-2

Oliveira, Antonio Fernandes de, 61

Oliveira, João José Barbosa de, 157

Oliveira, Roberto de (ganhador e senhor de escravos), 143

Orlando, Arthur, 402 n 20

Ozorio (liberto), 205

Pacheco, José Joaquim, 156

Paranhos, José Lopes Menezes, 320

Passé, barão de, 386 n 13

Passos, Joaquim Tavares de (ex-ganhador), 276

Pedro (africano livre), 341

Pedro (escravo de Luiz Rocha), 198

Pedro (escravo de Manoel Valença), 196

Pedro (liberto afiançado por Francisco Maciel), 206

Pedro (liberto detido após toque de recolher), 28

Pedro Cachaça (escravo), 31

Pedro ii, d., 135, 243

Penna, José Martins, 57

Pereira, Domingos Soares, 252

Pereira, Faustino José (ganhador), 291

Pereira, José da Silva, 204

Pereira, Manoel Emilio, 209

Pereira, Marçal (ganhador), 318

Piedade, Agripina Maria da (ganhadeira), 326

Piedade, Ludgero dos Santos (fiscal municipal), 228

Pio (carregador de cadeira), 198

Pires, Antonio da Costa, 162

Plácido (ex-escravo de d. Porcina), 308-9

Pogetti (livreiro), 64

Pontes, Margarida Francisca, 198

Porcina Maria de Jesus, Raymunda (senhora de escravos), 302-16, *304*, 399 *n* 21 e 23

Porcina de Jesus, Theodolina (ex-escrava de d. Porcina), 303, 313

Porcino de Jesus, Cassiano (ex-escravo de d. Porcina), 313, 315

Porcino de Jesus, Gasparino (ex-escravo de d. Porcina), 305, 313

Porcino de Jesus, José (ex-escravo de d. Porcina), 313, 315

Porcino de Jesus, Manoel (fula, ex-escravo de d. Porcina), 313

Porcino de Jesus, Vicente (ex-escravo de d. Porcina), 313

Porcino, Manoel (preto, ex-escravo de d. Porcina), 313

Porfirio, Roque (liberto), 202

Querino (escravo), 142

Querino, Manuel (intelectual negro), 45, 49, 85, 92-3

Ramalho, Rita de Cassia de Jesus, 117

Ramos, Aniceto (africano veterano de guerra), 332

Ramos, João, 175

Ramos, José Manoel Fernandes, 24

Rastelle, Luiz Felipe, 261, 321

Ray, Benjamin, 74

Ribeiro, Caetano José Francisco (ganhador), 317

Ribeiro, Ivo José (ganhador), 333

Ribeiro, Romana (retornada africana), 169

Ricardo (escravo do capitão Silvestre), 194

Ricardo, Manoel Joaquim (liberto e senhor de escravos), 143, 199

Rigaud, Cypriano Alves, 205

Rio de Contas, Silvino (ganhador), 316

Ritta Maria (liberta e senhora de escravos), 143

Roberto (escravo remador), 143

Rocha, Eufemia Maria das Dores, 186

Rocha, Eutischio Pereira da, 205

Rocha, Flora Maria da, 194

Rocha, Francisco Antonio Pereira, 23-5

Rocha, Francisco José da, 202, 247

Rocha, Luiz Rodrigues d'Utra, 198

Rocha, Martiniano Severo da, 194

Rocha, Pedro da (liberto), 204

Rodrigues, Henrique Duarte, 203

Rodrigues, João Gregório (ganhador), 318

Rodrigues, Raymundo Nina, 70, 85, 267, 280, 283, 286, 336-7, 340

Rogério (escravo preso após a greve), 225, 227

Romana, Luiza Anna (retornada africana), 169

Rosa (escrava fugida), 19

Rosário, José Vicente Ferreira do, 198

Sá Freire, Manoel Francisco de, 157, 231-2

Sacramento, Cosme Crispiniano do (ganhador), 324

Sacramento, Estanislau Joaquim do (ganhador), 350-1

Sacramento, Joaquina Rosa do (liberta), 165

Sacramento, Tito Antonio do (ganhador), 320

Salvador (escravo de Felizardo de Faria), 193

Salvador (escravo de Manoel Valença), 196

Salvador (ex-escravo de José Pereira), 204

Salvador (ganhador cozinheiro), 333

Salvador (suicida africano), 248

Samuel (liberto), 202

Sanches, Aleixo (ganhador liberto), 205

Sanches, João Baptista Pinto (senhor de escravo), 293, 333

Sanches, Theodoro Ribeiro (senhor de escravo), 205

Sansão (liberto), 205

Sant'Anna, Manuel Braz de (foguista ganhador), 331

Sant'Anna, Manuel d'Assumpção de (ganhador pardo), 320

Santana, Pedro Antonio de (crioulo detido), 32

Santini, Francisco (maestro italiano), 79

Santos, Antonio José dos (ganhador liberto), 27

Santos, Aprigio José dos (ganhador liberto), 344

Santos, Bruno Joaquim dos (ganhador), 325

Santos, David dos (ex-escravo de José dos Santos), 202

Santos, Francisco Querino dos (ganhador), 334

Santos, Jacintho (escravo de d. Porcina), 313

Santos, José Alves dos (ganhador cabra), 281

Santos, José Antônio dos (ganhador preto), 331

Santos, José dos (senhor de escravos), 202

Santos, Lúcio Lino dos, 316

Santos, Manoel dos (ganhador fulo), 350-1

Santos, Manoel Rodrigues dos (ganhador cabra), 344, 347

Santos, Manoelino dos, 201

Santos, Marcolino Pereira dos (ganhador), 320, 344

Santos, Matheus dos (ganhador), 333

Santos, Pedro Felisberto dos (ex-escravo de d. Porcina), 303, 313

Santos, Rufino Angelo dos (ganhador), 326

São José, Silvana Inocencia Maria de, 141

São Lourenço, visconde de *ver* Martins, Francisco Gonçalves

São Sebastião, Luis de (liberto), 154

Schramm (ou Schram), E. (negociante), 63

Scipião (liberto), 205

Seixas, José Joaquim de, 116

Senhorinha (escrava), 117

Serra Leoa, 404 *n* 38

Serra, Manoel Victor (ganhador africanos), 181-2

Silva, Ambrósio Olegário Pereira da (ganhador), 344, 346-7

Silva, Antonio Pereira da (liberto), 209

Silva, Dionísio José da (ganhador), 326

Silva, Elgio Pereira, 202

Silva, Euclides Ferreira da (ganhador), 334

Silva, Evaristo Ladislao da, 106

Silva, Firmino Olegário Pereira da (ganhador), 344, 346-7

Silva, Francisca da (mãe de Francisco Hygino), 254

Silva, Francisca Maria da (liberta), 158

Silva, Francisco da (liberto), 202

Silva, Isak da (ganhador), 202

Silva, Jerônimo José da (ganhador), 322-4

Silva, João Nepomuceno da (escritor), 171, 215, 232-3, 235-7

Silva, José Joaquim da (liberto), 207

Silva, Leocadio Duarte da, 276

Silva, Manoel Jerônimo da (ganhador), 345-6

Silva, Maria Francisca da (senhora de escravos), 57

Silva, Mauricio Ferreira da (vaqueiro ganhador), 334

Silva, Tiburcio Martins da (ganhador), 326

Silveira, Pedro Antonio Velozo da, 206

Silvério (escravo preso após a greve), 227

Silvério, Maria (crioula), 31-2

Silvino (ganhador que destruiu estandarte republicano), 316

Sinimbu, João Lins Vieira Cansanção de, 131, 135-7, 151, 157, 168, 171, 176-7, 179, 186, 189-90, 195, 215, 217, 232, 355

Soares, Joaquim Antonio, 204

Sobral, Galdino Victor (ganhador), 344

Sousa, Antonio de (liberto detido após toque de recolher), 27

Souza & Irmão, 141

Souza, Antonio Ferreira de (liberto e negociante transatlântico), 166

Souza, Benjamim de, 293

Souza, Delphina de (ganhadeira e senhora de escravos), 167

Souza, João Antonio de (ganhador), 325

Souza, Joaquim Ernesto de, 23, 131

Souza, Luiz Jacintho de (liberto), 349

Souza, Nilo Manoel de (liberto), 293

Souza, Pedro Francisco de (liberto), 293

Souza, Victorino de (ganhador de pele clara), 299

Spix, Johann Baptist von, 42

Sta. Anna, Cipriana Maria de, 43

Tarquínio, Luiz, 282

Taunay, Hippolyte, 85

Tavares, Daniel (africano veterano de guerra), 332

Tavares, Julio Francisco (ganhador), 321

Teixeira Gomes, Cézar (liberto), 293

Teixeira Gomes, Luiz (liberto), 293

Teixeira Gomes, Tobias (liberto), 293

Teixeira, Francisco Nicolau (ganhador), 345

Theodoro, José (liberto), 293

Theodosio (escravo fugido), 341-2

Theotonho (escravo de José Barretto), 199

Theotonio (carregador de cadeira), 57

Thimoteo (policial), 63

Tibério (criado de d. Porcina), 303, 308

Tibério (escravo que perdeu sua chapa), 227

Tito (liberto), 204

Valença, Manoel Rodrigues, 196

Varela, João, 305, 308-9

Vasconcelos, Joaquim José Pinheiro de, 164

Vasconcelos, Silvestre Cardoso de, 194

Vaz, Francisco Olegario Rodrigues, 126

Velloso, Manoel Caetano da Silva, 31

Vianna, Antônio (cronista), 307, 330

Vianna, Daniel (ganhador), 324

Vianna, Fellippe José (liberto), 136, 241-2

Vianna, José Antonio Rocha (chefe de polícia), 256-7

Vicente (escravo fugido de d. Porcina), 310-1, 313

Vicente (liberto, inquilino de Jambeiro), 203

Vidal (escravo do barão de Matoim), 196

Vieira, José Eleuterio, 197

Vieira, Victorino dos Passos (capitão de canto), 300

Vilhena, Luís dos Santos, 95

Villaça, Francisco José de Farias, 89-90

Villasboas, Luiz Augusto, 202

Villela, Guilhermina de Mattos, 175

Virgens, José das, 159

Virginia (escrava), 115

Vital, João Pedro dos Santos, 321

Vitalino (escravo), 195

Wanderley, João Maurício (barão de Cotegipe), 64, 124, 134, 182

Wetherell, James, 49, 74-6, 81, 141, 172, 184

Wilson, Robert, 44, 75

Zacharias (escravo), 226

Zeferino, José (liberto), 203

Índice remissivo

abaja (escarificações dos nagôs), 184; *ver também* escarificações étnicas

abastecimento de Salvador, africanos no, 95, 99-100, 191

abolição da escravidão (1888), 18, 79, 257, 262-4, 267, 277, 281-2, 300, 303, 315-6, 356

abolicionismo/abolicionistas, 79, 109, 126, 129, 133, 153, 188, 195, 244-5, 258, 315, 384 *n* 38

Abreu, Martha, 79

abuso de autoridade de fiscais, 116-8

acidentes de ganhadores, 50, 60, 264, 331, 333-4, 352

açoitamento de escravos, 27, 29-30, 197, 292, 312-3, 333

Açu da Torre (BA), 346

açúcar (economia açucareira), 152, 282; *ver também* lavoura, africanos na

adivinhação, práticas de, 73-4, 133, 236

adornos e posição social de africanos, 184

África, 15-6, 18, 20, 24, 27-8, 36-8, 60, 63, 69-71, 74-5, 83, 86, 88, 90-2, 94, 97, 111, 116, 125, 129, 133, 135, 137, 139-40, 145-8, 151, 155, 165-6, 168-9, 181, 201, 207, 210, 233, 235, 272, 281, 283-5, 287, 290-2, 297, 302, 307, 315, 324, 348-50, 352-4, 356

África do Sul, 74

"africano típico", nação nagô como, 220, 283, 388 *n* 12; *ver também* hegemonia nagô em Salvador

africanos ("pretos"), distinção entre "crioulos" e, 24, 30-2, 38, 75, 94, 109, 122, 129, 141, 168-9, 187, 219-20, 251, 254, 287, *288-9*, 290-2, 294, 301

africanos livres, 81, 99, 123, 135, 146, 151, 178, 238

agricultura *ver* açúcar (economia açucareira); lavoura, africanos na

Água de Meninos (Salvador), 105, 123, 172, 281, 284

água, abastecimento de (Salvador), 24, 273, 387 *n* 1

aguadeiros (vendedores de água), 33, 79, 191, 212, 387 *n* 1

agudás, 291; *ver também* retornados africanos

Alá (Deus no Islã), 70, 73; *ver também* Islã; muçulmanos

Alabama, O (jornal), 34, 65, 95, 187, 246, 249, 251-2, 312

Alagoas, 38, 135, 189-90, 299, 341

Alagoinhas (BA), 293, 331

álcool (consumido por ganhadores) *ver* embriaguez de ganhadores

Alcorão, 70, 86

Alemanha, 135, 248

alfândega, 171, 180, 191, 204, 216, 232, 241, 243, 245, 247, 253, 259

alforrias, 15, 26, 41, 43-5, 57-8, 60-1, 63, 73-4, 79, 81, 83, 86, 88, 90, 122, 139, 143, 156, 161-2, 169, 185, 200, 202, 204, 222, 233, 235, 258, 293, 303, 309, 312, 319, 369 *n* 38, 386 *n* 11

algazarra dos africanos, 89, 112, 113; *ver também* canções de trabalho dos ganhadores

alguidar, *96*, 330

alimentação dos ganhadores, 330

Aljube, cadeia do (Salvador), 23, 27-8, 32, 43, 226

Almanak da Bahia, 157, 172-3, 241, 254

ambulantes (ganhadores vendedores), 19, 21, 24, 99, 114, 147, 224, 238

ameaça de morte a fiscal municipal, *225*

Américas, 35, 39, 41, 222, 353

amuletos, 64, 70, 73-4, 347

Andrade, Maria José, 38, 42, 45

Angola (região da África), 16, 94, 193, 307

angolas (nação étnica africana), 194, 283

antilusitanismo, 89, 99, 120, 132, 139, 151, 378 *n* 10

antropologia criminal, 335, 337, 339, 343

anúncios de fuga de escravos, 19, 58, 62-4, 292, 310-1, 340-3, 351-2, 359 *n* 2, 403 *n* 31; *ver também* escravos fugidos

Ao Barateiro (loja de Salvador), *263*

árabe, língua, 64, 86

aro (grupos de trabalho cooperativo), 83

Arquivo Nacional de Viena, 77

Arsenal de Marinha (Recife), 35

Arsenal de Marinha (Salvador), 131, 143, 178, 202, 204

artífices, 137, 141, 157, 182-3, 243, 273

Assembleia Geral Legislativa, 214, 233, 374-5 *n* 14

Assembleia Provincial, 93, 101, 110, 125, 128-9, 137, 141, 144-6, 152, 162, 177, 179, 214, 217, 230, 237, 245, 253, 255

Associação Comercial da Bahia, 105, 171, 176, 179-80, 202, 216, 244, 246, 252-3

associações mutualistas *ver* sociedades de ajuda mútua

Atkins, Keletso, 74

Augel, Moema Parente, 77

Áustria, 76, 77

autoridade senhorial, 29, 32, 200

autoridades policiais, 32, 39, 44, 69-70, 74, 102, 210, 224, 244, 253, 259-62, 272, 337, 353, 355; *ver também* polícia

axá (preparado de fumo iorubá), 116, 373 *n* 29

ayó (jogo iorubá de tabuleiro), 86, *87*

Bahia and São Francisco Railway, terminal ferroviário da (Salvador), 266, 394 *n* 24

Bairro Comercial (Salvador), 152, 258-60, 265-7, 284, 297, 321-2, 328; *ver também* Conceição da Praia; Pilar, freguesia do

Baixa do Bonfim (Salvador), 173

Baixa dos Sapateiros (Salvador), 285, 290, 316, 344

bale (dirigente iorubá), 91

Banco Commercial, 204

Banco da Bahia, 198

"banda da Chapadista" *ver* Música da Chapada (banda de d. Porcina)

bandas de barbeiros, 28, 85

bandeiras de cantos de trabalho, 85

banhos de escravos, 33

Bárbara, Santa, 97

barbeiros, 85

barracones cubanos, 168; *ver também* senzalas

Bastide, Roger, 93

batuques, 25, 28, 73, 329

Beco da Carne-Seca (Salvador), 292

Beco da Chapadista (Salvador), 306

Beco do Garapa (Salvador), 172

Beco do Grelo (Salvador), 60-1

Beco do Xixi (Salvador), 105

Beco dos Galinheiros (Salvador), 89-90

Benim, golfo do, 16, 291; *ver também* Costa da Mina

bilhetes de loteria, vendedores de, 86

Bonfim, Senhor do, festas do ciclo do, 120, 174, 306; *ver também* festas

"bons costumes", concepção de, 25, 206, 231

Botelho, Nilza, 50

Botequim Caboclo (Salvador), 328

Bradley, James, 336

Braga, Julio, 182

brigas de rua entre ganhadores, 322, 323, 327, 331, 333

Brown, Alexandra, 329

burocracia, 18, 118, 156, 166, 242, 356

caboclos, 122, 294-7, *298*, 299, 331, 334, 343

cabotagem, navegação de, 93, 152-4, 180, 260, 378 *n* 13

cabras (mestiços), 122, 195, 281-2, 290, 293-7, *298*, 299-300, 310, 325-6, 333-4, 343-5, 350, 397 *n* 26; *ver também* mulatos; pardos

Cabrito, subúrbio do (Salvador), 274

cachaça, 77, 92

Cachoeira (BA), 61, 154-6, 224, *225*, 282, 308, 323, 344, 350, 372 *n* 20, 393 *n* 12

Cachoeira Junior, Francisco Paraasu, 172

cadeiras de arruar, 15, 19, 40, 45, 48, 50, *51-6*, 109, 171, 175-6, 206, 228, 266-7; *ver também* carregadores de cadeira

café (economia cafeeira), 83, 141-2; *ver também* lavoura, africanos na

Cais da Escada da Cal (Salvador), 282

Cais da Ponte do Consulado (Salvador), 128

Cais das Amarras (Salvador), 266, *268*, 318

Cais de Cachoeira (BA), 64, 281, 283, 290, 320, 349

Cais de Santa Bárbara (Salvador), 252, 275-6, 320, 322, 325, 346

Cais de São João (Salvador), 244, 246, 297

Cais do Barroso (Salvador), 266, 276, 318, 346

Cais do Comércio (Salvador), 62, 105, 128, 320

Cais do Moreira (Salvador), 283, 287, 290

Cais do Ouro (Salvador), 275-6, 292, 307, 316, 318, 327, 329-31, 346

Cais do porto (Salvador), 132, 260, *269*, 281, 307, 316

Cais Dourado (Salvador), 84, 105, 128, 141, 246, 327

Cais Novo (Salvador), 84, 97, 129, 266

caixa de crédito dos cantos *ver* junta

Calçada do Bonfim (Salvador), 64

Caldeira, Bazilio Gomes (ganhador), 344

calvície em ganhadores de cesto, 58

Camamu (BA), 292

Câmara Municipal, 16-7, 22-3, 25, 28, 89-90, 99, 101, 110-2, 114, 117, 119, 131, 134-5, 137, 141, 149, 151, 171, 173, 175-8, 180, 184-5, 191, 195, 199, 203-4, 206, 208, 211-2, 214-6, 221, 224-5, 227-9, 244, 256, 258, 260-1, 319

Campo Grande, largo do (Salvador), 62, 114, 267, 285

canções de trabalho dos ganhadores, 21, 75-9, *80*, 99, 113; *ver também* algazarra dos africanos

candomblé(s), 31, 70-1, 74, 86, 97, 133, 207, 220, 232-4, 236-7, 254, 286, 291, 329, 351, 354, 369 *n* 30; *ver também* religiões afro-brasileiras; religiosidade dos africanos

cangueiros (carregadores de pau e corda), 24, 41, 44-5, *47*, 48, 65, 73, 75-6, 83, 88, 92, 139, 191, 249, 266

capatazias/capatazes, 83-4, 90-1, 101-7, 109-10, 121, 125, 170, 216, 218, 231, 244-7, 260, 319, 370 *n* 40; *ver também* capitães de canto

Capela da Irmandade do Rosário dos Pretos das Portas do Carmo (Salvador), 181, 182

capitães de canto, 82-3, 90-2, 260, 261, 278, 286, 396 *n* 16; *ver também* capatazias/capatazes

capitalismo, 74, 222, 236, 324

"capitão do mercado" (Daomé), 91

capoeira(s), 25, 73, 251, 291, 329-33, 347, 401 *n* 23

carestia, 94-5, 131, 151, 176, 222, 232, 274, 378 *n* 10

Caribe, 222

carpinteiros, greve de (Recife, 1852), 35

carregadores de cadeira, 24, 33, 41-2, 45, 48-50, *51-3*, 57-8, 88-91, 99, 105-6, 110, 113, 123, 127, 137, 143, 147, 149-50, 171, 178, 191, 195, 197-8, 202, 205-6, 211, 228-9, 231, 240-1, 267; *ver também* cadeiras de arruar

carregadores de pau e corda *ver* cangueiros

Carril, O (jornal), 50

carroças, 110, 240, 243, 253, 266, *270-1*

carros de aluguel, 48, 115, 125, 172-6, 180, 183-4, 230, 240, 266-7, *270-1*, 360 *n* 12

carruagens, 48, 172

Carvalho, Marcus J. M., 26

Casa de Correção (Salvador), 23, 212, 251, 328

Castellucci, Aldrin, 393 *n* 10

Castro Alves (cidade BA), 311; *ver também* Castro Alves, praça (Salvador), 271

catolicismo *ver* Igreja católica; irmandades católicas; santos católicos

Catu (BA), 299, 344

cavalariças, falta de higiene em, 175

Celeiro Público (Salvador), 98, 125, 131

Cemiterada, Revolta da (1836), 190, 354

Cemitério da Quinta dos Lázaros (Salvador), 250

Cemitério de Bom Jesus da Massaranduba (Salvador), 81

Cemitério do Campo Santo (Salvador), 118, 190, 302; *ver também* Cemiterada, Revolta da (1836)

cesto, ganhadores de, 24, 42, 45, 58, *59*, 63, 65, 81, 83, *96*, 191, 202

Chalhoub, Sidney, 73

Chapada Diamantina (BA), 302-3, 305

chapas metálicas de identificação de ganhadores, 22-3, 60, 63, 134, 170-1, 177-9, 184-6, 190-2, 194, 198, 201, 211-5, 219, 223, 225-30, 245, 261, 265, 321, 382 *n* 19, 388 *n* 24; *ver também* pulseiras de identificação de ganhadores

Chernoff, John, 76

chibatadas/chicotadas, africanos castigados com, 27, 29, 292, 312, 333

China, 36

chins (imigrantes chineses), 24, 151

cicatrizes de africanos, 264, 292, 299-300, 321, 331-3, 340-1, 344, 347, 349-50, 352

Cidade Alta (Salvador), 21, *22*, 44, 49, 64, 76, 111, 172, 191, 198, 227, 231, 246, 259, 265, 267, 316

Cidade Baixa (Salvador), 21, *22*, *40*, 44, 49, 61-3, 91-2, 111, 172, 198, 246, 265, 267, 331

classe trabalhadora, 17, 35, 180, 222, 251, 257, 258, 274, 281-2, 285, 300, 328, 329, 332, 342, 352, 356

classes sociais, 211

clientelismo, 166, 232, 355

Club Dramático (Salvador), 24

Código Criminal, 23, 134

Código de Posturas (Câmara de Salvador), 28

Código de Posturas (Câmara do Rio de Janeiro), 197, 256

Colégio de Dona Anfrísia (Salvador), 306

cólera, epidemia de (1855-6), 149, 153, 168, 175

colonialismo, 74

"Comércio" *ver* Bairro Comercial (Salvador)

Comissão de Higiene da Câmara Municipal, 112, 175

Companhia Bahiana de Navegação a Vapor, 244, 247, 276, 279, 292, 322

Companhia de Navegação da Bahia, 126

Companhia do Queimado (Salvador), 24, 212, 273, 387 *n* 1

Companhia Promotora da Colonização de Chins (Salvador), 24

Companhia Trilhos Centrais (Salvador), 266, 276

companhias de navegação, 169

Conceição da Praia (Salvador), *22*, 49, 107, 109, 122, 131-2, 142, 148, 158-9, 161, 173-4, 199, 205, 206-7, 231, 241-2, 247, 259, 265, 267, 320, 325, 328

concentração de nagôs em Salvador, 219-20; *ver também* iorubás; nagôs

confiança, laços de (entre senhores e ex-escravos), 203-11

443

Conselho Imperial, *136*

conservadores, 64, 128, 134, 136, 138, 146, 176, 182, 187, 189, 245; *ver também* Partido Conservador

Constituição do Império (1824), 236, 253

contrabando de escravos, 36-7, 81, 152, 169, 195, 324, 362 *n* 6; *ver também* africanos livres

Contribuição ao estudo das tatuagens nos criminosos (Albuquerque), 336, *338*

Convento de Santa Clara do Desterro (Salvador), 196

Convento de São Francisco (Salvador), 28

coolies asiáticos, 151

cor da pele, questão da, 182, 264, 294-5, *296*, 298-300, 311, 313, 331, 343, 346, 350

Corbin, Alain, 265

corpo dos ganhadores, desgaste do, 44, 58, 60, 333; *ver também* cicatrizes de africanos; enfermidades de ganhadores

Correio da Tarde (jornal), 214, 216

Correio Mercantil (jornal), 33, 61-2, 64, 88, 110-1, 113, 137, 172-3, 189-91, 214, 216, 359 *n* 2

corrupção, 166, 232-3, 239, 242

Corte *ver* Rio de Janeiro

Costa da Mina (África Ocidental), 29, 36, 39, 94, 166, 168, 198, 286, 341

Costa, Ana de Lourdes Ribeiro da, 85

Costa, Iraneidson Santos, 402 *n* 14

crianças escravas, 36, 236, 287, 315; *ver também* "moleques" africanos

criminologia positivista *ver* antropologia criminal

criminoso nato, teoria do, 336-7, 339-40, 343; *ver também* antropologia criminal; Lombroso, Cesare; tatuagens

criminosos, ganhadores vistos como potenciais, 265, 325

"criulos", distinção entre "pretos" e, 24, 30-2, 38, 75, 94, 109, 122, 129, 141, 168-9, 187, 219-20, 251, 254, 287, *288-9*, 290-2, 294, 301

cristianismo, 126, 151, 347

Cruz das Almas (BA), 282

Cuba, 168

cultura afro-feminina, 98

curandeirismo, 73, 133, 236

Curralinho (BA), 311

Daomé, 91

Darmon, Pierre, 339

De Vos, George, 93

décima urbana (imposto territorial), 159, 233

dentes limados (costume africano), 350-1, 404 *n* 42

deportação de africanos, 121, 125, 133, 147, 233, 234

desafricanização *ver* política antiafricana

desgaste físico de ganhadores *ver* corpo dos ganhadores, desgaste do

desvios de carga por ganhadores *ver* roubos e desvios de cargas praticados por ganhadores

Diário da Bahia (jornal), 26, 65, 103, 105, 110, 141, 225, 227, 244, 246-7, 249

Diario do Rio de Janeiro (jornal), 184, 188, 190, 214, 216

dókpwê (grupos de trabalho daomeano), 83

domésticos, escravos de serviços, 19, 40, 98, 103, 105, 146-7, 180, 226, 282

Egba, reino iorubá de, 70, 91

Elevador Lacerda (Salvador), 267, 390

elites, 25-6, 34, 38, 119, 125, 143, 180, 235, 294, 316, 336, 354, 356

embriaguez de ganhadores, 123, 278, 324-5, 327-8, 342

emprego fixo em Salvador, volatilidade do, 276

encruzilhada, importância mística da (nas religiões afro-brasileiras), 84

enfermidades de ganhadores, 58, 333-4

engenhos, 15-8, 37, 63, 69, 113, 123-4, 130, 135, 137, 141, 145, 196, 199, 222, 257, 276, 282, 293, 303, 320, 341

equador, linha do, 36

escarificações étnicas, 59, *71*, 184, 264, 335, 341, 349, 352, 404 *n* 38

escravidão ilegal, 36; *ver também* africanos

livres; contrabando de escravos; proibição do tráfico transatlântico

escravidão urbana, 68, 72, 127, 141, 152, 196-7, 199, 243, 257, 374-5 *n* 14, 385 *n* 5

"espiritualistas" *versus* "materialistas" (na questão da criminalidade), 339

esquinas, cantos de ganhadores localizados em, 84

Estabelecimento de Gôndolas da Linha da Vitória, 125; *ver também* "gôndolas", serviços de

Estados Unidos, 202, 248, 382 *n* 19

estivadores ingleses, 81

eṣuṣu (instituição de crédito nagô), 88; *ver também* junta (caixa de crédito dos cantos)

etnicidade, 223, 300; *ver também* identidade étnica; nações (conglomerados étnicos)

Europa, 26, 36, 190, 206, 222, 248, 265, 334-7, 339-40, 342-3, 347

Exército, 131, 198, 206, 299, 320, 327, 345

exploração escravista, 74, 78

expulsão de ganhadores (desligados pelos cantos), 318-20, 324-5

Exu (orixá), 84

Faculdade de Medicina (Salvador), 188, 202, 226, 336

famílias escravistas, gerações de, 194

farinha de mandioca, 45, 77, 98-9, 102

Fazenda Provincial, 164, 167, 178, 192, 308; *ver também* imposto de capitação; taxas e tributos pagos por ganhadores

fazendas, 37, 69, 293; *ver também* engenhos

febre amarela, epidemia de (1850), 153, 168

Feira de Santana (BA), 334

"feitiçaria", 85, 233

Feiticeiro, O (Xavier Marques), 90

feitores, 68, 69, 103, 319

ferrovias em Salvador, 266, 299, 394 *n* 24

festas, 28, 31, 86, 95, 97-8, 104, 120, 151, 174, 247, 254, 306-8, 310, 316, 329, 332, 348

fiadores de ex-escravos, 203-11

"Filarmônica da Chapada" *ver* Música da Chapada (banda de d. Porcina)

fim do tráfico (1850), 141, 168, 235, 354; *ver também* tráfico transatlântico

flebotomia, operações de, 85

Fonte das Pedras (Salvador), 314

food riots, 222

Foucault, Michel, 184

frades franciscanos, 58

Fraga Filho, Walter, 122

França, 189, 248, 336

Freyre, Gilberto, 297-8, 397 *n* 31, 403 *n* 31

fugas de escravos, 19, 58, 62, 203, 249, 292, 315, 340-1, 343, 351, 386 *n* 13

fulanis (fula), nação africana, 282, 291, 293-5, 300, 305, 313, 316, 325, 343-4, 350

G. C. Salvi (companhia de navegação), 169

G. Colombo (fundição), 178

galinhas (nação africana), 351

Gantois & Marback (companhia de navegação), 169

Gazeta da Bahia (jornal), 304

gbe, línguas, 39

gêneros alimentícios vendidos por ganhadores, 95, 122, 134-6, 165

Goiás, 325

golfo do Benim, 16, 291

Gonçalo, São, 174

"gôndolas", serviços de (carros de tração animal), 48, 125, 173, 174, 381 *n* 9

gorro almofadado em ganhadores de cesto, 59

governo provincial, 16, 101-2, 110, 121, 126, 128, 134, 173, 186, 217, 240, 247, 319

"greve", emprego do termo e etimologia, 17, 188, 384 *n* 39

greve de 1857 (Salvador), 17-8, 35, 38, 39, 41, 43, 68, 100, 135, 151, 170-92, 208, 212, 219, 221-3, 237, 243, 260-1, 283, *289*, 353, 355-6

greve de escravos de engenho em Ilhéus (1789), 222

greves de escravos no Brasil e no Caribe (séc. XIX), 222

greves de trabalhadores livres (1890-1930), 274

greve dos tipógrafos (Rio de Janeiro, 1858), 35, 361-2 *n* 1

Guarda Nacional, 130, 160-1, 171, 196, 202-4, 254

Guarda Urbana, 217

Guaycuru, O (periódico liberal), 137-8

Guerra Batista (Jamaica, 1831), 222

Guerra do Paraguai, 245, 248, 250-1, 254, 332

Guiné, 21, 111-3

gurunci (ou grunci), nação africana, 284

Gymnasio Bahiano (Salvador), 195

Haiti, 354

haussás (nação africana), 16, 39, 58, 60, 94, 186, 218-9, 283, 404 *n* 38

hegemonia nagô em Salvador, 83, 219-20; *ver também* iorubás; nagôs

hérnia inguinal em ganhadores, 58, 333-4

hierarquia social, 29, 30, *47*, 261, 297, 332

higiene pública, 111-2, 175

Homem delinquente, O (Lombroso), 335, 401 *n* 10

Hospital dos Lázaros (Salvador), 24, 249

Hotel das Nações (Salvador), 116

Iansã (orixá), 97

idade dos ganhadores, 41-2, 44, 50, 123, 141, 147, 154-5, 158-9, 161, 164, 234, 265, 287, 290, 321, 341-2, 345-6, 396 *n* 16

Idade d'Ouro (jornal), 60

identidade étnica, 68-9, 219-21, 286, 315; *ver também* nações (conglomerados étnicos)

Iemanjá (orixá), 95, 97

Ifé, reino de, 70

Igreja católica, 156, 181, 207, 313-4, 332, 339

Igreja da Conceição da Praia (Salvador), 161, 206

Igreja da Irmandade do Rosário dos Pretos (Salvador), 62, 181

Igreja de Nossa Senhora das Mercês (Salvador), 113

Igreja de Nosso Senhor do Bonfim (Salvador), 37, 249

Igreja de Santo Antônio (Salvador), 37

Igreja de São Francisco (Salvador), 28

Igreja dos Quinze Mistérios (Salvador), 181

Ijebu, reino e etnia iorubá de, 70

Ijexá, reino e etnia iorubá de, 70

Ilexá, cidade iorubá de, 70

Ilhéus (BA), 222, 331

Ilorin, cidade iorubá de, 70

iluminação pública, 123

imigrantes europeus, 126, 151, 172, 281; *ver também* portugueses

Império brasileiro, 64, 114, 115, *136*, 154, 161, 177, 182, 190, 232-3, 236, 249, 253, 256, 281, 297, 316, 324, 340, 341-3

imposto de capitação, 125, 127, 140-1, 144-6, 154, 157-8, 163-4, 169, 178, 208, 238-40, 243; *ver também* taxas e tributos pagos por ganhadores

imprensa, 18, 30, 58, 63, 65, 74, 113, 129, 137, 140, 146, 151, 163, 168, 172, 174-5, 177, 186-7, 189, 192, 208, 216, 221, 226, 232, 247, 249, 251, 255, 273, 310, 338, 341, 343, 354

Independence (navio), 169

independência da Bahia (1823), 147, 151, 154-5, 187, 348

Independência do Brasil (1822), 189

indígenas, 138, 295

indumentária típica de ganhadores *ver* roupa de ganhador

Infantaria, Batalhão de, 332

Inglaterra, 36, 74, 81, 336, 359 *n* 2, 403 *n* 28

ingleses, marinheiros e estivadores, 81, 325, 400 *n* 18

insurreições escravas, 16, 71, 122, 126, 128, 217; *ver também* levantes escravos; resistência escrava; revoltas escravas

inventários *post mortem*, 45, 58, 158

iorubá, língua, 39, 116, 291

iorubás, 39, 74, 86, *87*, 91, 94, 201, 349-50, 404 *n* 38; *ver também* nagôs

Irmandade de Nossa Senhora da Soledade Amparo dos Desvalidos, 181

Irmandade de São Benedito, 28

Irmandade do Rosário, 181-2

irmandades católicas, 71, 86, 88, 181, 300; *ver também* Igreja católica; sociedades de ajuda mútua

Islã, 70; *ver também* muçulmanos

Itália, 336

Itália (navio), 169

Itapagipe (Salvador), 31, 152, 164, 300

Itaparica (BA), 282

Itapicuru (BA), 320, 344

Jaguaribe (navio), 281

Jamaica, 222

jejes, 16, 39, 41, 69, 83-4, 91, 94, 154, 194, 196, 218, 283, 285, 290, 369 *n* 30

Jogo do Carneiro (Salvador), 208, 291

Jornal da Bahia, 23-4, 37-8, 132, 169-71, 174-6, 180, 183-5, 187-8, 190-1, 213, 216-9, 221

Jornal do Commercio, 183

Jornal do Recife, 336, 402 *n* 20

judeus, 172

juízes de paz, 41, 95, 102, 104-6, 109, 156, 201, 204, 208, 210, 234, 242, 260

junta (caixa de crédito dos cantos), 86, 88-9

"*kefir time*" (tempo pagão) dos trabalhadores sul-africanos, 74

Kerbel (escuna inglesa), 325

Ketu, reino iorubá de, 70

Kolchin, Peter, 72

Ladeira da Fonte Nova (Salvador), 306

Ladeira de São Bento (Salvador), 205, 267

Ladeira do Taboão (Salvador), 89, 198

ladinização/africano ladino, 90, 210

Lagos (Nigéria), 70, 168-9, 291

laissez-faire, doutrina do, 232

Largo de Guadalupe (Salvador), 302, 314-5

Largo do Desterro (Salvador), 302, 306, 313-4

Largo do Teatro (Salvador), 187, 191, 267, *271*

lavoura, africanos na, 36-7, 95, 123, 126-7, 137, 226, 230-1, 233-5, 283, 319; *ver tam-*

bém açúcar (economia açucareira); café (economia cafeeira)

Legba (divindade jeje), 84

legislação contra greves, ausência de (séc. XIX), 217

Lei Áurea (1888), 293, 316, 320; *ver também* Abolição da escravidão (1888)

Lei de 1831, 36; *ver também* proibição do tráfico transatlântico

Lei do Ventre Livre (1871), 258, 386 *n* 11

lei dos saveiros (proibição de africano remar), 129, 131, 133, 136-7, 140, 144, 244; *ver também* saveiristas

Lei dos Sexagenários (1885), 280

leilões de mercadorias, 172-3, 239, 242

Leite, Douglas, 181

levantes escravos, 38, 100, 109, 128, 139, 187, 219; *ver também* insurreições escravas; resistência escrava; Revolta dos Malês (1835); revoltas escravas

liberais, 128, 136-8, 140, 146, 182, 189, 232; *ver também* Partido Liberal

Libéria, 351

libertos afiançados por ex-senhores, 203-11

libertos, intolerância e perseguição aos, 125, 135, 144-5, 167, 232, 326, 392; *ver também* política antiafricana

língua portuguesa, 291

línguas africanas, 39, 70, 75-6, 78, 89, 291

línguas crioulas de raiz africana, 76, 78

Lisboa, Felix da Graça Pereira, 106-7

Liverpool (Inglaterra), 36, 131

Livro de matrícula (1887), 259, 262, 264-5, 272-3, 275, 280, 283, 286, 295, 298, 307, 309, 317-8, 320-1, 325, 331, 333, 339-41, 343, 348-50, 352; *ver também* matrículas de africanos

lojas em Salvador, inauguração de, *263*

Londres, 36

loteria, 86, 88

lundus, 28, 80-1

Lyceu (Salvador), 128

Lyon & Parkinson (firma inglesa), 359 *n* 2

Mac Cord, Marcelo, 35

Mãe d'Água (divindade afro-brasileira), celebração da (Salvador), 95, 97

Magé (navio), 190

malês (nagôs muçulmanos), 72, 74, 88, 95, 99, 101, 133, 137, 156, 166, 188, 190, 354; *ver também* iorubás; nagôs; Revolta dos Malês (1835)

malungos, 92

Maranhão, 281, 390 *n* 23

"marcadores" (tatuadores), 334, 348

marcas étnicas *ver* escarificações étnicas

marinhagem, imposto de, 152

marinheiros, 60, 131, 150, 152, 154, 173, 252, 293, 325, 334, 336, 400 *n* 18

"materialistas" *versus* "espiritualistas" (na questão da criminologia), 339

matrículas de africanos, 22-3, 25, 57, 102-3, 105-6, 110, 134, 146-8, 170-1, 176-7, 179, 184-5, 191-3, 196-201, 203, 208, 212, 214, 218, 219, 221, 223, 226-8, 230, 257, 259, 262, 265, 267, 272, 274, 278, 284-5, 287, 290-1, 294-5, 303, 310, 315, 321, 333-4, 340-1, 344, 348; *ver também Livro de matrícula* (1887)

Mattos, Wilson, 319, 257, 392 *n* 10

Mattoso, Kátia, 37, 41, 69, 272-3

"mau trabalhador", significado de, 319

Meira & Cia. (comércio de charutos), 322

mendigos, 122

"meninos *ver* moleques" africanos

Mentor da Infância, O (jornal), 137

Mercado da Candelária (Rio de Janeiro), 99

Mercado de Santa Bárbara (Salvador), 62, 64, 97, 246, 254, 284

mercado de trabalho, 41, 68, 90, 93, 102, 109, 129, 140, 143, 168, 178, 180-2, 248, 251, 265, 272, 276, 281, 290, 297, 299-300

mercados públicos, 99, 135

Mesa de Rendas Provinciais, 125, 146, 148, 159, 163, 167, 239-41, 377 *n* 5

minas (nação africana), 78, 83, 99, 194, 283, 285, 290, 292, 349, 351; *ver também* Costa da Mina

Minas Gerais, 303, 305

mineração na Bahia, 305

Misterios da Bahia, Os (Silva), 232

"moleques" africanos, 158, 186-7

monarquia, 316

monarquistas, ganhadores, 316

Monitor, O (jornal), 255

monopólio da "carretagem" em Salvador, 230-2

"Morte aos burgueses" (tatuagem), 337; *ver também* tatuagens

Mucugê (BA), 305

muçulmanos, 33, 64, 70, 72, 73, 86, 88, 91, 354

mulatos, 294-7, 397 *n* 31

Música da Chapada (banda de d. Porcina), 303, 305-10, 314-6

música dos ganhadores *ver* canções de trabalho dos ganhadores

nações (conglomerados étnicos), 39, 69, 72, 84, 88, 218, 219, *220*, 223, 236, 283-4, 286, 290; *ver também* identidade étnica; angolas; congos; galinhas; fulanis; jejes; minas; nagôs

nagôs, 16, 27-9, 36, 39-41, 57, 60, 63, 68-70, *71*, 72-4, 82-4, *87*, 88-91, 116, 133, 143, 162, 164, 181, 184, 194-6, 198, 201-6, 210, 218-21, 226, 228, 283, 285-6, 290-2, 340-1, 349-50, 388 *n* 12, 404 *n* 38; *ver também* iorubás; malês (nagôs muçulmanos)

"Nascido sob má estrella" (tatuagem), 337; *ver também* tatuagens

Nascimento, Anna Amélia, 37-8

navios negreiros *ver* tumbeiros

Nazaré das Farinhas (BA), 73, 93, 98

nepotismo, 232

Nigéria, 86, *87*, 169

Nishida, Mieko, 219

Nordeste brasileiro, 80, 189

Nossa Senhora Amparo dos Desvalidos, devoção a, 181

Nossa Senhora da Guia, festa de, 174

Nossa Senhora da Penha, freguesia de (Salvador), 31, 104, 148, 164, 204

Nossa Senhora de Guadalupe, devoção a, 314

Noticia, A (jornal), 307

Nova York, 48, 131

Novos horizontes do direito e do processo penal (Ferri), 402 *n* 20

noz-de-cola (*obi*), 116

nudez de escravos, 33-4, 49, 129, 131

obi (noz-de-cola africana), 116

Odorico (liberto), 205

ofícios mecânicos, 19, 41, 99, 122, 125, 140, 144, 146-7, 150, 154, 157-8, 168, 183, 238-9, 243, 273, 275, 308

Ojo, Afolabi, 74

óleo de baleia, iluminação pública com, 123

Oliveira, Maria Inês Côrtes de, 219

olorogun (líder militar iorubá), 91

Onim (atual Lagos, Nigéria), 70, 169; *ver também* Lagos

Ordenações Filipinas, 403 *n* 22

orixás, 70, 84, 95, 97, 220

Oyó, reino iorubá de, 70, *71*, 349-50

"pães de sebo" (toucinho), roubo de, 62

Pai João (personagem do folclore negro), 80

Palácio Presidencial (Salvador), 176, 192, 246

palanquins, 48, 114, 267; *ver também* cadeiras de arruar

palmatoadas, africanos castigados com, 27, 31, 113

pan-africanização da identidade étnica na Bahia, 220-1

panos da costa, 20, 45, 85, 359 *n* 2, 379 *n* 26

Pará, 302

Paraguai, Guerra do, 245, 248, 250-1, 254, 332

parakoyi (funcionário iorubá), 91

Paraná (navio), 252

pardos, 60, 107, 122, 131, 142, 265, 274-6, 281, 284-5, 287, 290, 294-7, 299-300, 302, 309, 313-5, 320, 324, 326, 332, 334, 341, 343-5

"parede", uso do termo, 188, 384 *n* 41

"parelhas" de carregadores, venda de, 57-8

Parés, Luís Nicolau, 369 *n* 30

Parlamento britânico, 336

Partido Conservador, 124; *ver também* conservadores

Partido Liberal, 135; *ver também* liberais

Passo, freguesia do (Salvador), 148, 196

paternalismo, 32, 158, 162, 167, 182, 193, 201-9, 245, 314, 355

"patronos" de libertos, ex-senhores como, 201, 386 *n* 11

pau e corda, carregadores de *ver* cangueiros

peixeiras (ganhadeiras), 111-2, 159

Pelourinho, largo do (Salvador), 182

Penedo (AL), 299

penteados e posição social de africanos, 184

pequeno comércio, pessoas livres no, 119-20, 377 *n* 5

pequenos escravistas, 141-3, 153, 194, 196, 200, 376 *n* 42

periferia de Salvador, 73, 84, 119, 175, 235

"perigo negro" (excesso de africanos em Salvador), 144

Pernambuco, 38, 82, 112, 114, 189, 293, 370 *n* 40

Pilar, freguesia do (Salvador), 62, 105, 109, 114, 123, 148, 165, 173, 198, 210, 231, 259, 261-2, 265, 327, 331

polícia, 16, 27-34, 40, 43, 88, 95, 97, 101-2, 113-4, 117, 122-3, 127-8, 133-4, 141-2, 169, 177, 186, 217, 224-9, 244, 247, 256-8, 260-2, 264-5, 272, 283, 291, 294, 299, 306, 311-3, 316-9, 321-2, 324-9, 331-3, 340, 342-3, 349-50, 355; *ver também* autoridades policiais

política antiafricana, 26, 115, 123, 132-3, 207, 232-5, 239, 254-5, 353-4; *ver também* libertos, intolerância e perseguição aos

pombeiros (atravessadores), 93

população da Bahia, 21, 37-8

população escrava, 35-6, 38, 257

Porto Alegre (RS), 83, 152

Porto da Barra (Salvador), 37

Porto das Vacas (Salvador), 33

Porto Novo (Costa da Mina, golfo do Benim), 29, 291

Portugal, 203, 323

portugueses, 98-9, 120, 132, 138-9, 151, 156, 187, 189, 281, 328, 369-70 *n* 39, 378 *n* 10, 400 *n* 18

posturas, infração de, 31, 99, 117, 136, 224-5, 227

positivismo, 335, 339, 343

Povo, O (tabloide), 139-40

Praça da Boa Vista (Recife), 112

Praça do Comércio (Salvador), 62, 97

Praça São João (Salvador), 111-2, 316

Praieira, Revolução (1848-50), 189

preço/valor de escravo, 43, 57, 63, 130, 165, 173, 366 *n* 57

Preguiça, rua e praia da (Salvador), 63, 84, 111-2, 181, 196, 241-2, 267, 275, 287

Presidência da Província da Bahia, 128, 136, 157, 177-8, 180, 186, 216, 229, 231

"pretos", distinção entre "crioulos" e, 24, 30-2, 38, 75, 94, 109, 122, 129, 141, 168-9, 187, 219-20, 251, 254, 287, *288-9*, 290-2, 294, *298*, 301

procuradores, matrículas feitas por, 194, 197, 208, 210-1

proibição do tráfico transatlântico, 29, 36, 81, 236, 362 *n* 4 e 6; *ver também* africanos livres; tráfico transatlântico

prostituição, 32, 133

pulseiras de identificação de ganhadores, 103-5, 170, 184, 321

quilombos, 17, 217

Quinta das Beatas (Salvador), 351

quitandeiras, 112, 118-9, 122, 143, 158, 186-7

raça, 396 *n* 24

racialização das desigualdades sociais, 294

racismo, 355, 356, 397; *ver também* teorias raciais

rebeliões escravas, 72, 91, 283

Rebello, Francisco Justiniano de Castro, 125-6

Recife, 19, 26, 35, 70, 112, 114, 360 *n* 15, 402 *n* 20

Recôncavo baiano, 37, 69, 73, 93-4, 98, 138, 151, 156-7, 195-6, 203, 240-1, 257, 260, 281-2, 293, 299, 302-3, 320-1, 330, 341

redes sociais de escravos e libertos, 31, 69, 93, 99, 119, 186, 218-9, 290-1, 355; *ver também* solidariedade entre escravos

reescravização, riscos de, 128, 168

regulamento dos ganhadores (década 1880), 256-79, 324-5, 327, 340

religiões afro-brasileiras, 93, 95, 97, 133, 236-7, 285, 329, 351, 354, 369 *n* 30, 388 *n* 12, 390 *n* 28; *ver também* adivinhação, práticas de; candomblé(s); orixás

religiosidade dos africanos, 37, 69-70, 72, 90, 156, 207, 291, 306, 313, 329, 337

remadores africanos, 41, 127, 129-32, 135, 146-7, 150, 244-6; *ver também* lei dos saveiros; saveiristas

rendimentos/salários de ganhadores, 42, 66-7, 74, 81, 88, 318

República, 115, 274, 316, 340, 395 *n* 32, 397 *n* 25

republicanos, 109, 316, 354

resistência escrava, 16-8, 31, 35, 69, 71, 79-80, 91, 110, 131, 178, 187-8, 192, 200, 210, 213, 216, 218-9, 222-4, 227-9, 262, 264; *ver também* insurreições escravas; levantes escravos; rebeliões escravas; revoltas escravas

retornados africanos, 147, 168, 291-2; ver também *agudás*

Revista da Exposição Anthropologica Brazileira, 335

Revolta dos Malês (1835), 17, 25, 58, 68, 70, 73, 88, 91, 95, 99, 105, 107, 110, 123-5, 133, 137, 144-5, 190, 197, 218, 235, 326, 340, 354; *ver também* malês (nagôs muçulmanos)

revoltas escravas, 16, 25, 38, 68, 182, 188-9, 354; *ver também* insurreições escravas; levantes escravos

"revolução dos ganhadores", uso da expressão, 188-9

Revolução Francesa, 189

Revolução do Haiti (1791-1804), 354

Rio de Contas (BA), 284

Rio de Janeiro, 35-6, 48, 64, 83, 93, 99, 131,

141, 152, 170, 177-8, 186, 190, 197, 214, 247, 256, 281, 329, 334, 341, 348, 361 *n* 1, 378 *n* 10 e 13

Rio Grande do Sul, 62, 281

Rio Pardo (MG), 303, 305

Rio Vermelho, arraial do (Salvador), 118, 266-7

roubos e desvios de cargas praticados por ganhadores, 25, 30, 60-2, 64, 73, 89, 132, 138, 215, 248, 251-2, 261-2, 265, 319-22, 327, 346

roupa de ganhador, *47*, 49, *59*, *71*, *288*

Sabinada (1837-38), 61, 109, 111, 190, 217, 354

sacerdotes africanos, perseguição a, 236

salários de ganhadores *ver* rendimentos/salários de ganhadores

samba, 73-4, 112, 291

Santa Casa de Misericórdia da Bahia, 302, *304*

Santa Isabel do Paraguaçu (BA), 305

Santana do Sacramento, freguesia de (Salvador), 39-41, 142-3, 148, 204, 209, 221, 227, 291, 303, 313, 315

Santiago, Anfrísia, 305, 306, 308

Santo Amaro da Purificação (BA), 195, 198, 203, 261, 282, 292, 302, 308, 315, 320-1, 350

Santo Antônio de Jesus (BA), 321

Santo Antônio, freguesia de (Salvador), 148, 167

Santos (SP), 152

santos católicos, 70, 97

São Félix (BA), 157, 240, 393 *n* 12

São Francisco do Conde (BA), 282

São Gonçalo do Poço (engenho), 199

São Gonçalo dos Campos (BA), 282

São Paulo (SP), 384 *n* 39

São Pedro (lancha), 64, 320

São Pedro, freguesia de (Salvador), 148, 173, 202, 231

São Sebastião do Passé (BA), 282, 293

São Tomé de Paripe (BA), 293

saveiristas, 129-32, 154, 252, 255, 307, 327; *ver também* lei dos saveiros; remadores africanos

Scott, James, 76

Sé, freguesia da (Salvador), 45, 106-7, 148, 173, 202, 219, 226, 324

Século, O (jornal), 146, 359 *n* 2

Segunda-Feira da Ribeira, 306; *ver também* Bonfim, Senhor do, festas do ciclo do

Seminário de São Joaquim (Salvador), 204

Senado, 247-8

senzalas, 28-30, 113, 145, 168

Sergipe, 38, 344

signos de salomão em tatuagens, *338*, 344, 347, 403 *n* 31; *ver também* tatuagens

Silva, Eliseu Santos Ferreira, 343

Silva, Marilene Rosa Nogueira da, 177

sistema urbano-industrial, 222

Slenes, Robert, 91

sobrenomes de libertos, 161-2, 293, 313, 315, 320, 333, 346

Sociedade Abolicionista da Escravatura (Salvador), 188

Sociedade dos Artífices, 181

Sociedade Montepio dos Artistas (SMA), 181, 273

sociedade patriarcal, 142, 159, 305

Sociedade Protetora dos Desvalidos (SPD), 130, 181-2

sociedades de ajuda mútua, 69, 88, 130, 181-3; *ver também* irmandades católicas

sociologia, 76, 294

solidariedade entre escravos, 18, 30, 69, 83, 92-3, 99, 119, 181, 222, 242, 262, 314, 318-21, 355; *ver também* redes sociais de escravos

sonegação de impostos, 157, 159, 167, 238, 241, 311

SPD *ver* Sociedade Protetora dos Desvalidos

Sudeste brasileiro, 141

suicídio de africanos, 248, 309, 313, 390-1 *n* 28

"tabaco do cão" (*axá*), 116, 373 *n* 29

Taboão *ver* Ladeira do Taboão (Salvador)

tabuleiros de ganhadores e ganhadeiras, 20-1, 24, *47*, 73, 97, 110, 114, 118, 238

tapas (nação africana), 57-8, 60, 143, 194, 205

tarefa cumprida, trabalho de ganhadores medido por, 74

tarja vermelha de identificação de ganhadores, 321

tatuadores ("marcadores"), 334, 348

tatuagens, 264, 299, 334-5, 336-40, 343-8, 350, 352, 403 *n* 28, 29 e 31

taxas e tributos pagos por ganhadores, 18, 106, 125-7, 140-1, 143-6, 148-9, 152, 154, 157-8, 160-1, 163-5, 168, 178-9, 208, 214, 229, 232, 238, 240-1, 243, 272, 360 *n* 15, 372 *n* 10, 373 *n* 28

tempo de trabalho de ganhadores, 72, 74

teorias raciais, 294, 397; *ver também* racismo

Tesouraria Provincial, 110, 148, 153, 156, 163, 166, 204, 207, 229, 231, 239, 241

Thompson, E. P., 223

Tilly, Charles, 222-3

tipógrafos, greve dos (Rio de Janeiro, 1858), 35, 361-2 *n* 1

"título de nomeação" dos capitães de canto, 260

toque de recolher, 26, 28-9

"trabalhadores públicos", 259

trabalho livre, 127-9, 134, 137, 140, 153-4, 175, 246-7, 255, 260, 274, 375 *n* 14, 376 *n* 37, 394 *n* 20

tração animal, carros com *ver* carros de aluguel

traficantes de escravos, 29, 37, 168, 198, 205, 322

tráfico interno, 83, 169, 235

tráfico transatlântico, 28, 37-9, 70, 137, 220, 236, 280, 292, 349; *ver também* proibição do tráfico transatlântico

Transatlantic Slave Trade Database (TSTD, site), 362 *n* 2 e 6

trânsito público, ganhadores e o, 89, 111, 113-4

Trapiche das Grades de Ferro (Salvador), 205

Trapiche Gaspar (Salvador), 206

trapiches, 30, 113, 216, 259, 266, 275, 279

tumbeiros (navios negreiros), 36-7, 92, 126, 128

Uidá, reino de, 91, 291

União e Indústria (UI, associação de ganhadores brasileiros livres), 245-55, 286, 391 *n* 32

Uomo delinquente, L' (Lombroso), 335, 401 *n* 10

ussás, 39, 186, 197; *ver também* haussás

varíola (bexiga), marcas de, 300, 331, 333

"Vendedor d'água, O" (primeira canção popular baiana), 79, *80*

Veranda, José (ex-ganhador), 276

Verger, Pierre, 330

veteranos da Guerra do Paraguai, 249-51, 254; *ver também* Guerra do Paraguai; União e Indústria; Voluntários da Pátria

viajantes estrangeiros, 21, 45, 84, 104

Vitória, freguesia da (Salvador), 91, 118, 126, 148, 175, 210-1, 227

"viver sobre si", permissão senhorial para o escravo, 42-3, 196-8

Voluntários da Pátria, batalhões negros de, 246, 249, 252, 332; *ver também* Guerra do Paraguai; União e Indústria; veteranos da Guerra do Paraguai; Zuavos, Companhia de

xenofobia, 151, 174, 180, 248

zona portuária de Salvador, 92, 109, 173, 231, 260, 265, 276, 285, 316, 325

Zuavos, Companhia de (combatentes negros da Bahia), 246, 332

1ª EDIÇÃO [2019] 1 reimpressão

ESTA OBRA FOI COMPOSTA POR OSMANE GARCIA FILHO EM MINION
E IMPRESSA PELA LIS GRÁFICA EM OFSETE SOBRE PAPEL PÓLEN SOFT
DA SUZANO S.A. PARA A EDITORA SCHWARCZ EM ABRIL DE 2021

A marca FSC® é a garantia de que a madeira utilizada na fabricação do papel deste livro provém de florestas que foram gerenciadas de maneira ambientalmente correta, socialmente justa e economicamente viável, além de outras fontes de origem controlada.